長期投資の
理論と実践

パーソナル・ファイナンスと資産運用

Long-term Investment:
Theory and Practice

安達智彦
池田昌幸
［著］

東京大学出版会

Long-term Investment:
Theory and Practice
Tomohiko Adachi and Masayuki Ikeda
University of Tokyo Press, 2019
ISBN978-4-13-046130-6

目　次

序　章 ……………………………………………………………… 1

第 1 章　1 期間モデルにおける最適投資の考え方 …………… 17

1. 1 期間モデルに基づく投資決定　17
   - 1.1　投資理論と効用関数　17
   - 1.2　1 期間モデルにおける不確実性　20
2. 効用関数による投資家の選好の表現　24
   - 2.1　期待効用とリスク・プレミアム　25
   - 2.2　リスク回避度　29
3. 効用関数と確率分布　38
   - 3.1　代表的な効用関数　38
   - 3.2　効用関数と確率分布を特定する　40
   - 3.3　平均・分散分析を可能とする効用関数と確率分布の具体的組み合わせ　44
4. 平均・分散分析と CAPM　48
   - 4.1　平均・分散分析　49
   - 4.2　無リスク資産の導入　63
   - 4.3　市場均衡と CAPM　67
5. CAPM の実証とジェンセンのアルファ　71
   - 5.1　CAPM とジェンセンの評価尺度　72
   - 5.2　ベータの推定　75
   - 5.3　ベイジアン・ベータ　76
6. ファクター・モデル（インデックス・モデル）　83

6.1　シングル・インデックス・モデル　83

6.2　実務における市場モデルの応用　86

6.3　マルチ・インデックス・モデル（マルチ・ファクター・モデル）　89

7. 運用パフォーマンスの評価　97

7.1　資産運用成績評価の2つのアプローチ　97

7.2　運用パフォーマンスの定量評価の理論的枠組み　99

7.3　運用の付加価値と資産運用実務における「アルファ」　104

7.4　運用パフォーマンスの定量評価に関するまとめ　107

8. プライシング・カーネルの考え方　108

8.1　プライシング・カーネルとは　109

8.2　プライシング・カーネルとリスク・プレミアム　112

8.3　プライシング・カーネルで1期間MFMの
　　　リスク・プレミアムを表現する　115

コラム1　母数，推定量，および推定値（実現値）の記法と
　　　　　事前・事後の概念　79

第2章　多期間モデルにおけるリスクと効用関数 …… 119

1. ライフサイクルとパーソナル・ファイナンス　120

1.1　ライフサイクルを多期間モデルでとらえる　121

2. 長期投資の基本的考え方　129

2.1　多期間における投資対象と投資主体　129

2.2　リスク概念の多期間化と期待効用関数の拡張　130

3. 1期間モデルの教訓と多期間投資モデルの構築　132

3.1　SamuelsonとMertonの先駆的考察　133

3.2　多期間モデルで新たに考察すべき2つの問題　140

4. 2種類のリスク回避度を分断して表現できる
　　効用関数の導入　143

4.1　期待効用関数の問題点をどう克服するか　143

4.2　2つのリスク回避概念を分離するための創意　152

4.3 再帰的効用関数は期待効用関数ではない 157
5. Epstein = Zin の効用関数 159
    5.1 Epstein = Zin 効用：2期間のケース 159
    5.2 Epstein = Zin 効用：無限期間のケース 162
6. 投資機会集合の変容 177
    6.1 無リスク利子率の期間ごとの変化をどう扱うか 178
    6.2 リスク資産の投資収益率の平均回帰性をどう扱うか 179
    6.3 本章の要約 186
APPENDIX CH-2A 連続複利表示投資収益率の期待値を最大にする
                レバレッジ水準 188
APPENDIX CH-2B 堀（1996）の Epstein = Zin 効用を使った
                実証分析の再評価 191
コラム2 インフレの恐怖 126
コラム3 平均回帰と平均乖離 181

第3章 多期間における最適な消費と投資の意思決定 …… 197

1. 多期間モデルの一般的性質：
   特定の効用関数を仮定しないケース 198
    1.1 1期間から多期間へ：Samuelson と Merton の貢献 199
    1.2 仮定：第 t 期，効用，遺産，および，生涯効用 200
    1.3 価値関数 203
    1.4 時点 $T-1$ における最適消費と最適投資の決定：一般的ケース 208
    1.5 任意の時点 t における最適消費と最適投資の決定：一般的ケース 215
2. 多期間モデル：べき型効用のケース 219
    2.1 時点 $T-1$ における最適消費と最適投資の決定 220
    2.2 任意の時点 t における最適消費と最適投資の決定 225
    2.3 べき型効用，かつ，投資機会集合が一定の場合 231
3. 多期間モデル：
   対数型期待効用における最適消費と最適投資の決定 234
4. 多期間モデルとプライシング・カーネル 237

4.1　2期間モデルにおけるプライシング・カーネルの考え方　238
   4.2　多期間モデルにおけるプライシング・カーネル　243
   4.3　べき型および対数型期待効用関数のプライシング・カーネル　248
5. Epstein = Zin 効用関数のプライシング・カーネル　249
   5.1　Epstein = Zin 効用のプライシング・カーネルの導出　251
APPENDIX CH-3　消費 CAPM　258

第4章　多期間における資産評価と投資決定のモデル　263

1. Epstein = Zin 効用を用いた多期間の最適消費と最適投資の考え方　265
   1.1　投資家の意思決定問題　266
2. 対数線形化によるリスク・プレミアムの導出　268
   2.1　予算制約の対数線形近似　268
   2.2　ポートフォリオ収益率の対数線形近似　270
   2.3　最適化1階条件の線形化　272
3. リスク資産が複数ある場合の最適投資比率の決定　277
   3.1　無リスク資産が利用できないケース　278
   3.2　無リスク資産が利用可能なケース　281
4. 投資機会集合が変動するもとでの金融資産のリスクとリターン　284
   4.1　長・短インフレ連動債と実質無リスク利子率　285
   4.2　名目債のプライシングと投資収益率　290
   4.3　名目無リスク利子率と短期名目債の実質リターン　294
   4.4　株式のプライシングと投資収益率　298
   4.5　インフレ下における各種金融資産のリスク・リターン・プロファイル　300
5. 対数線形化パラメターと最適消費・富比率の決定　308
6. インフレ連動債の導入と最適消費・最適投資の決定：数値実験　311

目　次　v

　　6.1　数値実験の3つのケース　311
　　6.2　最適消費・富比率の計算　313
　　6.3　最適ポートフォリオ：3資産の場合（ケース1）　319
　　6.4　最適ポートフォリオ：4資産の場合（ケース2）　323
　　6.5　最適ポートフォリオ：5資産の場合（ケース3）　328
　7.　労働所得と株式投資収益率の平均回帰性の影響，
　　　および本章の総括　332
　　7.1　パーソナル・ファイナンスと労働所得の影響　332
　　7.2　株式投資収益率の平均回帰性と投資決定への影響　334
　APPENDIX CH-4A　最適消費・富比率を与える差分方程式の導出　345
　APPENDIX CH-4B　最適消費・富比率を一定にする
　　　　　　　　　相対的リスク回避度の存在について　349
　コラム4　10年物価連動国債の再発行　282
　コラム5　多期間投資のパフォーマンスをシャープ尺度で
　　　　　測ることは妥当か？　306
　コラム6　消費・富比率決定の実質的意味：表4-4の読み方　318
　コラム7　株価の平均回帰性と株式投資収益率の平均回帰性　336
　コラム8　パーソナル・ファイナンスと不動産投資：
　　　　　長期投資で不動産をどう位置づけるか　339

第5章　最適成長ポートフォリオの理論 ……………… 353

　1.　最適成長ポートフォリオについて　355
　　1.1　最適成長投資理論はどのように展開されてきたか　355
　　1.2　1期間と多期間とで効用関数は変わるか？　368
　2.　投資戦略としての最適成長ポートフォリオ　374
　　2.1　連続複利表示投資収益率と成長率　374
　　2.2　近視眼的投資戦略とGOP　384
　3.　株価が幾何ブラウン運動に従う場合のGOPの構築　388
　　3.1　連続時間モデルの解によって離散時間モデルの解を近似する　389

3.2　幾何ブラウン運動のもとでの連続複利表示の
　　　期待収益率と期待成長率　394

3.3　ポートフォリオの期待成長率　399

4. 最大成長ポートフォリオと最適成長ポートフォリオの
　　投資比率　404

4.1　最大成長フロンティアと最適成長ポートフォリオの考え方　405

4.2　最大成長ポートフォリオの投資比率決定と
　　　変動性指標としての分散　406

4.3　MGPとGOPの投資比率　409

5. 最適成長ポートフォリオを平均・分散分析に
　　よって特徴づける　418

5.1　べき型効用を有する投資家の期待効用　418

5.2　べき型効用を有する投資家が選択する最適ポートフォリオとGOP　424

5.3　GOPについての2基金分離　426

APPENDIX CH-5　イェンゼンの不等式の証明　429

コラム9　連続複利表示の期待収益率と期待成長率の図解　382

コラム10　リバランシングとその頻度について　408

第6章　多期間投資の実践と$\frac{1}{N}$ポートフォリオ型EIF … 431

1. 全平均モデルのもとでの最適ポートフォリオ　435

1.1　全平均モデル（Overall Mean Model）　435

1.2　Epstein = Zin効用を使わないのはなぜか？　453

2. $\frac{1}{N}$ポートフォリオ型EIF　456

2.1　$\frac{1}{N}$ポートフォリオ型EIFによる多期間リスク資産運用　456

2.2　EIFの構築可能性に関わる理論的見通し　462

2.3　$\frac{1}{N}$ポートフォリオ型EIFの運用パフォーマンス例　471

3. $\frac{1}{N}$ポートフォリオ型EIFによる長期運用の実証　476

3.1　シミュレーションの基本的な考え方　476

3.2　シミュレーションの概要　479

4. シミュレーション結果と評価　488
　4.1　多期間アルファは正となったか　489
　4.2　シミュレーション結果を連続複利バージョンの
　　　 修正シャープ尺度によって評価する　503
　4.3　標準偏差リスクの推定と平均回帰性について　505
　4.4　長期運用の実証分析のまとめ　512
5. $\frac{1}{N}$ ポートフォリオ型 EIF の応用　514
　5.1　多期間ポータブル・アルファ戦略　514
　5.2　本書の総括と今後における長期運用の展望，および，
　　　 読者へのメッセージ　516
APPENDIX CH-6　なぜ分散・共分散の推定は平均の推定よりも
　　　　　　　　容易なのか　523
コラム11　Malkiel 教授の「代表的標準株式」と
　　　　　期待収益率にかかわる全平均モデル　448

参考文献　529
謝　　辞　541
索　　引　543
著者紹介　554

序　章

多期間の資産運用と本書のメッセージ

　本書のテーマは，長期の証券投資である．長期・多期間の投資決定の理論とその実践方法を明らかにするために序章の他に計6つの章を用意した．

　本書は，読者対象として，人生設計のために長期の資産運用を考えている消費者（投資家）だけでなく，職業として，顧客の長期資産運用についてアドバイスを行ない，あるいは，実際に資産運用を行なう専門的投資家，または，長期資産運用のあり方について学術的な見地から関心をもつ企業や大学などの研究機関に所属する研究者を想定している．

　本書において私たちは，経済学の立場から，長期投資に関わる多数の先行研究を踏まえ，現在時点における到達点と思われる種々の理論モデルを提示して，批判的に検討する．それらの理論を私たちは，長期投資の実践に耐えうるかどうかという観点から数値実験をし，また，わが国の現実のデータによって検証する．本書が企図したことは，私たちが最善と判断した長期投資の方法論を明確に示して，最終的に，ポートフォリオ構築のための具体的なメッセージとして読者に伝えることである．

　資産運用の計画運用期間やその長さを本書では投資ホライズンとよぶ．資産運用のあり方は，その投資ホライズンの設定の仕方によって少なからず異なったものになる．本書では，目安として，投資ホライズンが3年程度までを短期，3年を超える場合を中・長期とするが，とくに長期という場合には，投資ホライズンはおよそ10年以上と想定する．本書のテーマは，したがって，10年以上の計画運用期間を設定した場合に，合理的な証券運用をどのように組み立て，実行するか，である．

短期であればインフレの影響は無視可能であり，利子率の水準変化もそれほど大きくないことが普通である．また，株式や国債といった利用可能な金融資産のメニューとそれらの投資対象としての性質はさほど変化せず，したがって，与えられた投資機会集合（Investment Opportunity Set）も不変とみなしてよいだろう．そのとき，資産運用に使用する理論モデルは，投資理論でいう1期間モデルである．ここで1期間とは，投資家の選好体系あるいは投資機会集合が変わらないような時間的広がりのことであって，投資家は，期末すなわち運用期間終了時に資産を売却して，消費財を購入すると想定する．投資家が，消費から得られる効用の期待値（期待効用）が最大になるように行動するならば，運用資産のポートフォリオの内容は，投資家の選好体系を表わす効用関数，および，投資可能な資産が生み出す収益の確率分布に応じて決定されることになる．

20世紀において，証券投資の理論と資産運用実務の双方において革命的ともいうべき影響を与えた投資理論は資本資産評価モデル（CAPM）である．この理論は，資産市場が完全競争市場であり，同質的期待形成，すなわち，すべての証券の期待収益率と分散，および証券間の共分散の値について，投資家の推定値が完全に一致している状況を前提している．そのうえで，投資家のリスクとリターンに対する選好は第1章で解説する平均・分散分析によって表現されると仮定する1期間モデルである．その論理的帰結として，すべての投資家は市場ポートフォリオと無リスク資産のみからなるポートフォリオを選択し，投資のリスクはベータという組織的リスクの指標によって表現されることになる．

CAPMは資産運用の現場にも浸透している．有能な運用者であれば，市場ポートフォリオの代理としてのインデックス投資と，短期国債等の無リスク資産への投資により達成される収益を確保しようとするにとどまらず，それを超過する投資収益をあげることを目指すだろう．この超過収益のことを「運用の付加価値」もしくは「運用のアルファ」とよび，内外の多くの運用会社がその獲得を資産運用上の目的と設定してきた．このような，市場インデックスを1つの基準として資産運用を捉えようとすること自体，上で革命的と表現したCAPMがもたらした効果である[1]．

本書の著者が半世紀以上生きてみてわかったことは，その境目が常に明確に画されるわけではないものの，私たちの人生には，確かにライフステージというものが複数存在し，その連なりは同質的な1期間というよりも多期間と表現するのが妥当ではないか，ということである．投資ホライズンを，仮に，ライフステージに対応させて多期間として設定するならば，投資モデルを多期間に拡張するためには，外生的に現れる投資機会の変化を考慮しつつ，種々の修正を行なう必要がある．一例として，1期間モデルでは明示的に分析する必要がなかった複数期間における消費と貯蓄の意思決定をあげることができる．この，投資期間の変化，および，私たちのライフステージの進行に応じた消費についての意思決定が，投資決定に重大な影響を及ぼす可能性があることは経験的にも明らかであろう[2]．

　経済学では，投資家とは，消費によって効用を得る経済主体としての消費者が，効用の最大化を目的として貯蓄を資産市場で運用するときの仮の姿と考える．多期間においては，各期間における消費の残額である貯蓄を資産運用し，それによって獲得した投資収益と他の富や所得とを合わせた総額の一

---

[1] 完全競争市場においては，証券投資は純現在価値（NPV）がゼロの投資であるから，「付加価値」を生む可能性はないと考える読者もおられるだろう．投資実務において，敢えて「運用の付加価値」という言葉が用いられている理由を推察すると，現実には完全競争市場の仮定は成立せず，投資技法の工夫によって多くの摩擦的費用を節約できる可能性があること，また，情報の入手可能性と，それを解釈し，選別して利用する能力は運用者により異なるため，同質的期待形成の仮定は成立せず，すぐれた運用者は恒常的に市場の平均を上回る成果を，そうではない投資家の「犠牲」のもとに獲得可能である，といった共通認識が存在するためではないだろうか．

[2] パーソナル・ファイナンスの視点に立てば，投資ホライズンが長期・多期間にわたるとき，投資家は，消費水準も，またそれによって得られる効用も，自らのライフステージの変化に応じて適度・適切に変化させることを望むだろう．卑近な表現をすれば，多くの人は，高齢期においては，それ以前に比べてあまりにも低い（みすぼらしい）消費水準は避けたいといった願望をもち，また逆に，年相応とかもったいないといった「人生哲学」涵養の結果として，あまりにも高い（華美にすぎる）消費水準もまたどうかと考えるようになるということである．さらには，各ライフステージ（年齢期）において適切と認識する消費水準はそれまでの人生における消費の歴史（経路）にも依存するだろう．このように，多期間を生きる私たちにとって，投資リスクないしリスクに対する回避性や許容度は，本来的に，各投資家のライフステージ間の消費変動に対する選好のあり方を記述すべきものであって，また，投資ホライズンと関連して定義・計測されるべきものである．

部を消費して効用を得るという行動を毎期繰り返す．したがって，多期間における最適な投資決定を分析するためには，最適な消費決定についても同時に考察しなければならない．さらに，長期・多期間における毎期の消費から得られる効用が，多期間全体を通じての効用（生涯効用）とどのように関連しているのかを明らかにする必要がある．これらの点において，多期間投資モデルの分析は1期間分析と大きく相違している．

　CAPM を含め，標準的な1期間の投資理論は，期末の消費から得られる効用の期待値である期待効用を投資家が最大化しようとすると前提して構築されている．金融資産への最適な投資は，期待効用を最大化するような期末の消費を実現できるように決定されると考えるのである．この考え方を期待効用最大化原理とよぶが，そこで前提される1期間の期待効用関数は，期末の世の中の状態に応じて消費水準が異なることを嫌う性質，すなわち，投資家が消費変動のリスクを回避することを前提に構築されている．多期間の枠組みにおいても，投資家は消費から得られる効用を最大化し，消費の変動は好まないという基本的な考え方は変わらないが，しかし，消費の変動は各期間の期末に実現する異なる状態間（Across States）の消費変動だけではなく，それに加えて，投資機会集合の変化とライフステージの進行に応じて，異なる時点間（Across Periods）での消費変動によっても引き起される．

　経済学者は，1期間の期待効用関数を多期間の期待効用関数に拡張すれば多期間投資モデルが構築できるのではと考えて種々試みたものの，結果として，期待効用関数ではこの2種類の消費変動リスクを独立に扱うことができないという欠点が明らかとなった．そして，これを克服する方法として，再帰的効用関数という非期待効用関数が導入される．本書では，1章を割いて再帰的効用関数に基づく投資理論を解説するが，結論をいえば，異なる時点間のリスクのもとでの最適消費決定は，投資家の同リスクに対する許容度に敏感に依存するものの，最適投資決定の結果として得られる最適ポートフォリオの内容は，主に，異なる状態間のリスクに対する回避度により決まることが明らかとなる．しかしながら，この複雑化した理論を現実の投資戦略として適用するためには，理論上の大胆な単純化が必要であって，その結果として得られる疑似解析解による最適ポートフォリオの構築は，長期投資の実

践に適しているとはみなせないと私たちは結論した.

　以上の分析結果と向き合って，私たちは，再帰的効用関数と，その特殊ケースとしての期待効用関数による意思決定は，最適消費においては大きく異なるものの，ポートフォリオ構築という点ではほとんど差がないことに驚き，かつ，注目した．そこで，ライフステージ間における最適消費のあり方については明示的に分析することを保留し，再び，格段に操作性が高い，期待効用関数を前提とする実践的な長期投資理論の構築に力を注ぐことに方向を転じたのである．

　長期，連続時間の投資理論では，リスク資産価格が幾何ブラウン運動に従うという仮定をおくのが標準的であるが，そのとき，瞬間的な投資収益率は正規分布に従うため，任意のリスク回避的効用関数のもとにおいて，1 期間モデルで検討した平均・分散選好の仮定が毎瞬間において成立することになる．最適成長ポートフォリオ（Growth Optimal Portfolio; GOP）の手法は，期待効用最大化モデルとは無関係であるとみなされて実務において利用されてきたが，これは，連続時間上での平均・分散分析の枠組みにおける 1 つの特殊ケースとして取り扱うことが可能である．この分析枠組みにおいては，さらに，投資家のリスク回避の程度に応じた長期投資のための最適ポートフォリオを 1 期間モデルの応用として構築することができる．

　私たちは，この分析結果を有効に利用するため，連続時間取引が可能であるという虚構を前提にした最適ポートフォリオによって現実の離散取引における真の最適ポートフォリオを近似可能かどうか，その検証方法を提示したうえで，リスクとリターンの推定誤差の問題に取り組むことにした．すなわち，年来，リスク資産の期待収益率推定の困難さに起因して，最小分散ポートフォリオのポートフォリオ比率が非常に不安定になる問題が指摘されてきた．この問題について，私たちは，共分散行列とともに，期待収益率の推定においても，後述する全平均モデルを適用して使用すべきであるとの結論に至った．

　最終章では，私たちが試行錯誤の末に到達した長期運用のための投資戦略を，読者への明確なメッセージとして提示する．それは，上記した推定誤差の問題を回避・解決するだけでなく，基本的な考え方や実務応用の仕方も驚

くほど単純であり，かつ，明快である．その単純明快なメッセージを，その背後にある深い理論的洞察とともに読者に伝えることができるならば，本書の目的は達成されると，私たちは考えている．

以下，第 1 章からの議論に先立ち，本書全体がどこに向かって進もうとするか，いわば長期投資の理論と実践を導く羅針盤を，実務界において耳にすることが多い「運用スタイル（Investment Style）」をキーワードとして説明する．さらに，全 6 章を論述するためにしたがった記号の使用方法について，あらかじめまとめて示しておく．

運用スタイル

資産運用の世界では，「運用の付加価値」の獲得を資産運用の目的として設定することが多いと聞く．それは一般に「運用のアルファ」あるいは単にアルファとよばれて，両者は同義的に扱われているようである．運用の付加価値とは，投資家から資産運用を委託された運用者が，あらかじめ設定された比較対象となるベンチマーク（たとえば市場平均や日本と世界の株価指数）に対して，どれほどこれを凌駕できるか（できたか）を定量的に表現したものである[3]．金融資産による資産運用には，当然，ベンチマークのリスクに見合ったリターンが期待されるが，有能な運用者は，この当然に期待されるリターンを凌駕する能力をもっており，それは運用開始以前における期待水準を表現する母数として，あるいは運用期間終了後に運用成果という形で，運用能力を体現する実現値として観測されると投資理論では考える．したがってアルファは，運用者の能力を，リスクとリターンのトレードオフのもとで適切に表現するものでなければならないが，現実には，適切とはいえない，いわば鍵カッコつきで表わすべき「アルファ」が，正しいアルファと混同され，両者ともに利用されている．この問題については後章で本格的に論じ

---

3) アルファの語源は，後述する「ジェンセンのアルファ」であり，本来は，組織的リスク（ベータ）とリターンの関係を表わす証券市場線に対して，当該ポートフォリオのリターンがどれほど上回ったかを表わす尺度である．しかし，現在，アルファ，あるいは運用のアルファという言葉は，ジェンセンのアルファにとどまらず，評価対象のベンチマークをどれほど上回る運用成果をあげ得るか，あるいはあげたかを意味するようになっている．

る．

　さて，運用スタイルとは，運用者が投資に関する自らの基本哲学に基づき，計画された運用期間（投資ホライズン）において，運用の付加価値の達成のために，どのようなリスクとリターンのトレードオフを選択し，どの資産市場で，どういう投資戦略を使って実現するかという，類型化された資産運用の形態のことである．ここで投資戦略とは，具体的なポートフォリオの構築方法だけでなく，いつ運用開始するか，および，いつ当該資産での運用を終了するかという投資タイミングの決定をも含めた広義の概念である．運用スタイルは，したがって，その運用者の特徴と競争力を直接かつ決定的に規定する．株式投資における運用のアルファをどのような投資によって獲得するかという点でみれば，たとえば，成長株，バリュー株（割安株），小型株といった，特化されたスタイルにおいて追求する運用者もあれば，分散投資を基本とし，そこへ市場予測を織り込んだタイミングを重視してアルファを追求する運用者も存在するだろう．したがって，運用成果の評価のためのベンチマークは，運用スタイルに応じた指標であることが望ましい．

　具体的なイメージを示すために，1つの例として，後述するシャープ尺度というパフォーマンス評価尺度が運用成績評価に使用されるという仮定のもとでの運用スタイルについて解説しよう．この評価尺度は，運用対象となる資産が複数の株式と無リスク資産であり，無リスク資産を自由に空売りできる状況を前提したものである．投資ホライズンは1期間であって，ここでは，それが1年間であるとする．さらに，リターンはポートフォリオの投資収益率の期待値である期待収益率によって，リスクは投資収益率の標準偏差あるいは分散によって把握できるとする．この標準偏差リスクには，多くの銘柄に分散投資することによって消失してしまうリスクも含まれており，「トータル・リスク」ともよばれるものである．期待収益率がどれほど無リスク利子率を超過しているか，その水準を標準偏差で除した値がシャープ尺度であり，それは，横軸に標準偏差，縦軸に期待収益率をとった平面上で当該ポートフォリオの座標と無リスク利子率を表わす座標を結ぶ半直線の傾きに等しい．これは，投資家が運用可能な資金のほとんどを単一のポートフォリオで運用する場合に適切な評価尺度である．

シャープ尺度によって運用の巧拙を評価すると定められれば，この値，すなわちトータル・リスク1単位当たりの「運用の超過リターン」を最大とすることが運用者であるファンド・マネージャーの目標として設定されることになる．そして，資産運用の現場では，株価指数のような市場全体を表わすインデックスをベンチマークとして，そのシャープ尺度との比較で運用者の技量が評価されることになろう[4]．

　図序-1は，横軸にリスクとして投資収益率の標準偏差を，縦軸にリターンとして期待収益率をとったものである．この図において，点Mは市場ポートフォリオとよばれ，市場で売買されるすべての資産を，その時価総額の比率で組み込んだポートフォリオと定義される．点Fは無リスク資産を表わしており，もし投資家が市場ポートフォリオと無リスク資産へ自由に投資可能であるならば，その投資機会は図中のFとMとを結んだ点線の半直線で表現できることが知られている．この直線は資本市場線（Capital Market Line，以下 CML と略す）とよばれ，理論的には，CML 上に位置するポートフォリオがすべてのポートフォリオの中で最も大きなシャープ尺度をもつことが明らかになっている．標準的な投資理論においては，（標準偏差，期待収益率）－平面で，個人投資家あるいは資産運用者が CML よりも上方に位置するポートフォリオを構築することは不可能とされている．

　しかしながら，現実の資産運用においては，真の市場ポートフォリオを構築することも，また，観測することも不可能であるため，その代理として，株価指数，たとえば TOPIX（東証一部株価指数）が評価対象のベンチマーク

---

[4] ファンド・マネージャーは，設定された運用評価尺度の最大化を行なうような資産運用を選択するが，それが真に，運用委託者である投資家の期待効用最大化をもたらすものかどうかは慎重に検討すべき問題である．運用者の投資スタイルが，一見，運用委託者（投資家）の期待効用最大化と無関係にみえる場合であっても，投資家のリスク・リターンに対する選好が平均・分散選好，すなわち，投資収益率の確率分布について，平均と分散以外には興味がなく，同じ分散（あるいは標準偏差）ならばより高い期待収益率を好み，同じ期待収益率ならばより小さい分散（あるいは標準偏差）を好むならば，運用受託者（運用者）は無リスク資産への投資とリスク資産ポートフォリオへの投資を適切に組み合わせて，当該ポートフォリオと同一のシャープ尺度をもち，かつ，期待効用を最大化する最適ポートフォリオを構築することができる．そして，シャープ尺度が高いリスク資産ポートフォリオほど，より大きい期待効用をもつ最適ポートフォリオの構築を可能にする．

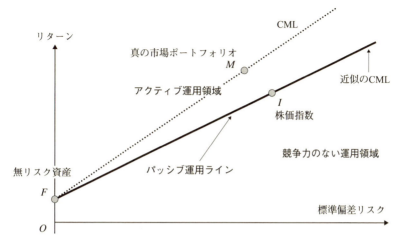

図序-1　運用スタイルの分類

として利用されている．図序-1の点Iが代理変数としての株価指数（インデックス）を表わしている．ある資産の同平面上の位置をリスク・リターン・ポジションというが，Mの真の位置は観測不可能であるのに対し，I, Fの位置は，投資収益率の実現値から推定することができる．

図中の実線の半直線FIを本書では「近似のCML」とよぶが，真の市場ポートフォリオが近似のCMLの上側に離れて位置するように描いてある点に注意したい．図序-1の近似のCMLには「パッシブ運用ライン」と，また，近似のCMLより上の領域には「アクティブ運用領域」と記した．ポートフォリオIのリスク・リターン・ポジションはインデックスファンド（Index Fund）への投資によって実現できる．ポジションFは，国債で運用すればよい．このように，インデックスファンドと無リスク資産の組み合わせによって実現可能なリスク・リターン・ポジションを達成しようとするのは消極的（passive）であるという意味を込めて，これをパッシブ運用という．

インデックスファンドは，株価指数連動型ファンド，あるいはETF（Exchange Traded Fund，上場株式投信）ともよばれる投資信託であるが，たとえばTOPIX連動型であれば，東証一部上場銘柄（あるいはその一部）の時価総額をウェイトとするなどして機械的に組み入れたものであって，リス

ク・リターンの最適化や個別銘柄に関するファンダメンタルズ分析結果の適用などは行なっていない．また，理論上の市場ポートフォリオとは異なり，分散可能なリスクが残っている「非効率な」ポートフォリオである可能性が高い．

したがって，運用会社が組織の総力を結集して入手した企業情報を駆使してファンダメンタルな分析を行ない，また，市場，業種セクター，あるいは個別銘柄についてストラテジック（戦略的）な予測を立てて運用すれば，「近似のCML」の左上方に位置するような，インデックスファンドよりも大きいシャープ尺度をもつポートフォリオを構築することは，たとえ困難であるにせよ，決して不可能ではないと想像される．そのようなポートフォリオは，単純なインデックス運用（パッシブ運用）に比して，投資家の期待効用を確実に高めるはずである．このような方針で臨む運用スタイルがアクティブ運用である[5]．実務上では，近似のCMLを凌駕することが，「運用の付加価値」すなわちアルファを実現することとみなされる．そして，恒常的に正のアルファを実現することは非常に難しいと信じられている．

以上の例は，証券投資の実務において，CMLを凌駕するパフォーマンスをあげることは不可能であるという，後述する平均・分散分析の理論的帰結を鵜呑みにしてはならないと注意喚起する目的でとりあげた．なぜならば，現実には，真の市場ポートフォリオが観測不能であるだけでなく，同質的期待形成が成立するとは到底考えられないからである．同一の証券についてであれ入手可能な情報量が異なり，その解釈や使用方法が異なるので，優れた予想を行なう運用者とそうでない運用者が同時に存在し，各証券について，運用者・投資家ごとに異なるリスク・リターン・ポジションを認識していると考える方が自然である．そのとき，優れた予想を行なうことができる運用者は，そうではない運用者・投資家の犠牲のもとに，市場平均を上回るシャープ尺度を実現できる可能性がある．さらに，投資ホライズンが長期・多期間にわたるならば，短期では考慮する必要がなかった投資機会の変動が生じ

---

[5] アクティブ，パッシブというのは運用スタイルのひとつの表現・分類方法であって，ここでは1期間モデルについて表現しているが，多期間の枠組みにおいても同様に定義できる．

るため，市場ポートフォリオ，あるいはその代理変数を恒常的に上回るポートフォリオを構築し，多期間でのアルファを実現する創意工夫の余地はさらに拡大する．本書の目的を一言でいえば，長期投資において，どのようにして「運用の付加価値」としてのアルファを実現するかを，理論と実証の両面から明らかにすることである．

　ややもすると安直に扱われがちな運用スタイルという概念には，このように，資産運用を委託する投資家のリスクとリターンに対する選好はもとより，様々な情報と運用者の主張が色濃く反映されている．運用期間（投資ホライズン）の長短を問わず，運用スタイルは，運用者が属する組織の総体が共有する投資理論に関する知見の有り様と水準とを外部に向けて端的に表明するきわめて重要，かつ，慎重に扱わねば「危険」とみなすべき概念であるといえる．

投資収益率とその計測

　投資の成果を表現するには，まず，投資収益を計測しなければならない．投資理論では，投資収益を意味する「リターン」という言葉は 2 つ（より細かく分ければ 4 つ）の異なる意味で用いられている．第 1 は，確率変数，およびその実現値としての投資収益（Return）あるいは投資収益率（Rate of Return）の意味である．第 2 には，これらの期待値としての期待収益（Expected Return），あるいは期待収益率（Expected Rate of Return）の意味である．投資収益の単位は「円」である．一方，投資収益率は投資収益を運用金額（元本）で除した値であり，単位をもたない無名数（次元のない数）である．

　投資収益としてのリターンは，2 つの異なる様態で投資家にもたらされる．1 つは現金としての収入であり，（和製英語ではあるが）インカムゲインとよぶ．株式ならば配当，債券ならば利子，投信ならば分配金である．他の資産の場合には利息や配当のことである．もう 1 つの形式はキャピタルゲイン（Capital Gain）であり，資本利得と訳す．これはインカムゲインをもたらす権利や証券自体の価値の値上がり益である．株式，債券や上場投信であればキャピタルゲインはそれら価格の上昇分であり，投資信託であれば基準価額

の上昇分である．一般に，インカムゲインの変動リスクは相対的に小さく，キャピタルゲインの同リスクは大きい．

投資額1円当たりの収益を表わす投資収益率としてのリターンについて，以下では，代表的なリスク資産である株式に投資する場合の計算手続きを示そう．

株価は，時間を通じて確率的に変化する．いま，現在時点を t としよう．ある株式の株価が観測可能であり，それを P_t とする．一方，将来時点 $t+1$ の株価を $\tilde{P}_{t+1}$ とし，さらに同時点に $\tilde{D}_{t+1}$ の配当が支払われるとする．現在時点 t では，将来の株価 $\tilde{P}_{t+1}$ と配当 $\tilde{D}_{t+1}$ がどのような値をとるかはわからず，その実現値は当然ながら観測不可能である．時点 $t+1$ に確定する株式投資収益率 $\tilde{R}_{t+1}$ は，時点 t においては次式で定義される[6]．

$$\tilde{R}_{t+1} = \frac{\tilde{D}_{t+1} + (\tilde{P}_{t+1} - P_t)}{P_t}$$

現在時点からみるとき，将来の株価 $\tilde{P}_{t+1}$ と配当 $\tilde{D}_{t+1}$ は不確実に変化する確率変数なので，投資収益率 $\tilde{R}_{t+1}$ もまた確率変数である．変数の上の波型（˜）はティルダ（Tilde）とよばれ，確率変数であることを示すために付してある．

確率変数は，どのような値が実現するか事前には特定できない．しかし，時点 $t+1$ になれば P_{t+1} と D_{t+1} として確定し，観測できるので，これらの実現値を用いて事後的には収益率を測定することができる．

時点 t から時点 $t+1$ までの期間が1か月の場合には，上の定義式は月次の投資収益率を与える．これを以下では月次収益率とよぶことにする．同期間が1年の場合には，上式が定義するのは年次収益率である．本書では，「月次」，「年次」のように，等間隔で区切られた投資期間の物理的な長さを表わすときには「次」を用いる[7]．本書では，投資収益率と類似の概念として，他

---

[6] まだ，期間の概念の厳密な定義を与えていないので，ここでは，時点 t を現在，時点 $t+1$ を将来と曖昧によんでいる．期間については第1章1節および第2章1節で扱う．

[7] 物理的に同じ投資期間の長さであっても，収益率を表現するときには，時間の長さを表わすうえで月や年といった異なる単位を用いることができる．それが「月率（per mensem）」，「年率（per annum）」表示である．たとえば，1か月の間に資産価格が1000円から1020円になった場合，単利表示では，月次収益率＝20円÷（1000円×投資期間）

に，騰落率を用いる．これについては当該の箇所で定義し，使用することとしよう．

本書での数式の使用，および，記法について

本書における数式の展開は，自然科学系出身の読者からは冗長に過ぎるという批判を受けることを覚悟しつつ，人文科学系出身の読者でも辛抱強く努力するならば完全に理解できるように詳しく記述した．数式展開の冗長さが論理の流れを阻害することのないように，また，読者が式を飛ばして読み進んでも内容の大まかな理解には支障がないように，表現方法には十分に配慮した．また数式は，全章を通じて以下の一貫した方針に基づいて書いた．

(1) 投資理論を扱う論文等でみられる記法として最も標準的であり，また，多期間投資に関する問題を幅広くカバーしているために使用する記号群が網羅的であるという理由から，基本的に，Campbell and Viceira (2002)，および Campbell, Lo and MacKinlay (1997) が採用している変数の記法と方針に倣った．演算記号は立体（ローマン体），ベクトルおよび行列は太字の立体，変数はイタリック体とした．

(2) 説明文中でポートフォリオや銘柄を示すために使用する文字と記号は，変数ではないものの，慣行にしたがってイタリック体とする．ただし，複数のアルファベットが並ぶ場合には，ベクトル表示との混同が生じないことを確認した上で立体を使用する．このとき，SPM と spm のように，大文字か小文字かによって記号の意味が異なるものがあるので留意されたい．
　　例．p, GMVP, GOP, SPM, spm

と計算されるが，ここで投資期間を月を単位として1か月とすると，月次収益率＝20円÷(1000円×1か月)＝2%(/月)であり，これを月率表示とよぶ．同じ投資期間を年を単位として (1/12) 年と表せば，月次収益率＝20円÷{1000円×(1/12)年}＝24%(/年)となり，これを年率表示とよぶ．本書では，投資期間の物理的な長さを示すときには「月次」のように「次」を用い，物理的な時間の長さにかかわらず，時間の表示単位で区別して収益率を表現するときには「月率表示」のように「表示」と明記して，起き得る混乱を回避することにする．

(3) 既述のように，確率変数にはティルダ（˜）を付してこれを表わす．確率論では，確率変数を表わすときには大文字で表記し，その実現値は小文字で表記する，ないしは，確率変数は小文字にティルダを付し，その実現値はティルダを付さない小文字で表記するという慣行がある．しかし本書では，（一般に，価格を P に，収益率を R に，富には W を当てるといった）経済学における堅固な慣用があるために使用可能な文字種類が限られる点を考慮して，大文字，小文字にかかわらず，ティルダを付した場合には確率変数，ティルダを付さない場合にはその実現値という表記法を採用した．

(4) 計量経済学における推定量と推定値について．分布の母数（パラメター）の推定量は確率変数であるが，ティルダは付さず，慣行にしたがってハット（ˆ）を付す．標本平均は母平均の推定量の 1 つであるが，これもまた慣行にしたがい，ハットではなく，バー（ ̄）を付す．

例．母平均 μ，その一般的な推定量 $\hat{\mu}$，推定量として標本平均を用いたときには $\hat{\mu}=\overline{X}$ と表わす．

推定値は，確率変数である推定量の 1 つの実現値であるが，両者の記法上の区別は行なわず，文脈で判断する．ただし，推定量ではなく，推定値であることを強調するために，例外的に，上付きの添え字「°」を付した箇所がある．

例．標本平均の推定値 $\overline{X}°$

(5) 確率計算の演算記号である期待値 E[・]，分散 Var[・]，共分散 Cov[・,・]，相関係数 Corr[・,・] 等は字体をイタリックとせずに立体とし，角括弧 [ ] と組み合わせて記す．

(6) 投資収益率などに付す下付きの添え字は，確率変数としての投資収益率が実現する時点，すなわち，それが確定し，観測可能となる時点を使用する．したがって，リスク資産 i の第 t 期における投資収益率はその実現値が確定する時点である $t+1$ を添え字にして，実現値は $R_{i,t+1}$，確率変数は

$\tilde{R}_{i,t+1}$ である.内外の多くの文献では,第 t 期のリスク資産収益率の添え字を,実現するのが時点 $t+1$ であるにもかかわらず,第 t 期中の投資だからという理由で t とするものが多い.本書は,条件付き期待値の計算上で理論的混乱をもたらすと考え,上記の方針を採用した.

　また,無リスク資産の収益率(無リスク利子率)については,1 期間モデルでは常に確定しているので R_f であるが,多期間モデルでは,ある 1 期間(たとえば $t-1$ 期)の期初から期末までは確定値であっても,それから将来の期間では,各期間(たとえば第 t 期)の期初には異なる値を実現する確率変数と考える.したがって,将来の第 t 期の無リスク利子率は確率変数ゆえ $\tilde{R}_{f,t}$,時点 t になってその値が実現し,確定したときには $R_{f,t}$ とする.

(7) 銘柄 i の投資期間中の配当と値上がり益を合算したものが投資収益であり,それを投資金額で除した値を単利ネット表示の投資収益率とよんで,その値が確定する以前には大文字を用いて $\tilde{R}_i$ と書く.その元本込みの投資収益率を単利グロス表示の投資収益率とよび,それは $1+\tilde{R}_i$ である.これを連続複利表示の投資収益率として表わすときには,その自然対数をとって $\ln(1+\tilde{R}_i)=\tilde{r}_i$ とし,小文字で表わす.無リスク利子率についても同様とする.

(8) 連続複利表示の投資収益率について期待収益率や共分散行列などの母数を定義して使用するとき,その母数には連続複利表示であることを強調してドット ($\cdot$) を付す.
　　例.連続複利表示の投資収益率の共分散行列は $\dot{\Omega}$,同じくベータ値は $\dot{\beta}$

(9) 添え字が 2 つ以上ある場合には,それらをコンマで区切る.また,添え字にはティルダを付さない.
　　例.$\tilde{X}$ と $\tilde{Y}$ の共分散,$\sigma_{X,Y}$

(10) 最適化問題を解いて直接得られる変数にはアステリスク(*)を付す.

同じ変数であっても，最適化問題を解いた後でないものには付さない．そのとき，アステリスクによって区別するのは選択変数のみであって，最適化した変数に依存して決まる変数にはアステリスクは付さない．

例．時点 t における消費と投資の最適化では，最適消費 C_t^* と最適ポートフォリオ $\omega_{i,t}^*$ がアステリスクを付す最適解としての選択変数である．このとき，最適化した結果としての最適投資額 I_t や次期の富 $\widetilde{W}_{t+1}$ には，選択変数ではないのでアステリスクは付さない．

なお，例外として，本書では最適ポートフォリオの投資収益率には，確率変数か，実現値かを問わず，アステリスクを付すことにした．たとえば，単利ネット表示のポートフォリオ投資収益率の実現値 $R_{p,t+1}$ は 1 期間の運用を経て時点 $t+1$ にある特定の値に定まるが，これが最適なポートフォリオによってもたらされた場合には $R_{p,t+1}^*$ と表記する．この表記方法は，選択変数にのみアステリスクを付すという方針（10）に照らして一貫性を欠くが，最適な投資収益率であることを強調する目的から敢えてこの方法を選んだ．連続複利表示の最適ポートフォリオ投資収益率 $r_{p,t+1}^*$ についても同様とする．

第1章

1期間モデルにおける最適投資の考え方

　この章では，1期間モデルの枠組みのもとで構築されている証券投資理論の中から，次章以降の長期間投資の分析において必要となる概念を選び，最低限の知識を整理する．これらを，詳しい説明や証明は省き，しかし，重要であるにもかかわらずややもすると見過ごされがちな理論的細部や先行研究を読み解く上での留意点を補いながら，紹介する[1]．

1. 1期間モデルに基づく投資決定

　ここではまず，1期間モデルとは何か，投資家あるいは投資家の資産を運用する者の投資に関する意思決定はどのように行なわれるのか，投資理論の考え方を解説しよう．

1.1　投資理論と効用関数

　個人投資家は，自ら資産運用をするだけでなく，職業として資産運用を専門に行なうファンド・マネージャーに資産運用を委託する．いずれの場合であれ，資金の最終的な出し手である個人投資家にとって，投資の目的は効用（Utility）の最大化であると考える．日常生活において，効用は幸福（しあわ

---

[1] 経済理論では，投資を実物資産に対する投資（実物投資）と金融資産に対する投資（証券投資）とに大別する．とくに断りのない場合，本書でいう投資は証券投資を指す．

せ，福祉）と読み替えても差し支えない．この点は，投資ホライズン（投資期間）の長短に関わらず成立するとみてよいだろう．投資理論が拠って立つ経済学では，投資成果である現金や財産自体が幸福をもたらすとは考えず，それらを用いて購入できる多種多様な消費財が幸せ，すなわち効用をもたらすと考える．したがって，大きな富は，大きな効用をもたらすことになる[2]．

1 期間モデルと多期間モデル

仮に，運用者が投資信託委託会社であり，運用サービスは投信商品を指すとしよう．投信購入者には，それが個人であれ，年金基金であれ，極端なリスク回避傾向を有する者（リスクを極度に回避する者や，逆に，それを大いに好む者）はほとんどいないと想定してよいと思う．したがって，数か月から数年の投資期間であれば，投資家のリスクに対する選好や，資産運用の対象である金融資産市場の性質は変わらないと考えてよいだろう．そのとき，「数か月ないし数年間からなるある1つの投資期間」について資産運用にかかわるリスクとリターンを定義・計測し，その期間の終了直後に，資産運用によって得られた資産すべてを売却して購入した消費財を投資家は消費すると考える．運用終了時に消費可能な消費財の量は，資産運用を行なうポートフォリオのリスクとリターンに応じて増減するため，期待できる消費の水準

---

[2] 私たち自身と私たちの身近にある家族の幸福こそが効用であり，パーソナル・ファイナンスにおける投資に関わる意思決定とは，本来的には，私たちの家族の幸福をどのようにして最大化するかという意思決定である，と私たちは考えている．ただし，ここでは投資理論を論じているので，宗教的，哲学的，世界市民的幸福論を追究するのではなく，あくまでも投資家個人の，消費生活を中心においた私的幸福論である．さらに，たとえ家族であれ，本人以外の消費生活を明示的に個人の効用に取り入れた分析は本書では行なわない．

なお，Gali (1994)，Abel (1990) らは，個人の効用が彼の消費のみならず，他の消費者の消費，あるいは経済全体の総消費にも依存すると想定した効用関数を用いた分析を開始している．その効用関数は「ジョーンズ家と張り合う効用 (Keeping Up with the Joneses Utiliy)」「ジョーンズ家に追いつく効用 (Catching Up with the Joneses Utility)」などと称されている．ここでジョーンズ家とは，米国紙に掲載された漫画のタイトルであり，その漫画の主人公のマクギニス一家にとって常に気になる存在として描かれる隣家である．

は資産運用によって変わり，それによる消費変動の大小は投資家の幸福を左右することになる．そこで，運用開始時において，将来消費がもたらす効用の期待値，すなわち期待効用が最大になるように最適な投資のあり方を考えるというのが，本書における投資の1期間モデル（Single Period Model）の定義である．

ところが，投資家の生涯（あるいは青年期から終末期までのライフサイクル）を考慮しながら，投資家が幸福を追求し，実現するための投資を理論的に考えようとすると，資産運用の投資ホライズンは自ずと30年程度以上にまで延びるだろう．すると，金融資産市場の性質，とくに金融資産のリスクとリターン，および金融資産相互の関係は変化し，そればかりか，投資に利用可能な金融資産のメニュー自体も変わる．さらに，短期間の投資ホライズンでは無視できたインフレーションの影響によって，同じ量の貨幣で購入可能な消費財の量が変化する．これらの，投資にかかわるすべての機会とその性質を投資機会集合とよぶ．投資ホライズンの長期化は，この投資機会集合に劇的な変化をもたらすことになる．

投資家の効用についても，30年の期間を経ると，同じ消費財から得られる幸福であっても，同一の水準であるとは限らない．消費とそこから得られる効用を記述する関数を経済学では効用関数（Utility Function）とよぶが，1期間の投資ホライズンにおいて定義される効用関数が，そのまま30年間の長期にわたって同一であるとは限らないことは経験からも明らかである．個人および家族が，どのように人生設計をして幸福を実現することができるかを資産運用の側面から明らかにしようとするパーソナル・ファイナンスという研究領域があり，そこでは人生の局面をライフステージとよぶ．投資ホライズンを長期にとると，同一のライフステージにおける消費変動とともに，異なるライフステージ間の消費変動がもたらすリスクが顕在化してくる．

投資理論では，このような投資機会集合の変化，および，パーソナル・ファイナンスにおけるライフステージの変化に対応して，投資ホライズンは1期間から多期間へと拡張されると考える．したがって，効用関数も多期間を扱い得る形に拡張され，そのもとで，効用あるいは期待効用を最大化するような投資のあり方，具体的なポートフォリオ構築の方法が検討されなければ

ならない．これが第2章以降で論じる多期間モデル（Multi-period Model）であり，本書のテーマである長期投資の理論である．

1.2　1期間モデルにおける不確実性

　私たちにとって出発点となるのは，不確実性下において，投資家の1期間の効用をどう考えるかという論理である．

　多期間という言葉は，1期間という時間的な広がりを複数集めた時間的広がりであることを暗に前提している．そのとき，1期間は，投資機会集合の性質が一定とみなすことのできる時間的広がりのことであった．具体的には，短期国債の確定利回りで表わされる短期の無リスク利子率が一定であり，株式や債券の価格変動リスクやデフォルト・リスク，およびそれらに対するリスク・プレミアムが変化せず，インフレーションによる名目値と実質値の乖離が資産価値に及ぼす影響が無視できるような期間のことである．それが物理的に何か月，あるいは何年になるかは，理論からは明らかにできない．そのため実務的には，投資機会集合が一定とみなすことによる不都合が無視できる程度で，投資の実践や成果の報告に便利な物理的期間，たとえば1年間を1期間とみなすことになる．

　1期間という物理的な時間の広がりは，その開始時点と終了時点によって規定される．前者を期初（もしくは期首），後者を期末とよぶ．期末時点にすかさず次の1期間がはじまると考える場合には，第0期，第1期とよび，あるいは，単に「現在」，「将来」とよんで，期間を区別する．その場合，第0期の期初を時点0，第0期の期末を時点1とよぶ．実数を直線で表現し，その上に時点1をとれば，1期間という概念においてそれは，次の期間である第1期の期初に限りなく近いことは明らかであろう．それが1期間の定義だからである．

　それに対して多期間モデルでは，分析の対象として，時点1の次には時点2が，その次には時点3が，…と時間が連なっていく．また，時点0から遡って，そこに至るまでの時点-1,時点-2,…という過去の歴史を想定することも多い．このとき，投資家が利用可能な情報の集合は，時間が進むにつ

れて拡大していく．

「世の中の状態」と 1 期間モデルが扱う不確実性

1期間モデルでは，時点 0 と時点 1 で区切られる 1 期間のみを考察する．そのため，無限に連なる時間を明示的に扱うことはなく，合理的な投資家は，時点 0 においてすべての利用可能な情報に基づいて期待を形成する．こうして，時点 1 になると，どのような世の中の状態（State of the World）が実現したかが明らかとなり，時点 0 においては確率変数であった金融資産価格も，その「世の中の状態」に応じて特定の値をとることになる[3]．

世の中の状態は，経済を構成する各企業の生産水準，利益，各金融資産が支払う配当や利子，分配金など，および，経済状況を表わすすべての要素によって記述され，区別されるものである．たとえ総生産の水準が同じでも，各企業の生産水準が異なるならば別の状態として区別しなければならない．また，消費者の視点からみれば，世の中の状態に応じて金融資産に対する投資の成果が異なるので，それを売却して購入できる消費財の水準も異なることになる．それが効用の水準を変え，しあわせのあり様を変える．

このようにして状態を区別して数えることができるのか，仮にそうだとして，状態の数は無限にあるのではないか，無限であるとしても本当に可算無限個なのか，そういった「哲学的」な議論は迂回して，以下では，状態の数は有限個であり，投資家はそれらが実現する確率を知っていると仮定する．

図 1-1 は，時点 1 で明らかになる世の中の状態が全部で S 個あるとして，不確実性が 1 期間モデルにおいてどのように記述されるかを図解したものである．便宜的に，時点 0 においてすでに明らかな現在の状態を状態 0 とよんでいる．

1 期間モデルでは投資機会集合が変動する問題は扱う必要がないため，分析は簡明である．図 1-1 に即して述べると，1 期間モデルの想定は次のようなものである．投資家は，時点 0 に突然すべての利用可能な資金をもって市

---

[3] 不確実性を扱う経済学では，「世の中の状態」のことを経済状態（State of the Economy），自然の状態（State of the Nature），あるいは，単に状態（State）という．本書では，世の中の状態，ないしは，状態とよぶことにする．

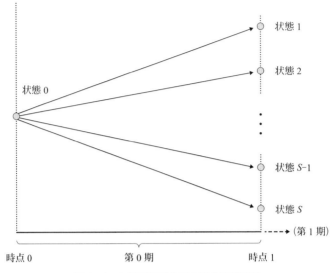

図1-1　1期間モデルにおける不確実性

場に現れ，最適に金融資産へ投資，運用する．時点1になると，全部でS個あった起こり得る状態のうち，ただ1つが実現する．投資の成果は，たとえば好況か不況かといった実現した状態に応じて金融資産の価値が定まることによって確定し，それらの資産を売却して購入できる消費財の量は，実現する状態によって異なることになる．ここに，消費変動リスクが存在するが，これは異なる状態間（Across States）のリスクである．投資家は消費者として，購入した消費財を瞬時に消費し尽くして後に，逝く．その意味で金融資産とは，将来の消費に対する請求権に他ならない．1期間モデルの明示的な時間的広がりは時点1で終了するので，消費は第0期期末，あるいは第1期期初からの一瞬間に行なわれると考えるのである．図から明らかな通り，1期間モデルでは，不確実性の問題は，異なる状態間のみの分析として扱うことができる．

金融資産収益の確率分布と効用関数の特定

　企業が発行する証券である株式と社債，および，政府が発行する国債に代

表される金融資産の将来収益は，無リスク資産を除けば，基本的には不確実である．この投資収益の不確実性を表現するために，確率が利用される．世の中の状態ごとに投資対象とする証券のペイオフ，すなわち収益の実現値と，その状態が生起する確率（確率関数）を特定するのである．多くの応用において，実現値が（加算無限を含む）可算個であるような離散型確率変数に加えて，実現値が非可算無限個存在し，連続的な量となる正規分布あるいは対数正規分布などに従うとする連続型確率変数が用いられている．

投資収益がもたらす消費に対する投資家の嗜好（Taste）あるいは選好（Preference）を表現する役割を果たすのが効用関数（Utility Function）である．とくに，不確実性をともなうペイオフに対する選好を期待効用関数によって表現することが，標準的な投資理論では広く行なわれてきた．詳細は他書に譲るが，von Neumann and Morgenstern（1944）によって提示された期待効用理論の理論的基礎は頑健であり，これは選好に関して7つの公理，すなわち，良識を備えた者であれば誰もが受け入れるであろう自然な仮定をおき，不確実性下の合理的な選択のあり方について，これらの公理から演繹的に導出された理論体系になっている．そこでは，籤によって表現される確率的な消費計画に対する合理的な選好順序と，期待効用によって形成する選好順序とが完全に同一であることが証明されている．また，期待効用関数の特徴として，正1次変換の範囲で一意に定まるという特質があり，多様であり得る各消費者の選好をかなり柔軟に記述できる．

投資家の選好を期待効用関数で表現するならば，不確実性下における最適な投資決定は，投資家の期待効用最大化をもたらすような投資の意思決定と言い換えることができる．そして，その意思決定においては，投資対象である金融資産収益の確率分布と，投資家の効用関数の両者を特定することが必須となる．

2. 効用関数による投資家の選好の表現

初期富（Initial Wealth）は，期初に所与の値として各投資家に与えられる財や金融資産の価値であり，具体的には，親から相続した遺産や人的資産（自らの労働力を労働市場で売却することへの対価として将来にわたって獲得する賃金・給与・報酬などの現在価値合計）があげられる．

さて，時点0において，この初期富 W_0 の全額が投資に利用可能であるとしよう．投資の成果は時点1に実現するので，その投資収益 $\tilde{Z}$ を投資の元本である初期富に加えたものが期末富 $\tilde{W}$ であるから，$\tilde{W}=W_0+\tilde{Z}$ と表現できる．1期間モデルゆえ，投資収益 $\tilde{Z}$ が時点1に実現し，期末富 $\tilde{W}$ の値が定まるのが時点1であることは明らかなので，両変数に付すべき添え字の1は省いてある．また，これらの変数は時点0においてはまだどのような値として実現するかがわからないので確率変数であり，それを表現するために変数の上にティルダ（~）を付してある[4]．

ここで，投資収益 $\tilde{Z}$ の期待値を $\mathrm{E}[\tilde{Z}]=\mu_Z$ と表わすことにすると，$\tilde{Z}$ は期待値がゼロの確率変数 $\tilde{\varepsilon}$ を用いて $\tilde{Z}=\mu_Z+\tilde{\varepsilon}$ と表現できる．以上をまとめたのが次式である．

$$\tilde{W} = W_0+\tilde{Z} = W_0+\mu_Z+\tilde{\varepsilon}, \quad \mathrm{E}[\tilde{\varepsilon}] = 0 \tag{1.1}$$

すでに述べたように，1期間モデルでは，時点1に期末富 $\tilde{W}$ がどのような水準を実現しようとも，その全額で消費財を購入して瞬間的に消費を行ない，投資家はその直後に死去すると考える．

---

[4] 時点0では投資収益率や将来価格等の変数の値はわからないが，これらの確率変数には，時点1が到来すると，実現した世の中の状態に応じて必ずひとつの実数が対応する．この実数を実現値とよぶ．

2.1 期待効用とリスク・プレミアム

いま、この投資家の効用関数を $u(x)$ と表現しよう[5]。いま、x として、(1.1) 式で与えられる期末富を代入し、期初においてその期待値を求めると、

$$\mathrm{E}[u(W_0+\tilde{Z})] = \mathrm{E}[u(W_0+\mu_z+\tilde{\varepsilon})] \tag{1.2}$$

となる。これが期待効用である。ここでは、期末の富 $\widetilde{W}$ 全額が消費されると前提している。たとえば、

$$\tilde{Z} = \begin{cases} Z_1\,(>Z_2) & \text{確率 } 0.5 \\ Z_2\,(>0) & \text{確率 } 0.5 \end{cases} \tag{1.3}$$

という 2 つの実現値をもつ離散型確率変数を考えると、$\mu_Z = \mathrm{E}[\tilde{Z}] = (Z_1+Z_2)/2$ ゆえ、

$$\tilde{Z} = \begin{cases} \dfrac{Z_1+Z_2}{2}+\varepsilon_1, & \varepsilon_1 \equiv \dfrac{Z_1-Z_2}{2}\,(>0) & \text{確率 } 0.5 \\ \dfrac{Z_1+Z_2}{2}+\varepsilon_2, & \varepsilon_2 \equiv \dfrac{Z_2-Z_1}{2} = -\varepsilon_1\,(<0) & \text{確率 } 0.5 \end{cases}$$

とおけば、(1.1) 式の表現に一致する。

期待効用の意味を明らかにし、リスク・プレミアムを定式化するために、まず、確率変数で表わされる不確実な収益 $\tilde{Z}$ について、その確実性等価 (Certainty Equivalent. 記号 Z^{CE} で表わす) を定義しよう。投資理論では、初期富 W_0 を保有する投資家が、証券投資によって 1 期間後に不確実な投資収益 $\tilde{Z}$ を得るものと考えて期待効用を認識するのであるが、以下では、$\tilde{Z}$ を

---

[5] 本書では、変数 x は、関数の変数を一般的に表わすときに用いる。効用関数 $u(x)$ は消費に対して定義されるので、変数 x は本来は消費財の量 C であり、その単位は消費財の単位量で表現した 1 単位当たりの消費財でなければならない。しかし投資理論では、1 期間モデルにおいてインフレの影響が無視可能な場合には、消費財を購入するための貨幣額で変数 x を代理させることができる。また (1 期間モデルゆえ)、期末富全額を消費に当てると仮定されるため、効用関数の変数 x として、$x=W$、すなわち富の水準自体を用いる。その場合の単位は貨幣単位「円」である。なお、多期間モデルを扱う本書第 2 章以降においては、消費を表わす変数として $x=C$ を使用し、たとえば、第 0 期の消費を C_0、第 1 期の消費を C_1 のように表現している。

投資による収益に限定せず，不確実な（確定値では表現されない）一般的な収益として議論を進めることにする．

いま，初期富 W_0 と不確実な収益 $\tilde{Z}$ がもたらす期待効用水準と同じ効用をもたらすような確実な収益の水準を考え，これを $\tilde{Z}$ の確実性等価と定義する．確実性等価 Z^{CE} は次式を満たす実数である．

$$\mathrm{E}[u(W_0+\tilde{Z})] = u(W_0+Z^{\text{CE}}) \tag{1.4}$$

次に，不確実な収益 $\tilde{Z}$ に対する（金額表示の）リスク・プレミアム Π を，期待収益とその確実性等価の差として[6]，

$$\Pi \equiv \mathrm{E}[\tilde{Z}] - Z^{\text{CE}} = \mu_Z - Z^{\text{CE}} \tag{1.5}$$

と定義する．(1.4) 式右辺の Z^{CE} を上式の Π を用いて書き直し，同式左辺へ (1.2) 式を代入すると，

$$\mathrm{E}[u(W_0+\mu_Z+\tilde{\varepsilon})] = u(W_0+\mu_Z-\Pi) \tag{1.6}$$

となり，リスク回避的投資家においては，図1-2 に示したようにリスク・プレミアムは正，すなわち $\Pi>0$ となる[7]．

リスク回避的な効用関数をもつ投資家について確実性等価とリスク・プレミアムの概念を図示した図1-2 の横軸は富の水準であり，期末の消費はこれと等しい額だけ行なわれる．縦軸には効用がとってある．図中の効用関数は増加凹関数の形状をしており，典型的なリスク回避的効用関数になっている[8]．この図には，先ほどの例を用いて，投資収益，

---

[6] Π はギリシア文字のパイ（pi）の大文字である．この小文字が π である．
[7] 本書では明示的に分析しないが，リスク中立的投資家では $\Pi=0$，リスク愛好的投資家では $\Pi<0$ となることは直感的に明らかであろう．
[8] 凹関数とは，任意の実数 $t\in[0,1]$ について，$f(tx+(1-t)y) \geq tf(x)+(1-t)f(y)$ が成立する関数 $f(x)$ のことであり，とくに，不等号「>」において成立する場合を，狭義凹関数とよぶ．凹関数は，視覚的には，関数のグラフの形状が上方に凹んでいる特徴がある．なお，自然科学では凹関数という呼称は一般的ではないようである．この用語に違和感を覚える読者は，凹関数を「上に凸な関数（Upward Convex Function）」と読み替えられたい．

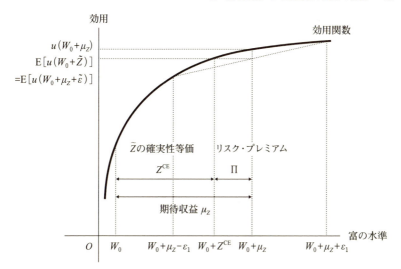

図 1-2 リスク・プレミアムと確実性等価

$$\tilde{Z} = \begin{cases} \mu_Z + \varepsilon_1 & \text{確率 } 0.5 \\ \mu_Z - \varepsilon_1 & \text{確率 } 0.5 \end{cases}, \quad \varepsilon_1 > 0$$

について，その確実性等価とリスク・プレミアムを示してある．同図より，

$$\mathrm{E}[u(W_0+\tilde{Z})] < u(\mathrm{E}[W_0+\tilde{Z}]) = u(W_0+\mu_Z) \tag{1.7}$$

が成立していることがわかる．この不等式は，u が（狭義）凹関数であれば，$W_0+\tilde{Z}$ に限らず，期待値が定義できる任意の確率変数について成立する数学的関係であり，イェンゼンの不等式（Jensen's Inequality）とよばれる[9]．

さて，(1.7) 式の左辺は，不確実な消費 $\tilde{W}=W_0+\tilde{Z}$ に対する期待効用である．また，不等式の右辺に現れる $\mathrm{E}[W_0+\tilde{Z}]=W_0+\mu_Z$ はその消費の期待値であり，確定値である．したがって，図のような増加凹関数の効用関数をもつ投資家にとっては，不確実な消費よりも，その平均水準に等しく，かつ，確実な消費のほうが効用は大きい．仮に，平均的には同じ消費水準をもたらす不確実な投資案と，確実な投資案とがあるならば，増加凹関数の効用関数

---

[9] イェンゼンの不等式に関する詳しい解説と証明を第 5 章のコラムにおいたので参照のこと．

をもつ投資家は，後者の方を選好するのであり，これが，リスク回避的効用関数とよばれる所以である．不確実な消費と確実な消費の効用の差は，効用関数の凹度（グラフの上方からみたときの凹み具合）が大きいほど拡大することは図より明らかである．また，凹度が増すほどリスク・プレミアムが増加し，確実性等価が減少することも予想できる．

図の横軸上で，投資家の初期富 W_0 は値が比較的小さいところに位置しているが，そのもう少し右側，すなわち，この投資家の初期富が図よりも大きい場合には，同一の不確実な収益 $\tilde{Z}$ に対する確実性等価とリスク・プレミアムはどう変化するだろうか．横軸上の，$W_0+\mu_Z-\varepsilon_1, W_0+Z^{CE}, W_0+\mu_Z, W_0+\mu_Z+\varepsilon_1$ の座標を，それぞれ，W_0 の増加分だけ右方向へ移動すれば，それに対応する Z^{CE} と Π を求めることができるが，もとの確実性等価やリスク・プレミアムと同じ水準になるとは限らないことは明白であろう．このように，同一の不確実な収益に対して同一の効用関数をもつ場合であっても，初期富の水準に応じて，投資収益に対する確実性等価およびリスク・プレミアムの水準は変化する．初期富が増加したときリスク・プレミアムがどのように変化するかは効用関数の形状に依存するということであり，その特徴を把握する指標がすぐ下でみる絶対的リスク回避度と相対的リスク回避度である．

このように，効用関数の凹度は，投資家のリスク回避の程度を表現するとともに，不確実な収益に対する各投資家の主観的なリスク・プレミアムを決定する役割を担っている．市場には，多種多様な効用関数と異なる初期富をもつ投資家が存在し，彼らが形成する主観的なリスク・プレミアムに応じて投資家ごとに各リスク資産への需要が形成される．市場ではそれらが合算された総需要と，各リスク資産の総供給が等しくなるような価格形成が達成されることになる．この一般均衡を解くような各リスク資産の市場価格，また，そのもとでのリスク・プレミアムを求めることは容易ではないが，たとえば，後述する資本資産評価モデルや，代表的経済主体を想定したモデルにおいては，市場と投資家の選好に強い仮定をおく結果，リスク・プレミアムを明示的に求めることができる．とくに後者では，市場で決定される各資産のリスク・プレミアムが，代表的経済主体の効用関数上でのリスク・プレミアムに一致する特徴がある．

投資理論の最も重要な課題の1つは，リスク資産のリターン（期待収益あるいは期待収益率）がどのように形成されるかを明らかにすることであるが，そのとき，効用関数の凹度が決定的に重要であることが理解されるであろう．

2.2 リスク回避度

経済学では，効用関数の凹度を測る尺度として，Pratt（1964）と Arrow（1970）によって導入された絶対的リスク回避度と相対的リスク回避度が利用されてきた．それぞれ，次のように定義される．

効用関数 $u(x)$ について，絶対的リスク回避度（Absolute Risk Aversion; ARA）は，

$$\mathrm{ARA}(x) \equiv -\frac{u''(x)}{u'(x)} \tag{1.8}$$

また，相対的リスク回避度（Relative Risk Aversion; RRA）は，

$$\mathrm{RRA}(x) \equiv -\frac{u''(x)}{u'(x)}x = \mathrm{ARA}(x)\cdot x \tag{1.9}$$

である[10]．期待効用関数は正1次変換の範囲で一意的であり，任意の実数 a と $b(>0)$ について，効用関数 $u(x)$ と効用関数 $\widehat{u}(x)=a+bu(x)$ は同一の選好を表現する．リスク回避度についても同じことがいえるかを確かめるために，$\widehat{u}(x)$ について $\mathrm{ARA}(x)$ と $\mathrm{RRA}(x)$ とを求めてみると，

$$\mathrm{ARA}(x) \equiv -\frac{\widehat{u}''(x)}{\widehat{u}'(x)} = -\frac{u''(x)}{u'(x)},\ \mathrm{RRA}(x) \equiv -\frac{\widehat{u}''(x)}{\widehat{u}'(x)}x = -\frac{u''(x)}{u'(x)}x$$

となり，確かに，正1次変換前のリスク回避度と一致する．このように，アロウ゠プラットのリスク回避度は，任意の期待効用関数について一意に定まるという長所がある．

---

[10] 相対的リスク回避度は，比例的リスク回避度（Propotional Risk Aversion; PRA）ともよばれる．

リスク回避度によるリスク・プレミアムの近似

上で，効用関数の凹度はリスク・プレミアムを決定する役割を担っているとした．2つのリスク回避度はこの凹度を捉える尺度であるゆえ，これらによって不確実な収益について，そのリスク・プレミアムを近似することができる．リスク・プレミアム Π を定めた (1.6) 式を再掲すると，

$$\mathrm{E}[u(W_0+\mu_Z+\tilde{\varepsilon})] = u(W_0+\mu_Z-\Pi) \qquad [(1.6)]$$

である．上式を Π について解くには，効用関数とともに，不確実な収益 $\tilde{Z}=\mu_Z+\tilde{\varepsilon}$ の確率分布を特定する必要がある．しかしほとんどの場合，左辺を解析的に表わすことは困難である．そこで，以下では，$\tilde{\varepsilon}$ をゼロの周りで2次までテイラー展開し，Π の近似を考えることにする．

まず右辺であるが，確定値 $W_0+\mu_Z$ の周りで1次近似すると，

$$u(W_0+\mu_Z-\Pi) \approx u(W_0+\mu_Z) - \Pi \cdot u'(W_0+\mu_Z)$$

である[11]．一方，左辺は，

$$\mathrm{E}[u(W_0+\mu_Z+\tilde{\varepsilon})]$$

$$\approx \mathrm{E}[u(W_0+\mu_Z) + \tilde{\varepsilon} \cdot u'(W_0+\mu_Z) + \frac{1}{2}\tilde{\varepsilon}^2 \cdot u''(W_0+\mu_Z)]$$

$$= u(W_0+\mu_Z) + \frac{1}{2}\mathrm{Var}[\tilde{Z}] \cdot u''(W_0+\mu_Z)$$

$$[\because \mathrm{E}[\tilde{\varepsilon}^2] = \mathrm{E}[(\tilde{Z}-\mu_Z)^2] = \mathrm{Var}[\tilde{Z}]]$$

であるから，

$$u(W_0+\mu_Z) + \frac{1}{2}\mathrm{Var}[\tilde{Z}] \cdot u''(W_0+\mu_Z) \approx u(W_0+\mu_Z) - \Pi \cdot u'(W_0+\mu_Z)$$

---

11) 右辺のテイラー展開が1次までである理由は，2次以上まで近似すると Π の近似値が2個以上得られ，数学的には1個のみを特定できないからである．他方，左辺を2次近似する理由は，1次までの近似では確率分布の情報が消失してしまうこと，および，確率分布の3次以上の積率の情報は重要ではないと暗に前提しているからである．

$$\Leftrightarrow \Pi \approx -\frac{u''(W_0+\mu_Z)}{u'(W_0+\mu_Z)} \cdot \frac{\text{Var}[\tilde{Z}]}{2} \tag{1.10}$$

を得る．これがリスク・プレミアムの近似式である．右辺をみると，投資家の効用関数に関して，1階および2階微分の情報と不確実な収益に関する分散の情報が必要であることがわかる．上式を絶対的リスク回避度 $\text{ARA}(x)$ $\equiv -u''(x)/u'(x)$ を用いて表わすと，

$$\Pi \approx \text{ARA}(W_0+\mu_Z) \cdot \frac{\text{Var}[\tilde{Z}]}{2} \tag{1.11}$$

となる．このように，ARA という効用関数の凹度を記述する尺度と，$\text{Var}[\tilde{Z}]$ という不確実な収益の確率分布の2次のモーメントとの積によって，リスク・プレミアムの近似を簡潔に表現することができる．

以上の分析において，大文字の確率変数 $\tilde{Z}$ で表わした不確実な収益を投資収益（Return）と読み替えるなら，それは金額で表示されるので，その確実性等価 Z^{CE} およびリスク・プレミアム Π もまた金額で表示される概念である．これらは，厳密には，それぞれ絶対的確実性等価，絶対的リスク・プレミアムとよばれる．これに対して，投資収益率（Rate of Return）は，投資収益を投資資金としての初期富で除したものであって，これを確率変数 $\tilde{R}$ で表わすならば，

$$\tilde{R} \equiv \frac{\tilde{Z}}{W_0} \tag{1.12a}$$

であり，単位をもたない概念である．投資収益率に対応させて，確実性等価およびリスク・プレミアムを初期富 W_0 に対する比率として表わしたものを，それぞれ相対的確実性等価，相対的リスク・プレミアムとよぶことにし，

$$R^{\text{CE}} \equiv \frac{Z^{\text{CE}}}{W_0} \tag{1.12b}$$

$$\pi \equiv \frac{\Pi}{W_0} \tag{1.12c}$$

と定義しよう．リスクを表わす平均ゼロの確率変数もまた初期富に対する比率として定義し，

$$\tilde{\eta} \equiv \frac{\tilde{\varepsilon}}{W_0} \tag{1.12d}$$

とすると，$\mathrm{E}[\tilde{\eta}] = \mathrm{E}[\tilde{\varepsilon}]/W_0 = 0$ ゆえ，比率表示でも平均はゼロである．

絶対的リスク・プレミアム Π を定義した (1.6) 式をこれらの比率表示の概念で書き直すと，

$$\mathrm{E}[u(W_0 + \mu_Z + \tilde{\varepsilon})] = u(W_0 + \mu_Z - \Pi) \qquad [(1.6)]$$

$$\Leftrightarrow \mathrm{E}[u(W_0 + \mu_Z + W_0 \tilde{\eta})] = u(W_0 + \mu_Z - W_0 \pi) \tag{1.13}$$

となる．上式から相対的リスク・プレミアムを求めるために両辺をテイラー展開すると，右辺は，

$$u(W_0 + \mu_Z - W_0 \pi) \approx u(W_0 + \mu_Z) - W_0 \pi \cdot u'(W_0 + \mu_Z)$$

また左辺は，

$$\mathrm{E}[u(W_0 + \mu_Z + W_0 \tilde{\eta})]$$
$$\approx \mathrm{E}[u(W_0 + \mu_Z) + W_0 \tilde{\eta} \cdot u'(W_0 + \mu_Z) + \frac{1}{2}(W_0 \tilde{\eta})^2 \cdot u''(W_0 + \mu_Z)]$$
$$= u(W_0 + \mu_Z) + \frac{1}{2} W_0^2 \cdot u''(W_0 + \mu_Z) \mathrm{E}[\tilde{\eta}^2]$$

となるので，

$$u(W_0 + \mu_Z) - W_0 \pi \cdot u'(W_0 + \mu_Z) \approx u(W_0 + \mu_Z) + \frac{1}{2} W_0^2 \cdot u''(W_0 + \mu_Z) \mathrm{E}[\tilde{\eta}^2]$$

$$\Leftrightarrow \pi \approx -\frac{u''(W_0 + \mu_Z)}{u'(W_0 + \mu_Z)} W_0 \cdot \frac{\mathrm{Var}[\tilde{\eta}]}{2}$$

を得る．(1.12d) 式の，平均ゼロのリスク $\tilde{\eta}$ の定義より，

$$\tilde{\eta} = \frac{\tilde{\varepsilon}}{W_0} = \frac{\tilde{Z} - \mu_Z}{W_0} = \tilde{R} - \frac{\mu_Z}{W_0}$$

の関係があるから，$\tilde{\eta}$ の分散は，投資収益率 $\tilde{R}$ の分散に等しい．したがって，相対的リスク・プレミアムの近似式は，

$$\pi \approx -\frac{u''(W_0+\mu_Z)}{u'(W_0+\mu_Z)} W_0 \cdot \frac{\mathrm{Var}[\tilde{R}]}{2}$$

$$= \mathrm{ARA}(W_0+\mu_Z) \cdot W_0 \cdot \frac{\mathrm{Var}[\tilde{R}]}{2} \tag{1.14}$$

と表現できる．とくに $\mu_Z \approx 0$ の場合には，相対的リスク回避度 $\mathrm{RRA}(x) = -\frac{u''(x)}{u'(x)}x$ を用いて，

$$\pi \approx \mathrm{RRA}(W_0) \cdot \frac{\mathrm{Var}[\tilde{R}]}{2} \tag{1.15}$$

によって相対的リスク・プレミアムを近似することができる[12]．

インデックスファンド投資のリスク・プレミアム

金融資産投資におけるリスク・プレミアムについて具体的なイメージを得るために，リスク回避的な投資家が，株式市場で取引されている銘柄すべてをリスク資産としてその時価総額の比率で組み入れたポートフォリオである市場ポートフォリオの代理としてのインデックスファンドによって初期富 W_0 の運用を図る状況を考えてみよう．このポートフォリオの投資収益率を $\tilde{R}_I$ とすると，$\tilde{Z} = W_0 \tilde{R}_I$ であるから，彼の期待効用は，

$$\mathrm{E}[u(W_0+\tilde{Z})] = \mathrm{E}[u(W_0+W_0\tilde{R}_I)]$$

で与えられる．この投資収益 $\tilde{Z} = W_0 \tilde{R}_I$ の確実性等価は，(1.4) 式より，

$$\mathrm{E}[u(W_0+W_0\tilde{R}_I)] = u(W_0+Z^{\mathrm{CE}})$$

を満たす実数 Z^{CE} である．1期間後に確定値 Z^{CE} を生むような資産は無リスク資産である．そこで，確定した収益率 R_f（無リスク利子率）で初期富 W_0 を運用した成果が Z^{CE} に等しくなったと考え，$W_0 R_f = Z^{\mathrm{CE}}$ が成立するとし

---

[12] 著者らが確認した範囲では，池田 (2000) を含め，大学院生用のすべてのテキストにおいて，リスク回避度を用いてリスク・プレミアムを近似する際には $\mu_Z=0$ が暗黙のうちに仮定されている．期待値 μ_Z がゼロであるようなリスクは純粋リスク（Pure Risk）とよばれ，保険理論で前提されることが多いが，リスク資産収益の分析において純粋リスクを仮定するのは不適切であり，本書では $\mu_Z \neq 0$ としてリスク・プレミアムを定義し，分析した．

よう[13]．このとき，初期富 W_0 を有する投資家が認識する絶対的リスク・プレミアムは，(1.5) 式より，

$$\Pi = \mathrm{E}[\widetilde{Z}] - Z^{\mathrm{CE}} = \mathrm{E}[W_0 \widetilde{R}_I] - W_0 R_f$$
$$= W_0(\mathrm{E}[\widetilde{R}_I] - R_f) \tag{1.16}$$

である．相対的リスク・プレミアムは，これを運用資産の金額 W_0 で除したものだから，

$$\pi = \mathrm{E}[\widetilde{R}_I] - R_f \tag{1.17}$$

である．これは期待超過収益率，すなわち，インデックスファンド（市場ポートフォリオ）の期待収益率が無リスク利子率をどの程度超過しているかを表わしており，リスク・プレミアムとして，資産運用実務における語感にも一致していると思われる．

以上みてきたように，投資家の効用関数とリスク資産収益の確率分布からリスク・プレミアムを求めることができるならば，その投資家が妥当と考える主観的な無リスク利子率の水準と期待超過収益率を特定することができる．もし投資家が，市場における平均的投資家，あるいは代表的経済主体であれば，上式を満たす R_f が，現実に市場で成立する無リスク利子率になる．

リスク回避度による効用関数の分類

さて，リスク回避度とリスク資産投資の関係について，Arrow（1970）は重要な分析結果を明らかにしている．まず，絶対的リスク回避度 $\mathrm{ARA}(x) = -u''(x)/u'(x)$ が単調関数であるものについて，効用関数を3つのケースに分類する．

$$\frac{d}{dx}\mathrm{ARA}(x) > 0 \Leftrightarrow u(x) \text{ は}$$

　　　　IARA（Increasing Absolute Risk Aversion）型効用

[13) このとき，(1.12b) 式より $W_0 R_f = Z^{\mathrm{CE}} \Leftrightarrow R_f = Z^{\mathrm{CE}}/W_0 = R^{\mathrm{CE}}$ となるため，リスク資産投資収益の確実性等価（確実性等価収益率）が，この投資家にとって妥当な無リスク利子率の水準になっている．]

$\dfrac{d}{dx}\mathrm{ARA}(x) = 0 \Leftrightarrow u(x)$ は

　　　　CARA（Constant Absolute Risk Aversion）型効用

$\dfrac{d}{dx}\mathrm{ARA}(x) < 0 \Leftrightarrow u(x)$ は

　　　　DARA（Decreasing Absolute Risk Aversion）型効用

いま，投資可能な金融資産として無リスク資産とリスク資産（たとえば市場ポートフォリオ）の2つが選択できるとき，投資可能資金である初期富 W_0 が増加すると，期待効用最大化の結果，投資家は効用関数の形に応じて，

　IARA 型効用：リスク資産への投資金額を減らす，
　CARA 型効用：リスク資産への投資金額は不変，
　DARA 型効用：リスク資産への投資金額を増やす，

という行動をとることを示すことができる．IARA 型効用のもとでは，投資可能資金 W_0 が増加して予算制約が緩むとリスク資産への需要が減少するのであるから，リスク資産は下級財ということになる．ところが，内外の多くの実証分析によって，リスク資産は普通財であること，すなわち，富の増加とともに保有金額が増加する傾向が確認されており，IARA および CARA 型効用関数よりも，DARA 型効用によって効用を表わすことが現実に照らして適切と考える研究者が多い．

　この命題の証明は必ずしも容易ではないが，直感的には次のように考えればよい[14]．まず，IARA 型効用をもつ投資家だが，投資可能資金の増加にともなって彼の絶対的リスク回避度は増加する．これは，平均ゼロであるようなリスクを回避するために支払ってもよいと考える金額が増加することを含意しており，リスクに対する忌避の度合いが高まることを意味する．したが

---

14) 厳密には，包絡線定理を用いて最適な投資金額についての比較静学を証明しなければならない．比較的平易な証明は，池田（2000, pp. 26–30）をみよ．

って，リスク資産投資を控え，無リスク資産により多くの投資資金を当てることになる．一方，DARA 型効用ではこの解釈を反対にして，投資資金の増加にともない，リスク資産投資金額は増加する．そして，それら 2 つの境界が CARA 型効用ということになる．

この上で図 1-2 を用いて，初期富が増加したとき，不確実な収益に対する金額ベースのリスク・プレミアムがどのように変化するかは投資家の効用関数の形状に依存すること，また，(1.10) 式により，そのリスク・プレミアムは，

$$\Pi \approx -\frac{u''(W_0+\mu_Z)}{u'(W_0+\mu_Z)} \cdot \frac{\mathrm{Var}[\tilde{Z}]}{2} \qquad [(1.10)]$$

と近似できることを説明した．仮に，収益 $\tilde{Z}$ が初期富に依存しないとすれば，上式右辺の絶対的リスク回避度の部分は，IARA 型効用であれば初期富 W_0 の増加によって増加するので，金額表示のリスク・プレミアムは増加する．また，DARA 型効用であれば初期富 W_0 の増加はリスク・プレミアムの減少をもたらし，CARA 型効用のときには，初期富の増加とリスク・プレミアムは独立であることがわかる．

絶対的リスク回避度は，<u>投資金額</u>の水準について以上の結果を導く．これに対し，相対的リスク回避度 $\mathrm{RRA}(x) = -xu''(x)/u'(x)$ についてみると，投資可能資金と<u>投資比率</u>に関して，上と同様に次の結果が成立する．まず，効用関数を分類する．

$\dfrac{d}{dx}\mathrm{RRA}(x) > 0 \Leftrightarrow u(x)$ は

   IRRA（Increasing Relative Risk Aversion）型効用

$\dfrac{d}{dx}\mathrm{RRA}(x) = 0 \Leftrightarrow u(x)$ は

   CRRA（Constant Relative Risk Aversion）型効用

$\dfrac{d}{dx}\mathrm{RRA}(x) < 0 \Leftrightarrow u(x)$ は

   DRRA（Decreasing Relative Risk Aversion）型効用

金融資産として，無リスク資産とリスク資産（たとえば市場ポートフォリオ）の2つが選択可能であるとき，W_0が増加すると，期待効用最大化の結果として，投資家は上記3つの効用関数の形に応じて，

　IRRA型効用：リスク資産への投資比率を減らす，
　CRRA型効用：リスク資産への投資比率は不変，
　DRRA型効用：リスク資産への投資比率を増やす，

と対応する．

　相対的リスク回避度については，現実に照らして3つのうちどのタイプが適切であるか，実証上のコンセンサスは存在しないが，投資モデルを考えるときには，富の増減によってリスク・プレミアムが変わることのないCRRA型が都合がよい．なぜならば，もし投資家がリスク資産に対して要求するリスク・プレミアムが富の増加にともなって（1.15）式により増加あるいは減少するならば（すなわち，IRRA型あるいはDRRA型ならば），同一の投資機会に直面した同一の効用関数をもった投資家であっても，投資の意思決定は富の額の変化に応じて異なってくる．そのため，IRRA型やDRRA型効用では，具体的な投資比率の決定が富の水準に依存して複雑になるからである．

　また，歴史的にみて，産業革命以降の先進工業国の経済発展は各国の国富を著しく増加させたはずであるが，各国の株式市場においてリスク・プレミアムを表わす期待超過収益率が著しく，かつ，一方的に増加あるいは減少した事実は観測されていない．これもまた，投資理論においてCRRA型効用を仮定することの根拠になっている[15]．

　本書では，投資家の絶対的リスク回避度としてはDARA型を，また，相対的リスク回避度にはCRRA型を仮定して分析を進める．すなわちこれは，初期富の増加にともなってリスク資産への投資額を増やし，しかし，同資産への投資比率は不変であるような投資家である．後章の理論分析や実証は，主として，そのようなリスク回避傾向を長期の投資ホライズンにおいても維

---

[15] この指摘はCampbell and Viceira（2002, pp. 46-47）による．

持する投資家を前提している.

3. 効用関数と確率分布

この節では，投資決定に不可欠である効用関数について述べ，また，投資収益率が従う確率分布との組み合わせ次第では，次節で扱う平均・分散アプローチが利用できることを確認する．

3.1 代表的な効用関数

前節の議論を受けて，まず，第 2 章以降で利用する HARA（Hyperbolic Absolute Risk Aversion）型効用関数について解説することにしよう．この効用関数は，絶対的リスク回避度が，

$$\mathrm{ARA}(x) = \frac{1}{A+Bx}, \quad A+Bx > 0 \tag{1.18}$$

で表わされるものである．横軸に x をとると，$\mathrm{ARA}(x)$ のグラフが双曲線（Hyperbola）になるのでこの名称が与えられている．$\mathrm{ARA}(x), \mathrm{RRA}(x) = \mathrm{ARA}(x) \cdot x$ をそれぞれ x で微分すると，

$$\frac{d}{dx}\mathrm{ARA}(x) = -\frac{B}{(A+Bx)^2} \gtreqless 0 \Leftrightarrow B \lesseqgtr 0 \tag{1.19a}$$

$$\frac{d}{dx}\mathrm{RRA}(x) = \frac{A}{(A+Bx)^2} \gtreqless 0 \Leftrightarrow A \gtreqless 0 \tag{1.19b}$$

となり，パラメター B の符号によって IARA/CARA/DARA が定まり，また，パラメター A の符号によって IRRA/CRRA/DRRA が定まることがわかる．

HARA 型の効用関数 $u(x)$ を求めるには，$\mathrm{ARA}(x) = -\frac{u''(x)}{u'(x)} = -\frac{d}{dx} \ln u'(x)$ と表現できることを利用して，積分する．その過程で，分母をゼロにするような係数に留意して場合分けすると，

べき型効用（Power Utility） $u(x) = \dfrac{1}{B-1}(A+Bx)^{1-\frac{1}{B}}$,

$$A+Bx > 0, B \neq 0, 1 \qquad (1.20\mathrm{a})$$

対数型効用（Logarithmic Utility） $u(x) = \ln(A+x), \quad A+x > 0$

$$(1.20\mathrm{b})$$

負の指数型効用（Negative Exponential Utility） $u(x) = -Ae^{-\frac{x}{A}}, A > 0$

$$(1.20\mathrm{c})$$

の3種類の効用関数を導くことができる[16].

べき型効用の特殊ケースとしての対数型効用

これらのうち対数型効用関数は多期間投資において特異な位置を占めるので，これが，(1.20a) 式のべき型効用関数で $B\to 1$ の極限をとったときの特殊ケースであることを明らかにしておこう．極限操作においてロピタルの定理を利用するために，べき型効用を正1次変換して，

$$u(x) = \frac{(A+Bx)^{1-\frac{1}{B}}-1}{B-1}$$

としておく[17]．分母を B で微分すると1であるから，分子を B で微分して $B\to 1$ としたものが，極限の関数を与える．ここで，

$$\begin{aligned}
(\text{分子の微分}) &= \frac{\partial}{\partial B}\exp\{\ln(A+Bx)^{1-\frac{1}{B}}\} \\
&= \frac{\partial}{\partial B}\exp\left\{\left(1-\frac{1}{B}\right)\ln(A+Bx)\right\} \\
&= (A+Bx)^{1-\frac{1}{B}}\left\{\frac{1}{A+Bx}\left(1-\frac{1}{B}\right) + \frac{1}{B^2}\ln(A+Bx)\right\}
\end{aligned}$$

であるから，

---

16) これらの3つの関数形は，期待効用関数が正1次変換の範囲で一意であることを踏まえて，最も簡単な形のもので代表させている．

17) ロピタルの定理は，関数の極限が $\dfrac{0}{0}, \dfrac{+\infty}{+\infty}$, あるいは $\dfrac{-\infty}{-\infty}$ の形にならなければ適用することができない．そのためここでは，期待効用関数が正1次変換の範囲で一意であることを利用して，一般性を失うことなく，極限が $\dfrac{0}{0}$ の形になるように変換した．

$$u(x) = \lim_{B \to 1}(A+Bx)^{1-\frac{1}{B}}\left\{\frac{1}{A+Bx}\left(1-\frac{1}{B}\right)+\frac{1}{B^2}\ln(A+Bx)\right\}$$
$$= \ln(A+x)$$

を得る．この対数型効用関数は A という定数を含んでおり，一般化対数型効用（Generalized Logarithmic Utility）とよばれている．DARA 型効用の性質を満たしつつ（$\frac{d}{dx}\mathrm{ARA}(x)<0$，ないし，(1.19a) 式において $B>0$ としつつ），(1.19b) 式により A を正，ゼロ，負と与えることによって，それぞれ IRRA, CRRA, DRRA 型の効用関数を容易に設定することができる[18]．

3.2 効用関数と確率分布を特定する

最適ポートフォリオ（Optimal Portfolio）とは，投資家の期待効用を最大化するポートフォリオである．その具体的な構築方法は，効用関数と，投資対象の金融資産の投資収益，あるいは投資収益率の確率分布を特定できれば定まるはずである．この項における分析の目的は，効用関数と確率分布の特定の組み合わせのもとで，期待効用を最大化するようなポートフォリオの一般的性質を明らかにすることである．

さて，期初における初期富を W_0，同時点で構築するポートフォリオの投資収益率を $\widetilde{R}_p$，投資家の効用関数を $u(\cdot)$ とする．期初における消費を考えないので，初期富全額が金融資産投資に向けられる．したがって，時点 1 における期末富は，確率変数，

$$\widetilde{W} = W_0(1+\widetilde{R}_p) \tag{1.21}$$

で表わされる．ここで投資収益を $\widetilde{Z} \equiv W_0\widetilde{R}_p$，投資収益率の期待値（期待収益率）を $\mu_p \equiv \mathrm{E}[\widetilde{R}_p]$，同じく分散を $\sigma_p^2 \equiv \mathrm{Var}[\widetilde{R}_p]$ とおくと，投資収益の期待値と分散は，

---

[18] Rubinstein (1976a) は，一般化対数型効用関数は操作性と汎用性の著しく高い効用関数であるとして，多期間モデルの分析に利用することを強く推奨した，当時としては異色の論考である．

3. 効用関数と確率分布　41

$$\mu_Z \equiv \mathrm{E}[\tilde{Z}] = W_0 \mathrm{E}[\tilde{R}_p] = W_0 \mu_p \tag{1.22a}$$

$$\sigma_Z^2 \equiv \mathrm{Var}[\tilde{Z}] = W_0^2 \mathrm{Var}[\tilde{R}_p] = W_0^2 \sigma_p^2 \tag{1.22b}$$

である．期末富は $\tilde{W} = W_0 + \tilde{Z}$ であるから，その期待値を $\mu_W \equiv \mathrm{E}[\tilde{W}]$ と表わせば，

$$\mu_W = W_0 + \mu_Z = W_0(1+\mu_p) \tag{1.23}$$

と表現できる．

次に，将来の効用であるが，これは，当然ながら期末富に依存するので，期初においては確率変数である．以後の分析の便宜のため，形式的に下のように変形しておく．

$$u(\tilde{W}) = u(W_0 + \tilde{Z}) = u(W_0 + \mu_Z + \tilde{Z} - \mu_Z) = u(\mu_W + (\tilde{Z} - \mu_Z))$$

上式を μ_W の周りでテイラー展開すると，

$$\begin{aligned}
u(\tilde{W}) &= u(\mu_W + (\tilde{Z} - \mu_Z)) \\
&= u(\mu_W) + u'(\mu_W) \cdot (\tilde{Z} - \mu_Z) + \frac{1}{2} u''(\mu_W) \cdot (\tilde{Z} - \mu_Z)^2 \\
&\quad + \frac{1}{6} u'''(\mu_W) \cdot (\tilde{Z} - \mu_Z)^3 + \frac{1}{24} u''''(\mu_W) \cdot (\tilde{Z} - \mu_Z)^4 + \cdots \\
&\quad + \frac{1}{n!} u^{(n)}(\mu_W) \cdot (\tilde{Z} - \mu_Z)^n + \cdots
\end{aligned}$$

となる．$u^{(n)}$ は u を n 回連続微分したことを表わす．上式の両辺について期待値をとると，

$$\begin{aligned}
\mathrm{E}[u(\tilde{W})] &= u(\mu_W) + \frac{1}{2} u''(\mu_W) \mathrm{E}[(\tilde{Z} - \mu_Z)^2] + \frac{1}{6} u'''(\mu_W) \mathrm{E}[(\tilde{Z} - \mu_Z)^3] \\
&\quad + \frac{1}{24} u''''(\mu_W) \mathrm{E}[(\tilde{Z} - \mu_Z)^4] + \cdots + \frac{1}{n!} u^{(n)}(\mu_W) \mathrm{E}[(\tilde{Z} - \mu_Z)^n] + \cdots \tag{1.24}
\end{aligned}$$

となり，これが期待効用になっている[19]．

---

19) $u'(\mu_W)$ の項が消失しているのは，その係数が $\mathrm{E}[\tilde{Z} - \mu_Z] = 0$ となるからである．こ

期待効用を与える (1.24) 式の右辺をみると,確率変数 $\tilde{Z}$ からその期待値 μ_Z を引いた変数をべき乗して期待値を計算した項が並ぶが,これらは確率変数の平均周りモーメント(平均周り積率)とよばれる実数であり,確率変数の特徴,とくに密度関数の形状を捉えることができる[20]。

3次および4次モーメントについて,結論だけを述べておくと,たとえば,正規分布のように期待値を中心に左右対称の密度関数をもつ確率変数では,平均周り3次モーメント $\mathrm{E}[(\tilde{Z}-\mu_Z)^3]$ はゼロとなる.対数正規分布のように密度関数の右裾が厚い分布では,平均周り3次モーメントは正の値,左裾が厚い分布では負の値となる.また,平均周り4次モーメント $\mathrm{E}[(\tilde{Z}-\mu_Z)^4]$ を正規分布について計算すると分散の3倍の値になるが,密度関数の中心部が正規分布よりも尖り,分布の裾が太い確率変数ではこの値は分散の3倍よりも大きい値をとる.逆に,中心部が鍋底のように平らな確率変数では分散の3倍未満の値となることが多い[21]。

いま,投資収益 $\tilde{Z}$ の平均周りモーメントを $\mu_{Z,n} \equiv \mathrm{E}[(\tilde{Z}-\mu_Z)^n]$ と表わすならば,期末の消費に関わる期待効用,すなわち (1.24) 式は,

$$\mathrm{E}[u(\tilde{W})] = u(\mu_W) + \frac{1}{2}u''(\mu_W)\cdot\mathrm{Var}[\tilde{Z}] + \frac{1}{6}u'''(\mu_W)\cdot\mu_{Z,3}$$

$$+ \frac{1}{24}u''''(\mu_W)\cdot\mu_{Z,4} + \cdots + \frac{1}{n!}u^{(n)}(\mu_W)\cdot\mu_{Z,n} + \cdots \quad (1.25)$$

となる.右辺が示す通り,効用関数が n 回連続微分可能であるならば,期待効用は投資収益 $\tilde{Z}$ の n 次までのすべてのモーメントに依存して決まる[22]。

の下の (1.25) 式および (1.26) 式にも $u'(\mu_W)$ の項は現れないが,同じ理由からである.

20) 確率変数のすべての次数のモーメント(積率)が分かっていても,その確率分布を一意に特定することはできないことが知られている.Heyde (1963) に有名な例があり,そこでは任意の対数平均,対数分散をもつ対数正規分布について,そのすべてのモーメントが同じ値になるような,しかし対数正規ではない確率分布が例示されている.

21) 平均周り3次モーメントを分散の 3/2 乗で除して基準化した値を歪度 (Skewness),平均周り4次モーメントを分散の2乗で除して基準化し,無名数化した値を尖度 (Kurtosis) とよぶ.このとき,例外的ではあるが,歪度がゼロであっても左右が非対称な確率密度,尖度が3よりも大きいが中心部は平らな (Platykurtic) 確率密度,尖度が3よりも小さいが中心部は正規分布よりも尖った (Leptokurtic) 確率密度などが存在するため,視覚に依存した分析には限界があることに留意されたい.

22) ここで,$\mu_W = W_0 + \mu_Z$ を定める期待収益 $\mu_Z \equiv \mathrm{E}[\tilde{Z}]$ は確率変数 $\tilde{Z}$ から平均を控除せ

また，投資収益と投資収益率には $\tilde{Z}=W_0\tilde{R}_p$ の関係があるので，上式の期待効用を投資収益率の平均周りモーメント $\mu_{p,n}\equiv\mathrm{E}[(\tilde{R}_p-\mu_p)^n]$ を用いて表現すると，

$$\begin{aligned}\mathrm{E}[u(\widetilde{W})] &= u(\mu_W)+\frac{1}{2}u''(\mu_W)\cdot W_0^2\mathrm{Var}[\tilde{R}_p]+\frac{1}{6}u'''(\mu_W)\cdot W_0^3\mu_{p,3}\\&\quad+\frac{1}{24}u''''(\mu_W)\cdot W_0^4\mu_{p,4}+\cdots+\frac{1}{n!}u^{(n)}(\mu_W)\cdot W_0^n\mu_{p,n}+\cdots\\&= u(W_0(1+\mu_p))+\frac{1}{2}u''(W_0(1+\mu_p))\cdot W_0^2\sigma_p^2+\frac{1}{6}u'''(W_0(1+\mu_p))\cdot W_0^3\mu_{p,3}\\&\quad+\frac{1}{24}u''''(W_0(1+\mu_p))\cdot W_0^4\mu_{p,4}+\cdots+\frac{1}{n!}u^{(n)}(W_0(1+\mu_p))\cdot W_0^n\mu_{p,n}+\cdots\end{aligned}$$

(1.26)

となる．上の (1.25) 式と (1.26) 式は，いわば，期待効用を計算するための原形である．これらの式から，一般に，任意の効用関数のもとで期待効用を計算するためには，その効用関数に関わる情報と投資収益率が従う確率変数 $\tilde{R}_p$ の分布について高次モーメントの情報が必要であることがわかる．

このように，期待効用の計算には，投資家の効用関数とともに投資収益率の確率分布の情報が必要である．しかし，現実の投資において，これらの情報を得ることはすこぶる困難である．そのため投資実務では，投資家がリスク回避的であれば，同じリターンならばより小さいリスクを，同じリスクならばより大きいリターンをもつポートフォリオのほうが，より大きい期待効用をもたらすとする平均・分散分析 (Mean Variance Analysis) が広く利用されている．一見，合理的にみえるこの分析手法は，実は，暗黙のうちに，効用関数および投資収益率に関して，分析のために都合のよい関数形と確率分布を仮定したうえでの帰結にすぎない点を理解しておきたい．

これを踏まえて以下では，平均・分散分析を利用するために仮定される

ずに（原点0の周りで）期待値を求めているので，原点周り（1次）モーメントとよぶ．確率論では，平均周りモーメントと区別するためにプライムを付して，$\mu'_{Z,1}\equiv\mathrm{E}[\tilde{Z}]$ と表記する．同様に，期待収益率も，厳密には $\mu_p\equiv\mathrm{E}[\tilde{R}_p]=\mu'_{p,1}$ と表現すべきところだが，煩雑になるため，投資理論ではプライムを付さない．本書でも誤解の生じることはないものと考え，本文通りの記法を採用した．

「効用関数と確率分布の都合のよい組み合わせ」とはどのようなものであるかを明らかにするとしよう．

3.3 平均・分散分析を可能とする効用関数と確率分布の具体的組み合わせ

投資家の効用関数とリスク資産の投資収益の分布形の多様な組み合わせのうちで，とくに，①任意の確率分布のもとで効用関数としてリスク回避的な2次効用関数を仮定した場合，および，②任意のリスク回避的効用関数のもとで投資収益率が正規分布に従うと仮定した場合，の2つのケースについて期待効用がどのように簡素化して表現されるかを調べる．いずれのケースにおいても，投資収益率の確率分布に関わる情報として必要であるのは期待値（期待収益率）と分散あるいは標準偏差のみであり，期待効用を高めるような投資決定には，確率分布の他の情報は必要ではない点を明らかにする．

このとき，期待効用最大化をもたらすようなポートフォリオは，平均・分散効率的（Mean Variance Efficient）であるというが，そのような投資決定，すなわち，平均・分散アプローチが実行可能なことを明らかにする[23]．なお，本書では，資産運用パフォーマンスの事後的な評価なども含め，リターンとリスクの指標としてそれぞれ平均と分散（あるいは標準偏差）を使用して行なう分析方法である「平均・分散分析」と，同じくポートフォリオ決定という意味での「平均・分散効率的投資比率決定」とを合わせた概念として，幾分曖昧ではあるものの，「平均・分散アプローチ」という用語を使う．

任意の確率分布とリスク回避的な2次効用関数の組み合わせ

効用関数が，$x>0$ に対して，

---

[23] 投資理論で「効率的（Efficient）」というときには異なる2つの意味がある．第1には，期待効用を最大化しうるという意味であり，第2には資産の将来収益に関わる情報が，瞬時にして正しく現在の資産価格に反映されるという意味である．効率的ポートフォリオ決定という文脈においては第1の意味で使用する．

$$u(x) = -x^2 + 2\kappa x, \quad 0 < x < \kappa \tag{1.27}$$

のような2次効用関数として与えられるとしよう．xによる1階微分と2階微分を求めると，

$$u'(x) = -2x + 2\kappa = 2(\kappa - x) > 0 \Leftrightarrow (0<)x < \kappa,$$
$$u''(x) = -2 < 0$$

であるから，この関数は$0<x<\kappa$の範囲で増加凹関数となり，リスク回避的な効用関数を表現することができる．また，2次関数ゆえ，3階以上の微分はゼロである．

期初において，期末の消費$\widetilde{W} = W_0 + \widetilde{Z} = W_0(1+\widetilde{R}_p)$がもたらすと予想される効用の期待値，すなわち期待効用を，(1.26)式の$n=2$の項までを利用して求めると，

$$\begin{aligned}\mathrm{E}[u(\widetilde{W})] &= u(W_0(1+\mu_p)) + \frac{1}{2}u''(W_0(1+\mu_p)) \cdot W_0^2 \sigma_p^2 \\ &= -\{W_0(1+\mu_p)\}^2 + 2\kappa W_0(1+\mu_p) - W_0^2 \sigma_p^2 \end{aligned} \tag{1.28}$$

である．上式の期待効用に現れる投資収益率の確率分布の情報は，その分布が何であれ，平均と分散のみである．任意の確率分布と2次効用の組み合わせの場合，投資家の初期富W_0と効用関数のパラメターκを所与とすれば，確率分布の期待値と分散のみで期待効用を完全に記述できることがわかる．

では，ポートフォリオ収益率の期待値と分散をどのように設定すれば，期待効用を高めることができるだろうか．これを明らかにするために，ポートフォリオの期待収益率と分散による比較静学を行なうと，

$$\frac{\partial}{\partial \mu_p}\mathrm{E}[u(\widetilde{W})] = -2W_0^2(1+\mu_p) + 2\kappa W_0 = 2W_0\{\kappa - W_0(1+\mu_p)\} > 0 \tag{1.29a}$$

$$\frac{\partial}{\partial \sigma_p^2}\mathrm{E}[u(\widetilde{W})] = -W_0^2 < 0 \tag{1.29b}$$

となる．すなわち，2次効用関数をもつ投資家は，ポートフォリオの投資収

益率が従う確率分布が何であれ，同一の分散のもとでは期待収益率を大きく，同一の期待収益率のもとでは分散を小さくするほど，その期待効用が高まることがわかる[24]．したがって，そのような投資家は，所与の期待収益率のもとで分散を最小にするような，あるいは所与の分散のもとで期待収益率を最大にするようなポートフォリオを作る平均・分散アプローチによって，期待効用を最大化することができる．

正規分布と任意のリスク回避的効用関数の組み合わせ

次に，初期富 W_0 を運用する投資家の効用関数が，リスク回避的という範囲で任意であるとして，投資収益率が正規分布に従うと特定した場合の期待効用について考えてみよう．

投資収益，あるいは投資収益率を正規分布で表現することの利点は，個別資産がもたらす投資収益あるいは投資収益率の従う確率分布が正規分布ならば，それらを組み合わせたポートフォリオの投資収益あるいは投資収益率もまた正規分布になることである．一方，正規分布を用いることの問題点としては，正規分布の台が $[-\infty, \infty]$ であり，株式，債券等の有限責任を前提とする金融資産の投資収益の記述には不適当であることがあげられる[25]．また，時系列で考えると，ある個別資産あるいはポートフォリオの1期間の投資収益が正規分布のとき，同一の資産あるいはポートフォリオの2期間の投資収益は正規分布のかけ算となり，これは正規分布にならない．したがって，多期間での投資を考える場合には正規分布の利用には難があり，正規分布の仮定は専ら本章でみているような1期間モデルにおいて利用されてきた．以上が，この下に続く推論の前提である．

まず，正規分布の記法について述べておこう．一般に，確率変数 $\tilde{y}$ が，期待値（平均）が μ，分散が σ^2 の正規分布に従うとき，$\tilde{y} \sim \mathrm{N}(\mu, \sigma^2)$，あるいは，標準偏差を用いて $\tilde{y} \sim \mathrm{N}(\mu, \sigma)$ と表わす．本書は，前者の分散を用いた記法を採用する．

---

24) 投資家のリスク回避性を捉えるのは後者の比較静学の方であり，前者はリスク愛好的，あるいはリスク中立的投資家においても成り立つべき比較静学である．

25) 台（Support）とは，関数の値がゼロとならない数直線上の点の集合である．

この分布の密度関数は，

$$f(y) = \frac{1}{\sqrt{2\pi}\sigma} e^{-\frac{(y-\mu)^2}{2\sigma^2}} \qquad (1.30)$$

で与えられる．正規分布のパラメター，すなわち確率密度を決定する定数は，μ と σ（あるいは σ^2）の2つだけである．ティルダを付した $\tilde{y}$ は確率変数，ティルダを外した y は実数であって実現値を表わす．詳細は他の確率論の教科書に譲るが，正規分布の第 n 次平均周りモーメント μ_n は，n が偶数のときには，

$$\mu_2 = \sigma^2, \quad \mu_4 = 3 \cdot 1\sigma^4, \quad \mu_6 = 5 \cdot 3 \cdot 1\sigma^6, \cdots, \quad \mu_n = (n-1)!!\sigma^n, \cdots$$

となり，n が3以上の奇数の場合にはゼロになる[26]．すなわち，m を1以上の整数として，

$$\begin{cases} \mu_{2m+1} = 0 \\ \mu_{2m} = (2m-1)!!\sigma^{2m} \end{cases} \qquad (1.31)$$

となる性質がある．

さて，ポートフォリオの投資収益率が，$\tilde{R}_p \sim N(\mu_p, \sigma_p^2)$ の正規分布に従うときの期待効用は，(1.26) 式へ上の結果を代入すると，

$E[u(\widetilde{W})]$

$= u(W_0(1+\mu_p)) + \frac{1}{2} u''(W_0(1+\mu_p)) \cdot W_0^2 \sigma_p^2 + \frac{1}{6} u'''(W_0(1+\mu_p)) \cdot W_0^3 \mu_{p,3}$

$+ \frac{1}{24} u''''(W_0(1+\mu_p)) \cdot W_0^4 \mu_{p,4} + \cdots + \frac{1}{n!} u^{(n)}(W_0(1+\mu_p)) \cdot W_0^n \mu_{p,n} + \cdots$

$$[(1.26)]$$

$= u(W_0(1+\mu_p)) + \frac{1}{2} u''(W_0(1+\mu_p)) \cdot W_0^2 \sigma_p^2$

---

[26] 数学記号「!!」は2重階乗（Double Factorial）を表わし，1以上の整数を n とするとき，
$$n!! \equiv \begin{cases} n(n-2)(n-4)(n-6)\cdots 4 \cdot 2 & (n:偶数) \\ n(n-2)(n-4)(n-6)\cdots 3 \cdot 1 & (n:奇数) \end{cases}$$
と定義される．

$$+ \frac{1}{24}u''''(W_0(1+\mu_p)) \cdot W_0^4(3\sigma_p^4) + \cdots$$

$$+ \frac{1}{(2m)!}u^{(2m)}(W_0(1+\mu_p)) \cdot W_0^{2m}\{(2m-1)!!\sigma_p^{2m}\} + \cdots$$

(m：1以上の整数)

$$= u(W_0(1+\mu_p)) + \sum_{m=1}^{\infty} \frac{1}{(2m)!}u^{(2m)}(W_0(1+\mu_p)) \cdot W_0^{2m}(2m-1)!!(\sigma_p^2)^m$$

$$= u(W_0(1+\mu_p)) + \sum_{m=1}^{\infty} \frac{1}{(2m)!!}u^{(2m)}(W_0(1+\mu_p)) \cdot W_0^{2m}(\sigma_p^2)^m \quad (1.32)$$

となる．上式より，ポートフォリオ投資収益率が正規分布に従うときには，効用関数の形状に関わらず，期待効用は確率分布の母数としては平均 μ_p および分散 σ_p^2 のみの関数になり，3次以上の高次モーメントには依存しないことがわかる．

　本来，すべての高次モーメントに対して選好をもつ投資家であっても，ポートフォリオの投資収益率が正規分布に従うもとでは，平均を好み，分散を嫌い，それ以上の高次モーメントについての選好は，すべて分散への選好で表現し尽されてしまうのである．

　以上の分析内容をまとめると，投資収益率が正規分布に従う場合には効用関数の形に関わらず，また，投資家がリスク回避的な2次効用関数をもつ場合にはポートフォリオの投資収益率が従う確率分布が何であれ，同一の分散のもとでは期待収益率を大きく，同一の期待収益率のもとでは分散を小さくするほど，期待効用を高めることができるということである．このような条件が満たされるならば，期待効用を最大化するポートフォリオは，その投資収益率の期待値と分散のみに注目して構築できることになる．その技法が，次に述べる平均・分散分析である．

4. 平均・分散分析と CAPM

　前節では，効用関数と投資収益率の従う確率分布に制約を加えるならば，

期待効用を高めるポートフォリオは，その投資収益率の期待値と分散のみによって決定できることをみた．本節では，投資可能な対象として複数のリスク資産および無リスク資産が与えられたとき，それらの資産にどのように投資すべきか，ポートフォリオの具体的な組み入れ比率決定の方法を明らかにする．

4.1 平均・分散分析

投資家が投資収益率に関する情報として期待値（期待収益率）と，分散あるいはその平方根である標準偏差の他には関心をもたず，同じ分散ならばより大きな期待収益率を，同じ期待収益率ならばより小さな分散をもつポートフォリオを選好するとき，投資家は平均・分散選好（Mean Variance Preference）をもつという．投資家のリスク・リターンに対する態度が平均・分散選好で表わされるならば，効用関数の情報を明示的に扱う必要がなくなり，分析は非常に単純になる．投資収益率が正規分布に従うときも，あるいはそうでない場合も，確率分布の期待値と分散という2つのモーメントのみを推定し，幾何学的に，(分散，期待収益率)-平面，あるいは(標準偏差，期待収益率)-平面で左上方に位置するポートフォリオを明らかにするだけでよいからである．

このようなポートフォリオの分析方法はMarkowitz (1952) を嚆矢とし，平均・分散分析（Mean Variance Analysis），ないし平均・分散効率的ポートフォリオ選択（MeanVariance Efficient Portfolio Selection）とよばれていることは，投資について学び，また資産運用の実務に携わる読者にとっては周知のことと思う．

平均・分散選好，平均・分散分析，もしくは平均・分散アプローチという用語はすでに定着しており，本書もこれらの用語を採用するが，ここで「平均」とは，厳密には期待値の意味であり，本来は「期待値・分散分析」とよぶべきである．この不正確な用語使用は，正規分布の期待値を表わすパラメーターを「平均」とよぶ慣わしであること，および，投資収益率が正規分布に従わない場合であっても，その期待値の推定方法として標本の算術平均を用

いること，に起因していると思われる．

　さて，ここで前節の結果を要約するならば，投資収益率が正規分布に従うか，あるいは投資家がリスク回避的な2次の効用関数をもつとき，平均・分散分析と期待効用最大化は整合的である，ということになる．このとき，これら2つの条件は平均・分散分析と期待効用最大化が整合的であるための十分条件ではあるが，必要条件ではない点に注意が必要である．2つの条件のうちどちらか1つ，あるいは両方が成立するならば，平均・分散分析によって決定したポートフォリオは必ず期待効用を高めるが，その逆は成り立たない．期待効用を高めるような効用関数と確率分布の組み合わせは無数に存在する可能性があるからである[27]．

分散所与のもとで期待収益率を最大化する

　平均・分散分析によって最適ポートフォリオを求める問題は，伝統的に，期待収益率を所与として，分散（Variance）を最小化する最小化問題として扱われてきた．しかし以下では，第5章および第6章の分析に直接役立てる目的から，分散を所与として，期待収益率を最大化する方法によって最適解を求めることにする．この期待収益率最大化問題と分散最小化問題は，結論からいえば，証券の空売りに制約がなければ同一の効率的ポートフォリオを導くことになる．

　以下では，まず，複数のリスク資産が存在し，かつ，無リスク資産は存在しないケースにおける平均・分散分析による最適なポートフォリオ選択の方法を明らかにし，その後に，無リスク資産を投資機会集合に含むケースについて分析する．

　N 種類のリスク資産が存在するとき，その投資収益率をベクトル $\tilde{\mathbf{R}}$，期待

---

[27] 投資家がリスク回避的な効用関数をもつという一般的な制約のもとで，平均・分散分析と期待効用最大化が整合的であるための確率分布上の必要十分条件が明らかになっており，それは，投資収益率が2基金分離可能分布（Two Fund Separating Distribution）に従うことである．Ross (1978) が明らかにしたこの分布族は，一般的には明示的な確率分布によっては表現できない欠点はあるものの，正規分布，およびその拡張である楕円分布族（Elliptical Distribution Class）を含む包括的なものである．詳細は池田（2000, pp. 184-191）を参照されたい．

収益率を $\mu = \mathrm{E}[\tilde{\mathbf{R}}]$, 共分散行列を $\mathbf{\Omega}$ とし, 共分散行列には逆行列が存在すると仮定する[28]. $\tilde{\mathbf{R}}$ および μ は N 次元列ベクトル, $\mathbf{\Omega}$ は N 行 N 列の対称行列である. 無リスク資産はまだ利用可能ではない.

さて, N 種類のリスク資産への投資比率を要素とする投資比率ベクトルを $\boldsymbol{\omega}$ とおけば, ポートフォリオ投資収益率は $\tilde{R}_p = \boldsymbol{\omega}'\tilde{\mathbf{R}}$ と表わすことができる. その期待収益率と分散を求めると,

$$\mathrm{E}[\tilde{R}_p] = \boldsymbol{\omega}'\mathrm{E}[\tilde{\mathbf{R}}] = \boldsymbol{\omega}'\mu \tag{1.33a}$$

$$\begin{aligned}\mathrm{Var}[\tilde{R}_p] &= \mathrm{E}[\boldsymbol{\omega}'(\tilde{\mathbf{R}}-\mu)\{\boldsymbol{\omega}'(\tilde{\mathbf{R}}-\mu)\}'] \\ &= \boldsymbol{\omega}'\mathrm{E}[(\tilde{\mathbf{R}}-\mu)(\tilde{\mathbf{R}}-\mu)']\boldsymbol{\omega} = \boldsymbol{\omega}'\mathbf{\Omega}\boldsymbol{\omega}\end{aligned} \tag{1.33b}$$

と計算できる. いま, 分散を所与とするときの期待収益率の最大化問題は,

$$\underset{\{\boldsymbol{\omega}\}}{\mathrm{Maximize}} \quad \mu_p = \boldsymbol{\omega}'\mu \tag{1.34a}$$

$$\text{subject to} \quad \boldsymbol{\omega}'\mathbf{\Omega}\boldsymbol{\omega} = \sigma_p^2 \tag{1.34b}$$

$$\boldsymbol{\omega}'\mathbf{1} = 1 \tag{1.34c}$$

と定式化される. この最大化問題の解にアステリスクを付して $\boldsymbol{\omega}^*$ とすれば, この解は期待収益率を最大化する投資比率ベクトルであり, $\boldsymbol{\omega}^*$ は平均・分散選好をもつ投資家の期待効用を最大化しうるポートフォリオである. そこで, このポートフォリオを平均・分散効率的ポートフォリオ, あるいは単に効率的ポートフォリオとよぶ.

$\boldsymbol{\omega}^*$ を求めるためには, λ_1, λ_2 を未定乗数としてラグランジュ未定乗数法を適用すればよい. すなわち,

$$L = \boldsymbol{\omega}'\mu + \lambda_1(\sigma_p^2 - \boldsymbol{\omega}'\mathbf{\Omega}\boldsymbol{\omega}) + \lambda_2(1 - \boldsymbol{\omega}'\mathbf{1}) \tag{1.35}$$

とおいて1階条件を求めると, 解 $\boldsymbol{\omega} = \boldsymbol{\omega}^*$ は,

---

[28] ここでの共分散行列 $\mathbf{\Omega}$ は, その (i, j) 成分に第 i リスク資産と第 j リスク資産の投資収益率の共分散を記載したものである. (i, i) 成分すなわち第 i 対角成分は第 i リスク資産投資収益率の分散になる.

$$\frac{\partial L}{\partial \boldsymbol{\omega}} = \boldsymbol{\mu} - 2\lambda_1 \boldsymbol{\Omega}\boldsymbol{\omega}^* - \lambda_2 \mathbf{1} = \mathbf{0} \Leftrightarrow \boldsymbol{\omega}^* = \frac{1}{2\lambda_1}\boldsymbol{\Omega}^{-1}(\boldsymbol{\mu}-\lambda_2\mathbf{1}) \tag{1.36}$$

となる．最大化の2階条件は，$\boldsymbol{\Omega}$ が正値定符号行列であることから満たされている．(1.36) 式を (1.34b) 式へ代入すると，

$$\frac{1}{4\lambda_1^2}(\boldsymbol{\mu}-\lambda_2\mathbf{1})'\boldsymbol{\Omega}^{-1}\boldsymbol{\Omega}\boldsymbol{\Omega}^{-1}(\boldsymbol{\mu}-\lambda_2\mathbf{1}) = \sigma_p^2$$

$$\Leftrightarrow \boldsymbol{\mu}'\boldsymbol{\Omega}^{-1}\boldsymbol{\mu} - \lambda_2\mathbf{1}'\boldsymbol{\Omega}^{-1}\boldsymbol{\mu} - \lambda_2\boldsymbol{\mu}'\boldsymbol{\Omega}^{-1}\mathbf{1} + \lambda_2^2\mathbf{1}'\boldsymbol{\Omega}^{-1}\mathbf{1} = 4\sigma_p^2\lambda_1^2$$

$$\Leftrightarrow B - 2A\lambda_2 + C\lambda_2^2 = 4\sigma_p^2\lambda_1^2 \tag{1.37}$$

ただし，$A \equiv \mathbf{1}'\boldsymbol{\Omega}^{-1}\boldsymbol{\mu}, B \equiv \boldsymbol{\mu}'\boldsymbol{\Omega}^{-1}\boldsymbol{\mu}, C \equiv \mathbf{1}'\boldsymbol{\Omega}^{-1}\mathbf{1}$

となる．上の A, B, C はスカラーであり，B, C は2次形式ゆえ正値，A の符号は解析的には定まらない．

ここでもう1つの制約条件を用いる．(1.34c) 式へ (1.36) 式を代入すると，

$$\frac{1}{2\lambda_1}(\boldsymbol{\mu}'-\lambda_2\mathbf{1}')\boldsymbol{\Omega}^{-1}\mathbf{1} = 1 \Leftrightarrow \lambda_2 = \frac{A-2\lambda_1}{C} \tag{1.38}$$

となるので，このラグランジュ未定乗数を (1.37) 式に代入，消去すると，

$$B - 2A\left(\frac{A-2\lambda_1}{C}\right) + C\left(\frac{A-2\lambda_1}{C}\right)^2 = 4\sigma_p^2\lambda_1^2$$

$$\Leftrightarrow \lambda_1^2 = \frac{D}{4(C\sigma_p^2-1)}, \quad D \equiv BC - A^2(>0)$$

となる[29]．上式の平方根をとると，ラグランジュ乗数 λ_1 として正，負の2個が存在する．すなわち，

$$\lambda_1 = \pm \frac{\sqrt{D}}{2\sqrt{C\sigma_p^2-1}}$$

であり，正負のいずれを採用するかはまだ決定できないので，λ_1 を特定しな

---

[29] $\boldsymbol{\Omega}^{-1}$ は正値定符号行列なので，左右からベクトル $\mathbf{x} = A\boldsymbol{\mu} - B\mathbf{1}$ を乗じた値は正になる．したがって，$\mathbf{x}'\boldsymbol{\Omega}^{-1}\mathbf{x} = (A\boldsymbol{\mu}-B\mathbf{1})'\boldsymbol{\Omega}^{-1}(A\boldsymbol{\mu}-B\mathbf{1}) = B(BC-A^2) > 0$ が成立するが，$B \equiv \boldsymbol{\mu}'\boldsymbol{\Omega}^{-1}\boldsymbol{\mu}$ は正値ゆえ，$BC-A^2 \equiv D > 0$ となる．なお，これら A, B, C, D を使った表記法は，Merton (1972) が用いたものである．本書では，C を消費 (Consumption) を表わす変数としても使用するが，混乱が起きないように文脈上で配慮してある．

4. 平均・分散分析とCAPM 53

いまま分析を進めることにする.

　まず, 効率的ポートフォリオの投資比率を求めると, (1.38) 式を (1.36) 式に代入して,

$$\boldsymbol{\omega}^* = \frac{1}{2\lambda_1}\boldsymbol{\Omega}^{-1}\left(\boldsymbol{\mu}-\frac{A-2\lambda_1}{C}\mathbf{1}\right)$$

$$= \frac{1}{2\lambda_1}\boldsymbol{\Omega}^{-1}\boldsymbol{\mu}+\frac{1}{C}\left(1-\frac{A}{2\lambda_1}\right)\boldsymbol{\Omega}^{-1}\mathbf{1} \qquad (1.39)$$

となる. 最適な投資比率ベクトルが明らかになったので, その期待収益率 μ_p^* を求めることができる. (1.34a) 式へ $\boldsymbol{\omega}=\boldsymbol{\omega}^*$ を代入して,

$$\mu_p^* = \boldsymbol{\omega}^{*\prime}\boldsymbol{\mu} = \frac{1}{2\lambda_1}\boldsymbol{\mu}'\boldsymbol{\Omega}^{-1}\boldsymbol{\mu}+\frac{1}{C}\left(1-\frac{A}{2\lambda_1}\right)\mathbf{1}'\boldsymbol{\Omega}^{-1}\boldsymbol{\mu}$$

$$= \frac{1}{2\lambda_1}B+\frac{1}{C}\left(1-\frac{A}{2\lambda_1}\right)A$$

$$= \frac{D}{2\lambda_1 C}+\frac{A}{C} \qquad [\because D\equiv BC-A^2] \qquad (1.40\text{a})$$

である. 上式最右辺の第1項をみると, C, D いずれも正なので, λ_1 の2根のうち, 正値のほうがより高い期待収益率を与えることを確認できる. そこで,

$$\lambda_1 = \frac{\sqrt{D}}{2\sqrt{C\sigma_p^2-1}} \qquad (1.40\text{b})$$

とする.

　さて, (1.40b) 式を (1.40a) 式に代入して λ_1 を消去すると,

$$\mu_p^* = \frac{A}{C}+\frac{\sqrt{D(C\sigma_p^2-1)}}{C} \qquad (1.41)$$

を得る. これが効率的ポートフォリオ, すなわち, 任意の分散 σ_p^2 (あるいは標準偏差 σ_p) のもとで, 期待収益率が最も大きいポートフォリオの期待収益率である. その投資比率ベクトル $\boldsymbol{\omega}^*$ についても, (1.39) 式へ (1.40b) 式を代入して λ_1 を消去すると,

$$\boldsymbol{\omega}^* = \sqrt{\frac{C\sigma_p^2-1}{D}}\boldsymbol{\Omega}^{-1}\boldsymbol{\mu}+\frac{1}{C}\left(1-A\sqrt{\frac{C\sigma_p^2-1}{D}}\right)\boldsymbol{\Omega}^{-1}\mathbf{1} \qquad (1.42)$$

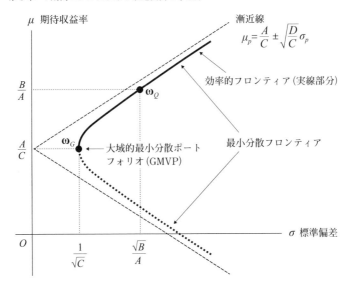

**図1-3 効率的フロンティアと最小分散フロンティア
（無リスク資産が存在しない場合）**

と表現できる．$\boldsymbol{\omega}^* = [\omega_1^*\, \omega_2^*\, \cdots\, \omega_N^*]'$ の各要素は，N 種類のリスク資産の最適な組み入れ比率を表わしている．ここで，A, B, C, D は，(1.37) 式以下で与えた通り，期待収益率ベクトル $\boldsymbol{\mu}$，共分散行列 $\boldsymbol{\Omega}$，および集計ベクトル $\mathbf{1}$ によって定まる定数である．

さて，横軸に標準偏差 σ_p，縦軸に期待収益率 μ_p をとって (1.41) 式を描くと，どのような曲線になるだろうか．(1.41) 式においては，$C > 0$ より，右辺第 2 項が正であるから，$\mu_p^* > \dfrac{A}{C}$ である．(1.41) 式を σ_p^2 について表わし，$\mu_p^* = \mu_p$ と置き直すと，簡単な変形によって，

$$\sigma_p^2 = \frac{C\mu_p^2 - 2A\mu_p + B}{D} \tag{1.43}$$

ただし，$A \equiv \mathbf{1}'\boldsymbol{\Omega}^{-1}\boldsymbol{\mu},\ B \equiv \boldsymbol{\mu}'\boldsymbol{\Omega}^{-1}\boldsymbol{\mu},\ C \equiv \mathbf{1}'\boldsymbol{\Omega}^{-1}\mathbf{1},\ D \equiv BC - A^2$

となる．(1.43) 式を（標準偏差，期待収益率）- 平面に描いたのが図 1-3 である．

この曲線は，頂点が $\left(\dfrac{1}{\sqrt{C}},\, \dfrac{A}{C}\right)$，2 本の漸近線が $\mu_p = \dfrac{A}{C} \pm \sqrt{\dfrac{D}{C}}\, \sigma_p$ の双曲線

になる．最大化問題（1.34a）～（1.34c）式を満たす効率的ポートフォリオは，双曲線の頂点の縦軸座標 $\frac{A}{C}$ よりも期待収益率が大きいのであるから，双曲線の上側部分に位置することになる．この部分を効率的フロンティア（Efficient Frontier）とよぶ．

図から明らかなように，双曲線上に位置するポートフォリオは，その下側部分に位置するものも含め，所与の期待収益率のもとで，最小の標準偏差（あるいは分散）をもつポートフォリオである．そこで，この双曲線上に位置するすべてのポートフォリオを最小分散ポートフォリオ（Minimum Variance Portfolio; MVP），効率的フロンティアを含む双曲線全体を最小分散フロンティア（Minimum Variance Frontier）とよぶ．MVP の中でも，最小分散フロンティアの頂点座標に位置する，分散が最も小さいポートフォリオには，大域的最小分散ポートフォリオ（Global MVP; GMVP）の名称が与えられている[30]．効率的ポートフォリオは最小分散ポートフォリオであるが，その逆は成立しない点に注意が必要である[31]．図には，GMVP を ω_G と，また，MVP のひとつの例として期待収益率が B/A であるような最小分散ポートフォリオを ω_Q と記して，それら2つの位置を示しておいた．最小分散ポートフォリオ ω_Q の意義は後に明らかにする．

本章では，「所与の分散のもとで，最大の期待収益率をもつポートフォリオ」を導く最大化問題を解いたために，最小分散フロンティアの上半分に位置する効率的フロンティアを直接，明らかにすることができたが，上述したように，伝統的には，平均・分散分析は「所与の期待収益率のもとで，最小の分散をもつポートフォリオ」を導く最小化問題として展開されてきた．最小化問題の解は，効率的フロンティアをその一部に含む，最小分散フロンティア全体を導くため，2つの最適化問題は，微妙にではあるが，異なる解をも

---

[30] 図から明らかであるが，大域的最小分散ポートフォリオの標準偏差リスクは $1/\sqrt{C}$，期待収益率は A/C である．無リスク資産が存在するときには，$A/C>R_f>0$ であり，$C=\mathbf{1}'\Omega^{-1}\mathbf{1}$ は2次形式ゆえ正なので，$A\equiv\mu'\Omega^{-1}\mathbf{1}>0$ となる．しかし，無リスク資産が存在しないとき，A が正値であることを保証する数学的根拠はない．現実の金融資産市場では，通常，GMVP の期待収益率 A/C は正値であるので，図1-3 は A が正であると仮定して描いてある．

[31] 最小分散フロンティアを与える（1.43）式の導出は Merton（1972）の業績とされているが，実際には，邦文ではあるが，蠟山・浜田（1968）が初めて示したものである．

たらすことになる.

また，空売りが自由に行なえない状況では，期待収益率最大化問題は最小分散ポートフォリオ以外のポートフォリオを特定してしまう可能性があることにも注意しなければならない．興味のある読者は，練習問題として取り組んでみられたい．

効率的ポートフォリオと2基金分離

次に，任意の効率的ポートフォリオが2つのファンド（ポートフォリオ ω_Q とポートフォリオ ω_G）により合成できることを確認しよう．

まず，$\omega_Q \equiv \dfrac{\Omega^{-1}\mu}{A}, \omega_G \equiv \dfrac{\Omega^{-1}\mathbf{1}}{C}$ とおいてみる．定数 A, C の定義より，$\mathbf{1}'\omega_Q = 1, \mathbf{1}'\omega_G = 1$ となることは明らかであるから，ω_Q, ω_G はそれぞれポートフォリオの投資比率を表わすと解釈できる．これら2つのポートフォリオの期待収益率と分散を求めておくと，

$$\mu_Q = \mu'\omega_Q = \frac{\mu'\Omega^{-1}\mu}{A} \equiv \frac{B}{A}, \quad B \equiv \mu'\Omega^{-1}\mu > 0 \tag{1.44a}$$

$$\sigma_Q^2 = \omega_Q'\Omega\omega_Q = \frac{B}{A^2} \tag{1.44b}$$

$$\mu_G = \mu'\omega_G = \frac{\mu'\Omega^{-1}\mathbf{1}}{C} = \frac{A}{C} \tag{1.44c}$$

$$\sigma_G^2 = \omega_G'\Omega\omega_G = \frac{1}{C} \tag{1.44d}$$

である．定数 B, C は2次形式ゆえ正値である．簡単な計算によって，$\mu_Q, \sigma_Q^2, \mu_G, \sigma_G^2$ は最小分散フロンティアを表わす (1.43) 式を満たすことを確認できるので，ポートフォリオ ω_Q, ω_G のいずれもが MVP の性質を有している．

いま，(1.42) 式の効率的ポートフォリオの投資比率をこれら2つの最小分散ポートフォリオを用いて書き直すと，

$$\omega^* = \sqrt{\frac{C\sigma_p^2 - 1}{D}}\Omega^{-1}\mu + \frac{1}{C}\left(1 - A\sqrt{\frac{C\sigma_p^2 - 1}{D}}\right)\Omega^{-1}\mathbf{1} \qquad [(1.42)]$$

$$= A\sqrt{\frac{C\sigma_p^2 - 1}{D}}\omega_Q + \left(1 - A\sqrt{\frac{C\sigma_p^2 - 1}{D}}\right)\omega_G \tag{1.45}$$

となる．2つのベクトル ω_Q と ω_G の係数を足すと1になっており，ベクトル ω^* は，ベクトル ω_Q と ω_G の線形結合（アフィン結合）で表現できることがわかる．したがって，任意のポートフォリオの分散 σ_p^2 が与えられたとき，効率的ポートフォリオ ω^* は，ω_Q と ω_G という2つのファンドを合成したポートフォリオとして構築できる．この性質を2基金分離（Two Fund Separation）とよぶ．

以上の議論では，投資家がどのような分散 σ_p^2 をもつポートフォリオを選択するのかは明らかにせず，所与の値として扱った．最適な σ_p^2 の決定とは，最適な期待収益率 μ_p の決定でもあり，それは，期待効用最大化の結果として決定されることを，次に明らかにしよう．

投資機会集合と無差別曲線による期待効用最大化問題の図解

平均・分散選好のもとでの最適ポートフォリオの決定問題を，投資機会集合と無差別曲線を用いて図解してみよう．まず，無差別曲線であるが，これは，同一の期待効用をもたらす（標準偏差，期待収益率）-平面上の点の集合，すなわち軌跡と定義される．一般に，投資収益率の確率分布と効用関数を特定しなければ，無差別曲線を定めることはできないので，以下では，投資収益率としては正規分布を，効用関数としては，解析解を可能にするという意味で正規分布と相性がよい負の指数型効用を仮定することにする．

この効用関数は，(1.20c) 式のように，

$$u(x) = -e^{-\phi x}, \quad \phi > 0 \tag{1.46}$$

と表現される．ここで $-u''(x)/u'(x) = \phi$ ゆえ，前出の定義式 (1.8) 式より，ϕ は絶対的リスク回避度（ARA）を表わす定数である．

いま，期初の投資可能額 W_0 を単利ネット表示で $\tilde{R}_p$ の投資収益率をもたらすポートフォリオによって1期間運用するとし，期末の資産額を $\tilde{W} = W_0(1 + \tilde{R}_p)$ としよう．1期間モデルゆえ，期末時点を表わす添え字はこれまで通りに簡単化のため略している．投資収益率が，平均 μ_p，分散 σ_p^2 の正規分布，すなわち，

$$\widetilde{R}_p \sim \mathrm{N}(\mu_p, \sigma_p^2) \tag{1.47}$$

に従うと仮定すると，期末の資産額も正規分布に従い，

$$\widetilde{W} \sim \mathrm{N}(\mu_W, \sigma_W^2), \quad \mu_W \equiv W_0(1+\mu_p), \quad \sigma_W^2 \equiv W_0^2 \sigma_p^2 \tag{1.48}$$

と表わされる．$\widetilde{W}$ は，期末の資産額であるとともに，1 期間モデルゆえ，期末の消費でもある．このときの期待効用を求めると，(1.46)，(1.30) 式より，

$$\begin{aligned}
\mathrm{E}[u(\widetilde{W})] &= -\int_{-\infty}^{\infty} e^{-\phi W} \frac{1}{\sqrt{2\pi}\,\sigma_W} e^{-\frac{(W-\mu_W)^2}{2\sigma_W^2}} dW \\
&= -\int_{-\infty}^{\infty} \frac{1}{\sqrt{2\pi}\,\sigma_W} e^{-\frac{\{W-(\mu_W-\phi\sigma_W^2)\}^2 + \phi\sigma_W^2(2\mu_W - \phi\sigma_W^2)}{2\sigma_W^2}} dW \\
&= -\left(\int_{-\infty}^{\infty} \frac{1}{\sqrt{2\pi}\,\sigma_W} e^{-\frac{\{W-(\mu_W-\phi\sigma_W^2)\}^2}{2\sigma_W^2}} dW\right) \cdot e^{-\phi\left(\mu_W - \frac{\phi}{2}\sigma_W^2\right)} \\
&= -e^{-\phi\left(\mu_W - \frac{\phi}{2}\sigma_W^2\right)}
\end{aligned} \tag{1.49}$$

と計算できる．上の計算では，指数のべき部分で平方完成を行ない，最終式の変形では，密度関数の積分値が 1 となる性質を利用している．

一般に，効用関数 $u(\cdot)$ のもとで，不確実な将来収益 $\widetilde{W}$ の確実性等価 W^{CE} は $\mathrm{E}[u(\widetilde{W})]=u(W^{\mathrm{CE}})$ を満たす定数として定義されることを思い起こすと，本例では，(1.49) 式より，

$$\mathrm{E}[-e^{-\phi\widetilde{W}}] = -e^{-\phi\left(\mu_W - \frac{\phi}{2}\sigma_W^2\right)} = -e^{-\phi W^{\mathrm{CE}}} \Leftrightarrow W^{\mathrm{CE}} = \mu_W - \frac{\phi}{2}\sigma_W^2 \tag{1.50}$$

であることがわかる．さらに，$\mu_W \equiv W_0(1+\mu_p)$，および，$\sigma_W^2 \equiv W_0^2 \sigma_p^2$ の関係を用いて確実性等価を書き直すと，

$$W^{\mathrm{CE}} = W_0(1+\mu_p) - \frac{\phi}{2} W_0^2 \sigma_p^2 \tag{1.51a}$$

を得る．右辺第 1 項が将来収益の期待値であるから，第 2 項は（金額表示の）リスク・プレミアムである．絶対的リスク回避度 ϕ，ポートフォリオの分散 σ_p^2，および，富水準 W_0 が大きいほど，リスク・プレミアム額の増加することが理解されるであろう[32]．

4. 平均・分散分析と CAPM　　59

　この確定値で与えられる富を実現するために必要な投資収益率（ネット表示）を逆算すると，

$$\frac{W^{\mathrm{CE}}}{W_0}-1 = \mu_p - \frac{\phi}{2}W_0\sigma_p^2 \tag{1.51b}$$

となるが，これは，投資家が選択した不確実な投資収益率 $\widetilde{R}_p$ と無差別になるような確定値の投資収益率であり，$\widetilde{R}_p$ の確実性等価収益率（Certainty Equivalent Rate of Return）とよばれている．

　さて，無差別曲線は，（標準偏差，期待収益率）-平面において同一の期待効用をもたらす (σ_p, μ_p) の軌跡であった．まず，(1.49) 式で求めた期待効用を μ_p, σ_p^2 を用いて表現すると，

$$\mathrm{E}[u(\widetilde{W})] = -e^{-\phi\left(\mu_W - \frac{\phi}{2}\sigma_W^2\right)} = -e^{-\phi\left\{W_0(1+\mu_p) - \frac{\phi}{2}W_0^2\sigma_p^2\right\}} \tag{1.52}$$

となる．この期待効用は負値をとるという特徴があるが，その水準を定数 $k(<0)$ を用いて，

$$-e^{-\phi\left\{W_0(1+\mu_p) - \frac{\phi}{2}W_0^2\sigma_p^2\right\}} \equiv k, \quad k<0 \tag{1.53}$$

とおくと，k が大きいほど，すなわち，k の絶対値が小さいほど，より大きい期待効用を表わすことになる．

　無差別曲線は，上式を期待収益率 μ_p について表わしたものであるから，変形すると，

$$\mu_p = \frac{\phi}{2}W_0\sigma_p^2 - 1 - \frac{1}{\phi W_0}\ln(-k)$$

となって，標準偏差 σ_p に関して 2 次の曲線（放物線）になることがわかる．
　ただし，この無差別曲線は実行可能なポートフォリオ集合を前提として描か

---

32) 注意深い読者は，負の指数型効用は CARA 型ゆえ，金額表示のリスク・プレミアムは富水準に依存しないはずではなかったかと思われるだろう．これは，前出の図 1-2 においては，不確実な収益 $\widetilde{Z}$ が初期富 W_0 に依存しない前提で描いたので $\widetilde{W}=W_0+\widetilde{Z}$，$\widetilde{Z}\sim\mathrm{N}(\mu_Z,\sigma_Z^2)$ の母数である μ_Z と σ_Z^2 が W_0 から独立であると仮定されていたためである．この仮定のもとで $\widetilde{Z}$ の確実性等価額とリスク・プレミアムを求めると，簡単な計算の結果，$Z^{\mathrm{CE}}=\mu_Z-\frac{\phi}{2}\sigma_Z^2$，$\Pi=\frac{\phi}{2}\sigma_Z^2$ となり，いずれも初期富 W_0 から独立した定数になることが確認できる．

れたものではない点に留意したい．というのは，無差別曲線は，期待効用水準が定数 k となるような投資機会が存在すると仮定するとき，その期待効用水準を可能にするようなポートフォリオの期待収益率（リターン）と標準偏差（リスク）はどのような組み合わせにならなければならないか，そのトレードオフを記述する曲線であって，これは実行可能性すなわち投資機会集合（Investment Opportunity Set）の存在を無視した，いわば投資家の仮想的な需要曲線を表わすものに過ぎないからである．

ここで，ϕ は絶対的リスク回避度であったから，それに期初の投資可能額 W_0 を乗じた値は相対的リスク回避度 $\gamma \equiv \phi W_0$ と解釈することができる．また，定数項部分を簡潔に K と置き直すと，上式は，

$$\mu_p = \frac{\gamma}{2}\sigma_p^2 + K, \quad K \equiv -1 - \frac{1}{\gamma}\ln(-k) \tag{1.54}$$

となる．これが，期待効用水準 k に対応する無差別曲線である．定数項部分は複雑な形をしているが，$k<0$ ゆえ $\frac{\partial K}{\partial k} = -\frac{1}{\gamma k} > 0$ となり，K は k の単調増加関数である．したがって，K が大きいほどより大きい期待効用を表わし，一般性を失うことなく，K を期待効用水準と読み替えてよいことがわかる．この縦軸切片 K は，(1.53) 式の k の定義式を代入し，$\gamma \equiv \phi W_0$ を用いて変形すると，

$$K = -1 - \frac{1}{\gamma}\ln(e^{-\phi\left\{W_0(1+\mu_p) - \frac{\phi}{2}W_0^2\sigma_p^2\right\}}) = \mu_p - \frac{\phi}{2}W_0\sigma_p^2 = \mu_p - \frac{\gamma}{2}\sigma_p^2$$

であり，(1.51b) 式で定義した確実性等価収益率に一致することがわかる．

さて，無差別曲線 (1.54) 式は，（標準偏差，期待収益率）- 平面では，縦軸切片が K，2 次の係数が $\gamma/2(>0)$ の放物線であり，凹関数になっている．期待効用水準が高いほど，無差別曲線を表わす放物線の縦軸切片は上方に位置するので，その期待効用水準に対応する放物線は上方にシフトする．また，相対的リスク回避度 γ が大きいほど 2 次の係数は増加するので，無差別曲線を表わす放物線は，先がつぼんだ，より険しい曲線になる．

また，期待効用を表わす (1.50) 式を変形して得られた (1.52) 式には，確率分布の母数としては投資収益率の期待値 μ_p と分散 σ_p^2 しか現れない．

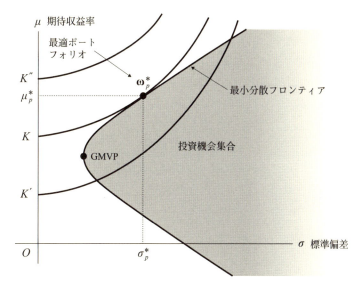

図1-4 投資機会集合と無差別曲線（無リスク資産が存在しない場合）

(1.52) 式の偏微分を計算してみると，$\frac{\partial \mathrm{E}[u(\widetilde{W})]}{\partial \mu_p} > 0, \frac{\partial \mathrm{E}[u(\widetilde{W})]}{\partial \sigma_p^2} < 0$ が成立しているので，本例では，投資家の選好に関して平均・分散選好が成立しており，（標準偏差，期待収益率）-平面において，より左上方に位置する投資機会ほど，大きな期待効用をもたらすことがわかる．

次に，投資家の期待効用と，その最大化がもたらす需要を表わす無差別曲線に，どのような投資が実行可能であるかを表現する投資機会集合を重ねて図示してみよう．すでに (1.43) 式で求めた N 種類のリスク資産の最小分散フロンティアとその右側，すなわち，図1-4 中の陰を付した領域がその投資機会集合である．同図には，この投資機会集合とともに，切片がそれぞれ，K', K, K''（$K' < K < K''$）で与えられる3本の無差別曲線が描いてある．切片が K'' の無差別曲線は3本の中では最も期待効用が大きいが，図から明らかなように，そのような期待効用を実現する投資機会は存在しない．一方，切片が K' の無差別曲線は投資機会集合の内側を通っており，無差別曲線上の任意の投資機会は実行可能ではあっても，その左上方には期待効用をさら

に高めるような投資機会が存在している．

したがって，実行可能なポートフォリオ集合のうち期待効用が最も大きくなるのは，切片が K の無差別曲線が投資機会集合と接している点で表わされる ω_p^* であることは明らかであろう．このポートフォリオ ω_p^* が，これらの無差別曲線群をもつ投資家の期待効用を最大化する最適ポートフォリオ（Optimal Portfolio）である．最適ポートフォリオが必ず効率的フロンティア上に位置することは図からも明らかである[33]．

さて，最適ポートフォリオ ω_p^* の座標は，放物線と双曲線の接点を求めれば計算できる．導出は読者に委ね，相対的リスク回避度が γ の場合について，その接点の座標を記しておくと，

$$(\sigma_p^*, \mu_p^*) = \left(\frac{1}{\sqrt{C}} \sqrt{1 + \frac{D}{\gamma^2}}, \frac{A}{C} + \frac{D}{\gamma C} \right) \tag{1.55}$$

である．ここでは負の指数型効用関数の投資家を仮定しているので，その絶対的リスク回避度 ϕ あるいは投資可能額 W_0 が違えば相対的リスク回避度 γ も異なる値となり，それに依存して接点の座標は変わる．

C, D はいずれも正値なので，γ の値が小さいほど最適ポートフォリオの期待収益率 μ_p^*，標準偏差 σ_p^* はいずれも大きい値となり，「ハイリスク・ハイリターン」となる．逆に，極端にリスク回避的な投資家の場合，γ を無限へと極限操作すると接点の座標は $(\sigma_p^*, \mu_p^*) = \left(\frac{1}{\sqrt{C}}, \frac{A}{C} \right)$ に収束し，先に図 1-3 で示した通り，これは GMVP に他ならない．

最適ポートフォリオと2基金分離

前の小項では，投資機会集合としての効率的ポートフォリオの2基金分離を説明した．すなわち（1.45）式で，任意の標準偏差をもつ効率的ポートフォリオが，2つの最小分散ポートフォリオによって合成できることを明らか

---

[33] 本章では，任意に定めうる分散（あるいは標準偏差）を所与として，そのときの効率的ポートフォリオにはアステリスクを1つ付して ω^* とした．その中で，特定の効用関数について期待効用を最大化する唯一のポートフォリオである最適ポートフォリオには，アステリスクを2つ付して ω^{**} としたいところであるが，それでは記法が煩雑になるため，本書では下付き添え字 p を付して ω_p^* としてこれを表現することにした．1期間モデルゆえ，時点を表わす添え字はこれまで通り省いてある．

にした. 再掲すると,

$$\omega^* = A\sqrt{\frac{C\sigma_p^2-1}{D}}\omega_Q + \left(1 - A\sqrt{\frac{C\sigma_p^2-1}{D}}\right)\omega_G \qquad [(1.45)]$$

である. ここへ, 投資家の期待効用最大化を明示的に考慮した, 最適ポートフォリオのリスクとリターンを表わす (1.55) 式から標準偏差,

$$\sigma_p = \sigma_p^* = \frac{1}{\sqrt{C}}\sqrt{1 + \frac{D}{\gamma^2}}$$

を代入すると, 最適ポートフォリオの投資比率が特定されて,

$$\begin{aligned}\omega_p^* &= A\sqrt{\frac{1}{D}\left\{C(\frac{1+D/\gamma^2}{C})-1\right\}}\omega_Q + \left(1 - A\sqrt{\frac{1}{D}\left\{C(\frac{1+D/\gamma^2}{C})-1\right\}}\right)\omega_G \\ &= \frac{A}{\gamma}\omega_Q + \left(1 - \frac{A}{\gamma}\right)\omega_G \end{aligned} \qquad (1.56)$$

となり, 期待効用最大化の文脈において, 2 基金分離を最適ポートフォリオについて相対的リスク回避度 γ を用いて表現することができる.

このように, 1 期間モデルを前提して考えるとき, 指数型効用関数をもつ投資家が選択する最適ポートフォリオは ω_Q と ω_G という 2 つの最小分散ポートフォリオに,

$$\frac{A}{\gamma} : 1 - \frac{A}{\gamma}$$

の比率で投資配分して合成できる. 通常の資産市場では $A = \mu'\Omega^{-1}\mathbf{1} > 0$ であるため, リスク回避度が大きいほど, よりハイリスク・ハイリターンであるポートフォリオ ω_Q への投資を控え, リスクが小さい方の GMVP (ω_G) への投資を増やすべきことがわかる.

4.2 無リスク資産の導入

以上, 無リスク資産が利用可能でない場合について分析してきたが, 無リスク資産が利用可能であるとしても, 2 基金分離等, 最適ポートフォリオに関するこれまでの分析の重要な結果は変わらない. 単に, 投資収益率の標準偏差がゼロであるような特殊なリスク資産が利用可能になったと考えればす

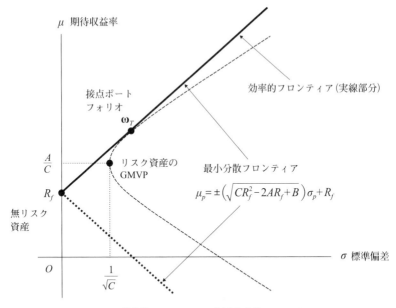

**図1-5 効率的フロンティアと最小分散フロンティア
（無リスク資産が存在する場合）**

むためである．無リスク資産が利用可能な場合の分析は，すでに多くの教科書が解説しているので，以下では2章以降で利用する主要な結果のみ，証明を略してまとめておく．

無リスク資産がもたらす，1期間の期初において確定している単利ネット表示の投資収益率（無リスク利子率）を R_f とする．N 種類のリスク資産の投資収益率ベクトルを $\tilde{\mathbf{R}}$，期待収益率ベクトルを $\mu = \mathrm{E}[\tilde{\mathbf{R}}]$，共分散行列を $\mathbf{\Omega}$ とするという記法は継続する．無リスク資産への投資も可能である場合について，(1.34) 式と同様に，期待収益率を投資ベクトルを用いて表わし，その最大化問題を解いて投資機会集合を描いたのが図1-5である．

無リスク資産を表わす点が期待収益率を表わす縦軸上に位置する．最小分散フロンティアは2つの半直線からなり，リスク資産のみから構成される投資機会集合を表わす双曲線への接線（実線）と，$\boldsymbol{\omega}_T$ と表現した接点に位置するポートフォリオ（接点ポートフォリオ，Tangency Portfolio）を空売りし，

無リスク資産へ投資することによって得られる下方へ延びている直線（点線）の計2本である．すなわち，

$$\mu_p = \pm H\sigma_p + R_f, \quad H \equiv \sqrt{CR_f^2 - 2AR_f + B} \tag{1.57a}$$

ただし，$A \equiv \mathbf{1}'\Omega^{-1}\mu, B \equiv \mu'\Omega^{-1}\mu, C \equiv \mathbf{1}'\Omega^{-1}\mathbf{1}$

が最小分散フロンティアを表わし，そのうち効率的フロンティアは，図中で上方に位置する半直線ゆえ，

$$\mu_p = H\sigma_p + R_f \tag{1.57b}$$

である．直感的に表現すれば，無リスク利子率が利用可能でない場合の双曲線で表わされた最小分散フロンティアの頂点が，無リスク利子率を表わす縦軸上の座標まで引き寄せられ，極限において2本の半直線になったということができる．

接点ポートフォリオ ω_T の座標は，リスク資産のみの投資機会を表わす2次曲線と無リスク資産の座標を通る1次曲線の接点として解析的に導出できる．この座標の導出もまた読者に委ね，その結果のみを記しておくと，

$$(\sigma_T, \mu_T) = \left(\frac{H}{A-CR_f}, \frac{B-AR_f}{A-CR_f}\right), \quad H \equiv \sqrt{CR_f^2 - 2AR_f + B} \tag{1.58}$$

であり，N 銘柄からなる接点ポートフォリオの投資比率ベクトルは，

$$\omega_T = \frac{1}{A-CR_f}\Omega^{-1}\mu - \frac{R_f}{A-CR_f}\Omega^{-1}\mathbf{1} \tag{1.59}$$

である[34]．

無リスク資産が存在する場合の最小分散フロンティアは，無リスク資産が存在しない場合と同様に，任意の2つの最小分散ポートフォリオによって合成でき，2基金分離が成立する．その一例が，無リスク資産すなわち「マネー」と，接点ポートフォリオ ω_T による合成であり，この場合の2基金分離を，無リスク資産を含むという性質を強調して，貨幣的2基金分離（Monetary Two Fund Separation）とよぶことがある．

---

34) これらの導出の詳細は，池田（2000, pp. 66-70）を参照のこと．

証券市場線の導出の準備

接点ポートフォリオ ω_T を用いると，任意のリスク資産あるいはポートフォリオについて，リスクとリターンが線形関係になるようなリスク指標を導くことができる．

任意のリスク資産 $i \in \{1, \cdots, N\}$ と，接点ポートフォリオ ω_T の投資収益率について，共分散を求めてみよう．単独の資産を表わすために，第 i 要素が 1 で，他の要素がすべてゼロであるような特殊なポートフォリオを考え，$\omega_{(i)} = [0 \cdots 0 \underset{i}{1} 0 \cdots 0]'$ とする．接点ポートフォリオの投資比率には（1.59）式を使う．このとき，

$$\begin{aligned}
\mathrm{Cov}[\widetilde{R}_i, \widetilde{R}_T] &= \omega_{(i)}' \Omega \omega_T \\
&= [0 \cdots 0 \underset{i}{1} 0 \cdots 0] \Omega \left(\frac{1}{A - CR_f} \Omega^{-1} \mu - \frac{R_f}{A - CR_f} \Omega^{-1} 1 \right) \\
&= \frac{1}{A - CR_f} \mu_i - \frac{R_f}{A - CR_f} 1 \\
&= \frac{\mu_i - R_f}{A - CR_f}
\end{aligned} \qquad (1.60)$$

となる．ここで，(1.58) 式として示した接点ポートフォリオの標準偏差を 2 乗して，

$$\mathrm{Var}[\widetilde{R}_T] = \frac{H^2}{(A - CR_f)^2}, \quad H \equiv \sqrt{CR_f^2 - 2AR_f + B}$$

とし，(1.60) 式で求めた共分散を除すと，

$$\frac{\mathrm{Cov}[\widetilde{R}_i, \widetilde{R}_T]}{\mathrm{Var}[\widetilde{R}_T]} = (\mu_i - R_f) \frac{A - CR_f}{H^2} \Leftrightarrow \mu_i - R_f = \frac{\mathrm{Cov}[\widetilde{R}_i, \widetilde{R}_T]}{\mathrm{Var}[\widetilde{R}_T]} \cdot \frac{H^2}{A - CR_f}$$

となるが，右辺において，

$$\frac{H^2}{A - CR_f} = \frac{CR_f^2 - 2AR_f + B}{A - CR_f} = \frac{B - AR_f}{A - CR_f} - R_f = \mu_T - R_f \quad [\because (1.58) \text{ 式}]$$

と表わせるので，

$$\mu_i - R_f = \beta_i^T (\mu_T - R_f), \quad \beta_i^T \equiv \frac{\mathrm{Cov}[\widetilde{R}_i, \widetilde{R}_T]}{\mathrm{Var}[\widetilde{R}_T]} \qquad (1.61)$$

を導くことができる.

上式は,接点ポートフォリオを用いて定義した定数 β_i^T に対して,任意の リスク資産 i の期待超過収益率が線形になることを示している.この定数 は,リスク資産 i と最小分散ポートフォリオの性質をもつ接点ポートフォリ オの投資収益率の共分散を,接点ポートフォリオの分散で除したものであ り,ベータとよばれる概念である.(1.61)式のベータには,上付きの添え字 T を付してあるが,これは,ベータの定義において接点ポートフォリオの投 資収益率を用いたためである.

リスク資産として株式を考えるならば,(1.61)式は,株式銘柄 i の期待超 過収益率,すなわち期待収益率が無リスク利子率を超過する値が,ベータを 介して,接点ポートフォリオの期待超過収益率に対して線形に与えられるこ とを主張するものである.この線形関係は,接点ポートフォリオに限らず, 任意の最小分散ポートフォリオによって定義されるベータと期待超過収益率 について成立する[35].

ここでさらに,接点ポートフォリオが市場ポートフォリオ,すなわち,市 場に供給されているすべての株式を,その時価総額の比率をウェイトとして 組み込んだポートフォリオに等しいことを示すことができれば,これは標準 的な CAPM の評価式になる.そのとき,(1.61)式を証券市場線(SML)と よぶ.しかしそのためには,市場均衡の議論が必要となる.

4.3 市場均衡と CAPM

金融資産市場が完全競争的であり,無リスク資産への投資が可能であれ ば,平均・分散選好をもつ投資家は,無リスク資産と接点ポートフォリオへ 最適な比率で投資すれば,期待効用を最大化できる.この期待効用が最大化 される状態を主体的均衡とよぶ.投資家のこうした最適化行動の結果とし て,無リスク資産と各リスク資産への需要が発生する.無リスク資産と接点 ポートフォリオへの投資資金の配分は,投資家のリスク回避度すなわち無差

---

[35] この線形関係の存在の証明は,池田(2000, pp. 57-58)を参照のこと.

別曲線に依存するものの，接点ポートフォリオ自体の投資比率ベクトルはすべての投資家において同一であった．したがって，個別のリスク資産に対する総需要を考えると，それがリスク資産全体に占める比率は，その資産が接点ポートフォリオに占める構成比に一致することになる．

それでは，リスク資産の供給はどのように考えればよいだろうか．最も簡明な考え方は，1期間モデルにおいて，その供給は期初の時点0で所与と仮定することである．リスク資産として株式を考えると，時点0での各株式の総供給は各株式の市場で決まる時価総額に等しくなる．ある1つの株式銘柄について，縦軸に期初の株価，横軸に需要および供給量をとってみよう．その株式の総供給が所与と仮定する場合には，総供給曲線は垂直に，総需要曲線は右下がりに描かれる．両者が交わる点で当該株式の需給は一致するので，この交点で表わされる均衡を市場均衡とよぶ．この需給均衡のプロセスを全株式銘柄に拡張すると，各株式の価格がちょうど妥当な期待収益率に対応する価格になるように，株価が決定されることになる．その均衡点では，各投資家が需要する接点ポートフォリオに含まれる各株式価値の総合計は，各企業が発行済みである株式の時価総額の総合計に一致する．このとき接点ポートフォリオの構成は，各企業の株式時価総額の比率で市場に存在するすべての株式を組み込んだものになっており，それがこの接点ポートフォリオを市場ポートフォリオ（Market Portfolio）とよぶ所以である．そして，その市場ポートフォリオは，接点ポートフォリオが最小分散ポートフォリオであるゆえ，必ず効率的フロンティア上に位置するのである．

なお，無リスク資産については，期初において確定した利率を条件として投資家間で借用証書を発行し，これを売買取引することで無リスク利子率での借入れと貸付けが実現すると仮定するならば，その総需要は常に総供給に等しく，市場均衡においては，ネットではゼロとみなすことができる．

このように主体的均衡と市場均衡が同時に達成されるとき，接点ポートフォリオは市場ポートフォリオ（以下，添え字 M で表わす）になるので，先ほどの評価式 (1.61) の添え字 T は M に変わる．ベータについては，市場全体を表わす上付きの添え字 M は略す慣行なので，次式を得る．

4. 平均・分散分析と CAPM

$$\mu_i - R_f = \beta_i(\mu_M - R_f) \tag{1.62a}$$

$$\Leftrightarrow \mathrm{E}[\tilde{R}_i] = R_f + \beta_i(\mathrm{E}[\tilde{R}_M] - R_f), \quad \beta_i \equiv \frac{\mathrm{Cov}[\tilde{R}_i, \tilde{R}_M]}{\mathrm{Var}[\tilde{R}_M]} \tag{1.62b}$$

(1.62b) 式は期待値記号を用いて (1.62a) 式の母数としての期待収益率を書き直したものである．これが，Fama (1968) が初めて採用したといわれる，私たちがよく知る標準的な資本資産評価モデル（Capital Asset Pricing Model; CAPM）の表現である[36]．

CAPM の直感的解釈

(1.62b) 式は，株式銘柄 i に 1 期間投資するときの期待収益率 $\mathrm{E}[\tilde{R}_i]$（銘柄 i のリターン）が，右辺第 1 項の確定値で与えられる無リスク利子率 R_f の部分と，第 2 項で表わされる銘柄 i を保有することの不確実性の対価として市場が支払うリスク・プレミアムの 2 つの部分の和として与えられることを示している．右辺第 2 項の $(\mathrm{E}[\tilde{R}_M] - R_f)$ は，市場ポートフォリオに対する期待収益率から無リスク利子率を差し引いたものであり，市場全体のリスクに対して支払われる報酬としてのリターンが，無リスクの利子率をどれほど超過しているかを表現している．これは，期待超過収益率（Expected Excess Return），あるいは単に超過収益率（Excess Return）とよばれるものであり，直感的にいえば，CAPM におけるリスクの価格（単価）を表わしている．それに対して，銘柄 i がどれほどのリスクをもつか，いわば CAPM におけるリスクの量を表わすのがベータ β_i である．(1.62b) 式右辺の第 2 項は，銘柄 i のリスクの量に，市場で一意に決まるリスクの価格を乗じたものであり，これが，銘柄 i のリスク・プレミアムになっている[37]．

---

[36] CAPM は，Sharpe (1964), Lintner (1965), および Mossin (1966) が同時期に独立に導いたとされている．この功績によって，William Sharpe は 1990 年度のノーベル経済学賞を受賞したが，French (2003) によれば，CAPM を初めて導出したのは Jack Treynor であり，その未公刊論文 (1961, 1962) は，Treynor を指導した M.I.T. の Franco Modigliani，彼に同論文を紹介した Myron Scholes を含め，当時の多くのファイナンス研究者の間で知られていたという．米国におけるファイナンス研究の苛烈さを物語るエピソードというべきか．1962 年の未公刊論文は，37 年を経て Treynor (1999) としてようやく公刊されたが，1961 年の未公刊論文は未だ公刊されていない．

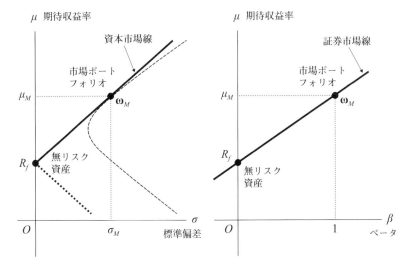

図1-6 資本市場線と証券市場線

証券市場線と資本市場線

いま,横軸にベータ,縦軸に期待収益率をとると,(1.62b)式は縦軸切片がR_f,傾きが$E[\tilde{R}_M]-R_f(>0)$の右上がりの直線になる.これを証券市場線(Security Market Line; SML)とよぶ.CAPMが成立するならば,株式に限らず,市場性のあるすべてのリスク資産は例外なくSML上に位置することになる.リスク資産を組み合わせたポートフォリオも同様である.

前出の図1-5では,横軸が投資収益率の標準偏差,縦軸が期待収益率であった.同図において,接点ポートフォリオを表わすTを市場ポートフォリオを表わすMに書き換え,証券市場線と比較できるように描いたのが図1-6である.この図の左部分にある無リスク資産を表わす縦軸上の座標と,市場ポートフォリオを表わす点を結ぶ実線で表わした半直線を資本市場線(Capital Market Line; CML)とよぶ.

CMLのリスクは,ポートフォリオあるいは個別資産のトータル・リスク

---

37) リスク・プレミアムをどのようにリスクの価格と量とに分解するかは,分析の目的に応じて選択しうる便宜的なものにすぎない.たとえば,リスクの量をベータとせず,$\text{Cov}[\tilde{R}_i, \tilde{R}_M]$とするときには,リスクの価格は$\dfrac{E[\tilde{R}_M]-R_f}{\text{Var}[\tilde{R}_M]}$となる.

を表わす標準偏差である．図の横軸には，ポートフォリオあるいは個別資産の標準偏差を表わす σ を記してある．ポートフォリオ (p) であれば，$\sigma=\sigma_p$，個別資産 (i) であれば $\sigma=\sigma_i$ と表記を区別するべきであるが，両者が図中に同時に存在するため，横軸のラベルに添え字は付していない．縦軸 μ についても同様である．

これに対し，証券市場線を表現した図1-6の右側の方は，リスク指標がポートフォリオや個別資産の市場リスクあるいは組織的リスクを表わすベータであって，ポートフォリオと個別資産のベータを同時に表わすため，図の横軸の β にはやはり添え字を付していない．無リスク資産のベータはゼロ，市場ポートフォリオのベータは1である．

同図左の資本市場線上には，投資家が選択する可能性がある効率的ポートフォリオのみが位置するのに対して，同図右の証券市場線上には，CAPMが成り立つとき，理論的にはすべての銘柄とすべてのポートフォリオが位置する[38]．

5. CAPMの実証とジェンセンのアルファ

CAPMが現実の金融資産市場において成立しているかどうかの確認は，実証分析の課題である．ベータ係数とジェンセンのアルファをキーワードとしてみておこう．

---

[38] 序章に示した図序-1上の市場ポートフォリオを示す点 M は，図1-6左側の ω_M と同じものである．前者に示した「近似のCML」は，計画運用期間において，運用開始前の期間における推定も，運用開始後における実現値の観測もともに可能な，したがって平面上に現実に描くことのできる直線であって，プロフェッショナルか否かを問わず，現実の証券市場における運用者の巧拙はこの「近似のCML」との相対で比較評価される．それに対して，図1-6上の資本市場線は母数間の関係であり，いわば「真のCML」であって，母数自体は観測することができない．同じことが証券市場線についてもいえる．

5.1 CAPMとジェンセンの評価尺度

無リスク資産に投資可能な場合のCAPMの評価式を再掲すると，

$$\mathrm{E}[\widetilde{R}_i]-R_f = \beta_i(\mathrm{E}[\widetilde{R}_M]-R_f), \quad \beta_i \equiv \frac{\mathrm{Cov}[\widetilde{R}_i, \widetilde{R}_M]}{\mathrm{Var}[\widetilde{R}_M]} \qquad [(1.62\mathrm{b})]$$

であり，期待収益率に関する線形関係を主張する理論である．この期待値に関する関係を直接検証することは困難であるうえ，そもそも真の市場ポートフォリオは観測できないため，実証分析においては，市場ポートフォリオ M を代理する変数として TOPIX 等のインデックスの投資収益率 $\widetilde{R}_I$ を用いて，

$$\widetilde{R}_i - R_f = \alpha_i + \beta_i(\widetilde{R}_I - R_f) + \widetilde{\varepsilon}_i \tag{1.63a}$$

$$\mathrm{E}[\widetilde{\varepsilon}_i] = 0 \tag{1.63b}$$

$$\mathrm{Cov}[\widetilde{\varepsilon}_i, \widetilde{R}_I] = 0 \tag{1.63c}$$

という確率変数上の恒等的に成立する線形関係を利用する．(1.63b)，(1.63c) 式にある通り，確率変数 $\widetilde{\varepsilon}_i$ の期待値がゼロ，市場インデックスの投資収益率 $\widetilde{R}_I$ と $\widetilde{\varepsilon}_i$ とが無相関になるように (1.63a) 式の定数 α_i と係数 β_i を定めるのである．このとき，係数 β_i は $\beta_i = \dfrac{\mathrm{Cov}[\widetilde{R}_i, \widetilde{R}_I]}{\mathrm{Var}[\widetilde{R}_I]}$ となり，代理変数 $\widetilde{R}_I$ を用いて表現したCAPMのベータの定義に一致する[39]．

投資収益率の直交分解式

(1.63a) 式は母集団回帰式であるが，これは2つの確率変数 $\widetilde{y}_i(\equiv \widetilde{R}_i - R_f)$ と $\widetilde{x}_I(\equiv \widetilde{R}_I - R_f)$ が与えられたとき，前者を，後者と相関をもつ部分と，後者に直交する部分，すなわち無相関部分の $\widetilde{e}_i = \alpha_i + \widetilde{\varepsilon}_i$ とに直交分解したものにすぎない．同式は後述する収益生成過程の記述に用いられる市場モデル（Market Model）に類似しているが，市場モデルで仮定される（各リスク資

---

[39] 本書を通じて，下付き添え字の I は市場ポートフォリオの代理変数として観測可能な市場インデックス，ないし，株価指数を表わす．

産の)固有リスク間の無相関性,すなわち,任意の $i \neq j$ について $\text{Cov}[\tilde{\varepsilon}_i, \tilde{\varepsilon}_j]$ $=0$ という性質までは求めていない.また,α_i がゼロである必然性もない.(1.63a)式は恒等式にすぎず,銘柄 i の収益生成過程について,何ら新たな仮定をおくものではない点に注意したい.本書では,母集団回帰式を表す(1.63a)式を,市場モデルとの理論的混乱を避ける目的から,「(銘柄 i の投資収益率の)市場に連動する収益率部分と非連動の収益率部分の直交分解式」とよび,直交分解式と略称することにする[40].

標準的なCAPMの検証では,$\tilde{y}_i \equiv \tilde{R}_i - R_f$ を被説明変数,$\tilde{x}_I (\equiv \tilde{R}_I - R_f)$ を説明変数,および $\tilde{\varepsilon}_i$ を誤差項として,時系列データによる回帰分析で β_i を推定する.そのうえで,推定したベータと投資収益率の標本平均との線形関係をテストするのである.観測された株価と株価指数の時系列データから推定するベータをヒストリカル・ベータ(Historical Beta)とよぶが,後述するように,ヒストリカル・ベータを加工して予測力を高める方法が提案されている.

さて,直交分解式(1.63a)式の両辺の期待値を求めると,

$$E[\tilde{R}_i] - R_f = \alpha_i + \beta_i (E[\tilde{R}_I] - R_f) \tag{1.64a}$$

となるので,仮に,(1.62b)式のCAPMが成立し,また,市場ポートフォリオの代理変数が市場ポートフォリオを十分に近似できているならば,$\alpha_i \approx 0$ でなければならない[41].これは個別のリスク資産に限らず,ポートフォリオ

---

40) 市場インデックス,あるいはそれと無相関な収益率部分 $\tilde{e}_i (= \alpha_i + \tilde{\varepsilon}_i)$ が複数のマクロ経済変数の線形結合に分解できる場合には,後述するマルチ・ファクター・モデルもまたこの直交分解式で表現することができる.このことからも,直交分解式(1.64a)がシングル・インデックス・モデル(本章6節で扱う)を意味するわけではないことは明らかであろう.

41) この線形関係のテストは,深刻な理論的問題を抱えていることがRoll (1977)によって指摘されている.市場ポートフォリオが,リスク資産から構成される最小分散フロンティア上にある場合には,期待収益率とベータの線形関係は,数学的関係として必ず成立する(証明は池田(2000, pp.57-58)をみよ).したがって,CAPMの中心的命題は,市場ポートフォリオが最小分散フロンティア上に位置するかどうかということになる.
真の市場ポートフォリオは観測できないため代理変数が利用されるが,代理のポートフォリオあるいはインデックスが,偶然であれ,事後的に描かれるリスク資産から構成される最小分散フロンティア上に位置するならば,テストすべき期待収益率とベータの

についても同様であって，N 個の銘柄からなるポートフォリオの投資比率を $\boldsymbol{\omega}=[\omega_1 \cdots \omega_N]'$ とするとき $\alpha_p=\sum_{i=1}^{N}\omega_i\alpha_i$ もまた，同じ状況下では $\alpha_p\approx 0$ でなければならない．

ジェンセンのアルファ

Jensen (1968) は，もし資産運用上の技量において市場を凌駕するような投資家が存在するならば，その投資家が運用するポートフォリオの α_p は正値であり，優れた投資家ほどより大きな α_p が期待できると考えて，これを資産運用のパフォーマンス指標に用いることを提案した．これがジェンセンのアルファ（Jensen's Alpha），あるいはジェンセンの評価尺度（Jensen's Performance Measure）であり，(1.64a) 式より，任意のポートフォリオ p について，

$$\begin{aligned}\alpha_p &\equiv (\mathrm{E}[\tilde{R}_p]-R_f)-\beta_p(\mathrm{E}[\tilde{R}_I]-R_f)\\ &= (\mu_p-R_f)-\beta_p(\mu_I-R_f)\end{aligned} \qquad (1.64\mathrm{b})$$

と定義される[42]．

ここで注意すべきことは，もし，金融資産市場が完全競争的で，同質的期待形成が成立し，市場ポートフォリオが観測可能かつ CAPM が成立するならば，正のアルファも負のアルファも存在しえないことである．推定された

線形関係は数学的な必然として成立し，たとえ期待収益率と真のベータに線形関係が存在せず，CAPM が成立しない場合であっても，α_p の推定値はゼロとなる．その一方で，代理ポートフォリオが最小分散フロンティア上にない場合には，期待収益率と真のベータに線形関係が存在し，かつ，真の α_p がゼロの場合であっても，事後的に推定された α_p の値はゼロにはならない．私たちは，この Roll の批判に対する回答は未だ用意できていないこと，したがって本書第 6 章の実証分析は方法論的な問題を抱えていることを認識している．

[42] 私たちはジェンセンのアルファに，「市場を一定率上回る平均的な投資収益率部分」という意味で「定率余剰」を訳語として当てるのが適当か，と考えている．その背景には，現在，内外の資産運用実務において「ジェンセンのアルファ」の名称で定義の異なる複数のパフォーマンス指標が用いられていることがある．長期投資に関する分析が進みつつあるいまの状況は，定率余剰に限らず，新しい術語（訳語）を導入する好機かと思われるが，本書では漠とした提案にとどめ，(1.64b) 式で表現される 1 期間の枠組みにおけるジェンセンのアルファを単にアルファと記すことにした．このアルファを含めて，1 期間の枠組みにおける運用パフォーマンスの評価方法については本章 7 節で解説する．

ジェンセンのアルファがゼロでないならば、それは、市場が効率的でないか、あるいは、その複合仮説としてのCAPMが成立していないか、ないしは、CAPMは成立しているものの市場ポートフォリオの代理変数として使用した市場インデックスが最小分散フロンティア上に位置せず、市場ポートフォリオの代理として不適切であることが原因になっているものと考えられる[43]。

5.2 ベータの推定

第6章においては、ポートフォリオの運用実験を行ない、アルファを実際に推定して、これをポートフォリオの運用パフォーマンスの比較評価に使用する。その際、個別銘柄のベータの推定が決定的に重要な意味をもつ。ここでは、投資実践の視点から、ベータの推定について有益と思われるポイントをまとめておこう。

t 値による標本抽出とポートフォリオ運用による推定値の安定化

ポートフォリオのベータ推定値を安定化する方法として、β 推定上の t 値による標本抽出がある。t 値は、回帰係数であるベータを最小2乗法で推定するときの「残差分散」の関数になっている。残差分散はベータ推定における誤差と捉えることができるので、t 値を使って標本抽出し、推定精度が十分に高い銘柄のみを選別してポートフォリオを構成する。このとき、t 値に替えて決定係数 R^2 を使うこともできる。要するに、(1.63a) 式の「直交分解式」は収益生成過程に関わる仮定がどのようなものであっても必ず成立する恒等的関係であるゆえ、これを株式ポートフォリオに市場連動性を付す目的で利用するために、総変動のうち市場ポートフォリオの代理変数によって説明可能な部分が十分に大きい銘柄のみを抽出するのである。

---

[43] 本書では取り上げないが、標準的 CAPM が要請する同質的期待形成という仮定を緩めることにより、完全競争的市場において、効率的市場の前提を加えた場合であっても正あるいは負のジェンセンのアルファが存在する状況を説明することができる。Hens and Rieger (2010, pp. 116–126) をみよ。

ポートフォリオ運用におけるベータ値の利用という観点から実証データを踏まえていえば,銘柄を慎重に選んでポートフォリオを構築することにより,ポートフォリオ・ベータの予測精度は向上する.基本的には,多数の株式銘柄に効率よく分散投資されたポートフォリオを組んで数年間にわたる運用を行なうとき,ポートフォリオ・ベータの予測精度は比較的高く,実用に耐えるものと想定してよい.

しかし,真のベータそのものが予期せぬ構造の変化によって異なる値に変化する可能性は依然として残る.そのため,たとえポートフォリオを組むにしても,ベータ値を長期・多期間の運用に用いる場合には注意が必要である.ベータ利用に関連する実証分析結果は第6章で具体的に示す.

5.3　ベイジアン・ベータ

個別銘柄のヒストリカル・ベータは時間を通じて必ずしも安定ではない.さまざまな時期に個別銘柄について行なうベータ推定は,いずれも推定誤差を含み,その誤差の大きさはそれぞれ異なる.この推定誤差を先験的情報として使用してベータの予測精度を引き上げる試みが,Vasicek (1973) によるベイズ推定量としてのベイジアン・ベータである.

いま,投資家が裁量的に行なうサンプリングの結果として得られた N 銘柄からなる株式銘柄ユニバースについて,真のベータの値を $\{\beta_1, \cdots, \beta_i, \cdots, \beta_N\}$ としよう.これらを標準的な回帰分析によって推定するときの推定量を,上付きの添え字「H」を付して $\{\hat{\beta}_1^H, \cdots, \hat{\beta}_i^H, \cdots, \hat{\beta}_N^H\}$ とする.「H」は,過去に実現したヒストリカルな株式投資収益率の時系列データを標本観測値として使用して推定することを明示し,また,ベイズ推定量との違いを強調する目的で付すものである.こうして,推定量の実現値として計算される推定値を,ハット（ˆ）をとって $\{\beta_1^H, \cdots \beta_i^H, \cdots \beta_N^H\}$ と表わす.これらが N 銘柄のヒストリカル・ベータである.

第 i 銘柄のヒストリカル・ベータの推定量は推定誤差を含む確率変数であり,真の値 β_i が所与のもとで,次の正規分布に従うと仮定する[44].

$$\hat{\beta}_i^H | \beta_i \sim \mathrm{N}(\beta_i, S_i^2) \tag{1.65}$$

さらに，第 i 銘柄の真のベータの値は，クロスセクションでは，やはり正規分布に従い，

$$\tilde{\beta}_i \sim \mathrm{N}(\mu_\beta, \sigma_\beta^2) \tag{1.66}$$

という確率変数であると仮定する．ここで，μ_β はベータのクロスセクションでの分布の平均，σ_β^2 は分散である．このように，ベイズ統計学では母数を確定値と考えず，固有の確率分布（事前分布）に従う確率変数（ここでは $\tilde{\beta}_i$）とみなす立場をとる．そして，その確率分布は観測されたデータに基づいて更新され，そのうえで，推定する確率分布（事後分布）の期待値によって推定を行なうのである．

こうしていま，推定量 $\hat{\beta}_i^H$ の実現値として推定値 β_i^H が得られたとする．この推定値を観測した結果，銘柄 i の真のベータ値である $\tilde{\beta}_i$ が従う確率分布は更新されるとみなし，更新された分布（事後分布）をベイズの定理を用いて導出すると，

$$\tilde{\beta}_i | \hat{\beta}_i^H = \beta_i^H \sim \mathrm{N}\left(\frac{S_i^2}{\sigma_\beta^2 + S_i^2} \mu_\beta + \frac{\sigma_\beta^2}{\sigma_\beta^2 + S_i^2} \beta_i^H, \frac{\sigma_\beta^2 \cdot S_i^2}{\sigma_\beta^2 + S_i^2} \right) \tag{1.67}$$

となる．すると，ヒストリカル・ベータの推定値 β_i^H が得られたときの β_i のベイズ推定量として，$\tilde{\beta}_i | \hat{\beta}_i^H = \beta_i^H$ の期待値は，

$$\mathrm{E}[\tilde{\beta}_i | \hat{\beta}_i^H = \beta_i^H] = \frac{S_i^2}{\sigma_\beta^2 + S_i^2} \mu_\beta + \frac{\sigma_\beta^2}{\sigma_\beta^2 + S_i^2} \beta_i^H \tag{1.68a}$$

となる．

上式において，S_i^2 は真のベータ値が与えられたときのヒストリカル・ベータが従う条件付き確率分布の分散，μ_β と σ_β^2 は事前分布における期待値と分散であった．これらの母数の推定量として，たとえば $\hat{S}_i^2$ にはヒストリカル・ベータ推定における標準誤差の 2 乗を利用し，$\hat{\mu}_\beta$ にはクロス・セクションにおけるヒストリカル・ベータ推定値の標本平均 $\overline{\beta}$ を，および，$\hat{\sigma}_\beta^2$ にはヒスト

---

44) この推定量は確率変数ではあるが，煩雑になるので，明らかに必要な場合以外にはティルダ（~）を付さない．

リカル・ベータ推定値の不偏分散を採用するのが標準的である．あるいは，先験的に $\mu_\beta=1$ のように定めてしまう方法もある．各母数の推定量を用いた場合のベイズ推定量は，したがって，

$$\hat{\beta}_i^B = \frac{\hat{S}_i^2}{\hat{\sigma}_\beta^2+\hat{S}_i^2}\hat{\mu}_\beta + \frac{\hat{\sigma}_\beta^2}{\hat{\sigma}_\beta^2+\hat{S}_i^2}\beta_i^H \tag{1.68b}$$

と表現できる．上付き添え字 B はベイジアン・ベータであることを表わす．

(1.68a) あるいは (1.68b) 式の形から，個別銘柄のベイジアン・ベータ $\hat{\beta}_i^B$ の特徴がわかる．同式において，$\hat{\mu}_\beta$（具体的には $\bar{\beta}$）および β_i^H に掛かる係数は，β_i^H によって β_i を推定した際の誤差 $\hat{S}_i^2$ と β_i^H の銘柄間のベータのばらつきを表わす $\hat{\sigma}_\beta^2$ の関数になっている．それぞれの係数は $\hat{\mu}_\beta$ すなわちヒストリカル・ベータの標本平均 $\bar{\beta}$ と β_i^H の信頼度を表わしており，したがって $\hat{\beta}_i^B$ は，$\bar{\beta}$ と β_i^H の信頼度をウェイトとする加重平均値と解釈できる．

仮に，銘柄 i のベータのヒストリカルな推定値（β_i^H）があまり信頼できない場合には，β_i^H の標本標準誤差の2乗である $\hat{S}_i^2$ が $\hat{\sigma}_\beta^2$ との相対で大きくなり，そのとき，(1.68b) 式におけるクロスセクションでの標本平均 $\bar{\beta}$ のウェイトは β_i^H のウェイトよりも大きくなる．すなわち，事前の知識を尊重して先験情報 $\bar{\beta}$ を重く用いるのである．逆に，推定誤差から判断して $\hat{\beta}_i^H$ による推定が信頼できる場合には，その推定値 β_i^H を重視する[45]．

なお，米国のメリル・リンチ社が提唱するベイジアン・ベータでは，$\hat{\mu}_\beta=1$，および，すべての銘柄について $\hat{S}_i^2:\hat{\sigma}_\beta^2=2:1$ の関係が仮定されており，その結果，(1.68b) 式は，

$$\hat{\beta}_i^B = \frac{2}{3} + \frac{1}{3}\beta_i^H$$

と簡略化されている．米国での資産運用実務においては，このように簡素なベータ推定と修正が普及しているようである．本書第6章の運用シミュレーションにおいては，(1.68b) 式の $\hat{\beta}_i^B$ によってベータを推定し，ポートフォリ

---

[45] わが国における $\hat{\beta}_i^H$ と $\hat{\beta}_i^B$ の予測におけるパラメター設定と予測精度に関する実証として，金崎 (1987)，および，隅田・今井 (2016) をあげておく．これらの実証分析は，個別銘柄ベータの予測力改善という点においてベイジアン・ベータが著しい効果を有すること，また，ポートフォリオとすることによってベータの予測力はさらに顕著になることを明らかにしている．

オ構築に使用した．

> **コラム1　母数，推定量，および推定値（実現値）の記法と事前・事後の概念**
>
> **記法について**
>
> 　統計学において，母数（パラメター）は「分布族において個々の分布を指定するもの」（竹村 1991, p. 26），あるいは「確率分布を決める重要な定数」（松原 2003, p. 38）を指すのが慣用となっている．岩田（1983, p. 150）では，もう少し広く，「母集団（または確率分布）の性質を代表して表わす定数のこと」を母数と定義している．計量経済学の標準的なテキストでは，佐和（1979, p. 6）や山本（1995, p. 124）に代表されるように，線形回帰モデルの未知の回帰係数を母数とよぶものが多い．本書では，岩田（1983）および山本（1995）に倣って，母数を「確率分布を決める重要な定数，もしくは，線形回帰モデルや収益生成モデルを特定する重要な定数」と定義する．したがって，たとえば直交分解式（1.63a），あるいは，後にみる市場モデルの2つの定数である α_i や β_i も母数として扱う．本書においては，また，母数を「（神のみぞ知る）真の値」と表現することがある．
>
> 　※期待値，分散，標準偏差等の確率論の基礎的事項の解説は，紙幅の制約があるために，他書に委ねることとした．松原（2003）は投資理論で扱う話題を題材として，厳密さを保ちつつ，確率論と確率過程論の基礎的事項を直感的理解を重視して解説したテキストであり，推奨したい．
>
> 　ベータ値を例に，本書における記号の用い方について序章での説明を補足しておこう．基本的には同一の概念である株式銘柄 i のベータ値を表わす記号として，本書では，少なくとも6種類の異なる記号表現が出てくる．それらを一覧すれば以下である．
>
> - β_i　母数としてのベータ．株式（リスク資産）i と市場ポートフォリオ投資収益率の共分散を後者の分散で除した値．投資収益率の直交分解式（1.63a）における2つの定数のうちの1つでもある．ベイズ統計学ではこれを確率変数とみなす．

- $\hat{\beta}_i^H$ 通常の回帰分析による母数 β_i の推定量．ヒストリカル・データすなわち過去の時系列データを用いて推定するため，この最小2乗推定量およびその推定値をヒストリカル・ベータとよび，上付き添え字 H を付している．また，(^) 印は推定量であることを明示するために付す．推定量とは標本（観測値）を用いて母数を推定するための計算方法であり，標本の値に応じて変化する確率変数である．
- β_i^H 推定量 $\hat{\beta}_i^H$ を使って推定した値．推定値は，森棟（1999, p. 95）のように，標本観測値によって定まる推定量の値という意味で使用し，本書ではしばしば，これを（確率変数である推定量の）実現値と表現する．
- $\hat{\beta}_i^B$ 母数 β_i のベイズ推定量．
- β_i^B 推定量 $\hat{\beta}_i^B$ を使用して推定した値．具体的には，推定値 β_i^H を含む関数として推定したベータのベイジアン修正値．推定値．

以上の，推定量（確率変数）と推定値（実現値）の区別に加え，本書では，資産運用の視点に立って，運用開始前の期間，運用終了後の期間をそれぞれ「事前期間」，「事後期間」とよび，事後期間に関わる推定値にはダガー（†）を付して，それが運用の成果を表わす実現値であることを強調することとした．例として，あるポートフォリオの「事後ベータ」，すなわち事後期間のベータ $\beta_p^\dagger$ について説明すれば以下である．

ポートフォリオ作成のために，運用開始前（事前期間）においてデータを収集し，個別銘柄についてヒストリカル・ベータの推定値 β_i^H，あるいはベイジアン・ベータの推定値 β_i^B などを計算，これらを組み合わせてポートフォリオを新たに構築する．その際，このポートフォリオのベータを計算する計算メカニズムを一般的に $\hat{\beta}_p$ とハット付きで表わすのは，上述した通りである．

このポートフォリオの運用終了後（事後期間），実現した投資収益率を具体的な観測値として $\hat{\beta}_p$ に代入して計算した値がポートフォリオ・ベータ $\beta_p^\dagger$ である．また，とくに同ポートフォリオの構成銘柄 i について，事前期間に構築した推定量 $\hat{\beta}_i$ に，事後期間に実現した投資収益率の値を代入して計算した値を $\beta_i^\dagger$ と表わす．このダガー付きのベータを本書では事後ベータ（ex post beta）とよぶ．ベータ以外でも，運用後（事後期間）における推定値であることを強調する必要がある場合には，記号ダガー（†）を上付きに添えて，たとえば，$\alpha_p^\dagger$（事後アルファ）のように表現する．

なお，ベータ値の推定量の記号表現として右肩に添え字 H や B を付さない $\hat{\beta}_i$ がありえる．この添え字のない表現は，本書では，母数 β_i の一般的な意味での推定量として使用する．ところが，推定量 $\hat{\beta}_i$ の推定値を，ハットをとって β_i としてしまうと，母数と推定値の区別がつかなくなる．そこで，斯波（2013）が指摘するように，ほとんどの計量経済学のテキストでは，明確に説明せずに，$\hat{\beta}_i$ に推定量と推定値の両方の意味をもたせ，文脈から判断させるという方針とっている．山本（1995, p. 53）ではこの不都合を回避するため，推定量（確率変数）の実現値には（＊）を付し，たとえば $\hat{\beta}_i^*$ のように推定量と推定値を明確に区別して表記している．しかしながら，確率変数の実現値に（＊）を付す方針を貫くならば，今度は，確率関数や確率密度関数のすべての変数にも（＊）を付す必要が生じ，極めて煩雑になる．本書で用いたダガー（†）は，第 6 章の実証分析において，事後期間における計測値であることを印象的に示すとともに，当該期間において，推定量と推定値を峻別する役割をもたせるために付した．

上のような記号（上下に付した添え字や記号，および，(˜) や (ˆ) のような補助記号）の使用方法を，本書では，ベータだけではなく，その他の母数（パラメター），推定量（確率変数），および推定値（実現値）についても適用する．

事前と事後の概念

経済学には事前（ex ante）と事後（ex post）の概念が存在する．ラテン語 ex ante の英訳は before the event（or fact），ex post は after the event（or fact）であり，特定の行為・現象の結果が，事象あるいは事実として明らかになる前と後という語感である．たとえば「政府の租税・分配政策の目標は事前的な経済的平等を実現することである」などという用法がこれに当たる．このとき，事前における平等とは，人々にとり，自らコントロールすることのできない不平等の原因となる事象が生起する以前においては，この例でいえば，政府の租税・分配政策が経済的平等をもたらすこと，を指している．これに対して，予期せぬ伝染病が蔓延するなどした結果，青年期に病気罹患し，あるいは幼くして両親を失う国民が増加して，政府の当初の租税・分配政策によっては経済的平等が万人には実現しなかったとき，事後には経済的平等は実現しなかった，などと表現する．

経済学に事前と事後の概念を明示的に導入したのは Myurdal（1935, pp.

46-47) といわれている．彼は，所得，貯蓄，投資等の経済変数について，分析対象期間の期初に計画，意図された量を事前の量（ex ante quantities），期末に計測された値を事後の量（ex post quantities）と定義している．投資理論では，ほとんどの場合，期初に認識する期待収益率のような確率変数の母数を事前の値，期末に観測する確率変数の実現値としての実現収益率を事後の値とよぶが，本来は，確率変数に限った狭い概念ではないことに注意したい．

本書では，投資理論のパイオニアの一人であるSharpe（1985, p. 368）の定義を採用することにした．すなわち，事前とは投資家が，投資収益率を確率変数，すなわちそれが実現したときにとりうる様々な値とその確率，として認識している状況であり，また，事後とは，確率変数が実現し，たったひとつの値として記録し，認識している状況である．（Sharpe, Alexander, and Bailey（1998, p. 474）においても，投資収益率については，事前が期待収益率，事後が実現収益率と定義されている．）

事前，事後の概念は，投資理論では資産運用に即した時間的広がりと密接に関係している．すなわち，資産運用の開始以前，それまでに市場で実現した株価データなどを収集し投資に必要な推定等を行なう観測期間においては，運用開始後の確率変数としてのポートフォリオ投資収益率はもとより明らかになってはおらず，その時点までに収集可能な種々のデータからその確率分布を推定する作業を行なうことから，事前である．そこで本書は，運用開始を控えた準備期間を「事前期間」，あるいは単に「事前」とよぶ．

資産運用後には，ポートフォリオの投資収益率が実現し，その成果を記録できるので，事後である．具体的には，投資成果を確認するために，投資を実施した期間（投資ホライズン）について実現したデータを揃え，運用開始以前と同じ推定方法（推定量）に，実現したデータを代入，計算することによって，リスクとリターン，あるいはパフォーマンス評価尺度等の各種指標を推定値として計算する．本書は，この資産運用終了にともなうデータの収集，推定値計算の期間を「事後期間」，あるいは単に「事後」とよぶ．

第6章3節に，事前・事後のイメージを図6-3として示したので参照されたい．

6. ファクター・モデル（インデックス・モデル）

　CAPM は，株式の投資収益率がどのように生み出されるかについては何も仮定していない．市場ポートフォリオという概念が出てくるが，これは投資家が平均・分散選好にしたがって各資産を需要し，企業が株式発行によって資金調達を行なう際に，市場均衡を満たす理論的帰結として得られる概念であって，各銘柄の投資収益率と市場ポートフォリオの関係をあらかじめ仮定してはいないことに注意が必要である．言い換えれば，CAPM は，各銘柄の投資収益率がどのような構造をもって，どのような経済変数に左右されているかについては，何ら制約を課していない理論モデルといえる．上述の通りに，CAPM の実証においては，各銘柄の投資収益率を市場ポートフォリオの投資収益率と相関をもつ部分と無相関の部分に直交分解してベータを推定する方法がとられるが，それは投資収益率が他の経済変数に依存することを排除するものではないし，また，依存を前提するものでもない．

　株式投資収益率が，どのような経済変数に依存して変動するのか，その構造を明らかにするモデルを収益生成モデル（Return Generating Model）とよぶ．本節では，代表的な収益生成モデルを概観する．

6.1　シングル・インデックス・モデル

　株式市場全体の動向を表わす単一の指標（市場インデックス．以下，単にインデックスと記し，記号としてこれまで通りに I を使う）と個別銘柄の株価とを関連付けて考えると，比較的長い期間についてみれば，そのインデックスが上昇するとき，ほとんどの銘柄の株価は同じように上昇する．インデックスと反対方向の株価変化をみせるのは若干の銘柄にすぎない．このような個別銘柄とインデックスの変化率の間にある関係を表現したものがシングル・インデックス・モデル（Single Index Model．以下では SIM）である．SIM は，

$$\tilde{R}_i = a_i + b_i \tilde{R}_I + \tilde{\varepsilon}_i \tag{1.69a}$$

$$\mathrm{E}[\tilde{\varepsilon}_i] = 0 \tag{1.69b}$$

$$\mathrm{Cov}[\tilde{\varepsilon}_i, \tilde{R}_I] = 0 \tag{1.69c}$$

$$\mathrm{Cov}[\tilde{\varepsilon}_i, \tilde{\varepsilon}_j] = 0 \quad (i \neq j\,;\,i, j \in \{1, \cdots, N\}) \tag{1.69d}$$

と表わされる．N は銘柄数である．$\tilde{R}_i$ は銘柄 i のネットかつ単利表示の投資収益率で確率変数，$\tilde{R}_I$ はインデックスの単利ネットの変化率で確率変数，a_i はインデックスとは無関係な銘柄 i 固有の収益率部分，b_i は $\tilde{R}_I$ に対応して $\tilde{R}_i$ が変化すると期待される程度を示す係数（感応度，Sensitivity）で，定数である．また，$\tilde{\varepsilon}_i$ は誤差項を表わし，(1.69b) 式より期待値がゼロ，(1.69c) 式より説明変数のインデックスとは無相関な確率変数である．

(1.69a) 式は，経済変数としては，1 つのインデックス（あるいは，リスク・ファクター，Risk Factor）のみが，ある銘柄 i の価値変動を生み出すと仮定する投資収益率モデルである．このモデルにおいて本質的な仮定は，異なる銘柄の誤差項が無相関という (1.69d) 式である．これは，個別銘柄の株価が同時的かつ組織的に変化する唯一の理由はそれが市場変動を捉えるインデックスと連動的に変化するためであり，逆にいえば，市場全体の動向以外の要因によって個々の株価が同時的・組織的に変化することはない，と仮定することを意味している．したがって，インデックスの変動以外の要因（銘柄 i の固有変動 $\tilde{\varepsilon}_i$) はその株式銘柄 i にのみ影響を与え，他の銘柄に対しては組織的な影響を与えない．

(1.69a) 式で表わされる投資収益率の分散を求めると，

$$\mathrm{Var}[\tilde{R}_i] = b_i^2\,\mathrm{Var}[\tilde{R}_I] + \mathrm{Var}[\tilde{\varepsilon}_i]$$

であり，右辺第 1 項はインデックスの変動にともなう銘柄 i の分散，第 2 項は銘柄 i 固有の分散になっている．$\mathrm{Var}[\tilde{R}_I]$ は，この銘柄とは独立に株式市場全体に共通して現れるリスクであって，市場リスク，あるいは組織的リスクとよばれる．一方，右辺第 2 項の $\mathrm{Var}[\tilde{\varepsilon}_i]$ は銘柄 i 固有のリスクであり，固有リスク，あるいは非組織的リスクとよばれる．

開発された当初において SIM は，多くの証券間の共分散の推定作業の計算負荷を劇的に減少させる役割を果たしたといわれている．

市場モデル

どのような経済変数であれ，SIM におけるインデックスとして利用できる可能性を排除するものではないが，実務で SIM というときには，ほとんどの場合，市場全体の動向を表わす株価指数が利用される．インデックスとして，CAPM における市場ポートフォリオ，あるいはその代理変数としての株価指数の投資収益率を用いて，超過投資収益率，すなわち，無リスク資産の投資収益率を控除したベースで構築した SIM を，とくに，市場モデル (Market Model) とよぶ．本書では，(観測不能な) 市場ポートフォリオではなく，市場インデックスを用いて市場モデルを定義する立場をとる．すなわち，銘柄 i の超過投資収益率が，

$$\tilde{R}_i - R_f = \alpha_i + \beta_i(\tilde{R}_I - R_f) + \tilde{\varepsilon}_i \tag{1.70a}$$

$$\mathrm{E}[\tilde{\varepsilon}_i] = 0 \tag{1.70b}$$

$$\mathrm{Cov}[\tilde{\varepsilon}_i, \tilde{R}_I] = 0 \tag{1.70c}$$

$$\mathrm{Cov}[\tilde{\varepsilon}_i, \tilde{\varepsilon}_j] = 0 \quad (i \neq j\,;\, i, j \in \{1, \cdots, N\}) \tag{1.70d}$$

と表わされると仮定する[46]．R_f は無リスク利子率，$\tilde{R}_I$ は株価指数の投資収益率である．

念のため，市場モデルを表わす (1.70a) 式と，一般的な SIM を表現した (1.69a) 式の関係をみておくと，

$$\tilde{R}_i - R_f = \alpha_i + \beta_i(\tilde{R}_I - R_f) + \tilde{\varepsilon}_i \qquad [(1.70\text{a})]$$

$$\Leftrightarrow \tilde{R}_i = \alpha_i + (1-\beta_i)R_f + \beta_i \tilde{R}_I + \tilde{\varepsilon}_i$$

---

[46] 市場モデルのことを CAPM とよぶ研究者や実務家が多くみられるが，明らかな誤用である．CAPM は，その導出において市場モデルを仮定しておらず，したがって，異なるリスク資産の固有リスクが互いに無相関であることを前提する理論ではない．

と変形できるので，(1.69a) 式の SIM において，

$$\tilde{R}_i = a_i + b_i \tilde{R}_I + \tilde{\varepsilon}_i \qquad [(1.69a)]$$

$$a_i = \alpha_i + (1-\beta_i)R_f \qquad (1.71a)$$

$$b_i = \beta_i \qquad (1.71b)$$

と特定したモデルが市場モデルということになる．(1.71a) 式から，SIM の a_i と市場モデルの α_i とは一般には異なる値になることがみてとれる．

なお，市場モデルにおける (1.70a)〜(1.70c) 式はジェンセンのアルファを定義する際に仮定した (1.63a)〜(1.63c) 式と同じものである．違いは (1.70d) 式が加わったことであり，これは異なる株式銘柄の固有リスクが互いに無相関であるという仮定であって，ジェンセンのアルファの定義には不要である．ジェンセンのアルファは市場モデルを前提して定義されると考える研究者も多いが，それは固有リスクの銘柄相互間の無相関性という市場モデルの本質を誤解しているゆえであって，実際には，ジェンセンのアルファは本書で「直交分解式」とよんでいる恒等式 (1.63a) をベースとする投資尺度である．

以上，SIM およびその重要な応用としての市場モデルについて概観した．このモデルは構造が単純であり，実務における利用が最も進んでいるモデルと思われるが，「固有変動部分が銘柄相互に無相関である」という仮定は，現実には，常には成立しないとされる．とくに，同一産業セクターに属する銘柄には，相互に正の相関をもち，したがって，(1.70d) 式が成立しないものが多い．これは市場モデルが組織的リスクを不十分にしか捉えていない場合に観測される現象である．それゆえ，市場モデルの利用においては相応の注意が必要である．

6.2 実務における市場モデルの応用

市場モデルを応用して設計する株式投信として，株式市場全体の値動きを表わすインデックスに投信の基準価額が連動するインデックスファンドがあ

る．

インデックスファンド

　どの運用会社が設計・運用するものであっても，インデックスファンドのベータ・リスクは1.0に設定してあり，対象指数がある期間に1%値上がりすれば，インデックスファンドの基準価額もそれに連動して，同期間にほぼ1%値上がりする．この連動性は後述するトラッキング・エラーという概念，もしくは，インデックスの変動性によってポートフォリオの変動性をどれほど説明できるかという指標である決定係数R^2によって把握する．通常，インデックスファンドの決定係数R^2が0.8を下回ることはなく，投資家が各運用会社のインデックスファンドを選別する際にはこの数値に着目するだけでよい[47]．

　インデックスファンドのうち，証券取引所に上場しているものがETF（Exchange Traded Fund，上場投信）である．これは，入門的投資家にとって，もっとも手軽に投資体験できる金融商品である．インデックスファンドによる株式運用スタイルはパッシブ運用に分類される．

　いま，N銘柄の株式からインデックスファンドを構築することを考える．各銘柄の収益生成過程が市場モデルで表わされるならば，

$$\widetilde{R}_i - R_f = \alpha_i + \beta_i(\widetilde{R}_I - R_f) + \widetilde{\varepsilon}_i \qquad [(1.70\text{a})]$$

である．各銘柄にそれぞれ$\omega_i\ (i \in \{1, \cdots, N\})$の投資比率で投資してポートフォリオを作り，その投資収益率を$\widetilde{R}_p = \sum_{i=1}^{N} \omega_i \widetilde{R}_i$とするとき，$\widetilde{R}_p$もまた市場モデルに従うことを以下で示そう．（1.70a）式の両辺をω_i倍して総和を求めると，

$$\sum_{i=1}^{N} \omega_i \widetilde{R}_i - \sum_{i=1}^{N} \omega_i R_f = \sum_{i=1}^{N} \omega_i \alpha_i + \sum_{i=1}^{N} \omega_i \beta_i (\widetilde{R}_I - R_f) + \sum_{i=1}^{N} \omega_i \widetilde{\varepsilon}_i$$

---

47)　決定係数R^2をインデックスファンドの選択基準として用いればよいことの根拠の1つとして，ETF（上場投信）の純資産額と対象指数との間の相関係数が0.9（決定係数R^2でいえば0.81）未満にまで低下し，1年以内に改善がみられなければ，指数連動性が不十分であるとしてそのETFは上場廃止処分を受けるという，東京証券取引所の上場廃止基準をあげることができる．

$$\Leftrightarrow \widetilde{R}_p - R_f = \sum_{i=1}^{N}\omega_i\alpha_i + \sum_{i=1}^{N}\omega_i\beta_i(\widetilde{R}_I - R_f) + \sum_{i=1}^{N}\omega_i\tilde{\varepsilon}_i \quad \left[\because \sum_{i=1}^{N}\omega_i = 1\right] \quad (1.72)$$

となる．ここで，ポートフォリオのアルファを $\alpha_p \equiv \sum_{i=1}^{N}\omega_i\alpha_i$，ベータを $\beta_p \equiv \sum_{i=1}^{N}\omega_i\beta_i$，誤差項を $\tilde{\varepsilon}_p \equiv \sum_{i=1}^{N}\omega_i\tilde{\varepsilon}_i$ とおくと，(1.72) 式は，

$$\widetilde{R}_p - R_f = \alpha_p + \beta_p(\widetilde{R}_I - R_f) + \tilde{\varepsilon}_p \quad (1.73)$$

と表わされ，やはり市場モデルの形になっている．

いま，$\mu_p \equiv E[\widetilde{R}_p]$, $\mu_I \equiv E[\widetilde{R}_I]$, $\sigma_p^2 \equiv \mathrm{Var}[\widetilde{R}_p]$, $\sigma_I^2 \equiv \mathrm{Var}[\widetilde{R}_I]$, および，$\sigma_{\varepsilon i}^2 \equiv \mathrm{Var}[\tilde{\varepsilon}_i]$ と表わすとき，インデックスファンドは，「リスクが $\sigma_p^2 \approx \sigma_I^2$，かつ，$\beta_p = 1$ で，そのリターンが $\mu_p = \mu_I$ であるような，連動対象の株価指数の構成銘柄数と比べてより少数の銘柄で構成される株式ポートフォリオ」である．(1.73) 式からポートフォリオ収益率の期待値と分散を求めると，

$$\mu_p - R_f = \alpha_p + \beta_p(\mu_I - R_f) \quad (1.74\mathrm{a})$$

$$\sigma_p^2 = \beta_p^2\sigma_I^2 + \sum_{i=1}^{N}\omega_i^2\sigma_{\varepsilon i}^2$$

$$= \beta_p^2\sigma_I^2 + \sigma_{\varepsilon p}^2 \quad (1.74\mathrm{b})$$

$$\text{ただし，}\sigma_{\varepsilon p}^2 \equiv \sum_{i=1}^{N}\omega_i^2\sigma_{\varepsilon i}^2 \quad (1.74\mathrm{c})$$

となる．(1.74b) 式で，ポートフォリオの誤差項の分散が個別銘柄の分散の加重和で表わされ，共分散が現れない理由は，市場モデルでは個別銘柄の誤差項が無相関であると (1.70d) 式により仮定したからである．

いま，インデックスファンドの定義を満たすべく，$\beta_p \equiv \sum_{i=1}^{N}\omega_i\beta_i = 1$ となるように組み入れ銘柄を選択すると，(1.74a) 式より $\mu_p \approx \mu_I$ の性質は，$\alpha_p \equiv \sum_{i=1}^{N}\omega_i\alpha_i = 0$ となるように組み入れ銘柄と同比率を決めることで実現できるという見通しが得られる．また，$\sigma_p^2 \approx \sigma_I^2$ の性質は，(1.74b) 式より，十分に大きな予測精度をもつ個別銘柄のベータを使って $\beta_p \approx 1$ とコントロールした上で，$\sum_{i=1}^{N}\omega_i^2\sigma_{\varepsilon i}^2 \approx 0$ となるように組み入れ銘柄数 N を十分に大きくとり，リスク分散効果を効かせて極力固有リスクを除去するように ω_i を決めることによって実現を図る[48]．

エンハンスト・インデックスファンド

　パッシブ運用に分類されるインデックスファンドと類似する運用方法で，しかし，株式ポートフォリオのアクティブ運用の範疇に含まれるものに，エンハンスト・インデックスファンド（Enhanced Index Fund，以下，適宜，EIF と略す）がある．正のアルファを狙うという意味でインデックス・プラスアルファ・ファンドともいう．

　エンハンスト・インデックスファンドは，「リスクが $\sigma_p^2 \approx \sigma_I^2$，かつ，$\beta_p=1$ で，そのリターンが $\mu_p > \mu_I$ であるような，連動対象の株価指数の構成銘柄数と比べてより少数の銘柄で構成される株式ポートフォリオ」と定義される．上述のインデックスファンドではリターンが $\mu_p = \mu_I$ であったところが，ここでは，$\mu_p > \mu_I$ となっている．EIF のアルファ，$\alpha_p = \mu_p - \{R_f + \beta_p(\mu_I - R_f)\}$ を計算すると，$\beta_p = 1$ より，

$$\alpha_p = \mu_p - \mu_I > 0$$

となり，EIF とは，アルファが正になるように意図して設計される株式ポートフォリオであることがわかる．以上は 1 期間の投資を前提にした議論であるが，第 6 章では，長期投資に利用可能な EIF の構築方法とそれに基づくシミュレーション結果を示す．

6.3　マルチ・インデックス・モデル （マルチ・ファクター・モデル）

　SIM およびその応用としての市場モデルを前提し，仮に，多くの銘柄に分散投資したポートフォリオを構成してもなお，市場指標（インデックス）の

48）　誤差項で表わされる固有リスクを厳密にゼロとするような分散投資，すなわち十分にリスク分散されたポートフォリオ（Well-diversified Portfolio）が実際に構築可能かどうかは，理論的には未解決の問題である．また，後述するが，ポートフォリオの誤差項 $\bar{\varepsilon}_p$ の分散 $\sigma_{\bar{\varepsilon}p}^2 \equiv \sum_{i=1}^{N} \omega_i^2 \sigma_{\varepsilon i}^2$，もしくはその平方根をとった誤差項の標準偏差 $\sigma_{\bar{\varepsilon}p}$ を，ポートフォリオがインデックスに連動しきれなかった変動部分とみてトラッキング・エラーとよぶ．インデックスファンドの構築に当たっては，トラッキング・エラーに現実的な上限値を設定してその最小化を図ることが行なわれている．

変動以外のリスク・ファクターによってポートフォリオ価値が変動するならば,それは,1つのインデックス変動によっては説明しきれない変動部分が残ることを意味する.これは,SIMでは誤差項として扱った変動部分を,さらに別のインデックスで説明しようという考え方に結びつく.こうして,マルチ・インデックス・モデル(多重指標モデル.Multi Index Model; MIM)がSIMとの比較においてより有効に利用される局面が現れる.

なお,日本の実務界においては,複数のインデックスを用いたモデルによる投資収益率の表現をMIMとはよばずに,マルチ・ファクター・モデル(Multi-factor Model; MFM)とよぶのが普通である.これは,株式の収益生成過程を実証的に明らかにする統計的手法として,過去の一時期,因子分析が利用されることが多かったことに起因するものと思われる.因子分析によって統計的に抽出される因子は,投資収益率を構成するリスク・ファクターとみなされるからである.本書でもそれを踏襲し,用語として以下では,マルチ・ファクター・モデル(MFM)を使用する.

単一のインデックス変動によっては説明しきれない各銘柄に共通の変動部分を説明するためのMFMは,共通変動部分がたとえばK個である場合,銘柄iの投資収益率が次式に従うと仮定する.

$$\widetilde{R}_i = a_i + \sum_{k=1}^{K} b_{i,k} \tilde{f}_k + \tilde{\varepsilon}_i \tag{1.75a}$$

$$\mathrm{E}[\tilde{\varepsilon}_i] = 0 \tag{1.75b}$$

$$\mathrm{Cov}[\tilde{\varepsilon}_i, \tilde{f}_k] = 0 \tag{1.75c}$$

$$\mathrm{Cov}[\tilde{\varepsilon}_i, \tilde{\varepsilon}_j] = 0, \quad i \neq j ; i, j \in \{1, \cdots, N\}, k \in \{1, \cdots, K\} \tag{1.75d}$$

である.$\tilde{f}_k (k \in \{1, \cdots, K\})$と$\tilde{\varepsilon}_i (i \in \{1, \cdots, N\})$については,上記の制約,および有限の分散が存在すること以外,確率分布上の制約は課していない.この式は,リスク資産iの投資収益率の収益生成過程が,他のリスク資産にも共通に作用するK個の変数の変動を表わす$\{\tilde{f}_1, \tilde{f}_2, \cdots, \tilde{f}_K\}$の線形結合と,リスク資産固有の変動部分との和で表現できると主張するものである.

投資理論では,$\{\tilde{f}_1, \tilde{f}_2, \cdots, \tilde{f}_K\}$のことをリスク・ファクター,共通因子

(Common Factor)，あるいは単に因子とよぶ．リスク・ファクターはすべての銘柄に共通の変動をもたらす源泉である．(1.75a) 式のようにファクターが複数個存在するモデルが MFM であり，因子が 1 個のみのケースである SIM は，MFM の特殊ケースである．

MFM において，すべての株式銘柄（リスク資産）に価格変動をもたらすリスク・ファクターはさまざまなタイプの経済変数である．これらは正あるいは負の期待値をもち，互いに相関をもっていると考えるのが自然である[49]．一方，銘柄 i の固有の事情によって変動する部分 $\tilde{\varepsilon}_i$ は固有リスク (Idiosyncratic Risk) とよばれ，これは SIM においても同様である．$\mathrm{Cov}[\tilde{\varepsilon}_i, \tilde{\varepsilon}_j]=0$ という仮定は，銘柄 i 固有の事情で変動する部分と銘柄 j 固有の事情で変動する部分とが無相関であることを意味している．繰り返しになるが，これは，固有リスクの構造を記述するものであって，前述した直交分解式 (1.63a) ではおかれていない仮定である．また，$\mathrm{Cov}[\tilde{\varepsilon}_i, \tilde{f}_k]=0$ の仮定は，固有リスク $\tilde{\varepsilon}_i$ とリスク・ファクターが無相関であることを表わす．

ファクターの係数 $\{b_{i,1}, b_{i,2}, \cdots, b_{i,K}\}$ は，銘柄 i の属性（Attribute）を特徴付けるパラメターであり，因子分析の用語を借用して因子負荷（Factor Loading），因子感応度（Factor Sensitivity），因子エクスポージャー（Factor Exposure），ないしは，因子ベータ（Factor Beta）などと多様なよび方がなされている．これらは，各ファクターに対する，銘柄 i の投資収益率の感応度を表わすものである．このように，銘柄 i の投資収益率が K ファクター・モ

---

[49] 実証分析では，各リスク・ファクターが互いに無相関であることを仮定した文献も散見される．この仮定は理論上は無害であり，次のように正当化できる．各リスク・ファクターは，本来，互いに正または負の相関をもつと考えられるが，各リスク・ファクターの実現値のベクトルは他のリスク・ファクターの実現値のベクトルの線形結合として複製できない（線形独立）と考えるのが自然である．そこで，各リスク・ファクターを線形結合した新たな「ファクター」を作り，各「ファクター」が互いに無相関になるように係数を一意的に定めることができる．さらに，線形代数におけるグラム・シュミットの正規直交化の手続きを踏んで，各「ファクター」をその分散で除して正規化したものをリスク・ファクターとして再定義すれば，これらは互いに無相関かつ分散が 1 であり，また，固有リスクとの無相関性も維持されている．再定義された各リスク・ファクターと完全相関するような疑似ポートフォリオ（Mimicking Portfolio）を作成することができれば，現実のリスク・ファクターの代理としてあらゆるリスク管理に利用することができる．

デルに従うならば，その投資収益率は K 個のファクターに対してそれぞれ $b_{i1}, b_{i2}, \cdots, b_{iK}$ という感応度をもって変動していく．

標準的な MFM では，各リスク・ファクターを銘柄 i への予期せぬ影響を記述する要因として位置づけるので，期待値をゼロと設定する．すなわち，期待値部分を控除してファクターを定義し直し，

$$\widetilde{F}_1 \equiv \tilde{f}_1 - \mathrm{E}[\tilde{f}_1],\ \widetilde{F}_2 \equiv \tilde{f}_2 - \mathrm{E}[\tilde{f}_2],\ \cdots,\ \widetilde{F}_K \equiv \tilde{f}_K - \mathrm{E}[\tilde{f}_K]$$

と大文字で表現するならば，これらの期待値を求めるとすべてゼロになる．収益生成過程を表わす MFM（1.75a）式へこれらを代入すると，

$$\begin{aligned}\widetilde{R}_i &= a_i + \sum_{k=1}^{K} b_{i,k}(\widetilde{F}_k + \mathrm{E}[\tilde{f}_k]) + \tilde{\varepsilon}_i \\ &= a_i + \sum_{k=1}^{K} b_{i,k}\mathrm{E}[\tilde{f}_k] + \sum_{k=1}^{K} b_{i,k}\widetilde{F}_k + \tilde{\varepsilon}_i \end{aligned} \tag{1.76}$$

である．両辺の期待値を求めると，

$$\mathrm{E}[\widetilde{R}_i] = a_i + \sum_{k=1}^{K} b_{i,k}\mathrm{E}[\tilde{f}_k] \tag{1.77}$$

であるから，この期待収益率を $\mu_i \equiv \mathrm{E}[\widetilde{R}_i]$ とおけば，（1.76）式は，

$$\widetilde{R}_i = \mu_i + \sum_{k=1}^{K} b_{i,k}\widetilde{F}_k + \tilde{\varepsilon}_i \tag{1.78}$$

と表現することと同値である．

さて，株式投資収益率が複数個のリスク・ファクターに依存して変動する MFM が成立しているとして，各リスク・ファクターの変動に晒された投資家は，その変動を引き受けることに対しておしなべてリスク・プレミアムを要求すると考えるべきであろうか．リスク・ファクターの性質によっては，投資家の将来消費の変動とは無関係なもの，あるいは将来消費の変動リスクを削減する性質（ヘッジ効果）をもつものが存在する可能性があり，前者ではリスク・プレミアムはゼロ，後者では逆に負のリスク・プレミアムをもつはずである．MFM は収益生成過程を描写する役割は担っているものの，リスク・プレミアムの形成については無言であり，リスク・プライシングの問題に解答を与えるには，後述する均衡理論が必要になる．

実務上の代表的なマルチ・ファクター・モデル

　マルチ・ファクター・モデルを特定するためには，ファクターが何個あり，それらがどのように挙動するかを明らかにする必要がある．1990年代にかけて，MFM を使って行なわれた初期の実証研究は，株式のデータに多変量解析，とくに因子分析を適用して，ファクターの個数とその挙動を記述する試みが中心であった．因子分析によってファクターを特定する場合，検出された因子が何を表わすのかその経済的な意味づけが明確ではないという問題があり，そのような意味づけは，直感に頼って経済変数を種々用意し，回帰分析などを使って因子の意味を計量的に確かめるという実証作業により行なう．また，因子が何個存在するのかは，一見客観的な統計的判断基準にしたがって決定されるが，そのときに恣意性が存在し得るという問題点が指摘されている．

　このような統計的処理の対極にある考え方として，先験的に，ファクターを経済的直観から決めてしまう方法がある．仮に，因子数が3つであるならば，そのような直観にしたがって，$\tilde{f}_1$ は日本経済のパフォーマンス（たとえば，GDP 成長率や景況指数（CI）の予期せぬ変化率）を表わすとみる．その妥当性ないし合理性は現実のマクロ経済データを使った実証分析により確かめる．次に，$\tilde{f}_2$ はその企業の属する事業セクターのパフォーマンスであるとする．そのための実証は，同一事業セクターに属する企業群の株価データを集めてスタイル・インデックス（Style Index）として加工したうえで行なうことができる．$\tilde{f}_3$ は株式市場全体のパフォーマンス部分であるとする．このように考えてモデル化し，また，実証的確認のプロセスを経ることによって，3つの経済的要因をリスク・ファクターとする MFM を構築することができるはずである．

　現在の MFM の研究では，しかし，リスク・ファクターとしてマクロ経済変数以外に，株式を発行する企業の様々な属性を表わす変数をも利用する方法が主流になっている．企業の属性を表わす変数が，何らかの経済変数の代理として機能していると考えるのである．ただ，こうした方法をとるうえでの問題点として，個別銘柄ベースでみたとき，上のようにしていわば「天下り的に」決めたマクロ経済変数や属性を表わす変数が，それらの銘柄の投資

収益率を安定的に説明できない（もしくは，そういうリスク・ファクターがそもそも存在しない）場合がほとんどであるということがある．

Fama and French（1993）の3-ファクター・モデル（以下，FF-3f）は，実用に耐える MFM の発見・開発に成功した稀有な例である．彼らは，経済変数以外にリスク・ファクターを求め，企業の属性を記述するさまざまな説明変数のうちから過去のデータによくフィットし，説明力が高い変数を3個選び出した．その結果，銘柄 i の超過収益率は次式のように表現されるとした．

$$\tilde{R}_i - R_f = \alpha_i + \beta_i^{\mathrm{VW}}(\tilde{R}_M - R_f) + \beta_i^{\mathrm{SMB}}\widetilde{\mathrm{SMB}} + \beta_i^{\mathrm{HML}}\widetilde{\mathrm{HML}} + \varepsilon_i \tag{1.79}$$

上式において，$\tilde{R}_i$ は株式銘柄 i の投資収益率，R_f は無リスク利子率，$\tilde{R}_M$ は市場ポートフォリオ収益率（株価指数収益率で代理する）である．$\widetilde{\mathrm{SMB}}$ は株式時価総額を使ったグロース要因（サイズ効果）を捉えるためのファクターである．投資対象銘柄のうちで，株式時価総額が小さい方から33％の小型株をロング，大きい方から33％の大型株をショートしたゼロ・コストのポートフォリオを作り，そのリターンを $\widetilde{\mathrm{SMB}}$ としている．一方，$\widetilde{\mathrm{HML}}$ は簿価時価比率（Book Value to Market Value Ratio）を使った純資産額（Net Worth）関連の指標である．これはバリュー要因を捉えるためのファクターであって，投資対象銘柄のうちで簿価時価比率が高いほうから33％のバリュー株をロング，低い方から33％の成長株をショートしたゼロ・コストのポートフォリオを作り，そのリターンを $\widetilde{\mathrm{HML}}$ としている[50]．β_i^{VW} 等は，それぞれのファクターに対する因子ベータである．3つのファクターは，すべて正のリスク・プレミアムを期待できることが明らかになっており，ポートフォリオ構築にあたっては，各因子ベータを高めると期待収益率は上昇する[51]．

---

[50] 一般に，貸借対照表上の純資産額（あるいは利益額）が株式時価総額に比して大きい株式をバリュー株（Value Stock），小さい株式を成長株（グロース株，Growth Stock）とよぶ．後者の時価が純資産額に比して大きい理由は，成長機会の現在価値が前者に比して大きいためと解釈されるが，同時に，市場によって成長可能性が過大評価される傾向があり，成長株は割高であることが多いとされる．

[51] FF-3f とそれに基づいたわが国における実証結果については，久保田・竹原（2007）などを参照されたい．

なお，Carhart（1997）は，この3つのファクターの他に，1年間のモメンタム（Prior 1-Year Momentum）も説明力が高いとしてファクターに加えた．2014年当時，米国においては，この4-ファクター・モデル（FFC-4f）がファイナンス研究者の間での「業界標準」になっている観があった．

これについて，若干補足しておこう．一般に，投資収益率に正の相関が存在することをモメンタム（Momentum），負の相関が存在することをリバーサル（Reversal）とよぶ．米国の実証分析をまとめたBodie, Kane and Marcus（2008）によると，投資ホライズンが1か月程度の短期ではリバーサルが，半年から1年程度ではモメンタムが，5年を超える長期ではリバーサルが顕著であるという．上記のCarhart（1997）は，自らが設定した株式銘柄ユニバースのうち，過去11か月間の収益率が上位30%のWinnersをロングし，下位30%のLosersをショートしたゼロ・コストのポートフォリオを作り，これに1年間投資した投資収益率を「モメンタム・リターン」とよんで，第4番目のリスク・ファクターの役割を負わせている．

MFMと運用モデル開発競争

このような収益生成過程を明らかにする作業は，まるでカリブ海の沈没船探索や，江戸城開城時に幕臣によって隠匿されたという小判探しにも喩えることのできるような金融における宝探し然として，今後も精力的に進められると予想される[52]．どのような因子が存在し，それらの変動リスクがどの程

---

52) 換言すればこれは，市場均衡に立脚した理論モデル構築の試みとは別種の動きが活発に行なわれているということである．この状況を揶揄して，米国の代表的な中級テキストであるCochrane（2005, p. 125）は「（マルチファクター・モデルの）リスク・ファクターの標準セットは約2年ごとに更新される」と述べている．

本書執筆中に起きた直近の「宝探しの成果」を紹介すると，たとえば，Fama and French（2015）の5ファクター・モデル（FF-5f）がある．これはFF-3fにRMW（Robust Minus Weak），および，CMA（Conservative Minus Aggressive）と命名された2つのファクターを加えたものである．RMWは，会計上のROEが頑健な銘柄から構成したポートフォリオと脆弱な銘柄から構成したポートフォリオの投資収益率格差であり，CMAはアセット・グロース（総資産の成長率）が小さい保守的実物投資銘柄のポートフォリオと，これが大きい積極的実物投資銘柄のポートフォリオの投資収益率格差である．いかなる事情が効いたものか，ここにおいて，すでに市民権を確立したかにみえたCarhart（1997）のモメンタム・ファクターは無造作に捨て去られてしまっている．

度のリスク・プレミアムをもつかは，すぐれて実証分析の領域に属する問題である．そのとき，Fama=Frenchタイプの実証が有する問題点は，仮に，収益生成過程をうまく説明する変数を見出すことができたとしても，それがどのような経済変数に対応しているのか，また，それらの変数がなぜリスク・プレミアムを獲得できるのかについて説明する理論的裏付けがほとんどない点である．

市場がリスク・プレミアムを支払う新たな変数は，既存の変数では説明できないものなので，当初は「アノマリー（異常現象）」として認識される．このアノマリーに気付いた投資家は，積極的に「アノマリー」を追求して，より高い収益を確実にあげようとする．もし，その投資行動自体が「アノマリー」を解消してしまうならば，当該変数に基づく投資収益は効率的市場とは相いれない一時的な裁定利益ということになる．しかし，もし解消せずに持続するものであるならば，その変数の背後には，何らかの経済的実体もしくはそれを捉えることのできる経済変数が存在しており，市場ではその変動リスクに応じてプレミアムが支払われるにすぎないということになる[53]．

過去のデータに対して当てはまりのよい変数が，その後，時間の経過とともに説明力を失ったとしても，それが起きたのは投資機会集合の変動によってである可能性がある．あるいは，単に，非効率な市場におけるアノマリーが解消したものなのか，その判別は困難である．

このように，もし過去のデータについて説明力の大きいMFMが開発されたとしても，それを本書がテーマとしている長期・多期間の投資にそのまま応用できるかどうかは，合理的根拠を明確に示した経済理論を背景にもつファクターでない限り判断できない．

また，MFMの研究者は，CAPMを克服するモデルとしてMFMを位置づけることが多いが，多くの場合，CAPMとよばれているモデルはCAPMで

ビッグデータが利用可能な状況下では，経済理論を必要としないこの種の作業は，人間よりも，むしろ人工知能（AI）に向いているといえよう．従来とは異なるタイプの才能の活躍する機会が，いよいよ拡大しようとしている．

53） MFMのリスク・ファクターに対して支払われるプレミアムがどのようにして決まるのかについては，本章8節のプライシング・カーネルに関する説明との関連で解説する．

はなく，素朴な1ファクターの市場モデルであることが多い．ファクターが何個あろうとも，それらによって定まるリスク資産の投資収益率と市場ポートフォリオの投資収益率が2変量正規分布に従うならば，CAPM成立のための十分条件のひとつが満たされるので，CAPMが成立する．

この，強すぎるようにみえる投資収益率の分布に関する仮定は，多くのファクターが存在するならば，それらの効果を合算したリスク資産の投資収益率，および市場ポートフォリオの投資収益率には中心極限定理が働いて，正規分布に近づくことは十分に考えられる．そのとき，ファクター・リスク・プレミアムは，それぞれのファクターと市場ポートフォリオとの共分散を用いたベータで捉えることができ，その結果として，CAPM評価式 (1.62b) が成立することになる．

収益生成過程を記述するにすぎないMFMと均衡理論としてのCAPMは競合する理論ではなく，相互に補完しうるモデルであることを理解しておきたい．

7. 運用パフォーマンスの評価

本節では，1期間モデルの枠組みにおいて，資産運用の成果を評価する方法と尺度について考察する．この運用パフォーマンス評価の目的は，運用者の能力の優劣を推定することである．一般に，資産運用の能力と技量を直接に計測することは困難であるため，資産運用実績という観測可能な事後的データからそれらを推定することになる．

7.1 資産運用成績評価の2つのアプローチ

事後に行なう資産運用実績の評価には，大きく分けて，定量的なものと定性的なものの二通りがある．

定量評価

　資産運用の過去のパフォーマンスを示す客観的かつ数量的なデータを使って，ファンドないし運用の成績を評価することを一般に「定量評価」とよんでいる．そのような数値データの例として，たとえば投資信託であれば，運用報告書に記載された基準価額と分配に関わる過去の実績データがある．

　資産運用には様々なリスクがある．そこで，単に過去の実績としての投資収益あるいはリターンを比べるだけではなく，リスクを加味した定量的な評価尺度（リスク調整済みパフォーマンス評価尺度）を使った比較評価をすることが一般化している．このときのリスク指標としては，投資ホライズンが1期間であれ多期間であれ，ほぼ例外なく，1期間モデルにおける平均・分散アプローチを前提したトータル・リスク，あるいは組織的リスクを捉えるCAPMにおけるベータ・リスクが採用されているのが実状である．その背景として，多期間にわたる投資成果の評価については，いまだ実務でも，あるいは理論的にも，その正当性が広く認められた評価尺度は確立していないことがある．

　定量評価が優れているのは，数値による評価であるため運用者の優劣がきわめて明快に判断できるという点である．このことが，逆に，定量評価のデメリットにもなる．どのようにして計算された数値なのか，比較対象のすべての運用成果が同一条件下のものなのか，あるいは，それが将来に達成されるべき運用パフォーマンスを確かにいい当てているといえるのか（これを運用パフォーマンスの再現可能性という）といった点で疑問が残るためである．

定性評価

　時系列の運用パフォーマンス・データを使用してファンド・マネージャーの技量（Skill）と運（Luck）とを統計的に厳密に区別することは，仮にデータが豊富に存在しているとしても難しい．一般に，過去の短期間の実績をもって将来実績の推定とするには，それにともなう誤差が大きすぎる．やはり，定量情報のみによって将来を語るには，データの蓄積，説得性，および投資家への浸透という点で限界がある．これを補うのが定性評価である．

技量の定量化が容易ではないとき，運用パフォーマンスの再現可能性を確認するためには，運用者が独自の一貫した投資哲学をもっているか，質の高い運用調査体制，および，規律ある運用プロセスが生み出した成果であるかについての評価が有益である．そのために，運用報告の内容や分析レポート，運用プロセスに関する具体的記述などを読み込んで，定性的に，運用者の技量および運用組織（運用体制）の優劣を論じることになる．とくに，後者の運用体制に関わる評価は，定性評価において重要な位置を占めるとされるが，この点について私たちには知見が乏しいので，本書では定性情報による評価についてこれ以上立ち入らない．

7.2 運用パフォーマンスの定量評価の理論的枠組み

運用パフォーマンスの定量評価の基礎になっている理論的枠組みを概観しておこう．投資家（もしくはスポンサー）が運用者の能力を評価するとき，ある特定の尺度（Measure）を使用するとする．そのとき，運用者の行動目的はその尺度を高めることと単純化される[54]．

SPM

リスク・リターン関係を数量的に表現して運用パフォーマンスを客観的に評価するために使用される評価尺度は，理論においても，また運用実務においても，さまざまなタイプが提案されている．そのうちで最も普及しているのが，米国の金融学者ウィリアム・シャープの考案になる SPM（Sharpe's Performance Measure，シャープのパフォーマンス評価尺度）である[55]．

本章 4 節でみたように，平均・分散選好をもつ投資家にとっては，（標準偏

---

54) 評価尺度と同じ意味で評価測度という訳語も普及しているが，本書では前者を採用した．なお，以下で説明する評価尺度はどれも，また，パフォーマンス評価の理論的枠組み自体も，厳密にいえば投資機会集合が変わらない 1 期間モデルを前提として定義されている点を重ねて強調したい．

55) この尺度はシャープ比率（Sharpe Ratio）ともよばれる．これは Sharpe（1966）において，報酬変動性比率（Reward to Variability Ratio; R/V Ratio）の名称で初めて提案されたものであるが，Treynor and Black（1973, p. 74）がシャープ尺度という名称を使用して以来，提唱者の名前を冠してこのようによばれている．

差,期待収益率)–平面上で左上方に位置する投資機会の方が,右下方の投資機会よりも大きな期待効用をもたらすという性質がある.いま,無リスク資産が利用可能とすると,投資家は任意のリスク資産ポートフォリオについて,そのリスク資産ポートフォリオと無リスク資産へ正あるいは負(空売り)の投資を行なうことによって,(標準偏差,期待収益率)–平面上で,無リスク資産と当該ポートフォリオを結んだ半直線で表わされる投資機会集合を作り出すことができる.左上方に位置するポートフォリオほど,半直線の傾きが大きい投資機会集合を作り出すことができるので,投資家はその半直線と自分の無差別曲線が接する点で表わされるポートフォリオによって,期待効用を最大化できる.したがって,傾きが大きい半直線上に位置するポートフォリオほど,より大きな期待効用を実現する機会を投資家に与える優れたポートフォリオということになる.

この半直線の傾きの値がシャープ尺度であり,任意のポートフォリオ p について,

$$\mathrm{SPM}_p \equiv \frac{\mu_p - R_f}{\sigma_p} \tag{1.80}$$

と定義される.μ_p はポートフォリオの期待収益率,R_f は無リスク利子率,σ_p は投資収益率の標準偏差である.

序章でも述べた通り,SPM_p が最大となるポートフォリオは市場ポートフォリオである.そのシャープ尺度は,市場ポートフォリオの期待収益率 μ_M と標準偏差 σ_M によって $\mathrm{SPM}_M \equiv \frac{\mu_M - R_f}{\sigma_M}$ で与えられるが,市場ポートフォリオは十分に分散化されており,固有リスクが存在しないと考えられるため,分母の標準偏差 $\sigma_p = \sigma_M$ は,同一の期待収益率 $\mu_p = \mu_M$ をもつポートフォリオの中で最小となる.それゆえに,SPM_M の値はすべてのポートフォリオの中で最大になる.

いま,特定のポートフォリオ p で運用するよう,投資可能資金のほとんどを運用委託する投資家を考えるならば,この投資家はポートフォリオのトータル・リスクが分散投資によって可能な限り削減されることを望むはずである.固有リスクが消失するほど,SPM_p は SPM_M に接近し,より大きなシャープ尺度をもつリスク資産ポートフォリオと無リスク資産の組み合わせが実

現できる．これによって投資家は，より大きな期待効用を得ることができる．

（1.80）式の定義は母数としてのシャープ尺度を与えるものであり，式中の期待収益率と真の標準偏差を知ることは困難である．実際のパフォーマンス評価においては，期待収益率 μ_p の推定量として標本平均 $\overline{R}_p$，標準偏差 σ_p の推定量として標本標準偏差 S_p を使ってシャープ尺度の推定量，

$$\widehat{\text{SPM}}_p \equiv \frac{\overline{R}_p - R_f}{S_p}$$

を構築する．そのうえで，既に終了した計画運用期間という意味での事後のシャープ尺度（$\text{SPM}_p^\dagger$）は，観測されたデータ（実現投資収益率）からそれらの推定値 $\overline{R}_p^\dagger$ と $S_p^\dagger$ を計測し，

$$\text{SPM}_p^\dagger = \frac{\overline{R}_p^\dagger - R_f}{S_p^\dagger} \tag{1.81}$$

によって実現値として計測する[56]．

上式右辺の分子はポートフォリオの超過収益率の実現値の平均を表わしているので，$\text{SPM}_p^\dagger$ はポートフォリオの標準偏差リスク1単位当たりの平均超過収益率を表わす．$\widehat{\text{SPM}}_p$ の定義式の分母はポートフォリオ収益率の標本標準偏差であり，仮に，このポートフォリオが十分に分散化されておらず，固有リスクが残っているとすれば，その実現値 $\text{SPM}_p^\dagger$ は固有リスクも含めたトータル・リスク（Total Risk）1単位当たりの平均超過収益率を表わしていることになる[57]．

ジェンセンのアルファ

CAPMの重要な含意は，任意の株式銘柄の投資収益率の変動リスクのうち，市場ポートフォリオ収益率との共分散に相当する部分のみが，報酬とし

---

56) 以後，計画運用期間が終了し，運用実績評価に関わる推定値であることを強調する場合には添え字ダガー（†）を他の推定値にも付して，それらが（事前のSPM推定量の）事後の実現値であることを明示する．添え字ダガー，および，本書を通じて推定値や母数という用語をどのように使用するかについては本章5節のコラムを参照のこと．
57) シャープ尺度とこの下のジェンセンのアルファを用いたファンド・パフォーマンス評価の理論と実証の詳細は，安達・斎藤（1992, pp. 125-142）を参照されたい．

てのリターン（期待収益率）を獲得するというものである．したがって，投資家が固有リスクを負担した場合，それがどれほど大きくても，対価としてのリターンは全く得られないということになる．

そこで，リスク指標として標準偏差に代えてベータ・リスクを使ったときの評価尺度として提案されたのが，本章5節でCAPMのベータの推定に関して解説した際に述べたジェンセンの評価尺度（Jensen's Performance Measure）である[58]．これを本書ではジェンセンのアルファ，ないし単にアルファと記すことは既に述べた．実務において運用の付加価値として誤用されることの多い不正確な「アルファ」との混同を防ぐ目的もあり，本書においてはこれ以降，ジェンセンのアルファの事後的な（計画運用期間の）実現値を，ダガー（†）を右肩に添えて，適宜，記号 $\alpha^{\dagger}$ で表わすことにする．

この尺度について再述すると，ポートフォリオ p のジェンセンのアルファの定義は，

$$\begin{aligned}\alpha_p &\equiv \mu_p - \{R_f + \beta_p(\mu_I - R_f)\} \\ &= (\mu_p - R_f) - \beta_p(\mu_I - R_f)\end{aligned} \qquad [(1.64\mathrm{b})]$$

である．α_p は母数としてのジェンセンのアルファ，μ_p はポートフォリオの期待収益率，R_f は無リスク利子率，β_p はポートフォリオのベータ，μ_I は市場ポートフォリオの代理変数である市場インデックスの期待収益率である．

横軸にベータ，縦軸に期待収益率をとるとき，市場ポートフォリオ，あるいはその代理インデックスの座標と縦軸上の無リスク利子率を表わす座標を結んだ直線が証券市場線であった（本章4節の図1-6）．したがって，ジェンセンのアルファ α_p は，評価対象のポートフォリオと同じベータをもつ証券市場線上のポートフォリオに対して，評価対象ポートフォリオの期待収益率がどれほど大きいかを表わす母数と解釈できる．α_p の推定量 $\hat{\alpha}_p$ は，通常，最小2乗法によって構築するが，その計画運用期間（事後）の実現値として

---

[58] CAPMのベータ・リスクを用いた評価尺度には，他に，Treynor (1965) によるトレイナー尺度（Treynor's Performance Measure）がある．これは，シャープ尺度の分母の標本標準偏差に代えてベータの推定値を用いる尺度であるが，わが国の資産運用実務で利用されることはほとんどないようである．

の $α_p^†$ が大きな正値となる株式ポートフォリオ運用を達成したファンド・マネージャーは，正の値と推定される母数 $α_p$ で表現される優れた技能をもっており，証券市場線上の効率的ポートフォリオと同じ組織的リスクに晒されながらも，それよりも大きい期待収益率を獲得する能力を可能性として示したことになる．

なお，ジェンセンのアルファは，シャープ尺度とは異なり，評価対象のポートフォリオがよく分散化され，固有リスクが削減されているかどうかについては何の情報ももたない尺度である．したがって，投資可能な資金のほとんどを単一のポートフォリオで運用しており，トータル・リスクの大きさに重大な関心をもつ投資家にとっては，必ずしも適切な評価尺度とはいえない．ヘッジ・ファンドのように，分散投資のリスク低減効果よりも，ミスプライスされている証券から得られる投資収益を重視するような場合，あるいは，投資可能な資金の一部のみを投じている場合など，運用ポートフォリオの固有リスクの大きさには拘泥しない投資家のポートフォリオ評価に，ジェンセンのアルファはより適している[59]．

ファンドの評価に当たっては，(1.64b) 式で定義した $α_p$ は期待収益率上の関係を表現した母数であって，直接観測することができないため，SPM 同様に，標本，すなわち実現した投資収益率を用いて $μ_p, β_p$，および $μ_I$ を推定し，計画運用期間における（事後の）ジェンセンのアルファの推定値 $α_p^†$ を求める．すなわち，

$$α_p^† = \overline{R_p^†} - \{R_f + β_p^†(\overline{R_I^†} - R_f)\} \tag{1.82}$$

である．ただし，$\overline{R_p^†}$ はポートフォリオの事後，すなわち計画運用期間（投資ホライズン）中の実現収益率から計測する標本平均の推定値，$\overline{R_I^†}$ は市場イン

---

[59] 本書では使用しないが，評価対象ポートフォリオのジェンセンのアルファ（あるいはベンチマークに対する超過収益率）を，固有リスクの標準偏差（あるいはベンチマークとの超過収益率の標準偏差）であるトラッキング・エラーで除した値を情報比率 (Information Ratio; IR) とよび，評価尺度として利用している．これは，アクティブ運用しているポートフォリオの評価において，ジェンセンのアルファだけでなく，固有リスクの大きさにも関心をもつ投資家に適した尺度である．私たちのヒアリングによれば，極めて優れたファンド・マネージャーでは IR が 1 以上，優れたマネージャーでは 0.75 から 1 未満であり，正の IR を毎期継続的に実現することは至難の業であるという．

デックスないし比較対象ベンチマークの実現収益率から計測する標本平均の推定値，$\hat{\beta}_p^{\dagger}$ は計画運用期間中のデータのみを用いて計算した推定値としてのポートフォリオ・ベータ，R_f は無リスク利子率である[60]．

この無リスク利子率は，理論上は1期間の無リスク利子率であって，その定義上，複数は存在しない．しかし現実には，短い期間であっても，複数の異なる満期の無リスク利子率が存在し，それぞれが時々刻々変動している．

内外の多くの実証分析では，無リスク利子率として短期国債の流通利回り，あるいは，無担保コールレートなどを用いているが，それは，これらの市場は流動性が高く，また，短期預金金利等よりも市場メカニズムが働いていると思われるからである．これらの利回りは理論上は定数でなければならないが，日々小規模の変動を繰り返すため，実証上の工夫が必要になる．一例をあげれば，観測されたコールレートの標本平均 $\overline{R_f^{\dagger}}$ を求め，これを観測期間中の R_f として用いるなどする．

7.3　運用の付加価値と資産運用実務における「アルファ」

序章で解説したように，資産運用の実務においては，あらかじめ設定されたベンチマークとの対比で，それを上回る運用成果のことを運用の付加価値，あるいは単にアルファとよんでいる．このアルファの由来は，(1.64b) 式で定義したジェンセンのアルファであるが，これら2つの尺度は厳密には異なるものである．この点について説明しておこう．

多くの投資家と運用会社が，(1.71a) 式の，平均的に実現するポートフォリオの収益率成分をベータ値と市場収益率で調整した値を「運用の付加価値」とよび，これを「アルファ」と認識している．国の内外を問わず，おそらくは多くの運用会社において，この「アルファ」をプラスに保つことが資産運用上の重要な目標と位置づけられているものと考えられる．

米国のイリノイ州シカゴに本社をおく投資関連の調査および投資ファンド

---

[60]　再度，注意を喚起しておくと，本書における事後とは，第5節のコラムで解説したように計画運用期間（事後期間）という意味であって，単純に確率変数の実現値を意味するものではない．

評価・管理会社である Morningstar 社は，ウェブサイト上に公開している用語集，Morningstar Investing Glossary に Alpha を項目として立てて解説している．本書では後章において実証分析結果の評価にジェンセンのアルファを使用するが，その根拠として重要であるので，これを翻訳して紹介しておこう．

【アルファ値は，ベータ値によってリスクの水準を計測するときの，投信の実現収益率と期待されていた成果との差を計測するための尺度である．正のアルファ値は，ベータ値から予測される成果を上回るパフォーマンスをその投信が達成したことを表わす．それに対して，負のアルファ値は，その投信のベータ値によって期待される成果を下回るパフォーマンスとなったことを表わす．

現代ポートフォリオ理論におけるすべての統計量（アルファ値，ベータ値，および R^2 値）は，投信のリターンが割引国債の利回りを超える収益率（超過収益率とよばれる）のベンチマーク指数の超過収益率に対する最小2乗回帰に基づいている．アルファ値は，投信運用者による付加価値あるいは減じられた価値 (the value added or subtracted by a fund's manager) を直接的に計測する尺度として使用することができる．】

（原文は次のサイトで入手できる．http://www.morningstar.com/InvGlossary/alpha.aspx）．

さて，本章5節でみた「直交分解式」(1.63a) をポートフォリオに関する関係として再掲すると，

$$\tilde{R}_p - R_f = \alpha_p + \beta_p(\tilde{R}_I - R_f) + \tilde{\varepsilon}_p \qquad [(1.63a)]$$

であり，これは，SIM，

$$\tilde{R}_p = a_p + b_p \tilde{R}_I + \tilde{\varepsilon}_p \qquad [(1.69a)]$$

において，

$$a_p \equiv \alpha_p + (1-\beta_p)R_f \qquad\qquad\qquad [(1.71\mathrm{a})]$$

$$b_p \equiv \beta_p \qquad\qquad\qquad\qquad\qquad\qquad [(1.71\mathrm{b})]$$

と特定したモデルであった．このとき，ジェンセンのアルファは，市場モデル（1.70a）式の定数項 α_p に一致している．

これに対して実務では，多くの場合，SIM の定数項である（1.71a）式の $a_p \equiv \alpha_p + (1-\beta_p)R_f$ の部分を「運用のアルファ」，ないし，単に「アルファ」とよんでいる．この括弧つきの「アルファ」（すなわち，a_p）は，$\beta_p = 1$ の場合，ないし，$R_f = 0$ という限られた状況以外では，ジェンセンのアルファ α_p とは一致しない[61]．

ここで仮に，CAPM が成立していて，母数としてのジェンセンのアルファが $\alpha_p = 0$ という状況を想定してみよう．このとき，リスク・リターンのトレードオフを超えるような成果をもたらすわけではないにもかかわらず（$\alpha_p = 0$ であるにもかかわらず），ポートフォリオのベータを 1 よりも低く設定するような運用方法をとることができるならば，母数間の関係において，

$$a_p = \alpha_p + (1-\beta_p)R_f = (1-\beta_p)R_f > 0 \qquad [\because \alpha_p=0,\ \beta_p<1] \qquad (1.83)$$

となり，「アルファ」は正（$a_p > 0$）である．

仮に，厳密に CAPM が成立するとし，インデックスが市場ポートフォリオに完全に一致している状況を想定しても，当然獲得すべき程度のリターンが得られるというだけのファンドでありながら，そのファンドの実現ベータ

---

[61] 仮に，わが国における現実の運用評価に「アルファ」（a_p）が利用されてきたとして，それはどのような問題を引き起こした可能性があるだろうか．大規模な株式ポートフォリオのベータは数年間の運用の後には巧まずして 1 近くに落ち着く傾向があるとされる．また，日本経済のデフレ的状況を背景として，無リスク利子率の近似として利用される無担保コールレートは，ここ 20 年来，年率 1% を大きく下回る水準で推移してきた（2018 年 2 月までの 20 年間の月末値の平均は年率 0.111%）．こうしたことから，$(1-\beta_p)R_f \approx 0$，すなわち $a_p \approx \alpha_p$ の条件が図らずも満たされて，この間，「アルファ」（a_p）をジェンセンのアルファ α_p（正しい，運用のアルファ）とみなすことに大きな齟齬は生じなかったものと考えられる．しかし，これらの母数を不適切なベンチマークを利用して推定することに起因する問題，および，マーケット・タイミング能力があるファンド運用者に対しては，仮に銘柄選択能力が優れていても負値のアルファが推定されるという問題は，基本的には解決されない．

$\beta_p^\dagger$ が 1 よりも小さいというだけで,事後的に計測される「アルファ」の推定値が正となる可能性が高くなってしまうのである.さらには,運用成果が劣るファンドでありながらも,$\beta_p^\dagger$ が 1 よりも小さくなったことが原因となって正の「アルファ」が報告される可能性すらある.

反対に,同じ状況のもとで,あるファンドのベータが 1 よりも大きいケースをみると,

$$a_p = (1-\beta_p)R_f < 0 \tag{1.84}$$

ゆえ,仮に,リスクに見合ったリターンを実現しようとするファンドであっても,a_p すなわち「アルファ」は負値になる.このように,実務で多用されている (1.71a) 式の a_p,および,その運用計画期間における推定値 $a_p^\dagger$ によって行なう運用パフォーマンス評価は,一般的状況下では,合理的とはいえない結論をもたらす.

7.4 運用パフォーマンスの定量評価に関するまとめ

運用パフォーマンスの評価尺度は,スポンサーや投資家が,自らの設定する運用目的と制約の組み合わせに応じて選択し,使用する.スポンサーらはまず,運用スタイルに応じて何をベンチマークとするかを決める.次いで,主として使用する評価尺度を選択する.たとえば,投資家が投資可能資金の一部を運用し,トータル・リスクの削減よりも,ベンチマークとしての株価指数を凌駕しようとするケース,ないし,ベンチマークと無リスク資産からなるポートフォリオのパフォーマンスを上回るような投資成果をあげることが主たる目標であるケースではジェンセンのアルファが適当である.そのとき想定するリスクはベータで表わされる組織的リスク部分のみであり,固有リスク負担には何ら対価が与えられない状況が想定されている.ただし,ジェンセンのアルファが意味をもつのは,市場均衡理論としての標準的な CAPM が概ね成立している状況においてである.

これに対して,リスク・リターンについて平均・分散選好をもつ投資家で,投資可能な資金の大部分を 1 つのポートフォリオで運用するようなケースで

は，他のポートフォリオとの間で起きるリスク分散が期待できないため，当該ポートフォリオの固有リスクを極力削減し，トータル・リスクを極小化すべきである．したがって，証券投資のリスクの実体としてはトータル・リスクを中心に考えるため，SPMが投資尺度の候補になる．もしポートフォリオが十分に分散化され固有リスクが消失しているならば，同一のトータル・リスクをもつポートフォリオの中で，最大のSPMをもつ．この評価尺度は，CAPMが成立しない状況，たとえば，固有リスクが期待収益率という対価を得るような状況においても利用できる長所がある．

しかしながら，両尺度とも無リスク資産が自由に売買可能な状況を前提しており，運用評価を行なううえでそれが不具合をもたらすことはないか，あるいは，実質的に空売りが制限されている場合にも評価尺度としての利用が可能かといった点について慎重に考慮する必要がある．また，いずれの尺度も，相場の動向を予測したポートフォリオ改定能力（マーケット・タイミング能力）をもつ運用者を正しく評価できないこと，そもそも1期間モデルを前提した尺度であることを忘れてはならない[62]．

8. プライシング・カーネルの考え方

本節では，1期間モデルの枠組みにおいて，投資家が最適なポートフォリオを構築し，期末に最適な消費を行なうならば，投資対象としての金融資産の価格と最適消費とがプライシング・カーネルという概念によって関係づけられることを明らかにする．実は，このプライシング・カーネルを特定することとプライシング理論を特定することとは同値であり，その簡単な応用として，CAPMの評価式がプライシング・カーネルを特定することによって導くことができることを示す．多期間におけるプライシング・カーネルの基本的な考え方などは，第3章で多期間における資産評価を論じる際に詳しく扱

---

[62] マーケット・タイミング能力をもつ運用者をジェンセンのアルファによって評価するとどのような問題が起こるかについて説明した明快な例がBodie, Kane and Markus（2008, pp. 869-870）にある．

う．本節はそのための準備という位置づけである．

8.1 プライシング・カーネルとは

いま，時点 0 において，投資可能な資金として正の初期富 W_0 をもつ投資家の最適投資行動を考えてみよう．1 期間モデルが前提なので，この投資家は期末の時点 1 において W_0 と運用成果を合わせた期末富 $\widetilde{W}$ のすべてを消費する．$\widetilde{W}$ は，時点 1 に実現値が観測可能な確率変数であるが，これまでと同様，添え字の 1 は省略している．また，投資機会集合として全部で N 種類のリスク資産と 1 種類の無リスク資産が利用可能であると仮定する．各リスク資産の単利ネット表示の投資収益率を $\widetilde{R}_i\,(i\in\{1,\cdots,N\})$ とし，無リスク資産を第 0 資産と数え，その投資収益率（無リスク利子率）は確定値ゆえ，ティルダを付さずに R_0 と表わす．全部で $N+1$ 種類の金融資産へ，それぞれ $\omega_i\,(i\in\{0,1,\cdots,N\})$ の比率で投資して構築したポートフォリオの単利ネット表示収益率は，$\widetilde{R}_p = \sum_{i=0}^{N}\omega_i\widetilde{R}_i$ である[63]．

この投資家の効用関数を U とすれば，期末の富 $\widetilde{W} = W_0(1+\widetilde{R}_p)$ のすべてを消費するので，期待効用最大化問題は次のように定式化できる．

$$\underset{\{\omega_i\}}{\text{Maximize}} \quad \mathrm{E}[U(\widetilde{W})] \tag{1.85a}$$

$$\text{subject to} \quad \widetilde{W} = W_0(1+\widetilde{R}_p) = W_0\left\{\sum_{i=0}^{N}\omega_i(1+\widetilde{R}_i)\right\} \tag{1.85b}$$

$$\sum_{i=0}^{N}\omega_i = 1 \tag{1.85c}$$

これは，典型的な線形制約下の最適化問題なので，未定乗数を λ として，ラグランジュ関数を以下のように定義する．

$$L = \mathrm{E}\left[U\left(W_0\left\{\sum_{i=0}^{N}\omega_i(1+\widetilde{R}_i)\right\}\right)\right] + \lambda\left(1 - \sum_{i=0}^{N}\omega_i\right) \tag{1.86}$$

1 階条件より，

---

[63] 後の式展開を容易にするために，無リスク利子率 R_f を R_0 と表記し直した．また本節では，式の見通しを考慮して，実現する前の投資収益率には確率変数を示すティルダを付すが，それが実現するのが時点 1 であることは自明なので，添え字 1 は略す．

$$\frac{\partial L}{\partial \omega_i} = \mathrm{E}\Big[U'\Big(W_0\Big\{\sum_{i=0}^{N}\omega_i(1+\widetilde{R}_i)\Big\}\Big)\cdot W_0(1+\widetilde{R}_i)\Big] - \lambda = 0$$

$$\Leftrightarrow \mathrm{E}[U'(\widetilde{W})\cdot(1+\widetilde{R}_i)] = \lambda/W_0 \tag{1.87a}$$

および，L をラグランジュ未定乗数 λ で微分してポートフォリオ制約条件（1.85c）式が導かれる．

ここで資産 i の時点 0 における価格を $P_{i,0}$，また，それが期末にもたらすキャッシュフローを配当と元本込みで $\widetilde{X}_i = \widetilde{P}_i + \widetilde{D}_i$ とすれば，$1+\widetilde{R}_i = \dfrac{\widetilde{X}_i}{P_{i,0}}$ である．したがって，上式は，

$$\mathrm{E}\Big[U'(\widetilde{W})\frac{\widetilde{X}_i}{P_{i,0}}\Big] = \lambda/W_0 \Leftrightarrow \mathrm{E}[U'(\widetilde{W})\cdot\widetilde{X}_i] = \lambda P_{i,0}/W_0 \tag{1.87b}$$

となる．また，上式は第 0 資産である無リスク資産についても成立するので，無リスク資産への 1 円の投資について，$P_{0,0}=1, X_0=1+R_0=1+R_f$ とおけば，

$$\mathrm{E}[U'(\widetilde{W})\cdot(1+R_f)] = \lambda/W_0 \Leftrightarrow \lambda = \mathrm{E}[U'(\widetilde{W})](1+R_f)W_0$$

となり，上式を（1.87b）式へ戻してラグランジュ未定乗数を消去すると，

$$\mathrm{E}[U'(\widetilde{W})\cdot\widetilde{X}_i] = \mathrm{E}[U'(\widetilde{W})](1+R_f)P_{i,0} \tag{1.88}$$

$$\Leftrightarrow \mathrm{E}\Big[\frac{U'(\widetilde{W})}{\mathrm{E}[U'(\widetilde{W})](1+R_f)}\widetilde{X}_i\Big] = P_{i,0}$$

あるいは簡潔に，

$$\mathrm{E}[\widetilde{M}\widetilde{X}_i] = P_{i,0}, \quad \widetilde{M} \equiv \frac{U'(\widetilde{W})}{\mathrm{E}[U'(\widetilde{W})](1+R_f)} \tag{1.89}$$

と表現可能である．上式において，確率変数 $\widetilde{M}$ は，将来消費の限界効用をその期待値とグロス表示の無リスク利子率の積で除しており，分子，分母のいずれもが正値であるから，すべての実現値が正の正値確率変数である．

（1.89）式は，消費理論ではオイラー方程式（Euler Equation）とよばれているが，投資理論においては，資産評価の基本方程式（The Basic Pricing Equation）の名称が与えられている[64]．この式は，時点 1 に $\widetilde{X}_i$ というキャ

ッシュフローをもたらす資産 i の現在価値 $P_{i,0}$ が，正値確率変数 $\widetilde{M}$ に $\widetilde{X}_i$ を乗じた値の期待値として与えられることを示している．このように正値確率変数 $\widetilde{M}$ は，将来キャッシュフローをその現在価値に対応させる役割を果たしており，プライシング・カーネル（Pricing Kernel），あるいは確率的割引ファクター（Stochastic Discount Factor）とよばれるものである．(1.89) 式から明らかなように，プライシング・カーネルの関数形は，効用関数 U をどう特定するか（指数型か，べき型か，対数型か，あるいはそれ以外か）および，リスク資産の投資収益率 $\widetilde{R}_i$ によって定まる $\widetilde{W}$ の確率分布（正規分布か，対数正規分布か，あるいはそれ以外か）によって変わる．

　ここでは，(1.89) 式によって $\widetilde{M}$ を効用関数と将来の富，および無リスク利子率から特定したが，$\widetilde{M}$ はプライシング理論に応じてさまざまな関数形をとり，効用関数の情報が必須というわけではない．逆にいえば，$\widetilde{M}$ の関数形を特定することがプライシング理論を特定することに対応する．すぐ下で述べるように，(1.89) 式による $\widetilde{M}$ の特定は「代表的経済主体モデルによるプライシング」の特定である．

　いま，時点 1 の消費の限界効用 $U'(\widetilde{W})$ について考えてみる．投資家の時点 1 における富すなわち消費が少ないような世の中の状態においては，$U'(\widetilde{W})$ は限界効用ゆえ，その実現値は大きな値となる．一方，時点 1 における富が大きくなる状態が実現した場合には，$U'(\widetilde{W})$ は小さな正の値を実現する．したがって，プライシング・カーネル $\widetilde{M}$ は，ポートフォリオの投資収益率の実現値が大きいような将来の状態については，資産の収益を小さく評価し，反対に，将来消費が小さくなるような将来の状態では資産収益を大きく評価する役割を果たすのである．

　以上の分析は，一人の消費者を選んで，その消費者個人の期待効用最大化問題を解いたものである．したがって，上で導出したプライシング・カーネルは，あくまでもその消費者が妥当と考える，主観的な資産価格を与えるこ

---

64) この名称が誰によって与えられたかは判然としないものの，Cochrane (2001, p. 8) では，同式を "The Basic Pricing Equation"，あるいは "The Central Asset Pricing Formula" とよんでいる．本書では，前者の訳である「資産評価の基本方程式」を採用した．

とになる.それでは,市場価格を自ら定め得るような消費者が存在する,あるいは存在が想定できる場合はどうであろうか.このような消費者を代表的経済主体(Representative Agent)とよぶが,上の分析における一人の消費者の効用関数を代表的経済主体の効用関数と読み替えるならば,上で導出したプライシング・カーネルは市場における金融資産価格を与えることになる[65].

8.2 プライシング・カーネルとリスク・プレミアム

さて,プライシング・カーネルの概念を用いると,1期間モデルにおける無リスク利子率およびリスク資産のリスク・プレミアムについて統一的に展望することができる.先ほどの(1.89)式,すなわち資産評価の基本方程式,

$$P_{i,0} = \mathrm{E}[\widetilde{M}\widetilde{X}_i], \quad \widetilde{M} \equiv \frac{U'(\widetilde{W})}{\mathrm{E}[U'(\widetilde{W})](1+R_f)} \qquad [(1.89)]$$

の両辺を $P_{i,0}$ で除せば,

$$1 = \mathrm{E}[\widetilde{M}(1+\widetilde{R}_i)], \quad \widetilde{R}_i = \frac{\widetilde{X}_i - P_{i,0}}{P_{i,0}} \tag{1.90}$$

と表わすことができる.$\widetilde{R}_i$ はリスク資産 i の単利ネット表示の投資収益率である.

上の式から明らかなように,プライシング・カーネルは,1期間将来の収益 $1+\widetilde{R}_i$ 円をその現在価値である1円に対応させる役割を果たしている.なぜ

---

[65] 消費者あるいは投資家としての側面を強調する場合には,それぞれ,代表的消費者(Representative Consumer),代表的投資家(Representative Investor)とよぶ.代表的経済主体の概念は,マクロ経済学においても圧倒的な影響力を有しているが,これを初めて提示したことで知られる Negishi(1960)は,わが国の経済学者,根岸隆氏による論考である.詳細は池田(2000, pp. 246-260)を参照されたいが,経済の消費の配分がパレート最適であれば,すなわち,誰かの効用を減じなければ,別の誰かの効用を増加することは困難だというように資源配分が達成されている状況では,代表的経済主体を想定することができる.代表的経済主体の効用関数は,各消費者の凹型効用関数を加重したものであり,経済全体で産出された消費財のすべてを消費することによって期待効用最大化を行なう.消費の配分がパレート最適であるような経済の代表的なものが完備市場であるが,仮に完備ではない市場であっても,各消費者の効用関数上で制約を加えると,消費の配分がパレート最適になることが知られている.

ならば，今日，1円を資産 i に投資することによって，その1期間後の収益 $1+\tilde{R}_i$ がどのような値として実現するにしても，その値を複製できるので，現在価値は1円といえるからである．

（1.90）式は多くの情報を伝えている．同式を共分散の定義を用いて書き換えると，

$$1 = \mathrm{E}[\tilde{M}(1+\tilde{R}_i)]$$
$$= \mathrm{E}[\tilde{M}]\mathrm{E}[1+\tilde{R}_i]+\mathrm{Cov}[\tilde{M},1+\tilde{R}_i]$$
$$\Leftrightarrow \mathrm{E}[1+\tilde{R}_i] = \frac{1}{\mathrm{E}[\tilde{M}]} - \frac{\mathrm{Cov}[\tilde{M},1+\tilde{R}_i]}{\mathrm{E}[\tilde{M}]} \tag{1.91}$$

と表わすことができる．資産 i のグロスの期待収益率は上式の右辺から明らかなように2つの部分に分解され，第1項はプライシング・カーネルすなわち市場全体の動向によってのみ定まる項であり，第2項は，その分子をみると，プライシング・カーネルと当該リスク資産の共分散になっている．

第1項の解釈は容易である．もし，無リスク資産が利用可能で，無リスク利子率を R_f とすれば，無リスク資産1円の将来キャッシュフローは $1+R_f$ 円である．したがって，資産0（無リスク資産）についても成立する（1.90）式をこれに適用すると，

$$1 = \mathrm{E}[\tilde{M}(1+R_f)] \Leftrightarrow 1+R_f = \frac{1}{\mathrm{E}[\tilde{M}]} \tag{1.92}$$

ゆえ，グロス表示の無リスク利子率はプライシング・カーネルの期待値の逆数，すなわち（1.91）式の右辺第1項になっている．プライシング・カーネルは正値確率変数であるから，その期待値の逆数の無リスク利子率もまた，正値でなければならないことがわかる．そこでこれを（1.91）式へ代入すると，

$$\mathrm{E}[1+\tilde{R}_i] = 1+R_f - \frac{\mathrm{Cov}[\tilde{M},1+\tilde{R}_i]}{\mathrm{E}[\tilde{M}]}$$
$$\Leftrightarrow \mathrm{E}[\tilde{R}_i] = R_f - (1+R_f)\mathrm{Cov}[\tilde{M},\tilde{R}_i] \tag{1.93}$$

を得る．上式右辺の第2項の共分散は，将来収益が市場と正の相関をもつ資産では負となるので，第2項全体はリスク・プレミアムを表わしている[66]．

この先，さらに分析を進めるためには，プライシング・カーネルの構造を

特定しなければならない．

CAPMの十分条件とプライシング・カーネル

プライシング・カーネルは，すべての資産の価格付けを行なう変数であるから，市場全体に依存して決定されると考えるのが自然である．CAPMは，プライシング・カーネルが市場全体の動向を表わす市場ポートフォリオの投資収益率 $\tilde{R}_M$ のみに依存して決定されると考え，関数 $\tilde{M}=f(\tilde{R}_M)$ で表現できると仮定する理論である．したがって，(1.93) 式は，

$$\mathrm{E}[\tilde{R}_i] = R_f - (1+R_f)\mathrm{Cov}[f(\tilde{R}_M), \tilde{R}_i] \tag{1.94}$$

となる．

ここで，CAPM を導くためのよく知られた2つの十分条件を紹介しよう．第1の十分条件は，資産 i の投資収益率と市場ポートフォリオ M の投資収益率が2変量正規分布に従うことである．このとき，Stein の補助定理（Stein's Lemma）が適用できるので[67]，

$$\mathrm{Cov}[f(\tilde{R}_M), \tilde{R}_i] = \mathrm{E}[f'(\tilde{R}_M)]\mathrm{Cov}[\tilde{R}_M, \tilde{R}_i] \tag{1.95}$$

が成立する．そこで，(1.94) 式を書き改めると，

$$\mathrm{E}[\tilde{R}_i] - R_f = -(1+R_f)\mathrm{E}[f'(\tilde{R}_M)]\mathrm{Cov}[\tilde{R}_M, \tilde{R}_i]$$

であり，上式は市場ポートフォリオについても成立するので，

$$\begin{aligned}\mathrm{E}[\tilde{R}_M] - R_f &= -(1+R_f)\mathrm{E}[f'(\tilde{R}_M)]\mathrm{Cov}[\tilde{R}_M, \tilde{R}_M] \\ &= -(1+R_f)\mathrm{E}[f'(\tilde{R}_M)]\mathrm{Var}[\tilde{R}_M]\end{aligned}$$

となる．上の2本の式について，辺々，割り算すると，本章4節の (1.62b)

---

[66] $\tilde{M}$ は，その定義式から $U'(\tilde{W})$ と完全な正相関をしているので，$U'(\tilde{W})$ と $\tilde{R}_i$ が負の相関をもつならば，$\tilde{W}$ と $\tilde{X}_i = P_{i,0}\tilde{R}_i$ が正の相関をもつこと，すなわち，総消費＝総生産と資産 i の将来収益が正の相関をもつことを意味している．

[67] Stein の補助定理は，確率変数 $\tilde{x}, \tilde{y}$ が2変量正規分布に従うとき，任意の微分可能な関数 $f(\cdot)$ について，$\mathrm{Cov}[f(\tilde{x}), \tilde{y}] = \mathrm{E}[f'(\tilde{x})]\mathrm{Cov}[\tilde{x}, \tilde{y}]$ が成立するというものである．証明は池田（2000, pp.166-167）をみよ．

式，すなわち，

$$\frac{\mathrm{E}[\widetilde{R}_i]-R_f}{\mathrm{E}[\widetilde{R}_M]-R_f} = \frac{\mathrm{Cov}[\widetilde{R}_M,\widetilde{R}_i]}{\mathrm{Var}[\widetilde{R}_M]}$$

$$\Leftrightarrow \mathrm{E}[\widetilde{R}_i]-R_f = \beta_i(\mathrm{E}[\widetilde{R}_M]-R_f), \quad \beta_i \equiv \frac{\mathrm{Cov}[\widetilde{R}_M,\widetilde{R}_i]}{\mathrm{Var}[\widetilde{R}_M]}$$

を得る．このように，1期間モデルであるCAPMの評価式はプライシング・カーネルを用いて導くことができる．

CAPMのもう1つのよく知られた十分条件は，プライシング・カーネルが市場ポートフォリオ投資収益率の1次関数であることである．代表的経済主体が2次の効用関数をもつならば限界効用は1次関数になるので，この条件は満たされる．この2次効用の仮定のもとでも上式を導くことができ，その導出の過程において，1期間モデルであるCAPMは，期末の総消費が同じく期末に集計される富の総額に等しいという特殊な性質（存在する財はすべて一瞬にして消費し尽されてしまうという非現実的な仮定）に依拠しているという理論的特徴ないし限界が明らかになるのだが，紙幅の都合からここでは割愛する．興味のある読者は池田（2016, p. 57）を参照されたい．

8.3 プライシング・カーネルで1期間MFMの リスク・プレミアムを表現する

本章6節で解説した1期間マルチ・ファクター・モデルにおいて，市場でリスク・プレミアムという報酬を得ることができるのはどのようなファクターの変動だろうか．プライシング・カーネルの概念を用いれば，この疑問に解答を与えることができる[68]．

---

[68] 以下のモデルおよび説明は，本書では明示的に取り上げなかったRoss（1976）の提唱になる裁定価格理論（Arbitrage Pricing Theory; APT）のエッセンスを，Poon and Stapleton（2005, pp. 9-10）の記述を補充，拡張し，プライシング・カーネルの概念を用いて解説したものである．なお，本書の第4章では，収益生成過程に2-ファクター・モデルを仮定し，プライシング・カーネルを用いて株式をプライシングするが，その際に現れるリスク・プレミアムは，以下で説明するAPTにおける2つのファクター・ベータとファクター・リスク・プレミアムの積和と解釈することができる．

いま,株式銘柄 i の投資収益率が K ファクター・モデルに従うとすると,

$$\widetilde{R}_i = \mu_i + \sum_{k=1}^{K} b_{i,k} \widetilde{F}_k + \widetilde{\varepsilon}_i \qquad [(1.78)]$$

ただし,$i \in \{1, \cdots, N\}, k \in \{1, \cdots, K\}$ について,

$$\mathrm{E}[\widetilde{\varepsilon}_i] = \mathrm{E}[\widetilde{F}_k] = 0,$$
$$\mathrm{Cov}[\widetilde{\varepsilon}_i, \widetilde{F}_k] = 0,$$
$$\mathrm{Cov}[\widetilde{\varepsilon}_i, \widetilde{\varepsilon}_j] = 0, \quad i \neq j$$

であった.ここで,$\mu_i \equiv \mathrm{E}[\widetilde{R}_i]$ は銘柄 i の期待収益率であり,分析を簡単にするため,すべてのリスク・ファクターの期待値をゼロに調整したバージョンの MFM を再掲した.

固有リスクが存在しないケース

リスク・プレミアムがどのように形成されるかをみるために,まず第 1 のケースとして,評価対象のポートフォリオに固有リスクが存在しない場合をみよう.個別の資産にそのような仮定をおくことは不適切であるから,多様な資産に「十分にリスク分散されたポートフォリオ」を想定する.すると,そのポートフォリオの収益生成過程は,

$$\widetilde{R}_p = \mu_p + \sum_{k=1}^{K} b_{p,k} \widetilde{F}_k \qquad (1.96)$$

で与えられ,固有リスクが消失している[69].上式を (1.93) 式へ代入すると,

$$\mathrm{E}[\widetilde{R}_p] = R_f - (1+R_f) \cdot \left(\sum_{k=1}^{K} b_{p,k} \mathrm{Cov}[\widetilde{M}, \widetilde{F}_k] \right)$$

$$\Leftrightarrow \mathrm{E}[\widetilde{R}_p] = R_f + \sum_{k=1}^{K} b_{p,k} \lambda_k, \quad \lambda_k \equiv -(1+R_f) \cdot \left(\sum_{k=1}^{K} \mathrm{Cov}[\widetilde{M}, \widetilde{F}_k] \right) \qquad (1.97)$$

となり,ポートフォリオの期待収益率を求めることができる.

---

[69] 理論モデルの導出において,十分に分散化され,固有リスクが完全に消失したポートフォリオの存在を仮定しなければならないことは,裁定価格理論がもつ理論的欠陥とされる.脚注 48 で述べたように,そのようなポートフォリオが実際に構築可能かどうかは,理論的に未解決だからである.

λ_k は第 k ファクターの変動に対して市場が与えるリスク・プレミアムを表わしており，(第 k) ファクター・リスク・プレミアムとよばれる．このとき，λ_k は正値とは限らない．対価が与えられないファクターについては λ_k はゼロ，逆に，リスク・ファクターの予期せぬ変動が組織的リスクを減じ，リスク・ヘッジの効果をもつ場合には λ_k は負値となり，投資家はリスク回避的であると仮定しているがゆえに負のリスク・プレミアムが形成される．

プライシング・カーネルとは無相関な固有リスクが存在するケース

次に，第2のケースとして，固有リスクが存在し，それがプライシング・カーネルとは無相関である状況を想定してみよう．もちろん，その特殊ケースとして，固有リスクが恒等的にゼロ，すなわち，上でみた第1のケースである分散投資によってポートフォリオの固有リスクが消失した状況も含まれる．

いま，収益生成過程を表わす (1.78) 式を (1.93) 式へ代入すると，銘柄 i について，

$$E[\widetilde{R}_i] = R_f - (1+R_f)\mathrm{Cov}[\widetilde{M}, \widetilde{R}_i] \qquad [(1.93)]$$

$$= R_f - (1+R_f)\mathrm{Cov}\left[\widetilde{M}, \mu_i + \sum_{k=1}^{K} b_{i,k}\widetilde{F}_k + \widetilde{\varepsilon}_i\right]$$

$$= R_f - (1+R_f)\left(\sum_{k=1}^{K} b_{i,k}\mathrm{Cov}[\widetilde{M}, \widetilde{F}_k]\right) - (1+R_f)\mathrm{Cov}[\widetilde{M}, \widetilde{\varepsilon}_i]$$

$$= R_f - (1+R_f)\left(\sum_{k=1}^{K} b_{i,k}\mathrm{Cov}[\widetilde{M}, \widetilde{F}_k]\right) \qquad [\because \mathrm{Cov}[\widetilde{M}, \widetilde{\varepsilon}_i] = 0]$$

を得る．最終式の変形は，固有リスク $\widetilde{\varepsilon}_i$ は市場で対価を得ることがない，という主張であり，それは固有リスクとプライシング・カーネルが無相関であることを仮定したゆえである．ここで，ファクター・リスク・プレミアムを先にみた固有リスク不存在のケースと同様に $\lambda_k \equiv -(1+R_f)\sum_{k=1}^{K}\mathrm{Cov}[\widetilde{M}, \widetilde{F}_k]$ と定義すると，上式は，

$$E[\widetilde{R}_i] = R_f + \sum_{k=1}^{K} b_{i,k}\lambda_k \qquad (1.98)$$

となり，やはり，(1.97) 式と同じ期待収益率を与える表現 (すなわち，APT)

を得る．

　こうして，プライシング・カーネルと無相関なファクターでは，ファクター・リスク・プレミアムの定義式中の共分散がゼロとなり，そのようなファクターは投資収益に不確実性をもたらすものの，そのリスク負担に対して市場は対価を全く支払わないことがわかる．

　本節では，本書第2章以降の内容と関係が深い価格付け理論について，プライシング・カーネルの観点から概観した．その結果，資産市場の価格付け理論はプライシング・カーネルをどう特定するかという問題に帰着することがわかった．なお，現代ファイナンス理論の中核をなす完備市場の理論，およびその多期間バージョンの動学的完備市場の理論は，重要ではあるが，投資理論に力点をおいた本書の次章以降では明示的に扱うことがないため，説明を割愛した．

第2章

多期間モデルにおけるリスクと効用関数

　本書の主題は，期間が2つ以上にわたる多期間ないし長期の証券投資である．前章では，長期投資に適用する分析方法を紹介する目的から，1期間モデルを用いて，不確実性下の投資家の合理的意思決定を期待効用最大化原理によって分析する標準的な投資理論の考え方を解説した．それを受けて，この第2章以下の5つの章では，多期間モデルによる長期投資の理論とその実証分析結果を解説する．

　長期・多期間の投資ホライズンとは，小さからぬ金利水準変化や物価水準変化（インフレやデフレ），それにともなう投資対象資産のリスク・プレミアムの変化が起こり得る程度の期間であって，実務応用を考慮して敢えて物理的時間の長さで表現すれば10年以上と，私たちは想定している．このような長期の投資ホライズンに関わる分析は，理論的にみれば多期間モデルとその応用であり，実務的には，投資家のライフサイクルを明示的に扱うパーソナル・ファイナンスの分野に足を踏み入れるものということができる．

　本章は，多期間モデルの導入に向けての準備という位置づけであって，1期間モデルを多期間に拡張するときに生じる問題点を洗い出した．そのとき，効用は消費から得られると前提する限り，最適投資比率の決定は最適消費決定と対になっているという認識が重要である．そのように考えるならば，リスクとは消費水準の確率的変化によって引き起こされる効用水準の変動ということになる．

　その消費水準変化には2つの異なるタイプがある．それは，(1) 将来の特定期間に実現する世の中の状態によって消費水準が変動するリスクと，(2)

将来の異なる期間（パーソナル・ファイナンスの視点でいえば，異なるライフステージ間）において消費水準が変動するリスクである．後述するように，1 期間モデルで解説した期待効用関数にはこれら 2 種類のリスクを分離して表現できないという問題があるために，多期間投資の理論（Multi-period Investment Theory）では，これらを別々のパラメターで捉えることができる効用関数として再帰的効用関数を導入する．本章では，再帰的効用関数のうちとくに操作性が高い Epstein=Zin 効用を仮定し，2 種類のリスクの回避と許容を表わす指標として，それぞれ，相対的リスク回避度 RRA と異時点間代替弾力性 EIS とを使用する．

長期間の投資ホライズンのもとでは，金利と物価の変動に象徴されるように，投資機会集合に変化が生じるため，1 期間モデルで用いた理論分析枠組みには大きな変更が必要となる．投資家個別の要因，たとえば遺産や人的資産，労働所得をどのように取り扱うか，投資対象となる資産のプライシングはどのように考えればよいのか，本章では，こうした多期間投資の理論分析の枠組み上で必要となる仮定・設定群の修正について整理する．具体的な多期間の資産評価（Multi-period Asset Pricing）については第 4 章で扱う．

本章は，多期間モデルのサーベイを目的とするものではない．したがって，ここでは多期間均衡モデルの系譜を包括的に記述することはせずに，1 期間モデルから多期間モデルへの拡張に必要となる分析枠組み上の修正について，読者の理解に資するように，適宜，先行研究を取り上げ，解説する．

1. ライフサイクルとパーソナル・ファイナンス

人は，誕生してすぐに親の財産と所得に依存する生活に入り，長い教育期間を経て成人する．様々な労働機会を選択肢として与えられ，その中から特定の職業を選択して，所得を得る．親と同様に，結婚，出産，退職といった人生の様々なステージを経験して，いずれは逝く．その過程で，出産，育児，子供の教育，自動車や住宅・不動産物件の購入，旅行といったまとまった金額の，しかし，ある程度予定された出費が発生し，また，病気や交通事故な

どの予期せぬ支出を負担する．人によっては，個人事業の成功や企業内での昇進，相続など，予期せぬ収入増・財産増の発生をみることもあるだろう．

このようなライフサイクルを前提として，消費と貯蓄の配分，貯蓄の運用としての証券投資（ポートフォリオの決定）を合理的に考えるためには，必然的に，多期間の分析が要請される．保険会社や信託銀行，年金基金を含む資産運用会社もまた，それに合わせて，10年，20年，30年といった長期の投資ホライズンを前提とした投資戦略を用意し，顧客に提示しなければならないだろう．

このような個人のライフサイクルに応じた多期間のアセット・アロケーションについて分析する領域が，近年，急速に発展してきており，「パーソナル・ファイナンス（Personal Finance）」もしくは「家計のファイナンス（Household Finance）」といった名称でよばれている．

1.1　ライフサイクルを多期間モデルでとらえる

前章における分析的説明は1期間モデルの枠組みによるものだった．したがってこれまでは，時間軸としては「現在」と「将来」のみを考えてきた．これは，もとより，ひとつの仮定に過ぎない．この「1期間の仮定」のもとでは，投資資金を有する者の目的は「将来」において最適な消費を実現することであり，それは「現在」において計算される将来の効用の期待水準，すなわち期待効用を最大にすることである．

このとき，消費者と投資家という言葉は同じ意味で用いていることに注意したい．すなわち，私たちは消費によってのみ効用を実現する「消費者」であるが，それと同時に，より多くの消費財を得るために金融資産市場で投資を実行する「投資家」でもある．

1期間の分析の特徴は，投資家は期末に実現する投資の成果をすべて消費して死去することであり，期末における投資の成果としての富と消費水準とが完全に等しいことである．これを受けて第1章では，投資家が行なうべき意思決定を，最適投資比率の決定の結果に基づき行なう期末の消費がもたらす期待効用の最大化問題と設定したのである．

これに対して多期間の分析では，通常，消費決定は期間数と同じ回数行なわれ，投資の決定は期間数から1を減じた複数回行なわれるとする（2期間モデルの場合には1回）．投資家はこうした複数回の意思決定によって生涯効用を最大化すると設定するのである．

期間の認識

多期間モデルを形作る基礎となるので，第1章1節で述べた内容を拡張して，「現在」と「将来」という言葉について厳密に定義しておこう．これらは，経済学では期間の概念として認識され，「現在」というひとつの期間が開始する時刻（期初）を時点0，終了する時刻（期末）を時点1とよぶ．同様に，「将来」というひとつの期間が開始する時刻が時点1，終了する時刻が時点2である．現在，あるいは，将来といった曖昧な語感を避けたい場合には，時点0から時点1までの期間を「第0期」，時点1から時点2までの期間を「第1期」とよぶ．このとき，第0期の期初が時点0，第0期の期末が時点1である．このように，第1期にも第0期同様に物理的な時間的広がりをもたせたモデルを2期間モデルとよぶ．

1期間モデルでは，時点1に瞬時に消費が行なわれ，消費者は消費が済むと同時に経済的意味では消え去ると想定される．すなわち時点1は，第0期（現在）の期末であるとともに，第1期（将来）の期初であるが，第1期は時間的広がりをもたず，瞬時に終焉すると考えるのである．それゆえ時点1では，予算制約下での消費と貯蓄の配分という意味での消費決定は行なわない．

これに対して，2期間モデルでは，通常は第1期期初としての時点1に加え，第0期期初の時点0においても消費が行なわれると想定する．第1期にも時間的広がりを与え，消費者は第1期の期末である時点2に死去すると考える．1期間モデルでは，瞬時に消費が行なわれると考えざるを得なかったところが，2期間モデルにおいては，第0期の消費は時点0から時点1まで継続的に，また，第1期の消費は時点1から時点2まで継続的に行なわれると解釈するモデルも多い．ただ，その場合でも，第0期を通じてどれほどの消費を行ない，また，第1期を通じてどれほどの消費を行なうかの意思決定

は，それぞれ，時点0，時点1において瞬時になされると想定する．そうしたモデルでは，消費の意思決定と同時に，投資決定もまた時点0と時点1に，2回行なわれることになる．

1期間モデルでは，消費者は第0期期初において財産を有すると仮定するが，これは第0期の初期保有量，あるいは初期賦存量（Initial Endowment）とよばれるものであり，これを消費財を単位として表示した値を第0期の初期富（Initial Wealth）とよぶ[1]．第0期の初期富を W_0 で表わすならば，1期間モデルでは W_0 の全額が投資可能資金とみなし，時点0においてこれを最適に証券投資することを考える．投資家は，そうして得られた投資成果のすべてを第0期末の富とし，それを時点1において瞬間的に消費し尽くして死去するのである．

このように投資理論における1期間モデルでは，消費についての明示的な意思決定は考えず，時点0においては投資の意思決定のみが行なわれると仮定される．これに対して2期間モデルでは，時点0において，投資だけでなく，消費についても最適水準を求める意思決定が行なわれ，第0期初期富から第1回目の消費に回した残余，すなわち貯蓄が最適に証券投資されて，その成果が時点1に実現する．この証券投資の成果と，時点1にも外生的に与えられると仮定する第1期の初期富（たとえば，遺産や労働所得）とを合わせた額が，全額，第2回目の消費に当てられる．時点1（ないし，第1期中）において富がすべて消費される特徴は変わらないが，時点0（ないし，第0期中）にも消費が行なわれ，時点1（ないし，第1期中）における消費と合わせて，計2回消費が行なわれることが1期間モデルとの大きな違いである．2期間をさらに多くの期間へと拡張しても，1期間モデルの自然な拡張として，消費と投資の意思決定にかかわる多期間モデルを構成することができる．

多期間モデルの可能性と限界

さて，分析対象としてのある1期間は特定の時間の長さを表わすものでは

---

[1] 1期間モデルではインフレーションの存在を考慮しないので，実質値と名目値は乖離しない．したがって，初期富は，初期保有量を貨幣単位で表示したものと定義することも可能である．

なく，分析の依拠する仮定が維持されている時間的な区間と考えなければならない．したがってその期間は，仮に物理的期間としてとらえるときには，分析対象によって1年間の場合もあれば，10年間の場合もありえる．そこで，「我々の人生の長さを考えるとき1期間モデルでは短すぎる」といった批判は必ずしも正しくない．長い，長い1期間もあり得るのである．さはさりながら，現実の私たちの投資行動は，このような1期間モデルの諸仮定が変わらず，その分析で記述され尽くすほど単純ではないことも明白である．

これに対して，多期間の分析では，消費活動や投資活動によって投資家の所得や財産額（富）が変化するだけでなく，投資家が年齢を重ねる結果として，リスクに対する投資家の態度も変化する可能性があると考える．リスクに対する投資家の態度とは，消費に対する消費者の選好であり，これを経済学では効用関数で表現するが，多期間ではその効用関数が変化する可能性がある．また，投資対象であるリスク資産と無リスク資産の性質も多期間においては変化し，投資機会全般が期間をまたいで変動すると想定する．1期間とは，投資機会集合および投資家の選好のいずれもが変化しない時間的な区間である．この1期間はパーソナル・ファイナンスにおける1つのライフステージと厳密な意味で対応する概念ではないが，本書では実務的な含意を明瞭にすべく，同じ意味で使用することとする．

残念ながら投資理論は，すべてが変転する現実のもとで，各個人のライフサイクルにぴったりと対応した統一的かつ具体的な投資方法を解答として提供できる段階に，いまだ至ってはいない．おそらくは，近い将来にそのような方法論・投資理論の完成をみることはないであろう．投資家ごとに異なる多種多様なライフサイクルと投資環境とを理論分析の俎上にのせるには，やはり，現実の大胆な捨象が必要となるのである．しかしながら，以下でみるように，現実の諸要因を捨象して極端に単純化した多期間モデルにおいてすら，1期間モデルの分析とは全く異なる様相が現れ，投資家の行動に対する重要なヒントを提供してくれる．

金利とリスク・プレミアム変化とインフレとが多期間の投資機会を変える

　10年を越えるような長期にわたる投資ホライズンをもつ投資家は，どういう投資戦略によって効用を最大化できるだろうか．長期になると，金利，すなわち無リスク（Risk-free）とみられた短期および中・長期国債の利回りは変化し，株式等の投資可能な金融資産のリストもまた大幅に変更されるであろう．たとえ同一の金融資産であっても，長期にわたってリスク・リターン特性が一定である必然性はない．すなわち，投資機会集合は変化すると考えざるを得ないのである[2]．

　また，私たちの効用が実物的な消費によって定まると仮定する以上，同一の消費財の名目価格がインフレーション（あるいはデフレーション）によって変化するという点も見落とすことができない．金融資産は日本であれば「円」という貨幣単位によって表示されるのであるから，その価格は名目価格であり，長期国債のように名目では確定した収益をもたらし，無リスクとみなされる資産であっても，インフレの進行によって将来の消費額が不確定となり，実質的にはリスキーな資産に変わるという側面が付加される．さらに，各投資家個別の効用関数も，時間の経過，世の中の実現した状態によって変化する可能性がある．10年もたてば，証券市場のみならず，世の中が変わり，人の心も変わるのである．

---

2) たとえば，長期投資においては，ある上場会社の倒産可能性に関わる分析は1期間モデルとは比較にならないほどの重要性を帯びる．1期間のみ投資可能な証券は短命証券（Short-lived Securities）と，また，2期間を超える計画期間すべてにおいて投資可能な証券は長寿証券（Long-lived Securities）と分類されるが，長期投資では，当然，後者が主要な投資対象になる．その結果，長期株式投資の対象ユニバースは，短期投資のそれとは全く異なったものになる可能性がある．長い間生き残る会社こそが長期投資にふさわしい企業ということである．
　日本の上場会社に例を求めれば，2018年5月末現在の東証全市場の上場会社2850社中，50年前の1968年以前に設立された会社数は1657社である．また，同じサンプル中で，50年前の1968年時点ですでに上場していた会社数はおよそ半数の850社（合併会社等を除く）であり，意外に少ない（あるいは，考えようによっては多い）ことがわかる．これら850社は，1968年以来，実に半世紀にわたって上場を維持してきた会社ということである．本書の結論を一部先取りしていえば，社業の消長はあるにせよ，時代の荒波を乗り越えて活躍し続けるこうした会社こそが長期リスク資産投資の対象としての資格を有する株式銘柄といえる．

このように万物が流転する状況において，精緻な投資理論を構築することは不可能であり，長期投資の最適投資比率を具体的に決定することは至難の業である．投資理論が明らかにできることは，主たる関心の対象に焦点を絞り，他の条件をコントロールして現実に捨象を加えたある意味「非現実的な」仮定群のもとでモデルを構築し，演繹的に得られた結論について，それらがもつ投資への含意を検討することである．

コラム2　インフレの恐怖

1990年代以降の久しい間，日本国民はデフレの世界に生きてきた．物価が下がり続けたために，物心がついて以来，年率5%を超えるような本格的インフレを経験したことがないという人が全国民の過半を占めている．

欲しいものの値段は来年になれば下がるという現実を生きてきた彼らには，インフレが消費レベルをどれほど蝕むものであるかという実体験に基づく認識はない．しかし，この第2章以降では，どうしても強度のインフレの怖さを認識したうえで，読み進んでもらう必要がある．インフレが投資機会集合を大きく変化させ，将来効用を少なからず減じる可能性があるためである．

簡単な数値例を使ってインフレの恐怖を実感してみよう．今後，日本では，1981年当時のように消費者物価水準が年5%ずつ上昇すると考えてみる．少し大きめに設定したこの数値は，いうまでもなく1年複利，年率表示である．このような5%インフレが10年間続くとき，私たちの実質的消費水準はどう変化するだろうか．

計算式は，$(1+0.05)^{10} \approx 1.629$ である．つまり，年5%のインフレが10年続くとき，たとえば，月25万円，年に300万円の年金で暮らしていこうと考えていた人の実質の年金額は，300万円ではなく184万円（＝300万円÷1.629）になる．今の物価水準であれば，年300万円でどうにか，という暮らしぶりは，10年続く5%インフレの後には，年184万円での切り詰めた生活に一変する．私たちの親の世代は，こうしたインフレを身をもって体験した世代である．彼らが語る「将来不安」は，少なからず，このインフレ体験に根ざしているのではないか．

1980年の日本のインフレ率は年率約8%だった．そのため，長い間，日本

経済を支えてきた．しかし，今はなき長期信用銀行が発行する1年満期の割引債券の単利表示の利回りが年率8%を超え，郵便局の10年満期定額貯金の年利回りがなんと年率11%以上であることを，人々は当然のように受け入れていた．同年，レーガン大統領時代に入る直前のアメリカのインフレ率は年率14%，同じくイタリアは21%だった．著者らの学生時代は，まさにインフレの嵐が吹き荒れる時代だったのである．

インフレが怖いとは，こうした事態が続くことをいう．多期間投資のモデル化は，最適消費決定と不可分であるため，このような将来不安をも説明可能なものとせざるを得ない．多期間投資の理論がパーソナルなファイナンスの理論とされる所以である．

近視眼的投資（Myopic Investment）

1期間モデルを多期間モデルに拡張するにあたって，はじめに行なう捨象は効用関数に関してである．効用関数が時間を通じて変化するという可能性には目をつぶり，とりあえず，多数連なる各期の効用関数が同一であると仮定して，そのうえで，それら各期の期待効用の（時間的価値を加味した）総和を最大にするように，各期初に，その期の最適な消費と最適なポートフォリオを構築する方法を考える．Samuelson（1969）とMerton（1969）は，このような分析方針（時間分離可能な効用関数という仮定）を採用して，多期間にわたる期待効用最大化問題として，消費決定と投資決定の問題を取り扱う分析枠組みを初めて提示した[3]．

多期間モデルにおいて，各期初における消費と投資の意思決定は，その時点から投資ホライズンの最終期に至るまでの投資機会集合のすべての変化を考慮してなされなければならない．また，次期以降の消費は投資の成果に依存するので，これも確率的に変動するはずである．SamuelsonとMertonは，まず，多期間モデルにおいて，一般には，消費の意思決定と投資・ポー

---

[3] これら2つの研究は，現在，パーソナル・ファイナンスとよばれている研究領域を切り開いた業績と位置づけられる．なお，これらに先立つ研究としてMossin（1968）がある．これは，多期間投資における最適投資を期待効用理論によって分析した最初の本格的研究であり，各期のリターンが独立で，かつ，投資家が時間分離可能なべき型効用を有する場合には近視眼的投資が成立することを明らかにした．ただし彼の分析では，多期間モデルの最終期にのみ消費が行なわれるという制約的な仮定がおかれている．

トフォリオ構築の意思決定は相互に依存し，両者を分離して分析することは困難であることを明らかにした．そのうえで彼らは，多期間の意思決定においても，ある特定の効用関数と特定の性質をもつ金融資産収益率の確率分布のもとでは，各期の最適消費と最適ポートフォリオが，毎期初に1期間先のみを考えた期待効用最大化問題を解いて得られる最適消費と最適ポートフォリオに一致することを示したのである[4]．

　すなわち，特定の効用関数と特定の性質をもつ確率分布の組み合わせ（すなわち，対数型効用関数をもつ投資家，もしくは，べき型効用関数と独立同一性をもつ確率分布の組み合わせ）のもとでは，長期投資を考えている投資家であっても，これから1期間，たとえば1年間だけの投資期間についてのみ考え，1期間期待効用が最大となるように消費と投資の決定を行なうことが最適であり，それを毎期繰り返すことが，彼の長期的な期待効用最大化に完全に一致する．そのとき，多期間の設定は単に1期間の繰り返しとなり，投資のタイムホライズンや，次期以降の投資機会集合の変動は，消費とポートフォリオ構築の意思決定とは無関係になる．このような「1期間の繰り返し」という投資態度を近視眼的投資（Myopic Investment）とよぶ．

　多期間の投資理論においてこの投資態度を具体的に表現するならば，「次々と連なるライフステージにおいて，異なる時点間（Across Periods）で現れる投資環境の変化というリスクを意識せずに，あるいはそのような変化に拘泥せずに，これから1期間後の異なる状態間（Across States）のリスク・リターンのトレードオフのみに基づく投資収益追求をそのまま繰り返し続ける投資態度」という意味になる[5]．近視眼的投資については，対数型効用をもつ投資家の最適な多期間投資決定という文脈において，第3章2節で詳しく扱う．

---

[4] 効用関数と投資収益率の分布の組み合わせが最適な投資決定のありかたを規定するという議論については第1章3節を参照のこと．

[5] 「Across Periods」の訳は，「異なる期間にまたがって」あるいは「異なる期間の間」などとするのが正確かと思うが，日本語が怪しげになるのを避けるべく「異なる時点間」と訳すことにした．同様に，後述する「Elasticity of Intertemporal Substitution」も，異なる期間の間における消費の限界代替率の弾力性を表わす概念であるが，「異時点間代替弾力性」の訳語が定着しているので，本書もこれを採用した．

2. 長期投資の基本的考え方

長期・多期間の投資ホライズンを想定する場合，私たちはどのような考え方に基づいてモデル化を進めればよいだろうか．はじめに，すでに述べた点も含めて，多期間投資の問題を分析するための基本的な枠組みを設定しよう．

2.1 多期間における投資対象と投資主体

議論を単純化するために，まず，第 t 期（$t \in \{0, 1, 2, \cdots\}$）の期初すなわち時点 t に投資家が選択可能な資産として，リスク資産と無リスク資産の2種類のみが存在すると仮定する．リスク資産としては，市場ポートフォリオのようなすべての株式から構成される株式ポートフォリオを想定する．現実の投資においてはインデックスファンド，もしくは上場投資信託（ETF）がそれに当たるだろう．

一方，無リスク資産としては，任意の1期間の期初において，その期末の収益が確定している短期金融資産を考える．厳密には，効用関数の対象として，この収益は消費財単位の値として捉えるべきであり，その意味では短期インフレ連動債が真の短期無リスク資産である．しかし，このインフレ連動債（日本では物価連動債）の個人投資家保有が部分的に解禁されてからまだ日が浅く，個人投資家がこれを標準的な投資対象として認識するに至ってはいない現状において，無リスク資産が存在すると明確にはいえない．そこで以下では，短期割引国債のように満期が短く，名目値で収益が確定している証券を無リスク資産とみなすことにする．その根拠は，消費財単位で収益を定義することと，名目値で表示された収益からインフレの影響を控除した実質値で収益を表現することは同値であり，したがって，インフレが存在しない場合はもちろん，インフレが存在してもそれが比較的軽微な場合には，その短期間での影響は非常に小さく，短期割引国債への投資はほぼ確定した消

費を可能にするとみなせるからである．投資決定に対するインフレの影響は第 4 章で明示的に分析する．

なお，長期国債のような多期間にわたって（名目値で）確定した収益をもたらす資産は，たとえインフレが存在しなくとも，満期以前に売却するときその収益は不確実であり，期間ごとの収益をみる場合にはリスクが大きい「リスク資産」とみなすべきである．

投資家は同時に消費者でもあり，効用は消費によってのみ得られる．したがって，最適投資の意思決定は最適消費の意思決定と不可分に結びついている．その際，次章で説明する Samuelson の議論のように，この世を去る際に子孫に遺産（Bequest）を残すことにもやはり効用があると考えることもできる．この場合には，遺産額の（効用）関数として「遺産関数」を導入することになる．

多期間投資の枠組みとはいっても，その残された遺産を投資家の子孫がどう消費し，投資するかについてまでは扱わない．ある 1 人の投資家の生涯のみが分析の対象ということである．

2.2 リスク概念の多期間化と期待効用関数の拡張

長期・多期間の投資ホライズンを想定する場合には，消費者（投資家）の負うリスクに関して，

（1）将来の特定期間に実現する異なる世の中の状態（States of the World）によって消費水準が変動するリスクがある．それに加えて，
（2）将来の異なる期間ないし時点（Periods）の間において（人生におけるある 1 つのライフステージと別のライフステージとを比べたときに）消費水準が変動するというリスクがある

という点を考慮する必要がある．そのとき，多期間に関する分析を特徴づけるのは，(2) のタイプのリスクに関する検討・吟味である[6]．

1 期間モデルにおいては，もとより，(2) の「将来の異なる時点間（ライフ

ステージ間）において消費水準が変動するリスク」は想定していない．そこで，（私たちの現実のライフステージがそうであるように，多数の期間が連なる）長期投資を考えるために，多期間モデルでは，(1) の異なる状態間の消費変動のリスクに対する回避度を表わす絶対的あるいは相対的リスク回避度に加えて，(2) の異時点間のリスクに対する感応度を表現するために後述する異時点間代替弾力性（Elasticity of Intertemporal Substitution; EIS）という概念を導入する．

ところが，通常の期待効用関数（対数型，べき型，あるいは負の指数型）では，多期間の投資決定を分析する場合に上の2種類のリスクを分離できないという問題が明らかになる．すなわち，これらの期待効用関数で特徴づけられる投資家については，第 (1) のリスクに対する選好を定めると，第 (2) のリスクに対する選好もまた自動的に定まってしまうため，異なる時点間（Across Periods）でのリスク回避の影響を異なる世の中の状態間（Across States）のリスク回避から独立に分析するのは困難である．

そこで，これら2つのリスクを区別して扱うために，期待効用関数を拡張した再帰的効用関数（Recursive Utility Function）を導入する．この再帰的効用関数を利用して，長期投資における最適なポートフォリオの構成がどうあるべきかを明らかにする研究成果が，近年，盛んに発表されている．それらの多期間モデルに関する研究においても，目的関数として効用関数を特定し，投資可能な金融資産を表わす投資機会集合を記述して，予算制約などの制約条件のもとで効用最大化問題の解として最適投資比率を求めるという投資理論の基本的な分析方法は変わらない．

再帰的効用関数の中でも，Epstein=Zin 型効用関数はとくに操作性が高いことで知られる．本書第4章において，この効用関数を利用して，2つのリスクのもとでの最適消費と最適投資のあり方を検討する．

---

6) この異なる時点間（Across Periods）での消費変動リスクを，本書では適宜，「異時点間の消費変動リスク」，もしくは，やや曖昧だがパーソナル・ファイナンスのニュアンスを込めて，「異なるライフステージ間の消費変動リスク」とよぶことにする．

3. 1期間モデルの教訓と多期間投資モデルの構築

　第1章では，資本資産評価モデル（CAPM）に代表される1期間モデルの結果を概観したが，1期間についての分析は，投資に関し，多期間分析においても成立する示唆に富んだ多くの論点を提示している．株式投資との関係で，私たちがとくに重要と思うポイントを挙げておく．

- 投資のリスクは，投資収益あるいは投資収益率の変動性（全体リスク）で表現されるが，そのリスクには，対価としてのリターンが期待できる部分（組織的リスク）と期待できない部分（非組織的リスク）とがある
- 組織的リスクは，全体リスクのうち，プライシング・カーネルと相関をもつ変動部分であり，非組織的リスクは無相関の変動部分である
- 対価の期待できないリスクを負うことは，投資家がリスク回避的であれば，彼の効用を低下させる．したがって，非組織的リスクは極力除去すべきである
- 対価のないリスクは，複数の銘柄に分散投資（Diversification）すれば減じることができる．そのためには，単独の株式銘柄に投資することを避け，多くの銘柄にバランス良く分散投資したポートフォリオを組むべきである

これらは多期間の投資においても有効な考え方である．したがって多期間においても，分散化されたポートフォリオ，たとえば株式投信は有力な投資手段であり続ける．
　また，1期間モデルにおいては，投資家が平均・分散分析によって投資決定するとき，資産配分は無リスク資産と市場ポートフォリオという2つのタイプの資産に対してのみなされ（2基金分離定理），両者への具体的な投資金額を決めるのは投資家のリスク回避度，あるいはその逆数として定義されるリスク許容度であることを確認した．

3.1 Samuelson と Merton の先駆的考察

Samuelson（1969）と Merton（1969）は，離散時間と連続時間という分析枠組みの違いはあるものの，1期間モデルを多期間モデルに本格的に拡張した初めての試みである．彼らは，多期間においても，投資家の効用関数と多期間にわたる投資収益の確率分布によって最適消費と最適投資の意思決定が特徴づけられることを示しているが，とくに，1期間での平均・分散分析で成立することを確かめた2基金分離定理が多期間において成立するためにはどのような十分条件が要請されるかを検討している．それについては次章で詳しくみることにして，ここでは1期間モデルを多期間に拡張するときどのような課題が生じるのかを確認しよう．

彼らの分析においては，投資家の労働所得は捨象される．また，国債利回り等の無リスク利子率も多期間にわたって確定値で与えられるという非現実的な仮定がおかれている．そのうえで，先述の近視眼的投資戦略，すなわち，多期間投資を行なう投資家の戦略が，1期間の期待効用最大化を毎期間繰り返すことに帰着するための十分条件を，期待効用関数の前提のもとで導出している．

結論を先に述べれば，次の通りである．その第1の十分条件は，投資家の効用関数が消費に対してべき型の関数で表わされ，かつ，各期のリスク資産の投資収益が独立同一分布に従うこと（Independent and Identically Distributed. 以下，本書を通じて i.i.d. と記す）である．このとき，各期の投資収益が i.i.d. でありさえすれば，どのようなタイプの確率分布に従っていてもかまわない[7]．べき型効用関数は，相対的リスク回避度が富あるいは消費水準の変化に対して不変であり，CRRA（Constant Relative Risk Aversion）型のリスク回避クラスに属する．第1章でみたように，CRRA 型効用関数をもつ投資家は，富の水準が変化しても，リスク資産への投資金額が投資額全体に占

---

[7] ただし，投資収益の確率分布が，たとえば特性指数が2未満の安定パレート分布（Stable Paretian Distribution）のように効用を発散させるタイプではないという条件を満たす必要がある．興味のある読者は，池田（2000, p. 89）を参照のこと．

める割合（リスク資産への投資比率）を一定に保つという性質を有しており，その性質がこの十分条件に反映されている．

第2の十分条件は，投資家の効用関数が（べき型効用関数の特殊なケースである）対数型効用で表わされることである．効用関数への制約を，べき型よりもさらに強くした結果，この場合にはリスク資産収益の確率分布に関する制約は不要となり，i.i.d. である必要もなくなる．直観的にこれは，将来の消費の対数値の期待値を最大化しようとする投資家は，各期の対数化した投資収益率の期待値，すなわち，各期の連続複利表示の期待収益率を最大化しさえすればよいことから説明できる．次に，これについてみよう．

対数型投資家の成長ポートフォリオ投資

時点 t において，対数型効用をもつ投資家が，時点 $t+T$ まで T 期間の資産運用を行なった結果として得られる富を売却し，それを消費に回して得られる期待効用を最大化することを考えているとしよう．この投資家は，毎期，消費を行なうはずであるが，ここでは分析を簡単化するため，消費は時点 $t+T$ において資産ポートフォリオを売却した資金で1回のみ行なうと仮定し，したがって，最適消費の分析は行なわない．

彼はいま，W_t の富をもっている．今後，彼が各期の期初に状況をみながら，各期に最適な投資決定を行なうと，対数型効用関数は CRRA 型なので，毎期初，同一の投資比率に落ち着く．利用可能な資産として，無リスク資産と市場ポートフォリオを想定し，この2資産ポートフォリオによる運用を考える．各期のポートフォリオの投資収益率を，$1+\tilde{R}_{p,t+1}, 1+\tilde{R}_{p,t+2}, \cdots,$ $1+\tilde{R}_{p,t+T}$ とすれば，彼の時点 $t+T$ における富を $\widetilde{W}_{t+T}$ とするとき，

$$\widetilde{W}_{t+T} = W_t(1+\tilde{R}_{p,t+1})(1+\tilde{R}_{p,t+2})\cdots(1+\tilde{R}_{p,t+T})$$

であり，また $\widetilde{W}_{t+T}$ は時点 $t+T$ における消費に一致する[8]．

---

[8] 序章で明記したように，2種の資産の第 t 期における投資収益率は，リスク資産についてはその実現値が確定する時点の $t+1$ を添え字にし，また無リスク資産については，同じく収益率が確定する時点の t を添え字として付す．第 $t+1$ 期以降についても同様に扱う．

3. 1期間モデルの教訓と多期間投資モデルの構築 135

対数型効用関数 (Logarithmic Utility Function) は一般的に $U(x)=\ln x$ と表わされるので，$x=\widetilde{W}_{t+T}$ とおき，時点 t における期待効用を求めると，

$$
\begin{aligned}
\mathrm{E}_t[U(\widetilde{W}_{t+T})] &= \mathrm{E}_t[U(W_t(1+\widetilde{R}_{p,t+1})(1+\widetilde{R}_{p,t+2})\cdots(1+\widetilde{R}_{p,t+T}))] \\
&= \mathrm{E}_t[\ln\{W_t(1+\widetilde{R}_{p,t+1})(1+\widetilde{R}_{p,t+2})\cdots(1+\widetilde{R}_{p,t+T})\}] \\
&= \ln W_t + \mathrm{E}_t[\ln(1+\widetilde{R}_{p,t+1})] + \mathrm{E}_t[\ln(1+\widetilde{R}_{p,t+2})] + \cdots + \mathrm{E}_t[\ln(1+\widetilde{R}_{p,t+T})] \\
&= \ln W_t + \mathrm{E}_t[\tilde{r}_{p,t+1}] + \mathrm{E}_t[\tilde{r}_{p,t+2}] + \cdots + \mathrm{E}_t[\tilde{r}_{p,t+T}] \quad [\because \tilde{r}_{p,t+1} \equiv \ln(1+\widetilde{R}_{p,t+1})]
\end{aligned}
$$
(2.1)

となる．小文字の投資収益率 $\tilde{r}_p$ は連続複利表示である．

上式は，対数型効用を有する投資家にとって，長期投資の期待効用が，初期富 W_t の対数値と各項に分割された各期のポートフォリオの連続複利表示投資収益率の期待値の和として与えられることを示している．上式から，最左辺の期待効用の最大化は，分割された各期のポートフォリオの連続複利表示投資収益率の期待値（リターン）をそれぞれ最大化することによって達成できることがわかる．すなわち (2.1) 式は，投資家が対数型効用をもつときには，ポートフォリオの投資収益率を連続複利表示するならば，リターンが最大になるように各期初にポートフォリオを組めばよく，その分散，あるいは標準偏差で表現されるリスクは明示的に考慮する必要がないことを含意している．このような投資戦略は，投資理論では「成長ポートフォリオ投資 (Growth Portfolio Investment)」とよばれている．これは，学説史的には，期待効用理論を前提せずに展開・開発されてきた有力な投資手法であって，第5章で詳細に論じる．

これら2組の条件は十分条件であるから，どちらが成立しても，1期間の投資戦略と T 期間全体を念頭においた投資戦略は同一になる．この結果の長期投資への含意は，（ここでは，消費の意思決定は検討していないものの）ライフステージの移り変わりを念頭においた長期・多期間の投資戦略は1期間の投資戦略を反復することと同一になるというものである．

成長ポートフォリオ投資とレバレッジ

ここで，レバレッジ（借り入れによる梃子の効果）と成長ポートフォリオ

投資に関し，よくみられる誤解について注意を喚起しておきたい．(2.1) 式より，投資収益率を連続複利表示する場合には，対数型効用をもつ投資家は，各期のリターンを最大化すれば期待効用が最大化され，そのリスクは明示的には考慮する必要がないという結論を得た．その一方で，投資収益率を単利表示する場合には，レバレッジを高めるならば，投資収益率の分散の増加という対価を支払って，期待収益率はどこまでも増加するという Modigliani and Miller（1958）の MM 第 2 命題が成立するはずである．

そうであるならば，レバレッジを利かせれば利かせるほど，連続複利表示の投資収益率のリターンは増加し，対数型効用の投資家の期待効用は際限なく上昇するのではないか．これに対する答は否である．(2.1) 式の前提になる各期のポートフォリオ構築においては，無リスク利子率による借り入れ，すなわちレバレッジを増やすことが連続複利で表示したポートフォリオの投資収益率の期待値 $E_t[\tilde{r}_{t+1}]$ を常に増大させるわけではないことを正確に抑えておきたい．

まず，単利グロス表示のポートフォリオ投資収益率を $1+\tilde{R}_{p,t+1}$ とするとき，連続複利の定義によって，

$$E_t[\tilde{r}_{p,t+T}] = E_t[\ln(1+\tilde{R}_{p,t+1})]$$

である．ここで，対数関数をテイラー展開すると，

$$\ln(1+x) = x - \frac{x^2}{2} + \frac{x^3}{3} - \cdots + (-1)^{n+1}\frac{x^n}{n} + \cdots$$

ゆえ，奇数次の原点周り積率（および 3 次以上の奇数次平均周り積率）の増加は期待効用を増加させる一方，偶数次の原点周り積率（および平均周り積率）の増加は期待効用を減じることになる．たとえば 2 次までの近似を用いると，$x=\tilde{R}_{p,t+1}$ とおくとき，$\ln(1+\tilde{R}_{p,t+1}) \approx \tilde{R}_{p,t+1} - \frac{\tilde{R}_{p,t+1}^2}{2}$ ゆえに，

$$\begin{aligned}E_t[\ln(1+\tilde{R}_{p,t+1})] &\approx E_t[\tilde{R}_{p,t+1}] - \frac{1}{2}E_t[\tilde{R}_{p,t+1}^2] \\ &= E_t[\tilde{R}_{p,t+1}] - \frac{1}{2}\{\mathrm{Var}_t[\tilde{R}_{p,t+1}] + (E_t[\tilde{R}_{p,t+1}])^2\}\end{aligned} \quad (2.2)$$

である．

連続複利表示収益率 $\tilde{r}_{p,t+1}$ を用いて，$E_t[\tilde{r}_{p,t+1}]$ と表記すると，これは単なる期待値演算なので，レバレッジの増加にともなう分散リスクの影響は考える必要がないとの錯覚を覚える．確かに，連続複利表示投資収益率の分散は考慮する必要はないのであるが，しかし，(2.2) 式のように現実の投資に即して単利表示で考えるならば，対数関数をテイラー展開で 2 次まで近似しただけでも，レバレッジは同式の（単利ネット表示投資収益率の）分散項を増大させて期待効用を減じ，また，期待値の 2 乗の項も期待効用を減じることが予想できる．対数関数は 1 の周りで無限回にテイラー展開できるので，レバレッジが期待効用に及ぼす影響は，確率分布のさらに高次の積率の効果をも吟味して評価すべきであり，それは単利表示収益率 $\tilde{R}_{p,t+1}$ の確率分布に依存して決まる．

実は，連続複利表示投資収益率の期待値を最大にするレバレッジ水準が存在する．しかし，本章の論旨からは少し外れるため，この点については APPENDIX CH-2A として示しておいた．

Samuelson と Merton の分析がもつ含意

Samuelson (1969) と Merton (1969) は，1 期間の投資戦略と T 期間全体を念頭においた投資戦略が同一になるための 2 つの十分条件を提示したのであるが，これらの十分条件のどちらかが現実に満たされるならば，いずれの場合でも効用関数は CRRA 型なので，投資家にとっては，すべての期間にわたりリスク資産と無リスク資産に対して同一の投資比率を保つことが期待効用を最大化する最適な投資方法となる．彼らの分析における仮定と結論は現実を単純化しすぎている感があるものの，それでもいくつかの示唆に富んだ含意を有する．それらをみておこう．

まず，上の分析では捨象された労働所得について考慮する．労働所得の流列の現在価値合計のことを人的資産（Human Capital Asset）とよぶが，この人的資産を考慮するとき，金融資産所得のみではなく，これに労働所得を加えた金額全体についてその一定割合をリスク資産投資に向けることが，前述の十分条件を満たすようなべき型あるいは対数型効用をもつ投資家にとって合理的である．人的資産は無リスク資産であると仮定して，ライフステージ

消費控除後の投資可能資金と人的資産

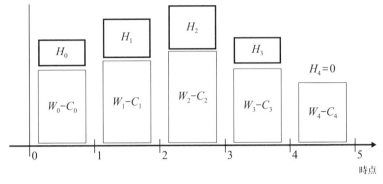

望ましい資産構成

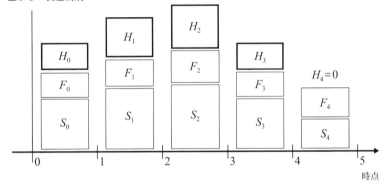

図2-1　ライフステージと投資比率の推移のイメージ

注：Hは人的資産．ここでは無リスク資産と考える．Fは無リスクの金融資産．Sはリスク資産．すべてのステージを通じて無リスク資産とリスク資産への最適投資比率は2分の1ずつと仮定した．

の展開にともなって投資比率がどう変化していくかをイメージ図として表現したのが図2-1である[9]．

　一般に，投資家が齢を重ね，幾多のライフステージを経て，退職時期が近づくにつれて，労働がキャッシュフローを生む残存の期間は減少していく．すなわち，一定の年齢を過ぎると，人的資産は加齢とともに減少傾向をたどり，退職（現役引退）によって消滅する．したがって，べき型あるいは対数

9）人的資産については，多期間投資モデルとの関連において第4章で再度述べる．

型の効用関数をもつ投資家のリスク資産に対する投資比率は人的資産を加えた金額全体の一定割合に維持すべきであるというのだから，リスク資産への投資額は，無リスクの人的資産減少を補う目的で，退職時期が近づくとともに劇的に減少させるべきであることがわかる．図 2-1 下段のリスク資産構成比を表わす S_3, S_4 が対前期でみて大きく減少しているのはそれを表わす．すなわち，歳をとってきたら株式への投資額を減らし，「安全な」国債へとシフトしていくことが生涯効用を高めることになる[10]．

同様に，住宅の購入や子供の教育への投資など，人生のある時期に資金手当てしなければならない支出（富の減少）が予想される場合に，べき型および対数型効用をもつ投資家はリスク資産への投資比率を支出予定のない場合に比べて低くすべきである．端的には，大きな支出に備えて必要な金額は無リスク資産（国債や預貯金など）に投資して確保すべきということである[11]．これらの含意は，私たちの現実感覚に合致しているといえよう．

---

[10] 前節で述べたように，名目債である利付国債等は多期間投資においてはリスク資産であって，多期間で無リスク資産とみなせるのはインフレ連動債（物価連動債）である．

[11] ここで，ライフステージと投資決定に関わる重要なポイントとして，将来の確定した支出に備えて無リスク資産運用を増やしておくべきであるという議論，および，そうして購入する資産に含まれる不動産はリスク資産とみなすべきか，という 2 つの点についてコメントしておこう．

人生において，比較的大きく，かつそれが到来する時期と規模がある程度予測できる支出については，若い時分から，その支出用の資金を確実に運用，積立てておく必要があるため，他の運用資金とは区別して，無リスク資産投資で準備するのが合理的である．べき型あるいは対数型効用をもつ投資家であっても，Merton が結論したように同一の投資比率を維持する対象は，住宅購入などのための無リスク資産運用部分を除いた投資資金総額に対してである．したがって，住宅（不動産）への支出直前の段階においては無リスク資産の比率は高めに保たれ，住宅への支出の後では，無リスクの金融資産は不動産資産に置き換わる．こうした不動産の購入は，不動産の売買を生業とする投資家を除けば，投資資金の運用というよりも居住という便益を獲得するための消費という側面が強く，多くの消費者にとって，資産運用の範疇には入らないと私たちは考えている．

本書は，一般の投資家にとっての不動産購入は，人生において避けることのできない多額の消費支出とみなして，不動産は長期の資産運用には含まれないという前提で分析を進めることにする．なお，わが国における投資用不動産の性格の変貌が資産市場に与えた影響については，第 4 章末においたコラムで取り上げる．

3.2 多期間モデルで新たに考察すべき2つの問題

上で述べた,教育投資,住宅投資,退職など,長期のライフステージ上で現れる各消費支出要因に加えて,多期間モデルにおいて新たに考察しなければならない,経済理論上のより本質的と思われる2つの問題について考えておこう.それは,第1に,多期間の投資決定には2種類の消費変動リスクがあり,したがって,これらを独立に扱えるように効用関数を修正する必要があるという問題である.また第2に,投資機会集合の変動に応じて,金融資産投資収益率の確率的変動の表現を変える必要が生じるという問題である.読者には,第1章でみた効用関数と投資収益率分布が投資決定には重要であるという投資理論の基本的論理が,多期間においても成立することが理解されるであろう.

第1の問題:2種類のリスク

長期かつ多期間にわたる投資ホライズンを有する投資家にとって,本質的なリスクは何だろうか.投資理論において,これはきわめて重要な問いかけであって,それに対する私たちの答は「投資収益の変動性,たとえば株価が上がったり下がったりすること自体は実は問題の本質ではなく,それが将来の消費を変動させ,実質的な生活水準を変動させることこそが投資家にとってのリスクである」というものである.

このように定義される投資のリスクを長期・多期間の投資ホライズンのもとで扱おうとすると,1期間モデルとは異なる枠組みの設定が必要になる.上述したように,(1) 将来の同一の期間であっても,異なる世の中の状態のどれかが実現することに対応して状態間での消費水準が変動するリスクと,(2) 将来の異なる時点間において消費水準が変動するリスクの,2つのタイプのリスクが存在するためである.

これらのうち,多期間モデルに関する分析を特徴づけるのは異なる時点間における消費変動リスクである.仮に,各期初において投資資金のすべてを無リスク資産で運用した場合であっても,将来の (1期間) 無リスク利子率も

3. 1期間モデルの教訓と多期間投資モデルの構築　141

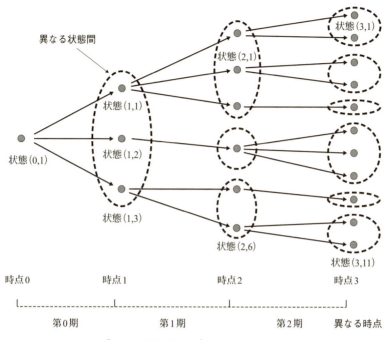

図2-2　「異なる状態間」と「異なる時点間」のイメージ

変動するので，多期間では無リスク資産運用に基づく消費であっても変動は避けられないことになる．それに対して1期間モデルにおいては，そもそも異なる複数の期間は存在しない．そのため，異なる状態間のリスクのみが分析の対象になるのである．

第1章の図1-1を多期間化した図2-2は，3期間のモデルを念頭に，各期に実現する世の中の状態と，歴史が展開していく経路（この例では11本）とを視覚的に表わしたものである．状態の概念については第1章1節を参照のこと．

「現在」を第0期とするならば，時点0においては，第1期の期初である時点1にどのような世の中の状態が実現するかはわからない．しかし，時間が経過して時点1に到達すると，たとえば景気の良い状態か，並の景気か，あるいは景気の悪い状態が実現したのか，3つの生起しえた状態のうちどれが

実際に実現したかを投資家は認識する．

　時点0に立つリスク回避的な投資家は，この図でいえば，次期（第1期）期初において実現しうる3つの状態それぞれに応じて，消費の水準が大きく異なることを嫌う．点線の楕円で囲んだ異なる状態における消費レベルの違いこそが，通常の1期間モデルで考察するリスクであり，異なる状態間（Across States）のリスクである．このリスクに対する回避の程度を表わす尺度が第1章でみた（アロウ゠プラットの）絶対的および相対的リスク回避度である．

　図2-2では，さらに，各状態を表わす結節点（Nord）から枝が計6本出ており，第1期期初に実現した状態に依存して，第2期期初に実現する状態，さらに第3期期初に実現する状態が次々と展開していくプロセス，すなわち歴史の展開が表現されている[12]．

　リスク回避的な投資家は，異なる時点間（パーソナル・ファイナンスの視点でいえば，たとえば壮年期と高齢期という，異なるライフステージ間）における消費の変動も当然嫌うと考えられる．この異時点間の消費変動に対する回避をどのように記述，定式化するかが，多期間モデルで新たに考慮しなければならない第1の問題である．

第2の問題：変化する投資機会集合

　第2の問題は投資機会集合の経年的変化によって生じる．投資機会集合の変化とは，端的にいえば，無リスク資産を含むすべての金融資産収益の同時確率分布が変化することである．それは，主に，(a) 無リスク利子率と期間構造（満期に応じて金利水準がどう異なるか）が長期においては変化してしまうこと，(b) リスク資産の期待収益率を定めるリスク・プレミアムが変化すること，および，(c) リスク資産の価格（株価）が長期の計画運用期間において平均回帰的ないしは平均乖離的傾向をもつこと，に起因する．その結果，相関構造やヴォラティリティーを含め，リスク資産の投資収益率が従う同時確率分布が変化することになる．また，これらに加えて，(d) インフレ

---

[12] 図中の「状態」，たとえば状態 (1, 1) は，第1期に実現する第1番目の状態という意味である．

ーション（物価変動）の問題がある．一般に，インフレやデフレは，実物投資のような実質的な投資には影響を与えないとされるが，名目債券等のように，投資収益に関する契約が名目価値によってなされている金融商品の実質収益率には深刻な影響を与える．また，主に実物投資によって成長する企業の株式について，その実質的価値がインフレの影響を受けるかどうかは，未だ議論の分かれるところである．

　節を改めて，多期間モデルを考える際に新たに考慮しなければならなくなる経済理論上の問題のうち，第1の問題，および，第2の問題のうちの（a）と（c）にどう対処するかについて順にみていこう．

4. 2種類のリスク回避度を分断して表現できる効用関数の導入

　これまで述べたように，多期間モデルで考慮すべき投資家のリスク回避には，異なる状態間におけるリスク回避と，異なる時点間におけるリスク回避の，基本的に異なる2タイプのリスク回避がある．ところが，期待効用理論で利用される効用関数はこれら2種類のリスクを分離できず，そのため，多期間モデルの分析には適さない．まず，これを最も簡単な2期間モデルによって明らかにし，この問題を多期間の理論分析がどのように克服してきたのかを解説しよう．

4.1　期待効用関数の問題点をどう克服するか

　いま，ある投資家の生涯が2期間からなり，第0期期初（時点0）と第1期期初（時点1）の2時点で消費がなされるとしよう．投資家が時点0にいるとして，第0期の消費を確定値 C_0，第1期の消費を確率変数 $\tilde{C}_1$ とするとき，この投資家の2期間通期での時点0における効用は，時点0における情報のもとで期待形成を行なうので，$E_0[U(C_0, \tilde{C}_1)]$ と書くことにする[13]．この効

---

13) 時点0から開始する2期間モデルでは，時点0においては将来に対する追加的情報が何ら存在しないので，$E_0[\cdot]$ は無条件の期待値 $E[\cdot]$ と同義である．

用は「生涯効用 (Lifetime Utility)」とよばれるが,条件付き期待値記号の中の関数 U は,各期の消費について,増加かつ凹関数であることのみを仮定する.したがって,生涯効用関数では,第1期の消費が第0期の効用に影響を及ぼす可能性,あるいは逆に,第0期の消費が第1期の効用に影響を及ぼす可能性がある.

ここで,生涯効用の構造に制約を課し,U が各期の1期間効用関数の和として表現できると仮定する.すなわち,

$$\mathrm{E}_0[U(C_0, \tilde{C}_1)] = \mathrm{E}_0[u_0(C_0) + \delta \cdot u_1(\tilde{C}_1)]$$
$$= u_0(C_0) + \delta \cdot \mathrm{E}_0[u_1(\tilde{C}_1)], \quad 0 < \delta < 1 \qquad (2.3)$$

とする.$u_0(\cdot), u_1(\cdot)$ は,それぞれ第0期消費,第1期消費に対する1期間効用関数であり,各期の消費は他の期の効用に影響を及ぼさないと仮定している.また,(2.3) 式の最右辺をみると,第1期の効用は,時点0における情報に基づいて計算した期待効用関数になっている.生涯効用が,分離された各期の1期間効用の和として表現されているので,一般に,このような構造をもつ効用関数を,時間分離可能 (Time Separable),あるいは,時間加法的 (Time Additive) 効用関数とよぶ.そのため,多期間に拡張された期待効用は時間分離可能効用ともよばれる.

上式の δ は0と1の間の値をとる実数である.これは主観的割引因子 (Subjective Discount Factor) とよばれる母数であり,δ が小さいほど第1期消費の効用は大きく割り引かれる.すなわち δ は,今日の消費のほうが将来の消費よりもありがたいというごく自然な人間の選好を表わし,投資家の時間選好を表わす役割をはたす.

さらに,各時点における1期間効用関数は同一の関数形で与えられると仮定すれば,$u_0(\cdot) = u_1(\cdot) = u(\cdot)$ とおいて,2期間の期待効用関数は,

$$\mathrm{E}_0[U(C_0, \tilde{C}_1)] = u(C_0) + \delta \cdot \mathrm{E}_0[u(\tilde{C}_1)], \quad 0 < \delta < 1 \qquad (2.4)$$

と表現できる.そのうえで,1期間効用関数がべき型効用関数 (Power Utility Function),

4. 2種類のリスク回避度を分断して表現できる効用関数の導入 145

$$u(x) = \frac{x^{1-\gamma}}{1-\gamma}, \quad \gamma > 0 \tag{2.5}$$

であると特定しよう．ここでγは相対的リスク回避度である．(2.4)，(2.5)式の仮定より，生涯効用関数は，(2.5)式において，$x=C_0$，および，$x=\widetilde{C}_1$とおいて，

$$\mathrm{E}_0[U(C_0, \widetilde{C}_1)] = \frac{C_0^{1-\gamma}}{1-\gamma} + \delta \cdot \mathrm{E}_0\left[\frac{\widetilde{C}_1^{1-\gamma}}{1-\gamma}\right], \quad 0 < \delta < 1 \tag{2.6}$$

で与えられる．

投資家は，時点0に初期富W_0を与えられており，これを(2.6)式の生涯効用を最大化するように，今日の消費水準C_0と（上式では明確には述べられていないが）貯蓄額（＝投資額）W_0-C_0の最適な運用方法を決定する．

2種類のリスク回避度が1つのパラメーターに集約されるという不都合な問題

(2.6)式では，異なる状態間のリスク回避度はγによって表現されている．そこで次に，同じ投資家の異なる時点間での消費変動リスクに対する「感受性」を明らかにする．そのために，しばらくは第1期の消費は確定値の水準を選択すると仮定し，世の中の異なる状態による消費の不確実変動は考慮しないで分析をすすめてみよう[14]．この仮定の下で選択可能な資産は無リスク資産のみであり，その利子率をネット表示でR_fとするならば，各期の効用関数がべき型である投資家の最適消費決定問題は，確実性下において次のように定式化できる．

$$\underset{\{C_0\}}{\text{Maximize}} \, U(C_0, C_1) = \frac{C_0^{1-\gamma}}{1-\gamma} + \delta \frac{C_1^{1-\gamma}}{1-\gamma} \tag{2.7}$$

$$\text{subject to} \quad C_1 = (W_0 - C_0)(1 + R_f)$$

最大化の1階条件を求めると，

$$u'(C_0^*) + \delta \cdot u'((W_0 - C_0^*)(1 + R_f)) \cdot \{-(1 + R_f)\} = 0$$

---

[14] ここで採用した解説方法はDanthine and Donaldson (2005) に拠っている．

$$\Leftrightarrow C_0^{*-\gamma} - \delta\{(W_0 - C_0^*)(1+R_f)\}^{-\gamma}(1+R_f) = 0$$

$$\Leftrightarrow (W_0 - C_0^*)(1+R_f) = \left\{\frac{C_0^{*-\gamma}}{\delta(1+R_f)}\right\}^{-\frac{1}{\gamma}} = C_0^* \left\{\frac{1}{\delta(1+R_f)}\right\}^{-\frac{1}{\gamma}} \quad (2.8a)$$

となる．(2.8a) 式の最左辺を解釈すると，これは第 0 期期初に最適な消費 C_0^* を行なった残額としての貯蓄 $W_0 - C_0^*$ を無リスク資産で運用した結果であり，それは，2 期間モデルゆえ，第 1 期の最適な消費 C_1 を表わしている．したがって，

$$C_1 = C_0^* \left\{\frac{1}{\delta(1+R_f)}\right\}^{-\frac{1}{\gamma}} \quad (2.8b)$$

が成立する．効用関数が狭義凹関数ゆえ，最大化の 2 階条件も満たしている[15]．

さて，(2.8b) 式の γ を大きくとるほど波括弧の部分は 1 に近づく．その結果，同式は $C_1 \approx C_0^*$ となって，将来消費と現在消費の最適水準は近づく．極限をとって $\gamma \to \infty$ としてみると，$-\frac{1}{\gamma} \to 0$ より，$C_1 = C_0^*$ となって両者は完全に一致する．その意味は，γ によって表わされる（異なる状態間の）リスク回避度がきわめて大きな消費者は，将来と現在の消費水準を等しくすることを望む（すなわち異なる時点間の消費変動を嫌う）消費者でもあるということである．

しかしここで，別の深刻な問題が発生する．言葉を換えて繰り返せば，べき型効用関数において異なる状態間の消費変動に対するリスク回避度を表わすパラメターであった γ は，(2.8b) 式においては，その逆数 $\frac{1}{\gamma}$ によって異なる時点間の消費変動に対するリスク回避度を表現していることになる．これは期待効用関数の好ましくない特徴といえる．なぜならば，本来，異なるタイプであるはずの 2 種類のリスク回避が同一のパラメター γ で表現されてしまい，両者を分断して表現することができないからである．

---

[15] (2.8a) 式を C_0^* について表わすと，

$$C_0^* = \frac{W_0}{1 + \left\{\dfrac{\delta}{(1+R_f)^{\gamma-1}}\right\}^{\frac{1}{\gamma}}}$$

となり，これが最大化問題 (2.7) 式の解，すなわち，異なる状態間の消費の不確実性は存在しないという仮定のもとでの第 0 期の最適消費水準である．

異なる時点間の消費変動リスク回避を EIS で表現する

以上みてきた期待効用関数の問題点を克服し，異なる時点間のリスク回避度（もしくは許容度）を異なる状態間のリスク回避度から独立に表現する方法が提案されている．

まず，異なる時点間の消費変動に対するリスク選好を表現するときに使用する異時点間代替弾力性（Elasticity of Intertemporal Substitution; EIS）の概念を説明しよう．これは，不確実性を含まない消費の流列に対して定義される概念であるため，これまで通り2期間モデルを前提し，消費の流列 $\{C_0, C_1\}$ は確定値であると仮定する．不確実性をともなわない，2期間の生涯効用関数を一般的に $U = U(C_0, C_1)$ と表わすとき，EIS は次のように定義される．

$$\mathrm{EIS} \equiv -\frac{d(C_1/C_0)/(C_1/C_0)}{d\mathrm{MRS}_{C_1, C_0}/\mathrm{MRS}_{C_1, C_0}}, \quad \mathrm{MRS}_{C_1, C_0} \equiv \frac{\partial U/\partial C_1}{\partial U/\partial C_0} \quad (2.9\mathrm{a})$$

ここでは，生涯効用関数が消費の流列 $\{C_0, C_1\}$ によって定まることのみを仮定しており，それが時間分離可能な効用関数であるかどうかも含め，生涯効用の関数形には全く制約を課していないことに留意したい．対数関数の全微分は $d \ln x = dx/x$ であるから，上の定義式の分子，分母をそれぞれ対数微分で表現して，

$$\mathrm{EIS} \equiv -\frac{d \ln(C_1/C_0)}{d \ln(\mathrm{MRS}_{C_1, C_0})} \quad (2.9\mathrm{b})$$

と簡潔に表わすこともできる．

ここで MRS_{C_1, C_0} は将来消費の現在消費に対する限界代替率であり，将来消費の限界効用を現在消費の限界効用で除した値である．これは同一無差別曲線上での接線の傾きの絶対値であって，ミクロ経済学の消費者の理論における2財の限界代替率そのものである．ただし，EIS の定義における2財とは「現在の1単位の消費」と「将来の1単位の消費」であり，(2.9a) 式中の MRS_{C_1, C_0} は異時点間限界代替率（Intertemporal Marginal Rate of Substitution）とよばれている．

上の定義式からわかるように，EIS は，「異時点間限界代替率 MRS_{C_1, C_0}」が1%上昇するとき「消費比率 C_1/C_0 すなわち消費成長率」が何%下落するか

を示す弾力性である．(2.9a) 式および (2.9b) 式中でマイナス1倍してあるのは，MRS_{c_1, c_0} の上昇が消費成長率を下落させることを前提に，消費成長率下落の程度が激しいほど大きくなる正の値として弾力性を表現するためである[16]．

MRS_{c_1, c_0} の上昇は，実は，すぐ下でみるように投資環境が悪化する（無リスク利子率が低下する）ことを意味しており，それにともなって消費者は現在消費を増やし，貯蓄を減じて将来消費を控えるために，消費成長率はマイナスになるのである．

EIS の経済的意味

EIS は，必ずしも，現在と将来の消費が最適に行なわれることを前提した概念ではないが，もし，現在消費が $C_0 = C_0^*$ と最適に決定される場合には，MRS_{c_1, c_0^*} の 1% の上昇は，無リスク利子率の（その水準に対する）1% の低下を表わすことを以下で示そう．その結果，EIS は，無リスク利子率の 1% の上昇に対して最適な消費成長率が何 % 上昇するかを表わす概念であることが明らかになり，EIS の経済的な解釈が明確になる．

最適消費決定問題 (2.7) 式では，第 0 期と第 1 期の消費流列に不確実性がないとき，べき型効用を用いた時間分離可能な生涯効用関数を仮定して，最適消費水準を求めたのであるが，以下では，生涯効用関数を特定のタイプに制約せず，消費者の生涯効用は一般的に $U(C_1, C_0)$ と表現されることだけを仮定して，最適消費決定問題を解くことにする．(2.7) 式の決定問題と同様に不確実性は捨象し，投資に利用できる資産は無リスク資産しか存在しないという仮定は継続する．したがって，時点 0 における貯蓄の全額がグロスレート表示の無リスク利子率 $1 + R_f$ で運用されることに注意すると，消費者が解くべき最適消費の決定問題は，次のように表現できる．

---

16) マクロ経済学の文献では，異時点間限界代替率の定義として，MRS_{c_0, c_1} すなわち，分子に現在消費の限界効用，分母に将来消費の限界効用を用いるものが多く，混乱を招きやすい．そのようなケースでは，(2.9b) 式において $d \ln(\text{MRS}_{c_1, c_0}) = -d \ln(\text{MRS}_{c_0, c_1})$ が成立するので，EIS の定義にはマイナス 1 倍は不要となる．

$$\underset{\{C_0\}}{\text{Maximize}}\ U(C_0, C_1)$$

$$\text{subject to}\quad C_1 = (W_0 - C_0)(1 + R_f) \tag{2.10}$$

1階条件を求めると，

$$\frac{\partial}{\partial C_0} U(C_0, C_1) = \frac{\partial U}{\partial C_0} + \frac{\partial U}{\partial C_1} \frac{\partial C_1}{\partial C_0} = \frac{\partial U}{\partial C_0} + \frac{\partial U}{\partial C_1}\{-(1+R_f)\} = 0$$

$$\Leftrightarrow \frac{\partial U/\partial C_1}{\partial U/\partial C_0} \equiv \text{MRS}_{C_1, c_0^*} = \frac{1}{1+R_f}$$

を得る．この1階条件を満たす現在消費には，最適化問題の解ゆえ，アスタリスクを付して $C_0 = C_0^*$ としている．上式を EIS の定義式（2.9b）の分母に代入すると，

$$\text{EIS} \equiv -\frac{d\ln(C_1/C_0^*)}{d\ln(\text{MRS}_{C_1, c_0^*})} = -\frac{d(C_1/C_0^*)/(C_1/C_0^*)}{d\ln\left(\dfrac{1}{1+R_f}\right)}$$

$$= -\frac{d(C_1/C_0^*)/(C_1/C_0^*)}{-d\ln(1+R_f)} = \frac{d(C_1/C_0^*)/(C_1/C_0^*)}{d(1+R_f)/(1+R_f)} \tag{2.11}$$

となる．最後の式変形で分母と分子のマイナスが打ち消しあう結果，EIS は，消費成長率の無リスク利子率に対する弾力性とみなすことができる．

EIS によって利子率変化の代替効果と所得効果を表現する

ミクロ経済学において，1財の価格が変化したときの各財に対する需要の変化を分析する標準的な方法は，需要の変化を代替効果と所得効果に分けて分析することである．代替効果とは，価格が安くなった財への需要が相対的に増加し，価格が高い他の財への需要が減少する効果である．一方，所得効果は，1財であれ価格が安くなることは実質的な所得の増加を意味するので，予算制約が緩み，その結果としてすべての財への需要が増加する効果のことである．

この考え方を利子率変化に適用して EIS の意味をさらに明確にすることができる．無リスク利子率が上昇すると将来の消費財は相対的に安くな

る[17]．そのため投資家は，相対的に高くなった現在消費を減らして将来消費を増やそうとする．これは代替効果（Substitution Effect）である．一方，無リスク利子率が上昇したことにより，同一の初期富のもとであっても将来の消費可能額が増加する結果，予算制約が緩む．それは所得効果（Income Effect），すなわち，投資家が現在消費と将来消費の両方を増加させようとするインセンティブをもたらす．無リスク利子率が上昇したとき，将来消費は必ず増加するが，現在消費の増減の方は，代替効果と所得効果の大小に依存して決まる．

べき型効用関数の場合について，代替効果と所得効果の影響を調べてみよう．最適な現在消費 C_0^* は，すでに脚注15で無リスク利子率 R_f の関数として求めてあるので，偏微分によって比較静学を検討すると，

$$\frac{\partial C_0^*}{\partial R_f} = \frac{\gamma-1}{\gamma}\delta^{\frac{1}{\gamma}}W_0(1+R_f)^{2\gamma-1}\left[1+\left\{\frac{\delta}{(1+R_f)^{\gamma-1}}\right\}^{\frac{1}{\gamma}}\right]^{-2} \gtreqless 0 \Leftrightarrow \gamma \gtreqless 1$$

を得る．上式より，相対的リスク回避度 γ が1より大きければ無リスク利子率の上昇によって現在消費 C_0^* は増加し，$\gamma=1$ のときには不変，γ が1より小さい投資家では現在消費は減少することがわかる．$\gamma=1$ のとき，べき型効用は対数型効用に帰着するが，脚注15の最適な現在消費はこのとき $C_0^* = \frac{W_0}{1+\delta}$ となり，無リスク利子率に依存しない．このことからも，$\gamma=1$ の場合，最適な現在消費は無リスク利子率が上昇しても変化しないことを確認できる．

以上の結果を EIS と関連付けて表現すると次の通りである．無リスク利子率の上昇は消費成長率 C_1/C_0^* を高めるが，$\gamma=1$ の対数型効用をもつ投資家の現在消費水準は変わらないゆえ，将来消費を確保するための無リスク資産投資額も変わらず，結果として，無リスク利子率がその水準の1％相当分だけ上昇したとき，消費成長率も1％相当の増加となる．そのため，後者を前者で除して得られる EIS は1に等しくなる．他方，相対的リスク回避度 γ

---

17) (2.10) 式の予算制約式を変形すると $C_0 + \frac{1}{1+R_f}C_1 = W_0$ となるので，現在消費 C_0 の価格を1とすると，将来消費 C_1 の価格は $\frac{1}{1+R_f}$ と考えることができる．したがって，無リスク利子率 R_f の上昇は，将来消費の価格を下げるとみなすことができる．

が1より大きい投資家では，現在消費を増やす結果，無リスク資産への投資額は無リスク利子率上昇以前より減少する．したがって，無リスク利子率がその水準の1％相当だけ上昇したとき，（無リスク資産による運用結果である）将来消費を現在消費で除した値である消費成長率の増加は1％未満となり，EISは1よりも小さくなる．逆に，相対的リスク回避度γが1より小さい投資家は，代替効果の方が所得効果よりも大きいゆえに現在消費を減らす結果，無リスク資産への投資金額は増加する．したがって，無リスク利子率がその水準の1％相当だけ上昇したとき，消費成長率は1％よりも大きくなって，EISは1よりも大きくなるのである．

ここまでの議論は，将来の不確実性が存在しないという前提であり，投資対象としては無リスク資産のみが存在するとした．しかし，現実の不確実性下の経済における金融資本市場には，多くのリスク資産が存在する．このような現実の状況を想定する場合であっても，以上の分析が一般性を失うことはない．すなわち，金融資本市場が適正にリスクを価格付けしているならば，すべてのリスク資産の確実性等価収益率は等しく，それは無リスク利子率に一致する．したがって，確実性下における無リスク利子率の上昇という仮定は，不確実性下における確実性等価収益率の上昇に対応し，リスクの有無に関わらず，それはすべての資産を包含する投資機会集合の改善を意味していると解することができるからである．

以上みてきた経済的解釈から，投資機会集合が改善するとき，大きなEISをもつ消費者ほど，より多くの現在消費を犠牲にして貯蓄に回し，より多くの将来消費，すなわち消費成長率を実現しようとすることが明らかになった．そのため，EISが大きい消費者の現在消費と将来消費の変動は大きくなり，一方で，EISが小さい消費者の変動は小さくなることから，EISを異時点間の消費変動の許容度と解することが可能となるのである[18]．

べき型効用のEIS

上で，(2.8b)式を使って説明した期待効用関数を多期間分析に用いること

---

[18] EISは異時点間の消費変動の許容度（Tolerance）を表わすのであるから，消費変動に対する回避度（Aversion）を表わすためにはEISの逆数をとればよい．

の問題点を，EIS を使用して確認しておく．そのために，(2.7) 式で示した生涯効用に関わる時間分離可能なべき型効用関数について EIS を計算してみる．こうすることによって，効用関数がべき型である場合，2 種類のリスクを分断して表現できないという問題点がさらに浮き彫りになる．

任意の確定値で表わされる消費 C_0, C_1 を与えたとき，2 期間通期での生涯効用は，

$$U(C_0, C_1) = u(C_0) + \delta \cdot u(C_1) = \frac{C_0^{1-\gamma}}{1-\gamma} + \delta \frac{C_1^{1-\gamma}}{1-\gamma}, \quad 0 < \delta < 1 \qquad [(2.7)]$$

であるから，異時点間消費の限界代替率を求めると，

$$\mathrm{MRS}_{C_1, C_0} \equiv \frac{\partial U / \partial C_1}{\partial U / \partial C_0} = \frac{\delta C_1^{-\gamma}}{C_0^{-\gamma}} = \delta \left(\frac{C_1}{C_0} \right)^{-\gamma}$$

である．この対数値をとり，対数消費成長率について表わすと，

$$\ln \frac{C_1}{C_0} = -\frac{1}{\gamma} \ln(\mathrm{MRS}_{C_1, C_0}) + \frac{\ln \delta}{\gamma}$$

であるから，(2.9b) 式より，対数化した異時点間限界代替率 $\ln(\mathrm{MRS}_{C_1, C_0})$ で上式を微分してマイナス 1 倍すると EIS が求められ，

$$\mathrm{EIS} = \frac{1}{\gamma} \qquad (2.12)$$

となる．このように，べき型効用関数においても異なる時点間のリスク選好の指標として EIS を定義することはできるものの，それは異なる状態間のリスク回避度を表わす相対的リスク回避度の逆数に完全に一致するのである．これは大変不都合な結果であって，私たちが習熟しているべき型期待効用関数においては，本来，独立に与えられるべき異なる状態間と異なる時点間に対する 2 種類のリスク選好を分離して表現することができないことを明確に示している．両者が一致する経済的合理性は全く存在しないにも関わらず，である．

4.2 2 つのリスク回避概念を分離するための創意

前項において，投資家は一般に，異なる状態間における消費の変動性とと

もに，これとは独立に，異なる時点間における消費の変動性をも回避すると考えられるにもかかわらず，通常の期待効用関数（べき型効用関数）では2つのリスク回避概念を区別できないことを明らかにした．多期間を生きる者は，確かに2種類の消費変動リスクに直面するのであるから，多期間モデルの分析には2つのリスク回避概念を分断して表現できる効用関数が是非とも必要である．

この理論上の要請に応えるためにSelden（1978）は，限定された2期間モデルの枠組みではあるが，異なる状態間に関するリスク選好を確実性等価の概念によって表現して，2つのリスク概念を分離するアイデアを示した．この2期間効用を，一般的な多期間モデルに拡張して非期待効用関数として公理化された分析枠組みを提示したのがKreps and Porteus（1978）である．この研究に触発されるかたちで，Epstein（1988），Epstein and Zin（1989, 1991），およびWeil（1990）は，ほぼ同時期に，2つのリスク概念を分断し，かつ，より操作性の高い多期間の効用関数を提案した．以下では，最も単純な2期間のモデルによって，その構造を説明する．

異なる状態間のリスク選好を確実性等価概念で記述する

第0期および第1期の消費をそれぞれ $C_0, \tilde{C}_1$ とする．時点0においては現在消費は定数だが，第1期消費（時点1での消費）は確率変数とする．将来消費の不確実性に関する，異なる状態間のリスク回避については確実性等価（Certainty Equivalent）を利用して表現し，生涯効用を次式で与える．

$$U_0 = \mathrm{E}_0[U(C_0, \tilde{C}_1)] = u_0(C_0) + \delta \cdot u_1(v^{-1}(\mathrm{E}_0[v(\tilde{C}_1)])) \tag{2.13}$$

ただし，$u_0(\cdot)$ と $u_1(\cdot)$ は現在と将来の異なる2つの時点での消費がもたらす1期間効用を表わす効用関数であり，ここでは添え字を付して両者の関数形が異なる前提であることを明示している．また，$v(\cdot)$ は将来消費の異なる状態間の選好を表わす効用関数で，$u_0(\cdot), u_1(\cdot), v(\cdot)$ はすべて単調増加凹関数である．(2.13)式はKreps=Porteus効用として知られる．

(2.13)式中の $\mathrm{E}_0[\cdot]$ は，時点0において利用可能な情報を用いて期待値計算していることを示している．u_1 の括弧の中の逆関数 $v^{-1}(\cdot)$ が，将来消費

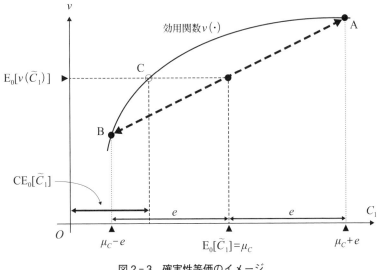

図 2-3　確実性等価のイメージ

$\widetilde{C}_1$ の効用関数 $v(\cdot)$ のもとでの確実性等価である（この点についてはすぐ下で確認する）．

　1 期間モデルを扱った第 1 章では，初期富を与えられた投資家がその全額を資産運用する場合の投資収益の確実性等価について CE を添え字として使って説明した．本章では，多期間モデルを分析するため，将来消費の確実性等価について演算記号 CE[·] を使って解説する[19]．

　効用関数 $v(\cdot)$ のもとで将来消費の確実性等価 $\mathrm{CE}_0[\widetilde{C}_1]$ を図示すると図 2-3 のようになる．この演算記号の下付き添え字 0 は，時点 0 における情報に基づいて確実性等価を計算していることを強調して付したが，第 0 期期初ゆえ，期待値記号がそうであったように無条件の演算と同値である．

　図 2-3 は，時点 0 に利用可能な情報として，

$$\widetilde{C}_1 = \begin{cases} \mu_C + e & \text{確率 } 0.5 \\ \mu_C - e & \text{確率 } 0.5 \end{cases} \quad (e > 0)$$

---

[19] 記号 CE は，本書を通じて CE[·] のように確実性等価の計算を示す演算記号として使用する．CE[·] は確率計算に関わる演算記号と同じように（イタリック体ではなく）立体で表記する．

という対称な確率分布を仮定して図示している．式中の μ_C は $\tilde{C}_1$ の期待値である．第1章の (1.3) 式は1期間後の不確実な投資収益 $\tilde{Z}$ についての表現であったが，1期間モデルであるために，そこでは時点 $t+1$ に $\tilde{Z}$ の全額を初期富 W_0 と合わせて消費するという設定になっており，これは $W_0+\tilde{Z}=\tilde{C}_1$ に対する確実性等価を求めたことに他ならない．

一方，以下では，投資収益が消費に向けられるという1期間モデルの特徴を明示的には述べずに，単に時点1での確率的な消費 $\tilde{C}_1$ についての表現になっている．このとき $\tilde{C}_1$ がもたらす効用の期待値は，

$$\mathrm{E}_0[v(\tilde{C}_1)] = \frac{v(\mu_C+e)+v(\mu_C-e)}{2}$$

であるから，図中の線分 AB の中点の縦軸座標がこの期待効用水準と対応している．

将来消費の確実性等価とは，効用関数 $v(\cdot)$ のもとで，この期待効用と同じ水準の効用をもたらす確実な消費水準のことであるから，縦軸上の $\mathrm{E}_0[v(\tilde{C}_1)]$ を表わす点から効用関数 $v(\cdot)$ へ引いた補助線が曲線と交わる点 C の横軸座標，すなわち，図中の太い矢印相当分が確実性等価 $\mathrm{CE}_0[\tilde{C}_1]$ である．図から明らかな通り，$\tilde{C}_1$ の確実性等価は $\tilde{C}_1$ の期待値 $\mu_C=\mathrm{E}_0[\tilde{C}_1]$ よりも小さな値になっている．この差額がリスク・プレミアムであり，リスク回避的効用関数におけるリスクへの「制裁金」部分である．

図を使えば，効用関数 $v(\cdot)$ の凹度を強めるほど（Across States のリスク回避度が増すほど），確実性等価の小さくなることが類推できる[20]．このように，関数 $v(\cdot)$ によって $\tilde{C}_1$ に関する異なる状態間のリスクへの選好が記述できる．

なお，(2.13) 式の u_1 の括弧の中が確実性等価であることは次のようにして確認できる．まず，確実性等価の定義より，

---

[20] 効用関数 $v(\cdot)$ 上の2点 A, B を固定して，効用関数の凹度を増せば，点 C は効用関数の上にとどまったまま水平な補助線上を左方向に移動する．このとき点 C の横軸座標として与えられる $\mathrm{CE}_0[\tilde{C}_1]$ は縮小する．凹度が強まってリスク回避度が増すと，リスク・プレミアムが増加し，確実性等価は減少するのである．

$$v(\mathrm{CE}_0[\widetilde{C}_1]) = \mathrm{E}_0[v(\widetilde{C}_1)] \tag{2.14}$$

である．(2.13) 式右辺第 2 項の中の逆関数の部分へ上式を代入すると，

$$v^{-1}(\mathrm{E}_0[v(\widetilde{C}_1)]) = v^{-1}(v(\mathrm{CE}_0[\widetilde{C}_1])) = \mathrm{CE}_0[\widetilde{C}_1]$$

となる．最後の式変形は逆関数の定義そのものである．したがって，(2.13) 式中の u_1 の括弧内は確かに確実性等価になっていることがわかる．

2 つの異なる時点の消費に対応する効用関数 u_0 および u_1 とは別個に，これと独立な効用関数 v を導入して将来の異なる状態に対するリスク選好を表現する方法を提示したのは Kreps and Porteus（1978）である．しかし上の (2.13) 式の例では，現在および将来消費によってもたらされる効用は，現在消費の効用と，将来消費の効用関数 v による確実性等価という 2 変数からなる関数として表現されている．厳密にいえば，このように，第 2 の変数が確実性等価関数であると明示して定式化したのは次節でみる Epstein and Zin（1989, 1991）である．この，将来消費の効用を確実性等価という確定値に変えるという方法による定式化は，(2.13) 式の元の形がそうであるように，第 2 変数として効用関数 v の期待値を採用した Kreps and Porteus（1978），および Weil（1990）とは定式化の様式が明らかに異なっている．しかしながら，異なる状態に対するリスク選好を記述する効用関数を導入して 2 種類のリスクに対するリスク回避性を分離するという特徴を有する点では共通しているために，経済学やファイナンスの分野では，これらの効用関数を（広義の）Kreps=Porteus 効用とよぶ慣わしになっている[21]．

再帰的効用関数が 2 種類のリスクをどのように捉えているか，そのメカニズムを確認しておこう．(2.13) 式の Kreps=Porteus 効用は，異なる状態に

---

[21] Kreps and Porteus（1978）の関心は，実は，2 つのリスク概念の分離では必ずしもなかった．期待効用関数は，「複合くじ（くじの結果としてくじを受けとるもの）と単純くじは，その最終結果とその確率が同じであれば，無差別」という公理（Axiom of Reduction of Compound Lotteries）が前提されているため，不確実性が早期に解消する複合くじと，遅れて解消する複合くじに対する選好を期待効用関数によっては区別できない問題があった．彼らは，この問題を解決するために，期待効用関数の枠の外にあって，不確実性の解消タイミングへの選好を表現する効用関数として再帰的効用関数を導入したのである．

対するリスク回避を効用関数 v の凹性によって表現している．図2-3 を使って説明したように，効用関数 v の凹性はリスク回避度が大きいほど顕著になり，期待効用水準が低下する結果，それと同じ確実な効用水準をもたらす消費水準，すなわち確実性等価は小さくなる．こうして，異なる状態に対するリスク回避の情報が確実性等価の水準に巧妙に集約されている．一方，異なる時点間のリスク回避は，(2.13) 式の u_0, u_1 の凹性によって表現されるので，異なる状態間と異なる時点間に対するリスク回避の両方が独立に表現できるのである．

4.3 再帰的効用関数は期待効用関数ではない

実は，ここでみている再帰的効用関数は，von Neumann=Morgenstern の期待効用関数とは基本的に異なる構造をもつものである．この点について説明しておこう．

いま，将来の世の中の状態が全部で2つの場合を考え，時点0において情報として与えられた将来消費の確率分布を，

$$\widetilde{C}_1 = \begin{cases} C_{1,1} & \text{確率 } p_1 \\ C_{1,2} & \text{確率 } p_2 (=1-p_1) \end{cases}$$

とすると，第1期の消費 $\widetilde{C}_1$ の時点0における期待値は，

$$E_0[\widetilde{C}_1] = p_1 C_{1,1} + p_2 C_{1,2}$$

である．将来消費に対するリスク・プレミアムを $\Pi(>0)$ と書くならば，時点0で計算される確実性等価は，

$$CE_0[\widetilde{C}_1] = E_0[\widetilde{C}_1] - \Pi = p_1 C_{1,1} + p_2 C_{1,2} - \Pi$$

で与えられるので，生涯効用は，

$$\begin{aligned} E_0[U(C_0, \widetilde{C}_1)] &= u_0(C_0) + \delta \cdot u_1(CE_0[\widetilde{C}_1]) \\ &= u_0(C_0) + \delta \cdot u_1(p_1 C_{1,1} + p_2 C_{1,2} - \Pi) \end{aligned} \quad (2.15)$$

と表現できる．上式の最右辺をみると，生起確率は効用関数 u_1 の内部で消

費の期待値計算に使用しているだけで，効用（u_1）の期待値を計算しているわけではないことがわかる．このように，Kreps=Porteus 効用関数は期待効用関数ではないという特徴があり，それゆえに非期待効用モデル（Non-expected Utility Model）と分類されているのである．

この効用関数は非常に柔軟性に富むことで知られる．以下，様々な特殊ケースを導くことによって，再帰的効用関数の有用性を確認することにしよう．

(2.13) 式を再掲すると，

$$U_0 = \mathrm{E}_0[U(C_0, \widetilde{C}_1)] = u_0(C_0) + \delta \cdot u_1(v^{-1}(\mathrm{E}_0[v(\widetilde{C}_1)])) \qquad [(2.13)]$$

であるが，ここでまず $v = u_1$ の場合を考えてみる．確実性等価を計算すると，

$$\mathrm{CE}_0[\widetilde{C}_1] = v^{-1}(\mathrm{E}_0[v(\widetilde{C}_1)]) = u_1^{-1}(\mathrm{E}_0[u_1(\widetilde{C}_1)])$$

であるから，これを (2.13) 式へ代入すると，

$$\begin{aligned}
\mathrm{E}_0[U(C_0, \widetilde{C}_1)] &= u_0(C_0) + \delta \cdot u_1(\mathrm{CE}_0[\widetilde{C}_1]) & [(2.15)]\\
&= u_0(C_0) + \delta \cdot u_1(u_1^{-1}(\mathrm{E}_0[u_1(\widetilde{C}_1)]))\\
&= u_0(C_0) + \delta \cdot \mathrm{E}_0[u_1(\widetilde{C}_1)]
\end{aligned}$$

となり，2期間の期待効用モデルの一般形である (2.3) 式に帰着する．したがって，Kreps=Porteus 効用関数は期待効用関数を特殊ケースとして含むことが，まずはわかる．

次に，効用関数 v が線形の場合をみてみよう．最も単純なケースは，

$$v(\widetilde{C}_1) = \widetilde{C}_1 \Leftrightarrow \widetilde{C}_1 = v^{-1}(\widetilde{C}_1)$$

である．これは，将来消費において，異なる状態間の変動についてはリスク中立的という投資家のケースである．このとき，$\mathrm{CE}_0[\widetilde{C}_1] = \mathrm{E}_0[\widetilde{C}_1]$ であるから，(2.15) 式，すなわち，Kreps=Porteus 効用の定義式 (2.13) において $v = u_1$ としたケースに代入すると，

$$\mathrm{E}_0[U(C_0, \tilde{C}_1)] = u_0(C_0) + \delta \cdot u_1(\mathrm{CE}_0[\tilde{C}_1])$$
$$= u_0(C_0) + \delta \cdot u_1(\mathrm{E}_0[\tilde{C}_1]) \tag{2.16}$$

となる.u_0, u_1 が凹関数,たとえば消費に対してべき型ならば,仮に,v がリスク中立的であっても,このような消費者は異なる時点間の消費変動のみは回避しようとする.すなわち,異なる状態間の消費変動リスクには無反応でありながら,異なる時点間の消費変動リスクは回避しようとする投資家のリスク選好になっている.

同様にして,$v(\cdot)$ が凹関数,$u_0(\cdot), u_1(\cdot)$ が線形関数と設定すれば,将来消費の異なる状態間の変動は嫌うが,異なる時点間の消費変動リスクには全く無関心な消費者のリスク選好を記述することができる.

以上の例は,2期間モデルを使って Kreps=Porteus 効用関数の考え方のエッセンスを説明したものである.確実性等価の概念を利用した再帰的効用関数の導入によって,2つのリスク回避概念の分断が可能になったという論理が,より明確に理解されたのではないだろうか.しかし,同効用関数の学説史的重要性は別として,理論上および実務上で最も操作性が高く,ファイナンス理論で多用されている再帰的効用関数は,やはり,次に説明する Epstein=Zin の効用関数である.

5. Epstein=Zin の効用関数

Epstein and Zin (1989, 1991) が提案した再帰的効用関数は,投資理論では Epstein=Zin 効用とよばれている.これについて2期間と無限期間とに分けて解説する.

5.1 Epstein=Zin 効用:2期間のケース

まず,前節に引き続き,最も簡単な2期間モデルのバージョンを使って Epstein=Zin 効用を説明しよう[22].第1期の消費が確率変数 $\tilde{C}_1$ で表わされ,

時点 0 における 2 期間の生涯効用は引き続き (2.15) 式,

$$U_0 = \mathrm{E}_0[U(C_0, \tilde{C}_1)] = u_0(C_0) + \delta \cdot u_1(\mathrm{CE}_0[\tilde{C}_1]) \qquad [(2.15)]$$

で与えられるものとする. また, 各期の効用関数について, 以下の通り, すべてべき型の関数形を仮定する[23].

$$u_0(C_0) = \frac{C_0^{1-\frac{1}{\phi}}}{1-\frac{1}{\phi}}, \quad u_1(x) = \frac{x^{1-\frac{1}{\phi}}}{1-\frac{1}{\phi}}, \quad v(C_1) = \frac{C_1^{1-\gamma}}{1-\gamma} \quad (\gamma, \phi \geq 0) \quad (2.17a)$$

このとき生涯効用は, 上式を (2.15) 式に代入して,

$$\mathrm{E}_0[U(C_0, \tilde{C}_1)] = \frac{C_0^{1-\frac{1}{\phi}}}{1-\frac{1}{\phi}} + \delta \frac{(\mathrm{CE}_0[\tilde{C}_1])^{1-\frac{1}{\phi}}}{1-\frac{1}{\phi}} \qquad (2.17b)$$

で与えられる. これが 2 期間の Epstein=Zin 効用関数であり,(広義の) Kreps=Porteus 効用関数では一般的に与えられていた各効用関数 u_0, u_1, v をべき型効用というように特定した非期待効用関数と位置づけられる. 上式には相対的リスク回避度のパラメターである γ は明示的には現れないが, 確実性等価 $\mathrm{CE}_0[\tilde{C}_1]$ は効用関数 $v(\cdot)$ のもとで計算されるので, γ はこの確実性等価の水準を通して (2.17b) 式に反映されている点に留意したい.

さて, はじめに, (2.17a) 式に含まれるパラメター ϕ が上で説明した異時点間代替弾力性 (EIS), すなわち異なる時点間の消費変動リスクの許容度になっていることを確認しよう.

まず, 将来消費 $\tilde{C}_1$ が確定値 C_1 であると仮定する[24]. このとき, $\mathrm{CE}_0[\tilde{C}_1]$ = $\mathrm{CE}_0[C_1] = C_1$ ゆえ, (2.17b) 式は,

---

22) 以下の説明では, Gollier (2001, pp. 298-299) にある例を修正して利用した.
23) 効用関数は実行可能な消費計画の集合から実数軸上への写像であって, その値は負にもゼロにもなりえるが, 選好順序を定めるのは実数値の大小関係のみであり, その符号は無関係である.
24) EIS という概念は, 消費が確定値の場合にのみ適切に定義 (well-defined) される. したがって, パラメター ϕ が EIS であることを確認するためには, 必然的に, C_1 が確定値であると前提せざるを得ない.

5. Epstein=Zin の効用関数

$$U_0 = U(C_0, C_1) = \frac{C_0^{1-\frac{1}{\phi}}}{1-\frac{1}{\phi}} + \delta \frac{C_1^{1-\frac{1}{\phi}}}{1-\frac{1}{\phi}} \tag{2.18}$$

となる．このケースは，(2.7) 式に示した各期の効用関数がべき型で表わされる期待効用関数における γ を $\frac{1}{\phi}$ と読み替えたものと同一になっている．

べき型の効用関数を用いた2期間にわたる期待効用関数においては，将来消費が確定値の場合には相対的リスク回避度のパラメター γ が，$\gamma = \frac{1}{\phi}$，すなわち，異時点間代替弾力性 EIS の逆数になることはすでに前節の (2.12) 式で確認した．そこで，(2.18) 式が (2.7) 式の読み替えにすぎないことから，同式の $\frac{1}{\phi}$ がべき型効用の EIS の逆数になっていることは自明である．したがってこのケースでは，

$$\frac{1}{\phi} = \frac{1}{\mathrm{EIS}} \Leftrightarrow \mathrm{EIS} = \phi$$

である．

今度は，将来消費が確率変数である場合，$\frac{1}{\phi} = \gamma$ のときには Epstein=Zin 効用の特殊ケースとしてべき型期待効用が導出できることを示そう．そのために，(2.17b) 式の Epstein=Zin 効用において $\frac{1}{\phi} = \gamma$ とおくと，

$$\mathrm{E}_0[U(C_0, \widetilde{C}_1)] = \frac{C_0^{1-\gamma}}{1-\gamma} + \delta \frac{(\mathrm{CE}_0[\widetilde{C}_1])^{1-\gamma}}{1-\gamma}$$

$$= \frac{C_0^{1-\gamma}}{1-\gamma} + \delta \cdot u_1(\mathrm{CE}_0[\widetilde{C}_1]) = \frac{C_0^{1-\gamma}}{1-\gamma} + \delta \cdot u_1(v^{-1}(\mathrm{E}_0[v(\widetilde{C}_1)])) \tag{2.19}$$

となる．最後の式変形は確実性等価の定義による．また，(2.17a) 式の $u_1(x)$ の定義において $x = \widetilde{C}_1$，$\frac{1}{\phi} = \gamma$ とおくと，

$$u_1(\widetilde{C}_1) = \frac{\widetilde{C}_1^{1-\gamma}}{1-\gamma} = v(\widetilde{C}_1)$$

となっているので，$v = u_1$ を (2.19) 式へ代入すると，

$$\mathrm{E}_0[U(C_0, \widetilde{C}_1)] = \frac{C_0^{1-\gamma}}{1-\gamma} + \delta \cdot u_1(u_1^{-1}(\mathrm{E}_0[u_1(\widetilde{C}_1)]))$$

$$= \frac{C_0^{1-\gamma}}{1-\gamma} + \delta \cdot \mathrm{E}_0[u_1(\widetilde{C}_1)]$$

$$= \frac{C_0^{1-\gamma}}{1-\gamma} + \delta \cdot \mathrm{E}_0\left[\frac{\widetilde{C}_1^{1-\gamma}}{1-\gamma}\right]$$

が導出できる.上は (2.6) 式と同式であり,結局,$(\mathrm{EIS})^{-1}=\dfrac{1}{\psi}=\gamma$ の場合の Epstein=Zin 効用は,べき型の期待効用関数に帰着することがわかる.

期待効用関数は正 1 次変換の範囲で一意に与えられる性質があるので,(2.19) 式の各項の分子から 1 を引いても一般性は失われない.そうした上で $\gamma \to 1$ の極限をとると,べき型効用関数の分子,分母ともにゼロになるので,ロピタルの定理を適用できる.分子,分母を γ で微分してから極限をとると,

$$\mathrm{E}_0[U(C_0, \widetilde{C}_1)] = \ln C_0 + \delta \cdot \mathrm{E}_0[\ln \widetilde{C}_1] \tag{2.20}$$

となり,対数型期待効用関数もまた Epstein=Zin 効用の特殊ケースとして導出できる.

5.2 Epstein=Zin 効用:無限期間のケース

前項では,2 期間モデルの枠組みで Epstein=Zin 効用を簡略化して説明した.しかし,本来,彼らの効用関数は将来の無限期間まで先の消費流列に対して定義されている.

現在時点を t として,現在およびその後の消費流列を $\{C_t, \widetilde{C}_{t+1}, \widetilde{C}_{t+2}, \cdots\}$ とし,投資家は無限に生きると仮定する.消費流列も無限に続くと考え,それが現在にもたらしている効用水準を,

$$U_t = \mathrm{E}_t[U(C_t, \widetilde{C}_{t+1}, \widetilde{C}_{t+2}, \cdots)]$$

と表わすことにする.まだ関数 U を特定していないが,U は次期以降の不確実な消費を反映して確率変数になることが予想される.上式では時点 t で利用可能なすべての情報に基づいた条件付き期待値によって現在の効用水準を与えるものとしている.

上式で,効用関数 U は各期の消費について加法的な関数を想定しないので,von Neumann=Morgenstern の期待効用を表現しているわけではなく,

序数的効用関数として定義するものとする．序数的効用関数の特徴として，任意の単調増加変換を施しても，消費計画の選好順序は変わらないという性質がある．

次に，時点 $t+1$ での効用水準を考えると，これは時点 t においては確率変数であるからティルダを付して $\tilde{U}_{t+1}=U(\tilde{C}_{t+1},\tilde{C}_{t+2},\cdots)$ とする．この確率的に定まる効用を1時点前の時点 t における確実性等価として表わしたものを $CE_t[\tilde{U}_{t+1}]$ とおく．$CE_t[\tilde{U}_{t+1}]$ は，時点 t に利用可能な情報を用いて，1期将来の効用水準 $\tilde{U}_{t+1}$（これまでのように消費 $\tilde{C}_{t+1}$ ではなく）を確実性等価に対応させる演算記号である．こうして，将来のすべての期間にわたる不確実な消費がもたらす効用を，時点 t における確実な消費の水準によって表現できると仮定するのである[25]．

さらに，現在時点 t で計算される生涯効用は，2つの変数，すなわち，現在消費とすべての将来消費がもたらす効用の確実性等価とを変数とする何らかの関数 $f(\cdot,\cdot)$ で表現できると考え，$U_t=f(C_t,CE_t[\tilde{U}_{t+1}])$ と与えることにする．関数 f は集計関数（Aggregator Function）とよばれる[26]．

集計関数の不連続性の修正

無限期間バージョンの Epstein=Zin 効用を考えるうえで，集計関数には重要な役割が与えられている．ところが Epstein and Zin（1989, 1991）にはこの関数に関して不明瞭な部分，さらにいえば誤謬と判断せざるを得ない部分が含まれており，後に続く研究者にとって妨げになっていると考えられる．

---

[25] Kreps and Porteus (1978)，および Weil (1990) では，第2変数すなわち次期以降のすべての消費がもたらす効用については確実性等価関数を用いず，次期における効用の期待値を利用している．すなわち，$U_t=W(C_t,E_t[\tilde{U}_{t+1}])$ という集計関数を使っており，Epstein and Zin (1989,1991) とは構造が異なる．しかしながら，ファイナンスの文献ではこれらをひとくくりにして（広義の）Kreps=Porteus 効用関数と総称しているのは前述の通りである．Weil (1990, p. 33) は footnote 9 において，彼が提案した効用関数を単調増加変換すると Epstein (1988) および Epstein and Zin (1989) バージョンの Epstein=Zin 効用が導出できると主張しているが，これらは厳密には一致せず，Epstein=Zin 効用は Weil 効用とは明らかに異なる序数的効用関数である点を明記しておきたい．

[26] 脚注21との関連を明らかにしておくと，集計関数が凸関数の場合には不確実性の早期解消を，凹関数の場合には遅い解消を好み，線形関数の場合には無差別となることが知られている．

そこで,まずこの点を修正しておこう.

Epstein and Zin (1991, p. 266) は,$C_t=c, \mathrm{CE}_t[\tilde{U}_{t+1}]=z$ とおいて,集計関数 f を,

$$f(c,z) = \{(1-\beta)c^\rho+\beta z^\rho\}^{\frac{1}{\rho}} \qquad (0\neq\rho<1) \tag{2.21a}$$

のように特定している[27].この集計関数を,上式中で除外されている $\rho=0$ のケースについて考える場合には,上式の極限をとるのが自然である.すなわち,

$$f(c,z) = \exp\left\{\frac{\ln\{(1-\beta)c^\rho+\beta z^\rho\}}{\rho}\right\} \tag{2.21b}$$

と変形して指数関数の中をみると,

$$\{\cdot\} = \frac{\ln\{(1-\beta)c^\rho+\beta z^\rho\}}{\rho} \to \frac{\ln\{(1-\beta)+\beta\}}{0} = \frac{0}{0} \quad as \quad \rho\to 0$$

と分子,分母がゼロになるので,ロピタルの定理を使うことができる.(2.21b) 式の指数関数の中の分子,分母を ρ で微分して,ρ をゼロへ極限操作すると,

$$\{\cdot\} = \frac{(1-\beta)c^\rho(\ln c)+\beta z^\rho(\ln z)}{(1-\beta)c^\rho+\beta z^\rho} \to (1-\beta)(\ln c)+\beta(\ln z) \; as \; \rho\to 0$$

となる.このとき,集計関数は,

---

[27] Epstein=Zin 効用を含め,再帰的効用関数において,集計関数は,時点 t の現在消費と,時点 $t+1$ 以降の将来消費流列から得られる効用の確実性等価をどのようにして生涯効用に変換するか,その変換のルールを与えるものである.Epstein (1988, p. 181) および Epstein and Zin (1989, p. 946) は,集計関数を $f(c,z)=\{c^\rho+\beta z^\rho\}^{\frac{1}{\rho}}$ ($\rho\neq 0$) と与えており,本文中に (2.21a) 式として示した集計関数とは,若干,関数形が異なっている.内外の Epstein=Zin 効用を用いた実証分析では,集計関数として(私たちの知る限り)例外なく Epstein and Zin (1991) の方を用いており,本書もその慣行にしたがった.
なお,(2.21a) 式中に現れるパラメターの β と ρ は Epstein and Zin (1991) における表記である.序章で断った通り,本書が採用している記法は Campbell and Viceira (2002) のものであり,それと対比して β,ρ,および後出の α を表現するならば,$\beta=\delta$,$\rho=1-(1/\psi)=(1-\gamma)/\theta, \alpha\equiv 1-\gamma$ という対応関係にある.ただし,本書で使用する θ は,後出の (2.36b) 式のように $\theta\equiv(1-\gamma)/\{1-(1/\psi)\}$ である.これらの記号の対応関係は煩雑であるため,章末の APPENDIX CH-2B に表 A2-1 としてまとめて記載した.

5. Epstein=Zin の効用関数

$$f(c,z) = \exp\left\{\frac{\ln((1-\beta)c^\rho+\beta z^\rho)}{\rho}\right\}$$
$$= \exp\{(1-\beta)(\ln c)+\beta(\ln z)\} = c^{1-\beta}z^\beta \quad as \quad \rho \to 0$$

に収束するから，(2.21a) 式，(2.21b) 式の極限として，$\rho=0$ のケースは，

$$f(c,z) = c^{1-\beta}z^\beta \qquad (\rho=0) \tag{2.22}$$

と定めるのが合理的である．

ところが，Epstein and Zin (1991, p.266) は，$\rho=0$ の場合の集計関数を，

$$f(c,z) = (1-\beta)\ln c + \beta \ln z \tag{2.23}$$

と与えており，(2.22) 式とは異なる関数形を記載している[28]．彼らの定義にしたがうならば，効用関数が $\rho=0$ において不連続になり，これは理論的欠陥というべきである．また，仮に (2.23) 式を集計関数として採用すると，後述する通り，Epstein=Zin 効用はその特殊ケースとして対数型期待効用関数を包含しないことになってしまい，重大なデメリットが生じる．敢えて上式のような関数形を与えるメリットは何もないので，(2.23) 式は単純な誤植ではないかと考えられる．すなわち，$\rho=0$ の極限として求めた (2.22) 式の両辺の対数をとると，

$$\ln[f(c,z)] = (1-\beta)\ln c + \beta \ln z \tag{2.24}$$

となるが，上式の右辺は (2.23) 式の右辺に一致する．Epstein and Zin が，$\rho=0$ の場合の集計関数として (2.23) 式を与える際に，左辺に対数記号をつけ忘れたと考えれば，彼らは，本来，(2.24) 式を意図していたのではないかという推測に行き着く．

本書では，(2.23) 式は単純な誤植であるとみなし，以後，$\rho=0$ の集計関数として (2.22) 式を採用する[29]．

---

[28] これに先行する研究である Epstein (1988, p.181) の footnote 2，および，これを発展させた Epstein and Zin (1989, p.946) では，いずれも，$\rho=0$ のケースについては「簡単のため略している (ignored for simplicity)」とだけ述べており，関数形を掲載していない．

集計関数の ρ と確実性等価関数の α によって分類される Epstein=Zin 効用の 4 つの関数形

次に，確実性等価関数について考える．本書では，確実性等価関数を表現するために，Across States に対する選好を表わす効用関数 v としてべき型を想定して，

$$v(x) = \frac{x^{\alpha}-1}{\alpha}, \quad \alpha < 1 \tag{2.25}$$

とする[30]．

上式の効用関数から相対的リスク回避度を計算すると RRA $= -\dfrac{v''(x)}{v'(x)}x$ $= 1-\alpha$ となっているので，この相対的リスク回避度を γ とおけば，$\gamma = 1-\alpha$ の関係がある．(2.25) 式には $\alpha < 1$ の制約がおかれているが，これは γ が正，すなわち効用関数がリスク回避的であるために必要な制約である．Epstein and Zin (1991, p. 266, l. 24-26) では，「α は，α が低下すると（相対的）リスク回避の程度が増加するようなリスク回避のパラメターと解釈してよいかも知れない（α may be interpreted as a (relative) risk aversion parameter

---

[29) 現状では，著者らの知る限り，(2.23) 式を (2.24) 式の誤植と指摘，解釈した研究論文は存在しないようであるが，Skiadas (2009, p. 216) では，$\rho = 0$ の場合の集計関数として，本書の (2.22) 式を掲載しており，詳しい説明はないが，誤植と解釈しているものと推測される．Weil (1990, p. 33) は，その footnote 9 において，Epstein and Zin (1991) の集計関数が連続でないことを指摘しているが，これは (2.23) 式を誤植とは捉えずに批判しているものであろう．また，ファイナンスの中級レベルのテキストでは，Altug and Labadie (2008, p. 223) の (9.59) 式，および，Danthine and Donaldson (2005, p. 89) の (5.11) 式で，$U(C_t, \mathrm{CE}_t) = (1-\delta)\ln C_t + \delta \ln (\mathrm{CE}_t)$ という集計関数を用いているが，これは (2.23) 式に基づいた不連続な関数に他ならず，誤りである．

なお，Danthine and Donaldson (2005, p. 89) は，Epstein=Zin 効用関数を，相対的リスク回避度によって $\gamma \neq 1$ および $\gamma = 1$ の 2 つのケースに分類して記述しているが，集計関数中のパラメター ρ あるいは EIS の値によって明確にケース分けしていないので，(これもまた単なる誤植の可能性があるが) EIS=1，かつ，$\gamma \neq 1$ のケースは抜け落ちている．日本証券アナリスト協会による邦訳 (2006, p. 102) においても，この誤りが修正されないまま訳出されている．

30) Epstein (1988), Epstein and Zin (1989, 1991) は，確実性等価の背後にある効用関数がべき型であることをどこにも記していない．Across Periods に関する効用関数，および Across States に関する効用関数として相対的リスク回避度が異なるべき型効用関数を明示的に導入したのは前述した Selden (1978, p. 1058) の 2 期間モデルが最初である．Epstein と Zin は，Selden (1978) を参照したうえで多期間に一般化しているのであるから，当然，べき型効用関数が認識されていたものと想定される．

with the degree of risk aversion increasing as α falls)」と,一応,触れてはいる.しかし,同論文では (2.25) 式を明示的に示していないうえ,全般的に,論理的に整理されていない曖昧な記述を多く含むこともあって,上の引用文の直截的な解釈から,$(1-\alpha)$ ではなく α が相対的リスク回避度であるとする誤解を当時の研究者の間に生んだ[31].

将来効用の確実性等価は,

$$v(\mathrm{CE}_t[\tilde{U}_{t+1}]) = \mathrm{E}_t[v(\tilde{U}_{t+1})]$$

の解であるから,

$$\frac{(\mathrm{CE}_t[\tilde{U}_{t+1}])^\alpha - 1}{\alpha} = \mathrm{E}_t\left[\frac{\tilde{U}_{t+1}^\alpha - 1}{\alpha}\right] \Leftrightarrow (\mathrm{CE}_t[\tilde{U}_{t+1}])^\alpha = \mathrm{E}_t[\tilde{U}_{t+1}^\alpha]$$
$$\Leftrightarrow \mathrm{CE}_t[\tilde{U}_{t+1}] = (\mathrm{E}_t[\tilde{U}_{t+1}^\alpha])^{\frac{1}{\alpha}} \tag{2.26}$$

を得る.

ここで,$\alpha=0$ のケースについてみておこう.このとき,(2.25) 式の分子・分母はゼロとなるので,ロピタルの定理を適用すると,

$$v(x) = \ln x, \quad \alpha = 0 \tag{2.27}$$

となり,効用関数 $v(\cdot)$ は対数型になる.この効用関数のもとで確実性等価関数を求めると,

$$v(\mathrm{CE}_t[\tilde{U}_{t+1}]) = \mathrm{E}_t[v(\tilde{U}_{t+1})] \Leftrightarrow \ln(\mathrm{CE}_t[\tilde{U}_{t+1}]) = \mathrm{E}_t[\ln \tilde{U}_{t+1}]$$
$$\Leftrightarrow \mathrm{CE}_t[\tilde{U}_{t+1}] = \exp\{\mathrm{E}_t[\ln \tilde{U}_{t+1}]\} \tag{2.28}$$

を得る.

以上の結果をまとめると次の通りである.まず集計関数は,

---

31) わが国で,α を相対的リスク回避度とみなした実証分析としては,たとえば谷川 (1994) をみよ.堀 (1996) は,α (彼の記法では δ) は負値をとりえないとの誤解から,実証結果はリスク回避度に関する符号制約を満たしていないとして,Epstein=Zin 効用の説明力に対して否定的な見解を述べている.同氏の実証結果を慎重に解釈するならば,リスク回避度に関する符号制約は満たされており,この再帰的効用モデルの説明力について肯定的な解釈が可能になる.堀 (1996) の実証分析を再評価した結果を,本章末に APPENDIX CH-2B として示した.

$$f(c,z) = \{(1-\beta)c^\rho + \beta z^\rho\}^{\frac{1}{\rho}} \qquad (0 \neq \rho < 1) \tag{2.29}$$

$$f(c,z) = c^{1-\beta} z^\beta \qquad (\rho = 0) \tag{2.30}$$

で与えられ，また，確実性等価関数は，

$$\mathrm{CE}_t[\tilde{U}_{t+1}] = (\mathrm{E}_t[\tilde{U}_{t+1}^\alpha])^{\frac{1}{\alpha}} \qquad (0 \neq \alpha < 1) \tag{2.31}$$

$$\mathrm{CE}_t[\tilde{U}_{t+1}] = \exp\{\mathrm{E}_t[\ln \tilde{U}_{t+1}]\} \qquad (\alpha = 0) \tag{2.32}$$

である．すなわち，ρ と α の組み合わせによって，無限期間の Epstein=Zin 効用関数には 4 つのケースが存在することになる．上の集計関数において，$c = C_t$，および，$z = \mathrm{CE}_t[\tilde{U}_{t+1}]$ とおき，それら 4 つのケースを記すと以下である．

$\rho < 1$，かつ，$\alpha < 1$ の制約のもとで Epstein=Zin 効用関数は，

(i) $\rho \neq 0, \alpha \neq 0$ の場合

$$U_t = \{(1-\beta)C_t^\rho + \beta(\mathrm{E}_t[\tilde{U}_{t+1}^\alpha])^{\frac{\rho}{\alpha}}\}^{\frac{1}{\rho}} \tag{2.33a}$$

(ii) $\rho \neq 0, \alpha = 0$ の場合

$$U_t = [(1-\beta)C_t^\rho + \beta \cdot \exp\{\rho \mathrm{E}_t[\ln \tilde{U}_{t+1}]\}]^{\frac{1}{\rho}} \tag{2.34a}$$

(iii) $\rho = 0, \alpha \neq 0$ の場合

$$U_t = C_t^{1-\beta}(\mathrm{E}_t[\tilde{U}_{t+1}^\alpha])^{\frac{\beta}{\alpha}} \tag{2.35a}$$

(iv) $\rho = 0, \alpha = 0$ の場合

$$U_t = C_t^{1-\beta} \exp\{\beta \cdot \mathrm{E}_t[\ln \tilde{U}_{t+1}]\} \tag{2.36a}$$

である．

序章であらかじめ断ったように，本書に現れる数式と記号の多くが Campbell and Viceira（2002）の記法にしたがっている．そこで，後の記述と平仄を合わせるため，本書のこれまでの記号を使って上の結果をまとめておく．すなわち，

5. Epstein=Zin の効用関数

$$\beta = \delta, \gamma = 1-\alpha, \rho = 1-(1/\psi) = (1-\gamma)/\theta, \theta = (1-\gamma)/\{1-(1/\psi)\}$$

が Campbell らの採用する記法であり，上を書き改めると次のようになる．

(i) $\psi \neq 1, \gamma \neq 1$ の場合

$$U_t = \{(1-\delta)C_t^{\frac{1-\gamma}{\theta}} + \delta(E_t[\tilde{U}_{t+1}^{1-\gamma}])^{\frac{1-\gamma}{\theta}}\}^{\frac{\theta}{1-\gamma}}$$

$$= \{(1-\delta)C_t^{1-\frac{1}{\psi}} + \delta(E_t[\tilde{U}_{t+1}^{1-\gamma}])^{\frac{1-\frac{1}{\psi}}{1-\gamma}}\}^{\frac{1}{1-(1/\psi)}} \quad (2.33\text{b})$$

(ii) $\psi \neq 1, \gamma = 1$ の場合

$$U_t = \left[(1-\delta)C_t^{1-\frac{1}{\psi}} + \delta \cdot \exp\left\{\left(1-\frac{1}{\psi}\right)E_t[\ln \tilde{U}_{t+1}]\right\}\right]^{\frac{1}{1-(1/\psi)}} \quad (2.34\text{b})$$

(iii) $\psi = 1, \gamma \neq 1$ の場合

$$U_t = C_t^{1-\delta}(E_t[\tilde{U}_{t+1}^{1-\gamma}])^{\frac{\delta}{1-\gamma}} \quad (2.35\text{b})$$

(iv) $\psi = 1, \gamma = 1$ の場合

$$U_t = C_t^{1-\delta}\exp\{\delta \cdot E_t[\ln \tilde{U}_{t+1}]\} \quad (2.36\text{b})$$

ただし，$\theta \equiv \dfrac{1-\gamma}{1-(1/\psi)}, 0 < \delta < 1, \gamma > 0, \psi > 0$

である．この定式化のもとで，γ が相対的リスク回避度であることは，(2.25) 式において，異なる状態間のリスク回避を記述するための効用関数として，RRA=$1-\alpha=\gamma>0$ となる，べき型効用関数 $v(x)$ を用いたことから明らかであろう．

一方，ψ は異時点間代替弾力性 (EIS) である．これを (i) のケース，すなわち，$\psi \neq 1, \gamma \neq 1$ の場合について確かめると，(2.33b) 式より，

$$U_t = \{(1-\delta)C_t^{\frac{1-\gamma}{\theta}} + \delta(E_t[\tilde{U}_{t+1}(\tilde{C}_{t+1}, \tilde{C}_{t+2}, \cdots)^{1-\gamma}])^{\frac{1}{\theta}}\}^{\frac{\theta}{1-\gamma}}$$

であるが，先に触れたように EIS は確実性下でなければ正しく定義できない概念であるため，消費の流列 $\{C_t, C_{t+1}, C_{t+2}, \cdots\}$ はすべて確定値であるとしよう[32]．このとき上式は，

$$U_t = [(1-\delta)C_t^{\frac{1-\gamma}{\theta}} + \delta\{U_{t+1}(C_{t+1}, C_{t+2}, \cdots)^{1-\gamma}\}^{\frac{1}{\theta}}]^{\frac{\theta}{1-\gamma}}$$
$$= \{(1-\delta)C_t^{1-\frac{1}{\phi}} + \delta \cdot U_{t+1}(C_{t+1}, C_{t+2}, \cdots)^{1-\frac{1}{\phi}}\}^{\frac{1}{1-(1/\phi)}} \quad (2.37)$$

となる.ここでは,$\theta \equiv \frac{1-\gamma}{1-(1/\psi)}$ により θ を消去して,$\frac{1-\gamma}{\theta} = 1 - \frac{1}{\psi}$ という表現を用いている.上式をみるとパラメターの γ が消失しているが,これは将来消費が確定値であるため,異なる状態間に対するリスク回避を表わす相対的リスク回避度が意味をもたないためである.

(2.37) 式から,まず,異時点間限界代替率 $\mathrm{MRS}_{C_{t+1}, C_t} = \frac{\partial U_t/\partial C_{t+1}}{\partial U_t/\partial C_t}$ を計算してみよう.分母は容易に,

$$\frac{\partial U_t}{\partial C_t} = \frac{1}{1-\frac{1}{\phi}}\{\cdot\}^{\frac{1}{1-(1/\phi)}-1} \times (1-\delta)\left(1-\frac{1}{\psi}\right)C_t^{-\frac{1}{\phi}}$$

$$= (1-\delta)U_t^{\left(1-\frac{1}{\phi}\right)\left(\frac{1}{1-(1/\phi)}-1\right)}C_t^{-\frac{1}{\phi}} \quad [\because \{\cdot\} = U_t^{1-\frac{1}{\phi}}]$$

$$= (1-\delta)\left(\frac{C_t}{U_t}\right)^{-\frac{1}{\phi}}$$

と求められる.次に,分子を計算すると,

$$\frac{\partial U_t}{\partial C_{t+1}} = \delta\left(\frac{U_{t+1}}{U_t}\right)^{-\frac{1}{\phi}} \frac{\partial U_{t+1}}{\partial C_{t+1}}$$

となり,右辺に翌期の消費の限界効用が現れる.これを計算するには,(2.37) 式の添え字を 1 つすすめて,

$$\frac{\partial U_{t+1}}{\partial C_{t+1}} = \frac{\partial}{\partial C_{t+1}}\{(1-\delta)C_{t+1}^{1-\frac{1}{\phi}} + \delta \cdot U_{t+2}(C_{t+2}, C_{t+3}, \cdots)^{1-\frac{1}{\phi}}\}^{\frac{1}{1-(1/\phi)}}$$

$$= (1-\delta)\left(\frac{C_{t+1}}{U_{t+1}}\right)^{-\frac{1}{\phi}}$$

とすればよい.結局,異時点間限界代替率の分子は,

$$\frac{\partial U_t}{\partial C_{t+1}} = \delta(1-\delta)\left(\frac{C_{t+1}}{U_t}\right)^{-\frac{1}{\phi}}$$

---

32) 本章の脚注 24 および 25 を参照のこと.同様の指摘は,Weil (1990, p. 34) の footnote 11 にもみられる.

となるので,

$$\text{MRS}_{c_{t+1}, c_t} = \frac{\partial U_t/\partial C_{t+1}}{\partial U_t/\partial C_t} = \frac{\delta(1-\delta)\left(\frac{C_{t+1}}{U_t}\right)^{-\frac{1}{\phi}}}{(1-\delta)\left(\frac{C_t}{U_t}\right)^{-\frac{1}{\phi}}} = \delta\left(\frac{C_{t+1}}{C_t}\right)^{-\frac{1}{\phi}} \quad (2.38)$$

を得る.

2期間モデルにおける異時点間代替弾力性 (EIS) はすでに (2.9b) 式で定義したが, ここでは無限期間モデルゆえ, 同式の期間を表わす添え字 $(0, 1)$ を $(t, t+1)$ に換えて,

$$\text{EIS} \equiv -\frac{d\ln(C_{t+1}/C_t)}{d\ln(\text{MRS}_{c_{t+1}, c_t})} \quad (2.39)$$

と定義される. (2.38) 式の対数をとり, 対数消費成長率について表現すると,

$$\ln\left(\frac{C_{t+1}}{C_t}\right) = -\phi\ln(\text{MRS}_{c_{t+1}, c_t}) + \phi\ln\delta$$

ゆえ, (2.39) 式にしたがい, $\ln(\text{MRS}_{c_{t+1}, c_t})$ で微分して (-1) 倍すると,

$$\text{EIS} = -(-\phi) = \phi$$

となり, Epstein=Zin 効用のパラメター ϕ が無限期間モデルにおいても異時点間代替弾力性 (EIS) であることが確認できる.

以上のように, 無限期間における Epstein=Zin の効用関数を4つのバージョンに分ける2つのパラメター γ と ϕ は, それぞれが相対的リスク回避度と異時点間代替弾力性になっている.

Epstein=Zin 効用に関し, Campbell and Viceira (2002) を含めて, これを使用した既存・既公表のほとんどの理論および実証の文献は, ケース (i) の $\phi \neq 1$ かつ $\gamma \neq 1$ の場合だけを取り上げている. 私たちの知る限り, 4つのケースを明示的に示したのは本書が初めてである. とくに $\phi = 1$ のケースについては, 本書は「Epstein and Zin (1991) 自身が, おそらく誤植によって, 極限とは異なる集計関数を与えていると考えられる」として, (2.22) 式をこれ以降の分析においても使用する. この点, 読者諸賢のご批判を待つところ大

である[33].

Epstein=Zin 効用はべき型と対数型を包含する

最後に，誤植を修正したバージョンの無限期間 Epstein=Zin 効用が，その特殊ケースとして，べき型および対数型期待効用関数を含んでいることを明らかにしよう．まず，上記，ケース (i) の $\psi \neq 1$ かつ $\gamma \neq 1$ のケースにおいて，$\psi = \frac{1}{\gamma}$ が成り立つ場合を考える．$\psi = \frac{1}{\gamma}$ とおくと，$\frac{1-\gamma}{\theta} = 1 - \frac{1}{\psi} = 1 - \gamma$，$\frac{1}{\theta} = \frac{1-(1/\psi)}{1-\gamma} = 1$ ゆえ，(2.33b) 式は，

$$U_t = \{(1-\delta)C_t^{\frac{1-\gamma}{\theta}} + \delta(\mathrm{E}_t[\widetilde{U}_{t+1}^{1-\gamma}])^{\frac{1}{\theta}}\}^{\frac{\theta}{1-\gamma}} = \{(1-\delta)C_t^{1-\gamma} + \delta \cdot \mathrm{E}_t[\widetilde{U}_{t+1}^{1-\gamma}]\}^{\frac{1}{1-\gamma}}$$

となる．上式の最右辺には $\widetilde{U}_{t+1}^{1-\gamma}$ があらわれるが，時点を 1 期間すすめて計算すると，

$$\widetilde{U}_{t+1}^{1-\gamma} = (1-\delta)\widetilde{C}_{t+1}^{1-\gamma} + \delta \cdot \mathrm{E}_{t+1}[\widetilde{U}_{t+2}^{1-\gamma}]$$

となるので，これを代入して，

$$\begin{aligned}U_t &= \{(1-\delta)C_t^{1-\gamma} + \delta \cdot \mathrm{E}_t[(1-\delta)\widetilde{C}_{t+1}^{1-\gamma} + \delta \cdot \mathrm{E}_{t+1}[\widetilde{U}_{t+2}^{1-\gamma}]]\}^{\frac{1}{1-\gamma}} \\ &= \{(1-\delta)C_t^{1-\gamma} + \delta(1-\delta) \cdot \mathrm{E}_t[\widetilde{C}_{t+1}^{1-\gamma}] + \delta^2 \cdot \mathrm{E}_t[\mathrm{E}_{t+1}[\widetilde{U}_{t+2}^{1-\gamma}]]\}^{\frac{1}{1-\gamma}} \\ &= \{(1-\delta)C_t^{1-\gamma} + \delta(1-\delta) \cdot \mathrm{E}_t[\widetilde{C}_{t+1}^{1-\gamma}] + \delta^2 \cdot \mathrm{E}_t[\widetilde{U}_{t+2}^{1-\gamma}]\}^{\frac{1}{1-\gamma}}\end{aligned}$$

となる．最後の式変形には期待値の繰り返し公式（塔状性）を使っている．同様にして，

$$\widetilde{U}_{t+2}^{1-\gamma} = (1-\delta)\widetilde{C}_{t+2}^{1-\gamma} + \delta \cdot \mathrm{E}_{t+2}[\widetilde{U}_{t+3}^{1-\gamma}]$$

を上式へ代入すると，

$$U_t = \{(1-\delta)C_t^{1-\gamma} + \delta(1-\delta)\mathrm{E}_t[\widetilde{C}_{t+1}^{1-\gamma}]$$

---

33) Munk (2013, p.188) では，Epstein=Zin 効用関数の連続時間上の極限である確率微分効用 (Stochastic Differential Utility) について，やはり 4 つのケースを分類している．同書の footnote 5 においても述べられているが，極限操作による確率微分効用への収束は自明ではなく，当然ではあるが，本書が扱う Epstein=Zin 効用とは全く異なる関数形が示されている．

$$+\delta^2\cdot \mathrm{E}_t[(1-\delta)\widetilde{C}_{t+2}^{1-\gamma}+\delta\cdot \mathrm{E}_{t+2}[\widetilde{U}_{t+3}^{1-\gamma}]]\}^{\frac{1}{1-\gamma}}$$
$$=\{(1-\delta)C_t^{1-\gamma}+\delta(1-\delta)\mathrm{E}_t[\widetilde{C}_{t+1}^{1-\gamma}]+\delta^2(1-\delta)\mathrm{E}_t[\widetilde{C}_{t+2}^{1-\gamma}]+\delta^3\cdot \mathrm{E}_t[\widetilde{U}_{t+3}^{1-\gamma}]\}^{\frac{1}{1-\gamma}}$$
$$=\{(1-\delta)\mathrm{E}_t[C_t^{1-\gamma}+\delta\widetilde{C}_{t+1}^{1-\gamma}+\delta^2\widetilde{C}_{t+2}^{1-\gamma}+\delta^3\widetilde{C}_{t+3}^{1-\gamma}+\cdots]\}^{\frac{1}{1-\gamma}}$$
$$=\left\{(1-\delta)\mathrm{E}_t\left[\sum_{j=0}^{\infty}\delta^j C_{t+j}^{1-\gamma}\right]\right\}^{\frac{1}{1-\gamma}} \tag{2.40}$$

を得る.

Epstein=Zin 効用は序数的効用として定義されるので，一般性を失うことなく任意の単調増加変換が可能である[34]．そこで，新たな効用関数 $\widehat{U}_t$ を，

$$\widehat{U}_t = \frac{1}{(1-\delta)(1-\gamma)} U_t^{1-\gamma}$$

と定めてみよう．δ は主観的割引因子ゆえ $1-\delta>0$ とすると，$\partial \widehat{U}_t/\partial U_t>0$ であること（単調増加変換になっていること）が確認できる．したがって，

$$\widehat{U}_t = \mathrm{E}_t\left[\sum_{j=0}^{\infty}\delta^j \frac{C_{t+j}^{1-\gamma}}{1-\gamma}\right] \tag{2.41}$$

を Epstein=Zin 効用の特殊ケースとして導出できるが，これは時間加法性を仮定した無限期間にわたるべき型期待効用関数になっている．$\psi=\frac{1}{\gamma}$ のとき，Epstein=Zin 効用はべき型の期待効用関数に帰着するということである.

次に，上式で $\gamma\to 1$ の極限をとれば，Epstein=Zin 効用のさらなる特殊ケースとして対数型期待効用が容易に導出できるが，ここでは敢えて，ケース (iv) の $\psi=1, \gamma=1$ の場合の Epstein=Zin 効用に戻って，対数型期待効用関数を導出してみよう．(2.36b) 式を再掲すると，

$$U_t = C_t^{1-\delta}\exp\{\delta\cdot \mathrm{E}_t[\ln \widetilde{U}_{t+1}]\} \qquad (\psi=1, \gamma=1) \qquad [(2.36\mathrm{b})]$$

である．ここで，右辺期待値記号の中の $\widetilde{U}_{t+1}$ に注目し，上式の時点を1つすすめて書き下すと，

$$\widetilde{U}_{t+1} = \widetilde{C}_{t+1}^{1-\delta}\exp\{\delta\cdot \mathrm{E}_{t+1}[\ln \widetilde{U}_{t+2}]\}$$

---

[34] Epstein=Zin 効用がもつ序数的性質ゆえに，任意の単調増加変換を施した効用関数を用いて効用最大化問題を解いた解と，もとの Epstein=Zin 効用による効用最大化問題の解は一致する．再帰的効用の序数的性質については，Selden (1979) を参照のこと.

である．これを (2.36b) 式に代入して期待値の繰返し公式を適用すれば，

$$U_t = C_t^{1-\delta} \exp\{\delta \cdot E_t[(1-\delta)\ln \tilde{C}_{t+1} + \delta \cdot E_{t+1}[\ln \tilde{U}_{t+2}]]\}$$
$$= C_t^{1-\delta} \exp\{\delta(1-\delta)E_t[\ln \tilde{C}_{t+1}] + \delta^2 E_t[\ln \tilde{U}_{t+2}]\}$$

となる．さらに，

$$\tilde{U}_{t+2} = \tilde{C}_{t+2}^{1-\delta} \exp\{\delta \cdot E_{t+2}[\ln \tilde{U}_{t+3}]\}$$

を代入して計算をすすめると，

$$U_t = C_t^{1-\delta} \times \exp\{\delta(1-\delta)E_t[\ln \tilde{C}_{t+1}] + \delta^2 \cdot E_t[(1-\delta)\ln \tilde{C}_{t+2}$$
$$+ \delta \cdot E_{t+2}[\ln \tilde{U}_{t+3}]]\}$$
$$= \exp\{(1-\delta)\ln C_t\}$$
$$\times \exp\{\delta(1-\delta)E_t[\ln \tilde{C}_{t+1}] + \delta^2(1-\delta)E_t[\ln \tilde{C}_{t+2}] + \delta^3 \cdot E_t[\ln \tilde{U}_{t+3}]\}$$
$$= \exp\{(1-\delta)(\ln C_t + \delta \cdot E_t[\ln \tilde{C}_{t+1}] + \delta^2 \cdot E_t[\ln \tilde{C}_{t+2}]) + \cdots\}$$
$$= \exp\left\{(1-\delta)E_t\left[\sum_{j=0}^{\infty}\delta^j \ln \tilde{C}_{t+j}\right]\right\} \tag{2.42}$$

が導出できる．これを次のように単調増加変換すると，

$$\hat{U}_t = \frac{1}{(1-\delta)}\ln U_t$$
$$= E_t\left[\sum_{j=0}^{\infty}\delta^j \ln \tilde{C}_{t+j}\right] \tag{2.43}$$

となり，$\psi=1, \gamma=1$ のとき，Epstein=Zin 効用は確かに対数型の期待効用関数に帰着するとわかる．

不連続な集計関数の定義にしたがうと対数型効用が包含されない

ここで念のため，Epstein and Zin (1991) の誤植であると本書がみなしている不連続な集計関数 (2.23) 式を用いた場合，ケース (iv) の効用関数は対数型期待効用関数とはならない点を確かめておこう．(2.23) 式を Cambell and Viceira の記号を使って表わすと，$\psi=1$ のとき（$\Leftrightarrow \rho=0$ のとき）の集計関数は，(2.23) 式の β を δ に換えて，

5. Epstein=Zin の効用関数

$$U_t = f(c,z) = (1-\delta)\ln c + \delta \ln z \quad [(2.23)]$$

である。$c=C_t$ および $\gamma=1$ のときの確実性等価，$z=\mathrm{CE}_t[\tilde{U}_{t+1}] = \exp\{\mathrm{E}_t[\ln \tilde{U}_{t+1}]\}$ を上式に代入すると，

$$U_t = (1-\delta)\ln C_t + \delta \cdot \mathrm{E}_t[\ln \tilde{U}_{t+1}] \tag{2.44}$$

となり，これが (2.23) 式に基づく $\gamma=1/\psi=1$ の場合の Epstein=Zin 効用ということになる。$t+1$ 期の効用は上式の時点を1つ進めて，

$$\tilde{U}_{t+1} = (1-\delta)\ln \tilde{C}_{t+1} + \delta \cdot \mathrm{E}_{t+1}[\ln \tilde{U}_{t+2}]$$

であるから，これを (2.44) 式へ代入すると，

$$U_t = (1-\delta)\ln C_t + \delta \cdot \mathrm{E}_t[\ln\{(1-\delta)\ln \tilde{C}_{t+1} + \delta \cdot \mathrm{E}_{t+1}[\ln \tilde{U}_{t+2}]\}]$$

となる。上式の期待値部分をみると，対数関数の中にさらに対数関数が現れている。対数関数 $\ln \tilde{U}_{t+2}$ の中には $t+2$ 期の消費 $\tilde{C}_{t+2}$ に関する効用と，$t+3$ 期の将来効用 $\tilde{U}_{t+3}$ が含まれているはずであるが，対数関数の非線形性によってこれらを分離して表現することはできない。すなわち，これまでの手順と同様にして，$\tilde{U}_{t+2}$ をさらに $t+2$ 期の消費に関する効用部分と $t+3$ 期の将来効用の非線形関数（対数関数）で表現するならば，対数関数の中の対数関数の中にさらに3個目の対数関数が現れることになり，生涯効用を各期の消費がもたらす効用の線形結合として表現できないことは明白であろう。したがって，(2.23) 式を集計関数として採用した場合には，Epstein=Zin 効用は対数型期待効用を特殊ケースとして含まないことがわかる。

Epstein=Zin 効用に関するまとめ

以上を踏まえて，図2-4をみてみよう。この図は，Epstein=Zin 効用に関する検討結果を，横軸に相対的リスク回避度 γ を，縦軸に異時点間代替弾力性 ψ をとって図示したものである。この図の横軸は異なる状態間（Across States）のリスク回避度に，縦軸は異時点間（Across Periods）のリスク許容度に対応している。Epstein=Zin 効用関数では，この平面の全ての領域が

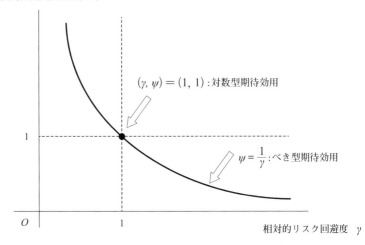

図 2-4 Epstein=Zin 効用関数と期待効用関数

出所：Campbell and Viceira (2002), p.44, Fig 2.1 を修正して示した.

(無限期間のケースにおいても) 選択可能であり，2 つのリスク概念は完全に分離して扱うことができる[35]．

期待効用関数が Epstein=Zin 効用の特殊ケースと位置づけられる点は上で確認した通りである．図 2-4 に描いてある曲線は $\psi=1/\gamma$ という制約をかけた場合，すなわち，効用関数が（期待効用関数の範疇に含まれる）べき型効用関数である場合の軌跡である．この関数において，さらに，$\gamma=1$ と制約した場合が対数型効用関数であり，図中の●印で示した点がそれを表わしている．

本節の分析結果をまとめると，(2.33b) 式から (2.36b) 式として示した

---

[35] 図 2-4 の原型を掲載した Campbell and Viceira (2002, p.44) には，Epstein=Zin 効用として，本章の (i) のケースである $\psi=1$ かつ $\gamma\neq1$ の場合のみが明示的に記載されている．本章の (ii)，(iii)，(iv) のケースについて，効用関数がどのような関数形をもつかについての記述がないにもかかわらず，$\psi=1/\gamma$ の場合にはべき型期待効用，$\gamma=1/\psi=1$ の場合には対数型期待効用になるような図を掲げている．このことから，明記されてはいないものの，彼らもまた私たちと同様に Epstein and Zin (1991) の集計関数を誤植と捉えていることが窺い知れる．

Epstein=Zin の効用関数は，非期待効用関数としての再帰的効用関数である．これら4本の式のうち，$\gamma \neq 1$ の場合には現在の効用水準 U_t を与える右辺の中に $E_t[\tilde{U}_{t+1}^{1-\gamma}]$ が含まれる．一方，$\gamma=1$ の場合には $E_t[\ln \tilde{U}_{t+1}]$ が含まれる．これは，現在の効用水準 U_t が将来の効用 $\tilde{U}_{t+1}$ から再帰的（Recursive）に定義されるということであり，Epstein=Zin 効用関数が再帰的効用関数とよばれる所以である．

γ は異なる状態間の消費変動に対する選好を表現する相対的リスク回避度を，また ψ は異なる時点間（ライフステージ間）の消費変動に対する許容度を表わすパラメターであって，$\psi=$ EIS（異時点間代替弾力性）となることを確認した．また，$\psi=\dfrac{1}{\gamma}$ のときには Epstein=Zin 効用関数はべき型期待効用に，さらに $\gamma=\dfrac{1}{\psi}=1$ とすれば対数型期待効用に帰着することをみた．したがって Epstein=Zin 効用関数は，本書におけるように修正した集計関数のもとでは，べき型および対数型の期待効用関数を特殊ケースとして包含するといえる．

6. 投資機会集合の変容

次に，多期間投資で考慮すべき第2の問題点である投資機会集合の変化についてどのような対応をとるか，基本的な考え方を述べる．投資機会集合の変容とは，極端にいえば，無リスク資産を含め，すべての金融資産収益の同時確率分布が変化することである．前述の通り本書では，これが主に，(a) 無リスク利子率の期間ごとの変化，(b) リスク・プレミアムの変化，および，それによって，(c) リスク資産の価格（株価）が長期的に平均回帰性（あるいは平均乖離性）をもつこと，さらに，(d) インフレの進行にともない投資収益が名目価値で契約されている金融商品の実質収益が変化することに起因すると考える．

そのうち，まず，(a) 無リスク利子率の期間ごとの変化を多期間モデルではどのように扱うのか，また，それが投資家のポートフォリオにどう影響するのかをみていこう．

6.1 無リスク利子率の期間ごとの変化をどう扱うか

1 期間モデルにおいて,無リスク資産は「期初において期末の収益が確定している資産」と定義されることが多い.これを,多期間モデルを念頭においてもう少し正確に表現すれば,「1 期間における無リスク資産とは,ある期の期初に立ったとき,次期の期初における収益がそのときに実現しうるすべての世の中の状態において同一であるような資産」と定義される.ある期の期末とその次の期の期初が同一の時刻であるため,1 期間モデルでは前者の定義に従っても混乱は生じない.しかし,多期間モデルにおいては後者のように定義したほうが明確である.

現在時点,すなわち前出の図 2-2 の第 0 期に立って考えてみる.そのときの無リスク資産とは,時点 1 においてどのような世の中の状態が実現しても同一の収益をもたらす資産であり,時点 1 すなわち第 1 期の期初に実現する収益が,時点 0 すなわち第 0 期の期初において定数として確定しているような資産である.

仮に,第 1 期の期初 (時点 1) において景気のよい世の中の状態 (図 2-2 で最も大きい楕円内にある状態 $(1,1)$) が実現したとしよう.無リスク資産の価格は,時点 0 において既知だった (第 0 期の) 無リスク利子率を乗じた価格まで上昇する.ここで,第 1 期期初に状態 1 が実現したことにともない,新たに時点 1 から時点 2 までの (第 1 期の) 無リスク利子率が定まる.無リスク資産なので,次期の第 2 期期初 (時点 2) にどのような世の中の状態が実現しようとも同一の収益をもたらすことが第 1 期期初 (時点 1) において確定している.

確かに,第 1 期の無リスク利子率は確定値ではあるものの,それは (時点 0 から時点 1 までの) 第 0 期の無リスク利子率に比べて高いかも知れない.逆に,もし,時点 1 において景気の悪い状態 (同じく図中の状態 $(1,3)$) が実現した場合には,時点 1 で確定する第 1 期の無リスク利子率は第 0 期の無リスク利子率に比べて低いかも知れない.

このように無リスク資産の収益率は任意の期間の期初においては確定値と

して与えられるものの，収益率はその1期間においてのみ確定しているのであって，多期間においては，無リスク利子率は各期の期初にどのような世の中の状態が実現したかに応じ，また，歴史の展開とともに変動すると考える．現実を観察しても，短期国債利回りは頻繁に変化している．この無リスク利子率の異時点間の変化が，多期間モデルによる投資決定問題に小さからぬ影響を及ぼす．

ここで，本章4節でEISに関連して述べたポイントを繰り返せば，仮に，考えうる将来（現在とは別のライフステージ）において無リスク利子率が大きく上昇すると想定するならば，それはグロス表示の無リスク利子率の現水準比1%の上昇について消費成長率をψ%だけ上昇させることが最適であることを意味する．これは，すなわち，EISが大きい投資家にとって現在の消費を減らしてより大きな投資ポジションをとるべきであるという示唆となる．しかもそれは，その投資家固有の効用関数の形と2種類のリスクに対する態度に依存しつつも，相対的リスク回避度が極端に大きくない限りは「投資対象としては株式（相対的に有利なリスク資産）により大きなウェイトをおくべきである」というメッセージになる．このように，無リスク利子率の変化と投資比率決定とは密接に関係している．この関係について，具体的には後章で扱う．

6.2 リスク資産の投資収益率の平均回帰性をどう扱うか

次に，多期間投資で考慮すべき問題点のうち，(c) リスク資産の投資収益率の平均回帰性についてみる[36]．現在，投資実務で最も広く利用されている

---

[36] 実証的にみて，株式投資収益率の平均回帰が顕著となるのは，Fama and French (1988)，および，Poterba and Summers (1988) が米国市場で観測したように，投資ホライズンが複数年にわたる株式ポートフォリオ運用においてである．DeBondt and Thaler (1985) は，過去5年間に低収益率であった銘柄（Long-term Losers）は，同じく高収益率であった銘柄（Long-term Winners）との相対でみて，以後3年間では明確に高い収益率をあげることを確認し，これを長期リバーサル（すなわち，長期でみた株式投資収益率の平均回帰）とよんで投資実践への応用を推奨している．ところが，Jegadeesh and Titman (1993) は，投資ホライズンが6か月から18か月程度の中期投資では，株式投資収益率は正の系列相関（中期モメンタム，平均乖離性）をもつとしている．

投資モデルは，平均・分散アプローチに基づく1期間モデル，あるいは同一の投資機会集合のもとで，同じ1期間モデルが繰り返される特殊な多期間モデルであると推測される．その利用においては，ほとんどの場合，株式投資収益率を i.i.d. 正規の性質を満たす確率変数として扱い，それらの標本平均によってリターンを，標本分散あるいは標本標準偏差によってリスクを推定・表現し，また把握しているだろう．投資収益率を i.i.d. として扱うことは，投資収益率の実現値がどのような値をとろうとも，真の期待値と分散は不変であり，永遠に変わらないと仮定することでもある．では，多期間モデルの場合には株式投資収益率はどのような性質をもつとみるべきだろうか．多期間のうち，最も単純な2期間についてみよう．

いま，投資家は時点0にいるとする．この時点からはじまる第0期におけるリスク資産（株式）運用の成果は，次期第1期の期初に明らかになる．この時点1に値が確定する単利ネット表示の株式ポートフォリオの投資収益率を $\tilde{R}_{p,1}$，時点2（第2期の期初）に実現する1期間株式ポートフォリオの投資収益率を $\tilde{R}_{p,2}$ とするならば，それぞれが将来どのような値をとるかは，時点0ではわからない．

時点1になると第1期期初に実現した状態が明らかになり，その状態に応じて，確率変数 $\tilde{R}_{p,1}$ は特定の実数 $R_{p,1}$ として実現する．もし，第0期の期末（時点1）に株式投資収益率の実現値 $R_{p,1}$ が非常に小さい値（あるいは大きい値）となったとき，同一のポートフォリオの第1期の期末（時点2）における1期間投資収益率 $\tilde{R}_{p,2}$ が大きい値（あるいは小さい値）をとる傾向が存在するならば，長期・多期間の投資ホライズンにおいては，投資収益率の分散は

また，投資ホライズンが半年未満の短期投資では自己相関の有無や方向について複数の異なる実証結果が報告されており，コンセンサスは存在しない．このように，平均回帰性の有無は投資ホライズンの長さに強く依存すると考えられるが，その一方で，Poterba and Summers (1988, Table 4) は，96か月程度の長期であっても国によっては平均乖離の起きる場合があることを報告しており，観測する時期と市場によって平均回帰性や乖離性の現れ方は異なると考えるべきであろう．さらにまた，長期投資における平均回帰は株式のみではなく，REIT（不動産投資信託）など他のリスク資産についても観測される．第6章では，株式投資収益率の平均回帰性を利用して正のジェンセンのアルファを獲得する株式ポートフォリオを構築・実証した結果と，日本市場における平均回帰性についての実証結果とを合わせて示す．

コラム3　平均回帰と平均乖離

1期間モデルでは，時点0と時点1の間で投資収益率がひとつ定まるので，そこで平均回帰を定義することはできない．平均回帰が定義できるのは2期間以上の多期間モデルであり，そこでは，株価の平均回帰を，連続する2つの期間の株式投資収益率が負の共分散をもつことと定義することができる．この定義は，Fama and French（1988）の「平均回帰」の実証においてなされたものであり，彼らは投資期間がT年間の株式投資収益率の実現値を，それからT年間過去に遡って計測した投資収益率に回帰して，平均回帰の有無を論じている．

これに対して本書では，株式投資収益率の多期間の平均回帰（Mean Reversion）を，「多期間において現実に観察される投資収益率の分散（あるいは標準偏差）が，各期の投資収益率にi.i.d.を想定した場合に予測される投資収益率の分散（あるいは標準偏差）よりも小さくなること」と定義する．Poterba and Summers（1988）は，平均回帰性の定義を明確には与えていないが，彼らの分散比検定による実証分析はこの考え方に依拠している．2期間の場合，この定義を満たすような平均回帰性が存在するときには投資収益率は負の共分散をもつため，これはFama and French（1988）の「平均回帰」の定義を包含する．

実際，Jagadeesh and Titman（1993）は，6か月から18か月程度の期間の投資においては，株式投資収益率に正の自己相関（モメンタム）が存在することを報告しているが，投資ホライズンが複数年を超えると逆に負の自己相関が観測され，平均回帰性が顕著になるとしている．仮に，ある期間について負の自己相関が観測されても，それを含む観測期間全体について平均回帰性が存在するとはいえないということである．

これに対して，多期間において，各期の投資収益率にi.i.d.を想定した場合に予測される多期間投資収益率の分散（あるいは標準偏差）よりも，現実の多期間投資収益率の分散（あるいは標準偏差）が大きくなることを平均乖離性（Mean Averting）という．平均乖離性は，たとえば，各期のリスク資産収益率が正の自己相関をもつときに生じる現象である．

i.i.d. の場合に比べて小さくなる．すなわち，株式投資収益率は平均回帰する．このようなとき，第 0 期の期初（時点 0）における共分散 $\mathrm{Cov}_0[\widetilde{R}_{p,1}, \widetilde{R}_{p,2}]$ は i.i.d. 正規の場合に比べて小さくなる．

平均回帰や平均乖離的傾向が存在するときを含め，投資収益率の確率過程に自己相関がある場合には，ある期の株式投資収益率の実現値が観測されたとき，次期の投資収益率の条件付き期待値は，その実現値に依存して変化する．したがって，自己相関がある場合には，各期の投資収益率の実現値の情報を使って予測した投資収益率の次期の期待値は，当然，自己相関がゼロであると誤った仮定をして求めた投資収益率の期待値とは異なってくる．自己相関の情報を利用すれば，i.i.d. を想定した場合に比べてこの期待値をより正確に推定できるので，予測可能性は高まることになる．

これに対して，投資収益率が i.i.d. の場合には自己相関はゼロであり，次期の投資収益率の期待値は今期の実現値には依存せず，また，投資収益率の分散は時間に比例して増大する．このように，平均回帰性が存在しない場合であっても，「$\sqrt{T}$ ルール」により，投資ホライズンの長期化にともなって 1 期間当たりの標準偏差は分散の増加ほどには増加しない．そのため，株式投資収益率が i.i.d. であっても，長期間保有することによってリスクが減少するという誤解が蔓延しており，これを時間分散の誤謬（Fallacy of Time Diversification）とよぶ[37]．計算上，1 期間当たりで求める標準偏差は確かに減少するが，長期投資の計画期間終了時における運用成果の確率分布の標準偏差は $\sqrt{T}$ 倍に拡大しており，投資収益率が i.i.d. 正規の場合に長期投資によって実質的な投資リスクが減少するということは決してない．

べき型，および対数型効用をもつ投資家は，CRRA 型効用ゆえ，投資ホライズンの長短にかかわらず，いずれも同一のポートフォリオを継続して保有するはずである．ところが，投資収益率が平均回帰性（あるいは平均乖離性）をもつ場合には，べき型と対数型で投資行動は異なってくる．後述するように，対数型効用をもつ投資家は，長期投資とはいえ，1 期間先のみを見据えた投資行動を反復する性質があるため，2 期間以上の投資ホライズンのとき平

---

[37] 時間分散の誤謬については Kritzman and Rich（1998）があり，明快にこれを断罪している．

均回帰性（あるいは平均乖離性）が存在することをたとえ知ったとしても，その情報は投資行動には全く反映されず，毎期，同一のポートフォリオを継続する．

それに対して，べき型効用の投資家は，やはり後述するように，投資機会集合の変動に対して遠い将来までを視野に入れて期待効用の最大化を図る性質がある．したがって，計画期間終了時の運用成果の確率分布の標準偏差が，平均回帰性（あるいは平均乖離性）の存在により i.i.d. の場合に比べて減少（あるいは増加）することを知れば，そのべき型効用投資家は自らのリスク回避度に応じてリスク資産への投資比率を変化させるのが合理的である．

平均回帰性が存在するもとでは，相対的リスク回避度が $\gamma=1$ の対数型効用を間に挟んで，γ が 1 よりも大きいべき型投資家は，投資ホライズンが長期化するほどリスク資産への投資比率を増加させ，また，γ が 1 よりも小さいべき型投資家は反対にリスク資産への投資比率を減じることになる．他方，平均乖離性を知ったべき型投資家は，$\gamma>1$ の場合には投資ホライズンが長期化するほどリスク資産比率を減少させ，$\gamma<1$ の場合には，リスク資産比率を増加させる．

米国市場で観測された平均回帰性と株式投資リスクの低減

多期間におけるリスク資産投資収益率の平均回帰性がどの程度であるかを米国市場の実証例によってみておくことにしよう．

Siegel（2007）には，1802 年から 2006 年までの 200 年以上にわたる米国の証券データを使った分析結果がコンパクトな形で掲載されている．そのうち，3 種類の証券の投資成果を比較した図（p. 25, Figure 2-1）を図 2-5a として引用した．この図には，保有期間別に投資収益率の最大値と最小値を計算した結果が示してある．

保有期間が 1 年の場合には，株式投資の投資収益率（年率％，1 年複利表示）の最大値は 66.6％，最小値は -38.6％ であって，同期間において，長期国債（同，35.1％，-21.9％）や短期国債（同，23.7％，-15.6％）と比べて，株式投資のリスクははるかに大きかったことが確認できる．これらの国債はどちらも名目債であり，償還後には同種債券にロールオーバー運用すると仮

利回り(年率%，1年複利表示)

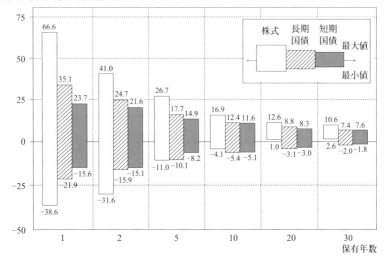

図2-5a 保有期間別年利回り（最大値と最小値）：1802〜2006年（米国市場）

出所：Siegel (2007), p.25 Figure 2-1 を修正して引用．国債はロールオーバー運用を想定している．

定して，推定している．保有期間を5年，10年と長期化するにつれて，年率表示の株式投資収益率の最小値は改善し（大きくなり），保有期間を20年以上とした場合には，株式が負の収益率を実現したことは一度もない．

一方，投資収益率の最大値をみると，どの保有年数においても株式が大きく，株式，長期国債，短期国債の順位は（30年保有を唯一の例外として）変わることがない．最大値と最小値の差（棒グラフの縦の長さ）は，投資ホライズンの拡大とともに確実に縮まっており，3つの資産すべてについて1年当たりの標準偏差が劇的に減少していることが推察できる[38]．

次に，上図と同じ形式で日米の株式を対置した図2-5bをみよう．ただし，使用した株価指数データの観測期間は，日本（TOPIX）が1960〜2018年の

---

[38] 第4章に図4-2として引用したSiegel (2007)のFigure2-3は$\sqrt{T}$ルールに基づいて計算した標準偏差と実際の計測値とが視覚的に比較できるように工夫されており，平均回帰の程度をより印象的に把握することができる．同図では，保有期間が5年を超えると$\sqrt{T}$ルールを上回る標準偏差リスクの減少が認められ，保有年数の増加が，i.i.d. を想定した場合と比べて，より大幅な投資リスク減少をもたらすと報告されている．

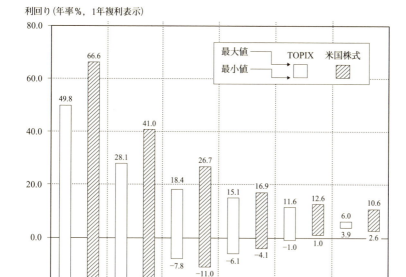

図 2-5b 保有期間別利回り（最大値と最小値）：日本株と米国株

出所：TOPIX 水準のデータ（1960 年 1 月～2018 年 1 月）は東証，米国の株式（1802～2006 年）は表の体裁とともに Siegel（2007），p.25 Figure 2-1 より引用．

約 58 年間，米国は Siegel（2007）による 205 年間という違いがある．

　保有年数を最長 30 年として，日本と米国の株式保有について作図すると，両者には同じ傾向のあることがわかる．すなわち，1 年間の運用で最大どれほどのプラスになるかを 1 か月ずつずらしながら計測すると（図中の最大値），日本株は 49.8％，米国株は 66.6％ だった．一方，どれほどのマイナスになるか（最小値）では，日本 −42.0％，米国 −38.6％ だった．ここで，保有

年数を 2 年，5 年，10 年，20 年，30 年と延長していくと，最大値は次第に小さく，最小値は大きくなって，延長年数とともに両者の差は縮小する．日本市場において，1960 年 1 月以降のどの月末スタートであれ，TOPIX を 30 年間保有した場合には，米国株がそうであるように，負の投資収益（損失）が発生することはなかった．

株式投資収益率のリスクの大きさに図 2-5b のような保有年数に応じた変化をもたらす 1 つの要因として平均回帰性があると考えられる．Siegel (2007) の実証結果は，長期の投資ホライズンにおいて i.i.d. という性質は成立せず，米国の株式投資収益率には平均回帰性が存在し，したがって，株価には予測可能性が生じることを示唆している[39]．株式投資収益率の平均回帰性については第 4 章で長期投資における株式へのヘッジ需要という観点から再び扱う．

6.3　本章の要約

多期間モデルで新たに考慮すべき第 1 の問題として，2 種類のリスクへの対処がある．それらは，異なる状態間の消費変動リスク，および，異なる時点間の消費変動リスク，である．投資家は基本的に異なるこれら 2 つのタイプのリスクをいずれも回避しようとするが，標準的な期待効用理論で利用される効用関数は，これらのリスクを分離して表現することができない．この問題を克服するために，Kreps=Porteus 型の再帰的効用関数として，とくに操作性に富む Epstein=Zin の効用関数が導入され，2 つのリスクが分断して記述できるようになった．

多期間モデルを構築する際の第 2 の問題は，異時点間での投資機会集合の変化である．投資機会集合の変動は異なるライフステージ間の消費変動リス

---

[39] 58 年間のデータに依拠してみるとき，日本の株式市場（TOPIX）についても同じことがいえる．しかし，第 6 章で観測期間を 1988〜2018 年の直近 30 年間へと変えて行なった実証分析では，明確な平均回帰性は検出されず，むしろ平均乖離が観測された．長期投資における株式の平均回帰性は，わが国市場においても無批判に前提されることが多いが，これは，観測時期とインターバルによって現れ方が異なる不安定な性質といえる．

クをもたらす要因であり，これは，多期間の投資決定においてリスク資産への投資比率を左右する要因になる．また，リスク資産の投資収益率のもつ平均回帰性（あるいは平均乖離性）が，1期間の平均・分散アプローチとの比較でみて，そうした資産のリスク・リターン特性を劇的に変化させるため，（対数型効用以外の効用をもつ投資家にとり）長期投資においてリスク資産のウェイトを少なからず左右する要因として登場する．

これは多期間の株式投資を考える者（運用会社，あるいは運用資金のオリジナルな提供者である年金基金や投資家）にとってきわめて重要な含意をもつ．平均回帰性は，たとえば相対的リスク回避度が対数型効用よりも大きいような平均的な投資家にとっては，長期の保有によって相対的にリスクが減少する資産である株式の保有ウェイトを多期間投資においては高めるべきというメッセージだからである．平均乖離性を前提とするときには，このメッセージは逆のものへと変わる．

長期・多期間投資において投資機会集合が変化するという点では，さらに，リスク・プレミアムの変動およびそれにともなうリスク資産間の共分散構造の変化，および，労働所得の現在価値（人的資産）の変化もまた最適な投資のあり方に影響を及ぼすが，これらの点について本書では詳しく扱わない．

本章において，多期間モデルで考慮すべき2つの問題点とそれらへの対処の仕方や投資決定への影響が明らかになった．これを踏まえて，いよいよ多期間の最適ポートフォリオ決定問題に取り組むことができる．

APPENDIX CH-2A　連続複利表示投資収益率の期待値を最大にするレバレッジ水準

本章3節での議論をさらに進めて，ポートフォリオの連続複利表示投資収益率の期待値を最大にするレバレッジの水準が存在するかという点について考察しておこう．以下では，リスク資産，およびポートフォリオの投資収益率が従う確率分布を特定せずに，レバレッジの最適水準が存在することを明らかにし，そのうえで，その最適水準の近似解を求めることにする．

いま，時点 t に利用可能なリスク資産として，市場インデックスに連動するインデックスファンドと無リスク資産を想定する．それぞれの単利グロス表示の投資収益率を $1+\tilde{R}_{I,t+1}, 1+R_{f,t}$ とし，前者へ投資比率を ω，後者へ投資比率を $1-\omega$ として構築したポートフォリオの単利グロス表示の投資収益率を $1+\tilde{R}_{p,t+1}$ とすれば，

$$1+\tilde{R}_{p,t+1} = \omega(1+\tilde{R}_{I,t+1})+(1-\omega)(1+R_{f,t}) = \omega(\tilde{R}_{I,t+1}-R_{f,t})+1+R_{f,t} \tag{A2.1}$$

である．上式を連続複利表示して $\tilde{r}_{p,t+1} \equiv \ln(1+\tilde{R}_{p,t+1})$ とし，その期待値を求めると，

$$\mathrm{E}[\tilde{r}_{p,t+1}] = \mathrm{E}[\ln\{\omega(\tilde{R}_{I,t+1}-R_{f,t})+1+R_{f,t}\}] \tag{A2.2}$$

である．これをインデックスファンドへの投資比率 ω で微分すると，

$$\frac{\partial}{\partial \omega}\mathrm{E}[\tilde{r}_{p,t+1}] = \mathrm{E}\left[\frac{\tilde{R}_{I,t+1}-R_{f,t}}{\omega(\tilde{R}_{I,t+1}-R_{f,t})+1+R_{f,t}}\right] \tag{A2.3}$$

$$\frac{\partial^2}{\partial \omega^2}\mathrm{E}[\tilde{r}_{p,t+1}] = -\mathrm{E}\left[\frac{(\tilde{R}_{I,t+1}-R_{f,t})^2}{\{\omega(\tilde{R}_{I,t+1}-R_{f,t})+1+R_{f,t}\}^2}\right] < 0 \tag{A2.4}$$

となるので，(A2.4) 式より，$\mathrm{E}[\tilde{r}_{p,t+1}]$ は ω の狭義凹関数である．したがって，もし，$\frac{\partial}{\partial \omega}\mathrm{E}[\tilde{r}_{p,t+1}]=0$ を満たす $\omega=\omega^*$ が存在すれば，ω^* が $\mathrm{E}[\tilde{r}_{p,t+1}]$ の最大値をもたらす唯一の解である．

(A2.3) 式は，仮に $\tilde{R}_{I,t+1}$ の確率分布を特定しても，ω の明示的な関数とし

て表現することは困難である．そこで，この後，第4章で利用する対数線形近似の手法を用いて，$\omega=\omega^*$ の近似解を求めることにする．まず，(A2.1)式を変形して，

$$\frac{1+\tilde{R}_{p,t+1}}{1+R_{f,t}} = 1+\omega\left(\frac{1+\tilde{R}_{I,t+1}}{1+R_{f,t}}-1\right) \qquad [(A2.1)]$$

とする．両辺の対数をとり，任意の正数 $A>0$ が $A=e^{\ln A}$ と表現できることを用いると，

$$\ln\left(\frac{1+\tilde{R}_{p,t+1}}{1+R_{f,t}}\right) = \ln\{1+\omega(e^{\ln\left(\frac{1+\tilde{R}_{I,t+1}}{1+R_{f,t}}\right)}-1)\}$$

$$\Leftrightarrow \tilde{r}_{p,t+1}-r_{f,t} = \ln\{1+\omega(e^{\tilde{r}_{I,t+1}-r_{f,t}}-1)\} \qquad (A2.5)$$

を得る．$\tilde{r}_{I,t+1}\equiv\ln(1+\tilde{R}_{I,t+1}), r_{f,t}\equiv\ln(1+R_{f,t})$ は，それぞれ，インデックスファンド投資収益率と無リスク利子率の連続複利表示である．

ここで，$\tilde{r}_{I,t+1}-r_{f,t}\equiv y$ とおき，(A2.5)式の右辺を $f(y)$ と表わして，その微分を求めておくと，

$$f(y) = \ln\{1+\omega(e^y-1)\} \qquad (A2.6)$$

$$f'(y) = \frac{\omega e^y}{1+\omega(e^y-1)} \qquad (A2.7)$$

$$f''(y) = \frac{\omega(1-\omega)e^y}{\{1+\omega(e^y-1)\}^2} \qquad (A2.8)$$

である．$f(y)$，すなわち (A2.6) 式の右辺を2次までマクローリン展開（0の周りでのテイラー展開）で近似すると，

$$f(y) \approx f(0)+yf'(0)+\frac{1}{2}y^2f''(0) = y\omega+\frac{1}{2}y^2\omega(1-\omega) \qquad (A2.9)$$

を得る．上式を (A2.5) 式の右辺に戻すと，

$$\tilde{r}_{p,t+1}-r_{f,t} \approx (\tilde{r}_{I,t+1}-r_{f,t})\omega+\frac{1}{2}(\tilde{r}_{I,t+1}-r_{f,t})^2\omega(1-\omega) \qquad (A2.10)$$

となるので，時点 t においてこの近似式の両辺の期待値を求め，変形すると，

$$E_t[\tilde{r}_{p,t+1}] \approx r_{f,t} + (E_t[\tilde{r}_{I,t+1}] - r_{f,t})\omega$$
$$+ \frac{1}{2}\{\text{Var}_t[\tilde{r}_{I,t+1}] + (E_t[\tilde{r}_{I,t+1}] - r_{f,t})^2\}\omega(1-\omega) \quad (A2.11)$$

を導くことができる[40].

連続複利表示のポートフォリオ投資収益率の期待値がインデックスファンドへの投資比率 ω の明示的な関数として近似できたので,期待値を最大化する $\omega=\omega^*$ は,(A2.11)式を微分して,

$$\frac{\partial}{\partial \omega} E_t[\tilde{r}_{p,t+1}] = 0$$

$$\Leftrightarrow E_t[\tilde{r}_{I,t+1}] - r_{f,t} + \frac{1}{2}\{\text{Var}_t[\tilde{r}_{I,t+1}] + (E_t[\tilde{r}_{I,t+1}] - r_{f,t})^2\}(1-2\omega^*) \approx 0$$

$$\Leftrightarrow \omega^* \approx \frac{1}{2} + \frac{E_t[\tilde{r}_{I,t+1}] - r_{f,t}}{\text{Var}_t[\tilde{r}_{I,t+1}] + (E_t[\tilde{r}_{I,t+1}] - r_{f,t})^2} \quad (A2.12)$$

と近似できる.上式の右辺第2項は正値なので,ポートフォリオの連続複利表示投資収益率の期待値を最大化する(すなわち,無リスク資産とインデックスファンドを用いて最適成長ポートフォリオを構築する)ためにはインデックスファンドへ2分の1を超える投資比率で,無リスク資産へは $1-\omega^*$ ゆえ2分の1未満の投資比率でポートフォリオを作らなければならないことがわかる.

先ほどの2階条件の分析から, $\frac{\partial}{\partial \omega}E_t[\tilde{r}_{p,t+1}]=0$ を満たす投資比率 ω^* が,$E_t[\tilde{r}_{p,t+1}]$ を最大化する唯一の投資比率である.なお,インデックスファンドの期待超過収益率が比較的小さいときには,$(E_t[\tilde{r}_{I,t+1}] - r_{f,t})^2 \approx 0$ とみなして差し支えないので,インデックスファンドへの投資比率は,

$$\omega^* \approx \frac{1}{2} + \frac{E_t[\tilde{r}_{I,t+1}] - r_{f,t}}{\text{Var}_t[\tilde{r}_{I,t+1}]} \quad (A2.13)$$

で近似される.上式第2項は,インデックスファンドの連続複利表示バージョンのシャープ尺度の分母(標準偏差)を分散に替えたものになっている点が注目される.これについては第4章で詳しく述べる.

---

[40] この変形では,$E_t[(\tilde{r}_{I,t+1} - r_{f,t})^2] = E_t[\tilde{r}_{I,t+1} - E_t[\tilde{r}_{I,t+1}] + E_t[\tilde{r}_{I,t+1}] - r_{f,t})^2]$
$= E_t[(\tilde{r}_{I,t+1} - E_t[\tilde{r}_{I,t+1}])^2] + (E_t[\tilde{r}_{I,t+1}] - r_{f,t})^2$ となることを利用している.

APPENDIX CH-2B　堀（1996）の Epstein=Zin 効用を使った実証分析の再評価

　堀（1996）は，1980～1994 年の約 15 年間にわたる日本市場のデータを使用し，非期待効用モデルとしての Epstein=Zin 効用モデルがわが国においてどれほど説明力があるかを，期待効用モデルとの比較において検証した論考である．同氏は Epstein=Zin 効用のパラメーターおよび 2 種のリスクの回避度／許容度についての推定結果を踏まえて，同モデルの妥当性について否定的な結論を述べているが，私たちは，堀氏の実証から，非期待効用モデルは当時のわが国の証券市場を期待効用モデルと比べてよりよく説明しているのではないかと考えている．日本市場を対象とした非期待効用モデルの重要な実証分析と位置づけられるこの研究について再考した結果を示しておこう．

　同論文は，基本的に，Epstein and Zin（1991）の記法を踏襲しているものの，使用している記号は微妙に異なっている．それらはまた本書の記法とも異なっているので，まず，本書と堀（1996）および Epstein and Zin（1991）の記号の対応表を表 A2-1 として示しておく．

　堀（1996）は，「δ は危険回避度のパラメーターに相当し」(p. 78 右段，下から 14～15 行目）と記しており，δ をもって相対的リスク回避度の指標としている．しかし，これは本文でも述べた通りに，Epstein and Zin（1991）の記述が曖昧であることに起因して生じた誤解であって，相対的リスク回避度は正しくは（堀（1996）の記号で表現すると）$1-\delta$ である．この誤解が，δ の推定値が符号条件を満たしていないという誤った解釈を招き，Epstein and Zin モデルは「有効な説明力を持たないように思われる.」(p. 84, 右段 1～2 行目）という結論を導くことになる．

　堀（1996）が検証した Epstein and Zin モデルを要約すると次の通りである．まず，集計関数であるが，本章の本文中では (2.21a) 式のように $f(\cdot,\cdot)$ としたが，堀論文に合わせて $W(\cdot,\cdot)$ と表記すると，

$$W(c,z) = \{(1-\beta)c^\rho + \beta z^\rho\}^{\frac{1}{\rho}} \quad \text{if} \quad 0 \neq \rho < 1$$

表 A2-1　本書と堀（1996）および Epstein and Zin（1991）が使用している記号の対応表

	本書	堀（1996）	Epstein and Zin (1991)
第 t 期の消費	C_t	c	c
消費 C_{t+1} の第 t 期における確実性等価	$\mathrm{CE}_t[\widetilde{C}_{t+1}]$	z	z
将来消費の主観的割引因子	δ	β	β
EIS；異時点間代替弾力性	ψ	σ	σ
相対的リスク回避度	γ	$1-\delta$	$1-\alpha$
1−相対的リスク回避度 ［堀（1996）はこれを相対的リスク回避度と誤って解釈］	$1-\gamma$	δ	α
—	$1-\dfrac{1}{\psi}=\dfrac{1-\gamma}{\theta}$	$\rho=1-\dfrac{1}{\sigma}$	$\rho=1-\dfrac{1}{\sigma}$
—	θ	$\alpha\equiv\dfrac{\delta}{\rho}$	$\gamma=\dfrac{\alpha}{\rho}$

$$W(c,z) = (1-\beta)\ln c + \beta \ln z \quad \text{if} \quad \rho = 0$$

であり，確実性等価関数を，

$$\mu[x] = (\mathrm{E}[x^\delta])^{\frac{1}{\delta}} \quad \text{if} \quad 0 \neq \delta < 1$$
$$\ln \mu[x] = \mathrm{E}[\ln x] \quad \text{if} \quad \delta = 0$$

としている．本書読者のために，上に現れる4つの条件式を本書中の記号と対応させてまとめて示せば，表 A2-1 の対応関係から，

$$0 \neq \rho < 1 \quad \Leftrightarrow \quad 0 < \psi \neq 1$$
$$\rho = 0 \quad \Leftrightarrow \quad \psi = 1$$
$$0 \neq \delta < 1 \quad \Leftrightarrow \quad 0 < \gamma \neq 1$$
$$\delta = 0 \quad \Leftrightarrow \quad \gamma = 1$$

である．相対的リスク回避度 γ が1を超える場合には $1-\delta>1 \Leftrightarrow \delta<0$ であり，その場合には δ は負値となる．

表 A2-2　堀（1996）の実証結果の修正

	INST4	INST5	INST6
α の推定値, $\alpha=\dfrac{\delta}{\rho}$　　(θ)	0.267747	0.025532	−1.309210
ρ の推定値　　$\left(1-\dfrac{1}{\psi}\right)$	0.974325	0.977871	0.972042
危険回避度の推定値, $1-\delta=1-\alpha\rho$ （相対的リスク回避, γ）	0.7391	0.9750	2.2726
EIS の推定値, $\sigma=\dfrac{1}{1-\rho}$ （異時点間でのリスク許容度, ψ）	38.9483935	45.189570	35.767938

注：最左欄の（　）内は本書の記号を使って表現し直したもの．
出所：堀（1996），p.83 の表 3 のデータを引用して作成した．

　さて，以上を踏まえて同論文の実証結果（p.83，表 3）を詳しく検討しよう．標本期間は 1980 年 1 月〜1994 年 11 月であり，月次データによっているのでデータ数は 179 個である．利用したデータ系列は東証一部株価指数（TOPIX），国債価格，コールレート（短期金利），および，消費成長率である．市場ポートフォリオは，TOPIX 以外の資産も用いて近似されている．これらを消費者物価指数で実質化したうえで，GMM によって各パラメターを推定している．操作変数として 3 種類のデータの集合を用意しており，INST4 と表示しているものは {1, 消費成長率（ラグ-1），各資産（市場ポートフォリオ，国債，および短期金融資産）の投資収益率（ラグ-1）} の組み合わせである．同じく，INST5 は {1, 消費成長率（ラグ-1），市場ポートフォリオの投資収益率（ラグ-1）}，また，INST6 は {1, 消費成長率（ラグ-1），消費成長率（ラグ-2）} である．

　INST6 で推定した（同論文における）パラメター α の推定値は負値（−1.309210）となった（表 A2-2 を参照）．この結果にもとづき，「危険回避度 δ については $\delta=\rho\alpha$ という関係から計算されるが，INST6 の場合は（ρ が正，α が負なので）δ が負の値になり，係数制約を満たさない．」（p.84 左段，下から 11 行目〜9 行目．括弧内は本書著者の補足）というコメントがおかれている．

　このコメント部分は，正しくは，「危険回避度（$1-\delta$）については $1-\delta=$

$1-\rho\alpha$ という関係から計算されるが,どの操作変数の場合にも同回避度の推定値は正の値になり,係数制約を満たしている.」とすべきところである.

ここで,同論文で報告されている推定値を用いて相対的リスク回避度を計算し直し,その他のパラメーター推定値とともに表 A2-2 にまとめておいた.表中,「危険回避度の推定値,$(1-\delta=1-\alpha\rho)$」はすべて正値になっており,しかも,その大きさはおよそ 0.7〜2.3 程度であって,他の研究が示唆する日本市場における代表的経済主体の相対的リスク回避度の推定値に近い.米国で報告されているような株式プレミアム・パズル,すなわち,観測される株式のリスク・プレミアムを説明できるようなリスク回避度を求めると,10 を超える水準になってしまう問題は,同論文が分析対象とした期間において,わが国には存在していなかったという重要な結果がみてとれる.また,異時点間の消費変動リスクの許容度を表わす EIS は,どの操作変数によっても 36〜45 程度と正の値が推定されている.

本章の内容に関する実証的補完であるという点から繰り返して述べると,表 A2-2 より,1980 年 1 月〜1994 年 11 月の実証期間において,日本市場の相対的リスク回避度 γ はおよそ 0.739〜2.27,異時点間リスクの許容度である ψ はおよそ 35.8〜45.2 と計測されたことになる.

堀氏は,Epstein and Zin モデルは,わが国資産市場における説明力が十分でないとの結論を述べているが,その主たる論拠としているリスク回避度の符号制約は実は満たされていた.また,同論文の表 3 (p. 83) において,モデルの直交条件がデータと整合的か否か,すなわちモデルの特定化が正しいかどうかを Hansen の J-統計量によって診断しているが,報告されている p 値は,操作変数 INST4 では 0.24638,INST5 では 0.09669,および,INST6 では 0.14754 であり,同時に報告されている期待効用モデルの p 値に比べても十分に大きな値である.したがって,有意水準 5% のもとではすべての操作変数について「モデルの特定化が正しい」という帰無仮説が棄却されず,実証結果は再帰的効用モデルの妥当性を支持する結果になっている[41].

---

41) 堀 (1996) では Hansen=Jagannathan の変動境界のテストも行なっており,掲載されている図からは,相対的リスク回避度(同論文中の γ,同論文では相対的リスク回避度を表わす記号として $(1-\delta)$ と γ の両方を使用している)が 2〜3 の場合には Epstein=

以上のように，堀（1996）の実証分析結果は，Epstein=Zin 効用が多期間投資への応用に耐える効用関数として，計測当時における日本の消費者（投資家）の実情を少なくとも期待効用モデルよりも的確に表現できるものであった可能性が高い．同論文の実証結果は，わが国の研究者に強い影響力をもつ『現代ファイナンス』誌に展望論文として掲載された堀（1999）においてリファーされ，そこでも「δ は危険回避度のパラメータに相当する」（同論文 p. 67，下から 7〜6 行目）という誤った解釈のもとに，非期待効用モデルについて「（結果が）頑健でない」（p. 67, 4〜5 行）として否定的な見解が述べられている．堀（1996）は，再帰的効用関数を使った日本市場に関する早い時期の本格的実証研究であったが，それゆえに，再帰的効用関数モデルは消費を変数に用いる期待効用関数モデルとともに，説明力がきわめて低いという印象を強化，拡大したのではないだろうか．その後，わが国において再帰的効用関数に関する研究がほとんどみられなくなったことと合わせて，大変に惜しまれるところである[42]．

　Zin 効用のプライシング・カーネルは有効な領域に含まれているようにみえる．堀氏は，「δ の推定値は 1 以下であるため，このテストの結果もまた Non-expected Utility モデルの棄却を示唆するものと考えられる．」（86 頁，左段 3〜6 行目）と結論しているが，操作変数 INST6 において推定される正しい相対的リスク回避度は 2.2726 であり，プライシング・カーネルが満たすべき領域の内部に位置するように思われる．もしそうであるならば，同氏の変動境界テストの結果は Non-expected Utility モデルが資産価格モデルとして妥当であることを示唆することになる．しかし，このテストにおけるパラメータ γ は，同論文の Epstein=Zin 効用のプライシング・カーネルのパラメータとは独立に，説明なく唐突に現れた変数であり，これが正しく相対的リスク回避度を表わしているかどうかが不明であること，および，プライシング・カーネルの平均と標準偏差を推定した手続きの詳細が記されていないことから，このテストのこれ以上の解釈は困難である．祝迫（2001）は，わが国における消費資本資産価格モデルの包括的なサーベイであるが，堀（1996）のこの変動境界テストにおける否定的な解釈をそのまま受け入れ，この論文を消費を変数とする資本資産価格モデルがわが国では成立しないという結論の重要な論拠のひとつと位置づけている．

42) 再帰的効用関数についての最近の重要な研究業績について触れておくと，Suzuki（2016）は，連続時間バージョンの再帰的効用関数である確率微分効用を代表的経済主体に仮定し，さらに，経済の総賦存量の成長率について投資家間で異なる信念（Heterogeneous Beliefs）が存在する状況を分析している．同論文は，そこで導出されたプライシング・カーネルを用いることにより，米国の株式プレミアム・パズル（Equity Premium Puzzle），および，現実の無リスク利子率が期待効用モデルでは説明がつかないほどに低率であるとする無リスク利子率パズルが同時に解決できる可能性を提示し

ている.期待効用関数では 2 つのリスク選好を無理矢理に同一の母数に担わせたため,複数のパズルを同時に解決できないのは至極当然といえる.両者を分離し,他の要因も加味しながら複数のパズルを解決することは,資産価格理論において再帰的効用に期待される新たな実り多い役割と思われる.

第3章

多期間における最適な消費と投資の意思決定

　前章では，多期間投資モデルを考えるための概念的な準備を行ない，また，新たな効用関数を導入した．本章では，はじめの3節を使い，多期間モデルを考えるためのフレームワークを確認する目的で，Samuelson（1969），Hakansson（1969, 1970），およびこれらの離散時間多期間モデルを体系的に記述した Ingersoll（1987）の研究を振り返る．

　Samuelson らは，多期間における効用関数として，べき型もしくはその特殊ケースとしての対数型の1期間効用関数に基づく多期間の期待効用関数を考えなければ，最適投資比率は最適消費と独立には決定できないことを理論的に明らかにした．したがって，期待効用関数を拡張して異なる状態間（Across States）と異なる時点間（Across Periods）のリスク回避を分断した再帰的効用関数においても，両者を独立に決定することは困難であり，多期間における最適消費と最適投資のあり方を解析的に表現することは難しいと考えられてきた．

　これに対して，Campbell and Viceira（1999, 2002）は，べき型の期待効用関数を拡張した再帰型効用関数である Epstein=Zin 効用と対数正規収益の仮定のもとで，線形対数近似の手法により，多期間における最適消費と最適投資の疑似解析解を求める方法を開発した．

　実務的な応用可能性の適否はおいて，これら2つの研究の潮流を跡付けておくことは多期間投資の探求において重要であると私たちは考えた．そこで2つの章を設け，本章1～3節では，①投資家の効用関数に特定の関数形を仮定しない一般的なケース，②べき型効用を仮定するケース，および，③べき

型効用の特殊ケースである対数型効用を仮定するケースの3つについて、最適消費と最適投資の意思決定プロセスを説明する.

多期間投資モデルを現実の証券投資へ適用する際には、様々な金融商品のリスク・プレミアムや理論価格を求める必要があるが、そのとき利用する概念が投資家の効用関数に応じて定まるプライシング・カーネルである. そこで第4, 5節では、べき型および対数型の期待効用関数と、前章でみた Epstein=Zin の再帰的効用関数についてプライシング・カーネルを導出し、それらが有する多期間投資への含意を検討する. 再帰的効用関数に基づく最適消費と最適投資の決定については次章で扱う.

1. 多期間モデルの一般的性質：特定の効用関数を仮定しないケース

第1章で扱った投資ホライズンを1期間とする分析の枠組みのもとでは、ある投資家の世界は期初にはじまり、期末に終末を迎える. 無リスク利子率の値はその1期間を通じて一定であり、期末に実現するリスク資産の期初における確率分布はすべての消費者・投資家に知られている. その意味で、投資機会集合の期中における変化はない.

このような極端な仮定のもとでではあるが、CAPMに代表される静学的なアセット・プライシング・モデルが開発され、過去数十年の間、リスクとリターンの性質についての理解が深められてきた. しかしながら、現実には、無リスク資産の利回り（無リスク利子率）は時間の進行とともに変化する. また、株式に代表されるリスク資産の投資収益の確率分布が同一で長期にわたって変化しないと考えるのは、現実をあまりに単純化しすぎているといわざるを得ない. そのため、このような投資機会集合の変化を取り入れた消費と投資・貯蓄に関わる意思決定の枠組みが待望されることになった. それが消費と投資の多期間モデルである.

1.1　1期間から多期間へ：Samuelson と Merton の貢献

　1期間のモデルを2期間以上の多期間に拡張し，投資機会集合が変化するもとでの最適消費と最適投資の決定メカニズムを初めて明らかにしたのは，Paul Samuelson（1969）と Robert Merton（1969）である．多期間モデルの構築にとってきわめて重要な貢献である彼らの研究について簡単に要約すれば以下である[1]．

　彼らは時間分離可能な効用関数（Time Separable Utility Function）を利用して，Samuelson は離散時間の，Merton は連続時間の分析枠組みにおいて，1期間の期待効用理論の拡張として多期間の期待効用モデルを構築した．その多期間モデルのひとつの重要な含意は，各期間の効用関数を対数型に制約する場合には，消費者が生涯にわたる期待効用の最大化をはかる結果として，投資機会集合が変化する多期間であっても，各期において1期間先を超える将来については全く考慮することなく，単純な1期間モデルの繰り返しという意思決定が行なわれることである．また，対数型効用よりも制約が緩いべき型効用関数を仮定した場合であっても，将来の投資機会集合が変化しないか，もしくは既知の場合には，やはり1期間モデルの繰り返しに帰着する．したがって多期間においても，第1章における1期間モデルの分析結果がそのまま妥当するケースが存在することになる．

　以下では，Samuelson（1969），Hakansson（1969, 1970），および，これらの結果を再構成した Ingersoll（1987）をもとに，離散時間の枠組みのもとで多

---

[1]　彼らの研究の基礎となったのは，ラムゼイ問題，すなわち，現在と将来の世代が各期に所得からどれほど貯蓄すべきであるか，という Ramsey（1928）が確実性下の経済を仮定して提起した問題であった．Phelps（1962）は，不確実性下においてラムゼイ問題を解決すべく，貯蓄対象として単一の資産を想定し，その投資収益率を確率変数で記述して，金融資産市場の分析に確率変数が導入される端緒となった．さらに，時間分離可能な効用関数を用いて，生涯効用の最大化問題として消費決定問題を定式化し，動的計画法によって価値関数を導出するという分析手法を確立した．これらの先行研究は，多期間にわたる最適消費のあり方に分析の焦点が当てられていたのに対し，Samuelson（1969）は投資対象としてリスク資産と無リスク資産を想定して，2資産のみではあるが Phelps モデルを拡張し，多期間にわたる最適消費決定問題に加えて最適な生涯資産選択のあり方をはじめて検討した．

期間における消費者の消費と投資の意思決定を詳細にみていく．

1.2　仮定：第 t 期，効用，遺産，および，生涯効用

　まず，本章を通じて前提される仮定について説明しよう．現在を時点 0 と表わし，これは第 0 期の期初であるとする．第 0 期は時点 1 で終了し，その時点から第 1 期がはじまる．第 1 期は時点 2 で終了し，このようにして最終の第 $T-1$ 期が時点 T で終了する．加えて本章では，第 $T-1$ 期の終了とともに，消費者は遺産 $\widetilde{W}_T$ を残して死亡すると考え，消費者の効用は第 0 期から第 $T-1$ 期までの各期の消費だけでなく，死亡時点 T で残す遺産によっても得られると仮定する．「何を享受して生きるか」のみならず，「何を残して死ぬか」が，人々の現世における効用を規定すると考えるのである[2]．

　また，生涯効用は各期の効用関数の和として与えられると仮定する．これは第 2 章 3 節でみた時間分離可能な効用関数であって，時点 0 においては次式のように定義される．

$$U_0 = \mathrm{E}_0[U(C_0, \widetilde{C}_1, \cdots, \widetilde{C}_{T-1}, \widetilde{W}_T)] = \mathrm{E}_0\left[\sum_{t=0}^{T-1} u(\widetilde{C}_t, t) + B(\widetilde{W}_T, T)\right] \quad (3.1)$$

小文字の $u(\widetilde{C}_t, t)$ は 1 期間ごとの効用関数であり，第 t 期における 1 期間効用はその時点の消費に依存し，それ以前の消費水準あるいは将来に期待される消費水準の影響は全く存在しないと仮定している．効用関数の第 2 の変数として期間を表わす t が現れる理由は，主観的割引因子 δ の影響が，遠い将来ほど確定的に大きく利いてくるからである[3]．

　この消費者は時点 T に死去すると想定しているので，富 $\widetilde{W}_T$ を消費して効用を得ることはないが，子孫に遺産（Bequest）を残すことから効用を得る

---

[2]　読者諸賢には，成人前のわが子の将来を案じて遺言信託を契約し終えたときの安堵を，ご想像いただきたい．もちろん，「わが子のためには何も残さないのが一番」といった信念を有する投資家の場合には，Samuelson（1969）が仮定したように，$W_T=0$ がこれに代わる境界条件となる．

[3]　期待値演算を行なう時点において，消費が確率変数とみなせる場合にはすべてティルダを付した．消費がその時点では確定値である場合，すなわち，その時点で利用可能な情報集合に当該消費水準が要素として含まれる場合には，ティルダは付さないことにした．

と考える．それを表わすのが遺産関数 $B(\widetilde{W}_T, T)$（遺産を残すことによって得られる効用の水準）である．これは効用関数に準じて，時点 T における富の実現値の水準 W_T について増加，凹関数であると仮定する．大文字 U_0 で表わされる生涯効用は，第 0 期から第 $T-1$ 期までの各期の効用関数，および遺産関数の期待値の和として表現されているが，この一見自然にみえる仮定は，実は非常に強い制約を課していることになるという点は第 2 章で明らかにした通りである．なお，各期の消費，および時点 T での富は，いずれも正値である．

以下では，時間の進行とともに，「現在時点」が時点 0，時点 1，時点 2，… と進行していく状況を分析するため，(3.1) 式を少し一般化して，任意の時点 $t \in \{0, 1, 2, \cdots, T-1\}$ における生涯効用を，

$$U_t = \mathrm{E}_t[U(C_t, \widetilde{C}_{t+1}, \cdots, \widetilde{C}_{T-1}, \widetilde{W}_T)] = \mathrm{E}_t\left[\sum_{s=t}^{T-1} u(\widetilde{C}_s, s) + B(\widetilde{W}_T, T)\right] \quad (3.2)$$

と表わすことにする．

予算制約

いま，任意の時点 t とその 1 期間後の時点 $t+1$ に着目して予算制約を考えてみよう．離散時間で考えているので，$t \in \{0, 1, \cdots, T-1\}$ を想定すれば十分である．消費者が時点 t，すなわち第 t 期期初に保有する富を $W_t(>0)$ とする．この富の値は，後述する最適性原理のもとで，時点 t に至るまでの消費，投資が最適に行なわれた結果として，時点 t において消費と投資に利用可能な金額であるが，ここでは，所与の正の値として最適化問題を考えることにする．また，時点 t では労働による所得が Y_t（確定値）だけ支払われると仮定する[4]．消費者は，この $W_t + Y_t$ を用いて消費を C_t だけ行ない，残額すなわち貯蓄 $W_t + Y_t - C_t$ を利用可能な金融資産に投資することになる．この投資可能金額を，以後，必要に応じて I_t と記すことにする．もし，最適な消費を行なう場合の貯蓄が負になるときは，金融資産市場での空売りによ

---

[4] 労働所得も後出の状態変数ベクトルに依存して変動すると考えられるので確率変数とすべきであるが，最適消費と最適投資に焦点を当てるために，以下では労働所得は確定値と仮定し，分析を簡略化している．

って不足資金を調達するので I_t は負の値になる[5]。

投資に利用可能な金融資産として，1期間後すなわち時点 $t+1$ に満期がくる無リスク資産と N 種類のリスク資産を想定する[6]．前者を第0資産と名付け，そのグロスレート表示の投資収益率を $1+R_{f,t}$，投資比率を $\omega_{0,t}$ と表わす．また，後者のうちの $i \in \{1, 2, \cdots, N\}$ のグロスレート表示投資収益率を $1+\widetilde{R}_{i,t+1}$ ($t \in \{0, 1, \cdots, T-1\}$) とし，その投資比率を $\omega_{i,t}$ と表わすことにする[7]．このとき，無リスク資産とリスク資産からなるポートフォリオの投資収益率をグロスレート表示で $1+\widetilde{R}_{p,t+1}$，投資可能金額を $I_t = W_t + Y_t - C_t$ とすれば，予算制約式は簡潔に，

$$\widetilde{W}_{t+1} \equiv I_t(1+\widetilde{R}_{p,t+1}) \tag{3.3}$$

で与えられ，ポートフォリオの投資収益率は，

$$1+\widetilde{R}_{p,t+1} \equiv \left\{ \omega_{0,t}(1+R_{f,t}) + \sum_{i=1}^{N} \omega_{i,t}(1+\widetilde{R}_{i,t+1}) \right\}$$

$$= (1+R_{f,t}) + \sum_{i=1}^{N} \omega_{i,t}(\widetilde{R}_{i,t+1} - R_{f,t}) \tag{3.4}$$

と表現することができる[8]．

---

[5] ここでは，空売りによる売却代金の授受に関して，売買契約成立時に空売り代金の顧客口座への振込がある米国市場の制度を想定している．日本の証券市場では，反対売買をして差額を受け渡す差金決済がなされるまで空売り代金は仲介した証券会社が担保として預かることになっており，顧客に引き渡されることはない．

[6] 本書を通じて，アセット・ミックスという用語の使用は避け，無リスク資産とリスク資産とを問わず，どのような資産の組み合わせであっても単にポートフォリオよぶことにする．

[7] 念のために再述すると，時点 t における投資が時点 $t+1$ において生み出す収益の投資金額に対する比率が「ネット表示」の投資収益率であり，それは，1円の投資が生む収益の金額に一致している．無リスク資産では $R_{f,t}$，リスク資産 i では $\widetilde{R}_{i,t+1}$ ($i \in \{1, 2, \cdots, N\}$) である．時点を表わす添え字は，その収益が確定値として観測できる時点を付している．ネットの収益率に投資元本としての1円を加えた値がグロス表示の投資収益率であり，前者では $1+R_{f,t}$，後者では $1+\widetilde{R}_{i,t+1}$ となる．なお，本書を通じて，ネットとグロスの表示の差異が読者に混乱を生まないように配慮してある．

[8] ここでは，$\omega_{0,t} = 1 - \sum_{i=1}^{N} \omega_{i,t}$ であることを用いて，

$$1+\widetilde{R}_{p,t+1} \equiv \left(1 - \sum_{i=1}^{N} \omega_{i,t}\right)(1+R_{f,t}) + \sum_{i=1}^{N} \omega_{i,t}(1+\widetilde{R}_{i,t+1})$$

1.3 価値関数

多期間の消費と投資に関わる意思決定問題では，価値関数（Value Function）という概念を用いて，最適な消費と貯蓄の決定および最適なポートフォリオ選択を分析する[9]。時点 t における価値関数とは，その時点 t における富を所与として，消費とポートフォリオを最適に決定したうえで，時点 t に引き続く将来における消費とポートフォリオをもすべて最適に決定した場合に得られる，最大化された生涯効用の，時点 t における価値のことである．時点 t における富 W_t を所与とするので，その時点 t での価値関数は W_t の関数である．ここでは期待効用関数を仮定しているので，達成可能な最大の多期間期待効用の現在価値が価値関数となるが，価値関数の概念自体は期待効用関数を前提としたものではない．

さて，価値関数を定義するにあたり，まず，状態変数ベクトル $\mathbf{X}_t = [X_{1,t} \cdots X_{K,t}]'$ を導入しよう．これは，投資機会集合を記述し，無リスク資産も含むすべての金融資産の投資収益率の変動をもたらす経済変数等の要因をベクトル表示したものである．ここでは，このベクトルが K 個の要素から構成されると仮定している．$\mathbf{X}_t$ の各要素の実体が何であるかは本章では特定せずに議論を進めるが，たとえば，第 1 章で解説したマルチ・ファクター・モデルの各因子を想定していただきたい．ただし，第 1 章では 1 期間モデルゆえ投資機会集合の変動は考慮していなかったが，多期間モデルでは，投資機会集合の変動をもたらす因子も $\mathbf{X}_t$ の要素に含まれており，$\mathbf{X}_t$ の各要素は各期の無リスク利子率に変動を与え，また，リスク資産の期待収益率（リタ

$$= (1+R_{f,t}) + \sum_{i=1}^{N} \omega_{i,t} \{(1+\tilde{R}_{i,t+1}) - (1+R_{f,t})\}$$
$$= (1+R_{f,t}) + \sum_{i=1}^{N} \omega_{i,t} (\tilde{R}_{i,t+1} - R_{f,t})$$

のように変形した．

[9] 価値関数は，最適化問題においては，一般的に最大値関数（Maximum Value Function）とよばれている．経済学の文献上では，文脈によって，間接効用関数（Indirect Utility Function），富の誘導効用関数（Derived Utility of Wealth Function），あるいは単に誘導効用関数ともよばれる．

ーン)と分散(リスク)のみならずリスク資産投資収益率の確率分布自体に影響を及ぼしうると想定している点に留意したい.現在時点が t であれば,$\mathbf{X}_t$ はその時点の情報集合に含まれる実数のベクトルであるが,本書では,これらの実現値が観測可能であると仮定する[10].

また,添え字を1つ進めて $\tilde{\mathbf{X}}_{t+1} = [\tilde{X}_{1,t+1} \cdots \tilde{X}_{K,t+1}]'$ とすれば,これは時点 t においては,1期間将来に実現値が定まる確率ベクトルである.

投資収益率がマルコフ過程に従うという仮定

価値関数を定義するときには,状態変数ベクトルの各要素はマルコフ過程に従うと仮定する.マルコフ過程とは,$\tilde{\mathbf{X}}_{t+1} = [\tilde{X}_{1,t+1} \cdots \tilde{X}_{K,t+1}]'$ の時点 t における情報のもとでの条件付き確率分布が,時点 t における実現値 $\mathbf{X}_t$ のみの条件付き確率分布となるような確率過程であり,それ以前の実現値の情報は不要であるため,動的計画法の実装に適している[11].

次に,投資対象となる資産の投資収益率について考える.まず,多期間モデルにおける投資家は,第 t 期期初の時点 t にどの世の中の状態が実現したかを確認したうえで,ポートフォリオを構築すると考える.このとき,投資可能な N 銘柄のリスク資産の投資収益率 $\tilde{R}_{i,t+1}(i \in \{1,\cdots,N\})$ は,1時点将来である時点 $t+1$ において実現する世の中の状態に応じてその実現値が定まると考えるので,確率変数である.

一方,第 t 期中の無リスク利子率 $R_{f,t}$ は,時点 t において実現した世の中の状態に応じて定まっており,時点 $t+1$ においても確定値 $R_{f,t}$ である.したがって,多期間モデルでは,$R_{f,t}$ は一方のみ閉じた区間 $(t, t+1]$ では確定

---

[10] 現実の資産市場では,状態変数のすべてが観測可能とはいえない.たとえば投資家心理など,観測が困難あるいは正確に観測することが難しい変数があり,しかも資産価格に小さからぬ影響を及ぼす.一般に,観測不能な状態変数をレジーム(Regime)とよぶが,この観測不能なレジームが実現することにより投資機会集合の変動や構造変化が引き起こされる場合の資産市場に関する分析としては,時系列解析において,レジーム転換モデルという一連の研究が存在する.詳しくは沖本(2010, pp. 181-187)を参照されたい.Ishijima and Uchida(2011)は,レジーム転換が起きうる経済における最適成長ポートフォリオの構築方法を提示している.

[11] 状態変数が,時点 t のみならず,時点 $t-1$ およびそれ以前の実現値に依存する場合であっても,「状態」を適切に定義し直すことによって,すべてマルコフ過程に書き直すことができる.前掲の沖本(2010, p. 183)をみよ.

1. 多期間モデルの一般的性質

値であるが，$t+1$ 期になると，その期初の時点 $t+1$ の直後には新しい1期間無リスク利子率が区間 $(t+1, t+2)$ について定まるため，第 t 期においては次期の無リスク利子率は確率変数 $\tilde{R}_{f,t+1}$ として認識される．多期間モデルのひとつの特徴は，このように，1期間無リスク利子率が変動することである．したがって，第 t 期期初（時点 t）において利用可能な金融資産は，時点 $t+1$ に投資収益率の値が実現する N 銘柄のリスク資産と，第 t 期間中は確定値で与えられる無リスク資産を合わせて，$N+1$ 種類存在することになる．これらのネット表示の1期間投資収益率の $(N+1)$ 次元ベクトルを $\tilde{\mathbf{R}}_{t+1} = [\tilde{R}_{f,t+1}\ \tilde{R}_{1,t+1}\ \cdots\ \tilde{R}_{N,t+1}]'$ とする．無リスク利子率は，上記のようにリスク資産の投資収益率とは実現値を観測できる時点に微小な，しかし本質的な差があるが，ベクトル $\tilde{\mathbf{R}}_{t+1}$ を本書では，投資収益率の添え字をすべて $t+1$ にそろえて定義している．

多期間においては，すべての資産の投資収益率は状態変数に依存して変動するので，これを，

$$\tilde{\mathbf{R}}_{t+1}(\tilde{\mathbf{X}}_{t+1}) = [\tilde{R}_{f,t+1}(\tilde{\mathbf{X}}_{t+1})\ \tilde{R}_{1,t+1}(\tilde{\mathbf{X}}_{t+1})\ \cdots\ \tilde{R}_{N,t+1}(\tilde{\mathbf{X}}_{t+1})]'$$

と表現する[12]．状態変数ベクトルがマルコフ過程に従うとき，$\tilde{\mathbf{R}}_{t+1}(\tilde{\mathbf{X}}_{t+1})$ もマルコフ過程になるので，時点 t において1時点将来に実現する投資収益率の確率分布は実現値のベクトル $\mathbf{R}_t = \mathbf{R}_t(\mathbf{X}_t)$ のみに依存し，それより過去の投資収益率の実現値の情報は不要となる．投資家は，無リスク資産およびリスク資産の投資収益率 $\tilde{\mathbf{R}}_{t+1}(\tilde{\mathbf{X}}_{t+1})$ の確率分布について，時点 t における実現値ベクトル $\mathbf{R}_t$ の情報のみを用いて，たとえば期待値や分散の推定値を改定していくのである．

以上は，仮に，リスク資産 i の投資収益率に強い平均回帰性が存在する場合には，もし実現した $R_{i,t}$ が大きな値であれば，次期の $\tilde{R}_{i,t+1}$ は（負値を含む）小さな値が実現する可能性が高くなるため，$\mathbf{R}_t$ のひとつの要素である $R_{i,t}$ を用いて $\tilde{R}_{i,t+1}$ の確率分布を推定し，その期待値を下方に修正することを意味する．平均乖離性が存在する場合には期待値の修正方向が反対にな

---

[12] 現実には，リスク資産の投資収益率の確率分布は，状態変数 $\tilde{\mathbf{X}}_{t+1}$ に加え，その資産の固有リスクにも依存すると考えられる．

る．無リスク利子 $R_{f,t}$ についてもマルコフ過程を仮定しているので，実現値に依存して平均回帰的に変動する特性を記述することができる．

投資実務においては，$\mathbf{R}_t$，すなわち無リスク利子率 $R_{f,t}$ とリスク資産の投資収益率の実現値 $R_{i,t}(i \in \{1, \cdots, N\})$，および，状態変数を特定したうえでその実現値 $\mathbf{X}_t$ を記録し，次期の投資収益率の確率分布を推定するといったことはほとんど行なわれていないものと思われる．これは，仮に，すべての資産の投資収益率が i.i.d. に従うならば，合理化することができる．すなわち，i.i.d. という仮定が成立する場合，投資家は過去の投資収益率の実現値を記録しておく必要すらなくなる．期待値や分散，共分散の計算は，状態変数から独立に，無条件の確率計算を行なうことで事足りるためである．

比較的短期の投資ホライズンでは，投資機会集合が不変とみなせるので，i.i.d. の仮定は実務上は問題を生じさせないと思われるが，長期投資においては，株式投資収益率に平均回帰性ないし平均乖離性がみられることや投資機会集合の変動の影響が無視できないので，i.i.d. の仮定が不適切となることはいうまでもない[13]．そのため，長期投資を考察している本章では，投資収益率は i.i.d. ではなく，$\tilde{\mathbf{R}}_{t+1}$ は上で述べたマルコフ過程に従うと仮定するのである[14]．

価値関数の定義と最適ポートフォリオ

以上の仮定をおくと，価値関数を定めるパラメターは時点 t における状態変数ベクトル $\mathbf{X}_t$ と無リスク資産およびリスク資産の投資収益率の実現値 $\mathbf{R}_t$，富の水準 W_t，および，時点を表わす t であり，価値関数 J は (3.2) 式を使って次のように定義される[15]．

---

[13] Samuelson (1969) では，無リスク利子率は定数で固定し，リスク資産の投資収益率に i.i.d. を仮定しているため，価値関数は富 W_t と時間 t のみの関数となり，状態変数ベクトル $\mathbf{X}_t$ は登場しない．多期間モデルとはいえ，投資機会集合が一定という極度に簡略化された経済が想定されている点に注意が必要である．

[14] これを受けて，以下では $\tilde{\mathbf{R}}_{t+1}(\tilde{\mathbf{X}}_{t+1})$ を $\tilde{\mathbf{R}}_{t+1}$ と略記する．

[15] 動的計画法では，価値関数を定める変数として，$\mathbf{X}_t$ に加えて投資収益率の実現値 $\mathbf{R}_t$，および，富の水準 W_t をも状態変数ベクトルに含めるのが普通であるが，本書では，投資収益率ベクトルと富水準の重要性を考慮して，価値関数の決定に関与する変数のうち $\mathbf{R}_t$ と W_t 以外を（狭義の）状態変数とよんでいる．

1. 多期間モデルの一般的性質 207

$$J(W_t, \mathbf{X}_t, \mathbf{R}_t, t) \equiv \underset{\{C_s, \omega_{i,s}\}}{\text{Maximize}} \mathrm{E}_t\left[\sum_{s=t}^{T-1} u(\widetilde{C}_s, s) + B(\widetilde{W}_T, T)\right] \qquad (3.5)$$

上式の定義は，価値関数に関する説明を反映して，すべての期間における消費から得られる効用と遺産を残すことにより得られる効用の，（時間価値を加味した）単純な合計の期待値を最大化した値になっている．演算記号 $\mathrm{E}_t[\cdot]$ は時点 t において利用可能な情報集合のもとで計算される条件付き期待値計算の意味であり，ここでは，情報集合として状態変数の実現値のベクトル $\mathbf{X}_t$，および，金融資産の投資収益率の実現値のベクトル $\mathbf{R}_t$ の情報を考えている[16]．投資家は，将来の時点 $s \in \{t+1, t+2, \cdots, T\}$ に実現する状態変数ベクトル $\widetilde{\mathbf{X}}_s$ およびすべての金融資産の投資収益率ベクトル $\widetilde{\mathbf{R}}_s$ について，これらの多変量の条件付き確率分布を用いて期待値計算を行なうが，それを $\mathrm{E}_t[\cdot]$ によって表現している．

最大化記号の下に記した $\{C_s, \omega_{i,s}\}$ は選択変数（Choice Variables）である．合理的な消費者（投資家）はすべての時点 s とすべての金融資産 $i \in \{0, 1, \cdots, N\}$ について，期待効用関数が最大化されるように消費と投資比率 $\{C_s, \omega_{i,s}\}$ の組を選択するはずである．そのとき，以下では選択変数の最適な値についてはアスタリスク（*）を付し，$C_s^*, \omega_{i,s}^*$ のように表わす．また，時点 s に決定する金融資産への投資比率のベクトルを $\boldsymbol{\omega}_s = [\omega_{0,s}\, \omega_{1,s} \cdots \omega_{N,s}]'$ とし，とくに最適ポートフォリオは $\boldsymbol{\omega}_s^*$ と表示する．最適ポートフォリオがもたらす投資収益率は選択変数ではないが，本書では最適性を強調する目的から例外的にアスタリスクを付し，単利ネット表示の投資収益率は $\widetilde{R}_p^*$，単利グロス表示では $1 + \widetilde{R}_p^*$ とする．

さらに，T 期間モデルにおいて時点 t 以降の意思決定の時点は，$s \in \{t, t+1, \cdots, T-1\}$ であるから，消費者は現在だけでなく，将来においても最適に消費と投資の意思決定を行なうことを価値関数は前提している．その結果として，目的関数としての期待効用関数が達成しうる最大の水準を表わす最大値関数を価値関数とよぶのである．

---

[16] 期間を表わす t が価値関数の定義 $J(W_t, \mathbf{X}_t, \mathbf{R}_t, t)$ に含まれる理由は，(3.1) 式に関連してすでに説明したが，時間の進行とともに各期の 1 期間効用に含まれる主観的割引因子 δ の効果が t の関数として確定的に変化するためである．

本章の目標は，現在時点から最終期の期初に至るすべての意思決定時点における最適な消費と投資の意思決定のメカニズムを明らかにし，その結果を資産の価格付けに反映させることである．そのためにまず，時点 $T-1$ における最適な消費と最適なポートフォリオの決定方法を求めることにする．そうする理由は，時点 $T-1$ からみるとき，消費者（投資家）は 1 期間後に死去するという設定なので，その最適解は操作が容易な 1 期間モデルの解として求めることができるためである．

1.4　時点 $T-1$ における最適消費と最適投資の決定：一般的ケース

価値関数の定義式（3.5）において，時点を $t=T-1$ と設定する．すなわち，

$J(W_{T-1}, \mathbf{X}_{T-1}, \mathbf{R}_{T-1}, T-1)$

$= \underset{(C_{T-1}, \omega_{T-1})}{\text{Maximize}} \, \mathrm{E}_{T-1}[u(C_{T-1}, T-1) + B(\widetilde{W}_T, T)]$

$= \underset{(C_{T-1}, \omega_{T-1})}{\text{Maximize}} \, \{u(C_{T-1}, T-1) + \mathrm{E}_{T-1}[B(\widetilde{W}_T, T)]\} \qquad (3.6)$

となる．効用 $u(C_{T-1}, T-1)$ は時点 $T-1$ において確率変数ではないので，上式では期待値記号の外に出している．

最適消費

まず，消費 C_{T-1} について最適化の 1 階条件を求めてみよう．(3.6) 式右辺の目的関数を最大化するため，C_{T-1} で偏微分してゼロとおくと，

$$\frac{\partial u(C_{T-1}, T-1)}{\partial C_{T-1}} + \mathrm{E}_{T-1}\left[\frac{\partial B(\widetilde{W}_T, T)}{\partial \widetilde{W}_T} \frac{\partial \widetilde{W}_T}{\partial C_{T-1}}\right] = 0$$

$$\Leftrightarrow u_C(C_{T-1}^*, T-1) + \mathrm{E}_{T-1}\left[B_W(\widetilde{W}_T, T) \frac{\partial \widetilde{W}_T}{\partial C_{T-1}}\right] = 0 \qquad (3.7\text{a})$$

を得る．ここで，左辺第 1 項の変数に C_{T-1}^* とアステリスクを付したのはこれが 1 階条件を満たす最適解であることを表わすためである．また，u_C, B_W

は偏微分の略記であるが，その関数形が時点に依存せず，意味が明らかな限りは，以後においても時点を表わす添え字を略することにする．

この消費に関する最適化では，まだポートフォリオ比率に関する最適化は行なっていないので，時点 T の富 $\widetilde{W}_T$ は，時点 $T-1$ での金融資産投資額 $I_{T-1}=W_{T-1}+Y_{T-1}-C^*_{T-1}$ を，最適とは限らない（アステリスクを付さない）ポートフォリオ投資収益率 $1+\widetilde{R}_{p,T}$ で運用した結果と解釈しなければならない．したがって，任意の金融資産投資額 I_{T-1}，任意のポートフォリオベクトル $\omega_{T-1}=[\omega_{0,T-1}\ \omega_{1,T-1}\ \cdots\ \omega_{N,T-1}]'$ が与えられたとき，それを所与として最適な消費水準を決定したに過ぎないことになる．

(3.7a) 式の計算に戻り，まず，(3.3) および (3.4) 式で $t=T-1$ とおくと，

$$\widetilde{W}_T = I_{T-1}\Big\{(1+R_{f,T-1})+\sum_{i=1}^{N}\omega_{i,T-1}(\widetilde{R}_{i,T}-R_{f,T-1})\Big\} \tag{3.7b}$$

であり，投資額 I_{T-1} が消費の関数になっていることから，

$$\frac{\partial \widetilde{W}_T}{\partial C_{T-1}} = \frac{\partial I_{T-1}}{\partial C_{T-1}}\Big\{(1+R_{f,T-1})+\sum_{i=1}^{N}\omega_{i,T-1}(\widetilde{R}_{i,T}-R_{f,T-1})\Big\}$$

$$= -\Big\{(1+R_{f,T-1})+\sum_{i=1}^{N}\omega_{i,T-1}(\widetilde{R}_{i,T}-R_{f,T-1})\Big\}$$

となる．これを (3.7a) 式に代入すると，

$$u_C(C^*_{T-1},T-1)$$

$$-\mathrm{E}_{T-1}\Big[B_W(\widetilde{W}_T,T)\Big\{(1+R_{f,T-1})+\sum_{i=1}^{N}\omega_{i,T-1}(\widetilde{R}_{i,T}-R_{f,T-1})\Big\}\Big]=0 \tag{3.8}$$

を得る．これが最適消費に関する1階条件であり，消費 C^*_{T-1} と（最適とは限らない）任意のポートフォリオ比率 $\omega_{i,T-1}$ の非線形関数になっている．

最適投資

最適消費の分析では，時点 $T-1$ における金融資産 $i\in\{0,1,\cdots,N\}$ への投資比率を所与として，任意のポートフォリオのもとで最適な消費 $C_{T-1}=C^*_{T-1}$ を求めた．次に，最適なポートフォリオの決定を分析するために，最大

化問題（3.6）式の目的関数において，いま求めた最適消費を $C_{T-1}=C_{T-1}^*$ と置き直し，そのうえで投資比率について明示的に最適条件を求めることにする．目的関数，すなわち期待効用を $\omega_{i,T-1}$ で偏微分して1階条件を求めると，

$$\frac{\partial u(C_{T-1}^*, T-1)}{\partial \omega_{i,T-1}} + \mathrm{E}_{T-1}\left[\frac{\partial B(\widetilde{W}_T, T)}{\partial \omega_{i,T-1}}\right] = 0$$

$$\Leftrightarrow \mathrm{E}_{T-1}\left[\frac{\partial B(\widetilde{W}_T, T)}{\partial \widetilde{W}_T}\frac{\partial W_T}{\partial \omega_{i,T-1}}\right] = 0$$

$$\Leftrightarrow \mathrm{E}_{T-1}[B_W(\widetilde{W}_T, T) \cdot I_{T-1}\{(1+\widetilde{R}_{i,T})-(1+R_{f,T-1})\}] = 0$$

$$\Leftrightarrow \mathrm{E}_{T-1}[B_W(\widetilde{W}_T, T) \cdot (1+\widetilde{R}_{i,T})] = (1+R_{f,T-1})\mathrm{E}_{T-1}[B_W(\widetilde{W}_T, T)] \quad (3.9\mathrm{a})$$

を導出できる．あるいは，上式の両辺から $\mathrm{E}_{T-1}[B_W(\widetilde{W}_T, T)]$ を引いて整理すれば，

$$\mathrm{E}_{T-1}[B_W(\widetilde{W}_T, T) \cdot \widetilde{R}_{i,T}] = R_{f,T-1}\mathrm{E}_{T-1}[B_W(\widetilde{W}_T, T)]$$

$$\Leftrightarrow \mathrm{E}_{T-1}[B_W(\widetilde{W}_T, T) \cdot (\widetilde{R}_{i,T}-R_{f,T-1})] = 0 \quad (3.9\mathrm{b})$$

ただし，

$$\widetilde{W}_T = I_{T-1}(1+\widetilde{R}_{p,T}^*)$$

$$= (W_{T-1}+Y_{T-1}-C_{T-1}^*)\left\{(1+R_{f,T-1})+\sum_{i=1}^{N}\omega_{i,T-1}^*(\widetilde{R}_{i,T}-R_{f,T-1})\right\} \quad (3.9\mathrm{c})$$

である．（3.9c）式は，（3.7b）の予算制約式において投資比率についても最適化されたので，$\omega_{i,T-1}=\omega_{i,T-1}^*$ とアステリスクを付したものであって，最適ポートフォリオによる資産運用を前提したものである．このとき，時点 T の富の水準 $\widetilde{W}_T$ は，時点 $T-1$ での金融資産投資額 $I_{T-1}=W_{T-1}+Y_{T-1}-C_{T-1}^*$ を最適なポートフォリオ投資収益率 $1+\widetilde{R}_{p,T}^*$ で運用した結果であり，それは時点 $T-1$ において最適に決定された C_{T-1}^* と $\omega_{i,T-1}^*$ によって生み出される確率変数であることを示している．

また，2階条件については，$u(\cdot)$ と $B(\cdot)$ にそれぞれ狭義の凹関数を仮定しているので満たされていることは明らかであろう．

さて，投資に関する最適条件が得られたので，消費に関する最適条件（3.8）式は，$\omega_{i,T-1}=\omega_{i,T-1}^*$ とおいて，

$u_C(C^*_{T-1}, T-1)$
$$-\mathrm{E}_{T-1}\Big[B_W(\widetilde{W}_T, T)\Big\{(1+R_{f,T-1})+\sum_{i=1}^{N}\omega^*_{i,T-1}(\widetilde{R}_{i,T}-R_{f,T-1})\Big\}\Big]=0 \quad (3.10)$$

と表現できることになる.

いま, 2個の未知数 C^*_{T-1} と $\omega^*_{i,T-1}$ について, 2本の式, すなわち (3.9b) 式 (および, その補足としての (3.9c) 式) と (3.10) 式とを連立して解けば, 最適な意思決定として $(C^*_{T-1}, \omega^*_{i,T-1})$ の組を求めることができるはずである. そのためには, 1期間効用関数と遺産関数の関数形を定め, また, 条件付き期待値の計算が可能となるように, リスク資産の投資収益率の確率分布, および, 状態変数ベクトルの確率分布を特定しなければならない. このように, $(C^*_{T-1}, \omega^*_{i,T-1})$ は2本の関数方程式によって同時決定されるので, 相互に依存する性格をもつ. したがって, 両変数について, 他の変数から独立した関数として明示的な解析解を得ることは基本的に困難である.

この分析結果は, 大変に重要な含意をもつ. すなわち, 投資家が多期間にわたって, 利用可能な情報のもとで期待効用を最大化するように合理的に行動すると仮定したとき, 現在時点を含む将来のすべての時点において, 消費の意思決定と投資の意思決定は相互に依存しており, 両者を独立に決定することは一般的には不可能であるということを意味するからである.

Samuelson (1969) は, 以上のように, 2つの意思決定が基本的には相互に依存し, 分離できないことをまず明らかにした. そのうえで, 効用関数, 遺産関数の関数形と, リスク資産投資収益率の確率分布にどのような制約を課せば2つの意思決定が独立になりうるのか, また, その場合の最適消費と最適ポートフォリオがどのように与えられるのかを解明した. その結果をみていこう.

最適消費と最適投資の条件式の解釈

まず, いま導出した最適な消費と投資の意思決定を記述する2本の1階条件の式を解釈しよう. 最適消費に関する (3.10) 式は, 最適ポートフォリオの投資収益率にも最適化されたことを示すアステリスクを付して表わせば,

$$u_C(C^*_{T-1}, T-1) = \mathrm{E}_{T-1}[B_W(\widetilde{W}_T, T) \cdot (1+\widetilde{R}^*_{p,T})] \tag{3.11}$$

と書くことができる．左辺は，時点 $T-1$ に立つ消費者の最適な現在消費の限界効用であるが，それが右辺，すなわち，1時点将来の富がもたらす（遺産関数の）限界効用を最適投資収益率で拡大した値の条件付き期待値に等しくなることを示している．すなわち，価値関数が（3.5）式で与えられたもとでは，第 $T-1$ 期の最適消費は，最適投資のもとで時点 T に実現する $1+\widetilde{R}^*_{p,T}$ の確率分布，および，条件付き期待値計算に必要な状態変数 $\widetilde{\mathbf{X}}_T$ の同時確率分布に依存して決定されるのである．

次に，最適な投資の意思決定に関する（3.9a）および（3.9b）式の解釈を考えてみよう．（3.9a）式の方を用いて，その両辺に最適な投資比率を表わす $\omega^*_{i,T-1}$ を乗じ，リスク資産 $i=1,\cdots,N$ について総和をとると，

$$\sum_{i=1}^N \omega^*_{i,T-1} \mathrm{E}_{T-1}[B_W(\widetilde{W}_T, T) \cdot (1+\widetilde{R}_{i,T})]$$

$$= \sum_{i=1}^N \omega^*_{i,T-1}(1+R_{f,T-1}) \mathrm{E}_{T-1}[B_W(\widetilde{W}_T, T)]$$

$$\Leftrightarrow \mathrm{E}_{T-1}\left[B_W(\widetilde{W}_T, T) \cdot \left\{\sum_{i=1}^N \omega^*_{i,T-1}(1+\widetilde{R}_{i,T})\right\}\right]$$

$$= \left(\sum_{i=1}^N \omega^*_{i,T-1}\right)(1+R_{f,T-1}) \cdot \mathrm{E}_{T-1}[B_W(\widetilde{W}_T, T)]$$

$$\Leftrightarrow \mathrm{E}_{T-1}[B_W(\widetilde{W}_T, T) \cdot \{(1+\widetilde{R}^*_{p,T}) - \omega^*_{0,T-1}(1+R_{f,T-1})\}]$$

$$= (1-\omega^*_{0,T-1})(1+R_{f,T-1}) \cdot \mathrm{E}_{T-1}[B_W(\widetilde{W}_T, T)]$$

$$\Leftrightarrow \mathrm{E}_{T-1}[B_W(\widetilde{W}_T, T) \cdot (1+\widetilde{R}^*_{p,T})] - \omega^*_{0,T-1}(1+R_{f,T-1}) \cdot \mathrm{E}_{T-1}[B_W(\widetilde{W}_T, T)]$$

$$= (1+R_{f,T-1}) \cdot \mathrm{E}_{T-1}[B_W(\widetilde{W}_T, T)]$$
$$- \omega^*_{0,T-1}(1+R_{f,T-1}) \cdot \mathrm{E}_{T-1}[B_W(\widetilde{W}_T, T)]$$

$$\Leftrightarrow \mathrm{E}_{T-1}[B_W(\widetilde{W}_T, T) \cdot (1+\widetilde{R}^*_{p,T})] = (1+R_{f,T-1}) \mathrm{E}_{T-1}[B_W(\widetilde{W}_T, T)] \tag{3.12}$$

を得る[17]．

[17) 上式の変形では，$\sum_{i=1}^N \omega^*_{i,T-1}(1+\widetilde{R}_{i,T}) = (1+\widetilde{R}^*_{p,T}) - \omega^*_{0,T-1}(1+R_{f,T-1})$，および $\sum_{i=1}^N \omega^*_{i,T-1} = 1 - \omega^*_{0,T-1}$ を用いている．

(3.12) 式の左辺は，(3.11) 式によって，最適消費の限界効用 $u_C(C^*_{T-1}, T-1)$ に等しい．それが，右辺の遺産関数の限界効用の期待値をグロス表示の無リスク利子率で拡大した値に等しくなっているのである．

包絡線条件

ここで，多期間モデルにおいて重要な役割を果たす包絡線条件（Envelope Condition）について述べておこう．時点 $T-1$ における価値関数の定義を与える（3.6）式を再掲すると，

$$J(W_{T-1}, \mathbf{X}_{T-1}, \mathbf{R}_{T-1}, T-1)$$
$$= \underset{\{C_{T-1}, \omega_{T-1}\}}{\text{Maximize}} \{u(C_{T-1}, T-1) + \mathrm{E}_{T-1}[B(\widetilde{W}_T, T)]\} \quad [(3.6)]$$

であるが，消費とポートフォリオ投資比率の最適解を C^*_{T-1} および ω^*_{T-1}，最適なポートフォリオ収益率を $1+\widetilde{R}^*_{p,T}$ とおけば，上式は，

$$J(W_{T-1}, \mathbf{X}_{T-1}, \mathbf{R}_{T-1}, T-1) = u(C^*_{T-1}, T-1) + \mathrm{E}_{T-1}[B(\widetilde{W}_T, T)] \quad (3.13)$$

ただし，

$$\widetilde{W}_T = I_{T-1}(1+\widetilde{R}^*_{p,T})$$
$$= (W_{T-1}+Y_{T-1}-C^*_{T-1})\{(1+R_{f,T-1}) + \sum_{i=1}^{N}\omega^*_{i,T-1}(\widetilde{R}_{i,T}-R_{f,T-1})\}$$
$$[(3.9c)]$$

と表現される．

いま，この価値関数が富の変化に対してどのような振舞いをするかを調べるために W_{T-1} で偏微分してみると，

$$\frac{\partial J(W_{T-1}, \mathbf{X}_{T-1}, \mathbf{R}_{T-1}, T-1)}{\partial W_{T-1}}$$
$$= \frac{\partial u(C^*_{T-1}, T-1)}{\partial C^*_{T-1}} \frac{\partial C^*_{T-1}}{\partial W_{T-1}} + \mathrm{E}_{T-1}\left[\frac{\partial B(\widetilde{W}_T, T)}{\partial \widetilde{W}_T} \frac{\partial \widetilde{W}_T}{\partial W_{T-1}}\right] \quad (3.14)$$

であり，上式中の $\frac{\partial \widetilde{W}_T}{\partial W_{T-1}}$ は，

$$\frac{\partial \widetilde{W}_T}{\partial W_{T-1}} = \frac{\partial}{\partial W_{T-1}}\{I_{T-1}(1+\widetilde{R}_{p,T}^*)\}$$

$$= \frac{\partial}{\partial W_{T-1}}\left[(W_{T-1}+Y_{T-1}-C_{T-1}^*)\left\{\sum_{i=1}^{N}\omega_{i,T-1}^*(\widetilde{R}_{i,T}-R_{f,T-1})+(1+R_{f,T-1})\right\}\right]$$

$$= \left(1-\frac{\partial C_{T-1}^*}{\partial W_{T-1}}\right)(1+\widetilde{R}_{p,T}^*)+I_{T-1}\left\{\sum_{i=1}^{N}\frac{\partial \omega_{i,T-1}^*}{\partial W_{T-1}}(\widetilde{R}_{i,T}-R_{f,T-1})\right\}$$

である[18]．これを（3.14）式へ代入すると，

$$J_W(W_{T-1}, \mathbf{X}_{T-1}, \mathbf{R}_{T-1}, T-1)$$
$$= u_C(C_{T-1}^*, T-1)\frac{\partial C_{T-1}^*}{\partial W_{T-1}} + \mathrm{E}_{T-1}\left[B_W(\widetilde{W}_T, T)\left[\left(1-\frac{\partial C_{T-1}^*}{\partial W_{T-1}}\right)(1+\widetilde{R}_{p,T}^*)\right.\right.$$
$$\left.\left. + I_{T-1}\left\{\sum_{i=1}^{N}\frac{\partial \omega_{i,T-1}^*}{\partial W_{T-1}}(\widetilde{R}_{i,T}-R_{f,T-1})\right\}\right]\right]$$
$$= \frac{\partial C_{T-1}^*}{\partial W_{T-1}}\{u_C(C_{T-1}^*, T-1) - \mathrm{E}_{T-1}[B_W(\widetilde{W}_T, T)\cdot(1+\widetilde{R}_{p,T}^*)]\}$$
$$+ I_{T-1}\sum_{i=1}^{N}\left\{\frac{\partial \omega_{i,T-1}^*}{\partial W_{T-1}}\mathrm{E}_{T-1}[B_W(\widetilde{W}_T, T)\cdot(\widetilde{R}_{i,T}-R_{f,T-1})]\right\}$$
$$+ \mathrm{E}_{T-1}[B_W(\widetilde{W}_T, T)\cdot(1+\widetilde{R}_{p,T}^*)]$$
$$= \mathrm{E}_{T-1}[B_W(\widetilde{W}_T, T)\cdot(1+\widetilde{R}_{p,T}^*)] \qquad (3.15)$$

を得る．最後から 2 本目の式で，第 1 項は富の増加が最適消費に及ぼす間接的効果を，第 2 項は最適投資に及ぼす間接的効果を表わしているが，それぞれ，最適化の 1 階条件である（3.10）ないし（3.11）式，および（3.9b）式によりゼロであって，第 3 項の遺産関数に対する直接的効果のみが残り，（3.15）式が導かれている．

このように，消費および投資に関する最適化条件が成立するもとでは，価値関数 $J(W_{T-1}, \mathbf{X}_{T-1}, \mathbf{R}_{T-1}, T-1)$ の富 W_{T-1} による偏微分は，選択変数である消費 C_{T-1}^* と投資比率 $\omega_{i,T-1}^*$ については，これらがあたかも富 W_{T-1} には依存しない変数であるかのように取り扱い，形式的に遺産関数を W_{T-1} で偏微

---

[18] この計算では，C_{T-1}^* および $\omega_{i,T-1}^*$ は時点 $T-1$ における富の水準 W_{T-1} に依存して決定されると考えている点に留意のこと．

分した結果と一致する．これが，包絡線（Envelope Curve），および包絡線条件という名称の由来である[19]．

以上，(3.11) 式以降の結果をまとめると，

$$
\begin{aligned}
J_W&(W_{T-1}, \mathbf{X}_{T-1}, \mathbf{R}_{T-1}, T-1) \\
&= \mathrm{E}_{T-1}[B_W(\widetilde{W}_T, T) \cdot (1+\widetilde{R}^*_{p,T})] \\
&= (1+R_{f,T-1})\mathrm{E}_{T-1}[B_W(\widetilde{W}_T, T)] \\
&= u_C(C^*_{T-1}, T-1)
\end{aligned}
\tag{3.16}
$$

となる．最左辺と最右辺に着目すると，消費者が時点 $T-1$ において最適な消費とポートフォリオ決定を行なうときには，価値関数の富に対する限界効用は1期間効用関数の消費に対する限界効用と等しくなることがわかる．この条件が包絡線条件であり，次節ではこれを用いて，べき型効用関数の仮定のもとで価値関数や最適消費を導出する．また，多期間におけるプライシング・カーネルが包絡線条件を用いて定義できることを本章4節で述べる．

1.5　任意の時点 t における最適消費と最適投資の決定：一般的ケース

時点 $T-1$ での最適解と同様にして，今度は，時点 $T-2$ における最適解を調べてみる．(3.6) 式の時点を1つ繰り下げると，

$$
\begin{aligned}
J&(W_{T-2}, \mathbf{X}_{T-2}, \mathbf{R}_{T-2}, T-2) \\
&= \underset{\{C_{T-2}, \boldsymbol{\omega}_{T-2}\}}{\mathrm{Maximize}}\, \mathrm{E}_{T-2}\left[\sum_{s=T-2}^{T-1} u(\widetilde{C}_s, s) + B(\widetilde{W}_T, T)\right] \\
&= \underset{\{C_{T-2}, \boldsymbol{\omega}_{T-2}\}}{\mathrm{Maximize}}\, \{u(C_{T-2}, T-2) + \mathrm{E}_{T-2}[u(\widetilde{C}_{T-1}, T-1) + B(\widetilde{W}_T, T)]\}
\end{aligned}
$$

を得る．時点 $T-2$ にいる投資家は，最適な消費水準 C^*_{T-2} と最適なポートフォリオ $\boldsymbol{\omega}^*_{T-2}$ を決定するのであるが，同時に，観測した状態変数 $\mathbf{X}_{T-2}$ と無リスク資産とリスク資産の投資収益率の実現値 $\mathbf{R}_{T-2}$ の情報を利用して1期

---

[19]　包絡線とその幾何学的解釈について，詳しくは高木（1983, pp.318-320）をみよ．

間先の消費とさらに1期間先の遺産についての期待効用を計算し，それも最大化しなければならない．時点 $T-2$ よりも1期間将来の期待効用は，将来消費 $\tilde{C}_{T-1}$ とポートフォリオ ω_{T-1} に関する将来（時点 $T-1$）における意思決定に依存するが，もとより，時点 $T-2$ ではまだ決定できる変数ではない．そこで利用する考え方が Bellman（1957）の最適性原理である．

最適性原理による任意の時点 t の価値関数表現

最適性原理（Principle of Optimality）とは，最適な意思決定の集合についてその特徴を述べたものである．これは，最初の状態と最初の意思決定がどのようなものであれ，引き続く意思決定は，最初の意思決定の結果として生じた状態についても最適でなければならない，という考え方である．これは，初期時点の意思決定によって実現した結果が好ましいか好ましくないかにかかわらず，その結果を受けてもやはり，引き続く意思決定はその結果のもとで常に最適でなければならないという考え方と言い換えることができる[20]．

最適性原理を上式に適用すれば，時点 $T-2$ で決定した最適消費水準と最適なポートフォリオ ω_{T-2}^* が時点 $T-1$ でどのような富を実現しようとも，時点 $T-1$ ではその結果を所与として残りの1期間の効用を最大にするように最適消費水準 C_{T-1}^* と最適なポートフォリオ ω_{T-1}^* を決定するということになる．したがって上式は，

$$J(W_{T-2}, \mathbf{X}_{T-2}, \mathbf{R}_{T-2}, T-2)$$
$$= \underset{\{C_{T-2}, \omega_{T-2}\}}{\text{Maximize}} \left\{ u(C_{T-2}, T-2) + \mathrm{E}_{T-2} \left[\underset{\{C_{T-1}, \omega_{T-1}\}}{\text{Maximize}} \mathrm{E}_{T-1} [u(C_{T-1}, T-1) \right. \right.$$

---

[20] 最適性原理の考え方は投資実務においては必ずしも説得的でないかもしれない．たとえば，最初に組んだポートフォリオの成績が悪かったので，ポートフォリオを決定する目的関数や制約条件を変えて，新たな投資計画のもとで次期以降の投資を行なうといったことは日常的に行なわれるであろう．しかし，そのように行動する場合には最適性原理は満たされないことに注意したい．こうした計画変更をともなう投資戦略を時間に関して非整合的（Time Inconsistent）と表現するが，この「非整合的な投資戦略」が，最適性原理が成立するような「時間に関して整合的な投資政策」との比較において，生涯効用を低下させることになるとは限らない．

$$+ B(\widetilde{W}_T, T)]\}$$

$$= \underset{\{C_{T-2}, \omega_{T-2}\}}{\text{Maximize}} \{u(C_{T-2}, T-2) + \mathrm{E}_{T-2}[J(\widetilde{W}_{T-1}, \widetilde{\mathbf{X}}_{T-1}, \widetilde{\mathbf{R}}_{T-1}, T-1)]\} \quad (3.17)$$

となる. 最後の式変形は, 時点 $T-1$ における価値関数の定義式 (3.6) によっている. こうして, 時点 $T-2$ における意思決定と時点 $T-1$ における意思決定とが関連づけられるが, 最適性原理の適用によって, 価値関数の定義式に将来の価値関数が再帰的に登場することになるのである.

時点 $T-3$ においても同様にして,

$$J(W_{T-3}, \mathbf{X}_{T-3}, \mathbf{R}_{T-3}, T-3)$$

$$= \underset{\{C_{T-3}, \omega_{T-3}\}}{\text{Maximize}} \mathrm{E}_{T-3}\left[\sum_{s=T-3}^{T-1} u(\widetilde{C}_s, s) + B(\widetilde{W}_T, T)\right]$$

$$= \underset{\{C_{T-3}, \omega_{T-3}\}}{\text{Maximize}} \{u(C_{T-3}, T-3) + \mathrm{E}_{T-3}[J(W_{T-2}, \widetilde{\mathbf{X}}_{T-2}, \widetilde{\mathbf{R}}_{T-2}, T-2)]\}$$

が成立し, 時点を $T-4, T-5, \cdots, 2, 1, 0$ と後退させても最適性原理に基づいてそれぞれの時点における価値関数を定義することができる. そこで, 任意の時点 $t \in \{0, 1, \cdots, T-1\}$ について価値関数を表現すれば,

$$J(W_t, \mathbf{X}_t, \mathbf{R}_t, t) = \underset{\{C_t, \omega_t\}}{\text{Maximize}} \mathrm{E}_t\left[\sum_{s=t}^{T-1} u(\widetilde{C}_s, s) + B(\widetilde{W}_T, T)\right]$$

$$= \underset{\{C_t, \omega_t\}}{\text{Maximize}} \{u(C_t, t) + \mathrm{E}_t[J(\widetilde{W}_{t+1}, \widetilde{\mathbf{X}}_{t+1}, \widetilde{\mathbf{R}}_{t+1}, t+1)]\} \quad (3.18)$$

となることは明らかであろう[21]).

最適消費と最適投資は独立には決定できない

上式の形は $T-1$ 期について成立する (3.6) 式と比べて, $B(\cdot)$ が $J(\cdot)$ に

---

21) (3.18) 式は, 投資家が最適性原理にしたがって生涯効用を最大化するときには, 価値関数がその時点の決定部分と, 後続する決定部分とに分けられることを含意している. 本節は, 時間分離可能な期待効用関数を前提して解説したが, このように価値関数が 2 つの部分に分けられるという性質は, 第 2 章で述べた再帰的効用関数においても成立する関係である.

変わった以外は完全に同一であるから，(3.6) 式のもとで導出された結果は (3.18) 式においても成立するはずである．そこで，最適消費に関する1階条件である (3.11) 式の $B(\cdot)$ を $J(\cdot)$ に，時点 $T-1$ を t に置き換えると，

$$u_C(C_t^*, t) = \mathrm{E}_t[J_W(\widetilde{W}_{t+1}, \widetilde{\mathbf{X}}_{t+1}, \widetilde{\mathbf{R}}_{t+1}, t+1) \cdot (1+\widetilde{R}_{p,t+1}^*)] \tag{3.19a}$$

ただし，(3.9c) 式より，

$$\widetilde{W}_{t+1} = I_t(1+\widetilde{R}_{p,t+1}^*) = (W_t + Y_t - C_t^*)\left\{(1+R_{f,t}) + \sum_{i=1}^N \omega_{i,t}^*(\widetilde{R}_{i,t+1} - R_{f,t})\right\} \tag{3.19b}$$

となる．

最適投資に関する1階条件については，(3.12) 式を用いると，$B(\cdot)$ を $J(\cdot)$ に，また，時点 $T-1$ を t にそれぞれ置き換えて，

$$\begin{aligned}
&\mathrm{E}_t[J_W(\widetilde{W}_{t+1}, \widetilde{\mathbf{X}}_{t+1}, \widetilde{\mathbf{R}}_{t+1}, t+1) \cdot (1+\widetilde{R}_{p,t+1}^*)] \\
&= (1+R_{f,t})\mathrm{E}_t[J_W(\widetilde{W}_{t+1}, \widetilde{\mathbf{X}}_{t+1}, \widetilde{\mathbf{R}}_{t+1}, t+1)]
\end{aligned} \tag{3.20}$$

を得る．

消費に関する最適条件 (3.19) 式と投資に関する最適条件 (3.20) 式を同時に満たす $(C_t^*, \boldsymbol{\omega}_t^*)$ が時点 t における最適な意思決定である．これら2つの選択変数が，基本的に，独立には決定されないことを既に述べたが，それはここでも明らかであろう．両者を独立に決定するためには，効用関数ないしは投資機会を表わす確率変数に強い制約を課す必要がある．

現在の消費と投資の決定は将来のすべての投資機会に依存する

(3.16) 式として示した第 $T-1$ 期における包絡線条件を任意の t 期に拡張した結果を，後節で利用しやすい形にまとめておこう．

$$u_C(C_t^*, t) = J_W(W_t, \mathbf{X}_t, \mathbf{R}_t, t) \tag{3.21a}$$

$$= \mathrm{E}_t[J_W(\widetilde{W}_{t+1}, \widetilde{\mathbf{X}}_{t+1}, \widetilde{\mathbf{R}}_{t+1}, t+1) \cdot (1+\widetilde{R}_{p,t+1}^*)] \tag{3.21b}$$

$$= \mathrm{E}_t[J_W(\widetilde{W}_{t+1}, \widetilde{\mathbf{X}}_{t+1}, \widetilde{\mathbf{R}}_{t+1}, t+1) \cdot (1+\widetilde{R}_{i,t+1})], \quad i \in \{1, \cdots, N\} \qquad (3.21c)$$

$$= (1+R_{f,t})\mathrm{E}_t[J_W(\widetilde{W}_{t+1}, \widetilde{\mathbf{X}}_{t+1}, \widetilde{\mathbf{R}}_{t+1}, t+1)] \qquad (3.21d)$$

ただし,

$$\widetilde{W}_{t+1} = I_t(1+\widetilde{R}^*_{p,t+1})$$

$$= (W_t+Y_t-C^*_t)\left\{(1+R_{f,t})+\sum_{i=1}^{N}\omega^*_{i,t}(\widetilde{R}_{i,t+1}-R_{f,t})\right\} \qquad [(3.19b)]$$

である. 本書における包絡線条件の基本的表現は以上であるが, (3.21c) 式から (3.21d) 式を引いた形, すなわち,

$$\mathrm{E}_t[J_W(\widetilde{W}_{t+1}, \widetilde{\mathbf{X}}_{t+1}, \widetilde{\mathbf{R}}_{t+1}, t+1) \cdot (\widetilde{R}_{i,t+1}-R_{f,t})] = 0, \quad i \in \{1, \cdots, N\} \qquad (3.21e)$$

もまた, 後節で利用する.

Samuelson (1969) は, リスク資産の投資収益率が i.i.d. という仮定をおいて以上の結果を導き, そのうえで1期間効用関数 $u(\cdot)$ に対数型効用とべき型効用という具体的な関数形を特定して, 消費と投資の意思決定の特徴を明らかにした[22]. これに対して, 本書では, 状態変数およびリスク資産の投資収益率に i.i.d. 性を仮定せず, べき型効用および対数型効用の場合について, 意思決定のプロセスを検討する[23].

2. 多期間モデル：べき型効用のケース

前節では, 基本的に, 多期間モデルでは最適消費と最適投資が相互に依存

---

[22] Samuelson (1969) は, 状態変数を分析に明示的に取り入れてはいないが, 投資収益率に i.i.d. を仮定しており, 価値関数は投資収益率およびその背後にある状態変数の実現値に依存しないことを暗黙に仮定していると解される. その結果, 彼の価値関数は, $J(W_t, \mathbf{X}_t, \mathbf{R}_t, t) = J(W_t, t)$ という極端に簡単な構造になっていると解釈できる.

[23] Hakansson (1969, 1970) は, Samuelson (1969) とほぼ同時期に, 1期間効用関数として対数型, べき型に加え, 負の指数型効用を特定し, さらに, 死去する時点 T が不確実な場合の消費と投資の意思決定の特徴を明らかにしている.

しており，独立に決定することは難しいことを解説したが，効用関数あるいは消費の確率過程を制約すれば，両者を独立に分析することが可能となる場合がある．Samuelson (1969) は，1期間効用関数および遺産関数が CES (Constant Elasticity of Marginal Substitution) 型，すなわち，今期の消費と次期の消費の限界代替率の弾力性が一定であるような効用関数を仮定して，消費と投資の意思決定を独立に分析することに成功している．

本節では，1期間効用関数として，代表的な CES 型効用関数である，べき型効用を仮定した場合に，最適消費と最適ポートフォリオの意思決定がどのようになされるかを，Samuelson (1969) および Ingersoll (1987) の分析に状態変数と資産収益率が i.i.d. ではない場合の影響を明示的に取り入れて，跡付けてみる．

2.1　時点 $T-1$ における最適消費と最適投資の決定

議論の進め方は前節と同じである．ただし以下では，次のべき型効用の仮定をおく．

$$u(C_t, t) = \delta^t \frac{C_t^{1-\gamma}}{1-\gamma}, \quad B(W_T, T) = \delta^T \frac{W_T^{1-\gamma}}{1-\gamma},$$
$$Y_t = 0 \quad \forall t \in \{1, 2, \cdots, T-1\} \tag{3.22}$$

δ はこれまで通りに主観的割引因子を表わし，$0<\delta<1$ である．この δ は，前節の一般的ケースに関わる分析では1期間効用関数の中に暗黙裡に含めていたため，明示的には取り扱ってこなかったパラメータである[24]．また，この節では労働所得 Y_t が存在しないと仮定するが，これは分析の簡略化のためである．

最終期 $T-1$ 期初における消費決定

まず，最終期の $T-1$ 期期初における消費決定から考察しよう．最適な消

---

[24]　式中の $\forall$ は，「すべての」あるいは「任意の」変数について成立することを表わす論理記号である．

2. 多期間モデル　221

費決定を表現した（3.11）式を再掲すると，

$$u_C(C_{T-1}^*, T-1) = \mathrm{E}_{T-1}[B_W(\widetilde{W}_T, T) \cdot (1+\widetilde{R}_{p,T}^*)] \qquad [(3.11)]$$

ただし，
$$\widetilde{W}_T = (W_{T-1} - C_{T-1}^*)(1 + \widetilde{R}_{p,T}^*),$$
$$1 + \widetilde{R}_{p,T}^* = (1 + R_{f,T-1}) + \sum_{i=1}^{N} \omega_{i,T-1}^*(\widetilde{R}_{i,T} - R_{f,T-1})$$

である．1 期間効用関数と遺産関数を偏微分した結果である $u_C(C_{T-1}^*, T-1)$ $= \delta^{T-1} C_{T-1}^{*-\gamma}$，および，$B_W(\widetilde{W}_T, T) = \delta^T \widetilde{W}_T^{-\gamma}$ を上式に代入すると，

$$\delta^{T-1} C_{T-1}^{*-\gamma} = \mathrm{E}_{T-1}[\delta^T \widetilde{W}_T^{-\gamma}(1+\widetilde{R}_{p,T}^*)]$$
$$\Leftrightarrow C_{T-1}^{*-\gamma} = \delta \mathrm{E}_{T-1}[\{(W_{T-1} - C_{T-1}^*)(1+\widetilde{R}_{p,T}^*)\}^{-\gamma}(1+\widetilde{R}_{p,T}^*)]$$
$$\Leftrightarrow \frac{1}{\delta}\left(\frac{C_{T-1}^*}{W_{T-1} - C_{T-1}^*}\right)^{-\gamma} = \mathrm{E}_{T-1}[(1+\widetilde{R}_{p,T}^*)^{1-\gamma}] \qquad (3.23)$$
$$\Leftrightarrow C_{T-1}^* = \frac{1}{(\delta \mathrm{E}_{T-1}[(1+\widetilde{R}_{p,T}^*)^{1-\gamma}])^{\frac{1}{\gamma}} + 1} W_{T-1}$$

となるので，最適消費は富に比例することがわかる．この比例定数は，富 1 単位の増加が消費を何単位増加させるかを示す限界消費性向（Marginal Propensity to Consume）であるが，この値は時点 $T-1$ では確定値であることに注意したい．

限界消費性向の分母には，時点 $T-1$ での条件付き期待値計算が含まれており，その計算には最適ポートフォリオの投資収益率が依存する状態変数の実現値 $\mathbf{X}_{T-1}$ と無リスク資産およびリスク資産投資収益率の実現値 $\mathbf{R}_{T-1}$ の情報が必要であることを強調して，比例定数部分を $a_{T-1}(\mathbf{X}_{T-1}, \mathbf{R}_{T-1})$ と表わすことにする．そうすると，べき型の多期間期待効用関数の最適消費は，

$$C_{T-1}^* = a_{T-1}(\mathbf{X}_{T-1}, \mathbf{R}_{T-1}) \cdot W_{T-1},$$
$$a_{T-1}(\mathbf{X}_{T-1}, \mathbf{R}_{T-1}) \equiv \frac{1}{(\delta \mathrm{E}_{T-1}[(1+\widetilde{R}_{p,T}^*)^{1-\gamma}])^{\frac{1}{\gamma}} + 1} \qquad (3.24)$$

となる．

繰り返しになるが，この条件付き期待値は，投資家が時点 $T-1$ で観測可

能な無リスク資産とリスク資産の投資収益率の実現値のベクトル $\mathbf{R}_{T-1}=[R_{f,T-1}\,R_{1,T-1}\cdots R_{N,T-1}]'$ とともに，状態変数の実現値のベクトル $\mathbf{X}_{T-1}=[X_{1,T-1}\cdots X_{K,T-1}]$ をも観測したうえで，無リスク資産の確定した投資収益率 $R_{f,T-1}$ とリスク資産の投資収益率を表わす N 個の確率変数 $\widetilde{R}_{i,T-1}, i\in\{1,\cdots,N\}$ の1次結合としての最適ポートフォリオの投資収益率 $1+\widetilde{R}^*_{p,T}$ と，（K 個の）状態変数 $\widetilde{\mathbf{X}}_T=[\widetilde{X}_{1,T}\cdots \widetilde{X}_{K,T}]$ の同時確率分布に基づいて計算されることになる．状態変数，およびリスク資産の投資収益率がマルコフ過程に従うならば，限界消費性向の定義式の分母に現れる条件付き期待値は $\mathbf{X}_{t-1}$ と $\mathbf{R}_{t-1}$ のみの関数になる．

このように，限界消費性向の決定は，その時点では定数として与えられる富水準とともに，その時点で利用可能な投資機会集合に対応した状態変数 $\mathbf{X}_{t-1}$ と金融資産の投資収益率の実現値にも依存して定まることがわかる．後述するように，対数型効用では最適消費は投資機会集合から独立となるのだが，それは，(3.24) の限界消費性向の定義式で $\gamma=1$ とすると期待値の項が1となって，a_{T-1} が状態変数ベクトル $\mathbf{X}_{t-1}$ と投資収益率ベクトル $\mathbf{R}_{t-1}$ には依存しなくなるゆえである．

最終期 $T-1$ 期初における投資決定

最終期期初の消費に関する意思決定が明らかになったので，次に，最終期期初の最適ポートフォリオがどのように決まるのかを (3.9a) 式を利用して考察する．すなわち，最適なポートフォリオにおいては，任意のリスク資産 $i\in\{1,2,\cdots,N\}$ について，

$$\mathrm{E}_{T-1}[B_W(\widetilde{W}_T,T)\cdot(1+\widetilde{R}_{i,T})] = (1+R_{f,T-1})\mathrm{E}_{T-1}[B_W(\widetilde{W}_T,T)] \quad [(3.9\mathrm{a})]$$

が成立するから，べき型の遺産関数の場合には，$B_W(\widetilde{W}_T,T)=\delta^T\widetilde{W}_T^{-\gamma}$ を代入して，

$$\begin{aligned}&\mathrm{E}_{T-1}[\delta^T\widetilde{W}_T^{-\gamma}(1+\widetilde{R}_{i,T})] = (1+R_{f,T-1})\mathrm{E}_{T-1}[\delta^T\widetilde{W}_T^{-\gamma}]\\ &\Leftrightarrow \mathrm{E}_{T-1}[\{(W_{T-1}-C^*_{T-1})(1+\widetilde{R}^*_{p,T})\}^{-\gamma}(1+\widetilde{R}_{i,T})]\\ &\quad = (1+R_{f,T-1})\mathrm{E}_{T-1}[\{(W_{T-1}-C^*_{T-1})(1+\widetilde{R}^*_{p,T})\}^{-\gamma}]\end{aligned}$$

$$\Leftrightarrow \mathrm{E}_{T-1}[(1+\widetilde{R}_{p,T}^{*})^{-\gamma}(1+\widetilde{R}_{i,T})] = (1+R_{f,T-1})\mathrm{E}_{T-1}[(1+\widetilde{R}_{p,T}^{*})^{-\gamma}],$$
$$i \in \{1, \cdots, N\} \quad (3.25)$$

を導くことができる．最適ポートフォリオ比率ベクトル $\boldsymbol{\omega}_{T-1}^{*} = [\omega_{0,T-1}^{*} \ \omega_{1,T-1}^{*} \cdots \omega_{N,T-1}^{*}]'$ は上の条件を満たすように定めることになる．そのとき，最適ポートフォリオのグロス表示の投資収益率は，(3.9c) 式でみたように，

$$1+\widetilde{R}_{p,T}^{*} = (1+R_{f,T-1}) + \sum_{i=1}^{N}\omega_{i,T-1}^{*}(\widetilde{R}_{i,T}-R_{f,T-1})$$

となる．

さて，(3.25) 式の最適ポートフォリオが満たすべき条件をみると，両辺ともに消費水準が含まれていない特徴がある．このことは，最適ポートフォリオ決定問題は，消費・貯蓄決定問題と独立に解くことができることを示唆している．これは現実の投資戦略を構築するうえで，べき型効用関数，およびその特殊ケースとしての対数型効用関数の特筆すべき好ましい性質である．そうではあっても，各金融資産への投資比率を明示的に表現することは一般に困難であり，この比率を決めるためにはリスク資産投資収益率に何らかの確率分布を想定したうえで，数値解法に頼らざるを得ない．

第 $T-1$ 期における価値関数

さて，以上の結果を踏まえて，第 $T-1$ 期におけるべき型期待効用の価値関数を導出してみよう．価値関数の定義から，

$$J(W_{T-1}, \mathbf{X}_{T-1}, \mathbf{R}_{T-1}, T-1)$$
$$= \underset{\{C_{T-1}, \boldsymbol{\omega}_{T-1}\}}{\text{Maximize}} \{u(C_{T-1}, T-1) + \mathrm{E}_{T-1}[B(\widetilde{W}_{T}, T)]\} \quad [(3.6)]$$
$$= \delta^{T-1}\frac{C_{T-1}^{*1-\gamma}}{1-\gamma} + \mathrm{E}_{T-1}\left[\delta^{T}\frac{\widetilde{W}_{T}^{1-\gamma}}{1-\gamma}\right]$$
$$= \delta^{T-1}\frac{\{a_{T-1}(\mathbf{X}_{T-1}, \mathbf{R}_{T-1}) \cdot W_{T-1}\}^{1-\gamma}}{1-\gamma}$$
$$+ \frac{\delta^{T}}{1-\gamma}\mathrm{E}_{T-1}[\{(W_{T-1}-C_{T-1}^{*})(1+\widetilde{R}_{p,T}^{*})\}^{1-\gamma}]$$

[∵ 第1項へ (3.24) 式を代入]

$$= \delta^{T-1}\frac{\{a_{T-1}(\mathbf{X}_{T-1}, \mathbf{R}_{T-1})\}^{1-\gamma}W_{T-1}^{1-\gamma}}{1-\gamma}$$

$$+ \frac{\delta^T}{1-\gamma}\mathrm{E}_{T-1}[[\{W_{T-1}-a_{T-1}(\mathbf{X}_{T-1}, \mathbf{R}_{T-1})\cdot W_{T-1}\}(1+\widetilde{R}^*_{p,T})]^{1-\gamma}]$$

$$= \delta^{T-1}\frac{\{a_{T-1}(\mathbf{X}_{T-1}, \mathbf{R}_{T-1})\}^{1-\gamma}W_{T-1}^{1-\gamma}}{1-\gamma}$$

$$+ \frac{\delta^T}{1-\gamma}W_{T-1}^{1-\gamma}\{1-a_{T-1}(\mathbf{X}_{T-1}, \mathbf{R}_{T-1})\}^{1-\gamma}\mathrm{E}_{T-1}[(1+\widetilde{R}^*_{p,T})^{1-\gamma}]$$

$$= \delta^{T-1}\frac{\{a_{T-1}(\mathbf{X}_{T-1}, \mathbf{R}_{T-1})\}^{-\gamma}W_{T-1}^{1-\gamma}}{1-\gamma}$$

$$\times \left\{a_{T-1}(\mathbf{X}_{T-1}, \mathbf{R}_{T-1}) + \frac{\delta\{1-a_{T-1}(\mathbf{X}_{T-1}, \mathbf{R}_{T-1})\}^{1-\gamma}}{\{a_{T-1}(\mathbf{X}_{T-1}, \mathbf{R}_{T-1})\}^{-\gamma}}\mathrm{E}_{T-1}[(1+\widetilde{R}^*_{p,T})^{1-\gamma}]\right\}$$

$$= \delta^{T-1}\frac{\{a_{T-1}(\mathbf{X}_{T-1}, \mathbf{R}_{T-1})\}^{-\gamma}W_{T-1}^{1-\gamma}}{1-\gamma}$$

$$\times \left\{a_{T-1}(\mathbf{X}_{T-1}, \mathbf{R}_{T-1}) + \frac{\delta\{1-a_{T-1}(\mathbf{X}_{T-1}, \mathbf{R}_{T-1})\}^{1-\gamma}}{\{a_{T-1}(\mathbf{X}_{T-1}, \mathbf{R}_{T-1})\}^{-\gamma}}\frac{1}{\delta}\left(\frac{C^*_{T-1}}{W_{T-1}-C^*_{T-1}}\right)^{-\gamma}\right\}$$

［∵ 期待値として (3.23) 式を代入］

$$= \delta^{T-1}\frac{\{a_{T-1}(\mathbf{X}_{T-1}, \mathbf{R}_{T-1})\}^{-\gamma}W_{T-1}^{1-\gamma}}{1-\gamma}\left\{a_{T-1}(\mathbf{X}_{T-1}, \mathbf{R}_{T-1})\right.$$

$$\left. + \frac{\{1-a_{T-1}(\mathbf{X}_{T-1}, \mathbf{R}_{T-1})\}^{1-\gamma}}{\{a_{T-1}(\mathbf{X}_{T-1}, \mathbf{R}_{T-1})\}^{-\gamma}}\left(\frac{a_{T-1}(\mathbf{X}_{T-1}, \mathbf{R}_{T-1})\cdot W_{T-1}}{W_{T-1}-a_{T-1}(\mathbf{X}_{T-1}, \mathbf{R}_{T-1})\cdot W_{T-1}}\right)^{-\gamma}\right\}$$

$$= \delta^{T-1}\frac{\{a_{T-1}(\mathbf{X}_{T-1}, \mathbf{R}_{T-1})\}^{-\gamma}W_{T-1}^{1-\gamma}}{1-\gamma} \tag{3.26}$$

ただし, $a_{T-1}(\mathbf{X}_{T-1}, \mathbf{R}_{T-1}) \equiv \dfrac{1}{(\delta\mathrm{E}_{T-1}[(1+\widetilde{R}^*_{p,T})^{1-\gamma}])^{\frac{1}{\gamma}}+1}$ ［(3.24)］

を導出できる.

投資家は，限界消費性向 $a_{T-1}(\mathbf{X}_{T-1}, \mathbf{R}_{T-1})$ の分母に含まれる条件付き期待値を，投資収益率ベクトル $\mathbf{R}_{T-1}$ に依存して定まる最適ポートフォリオ $(1+\widetilde{R}^*_{p,T})$ および状態変数ベクトル $\widetilde{\mathbf{X}}_T$ の時点 $T-1$ における条件付き同時

確率分布を用いて計算する．そのとき，状態変数ベクトル $\mathbf{X}_{T-1}$ は投資機会集合の変動をもたらす変数の実現値をも含むので，$a_{T-1}(\mathbf{X}_{T-1}, \mathbf{R}_{T-1})$ は，この係数が時点 $T-1$ における投資機会集合に依存して定まることを印象的に表わすものである[25]．

2.2　任意の時点 t における最適消費と最適投資の決定

次に，時点 $T-1$ と同様にして，1期間戻って時点 $T-2$ の消費とポートフォリオの決定を考える．その結果をさらに一般化すると，べき型投資家の任意の時点 t における最適消費・投資の決定を明らかにすることができる．

べき型投資家の時点 $T-2$ における消費決定

時点 $T-2$ での価値関数は，

$$J(W_{T-2}, \mathbf{X}_{T-2}, \mathbf{R}_{T-2}, T-2)$$

$$= \underset{\{C_{T-2}, \omega_{T-2}\}}{\text{Maximize}} \{u(C_{T-2}) + \mathrm{E}_{T-2}[J(\widetilde{W}_{T-1}, \widetilde{\mathbf{X}}_{T-1}, \widetilde{\mathbf{R}}_{T-1}, T-1)]\}$$

であるから，条件付き期待値記号の中へ（3.26）式を代入すると，

$$J(W_{T-2}, \mathbf{X}_{T-2}, \mathbf{R}_{T-2}, T-2)$$

$$= u(C_{T-2}^*) + \frac{\delta^{T-1}}{1-\gamma} \mathrm{E}_{T-2}[\{a_{T-1}(\widetilde{\mathbf{X}}_{T-1}, \widetilde{\mathbf{R}}_{T-1})\}^{-\gamma} \widetilde{W}_{T-1}^{1-\gamma}] \quad (3.27)$$

が成立する．ティルダの付し方を変えたので少し説明すると，時点 $T-2$ に

---

[25]　価値関数（3.26）式は，包絡線条件を利用して求めることもできる．すなわち，(3.16)式より，第 $T-1$ 期の包絡線条件である $J_W(W_{T-1}, \mathbf{X}_{T-1}, \mathbf{R}_{T-1}, T-1) = u_C(C_{T-1}^*, T-1)$ の右辺をべき型効用について求めると，

$$u_C(C_{T-1}^*, T-1) = \frac{\partial}{\partial C_{T-1}^*}\left(\delta^{T-1}\frac{C_{T-1}^{*1-\gamma}}{1-\gamma}\right) = \delta^{T-1} C_{T-1}^{*-\gamma} = \delta^{T-1}\{a_{T-1}(\mathbf{X}_{T-1}, \mathbf{R}_{T-1}) \cdot W_{T-1}\}^{-\gamma}$$

となる．これを積分し，k を積分定数とすると，

$$J(W_{T-1}, \mathbf{X}_{T-1}, \mathbf{R}_{T-1}, T-1) = \int \delta^{T-1}\{a_{T-1}(\mathbf{X}_{T-1}, \mathbf{R}_{T-1}) \cdot W_{T-1}\}^{-\gamma} dW_{T-1}$$

$$= \delta^{T-1}\{a_{T-1}(\mathbf{X}_{T-1}, \mathbf{R}_{T-1})\}^{-\gamma}\frac{W_{T-1}^{1-\gamma}}{1-\gamma} + k$$

となり，$k=0$ とすると（3.26）式が得られる．

おいては，限界消費性向を表わす定数は状態変数ベクトル $\widetilde{\mathbf{X}}_{T-1}$ および投資収益率 $\widetilde{\mathbf{R}}_{T-1}$ に依存する確率変数であり，単に $\tilde{a}_{T-1}$ と記すところだが，確率変化が $\widetilde{\mathbf{X}}_{T-1}$ および $\widetilde{\mathbf{R}}_{T-1}$ に依存して起きることを強調して $\tilde{a}_{T-1}=a_{T-1}(\widetilde{\mathbf{X}}_{T-1}, \widetilde{\mathbf{R}}_{T-1})$ と表記した.

ここで，上式における最適消費 C^*_{T-2} は，時点 $T-2$ における包絡線条件，

$$U_C(C^*_{T-2}) = \mathrm{E}_{T-2}[J_W(\widetilde{W}_{T-1}, \widetilde{\mathbf{X}}_{T-1}, \widetilde{\mathbf{R}}_{T-1}, T-1) \cdot (1+\widetilde{R}^*_{p,T-1})]$$

を満たすので，

$$\frac{\partial}{\partial C^*_{T-2}}\left(\delta^{T-2}\frac{C^{*1-\gamma}_{T-2}}{1-\gamma}\right)$$

$$= \mathrm{E}_{T-2}\left[\frac{\partial}{\partial \widetilde{W}_{T-1}}\left(\delta^{T-1}\frac{\{a_{T-1}(\widetilde{\mathbf{X}}_{T-1}, \widetilde{\mathbf{R}}_{T-1})\}^{-\gamma}\widetilde{W}^{1-\gamma}_{T-1}}{1-\gamma}\right) \cdot (1+\widetilde{R}^*_{p,T-1})\right]$$

$$= \mathrm{E}_{T-2}[\delta^{T-1}\{a_{T-1}(\widetilde{\mathbf{X}}_{T-1}, \widetilde{\mathbf{R}}_{T-1})\}^{-\gamma}\widetilde{W}^{-\gamma}_{T-1}(1+\widetilde{R}^*_{p,T-1})]$$

$$\Leftrightarrow \delta^{T-2}C^{*-\gamma}_{T-2}$$
$$= \delta^{T-1}\mathrm{E}_{T-2}[\{a_{T-1}(\widetilde{\mathbf{X}}_{T-1}, \widetilde{\mathbf{R}}_{T-1})\}^{-\gamma}\{(W_{T-2}-C^*_{T-2})(1+\widetilde{R}^*_{p,T-1})\}^{-\gamma}(1+\widetilde{R}^*_{p,T-1})]$$
$$= \delta^{T-1}(W_{T-2}-C^*_{T-2})^{-\gamma}\mathrm{E}_{T-2}[\{a_{T-1}(\widetilde{\mathbf{X}}_{T-1}, \widetilde{\mathbf{R}}_{T-1})\}^{-\gamma}(1+\widetilde{R}^*_{p,T-1})^{1-\gamma}]$$

$$\Leftrightarrow C^*_{T-2} = \frac{1}{1+(\delta\mathrm{E}_{T-2}[\{a_{T-1}(\widetilde{\mathbf{X}}_{T-1}, \widetilde{\mathbf{R}}_{T-1})\}^{-\gamma}(1+\widetilde{R}^*_{p,T-1})^{1-\gamma}])^{\frac{1}{\gamma}}}W_{T-2}$$

となるから，限界消費性向に注意して上の結果を書き直すと，

$$C^*_{T-2} = a_{T-2}(\mathbf{X}_{T-2}, \mathbf{R}_{T-2}) \cdot W_{T-2} \tag{3.28a}$$

ただし，

$$a_{T-2}(\mathbf{X}_{T-2}, \mathbf{R}_{T-2})$$
$$\equiv \frac{1}{1+(\delta\mathrm{E}_{T-2}[\{a_{T-1}(\widetilde{\mathbf{X}}_{T-1}, \widetilde{\mathbf{R}}_{T-1})\}^{-\gamma}(1+\widetilde{R}^*_{p,T-1})^{1-\gamma}])^{\frac{1}{\gamma}}} \tag{3.28b}$$

$$a_{T-1}(\widetilde{\mathbf{X}}_{T-1}, \widetilde{\mathbf{R}}_{T-1}) \equiv \frac{1}{1+(\delta\mathrm{E}_{T-1}[(1+\widetilde{R}^*_{p,T})^{1-\gamma}])^{\frac{1}{\gamma}}} \tag{3.28c}$$

を得る[26].

（3.28a）式の W_{T-2} の係数，すなわち第 $T-2$ 期の限界消費性向を与える（3.28b）式の右辺をみると，分母に次期である第 $T-1$ 期の限界消費性向 $a_{T-1}(\tilde{\mathbf{X}}_{T-1}, \tilde{\mathbf{R}}_{T-1})[=\tilde{a}_{T-1}]$ の条件付き期待値を含んでおり，時点 T に実現する最適ポートフォリオの投資収益率 $1+\tilde{R}_{p,T}^{*}$ を含め，次期の投資機会集合を表わす状態変数ベクトル $\tilde{\mathbf{X}}_{T-1}$ に依存している．また，（3.28c）式をみると，第 $T-1$ 期の限界消費性向 $a_{T-1}(\tilde{\mathbf{X}}_{T-1}, \tilde{\mathbf{R}}_{T-1})$ は，$\tilde{\mathbf{R}}_{T-1}$ の実現値に依存してその値が時点 T に実現する最適ポートフォリオ投資収益率 $(1+\tilde{R}_{p,T}^{*})$，および，式中には明示的に示していないが，$\tilde{\mathbf{X}}_{T-1}$ の実現値を所与とする状態変数 $\tilde{\mathbf{X}}_{T}$ の条件付き確率分布を用いて，期待値計算が行なわれる．さらに，第 $T-2$ 期においては，この条件付き期待値自体が時点 $T-1$ に至らなければ確定しない確率変数である．

このように，べき型効用をもつ消費者は，現在のみならず，将来のすべての投資機会集合を反映した最適ポートフォリオの投資収益率，および状態変数の確率分布を用いて期待形成を行ない，最適な消費を決定するのである．

べき型投資家の時点 $T-2$ における投資決定

時点 $T-2$ でのポートフォリオ決定については，時点 $T-1$ における分析で用いた（3.9a）式において，時点をひとつ繰り下げ，遺産関数を価値関数に置き直した，

$$\mathrm{E}_{T-2}[J_W(\tilde{W}_{T-1}, \tilde{\mathbf{X}}_{T-1}, \tilde{\mathbf{R}}_{T-1}, T-1) \cdot (1+\tilde{R}_{i,T-1})]$$
$$= (1+R_{f,T-2})\mathrm{E}_{T-2}[J_W(\tilde{W}_{T-1}, \tilde{\mathbf{X}}_{T-1}, \tilde{\mathbf{R}}_{T-1}, T-1)], \quad i \in \{1, \cdots, N\} \quad (3.29)$$

を用いて調べることができる．$\tilde{W}_{T-1} = (W_{T-2} - C_{T-2}^{*})(1+\tilde{R}_{p,T-1}^{*})$ に注意して，上式右辺のべき型効用の価値関数の偏微分を（3.26）式の偏微分で置き換えて計算すると，

$$\mathrm{E}_{T-2}[\delta^{T-1}\{a_{T-1}(\tilde{\mathbf{X}}_{T-1}, \tilde{\mathbf{R}}_{T-1})\}^{-\gamma}\tilde{W}_{T-1}^{-\gamma}(1+\tilde{R}_{i,T-1})]$$
$$= (1+\tilde{R}_{f,T-2})\mathrm{E}_{T-2}[\delta^{T-1}\{a_{T-1}(\tilde{\mathbf{X}}_{T-1}, \tilde{\mathbf{R}}_{T-1})\}^{-\gamma}\tilde{W}_{T-1}^{-\gamma}]$$

26）（3.28c）の分母に現れる条件付き期待値 $\tilde{\mathrm{E}}_{T-1}[\cdot]$ は時点 $T-2$ では確率変数であり，それを明示するため，本書の記法の方針にしたがって各変数にティルダを付した．

$$\Leftrightarrow \mathrm{E}_{T-2}[\{a_{T-1}(\tilde{\mathbf{X}}_{T-1}, \tilde{\mathbf{R}}_{T-1})\}^{-\gamma}\widetilde{W}_{T-1}^{-\gamma}(\widetilde{R}_{i,T-1}-R_{f,T-2})]=0$$
$$\Leftrightarrow \mathrm{E}_{T-2}[\{a_{T-1}(\tilde{\mathbf{X}}_{T-1}, \tilde{\mathbf{R}}_{T-1})\}^{-\gamma}\{(W_{T-2}-C_{T-2}^{*})(1+\widetilde{R}_{p,T-1}^{*})\}^{-\gamma}$$
$$\times(\widetilde{R}_{i,T-1}-R_{f,T-2})]=0$$
$$\Leftrightarrow \mathrm{E}_{T-2}[\{a_{T-1}(\tilde{\mathbf{X}}_{T-1}, \tilde{\mathbf{R}}_{T-1})\}^{-\gamma}(1+\widetilde{R}_{p,T-1}^{*})^{-\gamma}(\widetilde{R}_{i,T-1}-R_{f,T-2})]=0 \quad (3.30)$$

を得る．最後の式変形では，$(W_{T-2}-C_{T-2}^{*})$ が時点 $T-2$ には確定値であることを利用している．

最適ポートフォリオは上式を満たすように組まれるのであるが，そのためには，時点 $T-2$ における期待値計算で，$(1+\widetilde{R}_{p,T-1}^{*})$ を定める $\tilde{\mathbf{R}}_{T-1}$ と $\tilde{\mathbf{X}}_{T-1}$ の同時確率分布の情報だけでなく，次期の限界消費性向 $a_{T-1}(\tilde{\mathbf{X}}_{T-1}, \tilde{\mathbf{R}}_{T-1})$ を通じてさらに 1 期将来に実現する $(1+\widetilde{R}_{p,T}^{*})$ を定める $\tilde{\mathbf{R}}_T$ および $\tilde{\mathbf{X}}_T$ の同時確率分布の情報が必要である．このように，いま，時点 $T-2$ にいる投資家からみて，最適な投資決定は 1 期間将来の投資機会集合だけでなく，2 期間将来の投資機会集合にも依存することがわかる．最適消費の決定がそうであるように，べき型効用をもつ投資家は，その時点のみならず，将来の投資機会変動の影響をすべて反映させて最適ポートフォリオを組むのである．

べき型投資家の時点 t における最適消費の決定

以上，時点 $T-1$ と時点 $T-2$ における最適消費と最適ポートフォリオについて考察したので，次に，任意の時点 $t\in\{0,1,\cdots,T-1\}$ における消費と投資の意思決定を明らかにしよう．

まず，最適消費決定について検討するため，これまでの結果をもとに，価値関数 $J(W_t, \mathbf{X}_t, \mathbf{R}_t, t)$ を次のようなべき型の関数形であると推測する．

$$J(W_t, \mathbf{X}_t, \mathbf{R}_t, t)=\delta^t\{a_t(\mathbf{X}_t, \mathbf{R}_t)\}^{-\gamma}\frac{W_t^{1-\gamma}}{1-\gamma} \quad (3.31)$$

ここで，時点 t において，最適消費と最適ポートフォリオのもとでは (3.21b) 式，すなわち，

$$u_C(C_t^{*}, t)=\mathrm{E}_t[J_W(\widetilde{W}_{t+1}, \tilde{\mathbf{X}}_{t+1}, \tilde{\mathbf{R}}_{t+1}, t+1)\cdot(1+\widetilde{R}_{p,t+1}^{*})] \quad [(3.21b)]$$

が成立することを用いる．(3.31) 式の価値関数の時点を $t+1$ へひとつ繰り

上げて上式へ代入すると，

$$\frac{\partial}{\partial C_t}\left(\delta^t \frac{C_t^{1-\gamma}}{1-\gamma}\right)\Big|_{C_t=C_t^*}$$

$$= \mathrm{E}_t\left[\frac{\partial}{\partial \widetilde{W}_{t+1}}\left[\delta^{t+1}\{a_{t+1}(\widetilde{\mathbf{X}}_{t+1},\widetilde{\mathbf{R}}_{t+1})\}^{-\gamma}\frac{\widetilde{W}_{t+1}^{1-\gamma}}{1-\gamma}\right](1+\widetilde{R}_{p,t+1}^*)\right]$$

$$\Leftrightarrow \delta^t C_t^{*-\gamma} = \mathrm{E}_t[\delta^{t+1}\{a_{t+1}(\widetilde{\mathbf{X}}_{t+1},\widetilde{\mathbf{R}}_{t+1})\}^{-\gamma}\widetilde{W}_{t+1}^{-\gamma}(1+\widetilde{R}_{p,t+1}^*)]$$

$$\Leftrightarrow C_t^{*-\gamma} = \delta \mathrm{E}_t[\{a_{t+1}(\widetilde{\mathbf{X}}_{t+1},\widetilde{\mathbf{R}}_{t+1})\}^{-\gamma}\{(W_t-C_t^*)(1+\widetilde{R}_{p,t+1}^*)\}^{-\gamma}(1+\widetilde{R}_{p,t+1}^*)]$$

$$= \delta(W_t-C_t^*)^{-\gamma}\mathrm{E}_t[\{a_{t+1}(\widetilde{\mathbf{X}}_{t+1},\widetilde{\mathbf{R}}_{t+1})\}^{-\gamma}(1+\widetilde{R}_{p,t+1}^*)^{1-\gamma}]$$

$$\Leftrightarrow C_t^* = a_t(\mathbf{X}_t,\mathbf{R}_t)\cdot W_t,$$

$$a_t(\mathbf{X}_t,\mathbf{R}_t) \equiv \frac{1}{1+(\delta \mathrm{E}_t[\{a_{t+1}(\widetilde{\mathbf{X}}_{t+1},\widetilde{\mathbf{R}}_{t+1})\}^{-\gamma}(1+\widetilde{R}_{p,t+1}^*)^{1-\gamma}])^{\frac{1}{\gamma}}} \quad (3.32)$$

を導くことができる．

第 t 期の最適消費は，富 W_t と限界消費性向 $a_t(\mathbf{X}_t,\mathbf{R}_t)$ によって定まるが，その第 t 期の限界消費性向は同期の投資機会集合を表わす $(1+\widetilde{R}_{p,t+1}^*)$ だけでなく，次期の限界消費性向 $\tilde{a}_{t+1}=a_{t+1}(\widetilde{\mathbf{X}}_{t+1},\widetilde{\mathbf{R}}_{t+1})$ を通じて，$\tilde{a}_{t+2}=a_{t+2}(\widetilde{\mathbf{X}}_{t+2},\widetilde{\mathbf{R}}_{t+2}),\tilde{a}_{t+3}=a_{t+3}(\widetilde{\mathbf{X}}_{t+3},\widetilde{\mathbf{R}}_{t+3}),\cdots,\tilde{a}_{T-1}=a_{T-1}(\widetilde{\mathbf{X}}_{T-1},\widetilde{\mathbf{R}}_{T-1})$ に依存している．このことは，第 t 期の消費が，将来のすべての投資機会集合に依存して決定されることを示しており，時点 $T-2$ における消費決定の分析の結果が，より一般的に，任意の時点 t の消費決定でも成立することを確認できる．

このように，第 t 期の最適消費の決定に将来のすべての投資機会集合の変動が影響を及ぼすもとでは，投資機会集合の変化について何らかの強い仮定をおかない限り，限界消費性向の決定，したがって，第 t 期の消費決定は困難を極めることが予想できる．

べき型投資家の時点 t における最適投資の決定

最適ポートフォリオの決定については，(3.21e) 式を用いる．再掲すると，

$$\mathrm{E}_t[J_W(\widetilde{W}_{t+1},\widetilde{\mathbf{X}}_{t+1},\widetilde{\mathbf{R}}_{t+1},t+1)\cdot(\widetilde{R}_{i,t+1}-R_{f,t})] = 0, \quad i \in \{1,\cdots,N\}$$

$$[(3.21\mathrm{e})]$$

であるが，ここで $\widetilde{W}_{t+1}=(W_t-C_t^*)(1+\widetilde{R}_{p,t+1}^*)$ とおいて，べき型の関数形を

想定した価値関数について上式を表現すると，

$$\mathrm{E}_t\left[\left\{\frac{\partial}{\partial \widetilde{W}_{t+1}}\left(\delta^{t+1}\{a_{t+1}(\widetilde{\mathbf{X}}_{t+1},\widetilde{\mathbf{R}}_{t+1})\}^{-\gamma}\frac{\widetilde{W}_{t+1}^{1-\gamma}}{1-\gamma}\right)\right\}\cdot(\widetilde{R}_{i,t+1}-R_{f,t})\right]=0$$

$$\Leftrightarrow \mathrm{E}_t[[\delta^{t+1}\{a_{t+1}(\widetilde{\mathbf{X}}_{t+1},\widetilde{\mathbf{R}}_{t+1})\}^{-\gamma}\{(W_t-C_t^*)(1+\widetilde{R}_{p,t+1}^*)\}^{-\gamma}](\widetilde{R}_{i,t+1}-R_{f,t})]=0$$

$$\Leftrightarrow \mathrm{E}_t[\{a_{t+1}(\widetilde{\mathbf{X}}_{t+1},\widetilde{\mathbf{R}}_{t+1})\}^{-\gamma}(1+\widetilde{R}_{p,t+1}^*)^{-\gamma}(\widetilde{R}_{i,t+1}-R_{f,t})]=0 \quad (3.33)$$

を得る．これが，べき型効用関数の想定のもとでの最適ポートフォリオ条件であり，上式を満たすように最適ポートフォリオの投資比率を定めることになる．

さて，(3.31) 式で推測した価値関数の関数形のもとで，最適消費と最適ポートフォリオに関する条件が明らかになった．以下では，最適消費と最適ポートフォリオの特徴から，先に推測した価値関数が正しいことを検証する．

まず，期待効用関数を前提しているので，(3.31) 式で仮定した時点 t における価値関数 $J(W_t,\mathbf{X}_t,\mathbf{R}_t,t)$ は，時点 t における最適消費がもたらす効用に，時点 $t+1$ 以降の最適消費，最適投資を前提した価値関数 $J(\widetilde{W}_{t+1},\widetilde{\mathbf{X}}_{t+1},\widetilde{\mathbf{R}}_{t+1},t+1)$ の期待値を加えたものである．したがって，

$$J(W_t,\mathbf{X}_t,\mathbf{R}_t,t)=u(C_t^*)+\mathrm{E}_t[J(\widetilde{W}_{t+1},\widetilde{\mathbf{X}}_{t+1},\widetilde{\mathbf{R}}_{t+1},t+1)]$$

が成立するが，ここで，想定した関数形，すなわち (3.31) 式の時点を 1 つ繰り上げて上式に代入し，(3.32) 式を用いると，

$$J(W_t,\mathbf{X}_t,\mathbf{R}_t,t)=\delta^t\frac{C_t^{*1-\gamma}}{1-\gamma}+\mathrm{E}_t\left[\delta^{t+1}\{a_{t+1}(\widetilde{\mathbf{X}}_{t+1},\widetilde{\mathbf{R}}_{t+1})\}^{-\gamma}\frac{\widetilde{W}_{t+1}^{1-\gamma}}{1-\gamma}\right]$$

$$=\delta^t\frac{\{a_t(\widetilde{\mathbf{X}}_t,\widetilde{\mathbf{R}}_t)\cdot W_t\}^{1-\gamma}}{1-\gamma}$$

$$+\delta^{t+1}\mathrm{E}_t\left[\{a_{t+1}(\widetilde{\mathbf{X}}_{t+1},\widetilde{\mathbf{R}}_{t+1})\}^{-\gamma}\frac{[\{(W_t-a_t(\mathbf{X}_t,\mathbf{R}_t)\cdot W_t)\}(1+\widetilde{R}_{p,t+1}^*)]^{1-\gamma}}{1-\gamma}\right]$$

$$=\delta^t\frac{\{a_t(\mathbf{X}_t,\mathbf{R}_t)\}^{1-\gamma}W_t^{1-\gamma}}{1-\gamma}$$

$$+\frac{\delta^{t+1}W_t^{1-\gamma}}{1-\gamma}\mathrm{E}_t[\{a_{t+1}(\widetilde{\mathbf{X}}_{t+1},\widetilde{\mathbf{R}}_{t+1})\}^{-\gamma}\{1-a_t(\mathbf{X}_t,\mathbf{R}_t)\}^{1-\gamma}(1+\widetilde{R}_{p,t+1}^*)^{1-\gamma}]$$

$$= \delta^t \frac{\{a_t(\mathbf{X}_t, \mathbf{R}_t)\}^{1-\gamma} W_t^{1-\gamma}}{1-\gamma} + \frac{\delta^{t+1} W_t^{1-\gamma}}{1-\gamma} \frac{\{1-a_t(\mathbf{X}_t, \mathbf{R}_t)\}^{1-\gamma}}{\{a_t(\mathbf{X}_t, \mathbf{R}_t)\}^{1-\gamma}} \{a_t(\mathbf{X}_t, \mathbf{R}_t)\}^{1-\gamma}$$
$$\times \mathrm{E}_t[\{a_{t+1}(\widetilde{\mathbf{X}}_{t+1}, \widetilde{\mathbf{R}}_{t+1})\}^{-\gamma}(1+\widetilde{R}^*_{p,t+1})^{1-\gamma}]$$
$$= \delta^t \frac{\{a_t(\mathbf{X}_t, \mathbf{R}_t)\}^{1-\gamma} W_t^{1-\gamma}}{1-\gamma}$$
$$\times \left[1 + \delta \frac{\{1-a_t(\mathbf{X}_t, \mathbf{R}_t)\}^{1-\gamma}}{\{a_t(\mathbf{X}_t, \mathbf{R}_t)\}^{1-\gamma}} \mathrm{E}_t[\{a_{t+1}(\widetilde{\mathbf{X}}_{t+1}, \widetilde{\mathbf{R}}_{t+1})\}^{-\gamma}(1+\widetilde{R}^*_{p,t+1})^{1-\gamma}]\right] \quad (3.34)$$

となる．(3.32) 式より，時点 t では，最適消費および最適ポートフォリオのもとでの限界消費性向は，

$$a_t(\mathbf{X}_t, \mathbf{R}_t) \equiv \frac{1}{1+(\delta \mathrm{E}_t[\{a_{t+1}(\widetilde{\mathbf{X}}_{t+1}, \widetilde{\mathbf{R}}_{t+1})\}^{-\gamma}(1+\widetilde{R}^*_{p,t+1})^{1-\gamma}])^{\frac{1}{\gamma}}} \quad [(3.32)]$$

であった．これを (3.34) 式の角括弧の中に代入して計算すると，

$$[\quad] = 1 + (\delta \mathrm{E}_t[\{a_{t+1}(\widetilde{\mathbf{X}}_{t+1}, \widetilde{\mathbf{R}}_{t+1})\}^{-\gamma}(1+\widetilde{R}^*_{p,t+1})^{1-\gamma}])^{\frac{1}{\gamma}} = \frac{1}{a_t(\mathbf{X}_t, \mathbf{R}_t)}$$

となるので，(3.34) 式へ戻すと，

$$J(W_t, \mathbf{X}_t, \mathbf{R}_t, t) = \delta^t \{a_t(\mathbf{X}_t, \mathbf{R}_t)\}^{-\gamma} \frac{\widetilde{W}_t^{1-\gamma}}{1-\gamma}$$

となる．これはあらかじめ関数形を推測した (3.31) 式と同一である．したがって，推測した価値関数は矛盾なく最適消費，最適ポートフォリオの意思決定を記述できることが検証できた．

2.3 べき型効用，かつ，投資機会集合が一定の場合

以上の分析から明らかになったように，べき型効用の多期間期待効用関数をもつ投資家についてみれば，各期の最適消費と最適投資は，いずれも将来のすべての投資機会集合に依存するため，一般的には，最適消費や最適投資を解析的に表現することは困難である．それでは，多期間ではあっても，たとえばすべての状態変数，すべての資産の投資収益率ベクトルが i.i.d. に従うような，今後の投資機会集合の変動が既知という場合であれば，1 期間モデルに帰着するといえるだろうか．まず，このケースについて分析しよう．

232　第3章　多期間における最適な消費と投資の意思決定

　時点 t において今後の投資機会が既知の場合には，時点 $t+1, t+2, \cdots,$ $T-1$ における無リスク利子率と N 銘柄のリスク資産の投資収益率の同時確率分布を，それがどのような関数形であれ，投資家は知っている．そこでまず，投資家が第 $T-2$ 期期初の時点 $T-2$ にいるとして，時点 $T-1$ を期初とする第 $T-1$ 期の投資機会集合がわかっている場合を考えてみよう．投資機会集合が変動するならば，時点 $T-2$ では，第 $T-1$ 期中の無リスク利子率 $(1+\tilde{R}_{f,T-1})$，および時点 T に実現値が明らかになる N 銘柄のリスク資産の投資収益率 $(1+\tilde{R}_{i,T}), i \in \{1, 2, \cdots, N\}$ は確率変数である．したがって，投資機会集合が既知であると仮定することは，これら $N+1$ 個の投資収益率の同時確率分布が時点 $T-2$ でわかっていると仮定することに他ならない．

　1期将来（時点 $T-1$）における限界消費性向を表わす比例定数は，一般的には確率変数であるから，これまで通りに（3.24）式の比例定数が依存する状態変数にティルダを付して，

$$a_{T-1}(\tilde{\mathbf{X}}_{T-1}, \tilde{\mathbf{R}}_{T-1}) \equiv \{(\delta \mathrm{E}_{T-1}[(1+\tilde{R}^*_{p,T})^{1-\gamma}])^{\frac{1}{\gamma}}+1\}^{-1} \tag{3.35}$$

と表わすことができる[27]．

　ここで，投資家は時点 $T-2$ において状態変数の実現値 $\mathbf{X}_{T-2}$ と投資収益率の実現値 $\mathbf{R}_{T-2}$ を観測するだけでなく，2時点将来に実現する確率変数 $(1+\tilde{R}_{i,T}), i \in \{1, 2, \cdots, N\}$ および $(1+\tilde{R}_{f,T-1})$ の確率分布を知っているので，それらを組み合わせた最適ポートフォリオの投資収益率 $(1+\tilde{R}^*_{p,T})$ の確率分布もわかっている．そのため，上式で限界消費性向の計算にあらわれる条件付き期待値 $\mathrm{E}_{T-1}[(1+\tilde{R}^*_{p,T})^{1-\gamma}]$ は時点 $T-2$ において計算可能であり，$\mathbf{X}_{T-2}$ および $\mathbf{R}_{T-2}$ に依存する定数として認識できる．したがって，1期間将来の限界消費性向は，

$$a_{T-1}(\tilde{\mathbf{X}}_{T-1}, \tilde{\mathbf{R}}_{T-1}) = a_{T-1}(\mathbf{X}_{T-2}, \mathbf{R}_{T-2}) \tag{3.36}$$

---

27) 念のため確認しておくと，前出の（3.24）式では，投資家が時点 $T-1$ におり，状態変数ベクトルと投資収益率ベクトルが実現したもとで限界消費性向を定義したので $a_{T-1}(\mathbf{X}_{T-1}, \mathbf{R}_{T-1})$ とした．一方，ここでは投資家が時点 $T-2$ にいることを想定しているため，時点 $T-1$ の状態変数ベクトルと投資収益率ベクトルは確率変数であり，ティルダを付して $a_{T-1}(\tilde{\mathbf{X}}_{T-1}, \tilde{\mathbf{R}}_{T-1})$ としている．

となり，時点 $T-2$ では既知の定数となる．このとき，最適ポートフォリオを決定する (3.30) 式は，両辺を確定値 $\{a_{T-1}(\mathbf{X}_{T-2}, \mathbf{R}_{T-2})\}^{-\gamma}$ で除すので，

$$\mathrm{E}_{T-2}[\{a_{T-1}(\mathbf{X}_{T-2}, \mathbf{R}_{T-2})\}^{-\gamma}(1+\widetilde{R}^*_{p,T-1})^{-\gamma}(\widetilde{R}_{i,T-1}-R_{f,T-2})] = 0$$
$$\Leftrightarrow \mathrm{E}_{T-2}[(1+\widetilde{R}^*_{p,T-1})^{-\gamma}(\widetilde{R}_{i,T-1}-R_{f,T-2})] = 0 \qquad (3.37)$$

となる．

上式から，投資機会集合が既知のとき，最適ポートフォリオの決定が最適消費を定める比例定数 a_{T-1} から独立に行なわれ，状態変数ベクトル $\mathbf{X}_{T-2}$ と投資収益率ベクトル $\mathbf{R}_{T-2}$ の情報も必要のないことがわかる．同式において，最適ポートフォリオを決定するために必要な情報を確認しておくと，時点 $T-2$ で既知と仮定したリスク資産投資収益率の確率分布（それは時点 $T-1$ に実現値となる）と，その時点における無リスク利子率，および効用関数のパラメター γ である．この最適化問題は，時点 $T-2$ において，1期間将来を考えた問題になっており，1期間モデルと同じ構造になっていることがわかる．

上の分析は投資家が時点 $T-2$ にいる場合であるが，これを任意の時点 t において考えても，将来の投資機会集合が既知の場合には，やはり1期間モデルに帰着することは，次のように考えれば明らかである．まず，時点 t における限界消費性向は，(3.32) 式より，

$$a_t(\mathbf{X}_t, \mathbf{R}_t) \equiv \frac{1}{1+(\delta \mathrm{E}_t[\{a_{t+1}(\widetilde{\mathbf{X}}_{t+1}, \widetilde{\mathbf{R}}_{t+1})\}^{-\gamma}(1+\widetilde{R}^*_{p,t+1})^{1-\gamma}])^{\frac{1}{\gamma}}} \qquad [(3.32)]$$

と与えられたが，$a_t(\mathbf{X}_t, \mathbf{R}_t)$ の計算には，$a_{t+1}(\widetilde{\mathbf{X}}_{t+1}, \widetilde{\mathbf{R}}_{t+1}), a_{t+2}(\widetilde{\mathbf{X}}_{t+2}, \widetilde{\mathbf{R}}_{t+2}), \cdots$, $a_{T-1}(\widetilde{\mathbf{X}}_{T-1}, \widetilde{\mathbf{R}}_{T-1})$ のすべての確率分布の情報が必要であった．いま，時点 t においてこれらの確率変数の同時分布がわかっていると仮定するので，時点 t において $a_{t+1}(\widetilde{\mathbf{X}}_{t+1}, \widetilde{\mathbf{R}}_{t+1}) = a_{t+1}(\mathbf{X}_t, \mathbf{R}_t)$ となり，次期の限界消費性向は定数として計算できることがわかる．したがって，最適消費の決定には投資機会集合の変動を明示的に考慮する必要がなく，1期間モデルのようにして，最適消費を決定することができる．

次に，最適ポートフォリオの決定を考えると，任意の時点 t における最適

ポートフォリオの決定式（3.33）には将来の限界消費性向が含まれており，ここへ $a_{t+1}(\widetilde{\mathbf{X}}_{t+1}, \widetilde{\mathbf{R}}_{t+1}) = a_{t+1}(\mathbf{X}_t, \mathbf{R}_t)$ を代入すると，

$$\mathrm{E}_t[\{a_{t+1}(\mathbf{X}_t, \mathbf{R}_t)\}^{-\gamma}(1+\widetilde{R}_{p,t+1}^*)^{-\gamma}(\widetilde{R}_{i,t+1}-R_{f,t})] = 0$$
$$\Leftrightarrow \mathrm{E}_t[(1+\widetilde{R}_{p,t+1}^*)^{-\gamma}(\widetilde{R}_{i,t+1}-R_{f,t})] = 0 \tag{3.38}$$

となり，時点 t の最適ポートフォリオの決定は上式を満たすように行なえばいいので，やはり1期間モデルと同じ問題になることがわかる．

このように，効用関数がべき型の場合，リスク資産と無リスク資産からなる今後の投資機会集合の変動が既知ならば，多期間モデルでの消費と投資の意思決定は1期間モデルに還元される．

3. 多期間モデル：
対数型期待効用における最適消費と最適投資の決定

べき型効用関数の特殊ケースとして，投資家が多期間の対数型効用関数をもつ場合の最適消費と最適投資の意思決定を検討しておこう．対数型効用は，後章における論考との関連で重要であるため，とくに，一節を設けて解説することとした．

第1章3節で明らかにしたように，対数型効用は，べき型効用関数において相対的リスク回避度を $\gamma=1$ とした場合に当たる．したがって，最適消費，最適投資の意思決定も，べき型効用関数について導出された結果を $\gamma=1$ とおいた場合に他ならない．このとき，時点 t における投資家の生涯効用は，

$$U_t = \mathrm{E}_t[U(C_t, \widetilde{C}_{t+1}, \cdots, \widetilde{C}_{T-1}, \widetilde{W}_T)]$$
$$= \mathrm{E}_t\left[\sum_{s=t}^{T-1} u(\widetilde{C}_s, s) + B(\widetilde{W}_T, T)\right] \qquad [(3.2)]$$

ただし，

$$u(C_s, s) = \delta^s \ln C_s, \quad \forall s \in \{t, t+1, \cdots, T-1\},$$
$$B(\widetilde{W}_T, T) = \delta^T \ln \widetilde{W}_T \tag{3.39}$$

である．前節のべき型効用に関する結果を再掲すると，まず，時点 t におけ

る価値関数は,

$$J(W_t, \mathbf{X}_t, \mathbf{R}_t, t) = \delta^t \{a_t(\mathbf{X}_t, \mathbf{R}_t)\}^{-\gamma} \frac{W_t^{1-\gamma}}{1-\gamma} \qquad [(3.31)]$$

であったから, $\gamma \to 1$ とすると, ロピタルの定理を適用して,

$$J(W_t, \mathbf{X}_t, \mathbf{R}_t, t) = \delta^t \{a_t(\mathbf{X}_t, \mathbf{R}_t)\}^{-\gamma} \ln W_t \qquad (3.40)$$

を得る. また, べき型効用における最適消費は,

$$C_t^* = a_t(\mathbf{X}_t, \mathbf{R}_t) \cdot W_t,$$

$$a_t(\mathbf{X}_t, \mathbf{R}_t) \equiv \frac{1}{1 + (\delta \mathrm{E}_t[\{a_{t+1}(\widetilde{\mathbf{X}}_{t+1}, \widetilde{\mathbf{R}}_{t+1})\}^{-\gamma}(1+\widetilde{R}_{p,t+1}^*)^{1-\gamma}])^{\frac{1}{\gamma}}} \qquad [(3.32)]$$

であったから, $\gamma=1$ とおけば限界消費性向は,

$$a_t(\mathbf{X}_t, \mathbf{R}_t) = \frac{1}{1 + (\delta \mathrm{E}_t[\{a_{t+1}(\widetilde{\mathbf{X}}_{t+1}, \widetilde{\mathbf{R}}_{t+1})\}^{-1}(1+\widetilde{R}_{p,t+1}^*)^0])^1}$$

$$= \frac{1}{1 + \delta \mathrm{E}_t[\{a_{t+1}(\widetilde{\mathbf{X}}_{t+1}, \widetilde{\mathbf{R}}_{t+1})\}^{-1}]} \qquad (3.41)$$

となる. 次期の限界消費性向の逆数の期待値計算が必要にみえるが, 最終期 T においては, (消費ではないものの) W_T を遺産として残すので, 状態変数の実現値にかかわらず, 必ず $\widetilde{C}_T^* = a_T \widetilde{W}_T = \widetilde{W}_T$ ゆえ, $a_T = 1$ である. これを (3.41) 式の最右辺へ次々と代入していくと,

$$a_{T-1} = \frac{1}{1+\delta \cdot a_T^{-1}} = \frac{1}{1+\delta \cdot 1^{-1}} = \frac{1}{1+\delta}$$

$$a_{T-2} = \frac{1}{1+\delta a_{T-1}^{-1}} = \frac{1}{1+\delta(1+\delta)} = \frac{1}{1+\delta+\delta^2}$$

ゆえ, 同じ手続きを第 t 時点まで繰り返し, 等差数列の和の逆数を求めれば,

$$a_t = a_{T-(T-t)} = \frac{1}{1+\delta+\delta^2+\cdots+\delta^{T-t}} = \frac{1-\delta}{1-\delta^{T-t+1}} \qquad (3.42)$$

を得る.

以上をまとめると, 対数型の多期間効用をもつ投資家の時点 t (あるいは第 t 期) における最適消費は,

である．上式が示すように，対数型効用では最適消費はその期初の富の水準と主観的割引因子にのみ依存しており，状態変数や，無リスク資産およびリスク資産の投資収益率には全く依存していない．各期の消費と貯蓄の意思決定は，最適なポートフォリオの決定と独立であるだけでなく，投資機会集合の変動の影響からも独立に行なわれる．投資家の効用に対数型が仮定できる場合には，投資期間が何期間にわたろうとも，消費決定は投資決定から分離して行なうことができる．

$$C_t^* = \frac{1-\delta}{1-\delta^{T-t+1}} W_t \tag{3.43}$$

次に，投資決定のための最適ポートフォリオの条件式は，べき型効用の場合には，

$$E_t[\{a_{t+1}(\widetilde{\mathbf{X}}_{t+1}, \widetilde{\mathbf{R}}_{t+1})\}^{-\gamma}(1+\widetilde{R}_{p,t+1}^*)^{-\gamma}(\widetilde{R}_{i,t+1}-R_{f,t})] = 0 \quad [(3.33)]$$

であったから，ここで$\gamma=1$とし，(3.42) 式の時点を1つすすめて$a_{t+1}=\dfrac{1-\delta}{1-\delta^{T-t}}$として代入すると，

$$E_t\left[\frac{1-\delta^{T-t}}{1-\delta}(1+\widetilde{R}_{p,t+1}^*)^{-1}(\widetilde{R}_{i,t+1}-R_{f,t})\right] = 0$$

$$\Leftrightarrow E_t\left[\frac{\widetilde{R}_{i,t+1}-R_{f,t}}{1+\widetilde{R}_{p,t+1}^*}\right] = 0$$

$$\Leftrightarrow E_t\left[\frac{(1+\widetilde{R}_{i,t+1})-(1+R_{f,t})}{1+\widetilde{R}_{p,t+1}^*}\right] = 0$$

$$\Leftrightarrow E_t\left[\frac{1+\widetilde{R}_{i,t+1}}{1+\widetilde{R}_{p,t+1}^*}\right] = (1+R_{f,t})E_t\left[\frac{1}{1+\widetilde{R}_{p,t+1}^*}\right] \tag{3.44}$$

を得る．上式左辺は，任意のリスク資産$i \in \{1, \cdots, N\}$のグロス表示投資収益率について，それを最適ポートフォリオの投資収益率で除した値の期待値が，右辺，すなわちグロス表示の無リスク利子率を最適ポートフォリオ収益率で除した値に等しいことを表わしている．つまり，任意の金融資産について，その投資収益率を最適ポートフォリオの投資収益率をニューメレールとして表示した場合の期待値が，すべての金融資産において同じ値になるように，対数型効用の投資家は最適ポートフォリオを組めばよいということであ

る．

また，(3.44) 式左辺の期待値内の分子は，任意の金融資産 i だけでなく，最適ポートフォリオの投資収益率についても成立するので，左辺の期待値内の分子を $\widetilde{R}_{i,t+1} = \widetilde{R}^*_{p,t+1}$ とおくと，期待値部分は定数となりその値は 1 になる．すなわち，

$$1 = (1+R_{f,t}) \mathrm{E}_t \left[\frac{1}{1+\widetilde{R}^*_{p,t+1}} \right]$$

が成立するので，この結果を (3.44) 式の右辺に代入すると，

$$\mathrm{E}_t \left[\frac{1+\widetilde{R}_{i,t+1}}{1+\widetilde{R}^*_{p,t+1}} \right] = 1, \quad \forall i \in \{1, \cdots, N\} \tag{3.45}$$

が対数型効用をもつ投資家には成立することがわかる．

上式から，対数型効用をもつ投資家は任意の時点 t において，最適ポートフォリオ決定を消費決定とは無関係に行なうだけでなく，状態変数で表現される投資機会の変動からも独立に行なうことが確認できる．さらに，時点 t における投資決定には，各金融資産の1期間のグロス表示の投資収益率の確率分布が必要であるが，それ以降の将来については，確率分布の情報は必要ではないこともわかる．したがって，多期間の投資ホライズンをもつ投資家であっても，対数型効用をもつ場合には1期間先のリスク資産投資収益の不確実性のみを投資リスクと認識するので，投資機会集合がどのように変動しようとも，1期間のみの投資ホライズンをもつ投資家と同一のポートフォリオを構築することになる．

4. 多期間モデルとプライシング・カーネル

第1章8節では，消費が1回のみ行なわれる1期間モデルにおいて，プライシング・カーネル（Pricing Kernel）を定義した．また，1期間モデルのプライシング・カーネルは将来のキャッシュフローを現在価値に対応させる役割を果たし，各種の資産価格の計算に利用できることを説明した．

分析期間が2期間以上の多期間モデルにおいても，プライシング・カーネ

ルの定義は自然に拡張することができ，代表的経済主体を想定できる場合には，プライシング・カーネルは代表的経済主体の異時点間限界代替率と解釈することができる．プライシング・カーネルが明らかになれば，多期間の場合にも，それをリスク資産の価格付けやリスク・プレミアム評価に利用できる．

以下では，まず，解釈が容易な2期間モデルにおいてプライシング・カーネルを定義し，その具体的応用として，消費資本資産評価理論（消費CAPM）を例示する．そのうえで，3期間以上の多期間モデルについてプライシング・カーネルを定義し，特徴をみていく．

4.1　2期間モデルにおけるプライシング・カーネルの考え方

第1章で説明したプライシング・カーネルは，1期間の分析ゆえ，消費者は期末に富のすべてを消費に当てることによって1回のみの消費を行なうと仮定して定義した．それに対して本節では，2期間モデル，すなわち，各消費者は第0期期初と第1期期初の2回，消費を行なうと考えることにする．2回目の消費には富と労働所得のすべてを当てる．第0期期初における意思決定は，最適消費の決定と，最適な投資すなわちポートフォリオ選択の意思決定の2つになる．この2つの意思決定に関わる分析を通じて，投資対象としての金融資産価格と消費者の最適消費とが，2期間へ拡張されたプライシング・カーネルという概念によって関係付けられることになる．

2回消費する場合にはどのようなポートフォリオを組むか

いま，一人の消費者を選び，消費と投資がどのように行なわれるかを考えてみよう．その消費者は第0期の期初時点0と第1期の期初時点1に，計2回消費しようと計画する．時点0における初期富を W_0，労働所得を Y_0，消費を C_0 とおけば，時点0での投資可能資金は，$W_0+Y_0-C_0$ である．いま，全部で N 種類の資産によってこの資金を運用するが，これらはすべてリスク資産であり，無リスクの資産は利用可能ではないとしておく[28]．

各リスク資産へ，それぞれ $\omega_i(i\in\{1,\cdots,N\})$ の比率で投資してポートフォ

4. 多期間モデルとプライシング・カーネル　239

リオを作ったとき，その単利グロス表示（元本込み）の収益率は，$1+\widetilde{R}_p = \sum_{i=1}^{N}\omega_i(1+\widetilde{R}_i)$ である．投資収益率には実現する時点を表わす添え字1は付さず，確率変数を示すティルダのみを付すことにする．時点1には，新たな労働所得 $\widetilde{Y}_1$ と投資成果を合わせたすべてを消費するので，その予算制約式は，

$$\widetilde{C}_1 = \widetilde{Y}_1 + (W_0 + Y_0 - C_0)(1+\widetilde{R}_p)$$
$$= \widetilde{Y}_1 + (W_0 + Y_0 - C_0)\left\{\sum_{i=1}^{N}\omega_i(1+\widetilde{R}_i)\right\} \qquad (3.46)$$

となる．この制約のもとで，時点0において自らの期待効用を最大化すると仮定する．

　これまでと同様に，各回の消費から得られる効用を小文字 u で表現し，2回の消費の効用を合わせた全効用が生涯効用であると仮定して，これを大文字 U で表現し，

$$U(C_0, \widetilde{C}_1) = u(C_0) + \mathrm{E}[u(\widetilde{C}_1)] \qquad (3.47)$$

とする[29]．これは，前節までに検討，分析してきた時間分離可能な効用関数の最も簡単なケースである．最適化問題を定式化すると以下である．

$$\underset{\{C_0,\omega_i\}}{\text{Maximize}}\ U(C_0, \widetilde{C}_1) = u(C_0) + \mathrm{E}[u(\widetilde{C}_1)]$$

$$\text{subject to}\ \widetilde{C}_1 = \widetilde{Y}_1 + (W_0 + Y_0 - C_0)\left\{\sum_{i=1}^{N}\omega_i(1+\widetilde{R}_i)\right\}$$

$$\sum_{i=1}^{N}\omega_i = 1$$

また，ラグランジュ関数を，

---

[28]　代表的経済主体では，この仮定が厳密に成立する．なぜならば，彼は経済に供給されたすべての金融資産を需要するが，無リスク資産は投資家間の借用証書の売買を通じて供給されると考えるので，無リスク資産の総需要および総供給は相殺されてゼロになるからである．

[29]　ここでは時点0の消費に対する効用関数と時点1の消費に対する効用関数を同じ関数 u として与えているが，仮に両者が異なる関数であっても，以下の議論の本質は変わらない．

240　第3章　多期間における最適な消費と投資の意思決定

$$L = u(C_0) + \mathrm{E}\left[u\left(\widetilde{Y}_1 + (W_0 + Y_0 - C_0)\left\{\sum_{i=1}^{N}\omega_i(1+\widetilde{R}_i)\right\}\right)\right] + \lambda\left(1 - \sum_{i=1}^{N}\omega_i\right)$$

と定義すると，1階条件より，

$$0 = \frac{\partial L}{\partial C_0} = u'(C_0) - \mathrm{E}\left[u'(\widetilde{C}_1)\left\{\sum_{i=1}^{N}\omega_i(1+\widetilde{R}_i)\right\}\right]$$

$$\Leftrightarrow u'(C_0) = \mathrm{E}\left[u'(\widetilde{C}_1)\left\{\sum_{i=1}^{N}\omega_i(1+\widetilde{R}_i)\right\}\right] \tag{3.48a}$$

および，

$$0 = \frac{\partial L}{\partial \omega_i} = \mathrm{E}[u'(\widetilde{C}_1)(W_0 + Y_0 - C_0)(1+\widetilde{R}_i)] - \lambda$$

$$\Leftrightarrow \mathrm{E}[u'(\widetilde{C}_1)(1+\widetilde{R}_i)] = \lambda',\quad \lambda' \equiv \frac{\lambda}{W_0 + Y_0 - C_0} \tag{3.48b}$$

を得る．(3.48a) と (3.48b) を同時に満たす $C_0, \omega_i, i \in \{1, \cdots, N\}$ が時点 0 における最適消費，および最適投資比率であるので，以後，これらの最適化された選択変数にはアスタリスクを付すことにする．

さて，ここで任意に，資産 i とは異なる資産 $j (\neq i)$ を選ぶと，上式より，

$$\mathrm{E}[u'(\widetilde{C}_1)(1+\widetilde{R}_i)] = \mathrm{E}[u'(\widetilde{C}_1)(1+\widetilde{R}_j)] (=\lambda') \tag{3.49}$$

が成立する．そこで，2回目の消費の限界効用で加重した期待収益率がすべての資産において等しくなるようにポートフォリオを組むのが最適であるとわかる．

ここで，現在消費に関する1階条件に戻ると，

$$u'(C_0^*) = \mathrm{E}\left[u'(\widetilde{C}_1)\left\{\sum_{i=1}^{N}\omega_i^*(1+\widetilde{R}_i)\right\}\right]$$

$$= \sum_{i=1}^{N}\omega_i^*\mathrm{E}[u'(\widetilde{C}_1)(1+\widetilde{R}_i)] = \sum_{i=1}^{N}\omega_i^*\lambda'$$

$$= \lambda'$$

であるから，これよりに定数 $\lambda' \equiv \lambda/(W_0 + Y_0 - C_0)$ の意味が明らかになり，

$$\lambda' = \mathrm{E}[u'(\widetilde{C}_1)(1+\widetilde{R}_i)] = u'(C_0^*), \quad \forall i$$

ゆえに，最右辺の最適な現在消費の限界効用に，任意のリスク資産の投資収益率で拡大した将来消費の限界効用の期待値が等しくなる場合のその値が λ' である．

いま，資産 i の時点 0 の価格を $P_{i,0}$ と，また，それが期末の時点 1 にもたらすキャッシュフローを元本と配当込みで $\widetilde{X}_{i,1} = \widetilde{P}_{i,1} + \widetilde{D}_{i,1}$ とする．このとき，グロス表示の投資収益率は $1+\widetilde{R}_i = \dfrac{\widetilde{X}_{i,1}}{P_{i,0}}$ であるから，上式は，

$$\mathrm{E}\left[u'(\widetilde{C}_1)\frac{\widetilde{X}_{i,1}}{P_{i,0}}\right] = u'(C_0^*)$$

$$\Leftrightarrow \mathrm{E}[u'(\widetilde{C}_1)\widetilde{X}_{i,1}] = P_{i,0}\,u'(C_0^*) \tag{3.50}$$

と変形できる．左辺は時点 1 に $\widetilde{X}_{i,1}$ 円を受け取ることを将来の限界効用で評価した期待値であり，それが右辺の効用，すなわち，時点 0 で $P_{i,0}$ 円を支払ったことを今日の最適な消費の限界効用で評価した値である．この式から，等号が成立するところまで資産 i へ投資すべきことがわかる．

これまでの分析では無リスク資産への投資を考慮していなかったが，無リスク資産が存在する場合を考えてみよう．時点 0 に無リスク資産へ $P_{f,0}=1$ 円の投資を行なうとき，時点 1 には $X_{f,1}=1+R_f$ の確定したキャッシュフローをもたらすと考えると，上と同様に，

$$\mathrm{E}[u'(\widetilde{C}_1)(1+R_f)] = u'(C_0^*) \tag{3.51}$$

が成立する．

2 期間のプライシング・カーネル

ここまでの議論を踏まえて，次に，プライシング・カーネル概念に関する要点を 2 期間プライシング・カーネルと 1 期間のそれとを対比しながら振り返っておこう．

(3.50) 式を変形すると，これを資産の価格付け (Pricing) という視点から解釈できる．

$$\mathrm{E}[u'(\widetilde{C}_1)\widetilde{X}_{i,1}] = P_{i,0}\,u'(C_0^*) \qquad [(3.50)]$$

$$\Leftrightarrow P_{i,0} = \mathrm{E}\left[\frac{u'(\widetilde{C}_1)}{u'(C_0^*)}\widetilde{X}_{i,1}\right]$$

である.ここで,時点を表わす添え字 0 と 1 を付して,プライシング・カーネルを,

$$\widetilde{M}_{0,1} \equiv \frac{u'(\widetilde{C}_1)}{u'(C_0^*)} \tag{3.52}$$

とおくと,これは,将来消費の限界効用と現在消費の限界効用という正値と正値での割り算になっており,第 1 章でみた 1 期間プライシング・カーネルと同じく正値確率変数である.この $\widetilde{M}_{0,1}$ は時点 0 では確率変数であるが,時点 1 には実現値が明らかになる.このとき,第 1 章の (1.89) 式で定義した 1 期間モデルのプライシング・カーネルが,将来消費の限界効用をその期待値とグロス表示の無リスク利子率の積で除したものであったのに対して,2 回の消費を行なう 2 期間モデルにおいては,「将来消費」の限界効用を「現在消費」の限界効用で除しており,2 期間のプライシング・カーネルは「将来消費」と「現在消費」という 2 つの財に関わる限界代替率という解釈ができる.

上式は,時点 1 に $\widetilde{X}_{i,1}$ というキャッシュフローをもたらす資産 i の現在価値 $P_{i,0}$ が,正値確率変数 $\widetilde{M}_{0,1}$ を介して,

$$P_{i,0} = \mathrm{E}[\widetilde{M}_{0,1}\widetilde{X}_{i,1}] \tag{3.53}$$

と与えられることを意味している.この正値確率変数 $\widetilde{M}_{0,1}$ は,将来キャッシュフローをその現在価値に対応させる役割を果たしていることから,第 1 章で定義したプライシング・カーネルである.このとき,いうまでもなく,プライシング・カーネル $\widetilde{M}_{0,1}$ の関数形は効用関数およびリスク資産の確率分布をどう特定するかによって変わる.その関数形の特定が 2 期間における評価理論の特定に対応するという点は,1 期間のプライシング・カーネルと変わらない.

以上の分析は,一人の消費者を選んで,その消費者の期待効用最大化問題

を解いたものである．したがって，上で導出したプライシング・カーネルは，あくまでもその消費者が妥当と考える，主観的な資産価格を与えるのみである．上の分析における効用関数を，2期間において市場価格を定めるような，平均的消費者すなわち代表的経済主体の効用関数と読み替えることができるならば，導出したプライシング・カーネルによって金融資産の2期間モデルからみた市場価格の理論値を定めることができる．この点も，1期間のプライシング・カーネルと同じである[30]．

4.2 多期間モデルにおけるプライシング・カーネル

前項では，期待効用関数を前提して，2期間でのプライシング・カーネルを導出し，それは代表的経済主体の異時点間限界代替率として特徴づけられることを明らかにした．そこで次に，3期間以上の任意の $T(\geqq 3)$ 期間にわたる多期間モデルにおいて，プライシング・カーネルがどのように拡張され，表現されるかを検討する[31]．

まず，前節までの分析では，生涯効用関数として時間分離可能な期待効用関数を仮定したのであるが，以下では，期待効用関数の範疇を超えて，再帰的効用関数についてもプライシング・カーネルを導出するため，時間分離可能という強い制約構造は課さずに多期間におけるプライシング・カーネルを検討することにする．

Epstein=Zin 効用に代表される再帰的効用関数では，多期間の期待効用関数と同じように，定常性，すなわち，選好体系の構造が時間の経過に依存しない性質が保たれている．また，任意の時点における生涯効用は，その時点での現在消費からの効用と，将来消費からの効用の2つの部分から定義される何らかの関数（集計関数）として与えられたことを思い出していただきたい．したがって，現在時点を t とするとき，時点 t における最適消費と最適ポートフォリオの決定とともに，時点 $t+1$ 以降の将来における意思決定に

---

[30] 代表的経済主体については第1章の脚注65を参照のこと．
[31] 以下では，投資家は第 T 期期末には死去すると仮定し，遺産関数は考えないことにする．

最適性原理が成立すると考えるならば，再帰的効用関数においても，期待効用関数と同じように，時点 t における価値関数 $J(W_t, \mathbf{X}_t, \mathbf{R}_t)$ を矛盾なく定義することができる[32]．ただし，すぐ下で解説するように，価値関数が明示的に時間 t の関数になるとは限らないので，$J(\ )$ の変数から t は除いてある．各時点において価値関数が定義できるならば，包絡線条件もまた成立するはずである．

本章 1 節では，生涯効用が時間分離可能な期待効用関数であることを仮定したので，(3.2) 式の仮定のもとで，

$$U_C(C_t^*) = u_C(C_t^*, t)$$

が成立した．大文字で記した生涯効用の各期の消費による限界効用は小文字で表わされる各期の限界効用に等しくなるため，包絡線条件はすべて各期の効用関数で記述することができた．また，各期の効用関数には主観的割引因子を母数として含んで，その影響が時間 t に確定的に依存するように定義したので，$u = u(C_t, t)$ と表記した．

しかし，以下では，非期待効用関数についても包絡線条件を利用するために，生涯効用に時間分離可能性を仮定せずに包絡線条件を記述する．そこで，第 1 節で導出した (3.21) 式の，包絡線条件を記述する 4 本の基本的表現において，小文字の効用関数を大文字の生涯効用 U に変更し，価値関数から時間を表わす変数 t を除くと，

$$U_C(C_t^*) = J_W(W_t, \mathbf{X}_t, \mathbf{R}_t) \tag{3.54a}$$

$$= \mathrm{E}_t[J_W(\widetilde{W}_{t+1}, \widetilde{\mathbf{X}}_{t+1}, \widetilde{\mathbf{R}}_{t+1}) \cdot (1 + \widetilde{R}_{p,t+1}^*)] \tag{3.54b}$$

$$= \mathrm{E}_t[J_W(\widetilde{W}_{t+1}, \widetilde{\mathbf{X}}_{t+1}, \widetilde{\mathbf{R}}_{t+1}) \cdot (1 + \widetilde{R}_{i,t+1})], \quad i \in \{1, 2, \cdots, N\} \tag{3.54c}$$

---

[32] たとえば，$\gamma \neq 1$ かつ $\psi \neq 1$ の場合の Epstein=Zin 効用について価値関数を定義すると，(2.33b) 式より，

$$J(W_t, \mathbf{X}_t, \mathbf{R}_t) = \underset{(C_t, \omega_t)}{\text{Maximize}} \{(1-\delta) C_t^{\frac{1-\gamma}{\theta}} + \delta (\mathrm{E}_t[\{J(\widetilde{W}_{t+1}, \widetilde{\mathbf{X}}_{t+1}, \widetilde{\mathbf{R}}_{t+1})\}^{1-\gamma}])^{\frac{1}{\theta}}\}^{\frac{\theta}{1-\gamma}},$$

$$\theta \equiv \frac{1-\gamma}{1-(1/\psi)}$$

となる．

$$= (1+R_{f,t})\mathrm{E}_t[J_W(\widetilde{W}_{t+1}, \widetilde{\mathbf{X}}_{t+1}, \widetilde{\mathbf{R}}_{t+1})] \tag{3.54d}$$

となる．最適消費，最適投資が行なわれるとき(3.54a)式が成立するが，この条件が包絡線条件であった．(3.54b)式が示すように，最適消費，最適投資のもとでは，今日の消費の限界効用は，次期の富がもたらす限界効用を最適ポートフォリオのグロス表示収益率で拡大した値の期待値と等しくなる．同様の関係が，任意のリスク資産 i の投資収益率，および無リスク資産の投資収益率についても成立することを示しているのが(3.54c)式，(3.54d)式である．

多期間のプライシング・カーネルの構造を明らかにするため，まず，(3.54d)式の期待値記号の中の1期後の価値関数に包絡線条件を適用すると，

$$U_c(C_t^*) = (1+R_{f,t})\mathrm{E}_t[J_W(\widetilde{W}_{t+1}, \widetilde{\mathbf{X}}_{t+1}, \widetilde{\mathbf{R}}_{t+1})] \qquad [(3.54\mathrm{d})]$$

$$= (1+R_{f,t})\mathrm{E}_t[U_c(\widetilde{C}_{t+1}^*)] \tag{3.55}$$

となる．時点 t では次期の消費は確率変数ゆえ選択変数ではないが，時点 $t+1$ における包絡線条件では $t+1$ 期の消費は選択変数であり，そこでも最適に決定されると考えるので，上式では確率変数にもアステリスクを付し，$\widetilde{C}_{t+1}^*$ と表記した．(3.55)式を左辺で除すと，

$$1 = (1+R_{f,t})\mathrm{E}_t[\widetilde{M}_{t,t+1}], \quad \widetilde{M}_{t,t+1} \equiv \frac{U_c(\widetilde{C}_{t+1}^*)}{U_c(C_t^*)} \tag{3.56}$$

を得る[33]．同様に，リスク資産投資収益率を用いた(3.54c)式の1期間後の価値関数に包絡線条件を適用すると，

$$U_c(C_t^*) = \mathrm{E}_t[J_W(\widetilde{W}_{t+1}, \widetilde{\mathbf{X}}_{t+1}, \widetilde{\mathbf{R}}_{t+1}) \cdot (1+\widetilde{R}_{i,t+1})] \qquad [(3.54\mathrm{c})]$$

$$= \mathrm{E}_t[(1+\widetilde{R}_{i,t+1})U_c(\widetilde{C}_{t+1}^*)] \tag{3.57a}$$

---

[33] プライシング・カーネル自体は選択変数ではないのでアステリスクは付さない．先にみた2期間モデルでは，第0期の消費にはアステリスクを付し，また第1期の消費にはアステリスクを付さずに，そのプライシング・カーネルは $\widetilde{M}_{0,1} = \dfrac{U_c(\widetilde{C}_1)}{U_c(C_0^*)}$ と表わした．

$$\Leftrightarrow 1 = \mathrm{E}_t[\widetilde{M}_{t,t+1}(1+\widetilde{R}_{i,t+1})] \tag{3.57b}$$

$$\widetilde{M}_{t,t+1} \equiv \frac{U_C(\widetilde{C}^*_{t+1})}{U_C(C^*_t)} \tag{3.57c}$$

であり,これら2つの分析から,無リスク資産,リスク資産のいずれであっても,同一の正値確率変数 $\widetilde{M}_{t,t+1}$ によって,右辺のグロス表示の投資収益率の現在価値が左辺の1円というように表現できることがわかる.したがって,この確率変数 $\widetilde{M}_{t,t+1}$ が,多期間モデルにおける時点 t から $t+1$ までの1期間プライシング・カーネルであり,時点を表わす添え字としては当該期間の開始時点 t と,確率変数が実現値をとる終了時点 $t+1$ の2つが付してある.

第1章8節でも述べたが,(3.57b) および (3.56) 式は,消費理論においてオイラー方程式とよばれる最適化の1階条件である.ファイナンス研究者の間にはこれらを「資産評価の基本方程式」(The Basic Pricing Equation) とよぶ慣わしが広く定着しており,確認できる文献では,Cochrane (2001, p. 8) にその名称がある[34].

次に,(3.57a) 式の時点をひとつ進めたうえで,資産 i とは異なる資産 $j(\neq i)$ について表現すると,

$$U_C(C^*_{t+1}) = \mathrm{E}_{t+1}[(1+\widetilde{R}_{j,t+2})U_C(\widetilde{C}^*_{t+2})] \tag{3.58}$$

となる.これを,(3.57a) 式へ代入すると,

$$U_C(C^*_t) = \mathrm{E}_t[(1+\widetilde{R}_{i,t+1})U_C(\widetilde{C}^*_{t+1})] \qquad [(3.57a)]$$

---

34) 実証分析を主とする研究者に対して強い影響力をもつ教科書である Campbell, Lo, and MacKinlay (1997, p. 304) では,消費を変数にもつ資産評価理論という意味で,同式を「消費 CAPM」と命名しており,Campbell and Viceira (2002) においてもまた,同式を一貫して「消費 CAPM」とよんでいる.このとき,彼らのいう「消費 CAPM」にはベータという概念は登場せず,これは,本書第1章において解説した CAPM,および Breeden (1979) の消費 CAPM の評価式を意味していない.Breeden の CAPM が,この,いわば広義の「消費 CAPM」の評価式を満たすことは間違いないが,両者の混同を防ぐために本書では,(3.57b) および (3.57c) 式に対して「資産評価の基本方程式」の名称を用いることとした.第1章の脚注64を参照のこと.消費 CAPM については章末の APPENDIX CH-3 で詳しく扱う.

$$= \mathrm{E}_t[(1+\widetilde{R}_{i,t+1})\mathrm{E}_{t+1}[(1+\widetilde{R}_{j,t+2})U_C(\widetilde{C}^*_{t+2})]]$$

$$= \mathrm{E}_t[(1+\widetilde{R}_{i,t+1})(1+\widetilde{R}_{j,t+2})U_C(\widetilde{C}^*_{t+2})] \tag{3.59}$$

を得るが,上式の最左辺と最右辺を $U_C(C^*_t)$ で除すと,

$$1 = \mathrm{E}_t\left[(1+\widetilde{R}_{i,t+1})(1+\widetilde{R}_{j,t+2})\frac{U_C(\widetilde{C}^*_{t+2})}{U_C(C^*_t)}\right] \tag{3.60}$$

であるから,時点 t から $t+2$ までの2期間にわたるプライシング・カーネルは,

$$\widetilde{M}_{t,t+2} \equiv \frac{U_C(\widetilde{C}^*_{t+2})}{U_C(C^*_t)} \tag{3.61}$$

とおけばよいことがわかる.(3.60) 式は,2期間について,それぞれ異なる資産の投資収益率を用いて表現しており,時点 t から $t+1$ までは資産 i で運用し,時点 $t+1$ から時点 $t+2$ までは資産 j で運用した場合になっている.同一資産によって2期間運用する場合には, $j=i$ とおいて,

$$1 = \mathrm{E}_t[(1+\widetilde{R}_{i,t+1})(1+\widetilde{R}_{i,t+2})\widetilde{M}_{t,t+2}] \tag{3.62}$$

となる.

以上と同様にして,第 t 期期初の時点 t から最終期 $T-1$ 期が終了する時点 T までの $T-t$ 期間の投資ホライズンで資産運用を行なう場合を考えてみよう.この間,同一の資産も含む,複数の資産 $i, j, \cdots, k, l \in \{1, \cdots, N\}$ で資産運用を行なった場合には,

$$1 = \mathrm{E}_t\left[(1+\widetilde{R}_{i,t+1})(1+\widetilde{R}_{j,t+2})\cdots(1+\widetilde{R}_{k,T-1})(1+\widetilde{R}_{l,T})\frac{U_C(\widetilde{C}_T)}{U_C(C^*_t)}\right]$$

$$\Leftrightarrow 1 = \mathrm{E}_t\left[\left\{\prod_{\substack{s=t+1 \\ i\in\{1,\cdots,N\}}}^{T}(1+\widetilde{R}_{i,s})\right\}\widetilde{M}_{t,T}\right] \tag{3.63a}$$

$$\widetilde{M}_{t,T} \equiv \frac{U_C(\widetilde{C}_T)}{U_C(C^*_t)} \tag{3.63b}$$

が成立する[35].以上から,時点 t から T までの多期間のプライシング・カー

---

[35] 遺産関数を考えていないために,最終期には $\widetilde{W}_T = \widetilde{C}_T$, すなわち富がどのような水準になっても,そのすべてを消費して死去することが最適といえるが,このときの消費

ネルは，最終期の消費の限界効用を，第 t 期消費の限界効用で除したものとして与えられることがわかる．

この多期間のプライシング・カーネルに，1 期間ごとの最適消費の限界効用を分子，分母にそれぞれ乗じて変形すると，次式を得る．

$$\widetilde{M}_{t,T} = \frac{U_C(\widetilde{C}_T)}{U_C(C_t^*)} \qquad [(3.63b)]$$

$$= \frac{U_C(\widetilde{C}_{t+1}^*)}{U_C(C_t^*)} \cdot \frac{U_C(\widetilde{C}_{t+2}^*)}{U_C(\widetilde{C}_{t+1}^*)} \cdot \frac{U_C(\widetilde{C}_{t+3}^*)}{U_C(\widetilde{C}_{t+2}^*)} \cdot \cdots \cdot \frac{U_C(\widetilde{C}_{T-1}^*)}{U_C(\widetilde{C}_{T-2}^*)} \cdot \frac{U_C(\widetilde{C}_T)}{U_C(\widetilde{C}_{T-1}^*)}$$

$$= \widetilde{M}_{t,t+1} \cdot \widetilde{M}_{t+1,t+2} \cdot \widetilde{M}_{t+2,t+3} \cdot \cdots \cdot \widetilde{M}_{T-2,T-1} \cdot \widetilde{M}_{T-1,T}$$

$$= \prod_{s=t}^{T-1} \widetilde{M}_{s,s+1} \qquad (3.64)$$

このように，多期間のプライシング・カーネルは，1 期間のプライシング・カーネルを次々と累積して乗じた値として定義できることがわかる．

4.3 べき型および対数型期待効用関数の プライシング・カーネル

さて，包絡線条件によって多期間のプライシング・カーネルの構造が明らかになったが，以下では，その具体例として，べき型と対数型の期待効用関数についてプライシング・カーネルを導出してみよう．まず，多期間におけるプライシング・カーネルを与える（3.57b）および（3.57c）式を再掲すると，

$$1 = E_t[\widetilde{M}_{t,t+1}(1+\widetilde{R}_{i,t+1})] \qquad [(3.57b)]$$

$$\widetilde{M}_{t,t+1} \equiv \frac{U_C(\widetilde{C}_{t+1}^*)}{U_C(C_t^*)} \qquad [(3.57c)]$$

であった．いま，べき型の期待効用関数のもとで，消費が最適に決定されている状況を仮定すると，

$\widetilde{C}_T$ は選択変数とはみなせないゆえアスタリスクは敢えて付していない．

$$U_t = \mathrm{E}_t[U(C_t^*, \widetilde{C}_{t+1}^*, \cdots, \widetilde{C}_{T-1}^*)] = \mathrm{E}_t\left[\sum_{s=t}^{T-1} u(\widetilde{C}_s^*, s)\right],$$

$$u(\widetilde{C}_s^*, s) = \delta^{s-t} \frac{\widetilde{C}_s^{*1-\gamma}}{1-\gamma} \tag{3.65}$$

である．上式では遺産関数は考えていないが，べき型の遺産関数を想定しても以下の結果は同じである．まず，第 $t+1$ 期の最適消費の限界効用を求めると，

$$U_c(\widetilde{C}_{t+1}^*) = \frac{\partial}{\partial \widetilde{C}_{t+1}^*} \sum_{s=t}^{T-1} u(\widetilde{C}_s^*, s) = \frac{\partial}{\partial \widetilde{C}_{t+1}^*} u(\widetilde{C}_{t+1}^*, s)$$

$$= \frac{\partial}{\partial \widetilde{C}_{t+1}^*} \left(\delta \frac{\widetilde{C}_{t+1}^{*1-\gamma}}{1-\gamma} \right) = \delta \widetilde{C}_{t+1}^{*-\gamma}$$

であり，同様にして第 t 期の最適消費の限界効用は，

$$U_c(\widetilde{C}_t^*) = \widetilde{C}_t^{*-\gamma}$$

ゆえ，(3.57c) 式へこれらを代入すると，

$$\widetilde{M}_{t,t+1} = \frac{\delta \widetilde{C}_{t+1}^{*-\gamma}}{\widetilde{C}_t^{*-\gamma}} = \delta \left(\frac{\widetilde{C}_{t+1}^*}{\widetilde{C}_t^*} \right)^{-\gamma} \tag{3.66}$$

を得る．これがべき型効用の 1 期間プライシング・カーネルである．

また，対数型効用は，べき型効用において $\gamma=1$ とおいた場合である．したがって，この期待効用関数のプライシング・カーネルは，(3.66) 式で $\gamma=1$ とすると，

$$\widetilde{M}_{t,t+1} = \delta \left(\frac{\widetilde{C}_{t+1}^*}{\widetilde{C}_t^*} \right)^{-1} = \delta \frac{\widetilde{C}_t^*}{\widetilde{C}_{t+1}^*} \tag{3.67}$$

となる．

5. Epstein=Zin 効用関数のプライシング・カーネル

節を改め，この章の締めくくりとして，Epstein=Zin 効用のプライシング・カーネルを導出する．まず，なぜこれを本章で取り上げるのか，これまでみ

てきた内容を振り返りながら説明しよう．

　本章の1～3節では，離散型の枠組みにおける多期間の最適消費と最適投資決定問題を，主にSamuelson（1969）に依拠しながらみた．その結論は，時間分離可能な期待効用関数のもとで，その効用関数を特定しない一般的ケースでは，最適消費と最適投資は独立には決定できないというものである．一方，投資家がべき型効用をもつ場合には，投資機会集合が変動しないという条件のもとで，両者は独立に決定することができる．

　さらに，対数型効用を仮定できる場合には，投資機会集合が変動する状況であっても，両者は独立に決定できる．そのとき投資決定に必要な情報は，投資決定時点から1期間のみの投資機会集合に関する情報だけであり，リスク資産についていえば，1時点将来のリスク資産の投資収益率の確率分布がわかりさえすればよい．その意味で，長期・多期間にわたって対数型効用を保持する投資家にとっての多期間の投資決定問題は，1期間モデルにおける投資決定問題を各期の期初において解くことと同一になる．

　このように，対数型，あるいは，（投資機会集合が変化しないという条件付きではあるが）べき型の期待効用関数を仮定すれば，多期間の最適消費と最適投資を1期間の問題として決定することができるものの，期待効用関数では2種類のリスクを分離して扱えないという問題があることは前章で確認した通りである．そのため，再帰型効用関数，たとえばEpstein=Zin効用関数を導入することになる．

　再帰型効用関数を使った多期間モデルの実証分析の一例が，次章で例示するCampbell and Viceira（2002）の理論と実証である．その概要は本章2，4節と対比させると理解しやすい．すなわちこのモデルは，投資家の効用関数を期待効用関数から多期間の意思決定に適用できるEpstein=Zin効用に替え，また，すべてのリスク資産の投資収益率の確率分布に対数正規分布を仮定したうえで，任意の時点tにおける最適消費と最適投資の解をテイラー展開を使って近似するという構造になっている．

　近似解を求めるときに，Epstein=Zin効用のプライシング・カーネルを使用する．本節はそのための準備である．以下，同プライシング・カーネルの導出についてみていく．その際，第2章5節で検討したように，Epstein and

Zin (1991) の定式化には $\gamma \to 1$ および，$\psi \to 1$ の極限のケースに誤植があるとみなし，第 2 章に引き続いて以下でも，$\gamma = 1$ あるいは $\psi = 1$ の場合にも関数が連続となるように本書で再定義した Epstein=Zin 効用を使って議論する．

5.1 　Epstein=Zin 効用のプライシング・カーネルの導出

Epstein=Zin 効用のプライシング・カーネル $\widetilde{M}_{t,t+1}$ を，Epstein and Zin (1989) の原論文ではダイナミック・プログラミングを用いて導出している．これに対して本書では，Epstein=Zin 効用関数の 1 次同次性を使った新しい方法によってこれを導出し，以下に示す[36]．これは，Hansen, Heaton, Lee, and Roussanov (2007, pp. 3979) が提示した方法論の応用である．

無限期間における Epstein=Zin 効用は，2 つのリスク指標 γ と ψ の値に応じて 4 つの異なる式で表現されることを第 2 章 5 節でみた．そのうち，$\gamma \neq 1$ かつ $\psi \neq 1$ のケースを示すと，

$$U_t = \{(1-\delta)C_t^{\frac{1-\gamma}{\theta}} + \delta(\mathrm{CE}_t[\widetilde{U}_{t+1}])^{\frac{1-\gamma}{\theta}}\}^{\frac{\theta}{1-\gamma}} \tag{3.68a}$$

$$\text{ただし，} \mathrm{CE}_t[\widetilde{U}_{t+1}] = (\mathrm{E}_t[\widetilde{U}_{t+1}^{1-\gamma}])^{\frac{1}{1-\gamma}} \tag{3.68b}$$

$$\theta \equiv \frac{1-\gamma}{1-(1/\psi)}, \quad 0<\delta<1, \quad 0<\gamma \neq 1, \quad 0<\psi \neq 1 \tag{3.68c}$$

である．$\mathrm{CE}_t[\cdot]$ は時点 t の情報集合を使った確実性等価の演算を表わしている．

この効用関数のプライシング・カーネルを求めるために，まず，消費が最適に決定されているとして，消費を表わす変数には以後，アステリスクを付す．そのうえで，(3.68a) 式右辺の変数 C_t^* と $\widetilde{U}_{t+1}$ に着目して，同式を $U_t = f(C_t^*, \widetilde{U}_{t+1})$ と表現してみよう．これら 2 変数を λ 倍すると，

$$f(\lambda C_t^*, \lambda \widetilde{U}_{t+1}) = \{(1-\delta)(\lambda C_t^*)^{\frac{1-\gamma}{\theta}} + \delta(\mathrm{E}_t[(\lambda \widetilde{U}_{t+1})^{1-\gamma}])^{\frac{1-\gamma}{\theta}}\}^{\frac{\theta}{1-\gamma}}$$

---

[36] 典型的なダイナミック・プログラミング問題としてプライシング・カーネルを導出する方法の詳細は，村田 (1998, pp. 101-105)，あるいは，Altug and Labadie (2008, pp. 223-228) をみよ．また，Munk (2013, pp. 218-220) は，本書とは異なる連続時間バージョンではあるが，異時点間限界代替率を直接計算する方法を解説している．

$$= \lambda f(C_t^*, \tilde{U}_{t+1}) \tag{3.69}$$

が成立するので,上式は変数 C_t^* と $\tilde{U}_{t+1}$ について1次同次であることがわかる.同次関数についてはオイラーの定理が成立するので[37],上の Epstein=Zin 効用関数は,

$$U_t = \frac{\partial U_t}{\partial C_t^*} C_t^* + \mathrm{E}_t\left[\frac{\partial U_t}{\partial \tilde{U}_{t+1}} \tilde{U}_{t+1}\right] \tag{3.70}$$

と表わすことができる.

上式中の偏微分係数を (3.68) 式から求めてみよう.まず,(3.68a) 式において,(3.68c) 式を用いて θ を消去すると,

$$U_t = \{(1-\delta)C_t^{*1-\frac{1}{\phi}} + \delta(\mathrm{CE}_t[\tilde{U}_{t+1}])^{1-\frac{1}{\phi}}\}^{\frac{1}{1-1/\phi}}$$

となる.これを C_t^* で偏微分すると,

$$\frac{\partial U_t}{\partial C_t^*} = \frac{1}{1-\frac{1}{\phi}}\{\cdot\}^{\frac{1}{1-(1/\phi)}-1} \times (1-\delta)\left(1-\frac{1}{\psi}\right)C_t^{*-\frac{1}{\phi}} = (1-\delta)U_t^{\frac{1}{\phi}}C_t^{*-\frac{1}{\phi}}$$

$$\tag{3.71}$$

を得る.次に,$\tilde{U}_{t+1}$ による偏微分を求めると,

$$\frac{\partial U_t}{\partial \tilde{U}_{t+1}} = \frac{\partial U_t}{\partial \mathrm{CE}_t}\frac{\partial \mathrm{CE}_t}{\partial \tilde{U}_{t+1}} = \delta U_t^{\frac{1}{\phi}}(\mathrm{CE}_t)^{\gamma-\frac{1}{\phi}}\tilde{U}_{t+1}^{-\gamma} \tag{3.72}$$

である[38].

さて,前述したように,プライシング・カーネルは,代表的投資家の異時点間限界代替率ゆえ,

$$\tilde{M}_{t,t+1} \equiv \frac{U_c(\tilde{C}_{t+1}^*)}{U_c(C_t^*)} \qquad\qquad [(3.57c)]$$

---

[37] 任意の実数 λ について,関数 $f(x_1, x_2, \cdots, x_n)$ が,$f(\lambda x_1, \lambda x_2, \cdots, \lambda x_n) = \lambda^m f(x_1, x_2, \cdots, x_n)$ を満たすとき,f は $x_1, x_2, \cdots, x_n$ について m 次同次関数(Homogeneous Function of Degree m)であるという.このとき,$m \cdot f(x_1, x_2, \cdots, x_n) = \sum_{i=1}^{n}\frac{\partial}{\partial x_i}f(x_1, x_2, \cdots, x_n)$ が成り立つことをオイラーの定理という.

[38] 上式および以後の数式展開の途中では,確実性等価 $\mathrm{CE}_t[\tilde{U}_{t+1}]$ を CE_t と略記し,分析結果の表現部分では,適宜,原形式に戻している.

であった.この分母は,すでに(3.71)式で計算してある.分子は,(3.72)式を利用すると,

$$\frac{\partial U_t}{\partial \widetilde{C}_{t+1}^*} = \frac{\partial U_t}{\partial \mathrm{CE}_t}\frac{\partial \mathrm{CE}_t}{\partial \widetilde{U}_{t+1}}\frac{\partial \widetilde{U}_{t+1}}{\partial \widetilde{C}_{t+1}^*}$$
$$= \{\delta U_t^{\frac{1}{\phi}}(\mathrm{CE}_t)^{\tau-\frac{1}{\phi}}\widetilde{U}_{t+1}^{-\tau}\}\{(1-\delta)\widetilde{U}_{t+1}^{\frac{1}{\phi}}\widetilde{C}_{t+1}^{*-\frac{1}{\phi}}\}$$
$$= \delta(1-\delta)\widetilde{C}_{t+1}^{*-\frac{1}{\phi}}(\mathrm{CE}_t[\widetilde{U}_{t+1}])^{\tau-\frac{1}{\phi}}U_t^{\frac{1}{\phi}}\widetilde{U}_{t+1}^{\frac{1}{\phi}-\tau} \tag{3.73}$$

であるから,(3.71),(3.73)式を(3.57c)式へ代入すると,

$$\widetilde{M}_{t,t+1} = \delta\left(\frac{\widetilde{C}_{t+1}^*}{C_t^*}\right)^{-\frac{1}{\phi}}\left(\frac{\widetilde{U}_{t+1}}{\mathrm{CE}_t[\widetilde{U}_{t+1}]}\right)^{\frac{1}{\phi}-\tau} \tag{3.74}$$

を得る.このプライシング・カーネルには,来期以降の将来の消費がもたらす効用 $\widetilde{U}_{t+1}$ が含まれており,実証を考慮するとき,その観測が不可能であるという問題がある.そこで,代表的経済主体の存在を前提とし,将来の効用に代えて,富の投資収益率を用いる方法をとる.

富の投資収益率を求めるためには,まず,富を消費との関係を用いて適切に記述しなければならない.現在時点の富 W_t は,最適な現在消費 C_t^* およびその効用と限界効用によって,

$$W_t = \frac{U_t}{\partial U_t/\partial C_t^*} \tag{3.75}$$

のように表現できる[39].この富の概念は,消費と投資が最適に行なわれることを前提としたものであり,上式に現れる効用関数は,最適化された関数,すなわち価値関数 $J(\cdot)$ に他ならないが,理論的な混乱が起きない限りにおいて U_t という表記を継続する.

さて,現在時点の富 W_t から最適に消費 C_t^* を行なった残余としての貯蓄 $W_t - C_t^*$ が投資へ向けられ,その結果,次期の富 $\widetilde{W}_{t+1}$ がもたらされる.した

---

[39] (3.75)式の時点を1つ進め,時点 $t+1$ の富を $\widetilde{W}_{t+1} = \frac{\widetilde{U}_{t+1}}{\partial \widetilde{U}_{t+1}/\partial \widetilde{C}_{t+1}^*}$ として,時点 t の富をプライシング・カーネルを用いて求めてみると,$W_t = C_t^* + \mathrm{E}_t[\widetilde{M}_{t,t+1}\widetilde{W}_{t+1}] = \frac{U_t}{\partial U_t/\partial C_t^*}$ となるので,異なる時点の富は(3.75)式によって矛盾なく記述されることが検証できる.

がって，最適に組まれたポートフォリオのネット表示投資収益率を $\widetilde{R}^*_{p,t+1}$ とすれば，

$$1+\widetilde{R}^*_{p,t+1} = \frac{\widetilde{W}_{t+1}}{W_t - C^*_t} \tag{3.76}$$

が成立する．上式へ，（3.75）式にしたがい，W_t および $\widetilde{W}_{t+1}$ を代入すると，

$$1+\widetilde{R}^*_{p,t+1} = \frac{\widetilde{U}_{t+1}}{\partial \widetilde{U}_{t+1}/\partial \widetilde{C}^*_{t+1}} \cdot \frac{1}{\dfrac{U_t}{\partial U_t/\partial C^*_t} - C^*_t}$$

$$= \frac{\widetilde{U}_{t+1}}{\partial \widetilde{U}_{t+1}/\partial \widetilde{C}^*_{t+1}} \cdot \frac{\partial U_t/\partial C^*_t}{U_t - C^*_t(\partial U_t/\partial C^*_t)}$$

となるが，ここへ（3.71）式，および，その時点を 1 つ進めた $\dfrac{\partial \widetilde{U}_{t+1}}{\partial \widetilde{C}^*_{t+1}} = (1-\delta)\widetilde{U}_{t+1}^{\frac{1}{\phi}} \widetilde{C}^{*-\frac{1}{\phi}}_{t+1}$ を代入して，

$$1+\widetilde{R}^*_{p,t+1} = \left(\frac{\widetilde{C}^*_{t+1}}{C^*_t}\right)^{\frac{1}{\phi}} \cdot \frac{1}{\widetilde{U}_{t+1}^{\frac{1}{\phi}-1}} \cdot \frac{1}{U_t^{1-\frac{1}{\phi}} - (1-\delta)C^{*1-\frac{1}{\phi}}_t}$$

を得る．ここで，上式の右辺分母に注目し，最適ポートフォリオ投資収益率を，Epstein=Zin 効用の定義式（3.68a）を変形した，

$$\delta(\mathrm{CE}_t[\widetilde{U}_{t+1}])^{\frac{1-\gamma}{\theta}} = \delta(\mathrm{CE}_t[\widetilde{U}_{t+1}])^{1-\frac{1}{\phi}} = U_t^{1-\frac{1}{\phi}} - (1-\delta)C^{*1-\frac{1}{\phi}}_t$$

の関係を用いて確実性等価関数によって表現すると，

$$1+\widetilde{R}^*_{p,t+1} = \left(\frac{\widetilde{C}^*_{t+1}}{C^*_t}\right)^{\frac{1}{\phi}} \cdot \frac{1}{\widetilde{U}_{t+1}^{\frac{1}{\phi}-1}} \cdot \frac{1}{\delta(\mathrm{CE}_t[\widetilde{U}_{t+1}])^{1-\frac{1}{\phi}}}$$

$$= \frac{1}{\delta}\left(\frac{\widetilde{C}^*_{t+1}}{C^*_t}\right)^{\frac{1}{\phi}}\left(\frac{\widetilde{U}_{t+1}}{\mathrm{CE}_t[\widetilde{U}_{t+1}]}\right)^{1-\frac{1}{\phi}}$$

$$\Leftrightarrow \frac{\widetilde{U}_{t+1}}{\mathrm{CE}_t[\widetilde{U}_{t+1}]} = \left\{\frac{1}{1+\widetilde{R}^*_{p,t+1}} \cdot \frac{1}{\delta}\left(\frac{\widetilde{C}^*_{t+1}}{C^*_t}\right)^{\frac{1}{\phi}}\right\}^{-\frac{1}{1-(1/\phi)}} \tag{3.77}$$

を得る．上式を，プライシング・カーネルを与える（3.74）式へ代入すると，

$$\widetilde{M}_{t,t+1} = \delta\left(\frac{\widetilde{C}^*_{t+1}}{C^*_t}\right)^{-\frac{1}{\phi}}\left[\left\{\frac{1}{1+\widetilde{R}^*_{p,t+1}} \cdot \frac{1}{\delta}\left(\frac{\widetilde{C}^*_{t+1}}{C^*_t}\right)^{\frac{1}{\phi}}\right\}^{-\frac{1}{1-(1/\phi)}}\right]^{\frac{1}{\phi}-\gamma}$$

$$= \delta^{\frac{1-\gamma}{1-(1/\phi)}}\left(\frac{\widetilde{C}^*_{t+1}}{C^*_t}\right)^{-\frac{1}{\phi}\left(\frac{1-\gamma}{1-(1/\phi)}\right)} \cdot \frac{1}{(1+\widetilde{R}^*_{p,t+1})^{-\frac{(1/\phi)-\gamma}{1-(1/\phi)}}}$$

$$= \left\{\delta\left(\frac{\tilde{C}^*_{t+1}}{C^*_t}\right)^{-\frac{1}{\psi}}\right\}^{\theta}\left\{\frac{1}{1+\tilde{R}^*_{p,t+1}}\right\}^{1-\theta}, \quad \theta \equiv \frac{1-\gamma}{1-(1/\psi)} \qquad (3.78\text{a})$$

となる．上式の表現では，観測が不可能な将来のすべての消費の効用を表わす $\tilde{U}_{t+1}$ が，最適な投資収益率 $\tilde{R}^*_{p,t+1}$ に置き換わっており，代表的経済主体は市場のすべての証券に投資することを考慮すると，$\tilde{R}^*_{p,t+1} = \tilde{R}_{M,t+1}$，すなわち，最適ポートフォリオ収益率は市場ポートフォリオ収益率となる．こうして，たとえば東証株価指数（TOPIX）等を市場ポートフォリオの代理変数に使用して，プライシング・カーネルを用いた実証を行なうことが可能になる．

$\gamma=1$ あるいは $\psi=1$ の場合の Epstein=Zin 効用の プライシング・カーネル

(3.78a) 式は $\gamma \neq 1$ かつ $\psi \neq 1$ の場合のプライシング・カーネルである．しかし，$\gamma=1$ あるいは $\psi=1$ の場合にも，Epstein=Zin 効用関数は変数 C^*_t と $\tilde{U}_{t+1}$ に対して1次同次になっているため，上と同様の方法でプライシング・カーネルを導出できる．類書に述べられることがないので結果のみを記しておくと，

$$\gamma=1 \text{ かつ } \psi=1 \text{ のとき } \tilde{M}_{t,t+1} = \frac{1}{1+\tilde{R}^*_{p,t+1}} \qquad (3.78\text{b})$$

$$\gamma=1 \text{ かつ } \psi \neq 1 \text{ のとき } \tilde{M}_{t,t+1} = \frac{1}{1+\tilde{R}^*_{p,t+1}} \qquad (3.78\text{c})$$

$$\gamma \neq 1 \text{ かつ } \psi=1 \text{ のとき } \tilde{M}_{t,t+1} = \frac{(1+\tilde{R}^*_{p,t+1})^{-\gamma}}{E_t[(1+\tilde{R}^*_{p,t+1})^{1-\gamma}]} \qquad (3.78\text{d})$$

である．$\gamma=1$ のケースでは，$\psi=1$ のときにも，また，$\psi \neq 1$ のときにも，プライシング・カーネルは同一の最適ポートフォリオの単利ネット表示の投資収益率 $\tilde{R}^*_{p,t+1}$ にのみ依存するような関数形をしていることがわかる．

なお，第2章で明らかにした通り，$\gamma=1$ かつ $\psi=1$ のとき Epstein=Zin 効用は対数型効用に帰着する．そのため，$\gamma=1$ かつ $\psi=1$ のケースでのプライシング・カーネルを表わす (3.78b) 式は，前節で導出した対数型効用のプライシング・カーネルの (3.67b) 式と同形のはずである．これを再掲すると，

$$\widetilde{M}_{t,t+1} = \delta \frac{C_t^*}{\widetilde{C}_{t+1}^*} \qquad [(3.67)]$$

であり，一見すると，(3.78b) 式とは異なるようにみえる．両者が同一であることを以下に示しておこう．

対数型の多期間効用をもつ投資家の時点 t（あるいは第 t 期）における最適消費は，(3.43) 式で求めた通り，時点 t の富 W_t に対して，

$$C_t^* = \frac{1-\delta}{1-\delta^{T-t+1}} W_t, \quad 0 < \delta < 1 \qquad [(3.43)]$$

と与えられ，限界消費性向は定数となる特徴があった．Epstein=Zin 効用では $T = +\infty$ の場合を想定しているので，上式は，

$$C_t^* = (1-\delta) W_t \tag{3.79a}$$

となる．時点を 1 つ進めると，

$$\widetilde{C}_{t+1}^* = (1-\delta) \widetilde{W}_{t+1} \tag{3.79b}$$

となるが，これらを (3.67) 式へ代入すると，

$$\widetilde{M}_{t,t+1} = \delta \frac{W_t}{\widetilde{W}_{t+1}} \tag{3.80}$$

を得る．時点 t および時点 $t+1$ の富 $W_t, \widetilde{W}_{t+1}$ と，最適ポートフォリオの投資収益率には，(3.76) および (3.79) 式より，

$$1 + \widetilde{R}_{p,t+1}^* = \frac{\widetilde{W}_{t+1}}{W_t - C_t^*} \qquad [(3.76)]$$

$$\Leftrightarrow \frac{1}{1+\widetilde{R}_{p,t+1}^*} = \frac{W_t - C_t^*}{\widetilde{W}_{t+1}} = \frac{\delta W_t}{\widetilde{W}_{t+1}} \tag{3.81}$$

という関係があるので，(3.81) 式を (3.80) 式へ代入すると，

$$\widetilde{M}_{t,t+1} = \frac{1}{1+\widetilde{R}_{p,t+1}^*}$$

となる．上式は (3.78b) 式に他ならず，(3.67) 式と (3.78b) 式は同一であることがわかる．

5. Epstein=Zin 効用関数のプライシング・カーネル

　本章までの分析によって，多期間投資の意思決定が投資家の効用関数と投資収益の確率分布，および，消費に依存することが明らかになった．また，この第5節の分析から，γ と ψ の値によって4つに分けた各ケースのうち，$\gamma=1$ である2つのケースで，投資決定に使用する Epstein=Zin 効用のプライシング・カーネルが消費から独立で，最適ポートフォリオのネット表示投資収益率 $\tilde{R}^*_{p,t+1}$ にのみ依存するような関数形をしていることが数理的に明らかになった．これは，明確に $\gamma \neq 1$ と主張できるのでなければ，投資決定は単に近視眼的に行なえばよいという可能性を示唆している．すなわち，Epstein=Zin 効用を有する投資家であっても，γ の値が十分に1に近い場合には，長期投資は異なる時点間 (Across Periods) のリスク指標である ψ にとらわれずに近視眼的に実行できるということである．

　以上を確認したうえで，次章では，多期間投資決定モデルの代表例として Epstein=Zin 効用を最大化するタイプの Campbell and Viceira (2002) の投資モデルを使った分析についてみることにしよう．

APPENDIX CH-3　消費 CAPM

　消費 CAPM は，広義には，投資機会集合が変動する多期間における資産評価モデルで，消費を変数に含むモデル一般をさす．1 期間と多期間のプライシング・カーネルの違いを確認し，また，多期間プライシング・カーネルを多期間の資産価格付けに応用する方法を例示する目的で，代表的経済主体を想定した消費 CAPM の概略をみておくことにしよう．

　一般に，多期間モデルでは，総消費が富の総額に等しいのは最終期の期末時点のみであって，それ以前の任意の時点では，総消費は富の総額の一部でしかない．なぜならば，代表的経済主体は各期の総生産物をすべて配当として受け取って消費し，配当落ちしたすべての資産（株式）は翌期の期末まで保有し続け，これを最終期まで繰り返すと想定するからである．そのため，最終期以外には，期初の富の総額が市場ポートフォリオの投資収益率と同率の成長をして得られる額を，総消費に代わる変数として用いることはできない．

　第 1 章で紹介した CAPM は 1 期間モデルであって，そこで扱う期間は最終期でもあるため，期末の富が期末の消費に必ず一致するという，多期間モデルとの比較でみると非常に特殊な性質を有するモデルである．したがって，これをそのまま多期間モデルに拡張することはできない．そこで，市場ポートフォリオに代えて総消費，あるいはそのプロセスと最も相関が高い証券ポートフォリオを利用しようというのが消費 CAPM（Consumption CAPM；CCAPM）の着想である．

　いま，多期間モデルにおいて，最終期期末より前の任意の時点 $t+1$ に実現するリスク資産 i の（時点 t から）1 期間の投資収益率を $\tilde{R}_{i,t+1}$ とすれば，第 1 章 8 節で示した時点 t において成立する（1.93）式を変形して，期待収益率は，

$$\mathrm{E}_t[\tilde{R}_{i,t+1}] = R_{f,t} - (1+R_{f,t})\mathrm{Cov}_t[\tilde{M}_{t,t+1}, \tilde{R}_{i,t+1}] \tag{A3.1}$$

と表現できる．上式は第 t 期期初である時点 t に利用可能な情報集合のもと

で期待値および共分散を計算しているので，演算記号に下付き添え字tを付している．$\widetilde{M}_{t,t+1}$は，リスク資産投資収益率$\widetilde{R}_{i,t+1}$と同様，1期間後の時点$t+1$にその値が明らかになる時点tから時点$t+1$までの1期間プライシング・カーネルである．多期間モデルでは，各期の期初にその期1期間の無リスク利子率の値が変化し，確定するので，無リスク利子率には第t期期初の時点を表わす添え字tを付してある．

いま，時点tにおける代表的経済主体の生涯効用を，

$$U_t = \mathrm{E}_t[U(C_{M,t}, \widetilde{C}_{M,t+1}, \cdots, \widetilde{C}_{M,T-1})] = \mathrm{E}_t\left[\sum_{s=t}^{T-1} u(\widetilde{C}_{M,s}, s)\right], \quad (\text{A3.2a})$$

$$u(\widetilde{C}_{M,s}, s) = \delta^{s-1}(-\widetilde{C}_{M,s}^2 + 2\kappa \widetilde{C}_{M,s}), \quad 0 < \delta < 1, \quad 0 < \widetilde{C}_{M,s} < \kappa \quad (\text{A3.2b})$$

と仮定する．(A3.2a)式は，代表的経済主体が時間分離型の効用関数をもつという仮定を表現したものだが，各時点の消費に市場（Market）という意味で下付きの添え字Mが付されていることに注意したい．これは，代表的経済主体の毎期の最適消費水準が，市場におけるすべての消費の合計，すなわち総消費に等しいことを表わしている．また，(A3.2b)式は，各期の消費に対する効用関数が，リスク回避的な2次関数で与えられることを示している．2次の効用関数は，1期間モデルにおいてCAPMを成立させる十分条件の1つであったが，それをここでは多期間において仮定している．δはこれまで通りに主観的割引因子である．

プライシング・カーネルを与えた本文中の(3.57c)式を再掲すると，

$$\widetilde{M}_{t,t+1} \equiv \frac{U_C(\widetilde{C}_{t+1}^*)}{U_C(C_t^*)} \quad [(3.57c)]$$

である．代表的経済主体については，$\widetilde{C}_{t+1}^* = \widetilde{C}_{M,t+1}$, $C_t^* = C_{M,t}$とおけばよいので，(A3.2)式のもとで(3.57c)式の分子，分母を計算すると，

$$U_C(\widetilde{C}_{M,t+1}) = \frac{\partial u(\widetilde{C}_{M,t+1}, t+1)}{\partial \widetilde{C}_{M,t+1}} = \frac{\partial}{\partial \widetilde{C}_{M,t+1}}\{\delta(-\widetilde{C}_{M,t+1}^2 + 2\kappa \widetilde{C}_{M,t+1})\}$$

$$= \delta(-2\widetilde{C}_{M,t+1} + 2\kappa)$$

$$U_C(C_{M,t}) = \frac{\partial u(C_{M,t}, t)}{\partial C_{M,t}} = \frac{\partial}{\partial C_{M,t}}\{\delta^0(-C_{M,t}^2 + 2\kappa C_{M,t})\} = -2C_{M,t} + 2\kappa$$

である.したがって,プライシング・カーネルは,

$$\widetilde{M}_{i,t+1} = \frac{U_C(\widetilde{C}_{M,t+1})}{U_C(C_{M,t})} = \frac{\delta(\kappa - \widetilde{C}_{M,t+1})}{\kappa - C_{M,t}} \tag{A3.3}$$

となる.リスク資産 i の期待収益率は,上式と(A3.1)式より,

$$E_t[\widetilde{R}_{i,t+1}] = R_{f,t} - (1+R_{f,t})\mathrm{Cov}_t\left[\frac{\delta(\kappa - \widetilde{C}_{M,t+1})}{\kappa - C_{M,t}}, \widetilde{R}_{i,t+1}\right]$$

$$= R_{f,t} + (1+R_{f,t})\mathrm{Cov}_t[\widetilde{C}_{M,t+1}, \widetilde{R}_{i,t+1}]\frac{\delta}{\kappa - C_{M,t}}$$

である.ここで,消費と最も相関が高いポートフォリオを c で表わし,その投資収益率を $\widetilde{R}_{c,t+1}$ とおけば,上と同様に,

$$E_t[\widetilde{R}_{c,t+1}] = R_{f,t} + (1+R_{f,t})\mathrm{Cov}_t[\widetilde{C}_{M,t+1}, \widetilde{R}_{c,t+1}]\frac{\delta}{\kappa - C_{M,t}}$$

であるから,両式から2つの期待超過収益率の比を求めると,

$$\frac{E_t[\widetilde{R}_{i,t+1}] - R_{f,t}}{E_t[\widetilde{R}_{c,t+1}] - R_{f,t}} = \frac{\mathrm{Cov}_t[\widetilde{C}_{M,t+1}, \widetilde{R}_{i,t+1}]}{\mathrm{Cov}_t[\widetilde{C}_{M,t+1}, \widetilde{R}_{c,t+1}]}$$

$$\Leftrightarrow E_t[\widetilde{R}_{i,t+1}] - R_{f,t} = \frac{\mathrm{Cov}_t[\widetilde{C}_{M,t+1}, \widetilde{R}_{i,t+1}]}{\mathrm{Cov}_t[\widetilde{C}_{M,t+1}, \widetilde{R}_{c,t+1}]}(E_t[\widetilde{R}_{c,t+1}] - R_{f,t}) \tag{A3.4}$$

を得る.ここで,時点 t における消費ベータ(Consumption Beta)を,

$$\beta_{i,c_t} \equiv \frac{\mathrm{Cov}_t[\widetilde{C}_{M,t+1}, \widetilde{R}_{i,t+1}]}{\mathrm{Var}_t[\widetilde{C}_{M,t+1}]} \tag{A3.5}$$

と定義すると,資産 i の期待収益率は,

$$E_t[\widetilde{R}_{i,t+1}] = R_{f,t} + \frac{\beta_{i,c_t}}{\beta_{c,c_t}}(E_t[\widetilde{R}_{c,t+1}] - R_{f,t}) \tag{A3.6}$$

となる.上式の β_{c,c_t} は消費(C_t)と最も相関の高いポートフォリオ(c)の消費ベータである.

これが消費 CAPM であり,リスク・プレミアムを捉えるベータの定義式中に,市場ポートフォリオに代えて,総消費が登場するという特徴がある.その連続時間バージョンを,まず Breeden(1979)が導出した.上の離散時間における評価式は Huang and Litzenberger(1988, p. 208)によるものである.

詳しくは第6章で述べるが，Merton（1973）の多期間・連続時間に拡張された，異時点間資本資産評価モデル（Intertemporal Capital Asset Pricing Model; ICAPM）は，多期間では，投資家はリスク・リターンのトレードオフに基づく平均・分散効率的ポートフォリオに加え，投資機会集合の変動を記述する状態変数に対するヘッジ目的のポートフォリオをも需要することを明らかにした．実務的には，投資機会集合の変動をもたらす複数の状態変数を組み込んだマルチ・ファクター・モデルと，ヘッジング・ポートフォリオの開発が重要となるのであるが，状態変数の特定ひとつをとっても，その識別は神の領域に踏み込むごとき難問である．Breedenの消費CAPMは，総消費という変数を導入することによって，これらの複数の状態変数が存在する状況であっても，消費ベータという単一のリスク指標によってヘッジング・プレミアムの影響を集計できることを示した理論的成果であり，多期間モデル開発初期における重要な貢献と位置付けることができる[40]．

---

40) 内外の実証研究によれば，消費ベータ推定は困難を極めるだけでなく，現実の資産市場のリスク・プレミアムに対する説明力は非常に低いとされる．投資機会集合が変動する長期の投資において，消費ベータという単一のリスク指標によって組織的リスクを捉え切ろうと考えること自体，証券投資に経験を有する読者の目には無謀な試みと映るのではないだろうか．こうしたことから私たちは，Breeden（1979）の消費CAPMは理論モデルとして重要ではあっても，長期投資の実践にはほとんど役立たないと判断している．

第4章

多期間における資産評価と投資決定のモデル

　前章までに，多期間投資を考えるうえでの課題は何か，また，多期間モデルはどのようにして開発され，発展してきたかをみた．多期間の投資を分析するためには，異なる状態間（Across States）と異なる時点間（Across Periods）の2つのタイプのリスクを分離して扱う必要があり，それが可能な効用関数の代表的なものとして，第2章でみたEpstein=Zin効用を位置づけることができる．本章の分析はこの効用関数を用いて進める．

　Epstein=Zin効用を有する投資家が，多くのライフステージ間で投資機会集合が変動するという条件下で合理的に長期投資を行なうとき，その投資家は，各期の期初に消費と貯蓄について意思決定し，貯蓄については，その時点で利用可能な資産によるポートフォリオ運用を選択する．そのとき，2つのタイプのリスクに対する回避度が消費と投資の決定にどのような影響を及ぼすか，離散時間の枠組みで具体的な解答を得ることが本章の目標である．

　そのために本章では，多期間投資モデルの一例として，Campbell and Viceira（2002）を取り上げる．彼らのモデルでは，投資機会集合が変動するもとで，最適消費と最適ポートフォリオを具体的に求める方法が提示されている．第1節では，まず，彼らが設定する投資家の効用関数のタイプ（Epstein=Zin効用）や，インフレ・リスクがあり，またリスク・プレミアムや無リスク利子率が変動するといった投資機会集合に関する仮定群を整理する．そのような仮定の下で，投資家は2つのタイプのリスクに対する回避度を含む効用関数，すなわち非線形な形をした目的関数の最大化を行なうのであるが，この最大化問題では，厳密な最適解を解析的に得ることは困難である．

そこで，第2節では，擬似最適解を求める方針をとり，そのために，予算制約，ポートフォリオ収益率，および最適化条件を，Campbellらにしたがって対数線形化する方法を解説する．第3節では，複数のリスク資産を投資対象として想定し，それらの資産への最適な投資配分について擬似最適解を導出する．

第4節では，投資機会集合が変動するもとでの金融資産の多期間プライシングを5種類の資産（短期インフレ連動債，長期インフレ連動債，短期名目債，長期名目債，株式）に分けて解説する．また，それぞれの資産のリスク・リターン・プロファイルを明らかにして，第6節の最適投資比率の計算の準備とする．第5節は，Campbellらのモデルにおいて中心的な役割を果たす「対数線形化パラメター」の計算方法と最適な消費と富の比率の計算手続きの紹介である．多期間モデルにおいて，投資家が生涯の効用最大化を目的として行動するとき，投資と消費の意思決定問題は一般には独立に解くことができないことを第3章1節で明らかにした．本章で紹介するモデルにおいてもやはり，多期間ポートフォリオの最適投資比率決定は，消費に関わる意思決定と同時に，互いに依存する形で行なわれることが確認できる．

第6節は，本書のオリジナルな分析である．第4節で準備した5種類の金融資産に同時に投資可能な状況を想定し，Epstein=Zin効用をもつ投資家が，どのような消費水準を選び，ポートフォリオを需要するか，数値実験を試みたものである．その際，投資機会集合に関するパラメターについてはCampbell and Viceira（2002）による推定値を用いたが，本書独自に，リスク回避に関するパラメター，すなわち，RRA（相対的リスク回避度）やEIS（異時点間代替弾力性）の水準は種々変えて，比較静学分析を行なった．その結果を受けて，投資家の異なる時点間（Across Periods）のリスク回避に関するパラメターは，最適消費水準には大きく影響するものの，ポートフォリオの投資比率決定には必ずしも大きく影響しないことを，具体的な投資比率として確認する．

第7節は，多期間の投資決定において重要であるにもかかわらず，本章の数値実験では捨象した労働所得（人的資産），およびリスク資産価格の平均回帰性が消費と投資にどう影響するかについての補足説明である．

1. Epstein=Zin 効用を用いた多期間の最適消費と最適投資の考え方

　Epstein=Zin 効用は異なる時点間と異なる状態間の 2 つのタイプのリスクを分離して扱うことのできる最も操作性に富む効用関数である．本章で取り上げる Campbell and Viceira（2002）は，この効用関数を用いて，多期間における最適消費と最適投資を分析している．以下に，彼らが依拠する仮定群を列挙しておこう．

①投資家の効用関数は Epstein=Zin 型とする．その投資家は無限に生き，生涯効用を最大化しようとする．

②無リスク利子率は実質ベース（消費財単位）で考える．無リスク利子率は，各期の期初には，その期末に実現する値が確定している．期が変わると，その期初に実現した世の中の状態に応じて無リスク利子率は変化するが，その変化をそれ以前に予測することはできない．後述するが，名目利子率，すなわち，1 期間後に「円」という貨幣単位で確定した収益をもたらす資産の利回りは，その収益によって購入できる消費財の量がインフレーションの影響をうけて変動するので，多期間においてはもはや「無リスク」ではない．以下では，混乱が生じない限りにおいて，実質無リスク利子率を単に無リスク利子率とよぶ．

③リスク資産は複数存在し，各期の単利グロス表示の投資収益率は対数正規分布に従い，その対数分散および各資産間の対数共分散は一定とする（このとき，連続複利表示の投資収益率は正規分布に従い，その分散，各資産間の共分散も一定となる）．また，リスク・プレミアムは時間を通じて一定と仮定する．その結果として，リスク資産の期待収益率は，無リスク利子率の変動と完全相関しながら変動することになる．

④各期の投資家の消費水準もまた対数正規分布に従い，その対数分散は一定である（このとき，各期の消費水準の連続複利表示成長率は正規分布に従い，その平均と分散は一定である）．

⑤すべての期間において労働所得は存在しない．

①の無限期間の仮定は，最適消費と最適ポートフォリオを解析的に明らかにするための単純化の仮定である．③および④の仮定もまた，解析的な分析を可能にするためにおいたものであるが，これらは非常に強い制約である．無リスク利子率の変動とすべてのリスク資産の期待収益率が完全相関するという状況が，現実に成立しているとは到底考えられない．また，分散・共分散構造が変化しないという仮定は，米国市場ではリスク資産の投資収益率が長期において平均回帰的傾向をもつという重要な経験的事実に反するものである．最後の仮定⑤により無視する労働所得は，富を築いていくための人的資本の構成要素であって，現実の消費および投資決定を大きく左右するはずである．以下の分析で得られる結論の評価は，したがって，これらの現実に反する仮定がもたらす影響を慎重に考慮したうえでなされるべきである．

1.1 投資家の意思決定問題

はじめに，投資家が直面する意思決定問題を明確に表現しておこう．まず，無リスク資産への投資が可能である状況を仮定して，予算制約をみる．投資家が毎期期初に選択する変数は，第 t 期においては，その期の消費 C_t と N 種類のリスク資産への投資比率を表わす N 次元ベクトル $\boldsymbol{\omega}_t$ の 2 つである．消費を決定すればその残りは貯蓄となるが，そのうちどれほどの割合をリスク資産に配分するかを決め，また，$\boldsymbol{\omega}_t$ を決定すると，無リスク資産への投資比率は残余ゆえ $(1-\mathbf{1}'\boldsymbol{\omega}_t)$ となる．$\mathbf{1}$ は要素がすべて 1 の N 次元ベクトルであり，以下では集計ベクトルとよぶ．また，「′」は転置を表わす．したがって，時点 $t \in \{0, 1, 2, \cdots, \infty\}$ における投資家の意思決定は，第 2 章でみた $\psi \neq 1, \gamma \neq 1$ の場合の Epstein=Zin 効用関数である (2.33b) 式を使って，

$$\underset{\{C_t, \boldsymbol{\omega}_t\}_{t=0}^{\infty}}{\operatorname{maximize}} U_t = \{(1-\delta)C_t^{\frac{1-\gamma}{\theta}} + \delta(\mathrm{E}_t[\tilde{U}_{t+1}^{1-\gamma}])^{\frac{1}{\theta}}\}^{\frac{\theta}{1-\gamma}}, \quad \theta \equiv \frac{1-\gamma}{1-(1/\psi)} \quad (4.1\mathrm{a})$$

$$\text{subject to } \widetilde{W}_{t+1} = (W_t - C_t)\{\boldsymbol{\omega}_t'(1+\tilde{\mathbf{R}}_{t+1}) + (1-\boldsymbol{\omega}_t'\mathbf{1})(1+R_{f,t})\}$$

$$(1 \leq t \leq \infty) \quad (4.1\mathrm{b})$$

$$W_t = W_0 \quad (t=0) \tag{4.1c}$$

と定式化できる[1]。

ここで，異なる状態間のリスクに対する回避度が $\gamma(>0)$，異なる時点間のリスクに対する回避度は $\psi(>0)$ の逆数で与えられ，γ は相対的リスク回避度，ψ は異時点間代替弾力性（EIS）であった．また，δ は第2章で定義した0と1の間の実数値をとる主観的割引因子であり，δ が小さいほど期先の消費から得られる効用は大きく割り引かれる．すなわち δ は，同じ消費量であれば，今日の消費の方が将来の消費より大きな効用があるという投資家の時間選好を表わすパラメターである．

制約条件式（4.1b）を解釈すると，時点 t に消費を行なった後の貯蓄が投資資金 $(W_t - C_t)$ であり，これを株式等のリスク資産へ $\boldsymbol{\omega}_t$，1期間後に満期が来る無リスクの割引国債に $(1-\boldsymbol{\omega}_t'\mathbf{1})$ の比率で投資し，運用する[2]．リスク資産の投資収益率が N 次元確率変数ベクトル $\tilde{\mathbf{R}}_{t+1}$，無リスク資産の確定した収益率が $R_{f,t}$ であり，このポートフォリオは次期の期初時点 $t+1$ に実現する確率変数 $\tilde{W}_{t+1}$ の金額の富をもたらす．また，（4.1c）式により，時点0における富は外生的に確定値 W_0 で与えられると仮定している．

投資家は第 t 期の期初において，その時点 t から永遠の将来までを考え，生涯効用を最大化するような最適な消費 $C_t = C_t^*$ と最適な投資比率 $\boldsymbol{\omega}_t = \boldsymbol{\omega}_t^*$ を決定する．そして，この決定問題を，各期初を迎えるごとに，永遠に解いていくのである．この意思決定には，リスク回避度（あるいは許容度）を表わす γ と ψ の2つの指標が少なからず関わってくる．また，2つある選択変

---

[1]（4.1a）式は $\psi \neq 1, \gamma \neq 1$ を仮定しているが，$\psi=1$ あるいは $\gamma=1$ の場合についていえば，前の2章に引き続いてここでも，Epstein and Zin（1991）の定式化には誤植があると考え，Epstein=Zin 効用関数が連続となるように同関数を定義する．その結果，（4.1a）式に基づいて求めた消費およびポートフォリオの最適解は，$\psi=1, \gamma=1$ の極限の場合の最適解を特殊ケースとして含む．したがって，$\psi=1$ あるいは $\gamma=1$ のケースの結果は，本節の結果について，$\psi \to 1, \gamma \to 1$ の極限をとれば得ることができる．

[2] ここの記述において投資対象としての存在を仮定している長期投資における無リスクの割引国債とは，厳密にいえば，割引債の額面価額を消費財1単位と設定する理論的な意味でのインフレ連動型債券である．日本政府は，インフレ連動型債券とは商品設計が若干異なる同様の国債を発行し，主として機関投資家が参加する市場に投入して物価連動国債という呼称を与えているが，本書ではインフレ連動債と統一してよぶ．

数に付した添え字のアステリスク（*）は効用を最大化するという意味において「最適」であることを示している．

2. 対数線形化によるリスク・プレミアムの導出

（4.1a）式の目的関数は複雑な非線形の関数形をしているので，上述の制約条件のもとで解析的に解を求めることは絶望的である．計算機の性能向上により，数値解析によって解を求めることが可能な場合であっても，経済学的な解釈を得るためには，やはり解析解が望ましい．そこで，Campbell and Viceira（1999a）は疑似解析解を得る方法として，対数線形近似（Log-linear Approximation）による方法を提案した．これは，予算制約と目的関数のもとでの最適条件の両方を線形化し，両者を連立して最適解，あるいはその近似解を求める方法である．その計算の過程については，Campbell and Viceira（1999b）の未公刊 Appendix，および，それを訳出した翻訳書（2005, pp. 227-229）に述べられているので，ここではその詳細には立ち入らず，対数線形化の論理を中心に解説することにする．

2.1 予算制約の対数線形近似

まず，予算制約の線形化からみよう．任意の時点 t において，リスク資産と無リスク資産により構成したポートフォリオが1期間後にもたらすグロスレート表示の投資収益率を，

$$1+\tilde{R}_{p,t+1} = \boldsymbol{\omega}'_t(\mathbf{1}+\tilde{\mathbf{R}}_{t+1})+(1-\boldsymbol{\omega}'_t\mathbf{1})(1+R_{f,t}) \tag{4.2}$$

と書くことにする．上式で，$\tilde{R}_{p,t+1}$ はポートフォリオの単利ネット表示の投資収益率である．投資比率は，まだ最適化問題を解いた解ではないので，$\boldsymbol{\omega}_t$ にも，$\tilde{R}_{p,t+1}$ にも，アステリスクは付していない．このとき，予算制約式（4.1b）は，

2. 対数線形化によるリスク・プレミアムの導出

$$\widetilde{W}_{t+1} = (W_t - C_t)(1 + \widetilde{R}_{p,t+1}) \Leftrightarrow \frac{\widetilde{W}_{t+1}}{W_t} = (1 + \widetilde{R}_{p,t+1})\left(1 - \frac{C_t}{W_t}\right)$$

となるが，上の右式を対数化して，その左辺を $\Delta \widetilde{w}_{t+1} \equiv \ln \widetilde{W}_{t+1} - \ln W_t = \widetilde{w}_{t+1} - w_t$ とすれば，

$$\Delta \widetilde{w}_{t+1} \equiv \widetilde{r}_{p,t+1} + \ln(1 - e^{c_t - w_t}) \tag{4.3}$$

となる．ここで，$\widetilde{r}_{p,t+1} \equiv \ln(1 + \widetilde{R}_{p,t+1})$ であり，単利グロス表示の収益率を対数変換して連続複利表示にしており，それを示すために小文字を用いた．同様に $c_t - w_t \equiv \ln(C_t/W_t) = \ln C_t - \ln W_t$ である．

(4.3) 式は非線形の関数形をしており，このままでは操作が困難である．そこで，同式右辺の線形近似を考える．$c_t - w_t \equiv y$ とおき，その無条件期待値を $E[\widetilde{c}_t - \widetilde{w}_t] \equiv \overline{y}$ と書く[3]．このとき，

$$\ln(1 - e^y) = \ln(1 - e^{\overline{y} + (y - \overline{y})}) \equiv g(y)$$

と表現できるので，これを $\overline{y}$ の周りでテイラー展開すると，

$$g(y) \approx g(\overline{y}) + g'(\overline{y})(y - \overline{y}) = \ln(1 - e^{\overline{y}}) - \frac{e^{\overline{y}}}{1 - e^{\overline{y}}}(y - \overline{y})$$

と近似できる．ここで，

$$1 - e^{\overline{y}} \equiv \rho \quad [\Leftrightarrow \overline{y} = \ln(1 - \rho)] \tag{4.4}$$

とおき，上の近似式へ代入すると，

$$\ln(1 - e^y) \approx \ln \rho - \frac{1 - \rho}{\rho}(y - \overline{y}) = \ln \rho - \frac{1 - \rho}{\rho}y + \frac{1 - \rho}{\rho}\ln(1 - \rho)$$

$$= k + \left(1 - \frac{1}{\rho}\right)y,$$

ただし，$k \equiv \ln \rho + \frac{1-\rho}{\rho}\ln(1-\rho), \quad y \equiv c_t - w_t$ \hfill (4.5)

---

[3] 時点 t では $c_t - w_t$ は確定値であるが，時点 t での情報集合に制約されない，無条件の期待値演算においては確率変数である．ここでは，期待値演算の対象となる変数であることを明示するためにティルダ（~）を付した．

を得る．ρ を，以下では対数線形化パラメターとよぶ．上式を (4.3) 式の右辺第 2 項へ戻すと，予算制約式は，

$$\Delta \tilde{w}_{t+1} \approx \tilde{r}_{p,t+1} + \left(1 - \frac{1}{\rho}\right)(c_t - w_t) + k \tag{4.6}$$

と線形に近似され，ρ および k は，

$$\rho \equiv 1 - e^{\mathrm{E}[\tilde{c}_t - \tilde{w}_t]} \qquad [(4.4)]$$

$$k \equiv \ln \rho + \frac{1-\rho}{\rho} \ln(1-\rho) \qquad [(4.5)]$$

と定義される[4]．$\mathrm{E}[\tilde{c}_t - \tilde{w}_t]$ は，時点 t の消費・富比率の対数値についての無条件期待値であるから，$0 < \rho < 1$ である．

2.2 ポートフォリオ収益率の対数線形近似

次に，ポートフォリオ収益率の対数線形近似を行なう．まず，もっとも簡単なケースとして，2 資産からなるポートフォリオを考える．これら 2 つを，今後の記法の整合性を考慮して第 0 資産および第 1 資産とよび，単利ネット表示の投資収益率をそれぞれ $\tilde{R}_{0,t+1}, \tilde{R}_{1,t+1}$ とする．いま，第 0 資産もリスク資産であると想定して，その投資収益率を確率変数表示するが，以下の分析ではその特殊ケースとして $\tilde{R}_{0,t+1} = R_{f,t}$，すなわち第 0 資産は無リスク資産であると考えることもできる．

時点 t において決定する第 1 資産への投資比率を ω_t，第 0 資産への投資比率を $1 - \omega_t$ とすれば，2 資産ポートフォリオのグロスの投資収益率は，

---

[4] ここで，既存の文献に掲載されている対数線形化パラメターを含む k の関数形には重大な誤りがあることを指摘しておく．Campbell, Lo, and MacKinlay（1997, p. 261）および同翻訳書（2003, p. 273），Campbell and Viceira（1999a, p. 442），Campbell and Viceira（2001a, p. 111），Campbell and Viceira（2002, p. 35）および同翻訳書（2005, p. 55），Campbell, Chan, and Viceira（2003, p. 48）のすべてにおいて，本書の (4.5) 式に当たる k の関数形として，$k \equiv \ln \rho + (1-\rho) \ln \frac{1-\rho}{\rho}$ が一貫して掲載されている．第 5 節で明らかにするが，最適投資比率は誤ったパラメター k の定式化のもとでもほとんど影響を受けないものの，最適消費・富比率は深刻な影響を受けることになる．

$$1+\widetilde{R}_{p,t+1} = \omega_t(1+\widetilde{R}_{1,t+1}) + (1-\omega_t)(1+\widetilde{R}_{0,t+1})$$

$$\Leftrightarrow \frac{1+\widetilde{R}_{p,t+1}}{1+\widetilde{R}_{0,t+1}} = 1+\omega_t\left(\frac{1+\widetilde{R}_{1,t+1}}{1+\widetilde{R}_{0,t+1}}-1\right)$$

となる．上式両辺の対数をとり，予算制約式と同じ要領で，時点 t における情報のもとで，対数線形近似すると，

$$\tilde{r}_{p,t+1} - \tilde{r}_{0,t+1} \approx \omega_t(\tilde{r}_{1,t+1} - \tilde{r}_{0,t+1}) + \frac{1}{2}\omega_t \mathrm{Var}_t[\tilde{r}_{1,t+1} - \tilde{r}_{0,t+1}]$$

$$-\frac{1}{2}\omega_t^2 \mathrm{Var}_t[\tilde{r}_{1,t+1} - \tilde{r}_{0,t+1}] \tag{4.7}$$

を得る．これは2資産ポートフォリオの第0資産に対する超過投資収益率である．

この近似式を，N 資産からなる連続複利表示の投資収益率ベクトル $\tilde{\mathbf{r}}_{t+1} \equiv [\tilde{r}_{1,t+1} \cdots \tilde{r}_{N,t+1}]'$ に拡張するのは容易である．添え字 0 で表わされる第0資産は残し，第1資産の投資収益率を N 個のリスク資産の投資収益率ベクトルに置き換えると，

$$\tilde{r}_{p,t+1} - \tilde{r}_{0,t+1} \approx \boldsymbol{\omega}_t'(\tilde{\mathbf{r}}_{t+1} - \tilde{r}_{0,t+1}\mathbf{1}) + \frac{1}{2}\boldsymbol{\omega}_t'\dot{\boldsymbol{\sigma}}_t^2 - \frac{1}{2}\boldsymbol{\omega}_t'\dot{\boldsymbol{\Omega}}_t\boldsymbol{\omega}_t \tag{4.8}$$

となる．ただし，

$$\dot{\boldsymbol{\sigma}}_t^2 \equiv [\mathrm{Var}_t[\tilde{r}_{1,t+1} - \tilde{r}_{0,t+1}] \cdots \mathrm{Var}_t[\tilde{r}_{N,t+1} - \tilde{r}_{0,t+1}]]' \tag{4.9a}$$

$$\dot{\boldsymbol{\Omega}}_t \equiv \begin{bmatrix} \mathrm{Var}_t[\tilde{r}_{1,t+1} - \tilde{r}_{0,t+1}] & \mathrm{Cov}_t[\tilde{r}_{1,t+1} - \tilde{r}_{0,t+1}, \tilde{r}_{2,t+1} - \tilde{r}_{0,t+1}] & \cdots & \mathrm{Cov}_t[\tilde{r}_{1,t+1} - \tilde{r}_{0,t+1}, \tilde{r}_{N,t+1} - \tilde{r}_{0,t+1}] \\ \mathrm{Cov}_t[\tilde{r}_{2,t+1} - \tilde{r}_{0,t+1}, \tilde{r}_{1,t+1} - \tilde{r}_{0,t+1}] & \mathrm{Var}_t[\tilde{r}_{2,t+1} - \tilde{r}_{0,t+1}] & \cdots & \mathrm{Cov}_t[\tilde{r}_{2,t+1} - \tilde{r}_{0,t+1}, \tilde{r}_{0,t+1} - \tilde{r}_{0,t+1}] \\ * & & \ddots & \vdots \\ & & & \mathrm{Var}_t[\tilde{r}_{N,t+1} - \tilde{r}_{0,t+1}] \end{bmatrix} \tag{4.9b}$$

である．$\dot{\boldsymbol{\sigma}}_t^2$, $\dot{\boldsymbol{\Omega}}_t$ は，連続複利表示の投資収益率の母数なので，煩雑ではある

2.3 最適化1階条件の線形化

予算制約式と投資収益率の対数線形近似を終えたので，次の段階として，目的関数である Epstein=Zin 効用関数について，その最適化1階条件を対数線形化する．この作業によって，任意のリスク資産について，そのリスク・プレミアムを表現することが可能となる．

まず，多期間での資産評価の基本方程式を第3章4節から再掲しておくと，

$$1 = E_t[\widetilde{M}_{t,t+1}(1+\widetilde{R}_{i,t+1})] \qquad [(3.57b)]$$

$$\widetilde{M}_{t,t+1} \equiv \frac{U_C(\widetilde{C}^*_{t+1})}{U_C(C^*_t)} \qquad [(3.57c)]$$

であった．ここで，$1+\widetilde{R}_{i,t+1}$ は，任意の資産 i の時点 t から $t+1$ までの単利グロス表示の投資収益率，$\widetilde{M}_{t,t+1}$ は1期間のプライシング・カーネルであり，資産 i の時点 $t+1$ に実現する将来収益を，時点 t における現在価値に対応させる正値確率変数である．

(3.57b) 式が意味することは，右辺期待値記号の中の単利グロス表示投資収益率は，その資産1円がもたらす将来収益に他ならないから，当然，その現在価値は左辺の1円でなければならない，ということである．(3.57c) 式は，代表的経済主体の異時点間限界代替率であり，代表的経済主体モデルにおけるプライシング・カーネルの特定に対応しているが，(3.57b) 式の方は，どのような資産価格決定モデルでも必ず満たさなければならない方程式である．

(4.1a) 式の Epstein=Zin 効用のもとでのプライシング・カーネル $\widetilde{M}_{t,t+1}$ の具体的な関数形は第3章5節の (3.78a) 式としてすでに求めてあり，それは，

$$\widetilde{M}_{t,t+1} = \left\{ \delta \left(\frac{\widetilde{C}_{t+1}^*}{C_t^*} \right)^{-\frac{1}{\phi}} \right\}^\theta \left(\frac{1}{1+\widetilde{R}_{p,t+1}^*} \right)^{1-\theta}$$

$$\text{ただし, } \gamma \neq 1, \phi \neq 1, \quad \theta \equiv \frac{1-\gamma}{1-(1/\phi)} \tag{4.10}$$

である[5]. ここで，C_t^* および $\widetilde{C}_{t+1}^*$ はこの投資家の第 t 期，第 $t+1$ 期における最適消費であり，$\widetilde{R}_{p,t+1}^*$ は，この Epstein=Zin 効用を有する投資家が効用を最大化すべく，最適に構成したポートフォリオの単利ネット表示の投資収益率である．その最適ポートフォリオ比率 $\boldsymbol{\omega}_t^*$ は，当然，利用可能な投資対象資産のメニューによって異なってくる[6]．(4.10) 式のプライシング・カーネルを (3.57b) 式へ代入した式が，Epstein=Zin 効用をもつ投資家にとっての異時点間の最適条件であり，次の作業は，この最適条件を線形化することである．

最適条件の線形化は Campbell らにしたがい，これまでのようなテイラー近似ではなく，プライシング・カーネルを与える (4.10) 式に現れる確率変数に，対数線形化が可能となる確率分布を仮定する方法を採用する．すなわち，確率変数 $\widetilde{C}_{t+1}^*, (1+\widetilde{R}_{i,t+1}), (1+\widetilde{R}_{p,t+1}^*)$ が対数正規分布に従うと仮定するのである．このとき，確率変数の積もまた対数正規分布に従うので，(4.10) 式より，$\widetilde{M}_{t,t+1}$ も対数正規分布に従う．さらに，最適条件 (3.57b) 式の期待値記号の中の確率変数の積もまた対数正規分布に従うので，容易にその期待値を求めることができる．そのうえで両辺の対数をとり，資産 i の期待収益率について表現したのが次式である．

$$E_t[\tilde{r}_{i,t+1}] = -\theta \ln \delta + \frac{\theta}{\phi} E_t[\Delta \tilde{c}_{t+1}^*] + (1-\theta) E_t[\tilde{r}_{p,t+1}^*]$$

---

5) (3.78a) 式の式番号は，新たに (4.10) 式と取り直した．この式で表わされる Epstein=Zin 効用関数のプライシング・カーネルは，$\gamma \neq 1$ および $\phi \neq 1$ の場合の関数形だが，同式を用いて導かれる最適消費，最適投資の結果は，$\gamma \to 1$ および $\phi \to 1$ の極限の場合をも含む．脚注 1 を参照のこと．$\gamma=1$ あるいは $\phi=1$ の場合を含めた全部で 4 つのケースでのプライシング・カーネルの導出は第 3 章 5 節をみよ．

6) もし，代表的経済主体の存在を仮定できるならば，彼の最適ポートフォリオは市場全体，すなわち，市場ポートフォリオとなり，$\widetilde{R}_{p,t+1}^* = \widetilde{R}_{M,t+1}$ と表現できる．

$$-\frac{1}{2\psi^2}\mathrm{Var}_t[-\theta\cdot\Delta\tilde{c}^*_{t+1}-\psi(1-\theta)\tilde{r}^*_{p,t+1}+\psi\tilde{r}_{i,t+1}] \tag{4.11}$$

上式は無リスク資産を含む任意の資産について成立するので，第0資産として，$i=0$ を代入した式を上式から辺々差し引き，消費に関わる項 $\Delta\tilde{c}^*_{t+1}$ をプライシング・カーネルを利用して消去し，第0資産に対する期待超過収益率を求めると，

$$\begin{aligned}
&\mathrm{E}_t[\tilde{r}_{i,t+1}-\tilde{r}_{0,t+1}]+\frac{1}{2}\mathrm{Var}_t[\tilde{r}_{i,t+1}-\tilde{r}_{0,t+1}] \\
&=\gamma\mathrm{Cov}_t[\tilde{r}^*_{p,t+1},\tilde{r}_{i,t+1}-\tilde{r}_{0,t+1}]-(1-\gamma)\mathrm{Cov}_t\left[\left(\sum_{k=1}^{\infty}\rho^k\tilde{r}^*_{p,t+1+k}\right),\tilde{r}_{i,t+1}-\tilde{r}_{0,t+1}\right] \\
&\quad-\mathrm{Cov}_t[\tilde{r}_{i,t+1}-\tilde{r}_{0,t+1},\tilde{r}_{0,t+1}]
\end{aligned} \tag{4.12}$$

を得る．上式左辺は，第 i リスク資産の第0資産に対する単利表示の期待超過収益率に等しく，対数正規分布の期待値ゆえ，対数平均に対数分散の1/2倍を加えている．

さて，上式右辺の第2項の共分散項であるが，これは，

$$\begin{aligned}
&\mathrm{Cov}_t\left[\left(\sum_{k=1}^{\infty}\rho^k\tilde{r}^*_{p,t+1+k}\right),\tilde{r}_{i,t+1}-\tilde{r}_{0,t+1}\right] \\
&=\mathrm{Cov}_t\left[(\mathrm{E}_{t+1}-\mathrm{E}_t)\left[\sum_{k=1}^{\infty}\rho^k\tilde{r}^*_{p,t+1+k}\right],\tilde{r}_{i,t+1}-\tilde{r}_{0,t+1}\right]
\end{aligned} \tag{4.13}$$

と表現することができる．ここで，$(\mathrm{E}_{t+1}-\mathrm{E}_t)[\,\cdot\,]$ は，時点 $t+1+k(k\geqq1)$ に実現する確率変数を $\tilde{x}_{t+1+k}$ とするとき，$(\mathrm{E}_{t+1}-\mathrm{E}_t)[\tilde{x}_{t+1+k}]\equiv\mathrm{E}_{t+1}[\tilde{x}_{t+1+k}]-\mathrm{E}_t[\tilde{x}_{t+1+k}]$ の意味である．上式の表現は期待値の繰返し公式で登場する塔状性（Tower Property）の応用である[7]．(4.13)式右辺において条件付き共分

---

7) 任意の時点 t および $t+1$ で利用可能な情報の集合を Ω_t,Ω_{t+1} とするとき，時間の推移とともに情報は増加していくので，$\Omega_{t+1}\supset\Omega_t$ と考えられる．このとき，時点 $t+1+k(k\geqq1)$ に実現する確率変数を $\tilde{x}_{t+1+k}$ について，$\mathrm{E}[\mathrm{E}[\tilde{x}_{t+1+k}|\Omega_{t+1}]|\Omega_t]=\mathrm{E}[\tilde{x}_{t+1+k}|\Omega_t]$ が成立する．この結果を，増大する情報集合の列 $\Omega_{t+k}\supset\cdots\supset\Omega_{t+2}\supset\Omega_{t+1}\supset\Omega_t$ について，次々と繰り返して適用すると，

$$\begin{aligned}
\mathrm{E}[\tilde{x}_{t+1+k}|\Omega_t]&=\mathrm{E}[\mathrm{E}[\tilde{x}_{t+1+k}|\Omega_{t+1}]|\Omega_t]=\mathrm{E}[\mathrm{E}[\mathrm{E}[\tilde{x}_{t+1+k}|\Omega_{t+2}]|\Omega_{t+1}]|\Omega_t] \\
&=\mathrm{E}[\mathrm{E}[\mathrm{E}[\cdots\mathrm{E}[\mathrm{E}[\tilde{x}_{t+1+k}|\Omega_{t+k}]|\Omega_{t+k-1}]\cdots|\Omega_{t+2}]|\Omega_{t+1}]|\Omega_t]
\end{aligned}$$

となり，あたかも情報集合によって美しい塔が水平に形成されているようにみえる．

散中の $\mathrm{E}_t[\tilde{x}_{t+1+k}]$ に相当する部分は,数学的には冗長であるが,経済学的には重要な意味をもつ[8]. すなわちこれは,確率変数 $\tilde{x}_{t+1+k}$ について時点 t で利用可能な情報のもとで計算した期待値 $\mathrm{E}_t[\tilde{x}_{t+1+k}]$ が,その後の情報の流入にともなって時点 $t+1$ で再計算した期待値 $\mathrm{E}_{t+1}[\tilde{x}_{t+1+k}]$ との比較でみてどれほどの変化をするものか,投資家の合理的な期待形成自体の予期せぬ変化を表現していると解釈できるからである. したがって,(4.12)式右辺第2項は,第 i リスク資産のリスク・プレミアムと,最適ポートフォリオに関する合理的期待の変化との共分散を示すと解釈することができる.

さて,以下では,第0資産をベンチマーク資産とみなし,リスク・プレミアムをリスク資産とベンチマーク資産の期待収益率の差と定義する. 第0資産(ベンチマーク資産)としてどのリスク資産を選ぶかは任意であるが,本章冒頭で掲げた仮定③により,リスク資産の単利グロス表示投資収益率の対数分散,リスク・プレミアム,および,リスク資産間の対数共分散は時間を通じて一定である. この非常に制約的な仮定をおく結果として,多期間モデルを特徴づける投資機会集合の変動をもたらす要因は,これら以外の経済変数に求めざるをえなくなる. そのため Campbell らは,かなり強引ではあるが,短期無リスク利子率と完全相関する状態変数の存在を仮定し,その単一の状態変数によって,投資機会集合の変動が完全に記述できるとしたのである.

(4.12)式の右辺第2項,すなわち,(4.13)式の共分散項をみると,その右辺には最適ポートフォリオ収益率に関する期待形成の変化 $(\mathrm{E}_{t+1}-\mathrm{E}_t)[\cdot]$ が

---

[8] (4.13)式に現れる条件付き共分散は, $\mathrm{Cov}_t[(\mathrm{E}_{t+1}-\mathrm{E}_t)[\tilde{x}_{t+1+k}], \tilde{y}_{t+1}]$ $(k \geq 1)$ の形をしているが,情報集合を明示のうえ期待値の塔状性を用いて展開すると,

$$\begin{aligned}
& \mathrm{Cov}_t[(\mathrm{E}_{t+1}-\mathrm{E}_t)[\tilde{x}_{t+1+k}], \tilde{y}_{t+1}] \\
&= \mathrm{Cov}[\mathrm{E}[\tilde{x}_{t+1+k}|\Omega_{t+1}] - \mathrm{E}[\tilde{x}_{t+1+k}|\Omega_t], \tilde{y}_{t+1}|\Omega_t] \\
&= \mathrm{Cov}[\mathrm{E}[\tilde{x}_{t+1+k}|\Omega_{t+1}], \tilde{y}_{t+1}|\Omega_t] - \mathrm{Cov}[\mathrm{E}[\tilde{x}_{t+1+k}|\Omega_t], \tilde{y}|\Omega_t] \\
&= \mathrm{E}[\mathrm{E}[\tilde{x}_{t+1+k}|\Omega_{t+1}] \cdot \tilde{y}_{t+1}|\Omega_t] - \mathrm{E}[\mathrm{E}[\tilde{x}_{t+1+k}|\Omega_{t+1}]|\Omega_t] \cdot \mathrm{E}[\tilde{y}_{t+1}|\Omega_t] \\
& \quad - (\mathrm{E}[\mathrm{E}[\tilde{x}_{t+1+k}|\Omega_t] \cdot \tilde{y}_{t+1}|\Omega_t] - \mathrm{E}[\mathrm{E}[\tilde{x}_{t+1+k}|\Omega_t]|\Omega_t] \cdot \mathrm{E}[\tilde{y}_{t+1}|\Omega_t]) \\
&= \mathrm{E}[\tilde{x}_{t+1+k}\,\tilde{y}_{t+1}|\Omega_t] - \mathrm{E}[\tilde{x}_{t+1+k}|\Omega_t] \cdot \mathrm{E}[\tilde{y}_{t+1}|\Omega_t] \\
& \quad - (\mathrm{E}[\tilde{x}_{t+1+k}|\Omega_t] \cdot \mathrm{E}[\tilde{y}_{t+1}|\Omega_t] - \mathrm{E}[\tilde{x}_{t+1+k}|\Omega_t] \cdot \mathrm{E}[\tilde{y}_{t+1}|\Omega_t]) \\
&= \mathrm{Cov}[\tilde{x}_{t+1+k}, \tilde{y}_{t+1}|\Omega_t]
\end{aligned}$$

となる.

現れている.上述した理由で,この多期間における期待形成の変動がすべて無リスク利子率の変動によって引き起こされると考えるならば,

$$(\mathrm{E}_{t+1}-\mathrm{E}_t)\left[\sum_{k=1}^{\infty}\rho^k\tilde{r}_{p,t+1+k}^*\right] = (\mathrm{E}_{t+1}-\mathrm{E}_t)\left[\sum_{k=1}^{\infty}\rho^k\tilde{r}_{f,t+k}\right] \tag{4.14}$$

という構造が成立する[9].この素朴な仮定こそが Campbell and Viceira (2002) の多期間モデルの根幹をなすといってよい.その結果,(4.14) 式を用いて (4.12) 式を書き直すと,リスク・プレミアムは,

$$\mathrm{E}_t[\tilde{r}_{i,t+1}-\tilde{r}_{0,t+1}] + \frac{1}{2}\mathrm{Var}_t[\tilde{r}_{i,t+1}-\tilde{r}_{0,t+1}]$$
$$= \gamma\,\mathrm{Cov}_t[\tilde{r}_{p,t+1}^*, \tilde{r}_{i,t+1}-\tilde{r}_{0,t+1}]$$
$$+ (1-\gamma)\mathrm{Cov}_t\left[-(\mathrm{E}_{t+1}-\mathrm{E}_t)\left[\sum_{k=1}^{\infty}\rho^k\tilde{r}_{f,t+k}\right], \tilde{r}_{i,t+1}-\tilde{r}_{0,t+1}\right]$$
$$- \mathrm{Cov}_t[\tilde{r}_{i,t+1}-\tilde{r}_{0,t+1}, \tilde{r}_{0,t+1}] \tag{4.15}$$

と表現されることになる.

無リスク資産が利用可能なとき,それを第0資産と指定すると,$\tilde{r}_{0,t+1}=r_{f,t}$ゆえ,その投資収益率は確定値となり,上式右辺の第3項は消失して,

$$\mathrm{E}_t[\tilde{r}_{i,t+1}] - r_{f,t} + \frac{1}{2}\mathrm{Var}_t[\tilde{r}_{i,t+1}]$$
$$= \gamma\,\mathrm{Cov}_t[\tilde{r}_{p,t+1}^*, \tilde{r}_{i,t+1}] + (1-\gamma)\mathrm{Cov}_t\left[-(\mathrm{E}_{t+1}-\mathrm{E}_t)\left[\sum_{k=1}^{\infty}\rho^k\tilde{r}_{f,t+k}\right], \tilde{r}_{i,t+1}\right]$$
$$\tag{4.16}$$

となる.上式は,無リスク利子率をベンチマークに採用した,通常のリスク資産 i の期待超過収益率であるが,(4.15) 式の特殊ケースとして扱えることがわかる.(4.16) 式の右辺第1項は,最適ポートフォリオ p と当該資産 i の共分散であり,これは CAPM における組織的リスクと同じものである.

$\gamma=1$ のときには第2項が消えるので,リスク・プレミアムは異なる状態間

---

9) (4.14) 式右辺の無リスク利子率の時点を表わす添え字が,左辺のポートフォリオ収益率の時点の添え字より1つ小さいのは,前者が第 $t+k$ 期の期初である時点 $t+k$ で実現する確率変数であるのに対して,後者は次期の期初である時点 $t+1+k$ に実現する確率変数であるためである.

（Across States）に対するリスク・リターンのトレードオフによってのみ決定される．$\gamma=1$ かつ $\psi=1$ のときが対数型期待効用であったが，たとえ $\psi \neq 1$ であっても $\gamma=1$ でありさえすれば，第2項は消失し，第 t 期から第 $t+1$ 期にかけての異なる時点間（Across Periods）のリスクはプライシングに反映されないという性質を Epstein=Zin 効用がもっていることを，(4.16)式は含意している[10]．

一方，(4.16)式の右辺第2項は，無リスク利子率の予期せぬ変化によって表現される投資機会集合の変動と資産 i の投資収益率との共分散になっており，(4.14)式の仮定より，これはまた，最適ポートフォリオ収益率の変動と資産 i の投資収益率との共分散でもある．最適ポートフォリオ収益率の変動は富の変動を通じて次期の消費変動をもたらすので，対数化した消費・富比率によって定義される ρ を含む第2項の背後には，消費変動のリスクがある．その意味でこれは多期間モデルに特有の項であり，ライフステージ間の異なる時点間のリスクを捉えるものである．

3. リスク資産が複数ある場合の最適投資比率の決定

標準的な1期間の分析では，ベンチマーク資産として無リスク資産を選び，第 t 期期初の時点 t において確定している1期間の投資収益率 $r_{f,t}$ を基準にリスク・プレミアムを定義するが，前節ではそれを一般化して，ベンチマーク資産としてリスク資産の中から任意に第0資産を選び，他のリスク資産のリスク・プレミアムがどのように与えられるかを明らかにした．その理由は，長期投資を考えるとき，インフレの存在によって，真の「無リスク資産」が投資対象として利用可能とは限らないためである．

本節では，Campbell らの一連の研究をまとめ，リスク資産が複数ある場合について無リスク資産の有無により2つのケースに分けて，最適投資比率の

---

[10] 第3章5節で (3.78b), (3.78c) 式によって示したように，$\gamma=1$ の条件下では Epstein=Zin 効用のプライシング・カーネルは ψ の値にかかわらず，同一の関数形になる．

決定を説明する．

3.1　無リスク資産が利用できないケース

前節の (4.15) 式では，リスク資産をベンチマークとするリスク資産 i の期待超過収益率を求めたが，これを多資産のケースに拡張するときには，投資収益率をベクトル表示して，

$$\mathrm{E}_t[\tilde{\mathbf{r}}_{t+1}-\tilde{r}_{0,t+1}\mathbf{1}]+\frac{1}{2}\dot{\boldsymbol{\sigma}}_i^2 = \gamma\,\mathrm{Cov}_t[\tilde{r}_{p,t+1}^*, \tilde{\mathbf{r}}_{t+1}-\tilde{r}_{0,t+1}\mathbf{1}]+(1-\gamma)\dot{\boldsymbol{\sigma}}_{h,t}-\dot{\boldsymbol{\sigma}}_{0,t}$$

(4.17a)

ただし，$\quad \dot{\boldsymbol{\sigma}}_i^2 \equiv [\mathrm{Var}_t[\tilde{r}_{1,t+1}-\tilde{r}_{0,t+1}] \cdots \mathrm{Var}_t[\tilde{r}_{N,t+1}-\tilde{r}_{0,t+1}]]'$ 　　(4.17b)

$$\dot{\boldsymbol{\sigma}}_{h,t} \equiv \mathrm{Cov}_t\!\left[-(\mathrm{E}_{t+1}-\mathrm{E}_t)\!\left[\sum_{k=1}^{\infty}\rho^k\tilde{r}_{f,t+k}\right], \tilde{\mathbf{r}}_{t+1}-\tilde{r}_{0,t+1}\mathbf{1}\right]$$

(4.17c)

$$\dot{\boldsymbol{\sigma}}_{0,t} \equiv \mathrm{Cov}_t[\tilde{\mathbf{r}}_{t+1}-\tilde{r}_{0,t+1}\mathbf{1}, \tilde{r}_{0,t+1}]$$

(4.17d)

である[11]．下付きの添え字 t は，分散，共分散の演算が時点 t で利用可能な情報に基づいて条件付きで行なわれることを強調するために付したが，変数の対数正規性と定常性の仮定のもとでは，時間に依存しない値になる．また，ベクトル $\dot{\boldsymbol{\sigma}}_{h,t}$ の下付きの添え字 h はヘッジ (Hedge) の頭文字であり，その経済的意味は後述する．

(4.17a) 式の右辺第 1 項にポートフォリオ収益率 $\tilde{r}_{p,t+1}^*$ があるが，これは最適にポートフォリオを組んだときの投資収益率であるから，逆に同式から無リスク資産が利用できないケースでの最適投資比率を導くことができる．最適ポートフォリオ超過投資収益率の近似式は，(4.8) 式で求めた任意のポートフォリオについての結果にアステリスクを付したものであり，

---

11)　無リスク資産への投資が可能ではないと仮定しての推論であるにもかかわらず，(4.17c) 式中には $\tilde{r}_{f,t+k}, k\in\{1,\cdots,\infty\}$ が変数として含まれている．これは，本章で例示しているモデルが，投資機会集合の変動を（投資対象として市場で取引されてはいないにもかかわらず）実質無リスク利子率 $\tilde{r}_{f,t+k}$ と完全相関する状態変数の変化によって表現する構造になっているためである．(4.14) 式によって表現される仮定を確認のこと．

$$\tilde{r}_{p,t+1}^* \approx \tilde{r}_{0,t+1} + \boldsymbol{\omega}_t^{*\prime}(\tilde{\mathbf{r}}_{t+1} - \tilde{r}_{0,t+1}\mathbf{1}) + \frac{1}{2}\boldsymbol{\omega}_t^{*\prime}\dot{\boldsymbol{\sigma}}_t^2 - \frac{1}{2}\boldsymbol{\omega}_t^{*\prime}\dot{\boldsymbol{\Omega}}_t\boldsymbol{\omega}_t^*$$

である．これを（4.17a）式右辺の共分散項へ代入すると，

$$\mathrm{Cov}_t[\tilde{r}_{p,t+1}^*, \tilde{\mathbf{r}}_{t+1} - \tilde{r}_{0,t+1}\mathbf{1}] = \dot{\boldsymbol{\sigma}}_{0,t} + \dot{\boldsymbol{\Omega}}_t\boldsymbol{\omega}_t^* \tag{4.18a}$$

ただし，$\dot{\boldsymbol{\Omega}}_t \equiv \mathrm{Cov}_t[\tilde{\mathbf{r}}_{t+1} - \tilde{r}_{0,t+1}\mathbf{1}, \tilde{\mathbf{r}}_{t+1} - \tilde{r}_{0,t+1}\mathbf{1}]$ \hfill (4.18b)

$$\dot{\boldsymbol{\sigma}}_{0,t} \equiv \mathrm{Cov}_t[\tilde{\mathbf{r}}_{t+1} - \tilde{r}_{0,t+1}\mathbf{1}, \tilde{r}_{0,t+1}] \qquad [(4.17d)]$$

となる．$\dot{\boldsymbol{\sigma}}_{0,t}$ は第 0 資産と他のリスク資産の超過収益率との共分散ベクトル，$\dot{\boldsymbol{\Omega}}_t$ は各リスク資産の第 0 資産に対する超過投資収益率（連続複利表示）の共分散行列であり，$\boldsymbol{\omega}_t^*$ は各リスク資産への最適投資比率であった．上式を（4.17a）式へ戻し，最適投資比率について表現すると，

$$\boldsymbol{\omega}_t^* = \frac{1}{\gamma}\dot{\boldsymbol{\Omega}}_t^{-1}\left(\mathrm{E}_t[\tilde{\mathbf{r}}_{t+1} - \tilde{r}_{0,t+1}\mathbf{1}] + \frac{1}{2}\dot{\boldsymbol{\sigma}}_t^2\right) + \left(1 - \frac{1}{\gamma}\right)\dot{\boldsymbol{\Omega}}_t^{-1}(\dot{\boldsymbol{\sigma}}_{h,t} - \dot{\boldsymbol{\sigma}}_{0,t}) \tag{4.19}$$

を得る．ベンチマーク資産への最適投資比率は残余分ゆえ，$\omega_{0,t}^* = 1 - \boldsymbol{\omega}_t^{*\prime}\mathbf{1}$ である．

（4.19）式の右辺第 1 項をみると，リスク資産への最適投資比率は，リスク許容度（$1/\gamma$）およびリスク・プレミアムに正比例することがわかる．また，第 1 項，第 2 項のいずれにも共分散行列の逆行列が登場するので，最適投資比率はリスク資産の連続複利表示投資収益率の分散（すなわち単利表示投資収益率の対数分散）の減少関数である．右辺第 1 項が表わすリスク資産需要は，1 期間モデルの平均・分散アプローチと同様に，リスク・リターンのトレードオフのみを考慮した需要である．これは，投資ホライズンをあたかも今後 1 期間であるかのようにみなし，異なる状態間のリスクから生じるリスク・プレミアム獲得をめざす需要であるので，以下では近視眼的需要とよぶことにする．

次に，右辺第 2 項をみる．$\dot{\boldsymbol{\sigma}}_{h,t}$ は（4.17c）式で定義したが，そこには対数線形化パラメター，$\rho \equiv 1 - e^{\mathrm{E}[\tilde{c}_t - \tilde{w}_t]}$ が含まれており，$\dot{\boldsymbol{\sigma}}_{h,t}$ は対数化した消費・富比率に依存することがわかる．したがって，最適投資比率を定めるために

は，最適消費・富比率も同時に決定する必要がある．ただし，(4.19) 式で $\gamma=1$ とおくと，その第 2 項は消失する．これは，$\gamma=1$ という効用関数をもつ投資家は近視眼的に行動し，投資機会集合の変動がもたらす異時点間の消費変動は全くヘッジしようとしないためである．第 3 章 5 節でみた Epstein=Zin 効用のプライシング・カーネルの γ と ψ による分類が，ここにおいても示唆的である．

対数型期待効用は，Epstein=Zin 効用において $\gamma=1$ に加え，$\psi=1$ の場合であったが，前節末で述べたように，仮に $\psi \neq 1$ であっても $\gamma=1$ でありさえすれば投資家は異なる状態間のリスクに対してのみ反応し，ポートフォリオの決定を近視眼的に行なうことがわかる．この点において，Samuelson (1969) および Merton (1969) の対数型期待効用に限定された近視眼的投資に関する結論は，Epstein=Zin 効用において拡張されていることが確認できる．

多期間モデルの特徴を捉えているのは (4.19) 式第 2 項の方である．いま仮に，相対的リスク回避度が極端に大きい投資家を考えて，$\gamma \to \infty$ とすると第 1 項は消え，第 2 項のみが残る．第 2 項は，(4.17c) 式から明らかな通り，リスク資産収益率と今後将来にわたる無リスク資産収益率変動の加重和との共分散に比例している．本章での分析のために利用している Campbell and Viceira (2002) の多期間モデルは，「投資機会集合の変動は無リスク資産収益率の変動のみによって表現できる」と仮定してモデル化したものであって，この共分散は，投資機会集合の時間を通じた変化に対するリスク資産収益率の振る舞いを要約する役割を果たしている．

(4.19) 式の右辺第 2 項で表現されるポートフォリオ需要は，異なる時点間の投資機会集合の変動と，それに起因する消費変動リスクをヘッジ（Hedge）する目的から生じるものである．これが，$\acute{\sigma}_{h,t}$ の添え字にヘッジの意の h を使用し，また，以下において最適ポートフォリオの第 2 項部分をヘッジ・ポートフォリオとよぶ所以である．ヘッジ・ポートフォリオ部分には (4.17c) 式のように対数線形化パラメター ρ が現れるが，このパラメターを介して，異なる時点間のリスク許容度を表わす異時点間代替弾力性 ψ に敏感に依存する消費・富比率が投資比率に間接的に影響を及ぼすことになる[12]．

3.2 無リスク資産が利用可能なケース

（4.19）式の表現は，無リスク資産が利用可能でない状況を念頭においたものである．これが利用可能な場合には，同式の確率変数 $\tilde{r}_{0,t+1}$ を確定値 $r_{f,t}$ に置き換えればよい．このとき，最適投資比率ベクトルは，

$$\boldsymbol{\omega}_t^* = \frac{1}{\gamma}\dot{\boldsymbol{\Omega}}_t^{-1}\left(E_t[\tilde{\mathbf{r}}_{t+1}] - r_{f,t}\mathbf{1} + \frac{1}{2}\dot{\boldsymbol{\sigma}}_t^2\right) + \left(1 - \frac{1}{\gamma}\right)\dot{\boldsymbol{\Omega}}_t^{-1}\dot{\boldsymbol{\sigma}}_{h,t} \tag{4.20a}$$

となる．またこのとき，上式中の $\dot{\boldsymbol{\sigma}}_{h,t}$ の定義は，（4.17c）式より，

$$\dot{\boldsymbol{\sigma}}_{h,t} \equiv \text{Cov}_t\left[-(E_{t+1} - E_t)\left[\sum_{k=1}^{\infty}\rho^k \tilde{r}_{f,t+k}\right], \tilde{\mathbf{r}}_{t+1}\right] \tag{4.20b}$$

になる．時点 t において $r_{f,t}$ は確定値なので，（4.19）式の $\dot{\boldsymbol{\sigma}}_{0,t}$ は消失している．また，無リスク資産への最適投資比率は残余分ゆえ，$\omega_{f,t}^* = 1 - \boldsymbol{\omega}_t^{*\prime}\mathbf{1}$ である．

上述のように，無リスク資産が存在するときの最適投資比率は，単に，それが存在しない場合の特殊ケースとして扱うことができるが，そもそも，長期投資における無リスク資産として，現実にはどのような金融商品を考えればよいのであろうか．インフレ（あるいはデフレ）が進行する現実の経済において，無リスク利子率とは，種々起こりうる経済の状態にかかわらず，1期間後に受け取る利子が確定しているのみならず，ペイオフがインフレの影響を受けない実質ベースでの概念である．そのようなペイオフを可能とするのは，1期間後に受け取る利子で購入できる消費財の量が確定している金融資産であり，そのためには，インフレに完全に連動するペイオフをもたらす債券を設計すればよい．本書でインフレ連動債（Inflation-linked Bond，あるいは，Inflation-indexed Bond）とよぶ債券がこれに当たる．短期の，厳密にいえば1期間後に満期がくるインフレ連動債の投資収益率の値は，1期間後に

---

12) 本章6節でみる数値実験では，主に，投資対象となる各資産への投資比率が γ と ψ の異なる値の組み合わせに応じてどう変化するかをみる．そのとき，投資比率全体において（4.19）式の第2項で示されるヘッジ・ポートフォリオのウェイトがどれほどであるかが分析上の一つの焦点になる．

受け取るペイオフの名目（Nominal）の投資収益率からインフレ率を差し引いた実質ベースでみると，現在時点 t において確定している．これを連続複利表示で $r_{f,t}$ と表現している．

> ### コラム 4　10 年物物価連動国債の再発行
>
> 　2013 年 10 月 8 日，財務省は約 5 年ぶりに「10 年物物価連動国債（10-Year Inflation-indexed Bond）発行のための入札を実施した．日銀による量的緩和策（QE, Quantitative Easing）が物価上昇をもたらすと見込んで，国債の安定消化の狙いから同債券の発行に踏み切ったという．発行予定額は約 3000 億円で，額面に対する金利である表面利率は年 0.1% だった．
>
> 　物価連動債は，物価変動に応じて額面（元本）や利子が増減し，満期時には，その時点の生鮮食品を除く消費者物価指数（CPI）に応じて元本が払い戻される．そのため，物価が上昇すれば，元本も，また受け取る利子も，増える．
>
> 　日本の物価連動国債は，元本保証付きであるなど，本書でインフレ連動債とよんでいる債券とは商品特性が若干相違する．しかしこれは，本書（とくに本章）の分析から明らかなように，どのようなリスク回避度をもつ投資家にとっても長期投資においてきわめて有利な投資対象であって，たとえ表面利率が年率 0.1% といった低率に設定されていても，額面価額と発行価額の差にもよるが，日本の市場参加者が十分な見識を備えているならば 3000 億円程度の発行額は干天に慈雨の喩えそのままに瞬時に消化されると予想できた．
>
> 　嘉悦大学の高橋洋一教授は，2004 年 3 月に日本政府がインフレ連動債に分類される新種の債券をはじめて発行したときにはまだ財務省に在籍されており，当時，米プリンストン大学の教授だった Bernanke 氏（Ben S. Bernanke, 2014 年 1 月まで米 FRB 議長）のアドバイスを受けて当時の小泉政権に竹中平蔵経済財政担当相を経て進言し，発行に至ったものであると述懐している．2004 年当時，すでに，英国銀行をはじめとする世界の 8 つの中央銀行がインフレ連動国債の発行実績を有していた．
>
> 　インフレ連動債は，当然，物価が下落（デフレ）すれば元本を割り込む．そこで，デフレ進行が予想された 2008 年のリーマン・ショックの際には（当

時における仕様の）物価連動国債には買い手が減り，これを理由として，同年8月を最後に日本政府はこのタイプの国債の発行を停止していた．2013年の再開に当たっては，満期時の元本が額面金額を下回らないよう政府が保証する仕組みに仕様を変更したという．

　このような仕組債化は，無駄に手厚い，したがって納税者の負担を増やすような余計な手当てというべきである．証券市場においては，ダウン・サイドのリスクを除去した「有利な」証券は，その有利さの分だけ証券価格が上昇し，期待収益率（リターン）が減少するだけの効果しかない．余計な配慮は，物価連動の機能を損なうのみである．発行額未消化が問題だというのであれば，それは単に，物価連動国債が「将来不安」を緩和する上でどれほど有利な投資対象であるかを啓蒙し，発行対象を広く個人投資家にまで拡大するだけで解決すると考えられる．

　この債券は，最初の発行から10年余にわたって，国内の一部機関投資家にのみ開放されていた．個人投資家へ解禁されたのは2015年1月である（大手証券会社の窓口経由で証券会社が保有している物価連動国債をおよそ1000万円を単位として購入し，個人保有できるようになった）．2017年2月には個人投資家による直接購入の最低単位が10万円まで引き下げられる予定だったが，低金利を理由に延期され，約2年後の2018年末に至るまで実施されていない．長期運用資産の全額を物価連動債に投資してさえおけば，投資機会集合の変動に対する完全なヘッジが可能となり，真の意味での長期パッシブ運用を行なうことができるようになる．パーソナル・ファイナンスについての啓蒙が進み，多期間投資への理解が深まるにつれて，今後，物価連動国債へのニーズは大きく高まるものと予想される．

　マクロ経済政策の観点から一言すれば，物価連動国債は，投資家の資産運用上の選択肢として重要であるばかりでなく，政策決定のための指標として利用されるという点でも重きをおかれるようになっている．長期国債の利回りとのスプレッドはBEI（Break Even Inflation）とよばれるが，これは，将来に向けた期待インフレ率の指標として日銀の金融政策の方針決定に重要な役割を果たすなど，雇用と物価安定を達成しようとする現代の経済政策決定において重要度を増している．2013年10月の再発行や2018年末現在では延期されたままになっている個人投資家向け小口販売の解禁は，市場において物価連動国債の残高を維持し，その市場流動性を確保することにつながると期待され，また，信頼度の高いBEI計測を可能にするものといえる．

4. 投資機会集合が変動するもとでの金融資産のリスクとリターン

前節では，リスク資産が複数存在する場合について最適投資比率の決定式を導いた．そこで，投資可能な資産の投資収益率ベクトル $\tilde{\mathbf{r}}_{t+1}$ と無リスク利子率との同時確率分布を特定し，対数線形化パラメター ρ の値を定めれば，(4.19) あるい (4.20a) 式によって最適ポートフォリオ $\boldsymbol{\omega}_t^*$ が構築できる．

本節では，確率ベクトル $\tilde{\mathbf{r}}_{t+1}$ の要素として，最大5種類の金融資産の投資収益率を導き，また，$\tilde{r}_{f,t+k}$ の挙動を捉えるために，状態変数の確率過程を明示的に特定する．最適ポートフォリオ $\boldsymbol{\omega}_t^*$ を求めるために定めなければならない対数線形化パラメター ρ については次節で扱うことにする．

以下では，Campbell and Viceira (2002) に倣い，①短期インフレ連動債，②長期インフレ連動債，③短期名目債，④長期名目債，⑤株式，の5種類の金融資産が長期投資に利用できると仮定する．最終的な目的は，本章6節において，Campbell and Viceira (2002) では検討されていない状況，すなわち，これら5種類の金融資産のうちの一部ではなく，5種類すべてが利用可能な状況を想定し，さまざまな相対的リスク回避度 γ と異時点間代替弾力性 ψ の組み合わせが与えられたもとで最適ポートフォリオを具体的に計算して，その特徴を明らかにすることである．この分析は，将来，わが国の市場に長短のインフレ連動債が本格的に導入された場合，資産市場にどのような影響があらわれるか，投資家，証券の需要サイドに立って行なうシミュレーションの役割を果たすものと期待される．

まず，多期間投資の問題を解くためには避けて通れない資産価格形成に対するインフレーションの影響を，名目プライシング・カーネルという概念を用いて分析する．さらに，インフレーションの構造を特定し，実質および名目の無リスク利子率，およびインフレ連動債と名目債のそれぞれの特性を分析する．その結果，5種類の証券について，実質ベースでみたリスク・リターンのトレードオフが明らかになるであろう．なお，以下では，インフレ連動債を名目債との対比で実質債（Real Bond）とよぶことがある．

4.1 長・短インフレ連動債と実質無リスク利子率

まず,デフォルト(債務不履行)のリスクがないという仮定のもとで,インフレ連動債のプライシングを行なう.プライシング・カーネルはそもそも実質ベースで定義されているので,ここでインフレの構造を特定する必要は生じず,プライシングは比較的容易である.短期インフレ連動債からみていこう[13].

短期インフレ連動債のプライシング

現在時点を t とするとき,時点 $t+1$ に値が確定する1期間のプライシング・カーネルを $\tilde{M}_{t,t+1}$ とすれば,インフレ(あるいはデフレ)が進行するもとにおいて,1単位の消費財を時点 $t+1$ に確実に支払う債券,すなわち,短期インフレ連動割引債の価格は,

$$P_{1,t} = \mathrm{E}_t[\tilde{M}_{t,t+1} \times 1] = \mathrm{E}_t[\tilde{M}_{t,t+1}] \qquad (4.21)$$

で与えられる. $P_{1,t}$ の添え字の「1」は,残存期間が1期間の割引債であることを表わしている.また,割引債の価格単位は「円」ではなく,消費財の1単位である.

この割引債の額面は「1消費財」であり,時点 t では投資家は消費財 $P_{1,t}$ 単位を支払ってこの債券を購入する.1期間後の時点 $t+1$ に満期を迎えると,額面に記された消費財1単位が支払われる仕組みである.したがって,$P_{1,t}$ の逆数は,時点 t において消費財の数量によって確定している1期間の利回り,すなわち,実質の(単利表示)無リスク利子率 $R_{f,t}$ を与えるから,

---

[13] 本書では,1期間のことを「短期」,2期間以上のことを「長期」もしくは「多期間」とよんでいる.したがって,短期利子率と1期間利子率,短期国債と1期間国債は本書では同義である.1期間が物理的に何か月,あるいは何年なのかを本節では特定していないが,後節の実証分析では便宜的に1期間を3か月とみなしている.これは,Campbellらが実証に用いた米国債のうち,残存期間の最も短いものが90日満期であったことによる.

$$1+R_{f,t} = \frac{1}{P_{1,t}} = \frac{1}{\mathrm{E}_t[\widetilde{M}_{t,t+1}]} \tag{4.22}$$

によって単利表示の無リスク利子率を定義できる[14]．これを連続複利表示して $r_{f,t}$ とすると，

$$P_{1,t} e^{r_{f,t} \times 1} = 1 \Leftrightarrow r_{f,t} = -\ln P_{1,t} \equiv -p_{1,t} \tag{4.23}$$

である．小文字表示の $p_{1,t}$ は，額面1の短期インフレ連動割引債の対数価格であり，1未満の実数の対数値ゆえ負値になる．

無リスク利子率とプライシング・カーネルの関係は，(4.21)式を(4.23)式へ代入して，

$$r_{f,t} = -p_{1,t} = -\ln(\mathrm{E}_t[\widetilde{M}_{t,t+1}]) \tag{4.24}$$

で与えられる．上式の意味は，プライシング・カーネルという確率変数について，その1次モーメント，すなわち期待値さえ計算すれば，その高次モーメントの大きさにかかわらず，連続複利表示の無リスク利子率が定まるということである．上式では，プライシング・カーネルに特定の確率分布を前提しておらず，無リスク利子率に関する極めて一般的な結果である．

ここで，プライシング・カーネルに対数正規分布を仮定すると，より具体的な結果を得ることができる[15]．すなわち，$\widetilde{M}_{t,t+1}$ が対数正規分布に従うとき，$\widetilde{m}_{t,t+1} \equiv \ln \widetilde{M}_{t,t+1}$ とおいて (4.24) 式を計算すると，

$$r_{f,t} = -\left(\mathrm{E}_t[\widetilde{m}_{t,t+1}] + \frac{1}{2}\mathrm{Var}_t[\widetilde{m}_{t,t+1}]\right)$$

---

14) これまで通りに以下でも，後述する名目利子率と混同するおそれがない限り，実質無リスク利子率を，単に無リスク利子率とよぶ．

15) 数多くの資産価格理論とその実証において，明示的あるいは暗黙のうちに，プライシング・カーネルの従う確率分布として対数正規分布が仮定されている．たとえば，Poon and Stapleton (2005) はプライシング・カーネルが対数正規分布に従う場合の価格付けに一書を費やした研究書である．Ikeda (2010) はその数少ない例外であり，リスク資産価格および総消費が，対数正規や一様分布等を特殊ケースとして包含する一般化ベータ分布（Generalized Beta Distribution）に従うとき，変換ベータ分布（Transformed Beta Distribution）に従う資産固有プライシング・カーネルを導出して，不完備市場における価格付けを分析したものである．

$$= \mathrm{E}_t[-\widetilde{m}_{t,t+1}] - \frac{1}{2}\mathrm{Var}_t[-\widetilde{m}_{t,t+1}] \qquad (4.25)$$

が成立する[16]．上の $-\widetilde{m}_{t,t+1}$ は正規分布に従う確率変数であるが，この変数にさらにどのような構造を定めるかにより，残存期間 n に応じて最終利回りがどうなるか，無リスク利子率のみならず，利子率の期間構造の記述が可能になる．

Campbell らが採用したプライシング・カーネル $\widetilde{M}_{t,t+1}$ は上述の対数正規分布に従うものであり，その対数値（連続複利表示）が，

$$-\widetilde{m}_{t,t+1} = x_t + \tilde{v}_{m,t+1} \qquad (4.26)$$

という構造をもつと仮定される．ここで，$\tilde{v}_{m,t+1}$ はプライシング・カーネルの予期せぬ変動（サプライズ）を表わし，平均ゼロの正規確率変数である[17]．上式の時点 t での条件付き期待値を求めると $\mathrm{E}_t[-\widetilde{m}_{t,t+1}] = x_t$ となるが，この x_t こそがインフレ連動債にリスクをもたらす状態変数の実現値になっている．

その確率過程 $\{\tilde{x}_t\}$ として，1次の自己回帰過程（Autoregressive Model; AR (1)）である，

$$\tilde{x}_{t+1} = (1-\dot{\phi}_x)\dot{\mu}_x + \dot{\phi}_x x_t + \tilde{\varepsilon}_{x,t+1}, \quad \tilde{\varepsilon}_{x,t+1} \sim N(0, \dot{\sigma}_x^2), \quad -1 < \dot{\phi}_x < 1 \qquad (4.27)$$

が仮定される．$\dot{\phi}_x$ は 1 次の自己相関を与えるパラメターであり，$-1 < \dot{\phi}_x < 1$ の制約は定常性を保つためのものである．$\dot{\mu}_x$ は $\tilde{x}_t$ の無条件の平均，$\tilde{\varepsilon}_{x,t+1}$ は攪乱項である．攪乱項の分散 $\dot{\sigma}_x^2$ に時間を表わす添え字がついていないのは，簡単化のために均一分散性（Homoscedasticity）を仮定するからである．また，本書において各パラメターにドットを付したのは，これらが連続複利表示の確率過程の母数であることを明示するためである．先述したように，本モデルでは状態変数の確率過程 $\{\tilde{x}_t\}$ がもたらす不確実性は無

---

16) $\widetilde{M}_{t,t+1}$ が対数正規確率変数のとき，時点 t での条件付き期待値を計算すれば，
$$\mathrm{E}_t[\widetilde{M}_{t,t+1}] = \exp\left\{\mathrm{E}_t[\ln \widetilde{M}_{t,t+1}] + \frac{1}{2}\mathrm{Var}_t[\ln \widetilde{M}_{t,t+1}]\right\} = \exp\left\{\mathrm{E}_t[\widetilde{m}_{t,t+1}] + \frac{1}{2}\mathrm{Var}_t[\widetilde{m}_{t,t+1}]\right\}$$
となる．(4.24) 式により，これを対数化して (-1) 倍すると (4.25) 式を得る．

17) 以下では，「予期せぬ変動」を，適宜，サプライズと表現する．

リスク利子率の変動リスクと同じものであり，(4.27) 式の AR (1) の仮定は，無リスク利子率の従う確率過程に平均回帰性をもたせる意図を有している[18]．

さらに，状態変数変動のサプライズ $\tilde{\varepsilon}_{x,t+1}$ とプライシング・カーネル自体のサプライズ $\tilde{v}_{m,t+1}$ は相関をもつことを許し，

$$\tilde{v}_{m,t+1} = \dot{\beta}_{m,x}\tilde{\varepsilon}_{x,t+1} + \tilde{\varepsilon}_{m,t+1}, \quad \tilde{\varepsilon}_{m,t+1} \sim \mathrm{N}(0, \dot{\sigma}_m^2) \tag{4.28}$$

と定式化する[19]．このとき，$\mathrm{Cov}_t[\tilde{\varepsilon}_{x,t+1}, \tilde{v}_{m,t+1}] = \dot{\beta}_{m,x}\dot{\sigma}_x^2$ となるので，$\dot{\sigma}_x^2$ が与えられたもとで，パラメター $\dot{\beta}_{m,x}$ は，実質無リスク利子率の予期せぬ変動を捉える状態変数のサプライズとプライシング・カーネルのサプライズとの共分散の符号と大きさを表現している．

以上の仮定のもとで，無リスク利子率 $r_{f,t}$ を (4.25) 式によって求めると，

$$r_{f,t} = \mathrm{E}_t[-\tilde{m}_{t,t+1}] - \frac{1}{2}\mathrm{Var}_t[-\tilde{m}_{t,t+1}]$$

$$= \mathrm{E}_t[x_t + \tilde{v}_{m,t+1}] - \frac{1}{2}\mathrm{Var}_t[x_t + \dot{\beta}_{m,x}\tilde{\varepsilon}_{x,t+1} + \tilde{\varepsilon}_{m,t+1}]$$

$$= x_t - \frac{1}{2}(\dot{\beta}_{m,x}^2\dot{\sigma}_x^2 + \dot{\sigma}_m^2) \tag{4.29}$$

を得る．ここで，$\dot{\sigma}_x^2 \equiv \mathrm{Var}_t[\tilde{\varepsilon}_{x,t+1}]$, $\dot{\sigma}_m^2 \equiv \mathrm{Var}_t[\tilde{\varepsilon}_{m,t+1}]$ であった．上式から，時点 t での状態変数の実現値 x_t と無リスク利子率の実現値 $r_{f,t}$ との差異は定数部分だけであり，それらの挙動は完全に正相関すると仮定されていることが確かめられる．したがってこのモデルは，前述したように，状態変数の平均回帰的変動が経済的には実質無リスク利子率の平均回帰的な変動であるとみなすものとわかる．

---

[18] 自己回帰過程を含む，計量時系列モデルのファイナンスへの応用と基礎的事項は，たとえば沖本 (2010) を参照されたい．

[19] 本節では，互いに無相関であると仮定される誤差項はすべてイプシロン ($\tilde{\varepsilon}$) によって表現している．さらに，$\tilde{\varepsilon}$ は正規分布に従うと仮定しているので，無相関は独立を意味する．

長期インフレ連動債のプライシング

次に,長期インフレ連動債のプライシングをみよう.現在時点を t として,n 期間後の時点 $t+n$ に確実に 1 単位の消費財を支払う割引債を考える[20].いま,残存期間が n の債券を簡潔に n 期間債券とよぶことにすれば,この長期割引債は n 期間インフレ連動割引債である.

$P_{n,t}$ は,1 期間後の時点 $t+1$ における同債券の不確実な価格 $\tilde{P}_{n-1,t+1}$ の現在価値ゆえ,プライシング・カーネルを用いて表現すれば,

$$P_{n,t} = E_t[\tilde{M}_{t,t+1} \times \tilde{P}_{n-1,t+1}] \tag{4.30}$$

が成立する.$\tilde{M}_{t,t+1}, \tilde{P}_{n-1,t+1}$ の両変数がともに対数正規分布に従うとき,積 $\tilde{M}_{t,t+1} \times \tilde{P}_{n-1,t+1}$ もまた対数正規分布に従うので,その期待値を脚注 16 の結果を用いて計算すると,

$$p_{n,t} = E_t[\tilde{m}_{t,t+1} + \tilde{p}_{n-1,t+1}] + \frac{1}{2}\mathrm{Var}_t[\tilde{m}_{t,t+1} + \tilde{p}_{n-1,t+1}] \tag{4.31}$$

となる.これまで通り,小文字は対数値を表わしている.

一般に,残存期間が n であるような n 期間インフレ連動割引債の連続複利表示の最終利回りは,$y_{n,t} \equiv -(\ln P_{n,t})/n = -p_{n,t}/n$ と定義され,対数価格のマイナス 1 倍に比例する値である.ここで,どのような残存期間を有するインフレ連動割引債であれ,その最終利回りが状態変数の 1 次関数で表わされると仮定する[21].このとき,n 期間インフレ連動割引債の対数価格もまた状態変数の 1 次関数であり,

$$-p_{n,t} = \dot{A}_n + \dot{B}_n x_t \tag{4.32a}$$

---

[20] ここでは,割引債の額面を消費財 1 単位と設定することにより,インフレあるいはデフレが進行するもとにおいて,投資家が満期に受け取る収益の実質価値が変動しない架空の債券を想定している.実務的には,額面を貨幣単位で設定し,満期におけるインフレ率の実現値に連動して投資家の受け取る収益の実質価値が変化しないよう,弁済するべき元利を調整することになる.上のコラムでみたわが国の「物価連動国債」はその例である.

[21] 連続複利表示の最終利回りが状態変数に対して線形であると仮定した債券価格モデルはアフィン・イールド・モデル(Affine Yield Model)とよばれ,債券の標準的なプライシング・モデルとして利用されている.

と表現される.

上式で $\dot{A}_n, \dot{B}_n$ は割引債の残存期間 n に依存して決まる定数である. $n=0$ は割引債の満期到来時を意味し, $P_{0,t}=1$ ゆえ, その対数値は $p_{0,t}=0$ であり, (4.32a) 式を満たす係数は $\dot{A}_0=0, \dot{B}_0=0$ である. これらの値を初期値とし, n に至るまで順次計算すると, 残存期間 $n(\geqq 1)$ のインフレ連動割引債の対数価格を与える係数 $\dot{A}_n, \dot{B}_n$ は,

$$\dot{A}_n = \dot{A}_{n-1} + \dot{B}_{n-1}(1-\dot{\phi}_x)\dot{\mu}_x - \frac{(\dot{B}_{n-1}+\dot{\beta}_{m,x})^2\dot{\sigma}_x^2+\dot{\sigma}_m^2}{2} \tag{4.32b}$$

$$\dot{B}_n = \frac{1-\dot{\phi}_x^n}{1-\dot{\phi}_x} \tag{4.32c}$$

となる（導出の過程は Campbell and Viceira (2002) を参照のこと）.

さて, 任意の残存期間をもつ長期インフレ連動債の理論価格が得られたので, その1期間当たりの投資収益率を求めることが可能となる. いま, 残存期間が n のインフレ連動債を時点 t から $t+1$ まで1期間保有して売却したと想定しよう. その場合の連続複利表示の投資収益率を $\tilde{r}_{n,t+1}$ とおけば, その定義より,

$$e^{\tilde{r}_{n,t+1}} = \frac{\widetilde{P}_{n-1,t+1}}{P_{n,t}} \Leftrightarrow \tilde{r}_{n,t+1} = \tilde{p}_{n-1,t+1} - p_{n,t} \tag{4.33}$$

である. (4.32a) 式を利用して, 添え字に注意しながら上式を計算し, 無リスク利子率として (4.29) 式の, $r_{f,t}=x_t-(\dot{\beta}_{m,x}^2\dot{\sigma}_x^2+\dot{\sigma}_m^2)/2$ を用いて状態変数 x_t を消去すると,

$$\tilde{r}_{n,t+1} = r_{f,t} - \left(\frac{\dot{B}_{n-1}^2}{2} + \dot{B}_{n-1}\dot{\beta}_{m,x}\right)\dot{\sigma}_x^2 - \dot{B}_{n-1}\tilde{\varepsilon}_{x,t+1} \tag{4.34}$$

を得る. 上式が, 残存期間 n の長期インフレ連動債を時点 t から時点 $t+1$ まで保有したときの1期間の連続複利表示投資収益率である.

4.2　名目債のプライシングと投資収益率

今度は, 残存期間にかかわらず, 将来のペイオフが貨幣額の名目値で確定している名目債の評価を考えよう. ここではインフレ連動債と同様にデフォ

ルト・リスクがない割引債を考えるが，インフレ連動債の額面は消費財1単位で表示されるのに対して，名目債ではそれが貨幣単位で表示される点が異なる．まず，名目債評価に利用するプライシング・カーネルについてCampbell, Lo, and MacKinlay（1997, pp. 443-445）に基づいて説明しよう．

名目債のプライシング・カーネル

いま，時点 t における名目債価格 $P_{n,t}^\$$ と実質債価格 $P_{n,t}$ を関係づける価格インデックスを Q_t とすれば，定義によって $P_{n,t}^\$ \equiv P_{n,t} Q_t$ である．変数の右肩に付した添え字 $\$$ は，その変数が貨幣単位で表示された名目値であることを示す[22]．1時点将来の実質債価格 $\widetilde{P}_{n-1,t+1}$ とその現在価値 $P_{n,t}$ は，(4.30)式でみたように，$P_{n,t} = \mathrm{E}_t[\widetilde{M}_{t,t+1} \times \widetilde{P}_{n-1,t+1}]$ で与えられるが，この両辺を Q_t 倍し，右辺の期待値記号の中を確率変数 $\widetilde{Q}_{t+1}$ で形式的に乗じて割り戻すと，

$$P_{n,t} \times Q_t = \mathrm{E}_t[\widetilde{M}_{t,t+1} \times \widetilde{P}_{n-1,t+1} \times \widetilde{Q}_{t+1} \div \widetilde{Q}_{t+1}] \times Q_t$$

$$\Leftrightarrow P_{n,t}^\$ = \mathrm{E}_t\left[\widetilde{M}_{t,t+1} \times \frac{Q_t}{\widetilde{Q}_{t+1}} \times \widetilde{P}_{n-1,t+1}^\$\right] \quad [\because \widetilde{P}_{n-1,t+1} \widetilde{Q}_{t+1} \equiv \widetilde{P}_{n-1,t+1}^\$]$$

$$= \mathrm{E}_t\left[\widetilde{M}_{t,t+1} \times \frac{1}{\widetilde{\Pi}_{t,t+1}} \times \widetilde{P}_{n-1,t+1}^\$\right], \quad \widetilde{\Pi}_{t,t+1} \equiv \frac{\widetilde{Q}_{t+1}}{Q_t}$$

となる．上の最終式では，価格インデックス Q_t の1期間成長率を $\widetilde{\Pi}_{t,t+1}$ と置き直しているが，これは時点 t から時点 $t+1$ までの物価水準の変化率であり，単利グロス表示のインフレ率である．

ここで，名目プライシング・カーネル（Nominal Pricing Kernel）を $\widetilde{M}_{t,t+1}^\$$ $\equiv \widetilde{M}_{t,t+1}/\widetilde{\Pi}_{t,t+1}$ と定義して上式を書き改めれば，

$$P_{n,t}^\$ = \mathrm{E}_t[\widetilde{M}_{t,t+1}^\$ \times \widetilde{P}_{n-1,t+1}^\$] \tag{4.35}$$

を得る．この式から，名目債を評価するためには，本来，実質値で定義されるプライシング・カーネルをインフレ率で除し，そうして得られる正値確率変数を利用すればよいことがわかる．この名目プライシング・カーネルによ

---

[22] Campbell, Lo, and MacKinlay（1997）の記法を踏襲したため，以下では名目値を表現する記号として，上付き添え字の $\$$ を用いている．

って，貨幣価値で表示された将来の任意のペイオフを，やはり貨幣価値で表示された現在価値に対応させることができるのである．

短期名目債のプライシング

さて，名目プライシング・カーネルを用いて，短期名目債，すなわち1期間後に満期を迎える額面1ドルの割引債を評価してみよう．1期間後の価格は $\widetilde{P}_{0,t+1}^{\$}=1$ （ドル）と名目値では確定しているので，(4.35)式によって現在価値を求めると，

$$P_{1,t}^{\$} = \mathrm{E}_t[\widetilde{M}_{t,t+1}^{\$}\times 1] = \mathrm{E}_t[\widetilde{M}_{t,t+1}^{\$}]$$

となる．この割引債価格の逆数がグロス表示の名目無リスク利子率 $1+R_{f,t}^{\$}$ であり，

$$1+R_{f,t}^{\$} = \frac{1}{P_{1,t}^{\$}} = \frac{1}{\mathrm{E}_t[\widetilde{M}_{t,t+1}^{\$}]}$$

が成立する．上式の対数をとり，名目無リスク利子率を連続複利表示したものを $r_{f,t}^{\$}$ とすれば，

$$r_{f,t}^{\$} = -\ln P_{1,t}^{\$} = -P_{1,t}^{\$} = -\ln(\mathrm{E}_t[\widetilde{M}_{t,t+1}^{\$}]) \tag{4.36}$$

である．ここで $p_{1,t}^{\$}$ は短期名目割引債の対数価格である．

さて，実質債の評価で仮定したと同様に，名目債の評価においても実質プライシング・カーネル $\widetilde{M}_{t,t+1}$ が対数正規分布に従うと仮定し，さらに，インフレ率 $\widetilde{\Pi}_{t,t+1}$ も対数正規分布に従うと仮定してみよう．このとき，名目プライシング・カーネル $\widetilde{M}_{t,t+1}^{\$} \equiv \widetilde{M}_{t,t+1}/\widetilde{\Pi}_{t,t+1}$ もまた対数正規分布に従うことは明らかであろう．なぜならば，両辺の対数をとり，小文字で表わせば，

$$\widetilde{m}_{t,t+1}^{\$} = \widetilde{m}_{t,t+1} - \widetilde{\pi}_{t,t+1} \tag{4.37}$$

となるが，上式右辺は正規分布に従う確率変数の引き算ゆえ，その再生性によって正規分布になるからである．

名目無リスク利子率を求めるために，(4.36)式にしたがって対数正規分布の期待値を求め，(4.37)式を代入・整理し，(4.25)式を用いて実質無リスク

利子率により表現すると,

$$r_{f,t}^\$ = -\mathrm{E}_t[\tilde{m}_{t,t+1} - \tilde{\pi}_{t,t+1}] - \frac{1}{2}\mathrm{Var}_t[\tilde{m}_{t,t+1} - \tilde{\pi}_{t,t+1}] \quad (4.38\mathrm{a})$$

$$= \left(\mathrm{E}_t[-\tilde{m}_{t,t+1}] - \frac{1}{2}\mathrm{Var}_t[-\tilde{m}_{t,t+1}]\right) + \mathrm{E}_t[\tilde{\pi}_{t,t+1}]$$

$$+ \mathrm{Cov}_t[\tilde{m}_{t,t+1}, \tilde{\pi}_{t,t+1}] - \frac{1}{2}\mathrm{Var}_t[\tilde{\pi}_{t,t+1}]$$

$$= r_{f,t} + \mathrm{E}_t[\tilde{\pi}_{t,t+1}] + \mathrm{Cov}_t[\tilde{m}_{t,t+1}, \tilde{\pi}_{t,t+1}] - \frac{1}{2}\mathrm{Var}_t[\tilde{\pi}_{t,t+1}] \quad [\because (4.25)式]$$

$$(4.38\mathrm{b})$$

を得る.(4.38b) 式の右辺第2項から第4項までがインフレの存在に起因する名目と実質の無リスク利子率の差異であり,これがインフレ・リスク・プレミアムである.

インフレーションの構造

次に,インフレーションの構造を具体的に特定する.Campbell らは,グロス表示のインフレ率 $\Pi_{t,t+1}$ が対数正規分布に従い,それを連続複利表示した $\pi_{t,t+1} \equiv \ln \Pi_{t,t+1}$ が,

$$\tilde{\pi}_{t,t+1} = z_t + \tilde{v}_{\pi,t+1} \quad (4.39)$$

と表わされると仮定する.ここで,$\tilde{v}_{\pi,t+1}$ は平均ゼロの正規確率変数であり,z_t は時点 t におけるインフレ率の条件付き期待値である.この期待インフレ率の確率過程 $\{\tilde{z}_t\}$ が1次の自己回帰過程 AR(1) に従い,

$$\tilde{z}_{t+1} = (1-\dot{\phi}_z)\dot{\mu}_z + \dot{\phi}_z z_t + \tilde{v}_{z,t+1}, \quad -1 < \dot{\phi}_z < 1 \quad (4.40)$$

と表現できるとして,状態変数 $\tilde{x}_t$ と同様に,期待インフレ率は平均回帰的に変動すると仮定するのである.$\tilde{v}_{z,t+1}$ は,その予期せぬ変動である.このように,インフレ率および期待インフレ率の双方にサプライズを表わす項がおかれるが,それらについてさらに,

$$\tilde{v}_{\pi,t+1} = \dot{\beta}_{\pi,x}\,\tilde{\varepsilon}_{x,t+1} + \dot{\beta}_{\pi,m}\,\tilde{\varepsilon}_{m,t+1} + \dot{\beta}_{\pi,z}\,\tilde{\varepsilon}_{z,t+1} + \tilde{\varepsilon}_{\pi,t+1} \tag{4.41}$$

$$\tilde{v}_{z,t+1} = \dot{\beta}_{z,x}\,\tilde{\varepsilon}_{x,t+1} + \dot{\beta}_{z,m}\,\tilde{\varepsilon}_{m,t+1} + \tilde{\varepsilon}_{z,t+1} \tag{4.42}$$

ただし,$\tilde{\varepsilon}_{x,t+1} \sim \mathrm{N}(0,\dot{\sigma}_x^2), \tilde{\varepsilon}_{m,t+1} \sim \mathrm{N}(0,\dot{\sigma}_m^2), \tilde{\varepsilon}_{\pi,t+1} \sim \mathrm{N}(0,\dot{\sigma}_\pi^2),$
$\tilde{\varepsilon}_{z,t+1} \sim \mathrm{N}(0,\dot{\sigma}_z^2)$

の関係があるとする.全部で4個の互いに無相関な撹乱項 ($\tilde{\varepsilon}$) が存在し,それぞれは,実質無リスク利子率,プライシング・カーネル,インフレ率,および期待インフレ率の予期せぬ変動を表わしている.前二者は実質的なサプライズ,後の二者は名目的なサプライズを記述する役割を果たす.

以上のインフレーション構造はかなり複雑であるが,その意図は明確である.すなわち,インフレに起因するサプライズには2種類あり,インフレ率自体のサプライズ $\tilde{v}_{\pi,t+1}$ と期待インフレ率のサプライズ $\tilde{v}_{z,t+1}$ が存在すること,また,これらのサプライズが,いずれも,名目的および実質的なショックとして発生することをモデル化したものである.

4.3　名目無リスク利子率と短期名目債の実質リターン

上で特定したインフレーション構造のもとで,名目無リスク利子率を求める.まず,(4.26) 式および (4.28) 式から,

$$\widetilde{m}_{t,t+1} = -x_t - \tilde{v}_{m,t+1} = -x_t - \dot{\beta}_{m,x}\,\tilde{\varepsilon}_{x,t+1} - \tilde{\varepsilon}_{m,t+1} \tag{4.43}$$

また,(4.39) と (4.41) 式から,

$$\begin{aligned}\tilde{\pi}_{t,t+1} &= z_t + \tilde{v}_{\pi,t+1} \\ &= z_t + \dot{\beta}_{\pi,x}\,\tilde{\varepsilon}_{x,t+1} + \dot{\beta}_{\pi,m}\,\tilde{\varepsilon}_{m,t+1} + \dot{\beta}_{\pi,z}\,\tilde{\varepsilon}_{z,t+1} + \tilde{\varepsilon}_{\pi,t+1}\end{aligned} \tag{4.44}$$

であるから,(4.37) 式の名目プライシング・カーネルの対数値は,(4.43) 式から (4.44) 式を辺々差し引いて,

$$\widetilde{m}_{t,t+1}^{\$} = \widetilde{m}_{t,t+1} - \tilde{\pi}_{t,t+1}$$

4. 投資機会集合が変動するもとでの金融資産のリスクとリターン 295

$$= -x_t - z_t - (\dot{\beta}_{m,x} + \dot{\beta}_{\pi,x})\tilde{\varepsilon}_{x,t+1} - (\dot{\beta}_{\pi,m} + 1)\tilde{\varepsilon}_{m,t+1} - \dot{\beta}_{\pi,z}\tilde{\varepsilon}_{z,t+1} - \tilde{\varepsilon}_{\pi,t+1}$$

と計算できる．これを (4.38a) 式に代入すると名目無リスク利子率が得られる．さらに，(4.29) 式を用いて状態変数を x_t を消去し，実質無リスク利子率によって表現すると，

$$r_{f,t}^{\$} = r_{f,t} + z_t - \frac{1}{2}\{(\dot{\beta}_{\pi,x}^2 + 2\dot{\beta}_{m,x}\dot{\beta}_{\pi,x})\dot{\sigma}_x^2 + (\dot{\beta}_{\pi,m}^2 + 2\dot{\beta}_{\pi,m})\dot{\sigma}_m^2 + \dot{\beta}_{\pi,z}^2\dot{\sigma}_z^2 + \dot{\sigma}_\pi^2\}$$

(4.45)

が導出できる．上式右辺の第 2 項以降は上で与えたインフレ構造のもとでのインフレ・リスク・プレミアムを表現したものだが，これは，期待インフレ率の実現値 z_t に加え，実質，名目のサプライズを表わす 4 つの攪乱項の分散，それらの共分散を定める係数に複雑に依存している．

ここでは，株式やインフレ連動債と同時に名目債が存在する現実的な状況を考えているので，リスク・リターンはすべて実質値に揃えて比較する必要がある．インフレ連動債の実質の投資収益率はインフレーションの影響を受けないが，名目債の実質の投資収益率には調整が必要となる．すなわち，名目債がもたらす 1 期間当たりの名目リターンの実質値は，インフレーションの変動分を控除したものになる．そこで，短期名目債の実質リターンを求めておくことにする．

短期名目債の名目投資収益率は (4.45) 式で求めた．この値は時点 t において，名目値では確定しているが，実質ベースでは，時点 $t+1$ にならなければ実現しないインフレ率に依存しているため，確定していない．したがって，(4.45) 式から，(4.44) 式で表わされる 1 期間当たりのインフレ率 $\tilde{\pi}_{t+1}$ を差し引けば，短期名目債の実質ベースの投資収益率が得られるが，時間を表わす添え字は確定時点である $t+1$ に変更しなければならない．そこでこれを $\tilde{r}_{f,t+1}^{\$,\text{Real}}$ と書けば，

$$\tilde{r}_{f,t+1}^{\$,\text{Real}} = \tilde{r}_{f,t}^{\$} - \tilde{\pi}_{t+1}$$

$$= r_{f,t} - \frac{1}{2}\{(\dot{\beta}_{\pi,x}^2 + 2\dot{\beta}_{m,x}\dot{\beta}_{\pi,x})\dot{\sigma}_x^2 + (\dot{\beta}_{\pi,m}^2 + 2\dot{\beta}_{\pi,m})\dot{\sigma}_m^2 + \dot{\beta}_{\pi,z}^2\dot{\sigma}_z^2 + \dot{\sigma}_\pi^2\}$$

$$-\dot{\beta}_{\pi, x}\, \tilde{\varepsilon}_{x, t+1} - \dot{\beta}_{\pi, m}\, \tilde{\varepsilon}_{m, t+1} - \dot{\beta}_{\pi, z}\, \tilde{\varepsilon}_{z, t+1} - \tilde{\varepsilon}_{\pi, t+1} \tag{4.46}$$

を得る[23].

長期名目債のプライシング

次に，2期間以上の残存期間をもつ長期名目債を評価しよう．インフレーションを導入したために，いま分析対象としている経済に存在する状態変数は，実質無リスク利子率に完全相関する実質の状態変数 x_t に加え，期待インフレ率を表わす名目の状態変数 z_t の2個となった．第1章でみた MFM の用語を用いるならば，これは2ファクター・モデルである．

投資対象資産のうちインフレ連動債は実質ファクターにのみ依存して価格が形成されるが，名目債は実質および名目の両ファクターに依存して価格が変動すると仮定される．したがって，残存期間 n の名目債価格の対数値を $p_{n,t}^\$ \equiv \ln P_{n,t}^\$$ とするとき，2ファクター・モデルの係数を $\dot{A}_n^\$, \dot{B}_{1,n}^\$, \dot{B}_{2,n}^\$$ とおけば，

$$-p_{n,t}^\$ = \dot{A}_n^\$ + \dot{B}_{1,n}^\$ x_t + \dot{B}_{2,n}^\$ z_t \tag{4.47a}$$

である．ここでも，脚注21で述べたアフィン・イールド・モデルが仮定される．$\dot{A}_n^\$, \dot{B}_{1,n}^\$, \dot{B}_{2,n}^\$$ は名目債の残存期間 n に依存して定まる定数であるが，割引債ゆえ，満期の到来を意味する $n=0$ のときには確実に $P_{0,t}^\$=1$（ドル）となるので，状態変数の実現値 x_t および z_t の水準にかかわらず，$0 = -p_{0,t}^\$ = \dot{A}_0^\$ + \dot{B}_{1,0}^\$ x_t + \dot{B}_{2,0}^\$ z_t$ が成立しなければならない．したがって，$\dot{A}_0^\$ = \dot{B}_{1,0}^\$ = \dot{B}_{2,0}^\$ = 0$ となる．$n \geq 1$ のときの係数の導出の詳細は略すが，その結論は，

$$\dot{A}_n^\$ = \dot{A}_{n-1}^\$ + (1-\dot{\phi}_x)\dot{\mu}_x \dot{B}_{1,n-1}^\$ + (1-\dot{\phi}_z)\dot{\mu}_z \dot{B}_{2,n-1}^\$$$
$$- \frac{1}{2}(\dot{\beta}_{m,x} + \dot{\beta}_{\pi,x} + \dot{B}_{1,n-1}^\$ + \dot{\beta}_{z,x}\dot{B}_{2,n-1}^\$)^2 \dot{\sigma}_x^2 - \frac{1}{2}(\dot{\beta}_{\pi,z} + \dot{B}_{2,n-1}^\$)^2 \dot{\sigma}_z^2$$

---

23) $\tilde{r}_{\pi,t+1}^{\$,\text{Real}}$ の上付き添え字 Real は，名目収益率を実質化した（Realized）ことを強調するために付した．

$$-\frac{1}{2}(1+\dot{\beta}_{\pi,m}+\dot{\beta}_{z,m}\dot{B}_{2,n-1}^{\$})^2\dot{\sigma}_m^2-\frac{\dot{\sigma}_\pi^2}{2} \tag{4.47b}$$

$$\dot{B}_{1,n}^{\$}=1+\dot{\phi}_x\dot{B}_{1,n-1}^{\$}=\frac{1-\dot{\phi}_x^n}{1-\dot{\phi}_x} \tag{4.47c}$$

$$\dot{B}_{2,n}^{\$}=1+\dot{\phi}_z\dot{B}_{2,n-1}^{\$}=\frac{1-\dot{\phi}_z^n}{1-\dot{\phi}_z} \tag{4.47d}$$

である.各係数は,前述した $\dot{A}_0^{\$}=\dot{B}_{1,0}^{\$}=\dot{B}_{2,0}^{\$}=0$ を初期値として,$n=1, 2, \cdots$ と順次計算すれば求めることができる.

さて,(4.47a)〜(4.47d) 式は任意の残存期間 n をもつ長期名目債の対数価格を与えているので,その1期間当たりの連続複利表示投資収益率を求めるには,

$$\tilde{r}_{n,t+1}^{\$}=\ln\frac{\tilde{P}_{n-1,t+1}^{\$}}{P_{n,t}^{\$}}=\tilde{p}_{n-1,t+1}^{\$}-p_{n,t}^{\$}$$

を計算すればよい.

短期名目債と同様にして,長期名目債についても (4.44) 式で与えたインフレ率を控除して実質化した1期間の投資収益率を求めておくと,

$$\tilde{r}_{n,t+1}^{\$,\mathrm{Real}}=\tilde{r}_{n,t}^{\$}-\tilde{\pi}_{t+1}$$

$$=r_{f,t}-\frac{1}{2}(\dot{B}_{1,n-1}^{\$}+\dot{\beta}_{z,x}\dot{B}_{2,n-1}^{\$}+\dot{\beta}_{\pi,x})(\dot{B}_{1,n-1}^{\$}+\dot{\beta}_{z,x}\dot{B}_{2,n-1}^{\$}+\dot{\beta}_{\pi,x}+2\dot{\beta}_{m,x})\dot{\sigma}_x^2$$

$$-\frac{1}{2}(\dot{B}_{2,n-1}^{\$}\dot{\beta}_{z,m}+\dot{\beta}_{\pi,m})(\dot{B}_{2,n-1}^{\$}\dot{\beta}_{z,m}+\dot{\beta}_{\pi,m}+2)\dot{\sigma}_m^2-\frac{1}{2}(\dot{B}_{2,n-1}^{\$}+\dot{\beta}_{\pi,z})\dot{\sigma}_z^2$$

$$-\frac{1}{2}\dot{\sigma}_\pi^2-(\dot{B}_{1,n-1}^{\$}+\dot{B}_{2,n-1}^{\$}\dot{\beta}_{z,x}+\dot{\beta}_{\pi,x})\tilde{\varepsilon}_{x,t+1}-(\dot{B}_{2,n-1}^{\$}\dot{\beta}_{z,m}+\dot{\beta}_{\pi,m})\tilde{\varepsilon}_{m,t+1}$$

$$-(\dot{B}_{2,n-1}^{\$}+\dot{\beta}_{\pi,z})\tilde{\varepsilon}_{z,t+1}-\tilde{\varepsilon}_{\pi,t+1} \tag{4.48}$$

となる[24].

---

[24] Campbell and Viceira (2002, p. 74) の Table 3.2 では,長期名目債については名目無リスク利子率に対する期待超過収益率を,また,長期インフレ連動債については実質無リスク利子率に対する期待超過収益率をリスク・プレミアムと定義している.彼らはさらに,これらを分子として,前者については名目利子率に対する超過収益率の標準偏差を,後者については実質無リスク利子率に対する超過収益率の標準偏差を分母として

4.4 株式のプライシングと投資収益率

最後に,株式のプライシングを検討しよう.現実には様々なリスク・リターンのプロファイルをもつ個別銘柄の取引が可能であるが,ここでは,Campbell and Viceira (2003) に倣って,十分にリスク分散されたポートフォリオ (Well-diversified Portfolio),たとえば市場ポートフォリオあるいはインデックス・ファンドのような投資信託を投資対象と考えることにする.

株式の単利ネット表示の1期間投資収益率を $\tilde{R}_{S,t+1}$ とおく.これを連続複利表示し,小文字で $\tilde{r}_{S,t+1} = \ln(1+\tilde{R}_{S,t+1})$ と書くとき,その収益生成過程は次の2ファクター・モデルで与えられると仮定する.

$$\tilde{r}_{S,t+1} = \dot{\mu}_{S,t} + \dot{\beta}_{S,x}\tilde{\varepsilon}_{x,t+1} + \dot{\beta}_{S,m}\tilde{\varepsilon}_{m,t+1} \tag{4.49}$$

右辺の2つの攪乱項はそれぞれ,$\tilde{\varepsilon}_{x,t+1}$ が無リスク利子率のサプライズ,$\tilde{\varepsilon}_{m,t+1}$ はプライシング・カーネルのサプライズであった.これらはいずれも,マクロ経済要因に起因する実質的なショックであるから,(4.49) 式の仮定は,株式の価格形成が実質リスクにのみ依存し,インフレーションという名目的要因には依存しないことを前提・主張するものである.

株式としての特性を表現するパラメターは $\dot{\beta}_{S,x}$ および $\dot{\beta}_{S,m}$ であるが,上で述べたように,ここでは市場ポートフォリオを念頭においているので,上式の収益生成過程には個別銘柄固有の非組織的リスクは登場しないことに注意したい.

(4.49) 式では時点 t における1期間の連続複利表示投資収益率の期待値(期待収益率)を $\dot{\mu}_{S,t} \equiv E_t[\tilde{r}_{S,t+1}]$ とおいているが,それがどのように決まるか,同式は何も述べていない.そこで以下では,2つの実質的リスクに対し

シャープ尺度を求め,両債券のリスク・リターン特性を比較している.これに対して本書の数値実験では,すべてを実質ベースに統一したうえで比較した.すなわち,長期名目債についてはまず実質無リスク利子率に対する超過収益率を求めて実質化し,分散で調整した期待超過収益率を標準偏差で除して後述する修正シャープ尺度を求め,リスク・リターン・プロファイルを比較,掲載してある.名目値に基づくシャープ尺度と実質値に基づくシャープ尺度の直接比較は意味をなさないと考えたためである.

4. 投資機会集合が変動するもとでの金融資産のリスクとリターン　299

て市場でどのように $\mu_{S,t}$ が定まるのか，プライシング・カーネルを用いて説明する．

まず，第2節でみた資産評価の基本方程式を株式投資収益率について表現すると，

$$\mathrm{E}_t[(1+\tilde{R}_{S,t+1})\tilde{M}_{t,t+1}] = 1 \tag{4.50}$$

である．ここで，$\tilde{M}_{t,t+1}$ に加え，グロスの投資収益率 $1+\tilde{R}_{S,t+1}$ もまた対数正規分布に従うと仮定すると，上式左辺は，

$$\begin{aligned}
&\mathrm{E}_t[(1+\tilde{R}_{S,t+1})\tilde{M}_{t+1}] \\
&= \exp\left\{\mathrm{E}_t[\ln\{(1+\tilde{R}_{S,t+1})\tilde{M}_{t,t+1}\}] + \frac{1}{2}\mathrm{Var}_t[\ln\{(1+\tilde{R}_{S,t+1})\tilde{M}_{t,t+1}\}]\right\} \\
&= \exp\left\{\mathrm{E}_t[\tilde{r}_{S,t+1}+\tilde{m}_{t,t+1}] + \frac{1}{2}\mathrm{Var}_t[\tilde{r}_{S,t+1}+\tilde{m}_{t,t+1}]\right\}
\end{aligned}$$

と計算できる．この結果を用いて，(4.50) 式の両辺の対数をとると，

$$\mathrm{E}_t[\tilde{r}_{S,t+1}+\tilde{m}_{t,t+1}] + \frac{1}{2}\mathrm{Var}_t[\tilde{r}_{S,t+1}+\tilde{m}_{t,t+1}] = 0 \tag{4.51}$$

となる．ここで，プライシング・カーネルは，(4.43) 式より，

$$\tilde{m}_{t,t+1} = -x_t - \tilde{v}_{m,t+1} = -x_t - \dot{\beta}_{m,x}\tilde{\varepsilon}_{x,t+1} - \tilde{\varepsilon}_{m,t+1} \qquad [(4.43)]$$

ゆえ，上式を (4.49) 式とともに (4.51) 式へ代入し，状態変数 x_t を (4.29) 式を用いて消去すると，

$$\mu_{S,t} \equiv \mathrm{E}_t[\tilde{r}_{S,t+1}] = r_{f,t} + \dot{\beta}_{m,x}\dot{\beta}_{S,x}\dot{\sigma}_x^2 + \dot{\beta}_{S,m}\dot{\sigma}_m^2 - \frac{1}{2}(\dot{\beta}_{S,x}^2\dot{\sigma}_x^2 + \dot{\beta}_{S,m}^2\dot{\sigma}_m^2) \tag{4.52}$$

を得る[25]．上式右辺の $r_{f,t}$ 以外の変数はどれも時刻 t に依存しないので，投

---

[25] 本書では裁定価格理論（APT）を明示的には扱わないが，(4.52) 式の右辺第4項である分散の1/2を調整したベースでのリスク・プレミアム部分は，第1章の脚注68で触れたように，APT における，2つのファクター・ベータとファクター・リスク・プレミアムの積和と解釈することができる．すなわち，第1のファクター $\tilde{\varepsilon}_{x,t+1}$，および，第2のファクター $\tilde{\varepsilon}_{m,t+1}$ に対するファクター・リスク・プレミアムは，それぞれ，$\lambda_x = \beta_{m,x}\dot{\sigma}_x^2, \lambda_m = \dot{\sigma}_m^2$ である．

資ホライズンにかかわらず，右辺の3項を合計した株式のリスク・プレミアムは永遠に一定というモデルになっていることがわかる．

この Campbell らの株価モデルは，一見すると，（米国市場における）重要な経験的事実である株式投資収益率の平均回帰性を捨象しているようにみえるが，そうではない．それは，実質無リスク利子率 $r_{f,t}$ は状態変数 x_t の変動と正の完全相関をしており，その状態変数の確率過程に平均回帰的な AR モデルを仮定しているためである．リスク・プレミアムは一定であるが，それを無リスク利子率に加えた株式の期待収益率は，当然，平均回帰的変動をすることになる．しかしながら，長期投資における株式投資収益率の平均回帰性は，リスク・プレミアム自体の長期的平均回帰性ゆえに生じると考えるのが合理的であり，また，リスク・プレミアムと無リスク利子率の平均回帰の強さは現実には異なっていると考えられるため，この定式化では全く不十分といわざるを得ない[26]．

4.5 インフレ下における各種金融資産の　　　リスク・リターン・プロファイル

さて，ここまでの分析により5つの金融資産の実質投資収益率を導出し終えた．それらをまとめておくと，リスク資産と分類される株式，長期名目債，長期インフレ連動債，および短期名目債の物価変動下における1期間投資収益率のベクトルは，

$$\tilde{\mathbf{r}}_{t+1} = [\tilde{r}_{S,t+1} \quad \tilde{r}_{n,t+1}^{\$,\text{Real}} \quad \tilde{r}_{n,t+1} \quad \tilde{r}_{f,t+1}^{\$,\text{Real}}]' \tag{4.53}$$

であり，確率ベクトルの各要素は，それぞれ，(4.49)，(4.48)，(4.34)，およ

---

[26] Campbell and Viceira の別稿（1999a）では，株式のリスク・プレミアムに平均回帰性を取り入れたモデルを提示しているが，その代償として，実質無リスク利子率は永遠に一定と固定されている．また，Campbell, Chan and Viceira（2003）では，VAR（Vector Autoregression）モデルを導入してこの難点を克服し，リスク・プレミアムと実質無リスク利子率の双方に平均回帰性をもたせたモデルを提示しているが，モデルが複雑化した結果，空売り制約等，現実の取引に応用しようとして追加的な制約を課すといったことが困難となり，実務的な操作性を著しく低下させる結果になっている．株価モデルの開発1つをとっても，Campbell らが相当の苦心を重ねたことがうかがい知れる．

び (4.46) 式で与えてある．また，多期間投資で無リスク資産の役割を与えるべき短期インフレ連動債の投資収益率は，(4.29) 式より，

$$r_{f,t} = x_t - \frac{1}{2}(\hat{\beta}_{m,x}^2 \hat{\sigma}_x^2 + \hat{\sigma}_m^2)$$ [(4.29)]

であり，その変動を引き起こす状態変数の確率過程は，(4.27) 式より，

$$\tilde{x}_{t+1} = (1-\hat{\phi}_x)\hat{\mu}_x + \hat{\phi}_x x_t + \tilde{\varepsilon}_{x,t+1}, \quad \tilde{\varepsilon}_{x,t+1} \sim N(0, \hat{\sigma}_x^2), \quad -1 < \hat{\phi}_x < 1$$

[(4.27)]

であった．

次節以降では，これら各資産の投資収益率の分布に関わる情報，すなわち，平均および共分散行列を使った最適消費・富比率と最適投資比率の決定を扱うが，その準備作業として，以下では，Campbell らがこれら資産のリスク・リターン・プロファイルをどのようなものになるとしているのかを視覚的に捉えておこう．

まず，5 種類の金融資産について，任意の時点 t において 1 期間投資する場合のリターンとリスクを，すべて実質ベースで，無リスク利子率に対する期待超過収益率と条件付き分散によって表現した結果をまとめた表 4-1 をみよう．表中の各資産別に，2 種の変数の水準を定めるパラメター値を現実のデータから推定できれば，それらを評価式へ代入することによってリスクとリターンの理論値を求めることができる．なお，これらはすべて連続複利表示である．

Campbell and Viceira（2002, p. 71）には，1952 年第 I 四半期から 1999 年第 II 四半期までの期間について，さまざまな情報ソースから収集したデータを駆使して推定した 16 個に及ぶパラメターの値が掲載されている．サンプルおよび推定方法の詳細は同書に譲り，もっとも長期で包括的な 1952 年～1999 年のサンプル・データを用いて推定したパラメター値を，表 4-2 として引用しておく．長期インフレ連動債，および，長期名目債の残存期間はいずれも $n=40$ だが，これは，使用されたデータセットの短期名目債の満期が 3 か月であるため，Campbell らは便宜的に 1 期間を 3 か月とみなし，残存期間 10 年の長期債を評価しようとしたことに由来する．

表 4-1 5つの資産の期待超過収益率と条件付き分散

資産	超過収益率／分散	評価式
短期名目債	期待超過収益率	$-\dot{\beta}_{m,x}\dot{\beta}_{\pi,x}\dot{\sigma}_x^2 - \dot{\beta}_{\pi,m}\dot{\sigma}_m^2$
	条件付き分散	$\dot{\beta}_{\pi,x}^2\dot{\sigma}_x^2 + \dot{\beta}_{\pi,m}^2\dot{\sigma}_m^2 + \dot{\beta}_{\pi,z}^2\dot{\sigma}_z^2 + \dot{\sigma}_\pi^2$
長期名目債	期待超過収益率	$-\dot{\beta}_{m,x}(\dot{B}_{1,n-1}^\$ + \dot{B}_{2,n-1}^\$\dot{\beta}_{z,x} + \dot{\beta}_{\pi,x})\dot{\sigma}_x^2$ $-(\dot{B}_{2,n-1}^\$\dot{\beta}_{z,m} + \dot{\beta}_{\pi,m})\dot{\sigma}_m^2$
	条件付き分散	$(\dot{B}_{1,n-1}^\$ + \dot{B}_{2,n-1}^\$\dot{\beta}_{z,x} + \dot{\beta}_{\pi,x})^2\dot{\sigma}_x^2$ $+(\dot{B}_{2,n-1}^\$\dot{\beta}_{z,m} + \dot{\beta}_{\pi,m})^2\dot{\sigma}_m^2 + (\dot{B}_{2,n-1}^\$ + \dot{\beta}_{\pi,z})^2\dot{\sigma}_z^2 + \dot{\sigma}_\pi^2$
長期インフレ連動債	期待超過収益率	$-\dot{B}_{n-1}\dot{\beta}_{m,x}\dot{\sigma}_x^2$
	条件付き分散	$\dot{B}_{n-1}^2\dot{\sigma}_x^2$
株式	期待超過収益率	$\dot{\beta}_{m,x}\dot{\beta}_{S,x}\dot{\sigma}_x^2 + \dot{\beta}_{S,m}\dot{\sigma}_m^2$
	条件付き分散	$\dot{\beta}_{S,x}^2\dot{\sigma}_x^2 + \dot{\beta}_{S,m}^2\dot{\sigma}_m^2$
短期インフレ連動債	期待超過収益率	$0(=r_{f,t}-r_{f,t})$
	条件付き分散	0
係数		

$$\dot{A}_n^\$ = \dot{A}_{n-1}^\$ + \dot{B}_{1,n-1}^\$(1-\dot{\phi}_x)\dot{\mu}_x + \dot{B}_{2,n-1}^\$(1-\dot{\phi}_z)\dot{\mu}_z$$
$$\quad -\frac{1}{2}(\dot{B}_{1,n-1}^\$ + \dot{\beta}_{m,x} + \dot{\beta}_{\pi,x} + \dot{B}_{2,n-1}^\$\dot{\beta}_{z,x})^2\dot{\sigma}_x^2 - \frac{1}{2}(\dot{B}_{2,n-1}^\$ + \dot{\beta}_{\pi,z})^2\dot{\sigma}_z^2$$
$$\quad -\frac{1}{2}(1+\dot{\beta}_{\pi,m} + \dot{B}_{2,n-1}^\$\dot{\beta}_{z,m})^2\dot{\sigma}_m^2 - \frac{1}{2}\dot{\sigma}_\pi^2$$

$$\dot{B}_{1,n}^\$ = 1 + \dot{B}_{1,n-1}^\$\dot{\phi}_x = \frac{1-\dot{\phi}_x^n}{1-\dot{\phi}_x}, \quad \dot{B}_{2,n}^\$ = \dot{B}_{2,n-1}^\$\dot{\phi}_z = \frac{1-\dot{\phi}_z^n}{1-\dot{\phi}_z}$$

$$\dot{A}_0^\$ = \dot{B}_{1,0}^\$ = \dot{B}_{2,0}^\$ = 0, \quad \dot{B}_{n-1} = \frac{1-\dot{\phi}_x^{n-1}}{1-\dot{\phi}_x}, \quad \dot{A}_0 = \dot{B}_0 = 0$$

　これらの値を利用して，表4-1にまとめた各種金融資産の期待超過収益率と条件付き分散を計算したうえで，連続複利表示投資収益率の期待値に分散の2分の1倍を加えてリターンを修正し，また，連続複利表示の投資収益率の標準偏差を求めてリスク・リターン・プロファイルとして示したのが表4-3である．また，それぞれを縦軸と横軸にとって図示したのが図4-1である．このとき，無リスク利子率としては，推定されたパラメーター値からCampbellらが求めた理論値である無条件平均値の連続複利表示年率1.70％

表4-2 期間構造のパラメータ推定値

状態変数に関する推定	$\hat{\mu}_x$	$\hat{\mu}_z$	$\hat{\phi}_x$	$\hat{\phi}_z$
推定値	0.23356	0.03664	0.8690	0.9992
相関構造に関する推定	$\hat{\beta}_{m,x}$	$\hat{\beta}_{z,x}$	$\hat{\beta}_{z,m}$	$\hat{\beta}_{\pi,x}$
推定値	−67.8663	0.0779	−0.0011	0.5163
	$\hat{\beta}_{\pi,m}$	$\hat{\beta}_{\pi,z}$	$\hat{\beta}_{S,x}$	$\hat{\beta}_{S,m}$
	−0.0084	1.4518	−3.6366	0.2873
各サプライズの標準偏差	$\hat{\sigma}_x$	$\hat{\sigma}_m$	$\hat{\sigma}_z$	$\hat{\sigma}_\pi$
推定値	0.0048	0.5698	0.0026	0.0140

注:収益率およびインフレ率に関するパラメーターは年率連続複利表示.また,四半期ベースの数値を年率換算してある.数値はいずれも小数表示.
出所:Campbell and Viceira (2002, p.71) の Table 3.1 のデータを参照し,原論文の四半期表示 (per quartale) を年率表示 (per annum) に筆者らが計算し直した.

表4-3 5つの資産のリスク・リターン・プロファイルとspm

	標準偏差リスク (%)	リターン (%)	spm
短期名目債	1.55	2.05	0.226
長期名目債	12.09	5.08	0.280
長期インフレ連動債	3.65	2.89	0.326
株式	16.46	11.60	0.601
短期インフレ連動債	0	1.70	0

注:1) インフレ控除後の実質ベース,連続複利表示,年率%.
2) spm は,多期間の連続時間ベースの評価に使用できるように修正を施した修正シャープ尺度である.

をそのまま用いた(図中の短期インフレ連動債のリターン).

ポートフォリオの連続複利表示ベースのシャープ尺度

　図4-1に関して若干補足しておく.詳細は略すが,べき型効用,および離散時間取引のもとで投資収益率が対数正規分布に従うことを仮定するモデルにおいては,リターンを分散の1/2で修正したうえで,連続複利表示ベースでリスク・リターンを定義すると,投資家は(修正された)平均・分散選好をもち,かつ無差別曲線は(標準偏差リスク,リターン)‐平面で増加凸関数となる.この平面上に任意のポートフォリオが打点されたとき,それより左上方に位置するポートフォリオの方が大きな期待効用をもたらすことにな

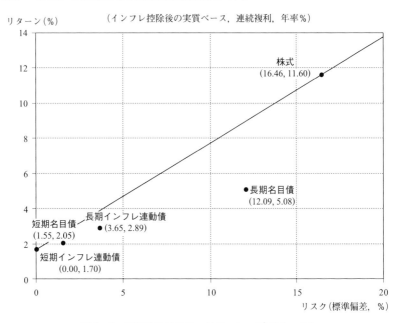

図4-1　5資産のリスク・リターン・プロファイル

る．そのため，左上方に位置するポートフォリオは右下方に位置するポートフォリオを平均・分散優越（Mean Variance Dominance）する，と表現することがある．

　リターンをこのように修正したうえで，図4-1のように，（標準偏差リスク，リターン）-平面上で実質無リスク利子率と各リスク資産を表わす座標を結んだ直線を考えると，この直線は，実質無リスク資産と当該リスク資産のさまざまな投資比率からなる2資産ポートフォリオのリスク・リターンのトレードオフを表わしている．直線の傾きが大きいほど，優れた2資産ポートフォリオであるとみなすことができる．これは，第1章の1期間モデルで紹介した，単利表示の投資収益率の期待値をリターンとし，また，その標準偏差をリスクとして用いたシャープ尺度（SPM）の連続時間バージョンへの修正である．そこで，以後，ポートフォリオ p についてのシャープ尺度を小文字を用いて，

$$\mathrm{spm}_p \equiv \frac{\hat{\mu}_p + \dfrac{\hat{\sigma}_p^2}{2} - r_f}{\hat{\sigma}_p} \tag{4.54a}$$

と定義し，修正シャープ尺度とよんで利用することにする[27]．上式は母数についての定義であるが，その推定量は標本平均 $\bar{r}_p$，標本分散 s_p^2 と標本標準偏差 s_p を使って，

$$\widehat{\mathrm{spm}}_p \equiv \frac{\bar{r}_p + \dfrac{s_p^2}{2} - r_f}{s_p} \tag{4.54b}$$

とする[28]．また，既に終了した計画運用期間について評価するという意味でダガー（†）を付して事後の実現値であることを強調し，

$$\mathrm{spm}_p^\dagger \equiv \frac{\bar{r}_p^\dagger + \dfrac{s_p^{2\dagger}}{2} - r_f}{s_p^\dagger} \tag{4.54c}$$

とする．これが事後の修正シャープ尺度（$\mathrm{spm}_p^\dagger$）の計測式である[29]．

図 4-1 および表 4-3 から，spm を使って投資の意思決定を行なう投資家にとっては株式が最も魅力的な投資対象であり，それに次ぐのが長期インフレ連動債であること，また名目債は，長期・短期にかかわらず，spm が大きくはない様子がみてとれる．具体的な投資比率の決定はこの下の第 6 節で扱うが，spm に関連することなので先取りしていえば，実は，spm による投資の意思決定は主に異なる状態間のリスクを反映したものであって，（対数型を

---

27) 第 i 資産についての spm は，適宜，下付き添え字 p を i に置き換えるものとする．
28) 以下では，連続複利表示の投資収益率の母数 σ_p^2 の推定量であることを強調するため，通常は S_p^2 と表記される標本分散はパラメータではないものの，例外的に小文字を用いて s_p^2 と表示する．標本標準偏差についても同様とする．なお，実務においては，母分散 σ_p^2 の推定に標本分散 s_p^2 ではなく自由度を調整した不偏分散を用い，母標準偏差の推定には不偏分散の平方根を用いることが多い．しかし，不偏分散の平方根は，不偏推定量ではないので，その場合の spm 推定量は不偏にはならず，敢えて不偏分散およびその平方根を用いるメリットは存在しない．標本数がある程度確保できれば，標本分散，およびその平方根である標本標準偏差を用いても，推定量のバイアスは無視可能なので，本書では自由度調整をしない標本分散，および標本標準偏差の利用を推奨する．
29) 添え字ダガー（†），および，推定値や母数という用語を本書を通じてどのように使用しているかについては第 1 章 5 節のコラムを参照のこと．

特殊ケースとして含む）べき型効用をもつ投資家の意思決定を表現したものでしかないということができる．

> ### コラム 5　多期間投資のパフォーマンスをシャープ尺度で測ることは妥当か？
>
> 　Campbell and Viceira（2002）の多期間モデルでは離散時間取引が前提されている．投資家の効用関数は Epstein=Zin 効用という非期待効用関数で表わされ，また，消費および名目債，インフレ連動債，株式の単利表示の投資収益率のいずれもが対数正規分布に従うと仮定されている．第1章7節の1期間モデルについての検討でみたように，投資家が平均・分散選好をもつときには，単利表示の期待収益率と標準偏差で定義されるシャープ尺度（SPM）は，平均・分散優越するポートフォリオほど大きい値を与えるという意味で，期待効用最大化と整合的なパフォーマンス評価尺度である．
>
> 　ところで，平均・分散選好が成立するためのよく知られた十分条件は，投資家が2次効用をもつことと投資収益率が正規分布に従うことであった．本章の分析で多期間モデルの例として使用している Campbell and Viceira（2002）のモデルは，これらのいずれをも満たしていないだけでなく，そもそも，彼らが想定する投資家は期待効用の最大化を図ってはいない．したがって，本章の設定のもとでは，SPM によって多期間投資のパフォーマンス評価を行なう合理的根拠は保証されていない．
>
> 　第6章で Merton（1973）の連続時間 CAPM を取り上げるが，これは，金融資産価格が幾何ブラウン運動に従うという仮定の下で，投資家が連続時間上のすべての時点において期待効用を最大化するために，瞬時に消費と投資の意思決定を実行し，それを繰り返すとするモデルである．投資家が各瞬間に金融資産を売買できるという仮定は非現実的ではあるが，仮にそのような前提をおくならば，幾何ブラウン運動のもとでの一瞬の売買の結果として計測される投資収益率は極限において正規分布となる．このとき，平均・分散分析が期待効用最大化をもたらすための十分条件の1つが満たされることになり，本書では扱わないものの，任意の期待効用関数のもとで，投資成果をシャープ尺度によって評価することの合理性が保証される．ただし，この場合のシャープ尺度は，瞬間的な投資収益率に関する（標準偏差，期待収益

率)-平面で定義される尺度である.

　要するに,シャープ尺度が合理的な評価尺度として利用できるか否かは,取引のインターバル(離散時間か,連続時間か),効用関数,投資収益率の従う分布として何を前提するかにより分かれるということである.

　現実の取引は離散時間でのみ可能である.この離散時間取引のもとでの投資収益率は,金融資産価格が幾何ブラウン運動に従うとき対数正規分布になる.この確率分布は,先述した平均・分散選好が成立するための十分条件を満たしておらず,そのため,期待効用最大化という分析枠組みの中でSPMを利用する合理的な根拠は,投資家が2次の効用関数をもたない限りは確保されないように思える.

　詳細は略すが,(対数型効用を特殊ケースとして含む)べき型効用関数と対数正規分布収益の組み合わせのもとでは,リターンとして,修正された平均,すなわち連続複利表示投資収益率の期待値にその分散の1/2を加えて修正した値(これは,数学的には単利表示投資収益率の期待値の対数値に一致する)をとり,リスクとしては連続複利表示投資収益率の分散を用いると,修正された平均・分散選好がいわば例外的に成立する.したがって,本文で(4.54)式を使って説明したように,正規分布に従う連続複利表示収益率の標準偏差を横軸に,縦軸には連続複利表示投資収益率の期待値にその分散の1/2を加えて修正した値をとった平面において,実質無リスク資産を表わす縦軸座標と,評価対象のリスク資産あるいはポートフォリオを表わす座標を直線で結び,その傾きを「修正シャープ尺度」(小文字でspm)と定義するならば,べき型効用関数をもつ投資家にとって,より大きな期待効用はより大きなspmに対応する.同平面において投資家の無差別曲線は増加凸関数になるからである.したがって,spmという評価尺度は,(修正された)平均・分散選好と整合的になる.

　ひるがえって,Campbell and Viceira (2002) のモデルをみると,これは期待効用関数の範疇には含まれないEpstein=Zin効用を仮定しているので,投資成果をSPMによって評価する効用関数上の根拠はそもそも存在しない.そうではあっても,資産価格はすべて対数正規分布に従うと仮定されているので,(Epstein=Zin効用の特殊ケースである)べき型期待効用関数,および対数型期待効用関数のもとであれば,上述した「例外的な」事情から,(リスク,リターン)-平面においてspmによって投資成果を評価することが合理的となる.

詳しくは本章6節で扱うが，Campbell and Viceira (2002) の再現ならびに補強・拡張と位置づけて本書が実施した数値実験においては，以上の理由にもとづき，修正シャープ尺度（spm）の利用をそのまま引き継ぐこととした．

5. 対数線形化パラメターと最適消費・富比率の決定

前節では，最適投資比率を求めるために，投資可能な金融資産の投資収益率ベクトルと無リスク利子率を求めた．しかし，ヘッジ需要の計算に必要なベクトル $\sigma_{h,t}$ を求めるには，さらに，対数線形化パラメター ρ の値を定めなければならず，そのためには投資家のもう1つの意思決定事項である最適消費・富比率を決める必要がある．Campbell and Viceira (1999b) は，2資産にのみ投資可能なケースでの最適消費・富比率の決定方法を明らかにしているが，本書ではそれを任意の多資産に投資可能な場合に拡張する．その詳細については APPENDIX CH-4A で扱うこととし，以下では，その結論のみを述べておこう．

まず，$\psi \neq 1$ のときには，最適ポートフォリオの投資収益率 $\tilde{r}^*_{p,t+1}$ と最適消費・富比率の対数値 $c^*_t - w_t$，および対数線形化パラメター ρ は，次の最適消費・富比率に関する差分方程式，

$$c^*_t - w_t = \rho \mathrm{E}_t[\tilde{c}^*_{t+1} - \tilde{w}_{t+1}] + \rho(1-\psi)x_t + \rho\{(1-\psi)q_{0,t} - \psi \ln \delta - \xi_{p,t} + k\} \tag{4.55a}$$

ただし，

$$q_{0,t} \equiv \mathrm{E}_t[\tilde{r}^*_{p,t+1}] - x_t \tag{4.55b}$$

$$\xi_{p,t} \equiv -\frac{1-\gamma}{2(1-\psi)} \mathrm{Var}_t[\tilde{c}^*_{t+1} - \tilde{w}_{t+1} + (1-\psi)\tilde{r}^*_{p,t+1}] \tag{4.55c}$$

を満たすように同時決定される．なお，上式中，対数線形化にともなうパラメターである ρ は (4.4) 式で定義し，また，k は (4.5) 式で定義した．$\mathrm{E}_t[\tilde{r}^*_{p,t+1}]$ は，連続複利表示のポートフォリオ収益率の期待値であるが，これ

5. 対数線形化パラメーターと最適消費・富比率の決定

は，どのような金融資産を用いてポートフォリオを組むか，利用可能な金融資産のメニューに依存して決まる[30]．

x_t は実質的なショックをもたらす状態変数の確率過程 $\{\tilde{x}_t\}$ の時点 t における実現値であり，その確率過程は，

$$\tilde{x}_{t+1} = (1-\dot{\phi}_x)\mu_x + \dot{\phi}_x x_t + \tilde{\varepsilon}_{x,t+1}, \quad \tilde{\varepsilon}_{x,t+1} \sim N(0, \dot{\sigma}_x^2), \quad -1 < \dot{\phi}_x < 1$$

[(4.27)]

と仮定している．また，差分方程式における対数線形化パラメーター ρ は次の非線形方程式，

$$\rho = 1 - \exp\{b_0(\rho) + b_1(\rho)\mu_x\} \tag{4.56a}$$

ただし，

$$b_0(\rho) = \frac{\rho}{1-\rho}\left[\frac{\rho(1-\psi)}{1-\rho\dot{\phi}_x}(1-\dot{\phi}_x)\mu_x + (1-\psi)q_{0,t}(\rho) - \psi\ln\delta + k(\rho)\right.$$
$$\left. + \frac{(1-\gamma)(1-\psi)}{2}\left\{\frac{\rho^2}{(1-\rho\dot{\phi}_x)^2}\dot{\sigma}_x^2 + \frac{2\rho}{1-\rho\dot{\phi}_x}\dot{\sigma}_{x,p,t}(\rho) + \dot{\sigma}_{p,t}^2(\rho)\right\}\right]$$

(4.56b)

$$b_1(\rho) = (1-\psi)\frac{\rho}{1-\rho\dot{\phi}_x} \tag{4.56c}$$

$$\dot{\sigma}_{x,p,t} \equiv \text{Cov}_t[\tilde{\varepsilon}_{x,t+1}, \tilde{r}_{p,t+1}^*], \quad \dot{\sigma}_{p,t}^2 \equiv \text{Var}_t[\tilde{r}_{p,t+1}^*]$$

の解であり，それは $0<\rho<1$ の範囲で1つ存在する．各式の変数に (ρ) を付してあるのは，ρ の値に依存する変数であることを明示するためである．

数値解析によって求めた解に $(*)$ を付して $\rho=\rho^*$ と表わし，ρ^* を (4.56b), (4.56c) 式へ代入した値を $b_0(\rho^*), b_1(\rho^*)$ と表わせば，最適消費・富比率は，

---

[30] (4.55a)〜(4.55c), および (4.4), (4.5) の5つの式は，Campbell and Viceira (1999b) の2資産モデルにおける結果（同論文の (A9) 式）を，多資産に投資可能な場合へと拡張したものである．彼らの k の定義式に誤りがあることは既に脚注4で指摘したが，加えて，彼らの (A9) 式は符号の誤りを含んでいる．本章ではこれらの誤りを修正して議論し，また次節の数値実験を行なっている．

$$\frac{C_t^*}{W_t} = e^{b_0(\rho^*) + b_1(\rho^*) x_t} \tag{4.57}$$

で与えられる．また，ρ^* を使って (4.17c) 式により求めた $\check{\sigma}_{h,t}$ を，無リスク資産が利用可能でない場合には (4.19) へ，無リスク資産が利用可能な場合には (4.20a) 式へ代入すれば，最適ポートフォリオの投資比率を求めることができる．以上の証明を APPENDIX CH-4A として与えた．

本節の最後に，上の結果の特殊ケースとして，$\psi=1$ のケースをみる．そのとき，対数線形化パラメーター ρ は主観的割引因子 δ に等しくなり，その結果，消費と投資の意思決定は分離される．この性質は，後章の分析において重要な意味をもつのでここで明らかにしておくことにしよう．

まず，(4.56b) 式および (4.56c) 式へ $\psi=1$ を代入すると，

$$b_0(\rho) = \frac{\rho}{1-\rho}\{-\ln\delta + k(\rho)\} = \frac{\rho}{1-\rho}\left\{-\ln\delta + \ln\rho + \frac{1-\rho}{\rho}\ln(1-\rho)\right\}$$

$$b_1(\rho) = 0, \quad \text{ただし，} \quad k(\rho) \equiv \ln\rho + \frac{1-\rho}{\rho}\ln(1-\rho)$$

となる．最適消費・富比率が状態変数の 1 次式であるという仮定のもとで ρ を定義した (4.56a) 式へこれらを代入・整理すると，まず，$\rho=\delta$ を導くことができる．このとき，最適消費・富比率を (4.57) 式によって求めると，簡単な計算の結果，

$$\frac{C_t^*}{W_t} = 1-\delta \tag{4.58}$$

となり，最適消費・富比率は主観的割引因子のみに依存する定数になる．このように，$\psi=1$ のときには，消費の意思決定は相対的リスク回避度 γ とは独立に行なわれ，消費と投資の意思決定問題は著しく容易なものに変わる．消費の意思決定が相対的リスク回避度から独立に行なわれるという結果は，1 期間モデルはもちろん，多期間の期待効用モデルにはみられなかった特徴である．

6. インフレ連動債の導入と最適消費・最適投資の決定: 数値実験

　第4節では，インフレ下におけるリスク資産の実質投資収益率のベクトル $\tilde{\mathbf{r}}_{t+1}$ を (4.53) 式で，無リスク利子率を与える短期インフレ連動債の投資収益率を (4.29) 式で，そして，無リスク利子率の変動を引き起こす状態変数の確率過程を (4.27) 式で特定した．また前節では，最適消費の意思決定とともに，対数線形化パラメーター ρ の計算方法を明らかにした．したがって，いまや，投資に利用可能な資産のメニューを定めれば，最適投資比率を具体的に求めることができる[31]．

6.1　数値実験の3つのケース

　実質無リスク資産が存在しないケースでの最適投資比率の決定式を再掲すると，

$$\boldsymbol{\omega}_t^* = \frac{1}{\gamma}\dot{\boldsymbol{\Omega}}_t^{-1}\left(\mathrm{E}_t[\tilde{\mathbf{r}}_{t+1}-\tilde{r}_{0,t+1}\mathbf{1}]+\frac{1}{2}\dot{\boldsymbol{\sigma}}_t^2\right)+\left(1-\frac{1}{\gamma}\right)\dot{\boldsymbol{\Omega}}_t^{-1}(\dot{\boldsymbol{\sigma}}_{h,t}-\dot{\boldsymbol{\sigma}}_{0,t}) \quad [(4.19)]$$

ただし，$\dot{\boldsymbol{\Omega}}_t \equiv \mathrm{Cov}_t[\tilde{\mathbf{r}}_{t+1}-\tilde{r}_{0,t+1}\mathbf{1}, \tilde{\mathbf{r}}_{t+1}-\tilde{r}_{0,t+1}\mathbf{1}] \quad [(4.18b)]$

$$\dot{\boldsymbol{\sigma}}_{h,t} \equiv \mathrm{Cov}_t\left[-(\mathrm{E}_{t+1}-\mathrm{E}_t)\left[\sum_{k=1}^{\infty}\rho^k\tilde{r}_{f,t+k}\right], \tilde{\mathbf{r}}_{t+1}-\tilde{r}_{0,t+1}\mathbf{1}\right] \quad [(4.17c)]$$

$$\dot{\boldsymbol{\sigma}}_{0,t} \equiv \mathrm{Cov}_t[\tilde{\mathbf{r}}_{t+1}-\tilde{r}_{0,t+1}\mathbf{1}, \tilde{r}_{0,t+1}] \quad [(4.17d)]$$

---

[31]　Campbellらの実証は，2種のリスクを分離して扱う目的でEpstein=Zin効用を使ったはずであるのに，肝心の異なる時点間のリスク許容度であるEISを $\psi=1$ とおいて投資比率を計算し，その結果のみを示している．前節末で述べたように，$\psi=1$ のとき，長期の消費と投資の分析は確かに単純化できる．しかし，EISの値を1に固定したままでは，ψ と γ（異なる時点間のリスク許容度と異なる状態間のリスク回避度）の様々な組合わせのもとにおける具体的な消費やポートフォリオのあり方や特徴は分析できない．本書のために私たちが行なった数値実験は，この難点を若干なりとも補う試みである．

である.実質無リスク資産が存在するときには,それをベンチマーク資産とすれば,確率変数 $\tilde{r}_{0,t+1}$ が確定値 $r_{f,t}$ に変わるので(4.17d)式は不要となり,また,(4.19)式は(4.20a)式へ,(4.17c)式は(4.20b)式へと簡略化される(本章3節を参照).

いま,数値実験を行なうに当たり,わが国の現実の金融市場に向けた提言という意義を含みとしてもたせる意図から,長期投資の対象として利用できる金融資産の組み合わせによって以下の3つのケースを想定してみよう[32].このケース分け,および,それぞれのケースについての数値実験と分析は本書独自のものであって,Campbell and Viceira(2002)は行なっていない.

ケース1:名目債(短期・長期)と株式にのみ投資可能とみなす

わが国の個人投資家は,総体としてみれば,自国の金融市場においてインフレを完全にヘッジすることのできるような金融資産への投資機会を十分には与えられていない.「無リスク資産」といっても,貨幣単位で表示した満期のペイオフが確定値というだけであり,インフレの可能性が存在する以上,その投資収益によって将来にわたり確定した消費を行なうことは不可能である[33].この現実を踏まえて,まず,投資可能な金融資産として,①株式,②長期名目債,および,③短期名目債が利用できるケースを想定する.

このケースでは,仮に投資期間が比較的短期であっても,インフレの影響を考慮すれば,実質的に無リスクであるような金融資産は厳密には存在しない.したがって,最適投資比率は(4.19)式によって求めることになる.そのために,ベンチマーク資産(第0資産)として,3つのリスク資産の中から短期名目債を選択することにする[34].

---

32) ここでは,投資家の投資ホライズンは無限と設定している.これは,有限期間においてプライシング・カーネルを求めることが解析的に困難であったことに起因する.したがって以下は,無限に生きる投資家がある時点 t において需要する最適ポートフォリオを求めているという設定となっている点に注意されたい.

33) 人々が折に触れて感じ,また,口にすることの多い「将来不安」は,突然の出費や年金制度破綻への怖れに加えて,このインフレの可能性があることと無縁ではないと私たちは実感している.第2章のコラム2を参照.

34) このとき,短期名目債の投資収益率は,インフレ率 $\tilde{\pi}_{t+1}$ を控除した実質ベースの投

ケース2：長期インフレ連動債を導入し，その効果をみる

第2のケースは，第1のケースの3資産に加え，個人投資家にとって長期インフレ連動債もまた購入可能というケースである．この状況は，少なくとも形式的には，わが国ではすでに実現している．このような新たな投資機会が多くの個人投資家の選択するところとなった場合に備え，最適ポートフォリオがケース1との比較でどのように変化するのかを検討しておくことは意義深いと思われる．投資可能な資産は，①株式，②長期名目債，③長期インフレ連動債，および，④短期名目債の4種類となるが，前ケース同様に，ベンチマーク資産として短期名目債を採用し，最適投資比率は(4.19)式によって求める．

ケース3：長期および短期インフレ連動債をともに導入し，その効果をみる

最後に，長期のみならず，短期のインフレ連動債もまた導入され（あるいは，長期の既発債が時間の経過によって短期化して），5資産，すなわち，①株式，②長期名目債，③長期インフレ連動債，④短期名目債，および，⑤短期インフレ連動債に投資可能なケースを考える．短期インフレ連動債の投資収益率は実質無リスク金利 $r_{f,t}$ であるため，(4.20a)式を最適投資比率の計算に使うことができる．なお，先にコラム4で述べたように，個人投資家にとって長期インフレ連動債（10年物物価連動国債）への投資は2015年1月より可能となっているため，本書発刊年から数年を経れば10年債の残存期間は2，3年へと縮まり，同債券の流通市場の存在を前提するならば，このケース3は遠からぬ将来に到来する事態といえる．

6.2　最適消費・富比率の計算

第3章では，多期間において，一般的には最適投資比率の決定と最適消費・富比率の決定が同時に行なわれること，しかし，対数型効用，あるいは投資機会集合が一定の場合のべき型効用では両者は独立に決定されることを

資収益率で考えなければならないので，(4.46)式で与えたように上付きの添え字 \$, Real を付して，$\bar{r}_{0,t+1} = \bar{r}_{f,t}^{\$,Real} = r_{f,t}^{\$} - \bar{\pi}_{t+1}$ となる点に注意のこと．

明らかにした Samuelson（1969）および Merton（1969）の期待効用関数を前提した分析を紹介した．

それでは，期待効用関数では分離することが不可能な異なる時点間と異なる状態間の消費変動に対するリスク回避を，Epstein=Zin 効用のもとで独立に扱うとき，2 つの意思決定はどのようになされるだろうか．以下では，最適な消費・富の決定について，3 つのケースの中でもっとも投資対象が多いケース 3 を想定して考察しよう．その際には，最適ポートフォリオ決定の前提になる投資家のリスク選好として，相対的リスク回避度 γ と異時点間代替弾力性 ψ の様々な組み合わせを試みる．ありうべき 5 つの投資対象資産のすべてを想定したこの種の分析は，本来，Campbell らが行なうべきであったかと思うが，実際には彼らは分析結果を公表していないため，以下，本書が独自に実施した結果を示す．

ケース 3 では 5 つの資産に投資可能とした．このとき，投資機会集合の変動を代表する無リスク利子率 $r_{f,t}$ については，時点 t に 0.2%，1.7%，3.2% の 3 通りの値が実現したと想定し，それぞれの値のもとで非線形方程式 (4.56a) を解いて対数線形化パラメター $\rho=\rho^*$ を求める．次に，それを (4.57) 式へ代入して最適消費・富比率を求める．(4.57) 式は，直接には観測不能な状態変数の実現値 x_t を含んでいるが，本書の分析では x_t に代えて，その無条件期待値である μ_x の Campbell らによる推定値をそのまま使用した．他の各パラメターの推定値は表 4-2 に示した通りである．また，δ は Campbell らと同様に 0.9 と設定した．

$r_{f,t}=1.7\%$ という水準についてコメントしておくと，これは Campbell and Viceira（2002）が米国の 1952 年から 1999 年までのサンプル期間について推定した，各時系列モデルのパラメターの推定値から計算した理論値であって，全期間を通じた無リスク利子率の無条件平均の推定値になっている．本書では，Campbell らの分析を補足する意図から，その水準をはさむようにプラス，マイナス 1.5% ポイントを加えた水準をあらかじめ設定して比較静学を行なった．(4.57) 式を使って求めた最適な消費・富比率を表 4-4 としてまとめ，示す．

同表からただちにわかることは，消費の意思決定は，ψ と γ の両パラメタ

6. インフレ連動債の導入と最適消費・最適投資の決定 315

表4-4 無リスク利子率の変化と最適消費・富比率

(％表示)

γ	$r_{f,t}$	ψ 0.2	0.5	0.7	0.9	1.0	1.1	1.2
0.75	0.20％	39.46	29.77	22.46	14.37	10.00	5.39	0.51
	1.70	40.05	30.17	22.69	14.44	10.00	5.35	0.49
	3.20	40.66	30.57	22.94	14.51	10.00	5.31	0.48
0.8	0.20	36.53	27.67	21.08	13.87	10.00	5.94	1.65
	1.70	37.14	28.07	21.32	13.94	10.00	5.89	1.62
	3.20	37.76	28.48	21.56	14.01	10.00	5.85	1.59
0.9	0.20	31.71	24.29	18.89	13.08	10.00	6.79	3.42
	1.70	32.34	24.69	19.13	13.15	10.00	6.74	3.36
	3.20	32.98	25.10	19.36	13.22	10.00	6.69	3.30
1	0.20	27.94	21.71	17.25	12.50	10.00	7.41	4.71
	1.70	28.57	22.11	17.48	12.57	10.00	7.36	4.64
	3.20	29.23	22.51	17.71	12.63	10.00	7.31	4.56
2	0.20	13.06	11.95	11.19	10.40	10.00	9.59	9.17
	1.70	13.61	12.38	11.38	10.47	10.00	9.53	9.05
	3.20	14.18	12.63	11.58	10.53	10.00	9.47	8.94
2.89964	0.20	10.00	10.00	10.00	10.00	10.00	10.00	10.00
	1.70	10.00	10.00	10.00	10.00	10.00	10.00	10.00
	3.20	10.00	10.00	10.00	10.00	10.00	10.00	10.00
5	0.20	6.71	7.91	8.73	9.57	10.00	10.43	10.86
	1.70	7.11	8.18	8.91	9.63	10.00	10.37	10.73
	3.20	7.53	8.47	9.08	9.70	10.00	10.30	10.60
7.5	0.20	5.63	7.22	8.32	9.43	10.00	10.57	11.14
	1.70	5.99	7.48	8.49	9.50	10.00	10.51	11.01
	3.20	6.37	7.75	8.66	9.56	10.00	10.44	10.88
10	0.20	5.14	6.91	8.13	9.37	10.00	10.63	11.27
	1.70	5.48	7.16	8.29	9.43	10.00	10.57	11.14
	3.20	5.83	7.42	8.47	9.49	10.00	10.51	11.01
20	0.20	4.46	6.48	7.87	9.28	10.00	10.72	11.44
	1.70	4.77	6.72	8.03	9.34	10.00	10.66	11.31
	3.20	5.09	6.97	8.20	9.40	10.00	10.59	11.18
100	0.20	3.97	6.16	7.68	9.22	10.00	10.78	11.57
	1.70	4.25	6.40	7.84	9.28	10.00	10.72	11.44
	3.20	4.55	6.64	8.00	9.34	10.00	10.65	11.30
1000	0.20	3.87	6.09	7.64	9.21	10.00	10.80	11.60
	1.70	4.14	6.33	7.80	9.27	10.00	10.73	11.46
	3.20	4.44	6.57	7.96	9.33	10.00	10.67	11.33

注：本表の推定値は，投資可能な資産として，株式，長・短名目債，および長・短インフレ連動債の5資産としたケースに基づくものである．実質無リスク利子率（$r_{f,t}$）は連続複利年率％表示．本表作成に用いたパラメーター値として，表4-2に示したもの以外に，$\delta=0.9$ がある．

一に高感度で依存するという点である．まず相対的リスク回避度 γ についてみると，γ の値が小さいとき ($\gamma \leqq 2$)，各行を左から右へとみていくと，消費・富比率は異時点間代替弾力性 ϕ の減少関数になっていることがわかる．反対に，γ の値が大きいとき ($\gamma \geqq 5$)，消費・富比率は ϕ の増加関数になっている．$\gamma = 2.89964$ のときには，ϕ の値にかかわらず，3つの無リスク利子率水準のすべてにおいて消費・富比率は10%であり，ϕ の値に依存しないことがわかる．

この $\gamma = 2.89964$ という値は，消費・富比率が $1 - \delta = 0.1$ の水準に等しくなる水準を数値解析によって求めたものであるが，著者らの知る限り，最適消費・富比率を一定にする相対的リスク回避度 γ が存在することは既存の研究では報告されていない．任意の異時点間代替弾力性 ϕ の水準において，最適消費・富比率 C_t^*/W_t を確定値 $1-\delta$ に等しくするような相対的リスク回避度が存在する理由とその十分条件を APPENDIX CH-4B に示した．

次に，異時点間代替弾力性 ϕ についてみると，ϕ が1よりも小さい列を上から下にみていくと，消費・富比率が相対的リスク回避度 γ の減少関数になっていることがわかる．反対に，ϕ が1よりも大きい列では消費・富比率は γ の増加関数である．$\phi = 1$ の列では，(4.58) 式によって明らかにしたように，消費・富比率は相対的リスク回避度から独立になり，$C_t/W_t = 1-\delta = 0.1$ という定数になっている．この結果は，Giovannini and Weil (1989) が明らかにした論点を数値的に確認するものである．また，以上の数値実験の結果は，Campbell and Viceira (1999a) が株式と短期インフレ連動債の2資産モデルで報告した最適消費・富比率の特徴と同様の定性的傾向を示している．

表4-4には，各 γ ごとに，3通りの無リスク利子率水準のもとでの消費・富比率を記載したが，ϕ が1よりも大きい場合と小さい場合とで，消費・富比率の変化の方向が反対になっている．すなわち，ϕ が1より大きいときには，先ほど指摘した $\gamma = 2.89964$ 以外のすべての相対的リスク回避度において，無リスク利子率が高いほど，消費・富比率は小さくなっている（減少関数）．反対に，ϕ が1より小さいときには消費・富比率は無リスク利子率の増加関数になっており，$\phi = 1$ の場合には消費・富比率は無リスク利子率から独立である．$\phi = 1$ という値は，消費・富比率とリスク回避度との関数関係を減

少・増加と分けるのみならず，無リスク利子率に対する減少・増加の関係をも分けるということである．

この数学的な理由を考察すると，最適消費・富比率は，(4.57) および (4.56c) 式で求めたように，状態変数の実現値 x_t に対して，

$$\frac{C_t^*}{W_t^*} = e^{b_0 + b_1 x_t} \qquad [(4.57)]$$

$$b_1 = (1-\psi)\frac{\rho}{1-\rho\dot{\phi}_x} \qquad [(4.56c)]$$

で与えられるのであるが，無リスク利子率が状態変数に完全相関しているため，

$$\frac{\partial}{\partial r_{f,t}}\left(\frac{C_t^*}{W_t^*}\right) = \frac{\partial}{\partial x_t}\left(\frac{C_t^*}{W_t^*}\right) = e^{b_0+b_1 x_t}(1-\psi)\frac{\rho}{1-\rho\dot{\phi}_x} \genfrac{}{}{0pt}{}{\geq}{<} 0 \Leftrightarrow \psi \genfrac{}{}{0pt}{}{\leq}{>} 1 \qquad (4.59)$$

が成立するからである[35]．

この状況を経済的に解釈するために，まず，本モデルにおいて無リスク利子率の上昇は投資機会集合の改善を意味することを思い起こしてみよう．$\psi>1$ の投資家は，異なる時点間の消費変動リスクに対する許容度が高く，投資機会が改善したときに現在消費から将来消費へ消費を代替する（将来消費を大きめにする）ことに対して抵抗が小さい．第2章で解説した通り，一般に，実質無リスク利子率が増加すると予算制約が緩くなるため，将来消費のみならず，現在消費をも増加させるインセンティブ，すなわち所得効果が働く．その一方で，将来消費が現在消費に比べて割安になるため，割高な現在消費を減らして将来消費へと向かう代替効果も存在する．$\psi>1$ の投資家の場合，代替効果の方が所得効果よりも大きいために，無リスク利子率の上昇に応じて最適消費・富比率は低下するのである．

反対に，$\psi<1$ の投資家は，所得効果の方が代替効果よりも大きく，無リスク利子率の上昇は現在消費を増やす結果，最適消費・富比率を高める．所得効果と代替効果の大きさが同じで，両効果がちょうど相殺される水準が $\psi=1$ であり，そのため，相対的リスク回避度 γ の水準にかかわらず，最適消

---

[35] (4.59) 式で，$\dot{\phi}_x$（状態変数に 1 次の自己相関を与えるパラメター）は定数であり，表4-2 から $\dot{\phi}_x=0.8690$ である．

費・富比率は無リスク利子率の変化から独立になる[36]．この表 4-4 に示した分析結果から，はからずも，異なる状態間のリスクと異なる時点間のリスクとが見事に分断されて捉えられていることが確認できる[37]．

> **コラム 6　消費・富比率決定の実質的意味：表 4-4 の読み方**
>
> 　ここで，$\gamma=1$ かつ $\psi=1$ であるような投資家（消費者）の消費・富比率が 10% であることの実質的意味を考えてみる．時点 t において投資機会が与えられたもとで，1 期間が 1 年，彼の富 W_t が仮に 1 億円とすると，この対数型効用を有する投資家は，実質無リスク利子率の水準にかかわらず，富の 10% に相当する 1000 万円を時点 t から 1 年の間（第 t 期）に消費する．この消費金額は，表 4-4 から読み取った最適消費・富比率を使って計算できる．このとき，人的資産すなわち労働所得はゼロ円と仮定しているので，残る富（貯蓄）は 9000 万円である．これが彼の投資資金であり，最適な投資決定を行なって，次期には 9000 万円 $\times (1+\tilde{R}^*_{p,t+1})$ だけの富 $\widetilde{W}^*_{t+1}$ となるべき元手である．彼の消費決定は金利水準にも，リスク資産のリスク・リターン・プロファイルにも左右されない．
>
> 　これに対して，$\gamma=1$ かつ $\psi=0.2$ であるようなリスク選好を有する，Across Periods のリスク許容度が相対的に小さい投資家の場合はどうか．表 4-4 をみると，この投資家は 1 億円の富から 2800 万円程度を消費する．「程度」と記したのは，実質無リスク利子率の水準が消費決定を若干ながら左右するためである．しかし，それは 100 万円内外に過ぎず（$\psi<1$ ゆえ，所得効果が代替効果に勝るため，金利が高ければ，より消費する），残るおよそ 7200

---

36) 第 2 章 4 節では，べき型の期待効用関数を用いて所得効果と代替効果について解説したため，両効果の大小関係を相対的リスク回避度 γ が 1 より大きいか小さいかによって論じた．ここでは Epstein=Zin 効用を用い，相対的リスク回避度から切り離された異時点間代替弾力性 ψ が 1 よりも大きいか小さいかにより，両効果について解釈した．

37) 内外のマクロデータに基づく実証研究において，ψ すなわち EIS の水準が 1 よりも有意に大きいのか，あるいは小さいのかについて，コンセンサスは未だ存在しないようである．代表的な実証分析をあげておくと，$\psi>1$ とするものには，米国を対象とした Vissing-Jørgensen and Attanasio (2003)，および，わが国を対象とした Fuse (2004) がある．本書が多期間投資モデルの例として説明に使用したモデルの構築において中心的存在であった Campbell は，Campbell and Viceira (2002) では $\psi=1$ のケースについて報告しているものの，2003 年に出版したハンドブックの中では，米国，日本いずれにおいても $\psi<1$ であるという推定結果を報告している．

万円が貯蓄＝投資に回されることになる．

　逆に，$\gamma=1$ かつ $\psi=1.2$ の投資家（異なる時点間の消費変動に対する許容度が高い投資家）は，1億円の富から460万円程度を消費し，残りは投資に回す．読者は，一見，妙なことだなと思われると思うが，異なる時点間における消費変動リスクの許容度が高いということは，現在（第 t 期）の消費は控え，将来（第 $t+1$ 期）に多く使うといった消費のブレが起きても，これを「許容」するということをも意味する．この投資家の EIS は 1.2 で，1 よりも大きいことから，金利が上昇しようものなら，いよいよ現在の消費を抑える，ということである．

　まだ投資決定についてはみていないものの，三者三様，どういう結果になるかはある程度想像できるように思えるのではないか．しかし，後にみるように，私たちの想像は裏切られることになる．答を先に明かせば，実は，上の3名の異なるリスク態度を有する投資家は，最適な投資決定の結果として，いずれも全く同一のポートフォリオを保有するのである．

6.3　最適ポートフォリオ：3資産の場合（ケース1）

　次に，投資決定についてみよう．長期・多期間の投資における最適なポートフォリオがどのようなものであるか，(4.19) 式，あるいは (4.20a) 式を用いて得られた結果を示す．まず，ケース 1 から検討するが，これは，投資家行動という観点からみれば，一般の投資家がインフレ連動債への投資を選択肢として認識しているとは必ずしもいえないわが国の状況を念頭においたものである．ただし，短期インフレ連動債（日本市場でいえば物価連動国債）は確かに存在し，その利回りである実質無リスク利子率は観測可能，あるいは推定可能と設定している．

　表 4-5 は，投資対象証券として，株式，残存期間（満期）が 10 年の長期名目債，および，満期が 3 か月の短期名目債の 3 種類のみを仮定した場合の，1999 年第 II 四半期に米国市場を前に立っているという条件付きで求めた最適投資比率である．株式として市場ポートフォリオ（株価指数連動型ポートフォリオ）を，長期および短期名目債としてはデフォルト・リスクがない割

表4-5　3資産に投資可能な場合の最適投資比率

(％表示)

選好パラメーター		株式	長期名目債 満期10年	短期名目債 満期3か月	期待収益率 分散調整後	標準偏差
γ	ϕ					
0.75	0.2	468.02	151.70	−519.72	75.64	79.65
		0.55	0.49			
	0.7	468.02	151.02	−519.04	75.61	79.63
		0.56	−0.20			
	1.2	468.06	148.56	−516.62	75.51	79.57
		0.59	−2.65			
1	0.2	350.60	113.41	−364.01	51.20	59.65
		0.00	0.00			
	0.7	350.60	113.41	−364.01	51.20	59.65
		0.00	0.00			
	1.2	350.60	113.41	−364.01	51.20	59.65
		0.00	0.00			
2	0.2	174.45	58.12	−132.57	22.11	29.72
		−0.85	1.41			
	0.7	174.45	58.33	−132.78	22.11	29.73
		−0.85	1.62			
	1.2	174.45	58.56	−133.01	22.12	29.74
		−0.85	1.85			
5	0.2	68.74	26.91	4.35	9.01	11.89
		−1.39	4.22			
	0.7	68.75	25.96	5.29	8.98	11.86
		−1.37	3.28			
	1.2	68.76	25.21	6.03	8.96	11.83
		−1.36	2.53			
10	0.2	33.49	16.91	49.60	5.36	6.07
		−1.57	5.57			
	0.7	33.51	15.26	51.23	5.32	6.00
		−1.55	3.92			
	1.2	33.53	14.07	52.40	5.29	5.96
		−1.53	2.73			
20	0.2	15.84	12.15	71.99	3.68	3.37
		−1.67	6.48			
	0.7	15.90	9.94	74.16	3.63	3.26
		−1.63	4.27			
	1.2	15.92	8.49	75.59	3.59	3.19
		−1.62	2.82			
100	0.2	N.A.	N.A.	N.A.	N.A.	N.A.
	0.7	1.80	6.01	92.19	2.34	1.79
		−1.71	4.88			
	1.2	1.83	3.93	94.24	2.30	1.68
		−1.68	2.80			
1000	0.2	N.A.	N.A.	N.A.	N.A.	N.A.
	0.7	N.A.	N.A.	N.A.	N.A.	N.A.
	1.2	1.33	2.00	94.24	2.30	1.68
		−1.68	1.89			

注：アミをかけた投資比率は，ヘッジ需要分で内数．短期名目債をベンチマーク資産と定義し，キャッシュの役割をもたせた．本表作成に用いたパラメータ値は表4-2と同じであり，実質無リスク利子率は連続複利年率表示で1.7％と設定した．なお，N.A.は計算不能を表す．

引国債を想定しており，短期名目債を第 0 資産と定めて，キャッシュの役割を負わせている．

相対的リスク回避度 γ を 0.75 と 1000 の間にとり，また，異時点間代替弾力性 ψ を 0.2, 0.7, および 1.2 にとって，それぞれの値のもとで，(4.19) 式によって 3 資産への投資比率を計算した．そのうち陰を付した行に示した数値は，(4.19) 式の右辺第 2 項，すなわちヘッジ需要にもとづく投資比率で，内数である．このヘッジ需要に，表には明示していないが，近視眼的需要にもとづく投資比率（同式右辺第 1 項）を加えたものが，表に掲載した当該資産への最適投資比率になっている．

表 4-5 から，3 資産への投資比率が，相対的リスク回避度 γ の水準に敏感に反応することがみてとれる．その一方で，投資比率は ψ の大きさによってはさほど変化しない．各相対的リスク回避度ごとに，異時点間代替弾力性 ψ が 0.2, 0.7, 1.2 の 3 ケースについて最適投資比率を求めてあるが，一見して，最適投資比率は ψ の水準に応じて多少変化するものの，その影響はごくわずかであることがわかる．

相対的リスク回避度の小さい投資家からみていくと，$\gamma=0.75$ というリスク中立に近い投資家の場合には，期待収益率が大きい株式へ 468%，長期名目債へ約 150% という 1 を超える投資比率を選択するのが最適となっている．その資金は，貯蓄 W_t-C_t（以下，時点 t において投資に使用可能な手持ち資金という意味でキャピタル・ベースとよぶ）に加えて，短期名目債をキャピタル・ベースの 500% を超えて空売りすることによって手当てしており，極端に大きいレバレッジが利いている．その結果，このポートフォリオは期待収益率，標準偏差ともに年率連続複利表示で 80% に近い，極度にハイリスク・ハイリターンなものになる．相対的リスク回避度が小さいこの投資家にとっては，それが最適ということである．

次に，$\gamma=1$ の投資家をみると，すべての ψ の水準において投資比率は同一になっている．この投資家は，(4.19) 式から，ヘッジ需要を有しない近視眼的投資家であったことを思い起こしていただきたい．表には $\gamma=1$ かつ $\psi=1$ の場合である対数型期待効用関数のケースは掲載していないが，その場合にもやはり，表中の $\gamma=1$ の各行に示したものと同一の投資比率になる．$\gamma=1$

の場合にも，$\gamma=0.75$ と同様に，多額の短期名目債をショートして，株式と長期名目債を対象に 100％ を超えるロング・ポジションをもつことが最適となる．

　$\gamma=5$ の標準的な相対的リスク回避度をもつ投資家は，株式へ約 69％，長期名目債へ 25％〜27％，残余 5％ 前後の資金をキャッシュとしての短期名目債に投資しており，ϕ が異なっていても投資比率にはほとんど差がない．$\gamma=100$ という極端にリスク回避的な投資家については，$\phi=0.2$ のケースでは使用プログラム（Mathematica10）の計算能力の限界のために投資比率を求めることはできなかったが，ϕ が 0.7, 1.2 の両ケースでは短期名目債（キャッシュ）への投資比率が 90％ を超えており，株式へは 2％ 未満，長期名目債には 5％ 程度しか投資されないことがわかる．

　Campbell and Viceira（2002, p. 78）の Table 3.3，"Unconstrained" の欄には，株式，長・短名目債の 3 資産への投資が可能な場合の最適投資比率が報告されている．これをみると，γ が 2 以下のケースでは短期名目債を約 200％ から 500％ 近くショートしてその資金を株式へロング（買い持ち）するのが最適となっており，極端に大きなレバレッジをとる点，および株式へ 100％ を超える投資を行なう点は本書が行なった数値実験と同じである[38]．本書と大きく異なる点は，彼らの分析では，長期名目債への最適投資比率が非常に小さく，現実的なリスク回避度のもとではほとんど需要されることがないとしている点である．それに対して，本書の数値実験によれば，表 4-5

---

38) Campbell らのモデルの顕著な特徴は，現実的なリスク回避度のもとでは，ほとんどの場合，修正シャープ尺度 spm が大きい資産に対する最適投資比率が，spm が小さい資産の空売りのもとで，100％ を超える極端に大きな水準になることである．佐々木（2010）は，日本株式，米国株式，日本長期名目債，米国長期名目債の 4 資産について，Campbell（2003）のモデルを用いて，彼らと同一の選好パラメーターのもとで，1970 年から 2009 年までの四半期データを用いて最適ポートフォリオを推定している．同論文に掲載されているグラフをみると，為替ヘッジをしない場合には日本の長期名目債の spm が最大であり，たとえば $\gamma=1$ の対数型効用では同長期債に 350％ 程度の投資が，為替ヘッジをした場合には米国株式の spm が最大となり，同株式に 200％ 程度の投資が最適という結果が報告されている．同論文において，spm がすべて実質値で定義，計測されているかどうかは明らかでないので，報告されている結果は慎重に解釈する必要があるものの，モデル操作の結果，spm が大きい資産への過大とも思える投資が最適とされる特徴は一貫しているようである．

から明らかな通りに長期名目債への投資比率は比較的大きく，投資対象がインフレ連動債を含まない3資産である場合には，長期名目債の役割は無視できないといえる[39]．

表4-5のアミをかけた行にあるヘッジ目的の投資比率をみると，株式はすべてのケースにおいて絶対値で2%未満であり，株式へのヘッジ需要は，ロングであれショートであれ，ほとんど無視可能であることがわかる．一方，長期名目債については，γが10ないし20の投資家でϕが0.2と小さいケースをみると，ヘッジ需要は投資比率で5%を超え，長期名目債の総投資比率の3分の1から2分の1程度の比重を占めることがわかる．これは，インフレや金利水準変化が引き起こす投資機会集合の変動に対して効果的なヘッジ資産が存在しない状況下で，異なる状態間と異なる時点間の両方の消費変動リスクを強く回避する投資家は，消極的ながらも，長期名目債をヘッジのために保有することを含意している．

6.4　最適ポートフォリオ：4資産の場合（ケース2）

Campbell and Viceira（2002）は，長期・短期の債券として，名目債のみ利用可能なケースとインフレ連動債のみ利用可能なケースだけを分析の対象としている．したがって，現実の投資環境がそうであるような名目債とインフレ連動債が同時に存在する場合の最適ポートフォリオのあり方については未だ解明されていないといえる．そこで，本書独自の分析として2つのケースを新たに加え，ケース2として，長・短名目債に加えて長期インフレ連動債

---

[39] Campbellらは最も単純な$\phi=1$のケースについての分析結果のみを公表している．また，主観的割引因子δの値をどのように設定したかを明らかにしていないため，その計算結果が本書のものと違うからといって軽々に批判することはできない．しかし，そうした相違がなぜ発生したかを推測することはできる．すなわち，彼らがTable 3.2で報告している満期10年の長期名目債のシャープ尺度（対名目利子率，Implied）は0.15と非常に小さいため，長期名目債への近視眼的需要はほとんど存在せず，それが同投資比率を引き下げているものと思われる．本書執筆の過程で，彼らのモデルの忠実な再現を試みたが，私たちの計算では，長期名目債のspmは対名目利子率で0.286，対実質利子率で0.280と比較的高い水準になった．長期名目債以外の証券については彼らが示すspm値に沿った結果が確認されたので，Campbellらの長期名目債の計算には何らかのエラーが生じているのではないか，と私たちは推測している．

が同時に存在する状況（4資産モデル），およびケース3として，長・短インフレ連動債もまた同時に存在する状況（5資産モデル）を想定して最適投資比率を求めることにする．私たちは，今後，わが国の金融資産市場において起こり得る事態をこれら2つのケースから予想することができると考えている．

まず，株式と長・短期の名目債しか利用できなかった市場に長期インフレ連動債を導入するとき投資家の最適ポートフォリオがどう変化するか，4資産へ投資可能であると仮定したケース2について，最適ポートフォリオの投資比率を与える（4.19）式を用いて検討する．その結果が表4-6である．ここでも，短期名目債をベンチマーク資産と定めてキャッシュの役割をもたせた．また，表中，インフレ連動債は実質債と表現している．

3資産のケースでもそうだったが，表を一見して，最適投資比率はψの大小によって若干の変化をみせるものの，その影響は非常に小さいことがわかる．異なる時点間のリスクに対する許容度ψは，消費と貯蓄の意思決定においては主だった役割を果たすが，ポートフォリオ構成の意思決定を主として担うのは異なる状態間のリスクに対する回避度γということである．このことは，仮に，投資家がEpstein=Zin効用をもつ場合であっても，投資の意思決定においては，ψに関する考慮を明示的に行なわなくてもそれにより失われる投資効率は大きくないということを含意している．要するに，長期投資のポートフォリオ決定において，ψについて神経質である必要はないのである．

表4-6で最も特徴的な点は，長期インフレ連動債（長期実質債）への需要は，ψとγのすべての組み合わせにおいて株式をはるかに凌ぐ水準であり，投資家に最も需要される証券となっていることである．その一方で，名目債しか利用できなかった前述の3資産のケースと比較して，長期名目債への投資比率が，やはりすべてのψとγの組み合わせにおいて劇的に減少している．長期インフレ連動債は，長期名目債に比べてインフレに対するヘッジ効率が格段に優れているばかりでなく，リスク・リターンのトレードオフを示すspmにおいても株式に次ぐ高い値をもつ債券であるためである．

いま，ヘッジ需要が存在しない投資家，すなわち，相対的リスク回避度が

6. インフレ連動債の導入と最適消費・最適投資の決定　325

表4-6　4資産に投資可能な場合の最適投資比率

(％表示)

選好パラメター γ	ψ	株式	長期名目債 満期10年	長期実質債 満期10年	短期名目債 満期3か月	期待収益率 分散調整後	標準偏差
0.75	0.2	480.14	78.41	738.10	−1196.65	87.84	88.16
		0.38	1.59	−10.16			
	0.7	480.08	78.13	734.02	−1192.23	87.73	88.08
		0.32	1.30	−14.23			
	1.2	479.84	76.96	717.07	−1173.87	87.25	87.73
		0.08	0.13	−31.19			
1	0.2	359.82	57.62	561.19	−878.63	59.13	66.14
		0.00	0.00	0.00			
	0.7	359.82	57.62	561.19	−878.63	59.13	66.14
		0.00	0.00	0.00			
	1.2	359.82	57.62	561.19	−878.63	59.13	66.14
		0.00	0.00	0.00			
2	0.2	179.52	27.28	308.14	−414.94	25.37	33.37
		−0.39	−1.53	27.55			
	0.7	179.54	27.42	310.05	−417.01	25.40	33.42
		−0.37	−1.39	29.45			
	1.2	179.57	27.58	312.34	−419.49	25.44	33.46
		−0.33	−1.23	31.74			
5	0.2	71.50	9.89	167.89	−149.28	10.43	14.06
		−0.47	−1.69	55.65			
	0.7	71.44	9.59	163.70	−144.73	10.37	13.96
		−0.53	−1.93	51.46			
	1.2	71.39	9.35	160.10	−140.84	10.32	13.87
		−0.58	−2.18	47.86			
10	0.2	35.52	4.23	123.19	−62.94	6.32	7.84
		−0.46	−1.53	67.08			
	0.7	35.41	3.68	115.36	−54.45	6.22	7.62
		−0.46	−1.53	67.08			
	1.2	35.32	3.26	109.23	−47.81	6.14	7.45
		−0.66	−2.50	53.11			
20	0.2	17.53	1.42	101.13	−20.08	4.42	4.95
		−0.46	−1.46	73.07			
	0.7	17.40	0.73	91.23	−9.36	4.30	4.63
		−0.60	−2.15	63.17			
	1.2	17.29	0.22	83.79	−1.30	4.22	4.40
		−0.70	−2.66	55.73			
100	0.2	3.15	−0.81	83.69	13.97	2.98	3.15
		−0.45	−1.46	78.08			
	0.7	2.99	−1.62	72.01	26.62	2.85	2.73
		−0.61	−2.20	66.39			
	1.2	2.86	−2.22	63.39	35.97	2.75	2.43
		−0.37	−2.80	57.78			
1000	0.2	−0.07	−1.23	80.97	20.33	2.68	2.95
		−0.43	−1.29	80.41			
	0.7	−0.24	−2.09	68.53	33.80	2.54	2.51
		−0.60	−2.15	67.97			
	1.2	−0.39	−2.82	58.09	45.12	2.42	2.17
		−0.75	−2.87	57.53			

注：アミをかけた投資比率は，ヘッジ需要分で内数．短期名目債をベンチマーク資産と定義し，キャッシュの役割をもたせた．本表作成に用いたパラメター値は表4-2と同じであり，実質無リスク利子率は連続複利年率表示で1.7％と設定した．

$\gamma=1$ の欄（アミをかけた 3 つの行にある数値がいずれもゼロ）をみると，ϕ の水準にかかわらず，長期インフレ連動債へ約 560%，株式へ約 360% 投資するのが最適となっている．前述の 3 資産のケースに比べて株式への投資比率は約 9% ポイントの微増となっているものの，新たに加えた長期インフレ連動債への投資比率は株式に比べて約 200% ポイントも大きめとなっている．その一方で，インフレ連動債の登場により長期名目債はリスク・リターンのトレードオフからみて魅力のない債券となってしまい，3 資産のケースに比べて投資比率はほぼ半減して 60% 未満の値になっている．これらの高レバレッジの投資ポジションを支えるのはキャッシュの役割をもたせた短期名目債のショートであり，キャピタル・ベース比で約 880% もの負の投資比率（借り入れ）となっている．

ところで，spm を使った比較では，株式の方が長期インフレ連動債よりも大きい．連続複利表示の値を表 4-3 から抜き出して示せば，spm（株式）= 0.601, spm（長期インフレ連動債）= 0.326 である．そうであるにもかかわらず，リスク・リターンのトレードオフにもとづく近視眼的需要は長期インフレ連動債の方が大きくなっているのはなぜだろうか．その理由は，最適投資比率を与える (4.19) 式を吟味することによって明らかになる．同式の第 1 項をみると，近視眼的需要は spm に比例しているのではなく，spm をさらに標準偏差で除した値に比例している．すなわち，第 1 項の分子は分散の 1/2 によって調整した連続複利表示の期待超過収益率であるが，その分母（式中では，共分散行列の逆列）は標準偏差ではなく，分散である．株式の spm 値は長期インフレ連動債よりも大きいものの，標準偏差もまた大きいため（標準偏差リスクは，年率連続複利表示で，株式が 16.46%，長期インフレ連動債が 3.65%），spm をさらに標準偏差で除した値で比べると，長期インフレ連動債（8.9323）の方が株式（3.6541）よりも大きな需要を生むのである．

次に，表 4-6 の $\gamma=5$ の行をみてみよう．この相対的リスク回避度 γ の水準は，実証的にみれば，ごく標準的な投資家を表わしている．この投資家は，すべての ϕ の水準において，キャッシュとしての短期名目債をキャピタル・ベースの 150% 近く空売りし，その売却代金とキャピタル・ベースとを合わせた資金を長期インフレ連動債に 160% を超える比率で，株式には約 70%

の比率で投資する．残る約 10% は長期名目債に投資するが，インフレ連動債が利用できない 3 資産のケースでは 25% 以上の投資比率であったので，やはり，大幅な投資比率の低下である．また，長期インフレ連動債の投資比率のうち約 50% ポイント部分は，アミをかけた行に表示してあるようにヘッジ需要が占めているという特徴がある．

相対的リスク回避度が非常に小さい，あるいは非常に大きい両極端の投資家のポートフォリオについてみておこう．$\gamma=0.75$ というリスク中立に近い投資家の場合には，期待収益率が高い株式へ 480%，長期名目債へ約 78%，長期インフレ連動債に 740% 近くを投資するのが最適であり，そのための資金は，短期名目債をキャピタル・ベースの 1200% 近く空売りすることによって手当てしている．こうした高いレバレッジをとる結果，分散調整後期待収益率，標準偏差がともに年率連続複利表示で 88% 程度と高い，ハイリスク・ハイリターンのポートフォリオが選ばれることになる．

一方，$\gamma=1000$ という極端にリスク回避的な投資家は，すべての ϕ の水準において，株式への需要は 1% 未満のショートである．また，長期名目債は 1% から 3% 弱のショートであり，投資比率の太宗は，長期インフレ連動債とキャッシュとしての短期名目債の 2 種類の証券によって占められている．そのとき，ϕ の水準によって，長期インフレ連動債への最適投資比率は 8 割から 6 割と幅がみられる．同じ傾向は $\gamma=100$ の投資家についても確認できるので，γ が極端に大きい投資家に限っては（そのような投資家が現実に存在するとして），異時点間代替弾力性 ϕ の大小がポートフォリオ構成に及ぼす影響は無視できないとみてよい．

γ が極端に大きい投資家の場合には，ϕ が小さい（異時点間消費代替への許容度が低い）ほど，長期インフレ連動債への投資比率が高くなっており，また，その投資比率のほとんどは，アミをかけた欄内に示したヘッジ需要動機であることもわかる．これは，異なる状態間のリスクも，異なる時点間のリスクも，いずれも極度に忌避する投資家の当然のリスク態度を映したものといえる．

6.5 最適ポートフォリオ：5資産の場合（ケース3）

最後に，ケース3，すなわち，長期インフレ連動債に加えて，短期のインフレ連動債も合わせて導入した場合の投資決定をみよう[40]．投資可能な金融資産は株式と，長・短名目債，長・短インフレ連動債の計5種類である．短期インフレ連動債の確定利回りは実質無リスク利子率に等しいので，実質無リスク資産が存在する場合の最適投資比率を与える (4.20a) 式を用いることができる．その結果をまとめたのが，表4-7である．表では，ヘッジ需要分をこれまで通りアミをかけた欄に内数として掲載しているが，3資産のケースと4資産のケースでは，キャッシュとしての役割を短期名目債に負わせたのに対し，この5資産のケースでは短期インフレ連動債をベンチマーク資産と定め，キャッシュの役割を与えている．表中で実質債とあるのはインフレ連動債のことである．

一見して，すべての相対的リスク回避度γの水準において，残存期間の長短を問わず，名目債への需要は前2ケースに比して激減していることがわかる．長期名目債はリスク選好のどの組み合わせにおいてもほとんど需要されず，ヘッジ需要もほぼゼロである．同じことが短期名目債についてもいえる．短期名目債は，すべてのケースで2.0〜0.2%程度需要されるが，大まかにいえば，長期投資の対象としては無視してよいといえる．

ヘッジ機能をみても，インフレ連動債の方が格段に優れており，名目債は役立たない．なお，3資産，4資産のケースにおいて名目債が担っていた，キャピタル・ベースに加えて追加的な投資資金を提供するキャッシュとしての役割は，ここでは短期インフレ連動債に替えてある．実際，表の短期実質債の欄を上から下にみていくと，$\gamma=1000$以外では投資比率がすべて負値すなわち空売りポジションとなっていて，短期2種の債券間でのキャッシュとし

---

[40] これは，日本市場では，2023年にかけて徐々に実現する状況といえる．ただ，物価連動国債や物価連動国債ファンドがすでに購入可能である実情を考えると，高度な知識と十分な資産額を有する個人投資家にとっては，本書執筆時点の2018年現在，すでに到来した事態といってよい．第3節のコラム4を参照のこと．

6. インフレ連動債の導入と最適消費・最適投資の決定　329

表4-7　5資産に投資可能な場合の最適投資比率

(％表示)

選好パラメター γ	ψ	株式	長期名目債 満期10年	長期実質債 満期10年	短期名目債 満期3か月	短期実質債 満期3か月	期待収益率 分散調整後	標準偏差
0.75	0.2	462.54	2.66	946.49	2.00	−1313.69	89.71	86.95
		0.01	0.00	−5.48		−27.84		
	0.7	462.55	2.66	941.65	1.98	−1308.84	89.58	86.87
		0.02	0.00	−10.32		−22.98		
	1.2	462.58	2.65	919.72	1.89	−1286.84	89.00	86.48
		0.05	−0.01	−32.25		−0.99		
1	0.2	346.90	2.00	713.97	1.52	−964.39	60.71	65.29
		0.00	0.00	0.00		0.00		
	0.7	346.90	2.00	713.97	1.52	−964.39	60.71	65.29
		0.00	0.00	0.00		0.00		
	1.2	346.90	2.00	713.97	1.52	−964.39	60.71	65.29
		0.00	0.00	0.00		0.00		
2	0.2	173.41	1.01	379.74	0.85	−455.01	26.27	33.06
		−0.04	0.01	22.75		27.18		
	0.7	173.41	1.01	382.32	0.86	−457.60	26.31	33.10
		−0.04	0.01	25.33		24.59		
	1.2	173.40	1.01	385.53	0.88	−460.82	26.37	33.16
		−0.05	0.01	28.54		21.37		
5	0.2	69.30	0.42	193.42	0.51	−163.65	10.79	14.05
		−0.08	0.02	50.62		29.23		
	0.7	69.31	0.42	188.76	0.49	−158.98	10.72	13.95
		−0.07	0.02	45.97		33.90		
	1.2	69.31	0.42	184.71	0.47	−154.91	10.67	13.87
		−0.07	0.02	41.91		37.96		
10	0.2	34.59	0.22	133.96	0.42	−69.19	6.48	7.90
		−0.10	0.02	62.56		27.25		
	0.7	34.60	0.22	124.82	0.38	−60.02	6.36	7.67
		−0.09	0.02	53.42		36.42		
	1.2	34.62	0.22	117.61	0.34	−52.79	6.26	7.50
		−0.07	0.02	46.21		43.65		
20	0.2	17.23	0.13	104.62	0.36	−22.34	4.48	5.50
		−0.11	0.03	68.92		25.88		
	0.7	17.25	0.12	92.90	0.32	−10.59	4.33	4.65
		−0.09	0.02	57.20		37.63		
	1.2	17.27	0.12	84.06	0.28	−1.73	4.22	4.40
		−0.08	0.02	48.36		46.49		
100	0.2	3.35	0.05	81.28	0.32	15.00	2.95	3.08
		−0.12	0.03	74.14		24.64		
	0.7	3.37	0.04	67.38	0.27	28.94	2.78	2.58
		−0.10	0.02	60.24		38.58		
	1.2	3.39	0.04	57.23	0.22	39.12	2.66	2.22
		−0.08	0.02	50.09		48.76		
1000	0.2	0.23	0.03	76.05	0.31	23.38	2.61	2.78
		−0.12	0.03	75.33		24.35		
	0.7	0.25	0.02	61.64	0.26	37.83	2.44	2.26
		−0.10	0.02	60.92		38.80		
	1.2	0.27	0.02	51.19	0.21	48.31	2.32	1.87
		−0.08	0.02	50.48		49.27		

注：アミをかけた投資比率は，ヘッジ需要分で内訳．短期実質債（短期インフレ連動債）をベンチマーク資産と定義し，キャッシュの役割をもたせた．本表作成に用いたパラメータ値は表4-2と同じであり，実質無リスク利子率は連続複利年率表示で1.7％（理論値）である．

ての役割転換がうまく機能していることが確かめられる.

$\gamma=1$ の場合, ϕ の水準にかかわらず各資産への投資比率は同一である. ベンチマーク資産が短期名目債から短期インフレ連動債に替わり, 投資比率の算出式が (4.20a) 式に替わっても, ヘッジ需要がやはりゼロである点は, 3資産, 4資産のケースと変わらない.

$\gamma=5$ の標準的な投資家をみると, 短期インフレ連動債にマイナス 160% 前後の負の投資比率を割り当て, また, 長期インフレ連動債へ 190% 程度, 株式へ約 69% 投資する結果, 長・短名目債への合計投資比率は表中の 3つの ϕ の水準においていずれも 1% 未満となっている. 長・短インフレ連動債の導入によって, 名目債券はヘッジ機能とリスク・リターン特性の両面においてまったく魅力のない, いわば無用の長物と化してしまうことがわかる. 株式への投資比率はそのほとんどが近視眼的需要であり, ヘッジ需要がほぼゼロである一方, 長期インフレ連動債への投資においては, 投資比率の内数として 40% から 50% ポイントをヘッジ需要が占めているという特徴がある.

$\gamma=1000$ という極端にリスク回避的な投資家の行をみると, 長・短インフレ連動債以外の証券への需要は最大でも 0.3% であり, 株式や名目債への需要はほぼ消失する. 株式が忌避されるのはリスクが高いためであって, 投資需要はほとんどない. こうした投資家は, 長期および短期のインフレ連動債があればヘッジ需要を十分に満たしたポートフォリオを組むことができ, それによって自身の効用を最大化できるのである.

Campbell and Viceira (2002) は, 名目債とインフレ連動債が同時に存在する状況は考察していない. すなわち, 本章の 4資産および 5資産のケースとは投資可能な証券のメニューが異なっており, 彼我の数値実験結果の比較検討は慎重に行なわなければならない. また, 彼らは ρ の計算を迂回するためか, 異時点間代替弾力性 ϕ が 1 の場合のみの分析に限定し, ϕ の変化が最適投資比率にどれほどの影響を及ぼすものであるかは明らかにしていない.

本節の分析により明らかになった点を強調しておくと, 5資産のケースのように長期および短期のインフレ連動債が導入された場合には, γ が 1 未満の例外的な場合を除いて, 合理的に行動する投資家は, 長期債か短期債かにかかわらず, 名目債をほとんど需要しなくなることがわかった. また, 投資

家の γ が非現実的なほどに大きい場合を除いて, ϕ の水準は最適投資比率決定にはきわめて限界的な影響しか及ぼさないこともわかった.

概していえば, 本書が, 投資対象を 3, 4, 5 資産と多様化して行なった数値実験により求めた最適投資比率には, Campbell and Viceira（2002）が株式および長・短インフレ連動債の 3 資産にのみ投資可能として分析した結果と同じ傾向が認められた. そのとき, 多期間分析に特有のリスク概念である時点間の消費変動リスク許容度を表わす ϕ を 1 に固定して行なった彼らの報告を補う意図で ϕ の値を三様に替えても, あるいは投資可能資産のメニューを 4 資産以上へと拡大しても, 長期インフレ連動債と株式への投資比率は高めにとり, 名目債投資は抑えるという投資比率決定の傾向は変わらないことが確認された.

長期インフレ連動債の導入が長期名目債の需要を激減させる効果をもつことは 4 資産のケースから予想されたが, 5 資産のケースにより明らかになったように, γ が 1 未満でない限り, 長期に加えて短期インフレ連動債も導入するならば（あるいは, 長期インフレ連動債を多年度にわたって発行し続け, そのために長期から短期まで流通市場における同債券の満期構成が多様となった場合には）, 理論的には, 長期および短期名目債に対する需要はほとんど消滅してしまう.

このことがもつ政府の財政担当者にとっての含意は深甚であって, もし長期・短期のインフレ連動債を大量に市場投入するならば, 日本銀行が極端な金融政策をとらない限り, 名目債券市場では暴落といってよいほどの価格下落が起き, また, 少なくとも個人投資家にとって名目債の存在意義は消失することが理論的に予想できる. 偶然にか, あるいは意図しての政策対応かは判断しかねるが, 日本の国債発行額全体に占めるインフレ連動債のシェアはまだまだ微々たる状態におかれ, その一方で, 個人投資家のインフレ連動債市場へのアクセスが, ようやく認められたとはいえ, なお大きく制約されていることには, 供給と需要の両面にわたり, 市場秩序の維持という点からみて小さからぬ合理性のあることが本章の分析の結果から明らかとなった. ただしそれによって, 国民全般の効用拡大機会が犠牲になっていることも指摘しておく必要があるだろう.

7. 労働所得と株式投資収益率の平均回帰性の影響,および本章の総括

本章の最後に,前節までの分析では捨象した労働所得と,不十分にしかモデル化されていない長期の投資ホライズンにおける株式投資収益率の平均回帰性の影響について述べ,また,代表的な多期間モデルであるとして本章で紹介したCampbellらのモデルとそれを修正・拡張して行なった本書における数値実験結果について総括しておこう.

7.1 パーソナル・ファイナンスと労働所得の影響

第2章3節でみたように,投資家の人的資産(Human Capital Asset)は,その時点から将来にわたってもたらされると期待される労働所得流列の現在価値のことであった.これは,金融資産とともに,投資家の富を構成する重要な資産であるが,前者と異なり,市場で自由に売買することができないという特徴をもつ.それゆえ,そのリスクはバックグラウンド・リスク(Background Risk)とよばれる.以下では,パーソナル・ファイナンスの視点から,第6番目の資産として人的資産を認識するときの投資家の意思決定を定性的に分析する.

人的資産が無リスク資産であるか,あるいはリスク資産であるかは,投資家自身の労働所得がどのようなリスクを内包するかに依存する.仮に,労働協約等により労働所得がインフレに連動し,雇用主である会社ないし役所の経営(運営)面からも,あるいは投資家の選択としても終身雇用が期待でき,これらが長期にわたって安定的な消費を可能にするのであれば,その所得は実質的に無リスクのキャッシュ・フローとみなせるであろう.その場合の人的資産は,長期インフレ連動債への正の投資に類似するので,本章のモデルに即していえば,長期インフレ連動債の投資比率を減じ,リスク資産としての株式への投資を促進する効果がある[41]).

一方,投資家の実質労働所得が景気動向に依存して変動する場合には,人

的資産はリスク資産に類似してくる．実質労働所得が株価指数水準と正の相関をもつ業種に勤務する投資家であれば，労働所得の存在は株式への投資を減少させ，逆に，負の相関をもつ投資家であれば株式投資を増加させる効果をもつ[42]．

一般に，投資家が退職時期に近づくにつれてその労働所得の現在価値は減少する．人的資産は加齢とともに減少し，ついには消滅するのである．高齢期を迎える投資家は，退職時期が近づくにつれて人的資産が減少することを正しく認識して，若年期に比べて株式等のリスク資産への投資を減じるべきである．

それに対して，若い投資家の場合はどうか．その人的資産は，たいていの場合，金融資産との相対でみてより大きく，それが実質無リスク資産に近い性質をもつケース（たとえば，財政状況が安定している自治体や省庁に勤める事務職）では，すでに長期インフレ連動債へ正の投資を行なっている効果をもつ．したがって，そのような若い投資家は株式等のリスク資産への投資を増やすべきである．一方，その人的資産がリスク資産に類似する若い投資家，たとえば情報通信関連企業やベンチャー企業に勤務する者，あるいは，投資顧問業務に携わる者や，大企業であっても社債格付けが低い会社，外資系企業に勤める者などの場合には，投資戦略をそれと整合させて，長期インフレ連動債のウェイトを高めとすべきである．

---

[41] 信頼度の高い年金システムの存在も，もしそれが投資家の積み立てを強制し，年金運用担当者がもっぱら実質無リスク資産での運用を選択するのであれば，同じ理由から，株式への投資を促進する．逆に，年金運用が高リスクの資産で行なわれ，年金運用情報が十分に開示されるならば，それは合理的な個人投資家が株式へと向かうのを控えさせる効果をもつだろう．

[42] 人的資産の無リスク性について付言すると，日本の労働市場において就労慣行が変化し，終身，同じ会社に勤務するという形態から，早期退職制度の一般化などもあって複数の会社に勤めるという形態へと変わり，したがって，年収が少なからず変動するのは当然というように勤労者の意識が変化するならば，ここで述べている人的資産の無リスク性は失われていくだろう．また，多くの有為の学生諸君が，就職先の選択に悩み，あるいは就職活動に力を注ぐという現象は，敢えて多期間投資とパーソナル・ファイナンスの観点からみるならば，二十歳を若干過ぎたライフステージにおいて，人的資産に無リスク性がありえることを曖昧にではあっても認識するゆえに，それを追求する合理的行動と捉えることができる．

7.2 株式投資収益率の平均回帰性と投資決定への影響

次に，第 2 章でみた Siegel（2007）の米国市場に関する実証分析を参考に，長期投資における株式投資収益率の平均回帰性の影響についてみよう．なお，本書では，平均回帰性を株式投資収益率について定義するが，コラム 7 で解説するように，実務家・研究者の間では，投資収益率の平均回帰性のことを，「株価」の平均回帰性とよぶ慣わしのようである．

さて，3 種類の証券の投資成果を比較して示した（本書第 2 章の）図 2-5a によると，サンプル期間からの抽出になるすべての可能な 1 年間の投資ホライズン（保有年数）について，米国の金融資産市場における株式投資のリスクは長期国債や短期国債投資に比べてはるかに大きかった．しかし，投資ホライズンが 5 年，10 年と延びると，ダウンサイドのリスクを表わす投資収益率の最小値の 3 資産間の大小関係は少なからず変化し，保有年数 5 年のとき，株式と長期国債の最小値はほぼ同じになり，保有年数 10 年では株式と，長期国債・短期国債は逆転する．

保有年数が 20 年のときには，どの 20 年をとっても株式投資の収益率がマイナスになることはなく（最小値は 1.0%），長期国債の最小値 −3.1% および短期国債の最小値 −3.0% と比べて対照的である．長期の投資ホライズンのもとでは，株式は，投資対象資産として決して欠かすことのできないほどの優位性を有しているといえる．投資収益率の最大値と最小値の差は，投資ホライズンの拡大とともに確実に縮小し，3 つの資産すべてについて 1 年当たりの標準偏差が劇的に減少しているものと推察できる．

第 2 章で述べたように，Siegel（2007）は投資ホライズンが 5 年を超えるとき株式投資収益率の標準偏差が $\sqrt{T}$ ルールを超えて縮小する図も掲載しており，長期投資においては明瞭な平均回帰性が存在すると報告している．その Siegel（2007）の図（p. 29, Figure 2-3）を図 4-2 として引用した．図 2-5a と同じように，この図にも「過去 200 年にわたる株式および債券のデータから，同時期において 1 から 30 年の異なる保有期間を設定して抜き出し，両資産による運用結果を観測したならば起こりえた」という意味での投資実績

7. 労働所得と株式投資収益率の平均回帰性の影響，および本章の総括　335

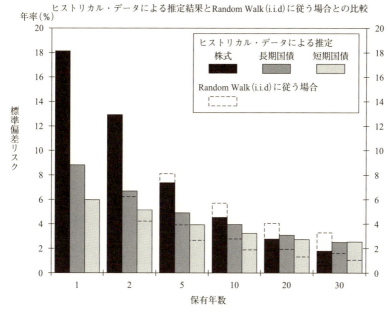

図4-2　保有期間別の標準偏差リスク：1802〜2006年（米国市場）

注：破線で示したグラフは1年間保有の場合の標準偏差を $\sqrt{T}$ ルールを用いて換算した値であり，各資産の投資収益率がRandom Walk (i.i.d.)に従う場合のリスクの大きさを表す．
出所：Siegel (2007), p.29 Figure 2-3 を修正して引用．

（標準偏差リスク）が描いてある．

　図中，保有年数が2〜30年の棒グラフには，株式，長期国債，短期国債のそれぞれに，破線で示す別の棒が重ねてある．この破線のグラフは，これら3種類の証券の投資収益率が「Random Walk (i.i.d.)」に従うならば観測されるはずの結果を表わしている．株式をみると，保有年数が5年を超えると実績データから描いた黒い棒グラフは破線グラフに比べて短くなり，株式の投資収益率の標準偏差リスクは明らかに低減しているとわかる．投資ホライズンが長期化するのにともなって，株式の標準偏差リスクは，株式投資収益率がi.i.d.の場合に成立する「$\sqrt{T}$ルール」に対応する水準に比べて激減するということである．これは，株式投資収益率に顕著な平均回帰的傾向が存在することを如実に示す有力な実証データとされる[43]．

　これに対して，同図から，長・短の国債の標準偏差リスクは保有期間の長

期化とともに i.i.d. の場合の水準に比べてむしろ拡大していることがわかる．債券投資収益率は平均乖離しているということである．

　Siegel の著書にはシャープ尺度（SPM，もしくは spm）は報告されていないため，無リスク利子率の水準を含めて推し量るしかないものの，投資ホライズンの長期化にともなって分母の標準偏差が大幅に小さくなっていることを考えると，長期投資における株式のシャープ尺度は短期投資に比べて大幅に拡大し，他方，名目債のシャープ尺度は縮小しているものと推測できる．これは，表 4-3 に示した Campbell and Viceira（2002）の（1952 年から 1999 年のおよそ 48 年間の）観測結果と符合している．

コラム 7　株価の平均回帰性と株式投資収益率の平均回帰性

　本書では，株式投資収益率について平均回帰性を定義したが，多くの実務家・研究者は，株式投資収益率の平均回帰性のことを「株価の平均回帰性」とよび，両者を区別せずに用いている．Poterba and Summers（1988）は，株式投資収益率の平均回帰性を検出するために分散比（Variance Ratio）という検定統計量を提示し，長期の投資ホライズンでは株式投資収益率の標準偏差が $\sqrt{T}$ ルール以上に縮小することを検証した重要な研究であるが，その論文のタイトルは "Mean Reversion in Stock Prices"，すなわち，「株価の平均回帰性」である．

　このコラムでは，株価を「対数株価」と読み替え，株式投資収益率として連続複利表示投資収益率を用いるならば，株価の平均回帰性と株式投資収益率の平均回帰性は完全に同一の概念であることを示す．

　現在時点を 0 とする T 期間モデルを仮定する．時点 T までの各離散時点における株価を $\{P_0, \tilde{P}_1, \cdots, \tilde{P}_T\}$ とし，その対数値（対数株価）を小文字で $\{p_0, \tilde{p}_1, \cdots, \tilde{p}_T\}$ と表わすことにし，また，対数株価の変化分を $\Delta \tilde{p}_1 \equiv \tilde{p}_1 - p_0$，

43）　Campbell, Lo, and MacKinlay（1997, pp. 28-33）は，投資理論で「Random Walk」というとき，少なくとも 3 種類の異なる定義をもつ確率過程を意味しているとする．それら 3 つのうち，Siegel（2007）の表における「Random Walk」が各期の価格の変化分が独立，同一の分布に従うという意味であることは明らかなので，引用した図の原文の記載とは異なるが，正確を期して本書では Random Walk（i.i.d.）と記すことにした．

7. 労働所得と株式投資収益率の平均回帰性の影響，および本章の総括

$\Delta \tilde{p}_2 \equiv \tilde{p}_2 - \tilde{p}_1, \cdots, \Delta \tilde{p}_T \equiv \tilde{p}_T - \tilde{p}_{T-1}$ として，T 期間後の対数株価の分散を時点 0 において計算すると，

$$\begin{aligned}
\operatorname{Var}[\ln \tilde{P}_T] &= \operatorname{Var}[\ln \tilde{P}_T - \ln P_0] = \operatorname{Var}\left[\ln\left(\frac{\tilde{P}_T}{P_0}\right)\right] \\
&= \operatorname{Var}\left[\ln\left(\frac{\tilde{P}_1}{P_0} \cdot \frac{\tilde{P}_2}{\tilde{P}_1} \cdots \cdot \frac{\tilde{P}_T}{\tilde{P}_{T-1}}\right)\right] \\
&= \operatorname{Var}\left[\ln\left(\frac{\tilde{P}_1}{P_0}\right) + \ln\left(\frac{\tilde{P}_2}{\tilde{P}_1}\right) + \cdots + \ln\left(\frac{\tilde{P}_T}{\tilde{P}_{T-1}}\right)\right] \\
&= \operatorname{Var}[\Delta \tilde{p}_1 + \Delta \tilde{p}_2 + \cdots + \Delta \tilde{p}_T] \quad (4.60)
\end{aligned}$$

を得る．時点 0 における無条件の演算ゆえ，分散の演算記号には時間の添え字は付していない．ここで，「対数株価がランダム・ウォークする」あるいは「対数株価が i.i.d. に従う」ならば，上式の分散の計算において各期の対数株価の増分間の共分散はゼロとなるので，

$$\operatorname{Var}[\ln \tilde{P}_T] = T \cdot \operatorname{Var}[\Delta \tilde{p}_1] \quad (4.61)$$

である．したがって，Poterba and Summers（1988）にしたがえば，

「対数株価に平均回帰性が存在する」$\Leftrightarrow \operatorname{Var}[\ln \tilde{P}_T] < T \cdot \operatorname{Var}[\Delta \tilde{p}_1]$
(4.62)

と表現できる．

次に，株式投資収益率の平均回帰性の定義を確認しよう．いま，各期の連続複利表示投資収益率を $\{\tilde{r}_1, \tilde{r}_2, \cdots, \tilde{r}_T\}$ と表わすならば，この株式投資収益率が i.i.d. であれば，

$$\operatorname{Var}[\tilde{r}_1 + \tilde{r}_2 + \cdots + \tilde{r}_T] = T \cdot \operatorname{Var}[\tilde{r}_1] \quad (4.63)$$

となるので，対数株価についての定義と同様に，

「連続複利表示投資収益率に平均回帰性が存在する」
$\Leftrightarrow \operatorname{Var}[\tilde{r}_1 + \tilde{r}_2 + \cdots + \tilde{r}_T] < T \cdot \operatorname{Var}[\tilde{r}_1] \quad (4.64)$

と定義できる．

ここで，$\{\Delta \tilde{p}_1, \Delta \tilde{p}_2, \cdots, \Delta \tilde{p}_T\}$ は対数株価の変化分であるから，連続複利表示の投資収益率 $\{\tilde{r}_1, \tilde{r}_2, \cdots, \tilde{r}_T\}$ に等しいことは明らかであろう．たとえば，$\tilde{r}_1 =$

$\ln(\widetilde{P}_1/P_0) = \tilde{p}_1 - p_0 = \Delta \tilde{p}_1$ が成立するからである．したがって，

$$\mathrm{Var}[\tilde{r}_1] = \mathrm{Var}[\Delta \tilde{p}_1] \tag{4.65}$$

および，(4.60) 式より，

$$\mathrm{Var}[\tilde{r}_1+\tilde{r}_2+\cdots+\tilde{r}_T] = \mathrm{Var}[\Delta \tilde{p}_1+\Delta \tilde{p}_2+\cdots+\Delta \tilde{p}_T] = \mathrm{Var}[\ln \widetilde{P}_T] \tag{4.66}$$

が成立する．(4.65) および (4.66) 式を (4.64) 式に代入すると，

「連続複利表示投資収益率に平均回帰性が存在する」
$$\Leftrightarrow \mathrm{Var}[\ln \widetilde{P}_T] < T \cdot \mathrm{Var}[\Delta \tilde{p}_1] \tag{4.67}$$

となる．(4.62) 式と (4.67) 式より，

「対数株価に平均回帰性が存在する」
$\Leftrightarrow$「連続複利表示投資収益率に平均回帰性が存在する」

という命題を証明できる．

このように，株価として対数株価を，株式投資収益率として連続複利表示投資収益率を用いるならば，両者の平均回帰性の定義は同値となる．しかし，一般には，株価の平均回帰性と，単利表示あるいは1年複利表示などの（連続複利表示以外の）複利表示投資収益率の平均回帰性は同値とはならないことに注意したい．

株式投資収益率の平均回帰性の存在は，ヘッジ需要の面からも株式への投資比率を高める効果があると考えられる．本章で例示したモデル化ではこの平均回帰性が十分に取り入れられていないために，株式への大きなヘッジ需要の存在を前節の表4-5〜表4-7から読み取ることはできないものの，図4-2から明らかな株価の長期的な平均回帰傾向は，今後，投資家の間で明確に認識されるようになる可能性がある．すると，株式投資が有するヘッジ機能を評価する投資家は，株式投資比率をこれまでよりも高めに設定すると予想される．その一方で，ここ30年間の日本市場に関する分析結果がそうであるように，観測時期によっては平均回帰ではなく平均乖離が観察される場合もあるだろう．そのような認識が一般的になれば，逆に，株式に対する投

資比率は従来よりも抑えられることになる．

> **コラム 8　パーソナル・ファイナンスと不動産投資：長期投資で不動産をどう位置づけるか**
>
> 　本章で取り上げなかったリスク資産として，住宅ないし不動産がある．常識的に考えて，不動産は個人・家計の資産形成のうえで大きな位置を占めており，しかも，不動産の価値が長期でみて変動する以上，当然，投資家が行なうリスク資産に関わる意思決定の対象とすべきであろう．そのとき，不動産には保有すること自体が便益を生むという特性があるため，その評価は容易ではない．こうして，長期・多期間の資産運用問題は，新たな課題を突き付けられることになる．
>
> 　第2章で少し触れたように，私たちは，1980年代までの日本市場における資産運用に関する分析において，不動産はリスク資産に含むべきであるという考え方をとっている．ところが1990年代半ばになると，地価と株価の資産バブル崩壊は明白となり，それ以降，不動産価格の大きな上昇は見込めないという見通しが一般的となった．これを契機として，わが国の不動産は以前のような「正の期待収益をもち，かつ，他のリスク資産との相関性が小さい」という特性を失った．不動産は，一般には空売りが困難なので，期待収益が負であれば，ポートフォリオのリターンの低下を補うほどのリスクの改善はほとんど見込めない．それゆえ不動産は，平均・分散分析に立脚するとき，リターンを高めて投資ポジション全体のリスクを分散するために役立つ重要な運用対象資産という地位から降りた．
>
> 　ここ20年ほどでみれば，住宅等の不動産は個人投資家が投資収益目的で売買し，保有する対象ではなくなり，生活者としての利用価値を含む「コンビニエンス・イールド（その利用から得られる便益）」のみを提供する資産に変質したとみるべきである．そのため私たちは，長期投資を扱う本書においては，不動産を分析対象から除外することができると判断した．
>
> 　日本の1990年代以降はデフレの時代である．物価下落の傾向が続くデフレ経済においては，翌年まで待てば価格は下がるという期待が形成されているために，消費と実物投資は抑制される．また，デフレ経済のもとでの金融行為を分析すれば，住宅投資をファイナンス（資金調達）することは，それ

が借り入れによろうと，あるいは自己資金によるものであろうと，インフレ状況下とは全く逆の効果を家計にもたらすことに気付く．インフレの時代には，1年たてば返済額の実質値は減る．ところがデフレの時代には，逆に，返済額の実質値は増える．こうして，パーソナル・ファイナンスの面からみれば，デフレ経済下における不動産投資は家計に大きな財政的負担を強いることになる．

現実の経済をみると，しかし，デフレが20年以上も続いた状況においてなお，不動産投資は止むことなく続いた．やはり住宅投資は，当然のことながら，単純な平均・分散分析によっては捉えきれない性格を強く有しているとみられる．それは，人々の生活と切り離すことができない，長期にわたって消費し続ける財・サービスという側面であり，また，家計にとっての蓄財という側面である．

不動産がもたらすコンビニエンス・イールドに重きをおく投資家は，人生のいずれかの局面において，保有し，活用することによる便益を享受するための資産として不動産向けの支出を計画する．このように考えるならば，多期間のライフステージを前提した分析においては，相続をあらかじめ予定できない投資家は，貯蓄の一部から購入資金を計画的に蓄える必要があり，かつ，その「住宅購入用資金」は無リスク資産での運用が前提となるだろう．

これ以外の経路でも，不動産価格の長期的下落傾向はわが国の個人投資家の投資決定の様式にドラスティックな変化を生んだ可能性がある．不動産価格の変動の仕方が構造的に変わったという認識が進めば，これは投資家の資産運用における重要な制約条件の変更と位置づけられて，わが国における証券等リスク資産価格の形成や，したがって，資産運用すなわち最適ポートフォリオ決定に大きく影響したであろう．加えて，2001年9月には，新たな選択肢として不動産と証券の性質を併せもった投資対象であるJ-REIT（Real Estate Investment Trust）が日本の証券市場に登場した．こうして，日本市場における投資機会集合は明白に変化したのである．

本書の分析では取り上げなかったものの，投資対象として不動産をどう位置づけるかによって，長期投資の理論と具体的な投資決定はやはり大きく左右されるとみるべきであろう．

さて，本章の総括に移ろう．本書では，長期投資にともなうリスクとして，

7. 労働所得と株式投資収益率の平均回帰性の影響，および本章の総括

異なる状態間に加え，異なる時点間のリスクを評価する必要を一貫して主張してきた．それを受けて本章では，両者を同時に扱うことができる効用関数として Epstein=Zin 効用を仮定した Campbell and Viceira（2002）のモデルを例に用いて，彼らによる検討が不十分と考えられる部分を本書独自の分析によって補いながら，長期投資の具体的な投資戦略の設計プロセスを例証し，また批判的に検討した．私たちの分析の結果明らかになった点は，まず，異なる時点間の消費変動に対するリスク許容度を表現する異時点間代替弾力性 ψ は，例外的なケースを除き，ポートフォリオ構築にはあまり影響を及ぼさないことである．ψ が重要な役割を果たすのは最適消費の決定においてであって，投資決定においては，仮にその正確な水準が不明であってもさほど神経質になる必要はない．

次に，長期投資における最適ポートフォリオは，リスク・リターンのトレードオフに基づく近視眼的需要部分と，投資機会集合の変動に対するヘッジを行なうヘッジ需要部分から構成されるという Campbell らの論点を確認したうえで，彼らの分析を5資産のケースに拡張し，また，ψ と γ の大きさを様々に設定した数値実験の結果として最適ポートフォリオを求め，提示した．長期投資においてはインフレの存在が無視できないにもかかわらず，現在，私たち個人投資家にとって実質的に投資可能とみなしてよい長期あるいは短期の名目債はインフレに対するヘッジ機能がインフレ連動債に比べて劣り，インフレ・リスクに曝される運用資産である．長期投資においてインフレ・リスクがないと考えてよい資産は長期インフレ連動債であって，現実的なリスク回避度をもつ投資家，すなわち，異なる状態間の消費変動に対するリスク回避度を表わす γ では 10 程度まで，異なる時点間のリスク許容度を表わす ψ では $0.2 < \psi < 1.2$ の範囲にある投資家であれば，短期債のショート（空売り）によって得た資金をも用いて 100% を超える投資資金を長期インフレ連動債に当てるのが最適という分析結果になった．これは，私たちの周囲を見回しても，誰も実行しそうにない投資戦略であり，その意味で，「非常識」な結論といえる[44]．

---

44) この「非常識」な結果は，Epstein=Zin 効用に特有の問題ではなく，その特殊ケースとしてのべき型期待効用においても導かれる結果である．したがって，デフォルト・リ

名目債は，インフレ下においては，異なる状態間のリスクに対するプレミアムを合わせたリターンが小さく，ヘッジ機能も劣る魅力に乏しい証券であり，長短のインフレ連動債が広く利用可能となれば，長期投資家からの需要はほとんど消失する運命にあるという点も明らかになった．

長期投資において株式は，インフレ下であっても spm の大きな証券であって，米国市場においてはその存在が実証されている平均回帰性を考慮するならば，投資家からの需要の大きい金融資産であることが明らかになった．本書が独自に実施した5資産が利用可能なケースでの数値実験によれば，$\gamma=5$ 程度の現実的な相対的リスク回避度をもつ投資家は，キャピタル・ベースの約7割を株式へ投資するのが最適であるとなった．長期インフレ連動債には190%程度を向ける．そのための資金は，キャピタル・ベースにその約1.6倍の短期インフレ連動債をショートして得た資金を加えてまかなう．短期インフレ連動債が利用可能ではない4資産のケースでは，短期名目債を代わりに使う．ただしその場合，株式と長期インフレ連動債の投資比率は微調整される．

さて，株式およびインフレ連動債に対する100%を超える投資比率が長期投資において最適であるという数値実験の結果は，現実の証券投資における「常識」からは，到底，受け入れられないだろう．この「非常識」な結果は，Campbell らのモデルの妥当性とともに，彼らが推定した16個に及ぶパラメターの信頼性に依拠している．また，彼らのモデル化は，短期名目債あるいは短期インフレ連動債の大量のショートが可能であることを前提しており，この完全市場の仮定は現実的とは思えない．とはいっても，長期投資において，株式およびインフレ連動債が，短期間の投資に比べてはるかに重要な投資対象となることに異を唱える読者はおられないであろう．この説得性こそが，Campbell らの分析も含めて，モデルに拠る分析の得難い特長といえる．

本章で取り上げた Campbell and Viceira（2002）のモデルは，効用理論に立脚した実践的な長期投資決定のアプローチとしては，これ以上の前進が困難

スクのない長期インフレ連動債（物価連動国債）が自由に売買可能という投資環境下で，仮に，年率2%を超えるようなインフレが発生し，今後も続くという見通しが一般的となったならば，誰もが採用を検討しそうな投資戦略であるともいえる．

7. 労働所得と株式投資収益率の平均回帰性の影響，および本章の総括 343

なところまで来ている感がある．彼らが，同書の第1章（邦訳書 p.9, 9-13 行）で述べている理論モデル・ビルダーとしての信念を引用しておこう．

「投資実務家の中には，学者が効用関数を用いることに不快さを感じている者もいる．しかし，投資家の選好，とくに性急さやリスク回避度は最適ポートフォリオに大きな影響を与える．たとえどんなに困難な作業であっても，ポートフォリオ選択に関わる研究においては，選好をモデル化する以外に他の方法はない．」

私たちも同感である．彼らの努力と真摯な姿勢に十分に敬意を払ったうえで，それでは彼らのモデルを投資実践にそのまま応用できるかと自らの胸に問えば，答えは残念ながら否である．まず，技術的な問題として，彼らが対数線形近似とよぶ単なるテイラー展開による近似が，現実の投資比率決定上，どの程度深刻な誤差を生むかについて，理論的検討が十分になされていない．モデルの構造が複雑である割合に，投資機会集合の変動を描ききれたとはいえず，また，16個にも及ぶパラメーターの推定値が計測時期によって安定的でなく，信頼できない可能性を明示的には扱っていないという問題もある．そもそも，株式の収益生成過程を2ファクター・モデルで捉えきることができると考えるのはあまりにもナイーブである．長期投資において考慮すべき株価の平均回帰性（ないし，平均乖離性）や労働所得の影響等，重要な要素が捨象されていることはすでに述べた．

本書では，Campbell らの分析を検証したうえで，不足する部分を補う目的から投資機会集合として5資産まで同時に投資可能として最適な投資比率を求めたが，現実の資産運用において投資家および運用者は，株式の範疇に含まれるリスク資産として，単に株価指数連動型ポートフォリオを利用するのにとどまらず，互いに相関をもつ多数の個別株式銘柄を独自に選んで分散投資するという選択をするのではないか．そのとき，運用者が直面する組み入れ可能な銘柄グループの構成にかかわる制約や，各資産・各銘柄ごとに空売りの制約がある場合への対処など，きめ細かな資産運用上の配慮が求められると想像される．これらの問題を，すでに十分に複雑化した彼らのアプロー

チによって解決することはおそらく不可能であろうというのが，私たちの見立てである[45]．

多期間化の方向へと進んできた投資理論およびファイナンス理論研究の今日的な実情は，以上説明してきた通りである．本章で例示した Campbell and Viceira（2002）のモデルは，しかし，投資実務に直接には応用できそうにない．それでは，現時点において，私たちが考える実用的な長期・多期間の投資モデルはどのようなものであるか．この問に，第5，第6章を使って答えることにしよう．

---

[45] 米国市場を分析対象に選んだ Campbell らは，当然，以上の問題点の存在を強く認識しており，それを示すものとして，たとえば，米国経済の構造が明確に変化したと考えられる米 FRB のボルカーおよびグリーンスパン両氏が強力なインフレ抑制政策を実行した 1983 年〜1999 年の期間についてはパラメターを分けて推定し，別途の分析対象とするなどしている．

APPENDIX CH-4A　最適消費・富比率を与える差分方程式の導出

オイラー方程式を対数線形化した本文中の (4.11) 式を再掲すると,

$$\mathrm{E}_t[\tilde{r}_{i,t+1}] = -\theta \ln \delta + \frac{\theta}{\psi}\mathrm{E}_t[\Delta \tilde{c}^*_{t+1}] + (1-\theta)\mathrm{E}_t[\tilde{r}_{p,t+1}]$$

$$-\frac{1}{2\psi^2}\mathrm{Var}_t[-\theta \Delta \tilde{c}^*_{t+1} - \psi(1-\theta)\tilde{r}^*_{p,t+1} + \psi \tilde{r}_{i,t+1}] \qquad [(4.11)]$$

である．上式は，任意の資産について成立する関係であるから，資産 i として最適ポートフォリオを考え，$i=p$ とおいて，期待消費成長率について表わすと，

$$\mathrm{E}_t[\Delta \tilde{c}^*_{t+1}] = \psi \ln \delta + \psi \mathrm{E}_t[\tilde{r}_{p,t+1}] + \frac{\theta}{2\psi}\mathrm{Var}_t[\Delta \tilde{c}^*_{t+1} - \psi \tilde{r}_{p,t+1}] \qquad (\mathrm{A}4.1)$$

となる．一方，予算制約式の対数線形近似式は，

$$\Delta w_{t+1} = \tilde{r}^*_{p,t+1} + \left(1 - \frac{1}{\rho}\right)(c^*_t - w_t) + k, \quad k \equiv \ln \rho + \frac{1-\rho}{\rho}\ln(1-\rho)$$

$$[(4.6)], \ [(4.5)]$$

であった．なお厳密には，上式では，あらかじめ最適ポートフォリオと最適消費を前提にしているので，それぞれアスタリスクを付している点が本文の (4.6) 式とは異なっている．さて，時点 t の情報のもとで (4.6) 式の期待値をとった式を (A4.1) 式から辺々差し引き，$\theta \equiv \dfrac{1-\gamma}{1-(1/\psi)}$ を代入・整理すると，以下の通り，証明すべき差分方程式である本文中の (4.55a), (4.55b), (4.55c) 式を得る．

$$c^*_t - w_t = \rho\{\mathrm{E}_t[\tilde{c}^*_{t+1} - \tilde{w}_{t+1}] - \psi \ln \delta - \xi_{p,t} + (1-\psi)\mathrm{E}_t[\tilde{r}^*_{p,t+1}] + k\} \qquad (\mathrm{A}4.2)$$
$$= \rho \mathrm{E}_t[\tilde{c}^*_{t+1} - \tilde{w}_{t+1}] + \rho(1-\psi)x_t + \rho\{(1-\psi)q_{0,t} - \psi \ln \delta - \xi_{p,t} + k\}$$

$$[(4.55\mathrm{a})]$$

ただし, $q_{0,t} \equiv \mathrm{E}_t[\tilde{r}^*_{p,t+1}] - x_t$ $\qquad [(4.55\mathrm{b})]$

$$\xi_{p,t} \equiv -\frac{1-\gamma}{2(1-\psi)}\mathrm{Var}_t[\tilde{c}^*_{t+1}-\tilde{w}_{t+1}+(1-\psi)\tilde{r}^*_{p,t+1}] \qquad [(4.55\mathrm{c})]$$

次に，最適消費・富比率を導く．そのためには，上記の差分方程式を満たす対数線形化パラメータ ρ を求める必要がある．ところが，最適投資収益率 $\tilde{r}^*_{p,t+1}$ の期待値と分散もまた ρ の関数となり，ρ を解析的に求めることは容易ではない．そこで，最適消費・富比率が状態変数の1次式であると推測する方法をとる[46]．すなわち，

$$c^*_t - w_t = b_0 + b_1 x_t \tag{A4.3}$$

とおき，未定係数 b_0, b_1 を上の差分方程式と矛盾なく定める．上式を (4.55a) の差分方程式に代入し，状態変数 x_t の自己回帰過程を表わす (4.27) 式を用いると，

$$\begin{aligned} b_0+b_1 x_t &= \rho \mathrm{E}_t[b_0+b_1\tilde{x}_{t+1}]+\rho(1-\psi)x_t+\rho\{(1-\psi)q_{0,t}-\psi\ln\delta-\xi_{p,t}+k\} \\ &= \rho[b_0+b_1\{(1-\dot{\phi}_x)\mu_x+\dot{\phi}_x x_t\}] \\ &\quad +\rho(1-\psi)x_t+\rho\{(1-\psi)q_{0,t}-\psi\ln\delta-\xi_{p,t}+k\} \end{aligned}$$

となるが，この関係は状態変数 x_t の任意の値について成立するので，上式右辺の1次の係数，定数項はそれぞれ b_1, b_0 に恒等的に等しくなければならない．このとき，

$$b_0 = \frac{\rho}{1-\rho}\{b_1(1-\dot{\phi}_x)\mu_x+(1-\psi)q_{0,t}-\psi\ln\delta-\xi_{p,t}+k\} \tag{A4.4}$$

$$b_1 = \frac{\rho(1-\psi)}{1-\rho\dot{\phi}_x} \tag{A4.5}$$

となる．

また，上記の b_0, b_1 の関数形は差分方程式 (4.55a) 式を矛盾なく満たすことを検証できる．前述したように，(4.55a) 式には，最適ポートフォリオを

---

[46] 最適消費・富比率が状態変数の1次関数になるというのは自明の結果ではない．本モデルでは実質無リスク利子率と完全相関する変数を状態変数にとっているが，Kim and Omberg (1996)，Campbell and Viceira (1999a) ではリスク・プレミアムを状態変数に採用した結果，最適消費・富比率は状態変数の2次関数に，また，Campbell and Viceira (2003) では状態変数ベクトルの2次関数になっている．

通じて ρ に依存する項として $q_{0,t}$ と $\xi_{p,t}$ とがあるが,(A4.3) 式のもとで後者は,

$$\xi_{p,t} = -\frac{(1-\gamma)(1-\psi)}{2}\left\{\frac{\rho^2}{(1-\rho\dot{\phi}_x)^2}\dot{\sigma}_x^2 + \frac{2\rho}{1-\rho\dot{\phi}_x}\dot{\sigma}_{x,p,t} + \dot{\sigma}_{p,t}^2\right\} \quad (A4.6)$$

ただし,$\dot{\sigma}_{x,p,t} \equiv \mathrm{Cov}_t[\tilde{\varepsilon}_{x,t+1}, \tilde{r}^*_{p,t+1}], \quad \dot{\sigma}_{p,t}^2 \equiv \mathrm{Var}_t[\tilde{r}^*_{p,t+1}]$

となる.これを (A4.4) 式へ代入し,ρ に依存する項を ρ の関数であることを明示して $b_0 = b_0(\rho), b_1 = b_1(\rho), q_{0,t} = q_{0,t}(\rho), k = k(\rho), \dot{\sigma}_{x,p,t} = \dot{\sigma}_{x,p,t}(\rho), \dot{\sigma}_{p,t}^2 = \dot{\sigma}_{p,t}^2(\rho)$ と表示すれば,

$$b_0(\rho) = \frac{\rho}{1-\rho}\left[\frac{\rho(1-\psi)}{1-\rho\dot{\phi}_x}(1-\dot{\phi}_x)\mu_x + (1-\psi)q_{0,t}(\rho) - \psi\ln\delta + k(\rho)\right.$$
$$\left. + \frac{(1-\gamma)(1-\psi)}{2}\left\{\frac{\rho^2}{(1-\rho\dot{\phi}_x)^2}\dot{\sigma}_x^2 + \frac{2\rho}{1-\rho\dot{\phi}_x}\dot{\sigma}_{x,p,t}(\rho) + \dot{\sigma}_{p,t}^2(\rho)\right\}\right]$$
$$[(4.56\mathrm{b})]$$

$$b_1(\rho) = \frac{\rho(1-\psi)}{1-\rho\dot{\phi}_x} \qquad [(4.56\mathrm{c})]$$

となり,本文中の (4.56b) および (4.56c) 式を導くことができる.

さて,以上を準備のうえで ρ の定義式 (4.4) 式にもどると,この非線形方程式は,

$$\rho \equiv 1 - \exp\{\mathrm{E}[\tilde{c}^*_t - \tilde{w}_t]\} = 1 - \exp\{b_0(\rho) + b_1(\rho)\mathrm{E}[\tilde{x}_t]\}$$
$$= 1 - \exp\{b_0(\rho) + b_1(\rho)\dot{\mu}_x\} \qquad [(4.56\mathrm{a})]$$

となって,本文中の (4.56a) 式が導かれる.上式は ρ に関する非線形方程式であるが,その解を $\rho = \rho^*$ とすると,$b_0(\rho) = b_0(\rho^*), b_1(\rho) = b_1(\rho^*)$ と表現できるので,最適消費・富比率は,(A4.3) 式より,

$$c^*_t - w_t = b_0(\rho^*) + b_1(\rho^*)x_t \Leftrightarrow \frac{C^*_t}{W_t} = e^{b_0(\rho^*) + b_1(\rho^*)x_t} \qquad [(4.57)]$$

となる.

なお,(4.57) 式を変形すると,

$$\ln\frac{C_t^*}{W_t} = b_0(\rho^*) + b_1(\rho^*)x_t \tag{A4.7}$$

であり,これは時点 t における最適消費・富および状態変数の実現値についての関係を表わしている.一方,(4.56a) 式の非線形方程式において,$\rho=\rho^*$ を代入すると,

$$\rho^* \equiv 1-\exp\{\mathrm{E}[\tilde{c}_t^*-\tilde{w}_t]\} = 1-\exp\{b_0(\rho^*)+b_1(\rho^*)\dot{\mu}_x\}$$
$$\Leftrightarrow \mathrm{E}[\tilde{c}_t^*-\tilde{w}_t] = b_0(\rho^*)+b_1(\rho^*)\dot{\mu}_x$$

が成り立つから,

$$\mathrm{E}\left[\ln\frac{\widetilde{C}_t^*}{\widetilde{W}_t}\right] = b_0(\rho^*)+b_1(\rho^*)\dot{\mu}_x \tag{A4.8}$$

を導くことができる.(A4.8) 式は,(A4.7) 式について,時点 0 において無条件の期待値を求めているため,状態変数 x_t が,その無条件期待値 $\dot{\mu}_x$ に変わっているという点が異なる.

APPENDIX CH-4B　最適消費・富比率を一定にする相対的リスク回避度の存在について

　まず，主観的割引因子を δ とするとき，最適消費・富比率 C_t^*/W_t が任意の t について一定値 $1-\delta$ になる場合には，対数線形化パラメータ ρ は δ に等しくなることを示そう．ρ の定義式 (4.4) 式において，最適消費ゆえアステリスクを付して $c_t = c_t^*$ とすると，

$$\rho \equiv 1 - e^{\mathrm{E}[\tilde{c}_t^* - \tilde{w}_t]} \qquad [(4.4)]$$

である．右辺の指数関数のべき部分は，無条件の期待値を求めているので変数にティルダを付してあるが，最適消費・富比率の対数値が $\tilde{c}_t^* - \tilde{w}_t = \ln(\tilde{C}_t^*/\tilde{W}_t) = \ln(1-\delta)$ の確定値のときには，

$$\rho \equiv 1 - e^{\mathrm{E}[\ln(1-\delta)]} = 1 - e^{\ln(1-\delta)} = 1 - (1-\delta) = \delta \qquad (\text{A4.9})$$

が成立することは明らかであろう．

　次に，$\tilde{c}_t^* - \tilde{w}_t = \ln(1-\delta)$ をもたらすような，(Epstein=Zin 効用の) リスク回避にかかわる母数 ψ および γ についての十分条件を求める．対数化した消費・富比率が満たすべき差分方程式 (4.55a)〜(4.55c) 式を再掲すると，

$$c_t^* - w_t = \rho \mathrm{E}_t[\tilde{c}_{t+1}^* - \tilde{w}_{t+1}] + \rho(1-\psi)x_t$$
$$+ \rho\{(1-\psi)q_{0,t} - \psi \ln \delta - \xi_{p,t} + k\} \qquad [(4.55\mathrm{a})]$$

$$\text{ただし，} q_{0,t} \equiv \mathrm{E}_t[\tilde{r}_{p,t+1}^*] - x_t \qquad [(4.55\mathrm{b})]$$

$$\xi_{p,t} \equiv -\frac{1-\gamma}{2(1-\psi)}\mathrm{Var}_t[\tilde{c}_{t+1}^* - \tilde{w}_{t+1} + (1-\psi)\tilde{r}_{p,t+1}^*] \qquad [(4.55\mathrm{c})]$$

であり，ここで，

$$k \equiv \ln \rho + \frac{1-\rho}{\rho}\ln(1-\rho) \qquad [(4.5)]$$

であった．

任意の t について $\tilde{c}_t^* - \tilde{w}_t = \ln(1-\delta)$，および，このとき $\rho = \delta$ であることを（4.55a）および（4.5）式へ代入すると，

$$\ln(1-\delta) = \delta \ln(1-\delta) + \delta(1-\psi)x_t$$
$$+ \delta \left\{ (1-\psi)q_{0,t} - \psi \ln \delta - \xi_{p,t} + \ln \delta + \frac{1-\delta}{\delta}\ln(1-\delta) \right\} \quad \text{(A4.10)}$$

となる．ここで，（4.55b）式および（4.55c）式において，最適ポートフォリオの期待収益率を $\mathrm{E}_t[\tilde{r}_{p,t+1}^*] \equiv \dot{\mu}_{p,t}^*$，分散を $\mathrm{Var}_t[\tilde{r}_{p,t+1}^*] = \dot{\sigma}_{p,t}^{*2}$ と表わせば，（4.55c）式は，

$$\xi_{p,t} = -\frac{1-\gamma}{2(1-\psi)}\mathrm{Var}_t[\ln(1-\delta) + (1-\psi)\tilde{r}_{p,t+1}^*] = -\frac{(1-\gamma)(1-\psi)}{2}\dot{\sigma}_{p,t}^{*2}$$

となることに注意して，これらを（A4.10）式へ代入・整理すると，容易に，

$$(1-\psi)\left\{ \dot{\mu}_{p,t}^* + (1-\gamma)\frac{\dot{\sigma}_{p,t}^{*2}}{2} + \ln \delta \right\} = 0 \quad \text{(A4.11)}$$

を得る．上式が成立するのは，

$$\psi = 1 \quad \text{(A4.12)}$$

あるいは，

$$\dot{\mu}_{p,t}^* + (1-\gamma)\frac{\dot{\sigma}_{p,t}^{*2}}{2} + \ln \delta = 0 \quad \text{(A4.13)}$$

のときである．（A4.12）式は，Giovannini and Weil（1989）が明らかにした最適消費・富比率が確定値となるための十分条件であるが，（A4.13）式は本書がはじめて提示する十分条件である．

これら2つの条件の意味を本文中の表4-4と対応させて確認することができる．同表のアミをかけた $\psi = 1.0$ の列に最適消費・富比率として10.00（これは％表示した δ の値であり，10％）が並んでいるが，これは（A4.12）式の条件を満たしていることを表わす．一方，同表中の10.00が横に並んだ行は（A4.13）式の条件を満たすことを示している．

さて，この上の説明の謎解きのようにして，（A4.13）式を使い，異なる状態間の消費変動に対するリスク回避パラメーター γ の特定の値についてさら

に詳しく解説しておこう.

最適ポートフォリオの期待収益率 $\hat{\mu}_{p,t}^*$ と分散 $\hat{\sigma}_{p,t}^{*2}$ は, 最適ポートフォリオの投資比率ベクトルを通じて γ に依存する. 通常は, 両者とも γ の減少関数であるが, その関数関係は, 厳密には, 投資可能な資産のメニューとヘッジ・ポートフォリオの内容により定まる. いま, $\hat{\mu}_{p,t}^*$ と $\hat{\sigma}_{p,t}^{*2}$ が γ の関数であることを強調して, $\hat{\mu}_{p,t}^*(\gamma), \hat{\sigma}_{p,t}^{*2}(\gamma)$ と表わし, (A4.13) 式を成立させる γ を γ^* と表現するならば, 最適消費・富比率を確定値にする相対的リスク回避度は, 非線形方程式,

$$\hat{\mu}_{p,t}^*(\gamma^*) + (1-\gamma^*)\frac{\hat{\sigma}_{p,t}^{*2}(\gamma^*)}{2} + \ln\delta = 0 \tag{A4.14}$$

を満たす解として与えられる. 表 4-4 においては, (小数第 6 位を四捨五入すると) $\gamma^* \approx 2.89964$ のとき, 表に掲載してはいないものの, $\hat{\mu}_{p,t}^* \approx 17.77\%$, $\hat{\sigma}_{p,t}^* \approx 27.61\%$ (いずれも年率表示) であり, このとき (A4.14) 式は満たされる. これが, 表 4-4 中に $\gamma=2.89964$ の行を設けた理由である. いうまでもなく, この値は他の母数に依存して定まるものであり, 数値自体に特段の意味はない.

第5章

最適成長ポートフォリオの理論

　多期間モデルにおける2つのリスクの分離という理論的要請からEpstein=Zin効用を用いてモデル・ビルディングに着手したCampbellらは，第4章で示したように，非現実的な仮定を連ねて擬似解析解を導いたものの，設けた仮定群を，現実を取り入れようとわずかに変化させただけでも操作性が著しく低下するようなモデルとなってしまい，結果的には，実用性を捨てることとなった．この実用性の欠如という点を深刻に受けとめた私たちは，原点に返り，投資家の長期間における実践的な資産運用方法として，現在でも，実務家および経済学者以外の多くの研究者から支持を受けている最適成長ポートフォリオ（GOP）を理論的分析の対象としてとりあげることにした．

　本章では，ここまでの議論の流れを一変させて，しばらくは効用理論を明示的に考えず，投資がもたらす将来収益の最大化を目的とするポートフォリオについて分析する．もし，投資の計画期間終了時に，他のどのようなポートフォリオよりも確率1でより大きな富をもたらすようなポートフォリオを作り出すことができるとすれば，それは，多くの投資家にとって非の打ちどころのないポートフォリオなのではないか．

　この夢のようなポートフォリオを作ることはできるのだろうか．答えはYesである．Kelly（1956）は，反復してギャンブルを行なう場合に，確率1で，他のどのような戦略よりも大きな富をもたらすギャンブル戦略が存在することを示し，その考え方を資産運用に適用した．その結果がGOPに他ならない．もしGOPが存在し，その構築方法がわかっているのならば，それ

を長期投資に利用するという選択肢は誰もが検討すべきではないだろうか.

直感的には，GOP は最も大きな利益を生むポートフォリオなのだから，それを構築，運用できるのであれば，これに反対する投資家はいないように多くの読者は考えるのではないか. しかしながら，GOP がすべての投資家にとって最善とは限らない. 私たちは，まず，これを理解する必要がある. この理解は必ずしも容易ではないため，読者には緩慢と思えるかも知れないが，はじめにこの点をじっくりと解説する. そのうえで，GOP 投資戦略の詳細を説明することにしよう.

本章で扱う 5 つの論点

本章では 1〜5 節を使って，GOP について以下の 5 つの論点を明らかにする.

(1) 最適成長ポートフォリオ（GOP）戦略はどのようにして生まれたのか. 株価に特定の確率過程，確率分布を前提せず，また，現実的な離散時間取引を仮定した一般的な分析枠組みにおいて，達成可能な最大の資産価値の成長率を GOP はほぼ確率 1 でもたらすことをまず明らかにする. そのうえで，他のどのようなポートフォリオよりも高い利益をもたらすにもかかわらず，GOP は必ずしもすべての投資家にとって最も魅力的なポートフォリオであるとは限らないという重要な論点を，「サミュエルソンの賭け」を題材にして明らかにする.

(2) GOP の具体的な投資比率を解析的に求めるために，連続時間モデルを導入する. 株価の従う確率過程が幾何ブラウン運動であり，連続的取引が可能であると仮定する. このとき，このような虚構のもとではあるが，瞬間的な投資収益率に関する平均・分散効率的ポートフォリオの 1 つとして，GOP の投資比率を解析的に求めることができる.

(3) 瞬間的な平均・分散分析を行なううえでは，ポートフォリオのリターンを表わす概念として，期待成長率（連続複利表示投資収益率の期待値）と期待収益率（単利表示投資収益率の期待値を連続複利表示に変換した値）の 2 つがあり，これら 2 つの概念の混同が混乱を生んでいる可能性

があることを指摘し，読者に注意を喚起する．前者を ς_p，後者を $\hat{\mu}_p$ と表わすとき，イェンゼンの不等式によって $\varsigma_p < \hat{\mu}_p$ となること，また，この関係の平均・分散分析における役割を明らかにする．
(4) GOP の理論は，期待効用理論とは独立に発展してきたが，両者は無関係ではなく，対数型効用をもつ投資家が，連続時間上で期待効用最大化をはかって選択する平均・分散効率的ポートフォリオは，GOP に一致することを示す．この対数型投資家は，各瞬間ごとに連続的取引による自己充足的ポートフォリオ改訂を行なって平均・分散効率的なポートフォリオを維持するが，このポートフォリオ最適化は，同時に，大域的な期待効用最大化かつ期待成長率最大化にもなっていることを示す．
(5) 連続時間モデルは，現実の離散的取引を近似する仮構であって，実務上は，十分な近似が成立するかどうか，すなわち，連続的取引を前提して導出した GOP 戦略が実践可能であるかは熟慮すべき課題である．現実に実行可能であるための条件とその確認手段を Merton and Samuelson (1974) に依拠して検討する．

1. 最適成長ポートフォリオについて

最適成長投資の理論についての数理的な説明に入る前に，その導入として，最適成長ポートフォリオを巡る論争がどのように展開されてきたかを振り返っておこう．

1.1 最適成長投資理論はどのように展開されてきたか

はじめに断っておくと，本節では，しばらくの間，ポートフォリオ改定は1期間に1回，期初に行なわれるという前提で話をすすめる．その理由は，Samuelson をはじめ，有力な経済学者による最適成長投資の理論の取り扱いにおいては，常にそのような前提がおかれてきたためである．この1期間が1年であるのか，あるいは1日か，その物理的長さは経済学では特定される

ことはないが，消費と投資の意思決定を前提とする議論である以上，各期の期初には，実現した世の中の状態に応じて消費と投資の意思決定が行なわれ，消費の意思決定の回数と期間の数は原則的に同じになる．

一方，最適成長投資の理論では，この消費の意思決定問題を明示的には取り扱わず，ある時点に保有していた富全額が投資可能であり，将来時点 T まで消費を考えずに反復投資を行なって，時点 T に実現する投資の成果を最大化する方法を考察対象とする．消費を考えないのであるから，投資機会集合が一定であれば，1期間に1回のリバランシングを T 期間繰り返すという設定と，あらかじめ与えられた計画期間全体を1期間と定義し，その中で T 回のリバランシングを行なって期末富を最大化すると考えることは，本質的には同一である．

学説史を繙く形になる本節では前者の考え方を，一方，実践的な投資技法を提案する本章3節以降では後者の考え方を前提にして議論をすすめるが，読者に混乱が起きないよう，必要に応じて注意を喚起することとしたい．

いま，今後 $T(\geqq 2)$ 期間にわたって所与の投資用資金を用いて長期の資産運用を行なう投資家を考える．前章までの議論と異なる点は，各期における消費の意思決定については考えず，最終期の期末にのみ消費を行なうと仮定することである．そのため，各期の初期賦存量は捨象し，彼は，毎期，投資成果のすべてを再投資に向け，運用の途中で消費のために資産の一部を売却したり，あるいは，資金を追加したりすることはないものとする．さらに，ポートフォリオは有限責任の範囲で運用することを前提し，投資ホライズンの各期末の運用資金総額がゼロとなる可能性のあるポートフォリオは構築・保持しないと仮定する[1]．

本節で扱う最適成長投資の理論の目的は，あらかじめ確保された投資用の資金を計画期間の期末に向けて，達成可能な最大値にできる限り近づくように運用したいという実務的な要請を念頭において，それがどのような投資戦略であるかを明らかにすることである．その際，有限責任の性質を常に確保するためにレバレッジを制限するので，その帰結として，第4章の数値実験

---

1) 以下では，時点 T の富が $W_T=0$ となることを，「破産」とよぶ．

で取り上げたような，無リスク資産の空売りによる極端に高レバレッジの投資戦略は採用しないことになる[2]．

実は，このような将来富の最大化を目的とする投資戦略分析の端緒を開いたのはファイナンスの研究者ではなく，情報理論からアプローチしたKelly (1956) であった．彼は，反復してギャンブルを行なう場合に，他のどのような戦略よりも確率1でより大きな富をもたらすギャンブル戦略が存在することを示した．その戦略を証券投資に応用したものが本章で取り上げる最適成長戦略であって，その際，反復的なリバランシングを特徴とするポートフォリオを最適成長ポートフォリオ（Growth Optimal Portfolio; GOP）とよんでいる[3]．このGOPは，長期投資において，他のいかなる投資戦略よりも大きい富を実現する確率が1であるようなポートフォリオであって，資産運用に携わる少なからぬ投資家にとって非の打ち所がないポートフォリオであるように思われるであろう[4]．本章では，GOPは毎期の富の成長率を最大化すること，および，それは毎期の投資収益率の幾何平均を最大化するようにすれば構築できることを明らかにする[5]．

GOPは，投資家が少ない富よりも多くの富を選好するのであれば，長期投資において必ず選択されるポートフォリオであるかのような印象を，多くの読者がもたれるかもしれない．しかしながら，このGOPが，最終期の富を売却して得られる消費財の消費がもたらす期待効用を最大化するような，期待効用理論に立脚した最適ポートフォリオになっているかどうかについては慎重な検討が必要である．本節では，この問題に魅了され，生涯にわたってGOPが最善の選択肢とは限らないと主張し続けたSamuelsonの分析をまず

---

[2] 最適成長ポートフォリオ投資とレバレッジ，およびリスクの関係については第2章のAPPENDIX CH-2Aを参照のこと．

[3] そのための投資戦略は最適成長戦略，あるいは提唱者の名を冠してKelly戦略（Kelly Strategy）の別名でよばれる．

[4] Breiman (1961) は，GOPが，目標として設定した富のレベルへ到達する期待時間が最小のポートフォリオでもあることを示している．

[5] この点を最初に理論的に解明したのはWilliams (1936) であるといわれている．複利運用を前提とした長期・多期間のポートフォリオ運用では，毎期の投資収益率の掛け算によって富が成長するのであるから，算術平均ではなく，幾何平均こそが運用の平均的成果を判断する指標となることは，資産運用問題を扱う者にとってはごく当り前の認識といってよいであろう．

紹介し，批判的に論評する[6]．

　理論上，GOP は無限回の反復投資を想定しており，期間 T が無限大であることを要請していることは既に述べたが，それでは，現実の投資において，たとえば 1 期間を 1 年，あるいは半年ないし 1 か月などと設定するとき，期間数 T をどれほどの大きさにとれば GOP の恩恵を受けることができるのであろうか[7]．そもそも，人間の寿命は有限であるから，T を無限大にとるという考え方自体が，現実の投資には役立たないというべきではないか．大数の法則はこの問いには完全に無言である．

　Samuelson を筆頭に，von Neumann-Morgenstern の公理系に基礎をおく期待効用理論の立場にたつ経済学者たちは，期待効用の最大化という意味において，GOP は特定の効用関数（対数型効用関数）をもつ投資家以外にとっては最適なポートフォリオではありえず，また，最適ポートフォリオの十分な近似にすらなっていないという批判論文を数多く発表してきた[8]．

「サミュエルソンの賭け」と大数の誤謬

　Kelly（1956）を嚆矢とし，非経済学者が主導する形で展開されていた GOP の議論に，経済学者として最初に疑問を呈したのは Samuelson（1963）である．同論文（pp. 50-51）から，「モルモットにされた同僚は語る（A GUINEA PIG SPEAKS）」の部分を本書著者の翻訳により引用しよう．

　「私は，昼食をともにする同僚たちに次のような賭けを提案した．硬貨を 1 度投げてもらい，表か裏か，あらかじめ指定した方が出たら，200 ドルを受け

[6) GOP を扱う理論的研究の進展の方向について言及すれば，近年の動学的資産価格理論において，GOP には新たな役割が与えられるようになった．Long（1990）は，GOP をニュメレールとして用いて他の資産価格の確率過程を表現することにより，確率測度の変換を用いずに派生商品の無裁定価格を求める方法論を提示している．Platen（2006）を参照のこと．

7) 本節冒頭で確認したように，経済学者の GOP についての分析では，1 期間に 1 度のポートフォリオ改定を前提しつつも，1 期間が物理的にどの程度の時間なのかは特定しない．一方，非経済学者の GOP についての分析では「期間」の概念を厳密な意味では用いず，所与の計画期間において，複数回のポートフォリオ改定が可能であると考えるケースが多い．

8) 代表的な論文を上げれば，後節で扱う Samuelson and Merton（1974）や，Goldman（1974），Ophir（1978）などである．

取り，出なかったら100ドルを支払うというものである[9]．この申し出に対して，ある著名な，しかし高等数学の技術に長けていると自負しているわけではない学者が次のように答えた．『私はこの賭けには参加しないよ．なぜならば，100ドルの損失は200ドルの儲けより大きく感じるからね．けれども，もしこの賭けを100回繰り返すと約束してくれるなら，やってみてもいいかな．』[10]

Samuelsonは，この同僚の行動は一貫性を欠いている（inconsistent）と断じた．彼の富がどのような水準であっても，もし1回のみの賭けを断るのであれば，同じことを100回続けるという賭けもまた必ず断らなければならないと考えたからである．仮に，99回賭けを行なったあとで，残り1回を行なうかどうかを考えるならば，その1回のみの賭けは断るはずである．この議論を後向きに帰納すれば，100回続ける賭けの第1回目もやはり断ることになる．

この「サミュエルソンの賭け」の例は，1期間のみではリスクが高くて断るような投資であっても，長期にわたって同じ投資を反復すると大数の法則によってリスクが減少し，同じ投資家であっても受け入れるというGOPを擁護する考え方を痛烈に批判したものである．この批判は，大数の法則はリスクを何ら改善するものではないという批判でもある．この論理をGOPに適用するならば，1期間のみのGOP投資を（すべての富水準において）断る投資家にとっては，多期間においても，GOPに反復投資することは非合理的ということになる．

上に紹介したSamuelsonの批判は，実は，いくつかの何気なく触れているかのようなパラメーター設定のうえに成り立っている．すなわち，現在，彼の同僚が有する富の水準と比べて，賭けのペイオフである200ドルの利益ある

---

[9] この賭けは研究者の間では "the Samuelson bet" とよばれており，（賭けの話を持ち出したSamuelsonの立場からいえば）指定された面が出たら200ドルを相手に渡す，出なかったら相手から100ドルをもらう，という「賭け金」ゼロの変則的な賭けとして解釈されている．

[10] Samuelsonは，引用文中にある同僚が，自らが所属していた米国マサチューセッツ工科大学（MIT）経済学部のE. Cary Brown教授であることを後にSamuelson (1989) で明かしている．

いは100ドルの損失が相対的にどれほどの比重を占めるかという前提が抜け落ちている[11]．モルモットたる同僚は，100ドルの損失ではなく10セントの損失であれば，賭けに応じたかもしれない．Samuelson が，同論文の最終ページ脚注において，「もし，高所得階層であれば1回限りの賭けでも受け入れ，かつ，低所得階層にとって賭けによる損失が無限大にならないのであれば，長い賭けの繰り返しが好ましくなることがあるかもしれない」と述べているのは，この意味での留保と解することができる．Samuelson の批判は，同僚の富がどのような水準であっても，もし1回のみの賭けを断るならば，という限定された状況においてのみ成立することに注意が必要である．

この「サミュエルソンの賭け」の問題に触発される形で，脚注でも触れたRoss（1999）は，特定の富水準のもとで1回のみの賭けを断るならば，他のすべての富水準のもとでもその（1回のみの）賭けへの参加を断わるというSamuelson が前提した効用関数としては，線形効用関数と負の指数型効用関数しか存在しないことを証明した．したがって，リスク回避性を前提するならば，Samuelson の批判は「もし同僚教授が負の指数型効用関数をもつならば彼の考え方は非合理的である」と主張しているに過ぎないことになる．

Pratt and Zeckhauser（1987）は，Samuelson が前提した「すべての富水準のもとで」という制約を課さずに，単独では断るような2つの独立な魅力的ではない賭けがあるとき，2つの賭けを加えたものが，単独の賭けよりもさらに魅力的ではなくなるような効用関数を「適切な（Proper）」効用関数と定

---

11) この点に関して，コイン・トスの賭けの話題の前に，伏線としてSamuelson は，自らの青年期に「一流の数学者（a distinguished mathematician）」と交わした会話を披露し，そこに，「賭けの結果による限界効用の変化が意思決定に影響を及ぼさないほどの小額の賭け金」という表現を差しはさんでいる．同じ趣旨であるが，このSamuelson の定理には，複数回の賭けがもたらす利益にもかかわらず，投資家の「所得あるいは資産水準がある範囲内にあるならば（if at each income or wealth level within a range）」という但し書きが付されており，有利な賭けを受け入れる結果として，意思決定を変更する水準まで富が増大する状況は注意深く排除されている．この制約を取り払った場合，1回のみの賭けは拒否するが，複数回の賭けであれば受け入れるという効用関数が存在することが，Nielsen（1985），Ross（1999）らによって明らかにされており，Samuelson 自身もSamuelson（1989）において，そのような効用関数として，Domar and Musgrave（1944）が提示した2本の直線から構成される変則的な効用関数を例示している．Ross（1999）については，この後の脚注12を参照のこと．

義し，その性質を検討している．彼らの結果を紹介すると，べき型，対数型，負の指数型効用関数を含む HARA 型効用関数はすべて「適切な」効用関数であり，この型の効用関数を有する者は，所与の富のもとで 1 回のみの賭けをもし断るならば，2 回以上の賭けは必ず断ることになる．したがって，「サミュエルソンの定理」は，投資理論で頻繁に利用されるこれらの効用関数において，投資家の富の水準にかかわらずに成立し，したがって，1 期間の投資ホライズンで選択されなかったポートフォリオは，多期間の投資ホライズンでも決して選択されないことを含意する[12]．

以下では，この「サミュエルソンの賭け」を題材に，効用関数としてべき型効用関数を想定し，初期富の水準を与えて，賭けの回数を増やしても投資のリスクは全く改善されないことを示す．また，賭けの回数の増加（反復投資）によって賭けの期待値（リターン）が増加し，かつ，利益がゼロあるいは損失が生じる確率がどんなに小さくなったとしても，1 回の賭け（1 期間投資）を拒否する投資家は，同じ賭けの複数回の実行（長期投資）も拒否することを解説する．これは，GOP を巡る議論のよい例証になり，かつ，効用関数を考えることの意義をも明らかにする好例と思う．

「サミュエルソンの賭け」は，1 回当たり 0.5 の確率で 200 ドルの利益，0.5 の確率で 100 ドルの損失をもたらすと想定されているので，以下では，表が出たら 200 ドルの利益，裏ならば 100 ドルの損失を生むとして説明しよう．その期待収益は，

---

[12] Ross (1999) は，リスクが乗法的な場合（独立な複数回の賭けの利益が各回の利益の積で表わされる場合）についても考察しており，相対的リスク回避度が 1 以下のべき型効用関数であれば 1 回のみの賭けは拒否するが，複数回の賭けは受け入れることを証明している．同論考では，したがって，対数型効用およびそれよりも相対的リスク回避度が低いべき型効用関数をもつ投資家は，たとえ 1 期間の投資収益率が魅力的ではないポートフォリオであっても，多期間では同じポートフォリオをロールオーバーし，グロスの投資収益率が各期の収益率の積になるような長期投資を選択すること，したがって，「時間分散」が長期で成立する理論的可能性が示唆されている．しかしながら，相対的リスク回避度が 1 よりも大きいようなべき型効用をもつ投資家は，1 期間の投資で受け入れないポートフォリオ（たとえば GOP）は，多期間においても決して選択しないこともまた証明している．現実的なリスク回避度のもとでは，やはり，1 期間で選択されなかったポートフォリオが，投資のタイムホライズンが長期化することによって選択されるようになるといったことは起きえないといってよいだろう．

$$200 \text{ ドル} \times 0.5 - 100 \text{ ドル} \times 0.5 = 50 \text{ ドル}$$

分散は，

$$(200 \text{ ドル} - 50 \text{ ドル})^2 \times 0.5 + (-100 \text{ ドル} - 50 \text{ ドル})^2 \times 0.5 = (150 \text{ ドル})^2$$

となり，標準偏差でいえば150ドルである．

この賭けを連続した場合は，次のように考える．n 回のコイン・トスで表が出る回数を $\tilde{x}$ とおけば，それは成功確率 $p=1/2$ の2項分布に従い，

$$\tilde{x} \sim \text{Bin}\left(n, \frac{1}{2}\right) \tag{5.1}$$

である．その確率関数は，

$$P(x) = \frac{n!}{x!(n-x)!} p^x (1-p)^{n-x} = \frac{n!}{2^n x!(n-x)!} \tag{5.2}$$

である．係数 $\frac{n!}{x!(n-x)!}$ は，n 個から x 個を取り出す組み合わせの数であり，n 回のコイン・トスで，表が x 回出る場合の数である．

n 回のコイン・トスがもたらす総利益を $\tilde{Z}(n)$ と表わすと，

$$\tilde{Z}(n) = 200\tilde{x} - 100(n - \tilde{x}) = 300\tilde{x} - 100n \tag{5.3}$$

であるから，その期待値と分散，標準偏差（Sd[・]と表わす）を求めると，

$$\text{E}[\tilde{Z}(n)] = 300\text{E}[\tilde{x}] - 100n = 300 \times \frac{n}{2} - 100n = 50n \text{（ドル）}$$

$$\text{Var}[\tilde{Z}(n)] = (300)^2 \text{Var}[\tilde{x}] = (300)^2 \times \frac{n}{4} = (150)^2 n$$

$$\Leftrightarrow \text{Sd}[\tilde{Z}(n)] = 150\sqrt{n} \text{（ドル）}$$

となる．上の演算において，2項分布の期待値が本例では $\text{E}[\tilde{x}] = np = \frac{n}{2}$，分散は $\text{Var}[\tilde{x}] = np(1-p) = \frac{n}{4}$ となることを用いている．標準偏差が1回当たりの $\sqrt{n}$ 倍になっているが，これは第2章で解説した「$\sqrt{T}$ ルール」の T を n に読み替えた場合に当たる．

以上を表5-1としてまとめた．同表の左から5列目までは，賭けの回数が1回から10万回までの各ケースについて，それぞれの値を掲載したものであ

表5-1 「サミュエルソンの賭け」と同僚教授の合理的意思決定

賭けの回数 (n)	期待収益 (ドル)	標準偏差 (ドル)	1回当たり標準偏差 (ドル)	利益が0,あるいは損失が発生する確率 (%)	確実性等価 ($\gamma=5$) (ドル)	確実性等価 ($\gamma=482$) (ドル)
1	50	150	150	50	49	0
10	500	474	47.43	17.2	494	-1
100	5000	1500	15	0.0437	4946	-106
200	10000	2121	10.61	8.69×10^{-5}	9898	-465
300	15000	2598	8.66	4.01×10^{-7}	14853	-1186
400	20000	3000	7.5	9.57×10^{-10}	19812	-2474
500	25000	3354	6.71	2.36×10^{-12}	24774	-4768
600	30000	3674	6.12	1.20×10^{-14}	20740	-9253
700	35000	3969	5.67	3.05×10^{-17}	34707	-18909
800	40000	4242	5.3	7.85×10^{-20}	39677	-36741
900	45000	4500	5	4.10×10^{-22}	44649	-63419
999	49950	4741	4.75	1.43×10^{-24}	49574	-99578
10000	500000	15000	1.5	1.49×10^{-246}	N.A.	N.A.
100000	5000000	47432	0.47	1.22×10^{-2460}	N.A.	N.A.

る. 第2, 第3列をみると, 期待収益は賭けの回数に比例して増加しているが, それには標準偏差リスク（金額表示）の大幅な増加をともなうことがわかる. 同僚教授が, この回数ならばと賭けに参加する可能性を述べた $n=100$ では, 期待収益は5000ドルになる一方, 標準偏差は1500ドルに拡大している[13]．

大数の法則が働くのは, 1回当たりでみた賭けの収益, すなわち平均についてである. 第4列目の1回当たり標準偏差をみると, 1回のみの賭けであれば標準偏差は150ドルであるが, 100回では15ドル, 100000回では0.47ドルとなり, 標準偏差は1ドル未満の水準にまで減少している. さらに n を増加させれば, 標準偏差は0ドルに収束していくとわかる. このとき, 賭け1回当たりの期待収益をリターン, 標準偏差をリスクととらえるならば, 賭けの回数を増加させることによって, 同じリターンを確保しつつ, リスクの

---

[13] この賭けでは, 逐次的意思決定の可能性は言外に排除されている. すなわち, n 回と事前に決めたならばその回数だけ必ず参加するという設定になっており, 途中で抜ける（勝ち逃げ, あるいは負け逃げする）ことは許されないルールである.

方は劇的に減少するので，極限では消失するようにみえる．これが，Samuelson が指摘する「大数の誤謬（Fallacy of Large Numbers）」である．

表の第5列に利益がゼロあるいは損失が発生する確率を掲載した．この確率は，n 回のコイン・トスの利益 $\tilde{Z}(n)$ がゼロ以下になる確率であるから，

$$\Pr[\tilde{Z}(n) \leqq 0] = \Pr[300\tilde{x} - 100n \leqq 0] = \Pr\left[\tilde{x} \leqq \frac{n}{3}\right]$$

である．上式の最右辺の確率は，$\tilde{x}$ が成功確率 0.5 の 2 項分布に従うとき，n が増加すれば急激に減少する．表の $n=100$ 回の行をみるとその確率は 0.0437% にすぎず，これを無視可能とみなす投資家がいたとしても，現実の生活感覚として違和感はない．とはいえ，100 回の賭けは，最悪の場合，$(0.5)^{100} = 7.8886 \times 10^{-29}$ % の微小な確率ではあるが，100 回連続で負けて，$(-100 \text{ドル}) \times 100$ すなわち 10000 ドルの損失をもたらす．この最悪の場合も含め，非常に低い確率ではあるが，もし実現したら甚大な損失が発生する状況をどう評価するかという問題が確かに存在することが理解できるであろう．

次に，賭けの回数を増加させることにより，リスク回避的な投資家にとってこの賭けがより魅力的なものに変わりうるかどうかを，第1章で定義した確実性等価を用いて検討しよう．第1章の (1.4) 式を再掲すると，初期富が W_0 で，リスク回避的な効用関数 u をもつ投資家が，不確実な収益 $\tilde{Z}$ に対して認識する確実性等価は，

$$\mathrm{E}[u(W_0 + \tilde{Z})] = u(W_0 + Z^{\mathrm{CE}}) \qquad [(1.4)]$$

を満たす実数 Z^{CE} であった．「サミュエルソンの賭け」では，この不確実な収益を賭け金を支払わずに入手できる設定になっているので，その確実性等価の金額が正であればこの賭けに参加し，負であれば，実質的に初期富を減ずるので賭けには参加しないはずである[14]．

同僚教授の効用関数として，相対的リスク回避度が $\gamma(>0)$ のべき型効用

---

14) 分析をさらに進めるには W_0 を与える必要があるため，以下では，米国国勢調査局の調査等を参考に，1963 年当時における「同僚教授」の初期富を $W_0 = \$100000$ と推測し，また仮定して分析を進める．

1. 最適成長ポートフォリオについて 365

関数を仮定して (1.4) 式を書き下すと,

$$\mathrm{E}\left[\frac{(W_0+\tilde{Z})^{1-\gamma}}{1-\gamma}\right] = \frac{(W_0+Z^{\mathrm{CE}})^{1-\gamma}}{1-\gamma} \tag{5.4}$$

となる. まず, $W_0=\$100000$ のもとで, 1回のみの賭けの収益,

$$\tilde{Z} = \tilde{Z}(1) = \begin{cases} \$200 & \text{w.p. } 0.5 \\ -\$100 & \text{w.p. } 0.5 \end{cases}$$

を断るか, あるいは受け入れるかの分水嶺になる無差別な相対的リスク回避度を求めてみる. このとき, $Z^{\mathrm{CE}}=Z(n)^{\mathrm{CE}}=0$ (ドル) であるから,

$$\mathrm{E}\left[\frac{(\$100000+\tilde{Z}(1))^{1-\gamma}}{1-\gamma}\right] = \frac{(\$100000+\$0)^{1-\gamma}}{1-\gamma}$$

$$\Leftrightarrow \frac{(\$100000+\$200)^{1-\gamma}}{1-\gamma}\times 0.5 + \frac{(\$100000-\$100)^{1-\gamma}}{1-\gamma}\times 0.5 = \frac{(\$100000)^{1-\gamma}}{1-\gamma}$$

を $\gamma(>0)$ について求めると,

$$\gamma \approx 481.325$$

を得る. 仮に $\gamma=482$ として, 同僚教授が認識する確実性等価を計算すると, $Z(1)^{\mathrm{CE}}=-\$0.0598464$ となり, 負値ゆえにこの賭けは拒否される. $\gamma=481$ とすれば, $Z(1)^{\mathrm{CE}}=\$0.0288858$ と正値になるので, 賭けを受け入れる. このように, 賭けに対する諾否の態度は γ の水準により決まることが確認できる.

相対的リスク回避度 γ が 482 などと甚だしく大きくない限り, この1回の賭けを拒否することはないことになる. そこで, 初期富は $W_0=\$100000$ に固定したままで, 1回のみの賭けを断る投資家として $\gamma=482$ であるような投資家を想定し, 他方, 1回のみの賭けに参加する投資家として $\gamma=5$ の現実的なリスク回避度をもつ投資家を想定して, 賭けの回数が増加したときの確実性等価をそれぞれについて求め, 両者を比較してみる.

n 回のコイン・トスがもたらす総利益は, (5.3) 式により,

$$\tilde{Z}(n) = 200\tilde{x} - 100(n-\tilde{x}) = 300\tilde{x} - 100n$$

であるから, (5.4) 式は,

$$\mathrm{E}\left[\frac{(W_0+\tilde{Z}(n))^{1-\gamma}}{1-\gamma}\right] = \frac{(W_0+Z(n)^{\mathrm{CE}})^{1-\gamma}}{1-\gamma}$$

$$\Leftrightarrow \mathrm{E}\left[\frac{(W_0+300\tilde{x}-100n)^{1-\gamma}}{1-\gamma}\right] = \frac{(W_0+Z(n)^{\mathrm{CE}})^{1-\gamma}}{1-\gamma}$$

$$\Leftrightarrow \sum_{x=0}^{n}\frac{(\$100000+300x-100n)^{1-\gamma}}{1-\gamma}\frac{n!}{2^n x!(n-x)!}$$

$$= \frac{(\$100000+Z(n)^{\mathrm{CE}})^{1-\gamma}}{1-\gamma}$$

となる．賭けの回数 n を指定して，$\gamma=5$ および $\gamma=482$ の投資家について上式を満たす $Z(n)^{\mathrm{CE}}$ を求めたのが前出の表 5-1 の第 6，第 7 列である．

相対的リスク回避度が $\gamma=5$ の投資家は，1 回のみの賭けに正の確実性等価を認識しており，賭けの回数が増加すると，その値はさらに増大する．したがって，複数回の賭けも，当然，1 回のみの賭け同様に参加する．なお，表中で $n=10000$ 以上の欄に N.A. と記載したが，これは，仮に 10000 回のコイン・トスのすべてが裏であった場合には，効用関数上で，$W_0+\tilde{Z}=\$100000-\$100\times 10000=\$0$ となり，$\gamma\geqq 1$ ゆえ，効用水準が $\lim_{W\to 0}\frac{W^{1-\gamma}}{1-\gamma}=-\infty$ に発散してしまうためである．すべて裏が出る確率は $(0.5)^{10000}\approx 5.01237\times 10^{-3011}$ と計算され，文字通り天文学的に小さいが，しかしその場合の効用はマイナス無限大ゆえ，期待効用もマイナス無限大になるのである．

Samuelson の同僚教授の相対的リスク回避度が上の試算のように $\gamma=482$ であるとすると，1 回のみの賭けを拒絶したことは合理的ということになるが，同表の最右列をみると，賭けの回数が増えてもその確実性等価の額は一貫して負値であり，その絶対値は増大している．とくに，同僚教授指定の 100 回の賭けの欄をみると確実性等価は -106 ドルであって，賭け金がゼロという賭けではあっても，100 回と指定して賭けに参加することは確実性等価を使って表現すれば現在の富を 106 ドル減じる効果をもつことがわかる．したがって，もし，同僚教授の効用関数がべき型であるならば，100 回の賭けなら参加するという同僚教授の意思決定は，確実に自分の富を減ずることと同じであり，合理的ではないことになる．これらの結果は，べき型効用関数

が「適切な (proper)」効用関数であると分類した Pratt and Zeckhauser (1987) の結論と整合的である.

以上の数値実験から「サミュエルソンの賭け」について明らかになったことをまとめておこう. まず, 現実的な相対的リスク回避度をもつべき型効用の投資家を考えると, 期待収益が正の有利な賭けであっても, 1回のみの賭けを断る場合には複数回の賭けも断ること, 反対に, 1回のみに参加する場合には複数回の賭けにも参加することを確認した.

1回のみの賭けであれば, 期待収益が正の賭けであっても, 損失が生じる確率は無視できない. ところが, 賭けの回数を増加させれば, 損失が生じる確率は限りなく小さくすることができる. また, 賭け1回当たりの収益の期待値は一定のまま, その標準偏差は賭けの回数の増加にともなってゼロに接近するので, 平均的な収益を得るためのリスクは消滅するかのようにみえる. Samuelson はこれを, 大数の誤謬であるというのである.

効用関数が対象とする変数は収益自体であり, その期待値, あるいは実現値の標本平均ではない. 有利な賭けの回数を増加させることにより, その期待収益は線形に増加し, 標準偏差の増加をともないつつも, 損失が発生する確率をほとんどゼロにすることができる. 確かにその通りである. しかしながら, どれほど期待収益を増加させようとも, 巨額の損失が実現する確率は必ず存在し, その場合の効用の大幅な減少は期待効用水準を引き下げることになる. したがって, 賭けの回数の増加は, 損失を生む確率がほぼゼロのもとで, どんなに大きな利益が期待できるとしても, 期待効用最大化をはかる投資家にとっては, 何らリスクを改善することにはならないのである. 「サミュエルソンの賭け」は, この点を明らかにすることによって, 長期投資がどういう性格をもっているかを明快に表現していると私たちは思う.

GOP は, 1期間のみの投資であっても, あらゆるポートフォリオの中で最大の期待成長率をもつポートフォリオであり, 「サミュエルソンの賭け」でいえば, 考えうる最大の期待収益をもつ賭けである. このポートフォリオへ反復投資することは, やはり, あらゆるポートフォリオ戦略の中で最大の成長を期待することができるうえ, 賭けの回数を増加した場合と同様に, 長期投資において損失を生む可能性 (確率) を限りなくゼロにすることができる.

長期投資において反復投資を続ければ，GOP の 1 期間当たりの投資収益率の実現値の平均はあらゆるポートフォリオの中で最大の値になることが約束されており，他のポートフォリオを確率 1 で凌駕する．だからこそ，多くの非経済学者は，長期投資において，GOP 以外の投資は非合理であると主張するのである．

その一方で，投資家が期待効用を最大化すると前提する限り，長期投資に GOP を選択しない投資家が存在することも「サミュエルソンの賭け」の例は明らかにしている．1 期間投資の対象として GOP を選択しない投資家にとっては，反復投資の回数が増加すればするほど，それはますます魅力のないポートフォリオになる．GOP は多くの研究者を引き付けてきたポートフォリオではあるが，期待効用理論を放棄しないならば，これは単に期待効用を最大化するポートフォリオの 1 つに過ぎず，それ以上でもそれ以下でもないのである．

Samuelson の GOP 批判は，投資家が合理的に行動することの意味として，その投資家を特徴付ける効用関数のもとで期待効用を最大化するポートフォリオが選択されるという，経済学者にとっては当然といえる，しかし，万人にとってそうかと問われれば多少逡巡せざるを得ないような前提に立ってなされている点に私たちは注意しなければならない．加えて，投資の意思決定が多期間にわたって反復されるという設定で議論されてはいても，目的関数すなわち効用関数自体が 1 期間の場合とは違った関数に変わる可能性については，これもまた経済学者にとっては自明な誤謬として排除されている点も見落とせない．いずれにしても，効用関数や期待効用最大化といった概念になじみの薄い実務家や非経済学者の中に，長期投資のために GOP を選ばないのはむしろ非合理的だとみなす方々が少なからずおられるだろうと想像するのは，決して難しくない．

1.2　1 期間と多期間とで効用関数は変わるか？

上に述べた多期間において効用関数が 1 期間の場合とは違った関数に変わる可能性に関連して，Samuelson の前提とは異なり，「多期間効用関数は対数

型に近いものになる」と主張した他の研究者を列挙し，紹介しておこう．GOP の実務応用を考察する際に重要と考えるからである．

短期と長期では投資家の効用関数の形状は異なり，前者がどのような関数であれ，長期投資においてはすべての投資家の効用は対数型あるいは対数型で近似される関数になるという主張は，私たちが知る限り，Markowitz (1970) まで遡る．彼は，現代ポートフォリオ理論の金字塔ともいうべき著書の第 2 刷 (1970) のまえがきで次のように述べている．まず彼は，「長期投資家が GOP を選ばないとしたら，それは非合理的である (irrational)」と理由を述べずに断じ，そのうえで，対数型効用以外の効用関数をもつ投資家を「the Mossin-Samuelson Man」とよんで，十分に長期の投資ホライズンではそのような投資家は「馬鹿げた行動をする (acts absurdly)」という強い表現を使って，長期投資において Mossin (1968)，Samuelson (1963) が想定する対数型効用以外の効用関数の存在を否定している[15]．

同様の主張は経済学者の Hakansson (1971, p. 525) にもみられる．彼は「長期において合理的に行動するためには，投資家は各意思決定時点において，ポートフォリオ収益率に 1 を加えた値に対して，あたかも短期の対数型効用をもつかのごとく行動すべきである」と述べている．ただし，その一方で，「この結果は，投資家の効用に関して何ら仮定をおかずに得られたものである」としており，Hakansson が長期投資の分析において，実のところ期待効用最大化原理を放棄しているのか，そうでないのかは判然としない．

投資理論全般において多くの重要な貢献を重ねてきた Elton and Gruber も，GOP については，その立場は不明瞭である．Elton and Gruber (1974, p. 484) では，幾何平均収益率最大化は，2 つの理由で正当化 (justified) されてきたとして，第 1 に，「もし効用関数が対数型であれば，期末富の期待効用を最大にするポートフォリオ選択を導く」こと，第 2 に「直感的に魅力的な特徴をもつポートフォリオ選択をもたらす」ことを挙げている．したがって，

---

15) Mossin (1968) は GOP を明示的に扱った論考ではないが，期待効用理論によって多期間投資における最適投資を分析した最初の本格的研究であり，その際に，HARA 型効用を用いて，近視眼的投資が成立する条件を明らかにしている．第 2 章の脚注 3 を参照のこと．

第 1 の理由については，対数型以外の効用関数をもつ投資家についていえば幾何平均最大化は正当化できないと暗に認めていることになる．第 2 の理由については，同論文（p. 485）において，「幾何平均収益率最大化という意思決定ルールが適用される期間数が非常に大きくなると，この意思決定ルールによってもたらされる富の成長率が，他の投資戦略によってもたらされる成長率よりも高くなる確率は 1 に近づく」として，非経済学者の主張をそのまま掲載している．彼らの論調は，全般的には GOP を擁護するような印象であり，GOP 反対論者の主張は全く取り上げずに，同ページの脚注において，「読者は，Samuelson（1969）等が，（GOP に対して）反対の議論を展開してきたことに注意すべきである」と述べるにとどめている．

彼らの業績の総括ともいえる論文集 Elton and Gruber（1999, p. 443）には新たな見解が示されており，「（長期投資における）最適ポートフォリオは，単に 1 期間のみ検討した場合に選択されるものとは異なるだろう．この違いが生じるのは，多期間の場合に適切な効用関数は，多期間であることを考慮にいれた誘導効用関数（Derived Utility Function）であり，それは，1 期間の意思決定において適切な効用関数とは異なるためである」と主張している[16]．しかし，第 3 章 3 節でみたように，1 期間効用関数が対数型の場合には，誘導効用関数，すなわち価値関数が対数型になることを確認したが，その他の 1 期間効用関数において，対数型の価値関数を導出した論考は未だ存在しない．彼らがどのような 1 期間効用関数を念頭においているのかに関する説明が不可欠と考えられるものの，実際には述べられていない．価値関数が対数型になるような，リスク回避的な 1 期間効用関数が対数型以外には存在しないことを証明するのは容易ではないが，私たちはそのような都合のよい効用関数はそもそも存在しないと予想している．

これらに比べて，非経済学者である Luenberger（1998, p. 427）の主張は単純かつ明快であり，「原則的に，投資家は各個人のリスク許容度を反映した任意の効用関数を選ぶかもしれないが，（投資を）繰り返す状況においては，効用関数は対数型に近いものに叩き直される（hammer into）」と，乱暴な表現

---

16) 誘導効用関数については第 3 章の脚注 9 を参照されたい．同章では，主に価値関数（Value Function）の名称で検討を進めたが，これは誘導効用関数と同じ概念である．

を用いて経済学者を厳しく批判している．

以上の主張に共通する問題点は，短期の効用関数と長期の効用関数が異なることの理論的整合性についての検討がなされていないこと，また，なぜ長期の効用関数は対数型以外に想定できないのか，最も明らかにすべき論点が述べられていないことである．彼らの主張は，効用関数を持ち出すまでもなく，単に「長期投資ではすべての投資家はGOPを選択する」といっているに過ぎない，ともいえる．

多期間の効用関数を本書ではどう考えるか

ここで私たちの見解を述べておこう．第一に，長期投資においてはGOPのみが選択されるべきだとは全く考えていない．「サミュエルソンの賭け」の例が明らかにしているように，反復投資は，将来の消費変動リスクを何ら改善しないと考えるからである．私たち自身は，投資ホライズンが1年以下の短期であれ，10年を超える長期であれ，市場インデックス並みのリスクを超えたリスク・テイキングは避けたいと思う．第二に，効用関数が投資ホライズンに応じて変化するとも考えていない．期待効用理論の枠組みで議論する限りは，長期・多期間であれ，短期であれ，1期間の効用関数は同一と考えなければ理論的に多くの矛盾が生じるからである[17]．長期投資において，GOP以外の投資戦略は非合理的であると信じる実務家・研究者は，効用関数が変化するという主張を期待効用理論の枠組みに整合させようとする不毛な試みを捨てて，期待効用理論に束縛されない理論のもとでGOPを論ずるべきと思う．

---

17) 短期のタイムホライズンにおいて効用関数がべき型効用であるような投資家を想定し，この投資家の長期投資における1期間効用関数が，Luenbergerのいう通りに対数型に「叩き直される」としてみよう．この投資家は，長期投資を実践するに当たり，主観的割引因子によって調整した後の各期の対数型効用の加重和を最大化するように，毎期の消費と投資を決定する．したがって，最終期に行なう消費は対数型効用を最大化する．ところが，時間の経過とともに長期投資の残存期間は短期化するので，同じ最終期の消費に対する効用関数は，ついには，べき型にならざるをえない．「叩き直された」はずの1期間効用は，こうして，最終期に向けて再びべき型へと戻っていくことになるが，そのようなタイプの多期間効用を時間分離可能な期待効用関数の枠組みで定式化するのは不可能と思われる．

このように，私たちの立場は Samuelson のそれに近いが，その一方で，期待効用理論が万能であるとも考えていない．期待効用理論が前提する公理系が，人間行動を必ずしも適切に抽象化していないという批判は，行動経済学の発展の基礎になっている．その行動経済学によって長期投資が GOP 投資に収束することを証明できるとは到底考えられないものの，すべての考えうるポートフォリオの中で最大の成長率をもち，損失を生む確率がほぼゼロというポートフォリオであれば，このポートフォリオ以外への投資は非合理的だと考える投資家が存在することは否定できないだろう．したがって，GOPが現実の長期資産運用の現場においてひとつの有力な選択肢であることは疑い得ないと私たちは考えている．本章を用意したのはそれゆえである[18]．

Samuelson（1979）は，その本文部分をみると，論文を締めくくる最後の言葉が "syllable" という 2 音節の単語である以外は，論題を含むすべての文章が 1 音節（one syllable）の単語だけで書かれており，文体も散文調であって，論考として異色とされている[19]．仮名尽くしのいろは歌のように，そこには

---

18) GOP 投資の合理性を期待効用理論に則って判断すること自体に異を唱えている代表的な論考に Latane（1959, 1978）がある．彼は，投資ホライズン T を十分に長くとるとき，たとえば 1 期間を 1 年と想定するならば，T 年後に最も大きな富をもたらす確率が高いポートフォリオ戦略を選択すべきであると考える．このように，確率に基づく評価基準にしたがうならば，GOP は長期投資において最もすぐれたポートフォリオであるというのである．

 Latane の評価基準においては，文字通り，期待効用については何一つ言及されておらず，GOP 自体が期待効用最大化原理とは異なる規範的（Normative）な投資原理として位置づけられている．また彼は，多くの意思決定の連鎖（a long sequence of decisions）と，単一の意思決定とは，異なる意思決定問題であるとして区別している．前者は長期投資の，後者は短期投資の意思決定を特徴づけるものであり，これを期待効用理論から捉えれば，たとえ同一の投資家であっても長期と短期では目的関数自体が異なると前提していることになる．

 しかしながら，Latane の評価基準には推移律の公理（Transitivity Axiom）が成立しないという深刻な論理的欠陥があると Samuelson（1963）は指摘する．評価基準が推移律を満たすことがどれほど重要であるかについて興味のある読者は，Rubinstein（2006, p. 182）に推移律不成立の明快な例があるので参照されたい．

 期待効用理論は，推移律をひとつの公理として組み立てられた理論体系である．それに比して，Latane の評価基準は推移律を満たしていない点において致命的であると，私たちは考えている．

19) 正確にいえば，Samuelson 論文の 306 ページ 13 行目に「again」という 2 音節の単語が不用意にも使用されているとイスラエル国立ヘブライ大学の Maya Bar-Hillel 教授が

Samuelson なりのなにがしかの思い入れがあったものであろうか．この論文の序において彼は，GOP を巡る長い論争を，次のたった一文で見事に締めくくっている．

"He who acts in N plays to make his mean log of wealth as big as it can be made will, with odds that go to one as N soars, beat me who acts to meet my own tastes for risk."

「N 回の賭けによって富の対数値の平均を可能な限り最大化しようとする者が，N を途轍もなく大きくとるとき，その（富が最大化される）確率は 1 に近づいていくので，私のようにリスクに対する嗜好に合うような投資をする者を打ち負かすことになる．」（括弧内は本書著者による補足）

この文章の前半部は，GOP を擁護する論者達が一貫して主張してきた命題であり，Samuelson もその論理の正当性に異をはさんでいるわけではないことがわかる．しかしながら，後半部では，GOP が期待効用最大化とは相容れないものであることを印象的に述べており，GOP が他の投資戦略を「打ち負かすことになる」と認めつつも，Samuelson 自身は，自らのリスク選好を理由に，決して GOP を選択しないのである．

すなわちこれは，「現実には N は有限であり，大数の法則は成立することがなく，GOP が最大の富をもたらす確率は 1 にはなりえない．GOP が結果として最大の富を 1 に近い確率でもたらすものであっても，事前には，どのように小さな確率であれ，最悪の結果も起きうることは排除されていない．したがって，そのわずかな可能性と多期間にわたって積み上げられる不確実性を耐え難いリスクと感じるような投資家にとって，GOP は魅力のないポートフォリオである」という主張である．

蛇足のようになるが，ニューズ・ウィーク誌のコラムに 15 年にわたって定期的に寄稿したエッセイなどの短文を収録した Samuelson (1983) の 199 頁には，待望の初孫 James 君が生まれたとき，誕生祝いとして S&P500 に連動

指摘した，という記載が Thaler（2015, p. 194）の脚注にある．

するインデックス・ファンドを選んであげたという微笑ましい話が載せてある．Samuelson は，James はこれから長い人生を送るのだから，長期での勝算（Long-run Odds）を考えてそうしたと述べている．このことから，Samuelson 自身のリスク回避度は，市場平均のリスクを受容するような，代表的経済主体と同じ程度の水準であると推測できる．次章で解説するが，そのリスク回避度は対数型よりも大きく，したがって Samuelson は，彼の孫のために長期投資の対象を選ぶとき，GOP ではリスクが大きすぎると判断したことがわかる．

2. 投資戦略としての最適成長ポートフォリオ

本節では，いよいよ，GOP がもつ投資戦略の面について論じる．

まず，投資家の現在時点における富を W_0 として，これを株式で T 期間にわたり 1 期間ごとに 1 回投資決定して，計 T 回複利運用し，最終期期末の富 W_T を最大化する投資方法を考えよう．本章の冒頭で注意を促したように，前節に続いて本節でも，経済学では標準的な分析枠組みとして 1 期間につき 1 回のリバランシングを仮定している．

2.1 連続複利表示投資収益率と成長率

毎期の株式ポートフォリオの投資収益率について，$t \in \{1, \cdots, T\}$ として，第 $t-1$ 期の期末 t に実現する 1 期間の単利ネット表示投資収益率を $\tilde{R}_{p,t}$ と表わす．ここで，重要な仮定として，$-1 < \tilde{R}_{p,t}$ とする．これは証券投資の有限責任制を表現したものであり，投資は最悪のケースでもその元本未満の損害しか生まないと前提する．またここでは，投資家は計画期間の最終期期末である時点 T までは消費を行なわず，時点 0 に与えられた富を長期・多期間にわたってポートフォリオ運用すると仮定する．

各期の 1 期間投資収益率を $\{\tilde{R}_{p,1}, \tilde{R}_{p,2}, \cdots, \tilde{R}_{p,T}\}$ とし，これらは独立同一の分布に従う（以下，i.i.d. と略記する）としよう．以下では，有限責任であるこ

と,および,$\widetilde{R}_{p,t}$ の確率分布について i.i.d. と有限の分散をもつこと以外の制約は課さない.したがって,これらの制約を満たす限り,以下の議論は任意の確率分布について成立することをあらかじめ断っておく[20].

T 期間,この株式ポートフォリオで富を複利運用した結果,時点 T において富は,

$$\widetilde{W}_T = W_0(1+\widetilde{R}_{p,1})(1+\widetilde{R}_{p,2})\cdots\cdot(1+\widetilde{R}_{p,T}) = W_0 \prod_{t=1}^{T}(1+\widetilde{R}_{p,t}) \qquad (5.5)$$

になる.仮に,1期間が1年であれば,上式は1年複利運用を T 年間行なった結果を表わすが,ここでは,1期間が物理的に何年なのか,あるいは何か月なのかは特定しない.したがって,1期間として微小な時間を考えることも可能である.

いま,数学的に自明な関係である $1+\widetilde{R}_{p,t}=e^{\ln(1+\widetilde{R}_{p,t})}$ を用いて上式を書き換えると,

$$\frac{\widetilde{W}_T}{W_0} = \prod_{t=1}^{T} e^{\ln(1+\widetilde{R}_{p,t})} = e^{\ln(1+\widetilde{R}_{p,1})+\ln(1+\widetilde{R}_{p,2})+\cdots+\ln(1+\widetilde{R}_{p,T})}$$

$$= e^{\sum_{t=1}^{T}\ln(1+\widetilde{R}_{p,t})} \qquad (5.6)$$

となる.指数のべき部分は,1期間の元本込みの投資収益率(グロス表示の投資収益率)の対数値をとった収益率の和になっているが,ここで,

$$\tilde{g}_{p,t} \equiv \ln(1+\widetilde{R}_{p,t}), \quad t \in \{1,\cdots,T\} \qquad (5.7)$$

と定義する.これは単利グロス表示の1期間の投資収益率を連続複利表示に変換(対数変換)したものである.前章までの記法にしたがうならば,この連続複利表示の投資収益率は小文字で $\tilde{r}_{p,t}$ と表記すべきであるが,既存の最適成長ポートフォリオ(GOP)関連の文献における表現を尊重して,本章では敢えて成長率(Growth Rate)とよび換え,その頭文字を用いる記号表現を採用した.

念のためにここで,序章で説明した連続複利表示の考え方を確認してお

---

[20] 有限責任の仮定より,正規分布は本節の分析から排除されることになる.また,i.i.d. の仮定が満たされる顕著な例は,投資機会集合が一定のケースである.

く．第 $t-1$ 期という 1 期間における投資の 1 円当たりの単利運用の成果は，時点 $t-1$ ではまだ確率変数であり，$1+\tilde{R}_{p,t}$ 円である．この場合，現実の運用は単利による運用であると前提している．いま，この投資収益が，同じ時点 $t-1$ から時点 t までの 1 期間の各瞬間において，常に同一の確率変数 $\tilde{g}_{p,t}$ で表わされる投資収益率で連続的に複利運用された結果であるという非現実的な想定をする．その場合に認識される，各瞬間での投資収益率 $\tilde{g}_{p,t}$ が連続複利表示の投資収益率である．このとき，連続複利表示と表現しているからといって，実際の運用が連続複利運用というわけではない点に注意したい．

(5.7) 式の表現は，この確率変数 $\tilde{g}_{p,t}$ を，これ以降，GOP 関連文献にしたがって（第 $t-1$ 期という 1 期間の）成長率とよぶということである．$\{\tilde{R}_{p,1}, \tilde{R}_{p,2}, \cdots, \tilde{R}_{p,T}\}$ に i.i.d. を仮定しているので，それぞれ 1 を加えて対数変換した $\{\tilde{g}_{p,1}, \tilde{g}_{p,2}, \cdots, \tilde{g}_{p,T}\}$ もまた i.i.d. となっている．

第 $t-1$ 期という 1 期間をとって考えると，この期間は微小な時間の積み重ねからなるが，それぞれの微小な時間に売買取引がなされるわけではない．にもかかわらず，それぞれの微小な時間における成長率が $\tilde{g}_{p,t}$ であり，その率で連続的に資産価値が複利で成長していくという虚構を想定する．そうして，1 円当たりの 1 期間を通じた成長の成果が，単利運用の場合の成果 $1+\tilde{R}_{p,t}$ にすべての世の中の状態において一致するように，$\tilde{g}_{p,t}$ を定義するのである．

各期の成長率 $\{\tilde{g}_{p,1}, \tilde{g}_{p,2}, \cdots, \tilde{g}_{p,T}\}$ は，各期初では確率変数であるが，各期末には実現値として観測できる．そこで，実現した T 個の値 $\{g_{p,1}, g_{p,2}, \cdots, g_{p,T}\}$ について計測した標本平均の値を $\bar{g}^{\circ}_{p,T}$ と表わすことにする[21]．このとき，

$$\bar{g}^{\circ}_{p,T} = \frac{1}{T}\sum_{t=1}^{T} g_{p,t}$$

---

[21] 第 1 章のコラムでも述べたが，「標本平均」とは，神のみぞ知る母平均というパラメーターを推定するための不偏推定量 $\bar{g}_{p,T}=\frac{1}{T}\sum_{t=1}^{T}\tilde{g}_{p,t}$ であり，これは実現した観測値に依存して変動する確率変数であった．いま，観測した T 個の値 $\{g_{p,1}, g_{p,2}, \cdots, g_{p,T}\}$ について，この推定量の値がひとつ計算でき，確率変数 $\bar{g}_{p,T}$ が特定の値（推定値）を実現したことを明確に表わすため，本章節に限って，確率変数のうちのこの推定量にのみ，実現値に上付きの記号（°）を付して $\bar{g}^{\circ}_{p,T}$ と表記することにした．

$$= \frac{1}{T}\ln\left\{\prod_{t=1}^{T}(1+R_{p,t})\right\} = \ln\left[\left\{\prod_{t=1}^{T}(1+R_{p,t})\right\}^{\frac{1}{T}}\right] \quad (5.8)$$

と表現することができるが，上の最終式の対数関数の中は，各期の単利グロス表示の投資収益率の実現値の幾何平均になっている．したがって，各期の成長率の標本平均 $\bar{g}_{p,T}^\circ$ は，各期の単利グロス表示の1期間投資収益率の実現値の幾何平均を求め，それを連続複利表示したものに一致している[22]．

計画運用期間の最終時点 T における富 $\widetilde{W}_T$ を最大化しようとする投資家は，成長率の算術平均 $\bar{g}_{p,T}^\circ$ を最大化しなければならないが，それは，各期の元本込み投資収益率の幾何平均を最大化することと同値であることが上式から理解されよう．

期待成長率

さて，GOP を擁護する研究者が依拠する確率論上の法則は，大数の法則である．いま，投資期間の数を無限大にとった状況を想定する．各期の成長率 $\{\tilde{g}_{p,1}, \tilde{g}_{p,2}, \cdots, \tilde{g}_{p,T}\}$ は i.i.d. と仮定しているので，成長率という確率変数が有限な分散をもつならば，大数の強法則（Strong Law of Large Numbers）が働き，成長率の実現値の標本平均はその母平均に概収束する．すなわち，

$$\lim_{T\to\infty} \bar{g}_{p,T}^\circ = \lim_{T\to\infty} \frac{1}{T}\sum_{t=1}^{T} g_{p,t} = \mathrm{E}[\tilde{g}_{p,t}] \quad a.s. \quad (5.9)$$

が数学的関係として成立する[23]．以後，上式最右辺の数学的期待値，すなわ

---

[22] 一般に，確率変数 $\tilde{x}$ の幾何平均は，期待値記号を用いると，$e^{\mathrm{E}[\ln \tilde{x}]}$ と表わされる．たとえば，$\tilde{x}$ として S 個の異なる実現値をとりうる離散型確率変数を考え，実現値 $\{x_1, x_2, \cdots, x_S\}$ がすべて等確率 $\left(\frac{1}{S}\right)$ で生起する場合を考えてみよう．このとき，
$$e^{\mathrm{E}[\ln \tilde{x}]} = e^{\sum_{i=1}^{S}(\ln x_i)\left(\frac{1}{S}\right)} = \prod_{i=1}^{S} e^{(\ln x_i)\left(\frac{1}{S}\right)} = \prod_{i=1}^{S} x_i^{\frac{1}{S}} = \left(\prod_{i=1}^{S} x_i\right)^{\frac{1}{S}}$$
となり，よく知られた幾何平均の定義式に帰着する．このことは，確率変数の幾何平均の最大化と対数値の期待値の最大化が同値であることを含意している．

[23] 確率変数 $\tilde{x}_1, \tilde{x}_2, \cdots, \tilde{x}_n$ が i.i.d. で，期待値が μ かつ有限の分散をもつとき，実現値の標本平均は，標本数 n を無限にとると，母平均に確率1で収束する．すなわち，$\Pr\left[\lim_{n\to\infty}\frac{x_1+x_2+\cdots+x_n}{n}=\mu\right]=1$ となる性質がある．これを，大数の強法則とよぶ．また，式中の「a.s.」は almost surely の略であり，概収束，すなわち確率1で式が成立することを表わす．

ち $\tilde{g}_{p,t}$ の母平均を期待成長率とよび，ギリシア文字の ς (stigma, スティグマ) を用いて，

$$\varsigma_p \equiv \mathrm{E}[\tilde{g}_{p,t}] = \mathrm{E}[\ln(1+\tilde{R}_{p,t})] \tag{5.10}$$

と表記する．

ここで，$T \to \infty$ としたときに，将来の富はどうなるかを考えてみよう．(5.6) 式と成長率の定義式 (5.7) に (5.9) 式の結果を合わせ，$\widetilde{W}_T$ の実現値 W_T についてグロス表示の成長率を考えると，

$$\lim_{T\to\infty} \frac{W_T}{W_0} = \lim_{T\to\infty} e^{\sum_{t=1}^{T} g_{p,t}} = \lim_{T\to\infty} \exp\left\{\left(\frac{1}{T}\sum_{t=1}^{T} g_{p,t}\right)T\right\}$$

$$= \lim_{T\to\infty} \exp\{\bar{g}^{\circ}_{p,T} T\} = \exp(\varsigma_p T) \quad a.s. \tag{5.11}$$

が成立するので，自明な結果として，

$$\lim_{T\to\infty} \frac{W_T}{W_0} = \begin{cases} \infty & \varsigma_p > 0 \\ 1 & \varsigma_p = 0 \quad a.s. \\ 0 & \varsigma_p < 0 \end{cases} \tag{5.12}$$

となる．

長期投資によって将来の富を最大化しようとする投資家は，正の期待成長率をもつポートフォリオを選択すべきであり，その場合，極限においては無限の富（！）が確率 1 で実現することがわかる．その一方で，負の期待成長率をもつポートフォリオは必ず破産をもたらすので，本節で考察する GOP からは除外されるべきことがわかる[24]．

---

[24] これまで，富が $W_T=0$ となることを時点 T での破産とよんできたが，GOP のような固定比率のポートフォリオ（後出のターンパイク・ポートフォリオ）では，その価値が 0 に接近しても，各構成銘柄が無限分割可能（infinitely divisible）であれば固定比率の維持は可能であり，富はゼロにはなり得ない．そこで，長期・多期間における破産は定義を変更する必要があり，(5.12) 式のように $\liminf_{T\to\infty} W_T=0$ となる状況として定義する．すなわち，$T\to\infty$ とするとき，富自体（最小値）がゼロにならなくても，その下限 (infimum) が 0 になれば，破産とみなすということである．なお，(5.12) 式は，期待成長率が非負の資産で無限分割可能なもの（たとえば無リスク資産や，価格が幾何ブラウン運動に従うリスク資産）が少なくとも 1 種類あれば，破産確率をゼロにする長期投資が可能であることを示唆している．

以上の議論には株式ポートフォリオの期待収益率 $\mathrm{E}[\tilde{R}_{p,t}]$ が一切登場しない．読者には意外に感じられるかもしれないが，ここまでの結果は，期待収益率，すなわち単利表示の投資収益率の期待値の概念を前提していない．あわせて，期待効用およびその最大化という言葉が登場しない点にも注意したい．

本節では，ポートフォリオの期待成長率 $\varsigma_p = \mathrm{E}[\tilde{g}_{p,t}]$ が最大になるようにポートフォリオを組むことをあらかじめ前提して，投資の計画期間終了時の富が最大の値になるようなポートフォリオを考えた．もう少し厳密にいえば，これは最終期期末に最大の富を実現する確率がもっとも大きくなるようなポートフォリオであり，期間数が無限の極限では，考え得る最大の富を確率1でもたらすポートフォリオである．このポートフォリオこそが，本章の冒頭でGOPとよんだ最適成長ポートフォリオに他ならない．

さて，以上の分析では，GOPの標準的な分析枠組みにしたがい，リバランシングは1期間に1回のみ行なわれると仮定した．その結果，大数の法則が働くためには，期間数 T が非常に大きく，理論上は無限期間の投資ホライズンが必要となる．長期投資を念頭においているとはいえ，読者は，これでは現実の証券投資には応用できないのではないかと思われるかもしれない．しかし，T 期間モデルとはいっても，投資機会集合は一定と仮定し，また，消費は考慮していないので，多期間化した効果としては T 個の i.i.d. に従う成長率の実現値 $\{g_{p,1}, g_{p,2}, \cdots, g_{p,T}\}$ が観測できるということだけである．したがって，あらかじめ計画した投資ホライズンの中で，T 回のリバランシングが可能で，かつ，各取引によって実現する成長率が i.i.d. であるならば，上の結果は1期間であっても成立する．その場合，T を非常に大きくすることは，リバランシングの間隔を非常に短く設定することに対応し，さらに，T を無限にとることは，実行不可能ではあるが，この間隔をゼロの極限に操作することに対応する．後節のためにこれらの違いを明確に記しておくと，要するに，同じ長さの期間を T 個設定して，その期間数を無限大とするか，あるいは，1つの期間を設定して，その中でのリバランシング間隔を無限小にとるか，という違いである．

連続複利表示の期待収益率と期待成長率

　説明の便宜上，1期間に1回のみリバランシングが可能な T 期間モデルの枠組みを以下でも継続し，各期のポートフォリオの単利ネット表示の1期間投資収益率を $\{\tilde{R}_{p,1}, \tilde{R}_{p,2}, \cdots, \tilde{R}_{p,T}\}$ として，引き続き i.i.d. を仮定する．このとき，任意の時点 $t\in\{1, 2, \cdots, T\}$ に実現する単利グロス表示の1期間投資収益率 $1+\tilde{R}_{p,t}$ について，$\ln(\mathrm{E}[1+\tilde{R}_{p,t}])$，および，$\mathrm{E}[\ln(1+\tilde{R}_{p,t})]$ のいずれをも「連続複利表示の期待収益率」とよぶ GOP に関する文献が散見され，小さからぬ混乱を生む原因となっている．本書では，これらを明確に区別するために前者のみを「連続複利表示の期待収益率」とよび，ドット（˙）付きのギリシア文字 $\dot{\mu}_p$ を当てて，

$$\dot{\mu}_p = \ln(\mathrm{E}[1+\tilde{R}_{p,t}]) \tag{5.13}$$

と定義する．

　単利グロス表示の投資収益率に i.i.d. を仮定しているので，$\dot{\mu}_p$ には時間を表わす添え字は付かないことに留意したい．また，期待値記号が条件付きでない理由は，投資収益率が i.i.d. ゆえ，時間が経過しても投資収益率（確率変数）に関する情報が全く増加しないためである．文脈から連続複利表示であることが明らかな場合には，単に，期待収益率とよぶことも多いが，本書ではこれまで，単利ネット表示の投資収益率の期待値としての期待収益率を $\mu_p \equiv \mathrm{E}[\tilde{R}_{p,t}]$ と記してきたので，混乱を防ぐために，連続複利表示の期待収益率にはドットを付して記法のうえでも区別することにした．

　次に，後者の $\mathrm{E}[\ln(1+\tilde{R}_{p,t})]$ であるが，GOP 関連の多くの文献にしたがって，本書でもこちらを<u>期待成長率</u>とよび，定義式 (5.10) で既に示した通りに，ς_p を用いて，

$$\varsigma_p = \mathrm{E}[\ln(1+\tilde{R}_{p,t})]$$

とする．単利グロス表示の投資収益率に i.i.d. を仮定していることから，ς_p にも時間を示す添え字は必要がない．

　GOP を正しく理解するためには，これら2つが異なる概念であることを明確に認識する必要がある．両者の差異について，以下，説明を続けよう．

連続複利表示の期待収益率は，実質的にはどのような意味を有しているだろうか．時点 $t-1$ から時点 t までの1期間の単利グロス表示投資収益率が $1+\tilde{R}_{p,t}$ であり，i.i.d. が仮定されているので，(単利表示の) 期待収益率は $\mathrm{E}[1+\tilde{R}_{p,t}]$ である．この期待収益率の値は，時点 $t-1$ においては確定値であることに注意したい．ここで，時点 $t-1$ から時点 t までの1期間，定数 X で与えられる，確定した収益率で連続的に1円を複利運用する投資機会が存在するという虚構を仮定し，その運用結果が，確定値 $\mathrm{E}[1+\tilde{R}_{p,t}]$ であると想定する．このとき，X は次式を満たす実数である．

$$1 \cdot e^{X \cdot 1} = \mathrm{E}[1+\tilde{R}_{p,t}]$$

上式より，

$$X = \ln(\mathrm{E}[1+\tilde{R}_{p,t}])$$

となるが，この定数 X のことを (連続複利表示の) 期待収益率とよび，

$$\hat{\mu}_p \equiv \ln(\mathrm{E}[1+\tilde{R}_{p,t}])$$

と定義するのである．

一方，1期間の期待成長率は次のように考える．時点 $t-1$ では，ポートフォリオの単利グロス表示投資収益率は $1+\tilde{R}_{p,t}$ という確率変数である．ここで，時点 $t-1$ から時点 t までの1期間，同一の確率変数 $\tilde{Y}$ で表現されるリスキーな収益率で1円を連続的に複利運用可能な投資機会が存在するという虚構を仮定する．その運用結果が，確率変数 $1+\tilde{R}_{p,t}$ と同じであり，すべての世の中の状態において $1+\tilde{R}_{p,t}$ と同じ実現値をもたらすと想定するのである．このとき，$\tilde{Y}$ は次式を満たす確率変数である．

$$1 \cdot e^{\tilde{Y} \cdot 1} = 1+\tilde{R}_{p,t}$$

上式より，

$$\tilde{Y} = \ln(1+\tilde{R}_{p,t})$$

となるが，この確率変数 $\tilde{Y}$，すなわち，連続複利表示の投資収益率のことを

成長率とよび，$\tilde{g}_{p,t}$で表わす（定義式 (5.7) より）．期待成長率 ς_p はその期待値であり，次式で与えられる．

$$\mathrm{E}[\tilde{Y}] = \mathrm{E}[\tilde{g}_{p,t}] = \mathrm{E}(\ln[1+\tilde{R}_{p,t}]) \equiv \varsigma_p$$

連続複利表示の期待収益率 $\acute{\mu}_p \equiv \ln(\mathrm{E}[1+\tilde{R}_{p,t}])$ と，期待成長率 $\varsigma_p \equiv \mathrm{E}(\ln[1+\tilde{R}_{p,t}])$ とを見比べると，同一の確率変数 $1+\tilde{R}_{p,t}$ について，期待値演算と，対数変換を作用させる順序が逆になっていることに気づく．このとき，対数関数 $\ln(\cdot)$ は狭義凹関数なので，期待値が存在する任意の確率変数 $\tilde{x}$ について，第 1 章 2 節でも触れたイェンゼンの不等式（Jensen's Inequality），

$$\ln(\mathrm{E}[\tilde{x}]) > \mathrm{E}[\ln(\tilde{x})]$$

が成り立つ．上式で，$\tilde{x}=1+\tilde{R}_{p,t}$ とおけば，

$$\acute{\mu}_p \equiv \ln(\mathrm{E}[1+\tilde{R}_{p,t}]) > \mathrm{E}[\ln(1+\tilde{R}_{p,t})] \equiv \varsigma_p$$

が成立し，期待収益率は，必ず期待成長率よりも大きくなることがわかる．イェンゼンの不等式の証明は APPENDIX CH-5 で扱うこととし，代わりにコラムをおいて，$1+\tilde{R}_{p,t}$ に簡単な確率分布を仮定し，$\acute{\mu}_p > \varsigma_p$ となる理由を読者が直感的に理解できるよう図解しておくこととしよう．

コラム 9　連続複利表示の期待収益率と期待成長率の図解

いま，1 期間の単利グロス表示のポートフォリオ投資収益率の確率分布として，

$$1+\tilde{R}_{p,t} = 1+\mathrm{E}[\tilde{R}_{p,t}] + \begin{cases} \varepsilon\ (>0) & \text{確率}\ \ 0.5 \\ -\varepsilon\ (<0) & \text{確率}\ \ 0.5 \end{cases}$$

を仮定する．期待値 $1+\mathrm{E}[\tilde{R}_{p,t}]$ から対称に，$\pm\varepsilon$ だけ隔たった値が等確率で実現するということである．図 5-1 は，横軸に単利グロス表示の投資収益率の実現値を，縦軸にはそれを期待値演算の後および前に対数変換した値（それぞれ，連続複利表示の期待収益率と期待成長率）をとっている．

単利グロス表示の投資収益率 $1+\tilde{R}_{p,t}$ の 2 通りの実現値は，図中の対数関

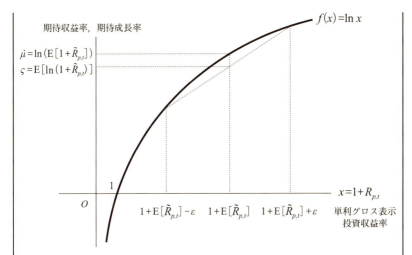

図5-1 期待収益率と期待成長率

数の曲線上の2点として特定できる．それら2点を結んだ線分の中点の縦軸座標を求めると，

$$0.5 \times \ln(1+E[\tilde{R}_{p,t}]+\varepsilon) + 0.5 \times \ln(1+E[\tilde{R}_{p,t}]-\varepsilon) = E[\ln(1+\tilde{R}_{p,t})]$$

となり，これは期待成長率 ς_p の定義に一致している．

一方，横軸の $1+E[\tilde{R}_{p,t}]$ に対応する対数関数上の値は，連続複利表示の期待収益率の定義 $\hat{\mu}_p \equiv \ln(E[1+\tilde{R}_{p,t}])$ に一致する．ここで，図5-1の縦軸をみると，期待収益率 $\hat{\mu}_p$ が，期待成長率 ς_p よりも大きくなることは一目瞭然である．図から，$\hat{\mu}_p > \varsigma_p$ となる理由は対数関数が凹関数であるためということが理解できるであろう．

図5-1が，第2章で効用関数と確実性等価を説明した図2-3とよく似ていることに気づかれた読者も多いであろう．図5-1の横軸を消費，縦軸を効用水準と読み替えれば，期待成長率は，対数型効用関数の期待効用に対応していることがわかる．この相似は決して偶然ではない．すぐ下でGOPの投資比率を求めるのだが，その際には，対数型効用をもつ投資家の期待効用を最大化するポートフォリオ決定問題とGOP決定問題とが同値であることを利用して分析を進めることになる．

2.2 近視眼的投資戦略と GOP

ここで,対数型やべき型効用を有する投資家が採る近視眼的投資戦略について確認し,この投資戦略と GOP との関係をみておこう.本節では,株価に幾何ブラウン運動のような特定の確率過程は仮定しないが,各期の単利ネット表示の投資収益率 $\{\tilde{R}_{p,1}, \tilde{R}_{p,2}, \cdots, \tilde{R}_{p,T}\}$ が i.i.d. であること,および,有限責任制の仮定は維持する.

近視眼,部分近視眼,および,ターンパイク性

第 2 章 1 節でみたように,一般に,任意の時点 t においてポートフォリオの投資比率 ω_t を決定する際,投資対象資産についてその時点で利用可能な情報として,その時点の富の水準と 1 期間後に実現する投資収益率の確率分布のみを用いて期待効用最大化をはかる投資戦略を近視眼的投資政策(Myopic Investment Policy)という.第 3 章で取り上げた,対数型効用に基づいて多期間の消費と投資を決定して期待効用の最大化を行なう投資家の意思決定がその例である.同章では,べき型効用をもつ投資家であっても,リスク資産の投資収益率と投資機会集合が特定の条件を満たす場合には,やはり近視眼的になるという例について述べた[25].

多期間における近視眼的投資戦略のなかで,無リスク資産への投資比率も

---

25) 第 3 章 3 節を参照.べき型効用をもつ投資家は,投資機会集合が一定(既知)であり,かつ,無リスク資産とリスク資産の投資収益率の同時確率分布が知られている場合には,無リスク利子率と相対的リスク回避度 γ が与えられれば,それより将来の投資収益率の確率分布や投資計画期間の残存期間の情報なしで,最適なポートフォリオを決定できる.なお,近視眼的投資政策を拡張したクラスとして部分近視眼的投資政策(Partially Myopic Investment Policy)がある.この投資政策は,無リスク資産とリスク資産の 2 基金分離が成立し,毎期,これら 2 つの基金(ファンド)への投資資金の配分比率は変化するが,リスク資産ポートフォリオ内の組み入れ比率は固定されている場合をいう.HARA 型効用関数の多期間期待効用最大化では,将来の投資収益率の確率分布の情報がなくても,部分近視眼的な投資政策がとられることが知られている.詳しくは,Mossin(1968)および Hakansson(1974, 1989)をみよ.なお,ターンパイク・ポートフォリオは,完全な近視眼的投資政策に対応した概念であって,部分近視眼的投資政策におけるポートフォリオは含まれない.

含め，毎期の投資比率が固定されているポートフォリオは，とくに，「ターンパイク・ポートフォリオ」(Turnpike Portfolio) とよばれる．これは Leland (1972) による造語であるが，最初に投資比率を最適に決定すると，あとは同一の比率を維持して，計画した投資期間の最後までそのポートフォリオで運用することを意味している．この状況は，一度そこに乗ってしまえば，どこで降りるかにかかわらず，ともかく高速で走り続けるしかないという点で高速道路（Turnpike）を走るのによく似ており，命名はそれに由来する．計画期間中，ポートフォリオ内の投資比率に関する新たな意思決定が行なわれることはなく，したがって，ポートフォリオがターンパイク性をもつならば，ポートフォリオの意思決定は計画期間から独立になる[26]．

　べき型効用関数，およびその特殊ケースである対数型効用関数では，投資機会集合が一定の場合，消費と同時に決定される最適投資はターンパイク性をもつ．さらに，計画期間中の消費を無視し，遠い将来の計画期間の最終期末にのみ消費が行なわれると想定する場合には，一般的な HARA 型効用関数のみならず，富が無限大の極限において相対的リスク回避度が定数に収束するようなすべての効用関数においてターンパイク・ポートフォリオが保有されることが Huberman and Ross (1983) によって明らかにされている．

　したがって，同一ポートフォリオへの反復投資という投資戦略は，消費を考慮せず，投資ホライズン内において投資機会集合が一定とみなせる場合には，GOP 投資に限らず，多くの効用関数について成立する普遍性をもった投資政策とみなすことができる．

対数型期待効用最大化問題の解としての最適成長ポートフォリオ

　最適成長戦略は，各期の期初において近視眼的に期待成長率を最大化する

---

[26] ただし，構成銘柄の株価が変動する中で，多期間にわたってポートフォリオの組み入れ比率を一定に保つためには，毎期初に，値上がりした銘柄の一部を売却して値下がりした銘柄を買い増す，自己充足的なリバランシングを繰り返さなければならない点に注意を要する．第6章で実証する $\frac{1}{N}$ ポートフォリオ型 EIF は，このターンパイク・ポートフォリオになっている．なお，読者諸賢はすでにお気づきのことと思うが，本書では「投資比率」と「組み入れ比率」の用語を同義で用いており，文脈上，語感がよりふさわしい方を適宜選んで使用している．

ようなポートフォリオを選択し,それによって資産運用を行なう投資戦略である.この意思決定問題は,時点 t に実現する1期間の単利ネット表示のポートフォリオ投資収益率を $\widetilde{R}_{p,t}$ とするとき,第 $t-1$ 期の期初である時点 $t-1$ ($t\in\{1,\cdots,T\}$) において,

$$\underset{\{\omega_{i,t-1}\}}{\text{Maximize}} \mathrm{E}[\tilde{g}_{p,t}] = \underset{\{\omega_{i,t-1}\}}{\text{Maximize}} \mathrm{E}[\ln(1+\widetilde{R}_{p,t})] \tag{5.14a}$$

$$= \underset{\{\omega_{i,t-1}\}}{\text{Maximize}} \mathrm{E}\left[\ln\left(1+\sum_i \omega_{i,t-1}\widetilde{R}_{i,t}\right)\right] \tag{5.14b}$$

を達成するような投資比率ベクトル $\boldsymbol{\omega}_{t-1}=[(\omega_{i,t-1})]$ を決定する問題である.本節では,各期の投資収益率には i.i.d. を仮定しているので,期待値は無条件期待値記号を用いて表現している.

(5.14a) 式の最大化問題は,目的関数を指数関数化して,

$$\underset{\{\omega_{i,t-1}\}}{\text{Maximize}} e^{\mathrm{E}[\ln(1+\widetilde{R}_{p,t})]} \tag{5.15}$$

という問題に置き換えても同値である.脚注22で述べたように,この目的関数は確率変数 $1+\widetilde{R}_{p,t}$ の幾何平均であるから,最適成長ポートフォリオの投資比率ベクトルを $\boldsymbol{\omega}_{\text{GOP}}$ とおくならば,これは投資収益率の幾何平均を最大化する組み入れ比率になっている.これが最適成長ポートフォリオの第1の解釈であり,この解釈には投資家の効用関数は全く無関係である.

また第2の解釈として,投資家の効用関数を仮想的に対数型と仮定し,その1期間の期待効用最大化問題の解として最適成長戦略を位置付けることができる.いま,対数型効用 $u(W_t)=\ln W_t$ をもつ投資家が,第 $t-1$ 期 ($t\in\{1,\cdots,T\}$) の期初に与えられた富 W_{t-1} を1期間だけ資産運用する場合の最適ポートフォリオ決定問題を考えると,時点 $t-1$ ($t\in\{1,\cdots,T\}$) において,

$$\underset{\{\omega_{i,t-1}\}}{\text{Maximize}} \mathrm{E}[\ln \widetilde{W}_t] = \underset{\{\omega_{i,t-1}\}}{\text{Maximize}} \mathrm{E}\left[\ln\left\{W_{t-1}\left(1+\sum_i \omega_{i,t-1}\widetilde{R}_{i,t}\right)\right\}\right]$$

$$= \underset{\{\omega_{i,t-1}\}}{\text{Maximize}} \mathrm{E}\left[\ln W_{t-1}+\ln\left(1+\sum_i \omega_{i,t-1}\widetilde{R}_{i,t}\right)\right]$$

$$\Leftrightarrow \underset{\{\omega_{i,t-1}\}}{\text{Maximize}} \mathrm{E}\left[\ln\left(1+\sum_i \omega_{i,t-1}\widetilde{R}_{i,t}\right)\right] \tag{5.16}$$

であって，この対数型期待効用最大化の (5.16) 式は，最適成長戦略を与える (5.14b) 式と同一の最適化問題になっている．したがって，多期間にわたる GOP の ω_{t-1} 決定問題を解くためには，(あくまでも仮想的に) 投資家の効用が対数型であるとみなし，その期待効用を最大化する1期間のポートフォリオ選択問題を解けばよいことがわかる[27]．次節では，この方法によって GOP の組み入れ比率を求める．

Samuelson が指摘したように，長期投資において，GOP は他のいかなるポートフォリオよりも大きな富の水準を達成する確率がほぼ1であるにも関わらず，対数型効用以外の期待効用は最大化しないポートフォリオである．逆に，対数型以外の効用関数をもつ投資家は GOP を需要しないが，長期投資における反復投資の回数が十分に多ければ，ほぼ確率1で対数型効用の投資家よりも少ない富しか実現できない．以上の推論から，長期投資において投資家の効用関数は対数型に叩き直されるという Luenberger や Markowitz らの主張は，ほぼ確率1で最大の富を実現するポートフォリオをすべての投資家が需要しないはずがない，と言うのに等しいと理解される．

期待効用理論では必ずしも予想していなかった論点ではあるが，反復投資による大数の法則の効果に関する議論は，「ほぼ確率1」とするのと「確率1」とで全く異なったものになる．確率1を達成するためには，反復投資の回数が無限大でなければならないが，それは実行不可能である．つまり，確率1ではありえない．したがって，対数型効用以外の効用関数を有する投資家にとっては，天文学的に小さい確率であれ，GOP によってきわめて不本意な結果がもたらされる可能性があり，彼らはそれを堪えがたい大きなリスクととらえるゆえに，GOP を需要しない．「ほぼ確率1」で相対的に少ない富しか実現できない GOP 以外のポートフォリオではあっても，自分のリスク回避度に照らしてそれを最適と考え，それで満足するのである．これが，本章の冒頭で紹介した Samuelson の GOP を巡る議論の締めくくりの意味するところである．

---

[27] 以上の結果は，$\{\tilde{R}_{p,1}, \tilde{R}_{p,2}, \cdots, \tilde{R}_{p,T}\}$ が i.i.d. でない場合にも成立する．その場合には，無条件期待値を時点 $t-1$ の情報集合のもとでの条件付き期待値と読み替えることになる．

3. 株価が幾何ブラウン運動に従う場合の GOP の構築

前節までの議論では，投資家にとっての有限責任制と，ポートフォリオのネット表示投資収益率 $\tilde{R}_{p,t}$，あるいはその構成要素である個別銘柄 i の投資収益率 $\tilde{R}_{i,t}$ の確率分布について，i.i.d. および有限の分散が存在するという仮定以外，株価の従う確率分布について制約をおかなかった．しかしながら，GOP の投資比率を具体的に求めるためには，対数型効用のもとで期待効用最大化問題を解く必要があり，確率分布を特定せずに解析解を求めることは一般に困難である．そこで，本節以降では，株価のプロセスとして幾何ブラウン運動（Geometric Brownian Motion; GBM）を仮定することにする．この確率過程は，Black=Scholes のオプション評価理論をはじめ，ファイナンスの連続時間モデルにおいて，資産価格の変動を表現する上で頻繁に利用されてきた．

株価が幾何ブラウン運動に従うとき，任意の時点における株価を条件として将来株価の条件付き確率分布を求めると，対数正規分布（Lognormal Distribution）になる．単利表示の投資収益率もまた対数正規分布に従い，同じ投資インターバル（株価を観測し，投資収益率を計算する間隔）のもとでは，投資収益率は i.i.d. になる性質がある．対数正規分布ゆえ 0 以下の実現値はとらないので，この仮定は有限責任制の記述に適している．さらに，連続的な自己充足的ポートフォリオ・リバランシングが可能であると仮定すると，ポートフォリオもまた幾何ブラウン運動に従うという命題が Merton（1971）によって明らかにされている[28]．ここでいう自己充足的リバランシング（Self-financing Rebalancing），ないし，自己充足的投資（Self-financing Investment）とは，銘柄は無限に分割可能と仮定し，リバランシングを行なう際に，値上がりした銘柄の一部を売却した資金によって値下がりした銘柄を買い増すという売買取引行為である．このように設定するとき，各瞬間にお

---

[28] この命題の直観的な証明は本章 3 節 3 項で与える．

いて GOP を与える投資比率を解析解として求めることが可能となる[29]．

さて，株価の確率過程に幾何ブラウン運動を仮定することにより GOP の解析解が得られるとはいえ，その導出のためには，連続的取引を前提したポートフォリオの構築とリバランシングが可能であることを仮定しなければならない．この非現実的仮定は，当然，投資の実践において満たされることはない．つまり，離散時間でしかポートフォリオ改訂ができない現実において真に最適なポートフォリオ運用と，連続的取引を前提に導出される理論上の最適ポートフォリオ運用とは一致しない．それにもかかわらず連続時間モデルの利用が正当化される局面があるとすれば，それは，連続時間取引を前提に得られたポートフォリオによって，離散時間でしかリバランシングができない状況における真の最適ポートフォリオ運用を十分に近似可能との見通しが得られた場合である．

そこで以下では，まず，①連続時間モデルの解による離散時間モデルの解の近似可能性について，Merton and Samuelson（1974）の肯定的な理論的分析結果を示す．次に，②株価が幾何ブラウン運動に従う場合の期待収益率と期待成長率の違いを明示する．このような準備の後に，③ GOP の組み入れ比率の解析解を平均・分散アプローチによって導く作業に入ることにする．

3.1 連続時間モデルの解によって離散時間モデルの解を近似する

以下では，幾何ブラウン運動の仮定に対応して連続時間取引が実行可能であると仮定するので，1期間に1回のリバランシングを行なうというこれまでの分析枠組みに替えて，あらかじめ決められた単一の計画期間中に，何度

---

29) 離散時間取引を前提に，各銘柄の投資収益率が i.i.d. 対数正規分布に従うという仮定をおくだけでは，個別銘柄の集まりであるポートフォリオの単利グロス表示投資収益率は対数正規分布にならず，ポートフォリオ収益率の確率分布が構成銘柄とは異なる分布になる問題が起きる．株価が幾何ブラウン運動すると仮定する理由は，GOP を含む最適ポートフォリオの組み入れ比率を解析的に求めるために，連続時間取引と自己充足的ポートフォリオ改定を想定し，各銘柄およびポートフォリオの瞬間的な投資収益率のいずれもが正規分布に従うようにしたいという理論分析上の要請ゆえである．

でもリバランシングが可能である,と仮定する「非経済学者の」分析枠組みを採用することにする.この分析は,したがって,1期間に関するものであり,計画期間中に消費は行なわず,その1期間の期末に富の全額を消費するという仮定を継続する.

1期間内における反復した複数回投資の可能性

　読者の混乱を回避すべく,まず,これら2つの分析枠組みの整合性について詳しくみておこう.既述のように,多くのGOP関連の文献で,取引は1期間に1回のみ可能であるという暗黙の仮定がおかれている.この仮定のもとで,限られた投資インターバルにおける連続的取引を解釈するならば,リバランシングと次のリバランシングの間の一瞬という微小時間が1期間であると考えなければならないことになる.

　しかしながら,投資理論における1期間という時間的広がりは,本来,その期初に新たな世の中の状態が実現し,その状態において,消費者が消費と貯蓄の決定およびポートフォリオ決定(投資決定)をしていく1サイクルと考えるべきであり,これを1秒にも満たない微小時間として認識することは適切とは思えない.また,連続的取引という概念は,そもそも期間の概念と対応しているわけではない.そこで,投資決定問題を扱う本書では,これ以降,1期間に実行できる取引は1回という立場から離れて,投資機会集合が一定である同じ1期間において反復投資が可能であるという立場をとるのである.もちろん,投資機会集合が変化したときには次の1期間が到来したものと考え,新たな投資機会集合を記述する母数のもとで,投資家は最適な消費と最適なポートフォリオの意思決定を改めて行なうことになる.

　いま,現在時点を0,投資の計画期間終了時点をTとする.これまでの分析枠組みとは異なり,Tは期間の数ではなく,物理的に等間隔に刻んだ時刻であって,たとえば計画期間が5年で,期間の単位が1年ならば,$T=5$(年)である.このTまでの間にn回のリバランシングを行なうこととし,各リバランシングのインターバル(間隔)を$\varepsilon \equiv T/n$と表わす.投資対象の資産$i \in \{1, \cdots, N\}$について,その価格が従う確率過程は未知としておくが,離散時間で最適なポートフォリオを構築できたと考え,時点$t \in [0, T]$における

最適ポートフォリオのベクトルをアスタリスクを付して $\omega_i^*(\varepsilon)$ と表わす．このとき，ポートフォリオ・リバランシングは固定比率を維持するように実施すると前提し，売却から得たキャッシュで同一ポートフォリオ内の他の銘柄を購入する自己充足的取引を仮定する．一方，連続的にポートフォリオを改訂するときの最適ポートフォリオは $\varepsilon \to 0$ の極限であるから，上の記法にしたがえば，連続的にリバランシングする最適ポートフォリオは $\omega_i^*(0)$ と表現できる．

次に，これら2つのポートフォリオの差異を，適当なノルム $\|\cdot\|$ を用いて表わす．このとき，連続時間での最適ポートフォリオによって，離散時間での最適ポートフォリオを近似可能であることを，Merton and Samuelson (1974) は次式の ε-δ 論法によって表現する．すなわち，任意の $\delta>0$ が与えられたときそれに対応して適当な $\varepsilon>0$ をとって，

$$\|\omega_i^*(\varepsilon)-\omega_i^*(0)\|<\delta \tag{5.17}$$

とできることを，近似可能であることと定義するのである．

彼らの結論を紹介しよう．まず，現実の離散時間取引でポートフォリオ構築に用いる投資対象資産を $i\in\{1,\cdots,N\}$ とする．それらの投資収益率の確率分布は未知とされ，したがって，対数正規分布や正規分布に従っている必要はないが，各銘柄の投資収益率が i.i.d. であることに加えて，下に挙げた3つの条件を満たす場合には，それらの資産（株式）によって構築する離散時間での真の最適ポートフォリオ $\omega_i^*(\varepsilon)$ を，(5.17) 式の意味で，幾何ブラウン運動のもとでの連続的リバランシングを仮定した最適ポートフォリオ $\omega_i^*(0)$ によって近似できる，というものである．

いま，投資対象資産 $i\in\{1,\cdots,N\}$ について，インターバル ε を種々設定し，それぞれのインターバル別に連続複利表示収益率を求めて，その確率分布の第 k 次原点周り積率を $m_i(k;\varepsilon)$ とする．そのとき，3つの条件とは，

i) 1次積率; $m_i(1;\varepsilon) = \mathrm{O}(\varepsilon)$ \hfill (5.18a)

ii) 2次積率; $m_i(2;\varepsilon) = \mathrm{O}(\varepsilon)$ \hfill (5.18b)

iii) 3次以上の積率；$m_i(k;\varepsilon) = o(\varepsilon), \quad k \geq 3$ （5.18c）

である．はじめの2つの条件は，現実の離散取引での最適ポートフォリオ $\omega_i^*(\varepsilon)$ の構成銘柄 $i \in \{1, \cdots, N\}$ について，その連続複利表示投資収益率の確率分布の平均と分散が $O(\varepsilon)$ のオーダーであり，$\varepsilon \to 0$ のとき平均，分散とも有界であることを意味する．また，3番目の条件は歪度や尖度といった3次以上の積率が $o(\varepsilon)$ のオーダーであり，$\varepsilon \to 0$ のときこれら3次以上の積率がゼロに収束することを意味する[30]．

詳細は原論文および Samuelson (1970) に譲るが，これらの条件の直感的解釈は容易である．$\omega_i^*(\varepsilon)$ を $\omega_i^*(0)$ によって近似できるという望ましいケースでは，その構成銘柄 $i \in \{1, \cdots, N\}$ の投資収益率が i.i.d. に従い，仮にリバランシングの頻度 n を増やし，インターバル ε を十分に小さくとるならば，各構成銘柄の連続複利表示収益率の平均と分散はインターバルの長さに依存する値になること，および，

$$\lim_{\varepsilon \to 0} \frac{m_i(k;\varepsilon)}{m_i(2;\varepsilon)} = 0, \quad k \geq 3$$

すなわち，リバランシングのインターバルを限りなく短くしていくと，3次以上の積率は分散の大きさに比べて無視可能であるような確率分布であることに他ならない．そのとき，これらの銘柄が幾何ブラウン運動に従うと仮定し，それらを連続的にリバランシングする架空の最適ポートフォリオを考えると，それによって，（現実には幾何ブラウン運動に従わない）各銘柄を用いて，離散時間でリバランシングした最適ポートフォリオを十分に近似することができる，ということである[31]．

---

30) これらのオーダーの記法は，ランダウの記法 (Landau Symbol) であり，関数 $f(\varepsilon)$ が，任意の $\varepsilon \geq 0$ について，f/ε が有界であるときはギリシア文字のオミクロンの大文字を用いて $f(\varepsilon) = O(\varepsilon)$ と，$\lim_{\varepsilon \to 0}(f/\varepsilon) = 0$ のときに，小文字を使って $f(\varepsilon) = o(\varepsilon)$ と書く．

31) ここでは原点周りの積率で3条件を与えているが，中心周りの積率としてもよい．これらの条件を満たす確率分布は，Samuelson (1970) によって，1期間モデルでの平均・分散分析による近似が可能な確率分布であるとしてコンパクト分布 (Compact Distribution) と命名されたクラスに属するものである．コンパクト分布の特徴を平易に表現すれば，投資収益率の確率分布の3次以上の積率が分散に比べて相対的に無視可能であるような分布，である．Merton=Samuelson は，個別銘柄の連続複利表示投資収

近似可能性を担保する3つの十分条件を満たす確率分布としてすぐに思い浮かぶのは正規分布であり，これらの十分条件は正規分布を仮定することに比べてより弱い条件であることに留意したい．したがって，近似可能性を確認するための考えうる作業としては，個別銘柄の連続複利投資収益率の正規性からの外れの程度の確認がある．なお，各銘柄の価格がジャンプ過程に従うときにはこれらの条件は満たされないことが知られている．

Merton らの理論分析では，$\varepsilon \equiv T/n$ をどの程度に定めればよいのかについて何ら述べていない．そのため私たちは，実務への応用に際して，投資家自身が次のような検証を行なうことを提案したい．まず，投資ホライズン（計画期間）T を定めて，自らが実行可能なリバランス間隔 $\varepsilon \equiv T/n$ を設定する．そのうえで，観測された各資産（株式ポートフォリオであれば，すべての構成銘柄，もしくは，ポートフォリオに含む可能性がある全対象銘柄）の連続複利表示投資収益率に自己相関がないかを確認する．仮に，有意な自己相関が検出されたならば，近似可能性についてはこれ以上，検討できないと結論する[32]．

もし有意な自己相関が検出されなかった場合には，次に，(5.18a)～(5.18c) 式の条件を満たしているかをチェックする．その最も容易な検証方法は，正規性の検定である．大部分のサンプル（ポートフォリオ構成銘柄）について，本章の文脈でいえば，連続複利表示収益率が正規分布に従うとい

益率がコンパクト分布に従っているならば，(5.18) 式の3つの十分条件をクリアし，したがって (5.17) 式が満たされることを数学的に証明できるとしている．

[32] Merton and Samuelson (1974) では，連続複利表示投資収益率に自己相関がある場合を含め，i.i.d. 性が満たされていない場合は想定していない．株価が幾何ブラウン運動に従うとき，連続複利表示収益率は i.i.d. 正規分布に従うので，仮定によって，各銘柄には自己相関がないためである．このように想定していながら，連続的取引が，現実には自己相関をもつ銘柄によって構成されるポートフォリオへの離散的なリバランシング投資を十分に近似できるかどうかは，未解決の問題である．第6章の実証分析において，私たちは投資収益率の観測インターバルを1か月と設定した．1か月未満の場合，少なくないサンプル銘柄について有意な自己相関が観測されたためである．本節の検討内容と関連することから，第6章で扱う実証分析の結果を先取りして示すならば，ε を1か月とするとき，ポートフォリオ構築対象の銘柄グループに含まれる個別銘柄のほとんどがコンパクト分布の特徴を備えていると確認され，連続取引による離散取引の近似可能性は否定できないという結論になった．

う仮説が統計的に有意に棄却されない場合には，これらの条件を満たす ε をとることができると考える．そのとき，幾何ブラウン運動のもとで連続的かつ自己充足的リバランシングを想定して求めた最適解を用いて，現実の離散的かつ自己充足的なリバランシング運用を行なうならば，離散時間における真の最適ポートフォリオによる運用を十分に近似できることが保証される．

3.2　幾何ブラウン運動のもとでの連続複利表示の期待収益率と期待成長率

今度は，前節で定義した連続複利表示の期待収益率と期待成長率を求めて，両者の違いを明らかにしておこう．

株価が幾何ブラウン運動に従うときの単利表示の投資収益率と期待収益率

まず，株価が幾何ブラウン運動に従うことを，確率微分方程式で表現する．以下では，時間軸として $t \in [0, \infty)$ を仮定し，このすべての時点において，全部で N 銘柄の株式が売買取引されているものとする．このとき，時点 t における第 i 銘柄の価格 $P_{i,t}$ は確率微分方程式，

$$dP_{i,t} = \dot{\mu}_i P_{i,t} dt + \dot{\sigma}_i P_i dZ_{i,t}, \quad t \in [0, \infty), \quad i \in \{1, \cdots, N\} \tag{5.19a}$$

$$dZ_{i,t} dZ_{j,t} = \dot{\rho}_{i,j} dt \quad (i \neq j) \tag{5.19b}$$

$$P_i(0) = P_{i,0} \tag{5.19c}$$

で与えられる．そのとき，分析の単純化のために，株式は無限分割可能とし，配当支払いは考えないでおく．

(5.19a)式において，$Z_{i,t}$ は第 i 銘柄の株価に不確実性をもたらすブラウン運動であり，(5.19c)式によって株価の時点 0 における初期値は $P_{i,0}$ で与えられている．式中の $\dot{\mu}_i$ はドリフト（Drift），$\dot{\sigma}_i$ はヴォラティリティー（Volatility）とよばれ，「ずれ」と「変動性」を表わすパラメーターである．これら

のギリシア文字は，第1章でみた1期間モデルにおいて，単利ネット表示の投資収益率の期待値（期待収益率）$\mu_i \equiv \mathrm{E}[\widetilde{R}_{i,t}]$，および，標準偏差 $\sigma_i \equiv \sqrt{\mathrm{Var}[\widetilde{R}_{i,t}]}$ として用いているため，本章の幾何ブラウン運動のパラメターにはドット（˙）を付して区別する．

また，ドット付きの $\dot{\mu}_i$ はすでに連続複利表示の期待収益率と定義しているのだが，以下で示すように，幾何ブラウン運動について連続複利表示の期待収益率を計算すると，ちょうどドリフト・パラメターに一致するので，$\dot{\mu}_i$ は第 i 銘柄のドリフトを表わす母数であり，それはまた，第 i 銘柄の連続複利表示の期待収益率を表わすものとする．

(5.19b) 式は，異なる銘柄，ここでは銘柄 i と銘柄 j の株価に不確実性を与える2つのブラウン運動の瞬間的な相関係数が $\dot{\rho}_{i,j} \in [-1,1]$ であることを仮定したものである．

さて，時点0に株価 P_0 から出発する幾何ブラウン運動の任意の将来時点 $\tau(>0)$ における値は確率変数となるが，それは上の確率微分方程式の解として，

$$\widetilde{P}_\tau = P_0 e^{\left(\dot{\mu} - \frac{\dot{\sigma}^2}{2}\right)\tau + \dot{\sigma}\widetilde{Z}_\tau}, \quad \widetilde{Z}_\tau \sim \mathrm{N}(0,\tau) \tag{5.20}$$

で与えられる．以下，しばらくの間は銘柄 i についてのみ分析を進めるので，銘柄を示す添え字 i は略している．$\mathrm{N}(0,\tau)$ は，平均がゼロ，分散が τ の正規分布である．

上式は，時点0の株価が P_0 で与えられるときに，将来の時点 τ に株価が従う条件付き確率分布を表現しており，これは任意の正の実数 τ について成立する関係である．両辺を P_0 で除して対数をとると，

$$\ln\left(\frac{\widetilde{P}_\tau}{P_0}\right) = \left(\dot{\mu} - \frac{\dot{\sigma}^2}{2}\right)\tau + \dot{\sigma}\widetilde{Z}_\tau, \quad \widetilde{Z}_\tau \sim \mathrm{N}(0,\tau) \tag{5.21}$$

となるが，右辺をみると，この確率変数は平均 $\left(\dot{\mu} - \frac{\dot{\sigma}^2}{2}\right)\tau$，分散 $\dot{\sigma}^2\tau$ の正規分布に従うことがわかる．対数をとる前の $\widetilde{P}_\tau/P_0$ の条件付き確率分布について表現すれば，対数平均 (Logarithmic Mean) が $\left(\dot{\mu} - \frac{\dot{\sigma}^2}{2}\right)\tau$，対数分散 (Logarithmic Variance) が $\dot{\sigma}^2\tau$ の対数正規分布である[33]．

いま，この確率過程に従う株式1銘柄に富 W_0 を1年間だけ投資して，単

利運用することを考えてみよう．株価は連続的に変化するが，資産の運用方法は当然ながら離散的であり（離散時間取引），時点 0 に株式を購入し，1 年後に売却するという単純な買い持ち運用（Buy and Hold）を想定する．そのときの投資収益率が $\widetilde{R}_1$ である[34]．すなわち，1 年後の株価は $\widetilde{P}_1$ であるから，単利ネット表示の投資収益率（年率）を求めると，

$$\widetilde{R}_1 = \frac{\widetilde{P}_1}{P_0} - 1$$

である．一方，(5.20) 式から $\tau = 1$ のときには $\frac{\widetilde{P}_1}{P_0} = e^{\left(\mu - \frac{\sigma^2}{2}\right) \times 1 + \sigma \widetilde{Z}_1}$ であり，$\tau = 1$ を 1 年後とするならば，

$$\widetilde{R}_1 = e^{\left(\mu - \frac{\sigma^2}{2}\right) + \sigma \widetilde{Z}_1} - 1, \quad \widetilde{Z}_1 \sim N(0, 1) \tag{5.22}$$

となる．この時点 0 における期待値，すなわち単利表示の 1 期間期待収益率を求めると，

$$E[\widetilde{R}_1] = E[e^{\left(\mu - \frac{\sigma^2}{2}\right) + \sigma \widetilde{Z}_1}] - 1 = e^{\mu - \frac{\sigma^2}{2}} E[e^{\sigma \widetilde{Z}_1}] - 1$$

であるが，上式最右辺の期待値の計算は $\widetilde{Z}_1 \sim N(0, 1)$，および対数正規分布の性質より，

$$E[e^{\sigma \widetilde{Z}_1}] = \exp\left\{E[\sigma \widetilde{Z}_1] + \frac{1}{2}\mathrm{Var}[\sigma \widetilde{Z}_1]\right\} = e^{\frac{\sigma^2}{2}}$$

となる[35]．したがって，

$$E[\widetilde{R}_1] = e^{\mu} - 1 \tag{5.23}$$

を得る．繰り返すと，これが，期初に与えられた富 W_0 を (5.19a) 式の幾何ブラウン運動に従う株式によって，1 年間だけ買い持ち運用したときの，単

---

[33] 同じことであるが，将来株価 $\widetilde{P}_\tau$ は，対数平均が $\ln P_0 + \left(\mu + \frac{\sigma^2}{2}\right)\tau$，対数分散が σ^2 の対数正規分布に従う．

[34] 投資収益率の添え字 1 は，ここでは 1 年後の時点の意味で付した．

[35] すぐ下で述べるように，幾何ブラウン運動のもとでは $\{\widetilde{R}_1, \widetilde{R}_2, \cdots, \widetilde{R}_T\}$ が i.i.d. なので，これらの投資収益率の各時点における情報のもとで計算する条件付き期待値は無条件期待値に他ならない．したがって，本節における期待値演算はすべての時点において無条件期待値記号により表現してある．

利ネット表示の期待収益率である.

株価が幾何ブラウン運動に従うときの連続複利表示の期待収益率 $\hat{\mu}$

いま,確率微分方程式 (5.19a) 式中のドリフト・パラメター $\hat{\mu}$ の意味を明らかにするために,(5.23) 式を変形して対数をとると,

$$\hat{\mu} = \ln(1 + \mathrm{E}[\tilde{R}_1]) \tag{5.24}$$

となる.上式より $\hat{\mu}$ は,元本を含めたグロスでの1年間単利表示期待収益率を求め,それを対数変換したもの,すなわち,連続複利表示の期待収益率であることがわかる.そのとき,連続複利表示ではあっても,実際の運用は1年間の買い持ち運用であり,数式表現は必ずしも具体的な運用実体を表わしているわけではない点に注意したい.

この株式で1年間ずつ,全部で T 年間にわたって W_0 を1年複利運用したときの時点 T における富の水準 $\tilde{W}_T$ について考えてみよう.幾何ブラウン運動のもとでは,投資インターバルの物理的間隔を本例の1年間のように等しくとるならば,$\{\tilde{R}_1, \tilde{R}_2, \cdots, \tilde{R}_T\}$ は i.i.d. になる.したがって,時点0における $\tilde{W}_T$ の期待値を求めると,

$$\mathrm{E}[\tilde{W}_T] = W_0 \prod_{t=1}^{T}(1+\mathrm{E}[\tilde{R}_t]) = W_0(1+\mathrm{E}[\tilde{R}_1])^T = W_0 e^{\hat{\mu}T} \tag{5.25}$$

である.上式からもまた,ドリフト・パラメター $\hat{\mu}$ が1年間当たりの単利表示の期待収益率を対数変換して連続複利表示したものであることがわかる.

株価が幾何ブラウン運動に従うときの期待成長率 ς

次に,株価が同じく幾何ブラウン運動に従うもとで,富の期待成長率 ς について考えてみる.はじめに確認しておくと,時点0の富 W_0 を上述の株式に1年間の複利インターバルで T 年間運用した結果が $\tilde{W}_T$ であった.先述のように,この運用成果が,各年度とも,連続的な複利運用によって毎瞬間年率表示 $\tilde{g}_t$ ($t \in \{1, \cdots, T\}$) で成長した結果であるという虚構を仮定すると,(5.5)〜(5.7) 式より,$\tilde{g}_t$ は次式を満たす確率変数でなければならない.

$$\widetilde{W}_T = W_0 \prod_{t=1}^{T}(1+\widetilde{R}_t) = W_0\, e^{\sum_{t=1}^{T}\tilde{g}_t}$$

$\widetilde{W}_T$ の期待値をとっていない点が，上式と（5.25）式の違いである．

ここで再度，この運用方法を現実に即して解釈するならば，それは，毎年初に富のすべてをこの株式へ投資し，期間 1 年の買い持ち運用を T 回繰り返すという，投資ホライズンが T 年間であるような 1 年複利運用の想定である．そのとき，各年度の投資収益率を単利ネット表示したものが $\widetilde{R}_t$, $t\in\{1,2,\cdots,T\}$ である．また，上式の最右辺で，指数のべき部分で $\tilde{g}_t$ とおいた変数が連続複利年率表示の成長率であった．上式の両辺について，対数をとって変形すると，

$$\prod_{t=1}^{T}(1+\widetilde{R}_t) = e^{\sum_{t=1}^{T}\tilde{g}_t} \Leftrightarrow \sum_{t=1}^{T}\ln(1+\widetilde{R}_t) = \sum_{t=1}^{T}\tilde{g}_t$$

となるから，（5.7）式による成長率の定義，

$$\tilde{g}_t = \ln(1+\widetilde{R}_t), \quad t\in\{1,\cdots,T\} \hspace{2em} [(5.7)]$$

に一致していることが確認できる．このように成長率は，単利表示投資収益率の期待値を対数化したものではなく，確率変数としての単利グロス表示の投資収益率自体を対数化して，瞬間的な連続複利表示の投資収益率を表現したものである．

株価の確率過程として幾何ブラウン運動を仮定しているので，1 年間の投資収益率は対数正規分布と特定されるが，その場合の期待成長率を上の定義にしたがって求めて，その性質をみる．株価が幾何ブラウン運動に従うとき，1 年後に実現する投資収益率は，（5.22）式によって，

$$1+\widetilde{R}_1 = e^{\left(\mu-\frac{\sigma^2}{2}\right)+\sigma\widetilde{Z}_1} \hspace{2em} [(5.22)]$$

であったから，上式を（5.7）式へ代入すると，1 年間における成長率は，

$$\tilde{g}_1 = \left(\mu-\frac{\sigma^2}{2}\right)+\sigma\widetilde{Z}_1, \quad \widetilde{Z}_1 \sim \mathrm{N}(0,1) \hspace{3em} (5.26)$$

となる[36]．この式から，株価が幾何ブラウン運動に従うとき，1 年間の成長率は正規分布に従うことがわかる．

(5.26) 式では，時点 0 から時点 1 までの 1 年間の投資を想定しているので成長率は $\bar{g}_1$ と表記しているが，$\tilde{R}_t, t \in \{1, \cdots, T\}$ が i.i.d. なので，それに 1 を加えて対数変換した $\tilde{g}_t, t \in \{1, \cdots, T\}$ もまた i.i.d. であり，(5.26) 式は任意の t，すなわち $\tilde{g}_t$ について成立する関係である．同式を用いて $\tilde{g}_t$ の期待値と分散を計算すると，

$$\varsigma \equiv \mathrm{E}[\tilde{g}_t] = \dot{\mu} - \frac{\dot{\sigma}^2}{2}, \quad \mathrm{Var}[\tilde{g}_t] = \dot{\sigma}^2 \tag{5.27}$$

となるので，$\tilde{g}_t$ が i.i.d. であることと合わせて，任意の $t \in \{1, \cdots, T\}$ について，

$$\tilde{g}_t \sim \mathrm{N}\left(\dot{\mu} - \frac{\dot{\sigma}^2}{2}, \dot{\sigma}^2\right)$$

が成立する．(5.27) 式より，$\dot{\sigma}^2 > 0$ ゆえ，期待成長率 ς は連続複利表示の期待収益率 $\dot{\mu}$ よりも常に小さいというイェンゼンの不等式の一般的な関係を，幾何ブラウン運動のもとでも確認できる．

ここで説明した単一の株式に関する性質は，複数のリスク資産からなるポートフォリオについても成立する．次に，この点について説明しよう．

3.3　ポートフォリオの期待成長率

いま，幾何ブラウン運動に従う N 種類の株式からなるポートフォリオを考える．(5.19) 式を再掲しておくと，

$$dP_{i,t} = \dot{\mu}_i P_{i,t} dt + \dot{\sigma}_i P_{i,t} dZ_{i,t}, \quad t \in [0, \infty), \quad i \in \{1, \cdots, N\} \qquad [(5.19\mathrm{a})]$$

$$dZ_{i,t} dZ_{j,t} = \dot{\rho}_{i,j} dt \quad (i \neq j) \qquad [(5.19\mathrm{b})]$$

$$P_i(0) = P_{i,0}, \quad i \in \{1, \cdots, N\} \qquad [(5.19\mathrm{c})]$$

である．式中の $\dot{\rho}_{i,j}$ は $-1 \leq \dot{\rho}_{i,j} \leq 1$ を満たす実数であり，銘柄 i と銘柄 j に

---

36) ここでも，銘柄を示す $i \in \{1, \cdots, N\}$ は省略している．

不確実性をもたらすブラウン運動の瞬間的な相関係数であった．時点 t における，銘柄 i への投資株数を $n_{i,t}$，その株価を $P_{i,t}$ とすれば，ポートフォリオ価値は，

$$V_{p,t} = \sum_{i=1}^{N} n_{i,t} P_{i,t}$$

であり，このポートフォリオ価値が従う確率微分方程式は，（5.19a）式を利用して，

$$dV_{p,t} = \sum_{i=1}^{N} n_{i,t} dP_{i,t} = \sum_{i=1}^{N} n_{i,t} \dot{\mu}_i P_{i,t} dt + \sum_{i=1}^{N} n_{i,t} \dot{\sigma}_i P_{i,t} dZ_{i,t}, \quad t \in [0, \infty)$$

(5.28)

である．ここで，Merton（1971）にしたがい，ポートフォリオの組み入れ比率を一定にするように，毎瞬間，自己充足的にリバランシングを行なうことができると仮定すれば，同比率は時間に依存せず，

$$\omega_{i,t} = \omega_i = \frac{n_{i,t} P_{i,t}}{V_{p,t}} \Leftrightarrow n_{i,t} P_{i,t} = \omega_i V_{p,t}$$

が成立する．

上式を用いて（5.28）式から $n_{i,t}$ を消去すると，

$$dV_{p,t} = \sum_{i=1}^{N} \omega_i \dot{\mu}_i V_{p,t} dt + \sum_{i=1}^{N} \omega_i \dot{\sigma}_i V_{p,t} dZ_{i,t} \tag{5.29a}$$

となる．ここで，$\omega_i, \dot{\mu}_i, \dot{\sigma}_i$ が時間に依存しない定数であることを利用して，確率微分方程式の右辺第 1 項のドリフト部分を $\sum \omega_i \dot{\mu}_i \equiv \dot{\mu}_p$，ヴォラティリティー部分を含む第 2 項を $\sum_{i=1}^{N} \omega_i \dot{\sigma}_i dZ_{i,t} \equiv \dot{\sigma}_p dZ_{p,t}$ と置き直せば，上式は，

$$dV_{p,t} = \dot{\mu}_p V_{p,t} dt + \dot{\sigma}_p V_{p,t} dZ_{p,t} \tag{5.29b}$$

と表現でき，この式の形から，ポートフォリオ価値もまた，ドリフト $\dot{\mu}_p$，ヴォラティリティー $\dot{\sigma}_p$ の幾何ブラウン運動に従うことがわかる．したがって，ポートフォリオ価値が従う（初期値を条件とする）条件付き確率分布は，個別銘柄の価値（株価）と同様に，対数正規分布である．

この一見当たり前に思える Merton の発見は，長期投資の理論において重要な含意を有する．長期投資では，離散的取引のもとでは，たとえば，10 年

間のグロス表示投資収益率は 1 年間の単利グロス表示投資収益率を 10 回掛け合わせた積になる．そのとき，仮に，投資期間 1 年の単利表示投資収益率が正規分布に従うとしても，10 年間の投資のグロス表示収益率を表わす 10 個の正規分布の積は正規分布にはならないという問題がある．

それに対して，株価が幾何ブラウン運動に従うと仮定するとき，1 年間の単利グロス表示投資収益率は対数正規分布に従い，その場合には，10 年間のグロス表示投資収益率を表わす対数正規分布の積もまた対数正規分布に従うという長所がある．ところが，反面，対数正規分布の和は対数正規分布にはならないので，個別銘柄の単利グロス表示投資収益率が対数正規分布に従うとき，それらからなるポートフォリオのグロス表示投資収益率は対数正規分布には従わないという重大な欠点がある．個別銘柄とポートフォリオで投資収益率の確率分布が異なるとなれば，リスク・リターン特性が変化し，ポートフォリオ分析は著しく困難になる．第 1 章でみた 1 期間モデルで，投資収益率に正規分布が仮定される理由の 1 つは，正規分布の和が正規分布になる長所（再生性）があるためともいえる．以上のような問題が存在するという認識は，Merton の業績を真に理解するうえで必須であると思う．

Merton（1971）は，個別銘柄の単利グロス表示投資収益率が対数正規分布に従う場合であっても，連続的な自己充足的取引という現実には不可能な仮定のもとでではあるが，それらの銘柄からなるポートフォリオのグロス表示投資収益率もまた対数正規分布になることを提示し，投資理論において長らく解決がつかなかった難問に 1 つの解答を与えたといえる[37]．

---

37) 詳細は Merton（1971, p. 384）をみよ．現実の投資行動として，このような瞬間的なリバランシングを繰り返すことは不可能である．したがって，各構成銘柄の価格が幾何ブラウン運動に従うとき，離散時間でポートフォリオを自己充足的にリバランシングする場合には，そのポートフォリオ価値は幾何ブラウン運動にはならない．しかしながら，その場合であっても，離散時間取引のもとでのポートフォリオ価値が従う真の確率過程を，連続的取引を仮定した仮想的なポートフォリオが従う幾何ブラウン運動によって十分に近似可能なこと，ないしは，その近似可能性を確認できることは，すでに述べた通りである．実務的・実践的にみて，リバランシングの間隔 ε をどの程度に設定すれば連続時間モデルの成果を享受できるかは深刻な問題であり，本書では，次章に示すシミュレーションによって 1 つの実証的な解答を得ようと試みている．

ポートフォリオの期待成長率は，その単利グロス表示投資収益率が従う対数正規分布の対数平均と一致する

さて，確率微分方程式（5.29a）式を直感的に理解すべく，微小時間 Δt を用いて，

$$\Delta \widetilde{V}_{p,t+\Delta t} = \sum_{i=1}^{N} \omega_i \dot{\mu}_i V_{p,t} \Delta t + \sum_{i=1}^{N} \omega_i \dot{\sigma}_i V_{p,t} \Delta \widetilde{Z}_{i,t+\Delta t}$$

と表現したうえで，両辺を $V_{p,t}$ で除すと次式を得る．

$$\frac{\Delta \widetilde{V}_{p,t+\Delta t}}{V_{p,t}} = \left(\sum_{i=1}^{N} \omega_i \dot{\mu}_i\right) \Delta t + \sum_{i=1}^{N} \omega_i \dot{\sigma}_i \Delta \widetilde{Z}_{i,t+\Delta t}, \quad \Delta \widetilde{Z}_{i,t+\Delta t} \sim N(0, \Delta t) \quad (5.30)$$

左辺は時点 t から時点 $t+\Delta t$ までの微小時間 Δt におけるポートフォリオの瞬間的な投資収益率を表現している．右辺をみると，それはポートフォリオ比率 ω_i による各株式の瞬間的な投資収益率の加重和になっており，まずドリフトに対応する部分をみると，ポートフォリオの期待収益率が $\sum_{i=1}^{N} \omega_i \dot{\mu}_i \equiv \dot{\mu}_p$ であることがわかる．また，ヴォラティリティー部分をみると，瞬間的な投資収益率の不確実性をもたらす原因が，N 個のブラウン運動の瞬間的な変動 $\Delta \widetilde{Z}_{i,t+\Delta t}$ （$i \in \{1, \cdots, N\}$）であることがわかる．（5.30）式から $\Delta \widetilde{Z}_{i,t+\Delta t}$ は平均 0，分散 Δt の正規変数であり，それらの線形和も正規分布に従うため，同式の右辺は，リバランシングのインターバルが Δt という微小時間である投資家にとって，幾何ブラウン運動に従うポートフォリオの投資収益率は，正規分布に従うことを含意している[38]．

このポートフォリオ投資収益率の瞬間的な分散を求めると，（5.30）式から，

$$\dot{\sigma}_p^2 \equiv \frac{1}{\Delta t} E\left[\left(\sum_{i=1}^{N} \omega_i \dot{\sigma}_i \Delta \widetilde{Z}_{i,t+\Delta t}\right)^2\right] = \sum_{i=1}^{N} \omega_i^2 \dot{\sigma}_i^2 + 2\sum_{\substack{i=1 \\ i<j}}^{N} \omega_i \omega_j \dot{\sigma}_{i,j} \quad (5.31a)$$

$$= \sum_{i=1}^{N} \sum_{j=1}^{N} \omega_i \omega_j \dot{\sigma}_{i,j} \quad (5.31b)$$

---

[38] このように連続時間取引を前提すると，投資家の投資インターバルは微小時間 Δt となり，株価が幾何ブラウン運動に従うもとでの瞬間的な投資収益率は正規分布となる．この結果，瞬間的ではあるが，第 1 章で解説した CAPM が成立するためのひとつの十分条件が満たされ，投資家の効用関数がリスク回避的である限り，任意の効用関数のもとで，瞬間的な平均・分散分析が期待効用最大化と整合的になる．

である[39]. $\dot{\sigma}_{i,j}$ は資産 i と資産 j の瞬間的な投資収益率の共分散であり,両資産の相関係数を $\dot{\rho}_{i,j}$ とおいているので,相関係数の定義より,$\dot{\sigma}_{i,j}=\dot{\rho}_{i,j}\dot{\sigma}_i\dot{\sigma}_j$ である[40].

このポートフォリオの瞬間的な分散を,(5.31b)式の記法を採用して $\dot{\sigma}_p^2 \equiv \sum_{i=1}^{N}\sum_{j=1}^{N} \omega_i \omega_j \dot{\sigma}_{i,j}$ と表現するならば,ポートフォリオの期待成長率は,(5.27)式と同様にして,

$$\varsigma_p = \mathrm{E}[\tilde{g}_p] = \dot{\mu}_p - \frac{\dot{\sigma}_p^2}{2}$$

$$= \sum_{i=1}^{N} \omega_i \dot{\mu}_i - \frac{1}{2}\sum_{i=1}^{N}\sum_{j=1}^{N} \omega_i \omega_j \dot{\sigma}_{i,j} \qquad (5.32\mathrm{a})$$

である.

(5.27)式では,個別銘柄の株価が幾何ブラウン運動に従うもとで,1年間の買い持ち戦略を T 回(T 年間)繰り返した状況を想定して,連続複利表示の成長率の期待値と分散が正規分布に従うことを明らかにした.その期待値,すなわち期待成長率は(5.27)式に銘柄を表わす i を付すと,

$$\varsigma_i = \dot{\mu}_i - \frac{\dot{\sigma}_i^2}{2} \qquad [(5.27)]$$

であった.上式右辺は,この銘柄の単利グロス表示投資収益率が従う対数正規分布の対数平均に一致している.

ポートフォリオの連続的なリバランシングが可能なとき,ポートフォリオの単利グロス表示の投資収益率もまた,対数正規分布に従うことが(5.29b)式までの分析から明らかになったが,(5.27)式と(5.32a)式は同じ形をしており,ポートフォリオの期待成長率もまた,その単利グロス表示投資収益率の対数平均になっていることがわかる.その(5.32a)式をベクトルを用いて

---

39) (5.31a)式は,分散と共分散を区別し,さらに,$\dot{\sigma}_{i,j}=\dot{\sigma}_{j,i}$ ($i \neq j$) をすべて $\dot{\sigma}_{i,j}$ ($i<j$) とまとめて表示した標準的な表現である.一方,(5.31b)式は,分散と共分散を区別せずに表示し,また,共分散 $\dot{\sigma}_{i,j}$ の $i<j$ と $i>j$ を区別して数えた場合の表現である.

40) ここで瞬間的な共分散を求めると,$\mathrm{E}[(\Delta \tilde{Z}_{i,t+\Delta t})(\Delta \tilde{Z}_{j,t+\Delta t})] = \dot{\rho}_{i,j}\Delta t$ ゆえ,

$$\dot{\sigma}_{i,j}\Delta t \equiv \mathrm{E}[(\dot{\sigma}_i \tilde{Z}_{i,t+\Delta t})(\dot{\sigma}_j \tilde{Z}_{j,t+\Delta t})] = \dot{\sigma}_i \dot{\sigma}_j \mathrm{E}[(\Delta \tilde{Z}_{i,t+\Delta t})(\Delta \tilde{Z}_{j,t+\Delta t})] = \dot{\rho}_{i,j}\dot{\sigma}_i\dot{\sigma}_j \Delta t$$

であり,したがって,$\dot{\sigma}_{i,j}=\dot{\rho}_{i,j}\dot{\sigma}_i\dot{\sigma}_j$ となる.

簡潔に表示すると，

$$\varsigma_p = \boldsymbol{\omega}'\dot{\boldsymbol{\mu}} - \frac{1}{2}\boldsymbol{\omega}'\dot{\boldsymbol{\Omega}}\boldsymbol{\omega} \tag{5.32b}$$

となる．ここで $\dot{\boldsymbol{\mu}} = [\dot{\mu}_1, \cdots, \dot{\mu}_N]'$，$\dot{\boldsymbol{\Omega}} = [(\dot{\sigma}_{i,j})]$ である．

4. 最大成長ポートフォリオと最適成長ポートフォリオの投資比率

　この節では，これまでの議論を手短かに振り返ったうえで，最大成長ポートフォリオという概念を導入し，このポートフォリオの軌跡として描かれるフロンティアと最適成長ポートフォリオ（GOP）との関係を考察して，GOPについての理解を深める．

　以下の分析では，投資機会集合に無リスク資産を含めずに，リスク資産のみで構成される GOP を分析対象とする．その理由を簡単に述べておこう．第一に，無リスク資産は，単に標準偏差がゼロで他のすべての資産と無相関であるような特殊な「リスク資産」とみなすことができる．無リスク資産の有無によって GOP 構築の原理が本質的に変わるということはなく，無リスク資産の導入は単なる応用問題にすぎない．第二の理由として，日本市場においては，理論的な意味での無リスク資産とは物価連動国債だが，その発行残高が小さく，市場流動性がほとんど存在しないことを考えると，長期投資における無リスク資産は不存在，ないし特定できないと仮定するのが妥当である．

　上と関連するが，さらに第三として，投資実践という側面からみるとき，無リスク資産を含む分析に基づいて行なう投資から得る効果よりも，無リスク資産を分析から除外することのメリットの方がはるかに大きいと考えられるためである．すなわち，長期投資においては各期の無リスク利子率が変動するため，連続複利運用による近似が可能とみなして離散取引ベースで GOP 投資を行なうに当たっては，リスク資産部分の組み入れ比率を固定するために自己充足的なリバランシングを不断に行ないながら運用するものの，その一方で，運用資金を無リスク資産とリスク資産ポートフォリオへどう配分するかについては，各期の期初に明らかになる 1 期間の（短期）無リ

スク利子率の水準を観測しながら調節していく必要がある．このような二重のリバランシングを現実の投資実務において持続的に実行する作業はきわめて煩雑なものになると予想され，それに見合った投資成果の改善はおそらく困難と思われる．

こうした理由から，以下では，投資機会集合にはリスク資産のみが含まれると想定して，GOPの組み入れ比率を求めることにする．

4.1 最大成長フロンティアと最適成長ポートフォリオの考え方

前節でみた通り，個別銘柄の株価が幾何ブラウン運動に従うとき，瞬間的な自己充足的リバランシングを行なう結果，ポートフォリオの価値もまた幾何ブラウン運動になり，その条件付き確率分布は対数正規分布になる．その連続複利表示での投資収益率は正規分布になるので，1期間モデルの平均・分散分析と同じ分析方法を各瞬間におけるポートフォリオ決定問題に適用することによって，後述の通り，最適ポートフォリオの解析解が得られる．このように，株式による最大成長戦略に関する分析は，離散時間よりも，連続時間の枠組みで考えた方がはるかに容易である．

前節の (5.19a), (5.19b) 式では，N 銘柄の株価がそれぞれ幾何ブラウン運動に従うことを仮定した．この N 種類の株式を用いて，固定された投資比率 $\boldsymbol{\omega}=[\omega_1 \cdots \omega_N]'$ を自己充足的なリバランシングにより維持するようなポートフォリオを考えたところ，その期待成長率は，(5.32a) 式をベクトル表示すると，

$$\varsigma_p = \dot{\mu}_p - \frac{1}{2}\dot{\sigma}_p^2 = \boldsymbol{\omega}'\dot{\boldsymbol{\mu}} - \frac{1}{2}\boldsymbol{\omega}'\dot{\boldsymbol{\Omega}}\boldsymbol{\omega} \qquad [(5.32\mathrm{a})]$$

ただし，$\dot{\boldsymbol{\mu}} = [\dot{\mu}_1 \cdots \dot{\mu}_N]'$, $\dot{\boldsymbol{\Omega}} = [(\dot{\sigma}_{i,j})]$
であった．$\boldsymbol{\omega}$ には時間を表わす添え字を付していないが，固定比率ゆえ，時点に依存しないためである．ここで，$\dot{\mu}_p = \boldsymbol{\omega}'\dot{\boldsymbol{\mu}}$ はポートフォリオの微小時間における（瞬間的な）連続複利表示の期待収益率，ς_p はポートフォリオの（瞬間的な）期待成長率である．

以上の論理に立脚して，いま，投資家が期待成長率を最大化する戦略，す

なわち最適成長戦略の実行を考えると仮定しよう．そのとき，この投資家が考慮すべきパラメターは，(5.32b) 式にみるように，$\dot{\mu}=[\dot{\mu}_1 \cdots \dot{\mu}_N]'$ と $\dot{\Omega}=[(\dot{\sigma}_{i,j})]$ だけであり，期待成長率 ς_p を最大化するポートフォリオの選択はこれらの情報を使って行なうはずである．この期待成長率最大化問題を解く際には効用関数の情報を必要としないので，当然ながら，そのリスク回避／許容を表わすパラメターは現れない．以下では，このポートフォリオ決定問題を，第 1 章で解説した 1 期間の平均・分散分析の手法を用いて，しかし縦軸を平均（期待値）から期待成長率に読み替えて，分析する．

4.2 最大成長ポートフォリオの投資比率決定と変動性指標としての分散

第 1 章 4 節の 1 期間モデルにおける平均・分散分析では，リスク資産の単利ネット表示の投資収益率について，その期待値と分散，および資産間の共分散を用いて最適なポートフォリオを構築した．これに対して，以下では，リスク資産の投資収益，あるいは単利グロス表示投資収益率が対数正規分布に従うと仮定するので，それを連続複利表示した瞬間的な投資収益率は正規分布に従うことになる．N 銘柄の株式の瞬間的な投資収益率の同時分布は，N 次元の多変量正規分布に従うので，これらの期待値と分散，および共分散を用いて 1 期間モデルと同様にして GOP を構築するのである．

以下の分析の目的は，GOP のポートフォリオとしての組み入れ比率を明らかにすることであって，しばらくの間，GOP 理論が依拠してはいない，期待効用最大化を前提にした分析は行なわない．すなわち，投資家がリスク回避的であることも，平均・分散選好をもつことも仮定せず，また，無差別曲線の概念を用いることもせずに，単に，期待成長率最大化という一点からポートフォリオを決定する．この目的のために，平均と分散の 2 元でポートフォリオの性質を捉えるという方針は，一旦，放棄し，平均・分散分析に使用する図の縦軸を「リターン」を表わす平均（期待収益率）から期待成長率に変更して，（標準偏差，期待成長率）平面上で最大の期待成長率をもたらすポートフォリオを探索する方針に切り替える．

4. 最大成長ポートフォリオと最適成長ポートフォリオの投資比率

非経済学者の GOP 理論の精神からいえば，GOP はそのリスクも最大成長率を達成するように決定されているはずなので，敢えて，リスクと成長率のトレードオフを 2 次元平面上で考える必要すらないだろう．にもかかわらず，以下で横軸に標準偏差をとる理由は，後に GOP を平均・分散分析における効率的ポートフォリオの 1 つとして解釈し直すための準備としてであり，その際，瞬間的な投資収益率が正規分布ゆえ，投資収益率の変動性を表現する母数としては分散ないし標準偏差が適当だからである[41]．

この下で行なう期待成長率と分散による最適化の基本的な考え方は次の通りである．まず，ポートフォリオの連続複利表示投資収益率について，その分散を所与とし，そのもとで最大の期待成長率をもつポートフォリオを構築する．そのようなポートフォリオを，本書では「最大成長ポートフォリオ (Maximum Growth Portfolio; MGP)」と定義する．MGP は様々な値として与える分散 1 つに対して 1 個ずつ存在するので，分散の値を変えればまた別の MGP が求められる．こうして求めた期待成長率を縦軸に，分散あるいは標準偏差（ヴォラティリティー）を横軸にとれば，MGP の軌跡を描くことができる．この曲線を本書では「最大成長フロンティア (Maximum Growth Frontier)」とよぶことにする．

最適成長戦略をとる投資家は，この最大成長フロンティア上で最も期待成長率が大きいポートフォリオを選択すると考えられる．このグローバル（大域的）にみて最大の期待成長率をもたらすポートフォリオこそが，本章で探求する最適成長ポートフォリオ (GOP) に他ならない[42]．以下では，これま

---

[41] 期待成長率の最大化を目指す GOP 投資家は，期待効用の最大化を目指すわけではないので，瞬間的な投資収益率に対して，平均・分散分析におけるリスク・リターンのトレードオフという自覚はないだろう．そうした投資家は，そもそも，分散あるいは瞬間的なヴォラティリティー・リスクについて明示的に考慮することはないようにみえる．しかし，(5.27) 式が示すように，期待成長率という概念自体が，期待収益率（リターン）とは異なり，分散リスクを内包しているため，（リターンに代わる）期待成長率の最大化においては，必然的に分散リスクを考慮することになる．本文における議論は，一見，分散リスクを考慮しないかのような期待成長率最大化を目指す投資家について，リスク回避的な期待効用最大化を行なう投資家であるとあらかじめ仮定しているわけではないという点に，読者は注意されたい．

[42] 「最大成長ポートフォリオ」および「最大成長フロンティア」という用語は，本書による造語である．Samuelson and Merton (1974, p. 27) は，この軌跡が描く曲線すなわち

で詳しい説明抜きで使用してきたリバランシングとその頻度について概念的な説明を行ない，それに続いて，成長ポートフォリオの具体的な構築方法を提案しよう．

> ## コラム 10　リバランシングとその頻度について
>
> 　リバランシングはリスク資産の固定投資比率を維持するため，および，投資収益率がコンパクト分布から崩れてくるゆえ，もとの分布を回復するために必要な行為であって，大数の法則の効果を享受しようという Samuelson が批判する「大数の誤謬」に基づく行為ではない点をはじめに強調しておく．
>
> 　そもそも，株式が無限分割可能であり，連続的取引が可能であるという仮定のもとでは，物理的にみてどのように短い投資ホライズンも選択できるので，理論上は無限回のリバランシングが可能である．しかし現実には，株式は無限分割可能ではなく，微小時間間隔の取引は不可能である．
>
> 　そこで，恣意的ではあるが1期間を1年と設定し，この期間においては投資機会集合は変わらないと想定して，期初に推定した期待収益率ベクトル，共分散行列，(および，場合によっては短期無リスク利子率) のもとで，最大成長ポートフォリオを構築する．このとき，上述の目的で行なうリバランシングの頻度は，ポートフォリオ改定の煩わしさと売買手数料等を勘案すると，月に1回，あるいは2回程度が現実的に意味のある回数と思われる．最大頻度を考えても，1取引日に1回を超えることはないであろう．たとえば10年間の投資ホライズンにおいて120回，ないし (10年間のおおよその営業日数である) 2470回のリバランシングが実行可能な最大頻度であるとするのが妥当なところではないだろうか．
>
> 　次年度の開始時に投資機会集合が変化していれば，その変化は改定された新たな期待収益率ベクトルと共分散行列に反映される．そこで，期待収益率ベクトルと共分散行列を推定し直し，成長ポートフォリオを再度構築する．仮に，投資機会集合が変化していなければ，第1期とあまり変わらない推定値が得られるので，ほぼ同一の投資比率をもった成長ポートフォリオを組むことになるだろう．GOP 投資家は，1期間，ここでは1年間先までを投資ホ

　本書でいう最大成長フロンティアを (本書の記法を用いると) (ς, δ^2) 効率性トレードオフ・フロンティア (Efficiency Tradeoff Frontier) とよんでいる．

ライズンとして投資実践すればよい．それは，第2節で確認したように，近視眼的に行動する対数型投資家の投資行動に他ならない．

　固定投資比率を維持し，連続時間モデルで離散時間取引を近似するためには，たとえば10年の投資ホライズンにおいて何回程度のリバランシングが必要になるのか．120回で十分なのか．あるいは2500回のリバランシングであっても不十分なのか．これは現実の株式運用業務における，すぐれて実践的な選択問題となる[43]．

　本書では，リバランシングの具体的方法とその効果については次章の実証分析で検討することとし，この章ではリバランシング回数の問題にはこれ以上踏み込まずに，連続的リバランシングが可能という前提のもとで，$\hat{\mu}$と$\hat{\Omega}$という確率分布のパラメーターの情報を得た投資家が，その時点において組むべきリスク資産ポートフォリオの投資比率（組み入れ比率）を明らかにするに留める．

4.3　MGPとGOPの投資比率

　以下では，最大成長ポートフォリオMGPの実行可能領域，および，GOPの投資比率がどう決まるのかを投資機会集合に無リスク資産が含まれないと仮定して検討する．

　この仮定のもとでは，すべての投資資金は幾何ブラウン運動に従うN個のリスク資産（株式）に対して向けられる．したがって，リスク資産の投資比率を表わすN次元ベクトル$\boldsymbol{\omega}$は，要素をすべて足すと1にならなければならず，$\boldsymbol{\omega}'\mathbf{1}=1$という制約が必要になる[44]．

---

[43]　リバランシング回数について考える上でヒントになるような，連続時間で得られる解析解を利用して行なったGOPの数少ない（公表された）実証分析のひとつとしてHunt (2005) がある．彼が採用したリバランシング頻度は25年間で300回，すなわち1か月に1度である．Huntの実証は，オーストラリア市場の25の上場銘柄を選んで1977年4月から2002年3月までの25年間にわたって運用実験したものであって，その成果は，通常の株価指数への投資（インデックスファンドによる運用）では1977年4月の1 A\$（オーストラリアドル）が25年後には11.24 A\$に成長したのに対して，パラメーター推定期間を過去3年間と設定してGOPで運用した場合には，実に，2764 A\$にまで成長するというにわかには信じ難い驚くべきものであった．

自己充足的なリバランシングを前提したポートフォリオの期待成長率は,

$$\varsigma_p \equiv \boldsymbol{\omega}'\dot{\boldsymbol{\mu}} - \frac{1}{2}\boldsymbol{\omega}'\dot{\boldsymbol{\Omega}}\boldsymbol{\omega} \qquad [(5.32b)]$$

であった.ここで,ポートフォリオのリスク,すなわち連続複利投資収益率の分散を所与の定数 $\dot{\sigma}_p^2$ に固定したとき,期待成長率 ς_p を最大化する投資比率ベクトル $\boldsymbol{\omega}$ を求める問題を考えると,それは次のように定式化される.

$$\underset{\{\boldsymbol{\omega}\}}{\text{Maximize}} \; \varsigma_p = \boldsymbol{\omega}'\dot{\boldsymbol{\mu}} - \frac{1}{2}\boldsymbol{\omega}'\dot{\boldsymbol{\Omega}}\boldsymbol{\omega} \qquad (5.33a)$$

$$\text{subject to} \; \boldsymbol{\omega}'\dot{\boldsymbol{\Omega}}\boldsymbol{\omega} = \dot{\sigma}_p^2 \qquad (5.33b)$$

$$\boldsymbol{\omega}'\mathbf{1} = 1 \qquad (5.33c)$$

これは,標準的な等号制約付きの最大化問題であるから,ラグランジュ未定乗数法によって解くことができる.ここで目的関数をよくみると,制約条件において分散を所与としているので,この最大化問題は目的関数右辺の第1項である $\boldsymbol{\omega}'\dot{\boldsymbol{\mu}}$ の最大化,すなわち,第1章の (1.34) 式で与えた期待収益率最大化問題と同一の問題であることに気がつく.念のため,第1章4節の最大化問題を再掲すると,

$$\underset{\{\boldsymbol{\omega}\}}{\text{Maximize}} \; \mu_p = \boldsymbol{\omega}'\boldsymbol{\mu} \qquad [(1.34a)]$$

$$\text{subject to} \; \boldsymbol{\omega}'\boldsymbol{\Omega}\boldsymbol{\omega} = \sigma_p^2 \qquad [(1.34b)]$$

$$\boldsymbol{\omega}'\mathbf{1} = 1 \qquad [(1.34c)]$$

であり,その最適解は,

$$\boldsymbol{\omega}^* = \sqrt{\frac{C\sigma_p^2 - 1}{D}}\boldsymbol{\Omega}^{-1}\boldsymbol{\mu} + \frac{1}{C}\left(1 - A\sqrt{\frac{C\sigma_p^2 - 1}{D}}\right)\boldsymbol{\Omega}^{-1}\mathbf{1} \qquad [(1.42)]$$

であった.1期間モデルでの期待収益率ベクトルと共分散行列にはドット(˙)が付されていないことを除けば,2つの最大化問題は完全に同一の構造

---

44) 重要なポイントとして,ここでいう N 個の資産は市場に存在するすべてのリスク資産を包含したものである必要はないということがある.GOP は,(CAPM がそうであるような)市場ポートフォリオないし市場均衡に立脚した概念ではないためである.

をもっている.

いま,期待成長率最大化問題 (5.33a)〜(5.33c) の解を ω_{MGP} と表わすことにすれば,同一問題ゆえ,当然,ω_{MGP} は上式の ω^* において各母数にドット (˙) を付した式に等しく,

$$\omega_{\text{MGP}} = \sqrt{\frac{\dot{C}\dot{\sigma}_p^2-1}{\dot{D}}}\dot{\Omega}^{-1}\dot{\mu}+\frac{1}{\dot{C}}\left(1-\dot{A}\sqrt{\frac{\dot{C}\dot{\sigma}_p^2-1}{\dot{D}}}\right)\dot{\Omega}^{-1}\mathbf{1} \quad (5.34)$$

ただし,$\dot{A}\equiv \mathbf{1}'\dot{\Omega}^{-1}\dot{\mu}, \dot{B}\equiv \dot{\mu}'\dot{\Omega}^{-1}\dot{\mu}, \dot{C}\equiv \mathbf{1}'\dot{\Omega}^{-1}\mathbf{1}, \dot{D}\equiv \dot{B}\dot{C}-\dot{A}^2$ である.上の $\dot{A}, \dot{B}, \dot{C}$ はスカラーであり,第1章で明らかにした通り,$\dot{B}, \dot{C}$ は2次形式ゆえ正値,$\dot{A}$ の符号は解析的には定まらないが,$\dot{D}\equiv \dot{B}\dot{C}-\dot{A}^2$ は正値であった.

このように,本章で定義した最大成長ポートフォリオ MGP と,連続時間上での平均・分散分析における効率的ポートフォリオは,完全に同一のポートフォリオになっている.したがって,MGP およびその特殊ケースとしての GOP は,平均・分散分析の効率的フロンティア上の1つのポートフォリオということになる[45].

特定の分散 $\dot{\sigma}_p^2$ を指定したときに MGP の投資比率を与える (5.34) 式を用いて,その期待成長率 ς_{MGP} を求めることができる.そのためには,期待成長率を定めた (5.32b) 式へ $\omega=\omega_{\text{MGP}}$ を代入して,

$$\varsigma_{\text{MGP}} \equiv \omega'_{\text{MGP}}\dot{\mu}-\frac{1}{2}\omega'_{\text{MGP}}\dot{\Omega}\,\omega_{\text{MGP}}$$

を計算すればよい.上式の右辺第1項は MGP の期待収益率であるから $\omega'_{\text{MGP}}\dot{\mu}\equiv \dot{\mu}_{\text{MGP}}$ と表わし,また,期待成長率最大化問題において,分散を $\omega'\dot{\Omega}\omega=\dot{\sigma}_p^2$ と任意の値に設定したことを思い起こすと,

$$\varsigma_{\text{MGP}} = \dot{\mu}_{\text{MGP}}-\frac{1}{2}\dot{\sigma}_p^2 \quad (5.35)$$

が一般的関係として成立することがわかる.いま,MGP は(瞬間的な投資インターバルにおける)平均・分散効率的ポートフォリオの1つでもあることが明らかになったので,効率的ポートフォリオを表わす投資比率をアステ

---

[45] 両者の同一性を最初に指摘したのは Long (1990) である.

リスクを付して ω^* とするとき，$\omega_{\mathrm{MGP}}=\omega^*$ であることを利用すれば，$\dot{\mu}_{\mathrm{MGP}}=\omega'_{\mathrm{MGP}}\dot{\mu}=\omega^{*\prime}\dot{\mu}=\dot{\mu}_p^*$ が成り立つので，

$$\varsigma_{\mathrm{MGP}} = \dot{\mu}_p^* - \frac{1}{2}\dot{\sigma}_p^2 \tag{5.36}$$

と表現できる．ここで，アステリスクを付した $\dot{\mu}_p^*$ は，平均・分散効率的ポートフォリオの連続複利表示の期待収益率であった．これは，第 1 章の (1.41) 式の各パラメターにドットを付して，

$$\dot{\mu}_p^* = \omega^{*\prime}\dot{\mu} = \frac{\dot{A}}{\dot{C}} + \frac{\sqrt{\dot{D}(\dot{C}\dot{\sigma}_p^2-1)}}{\dot{C}}$$

で与えられる．これを (5.36) 式へ代入すると，

$$\varsigma_{\mathrm{MGP}} = \frac{\dot{A}}{\dot{C}} + \frac{\sqrt{\dot{D}(\dot{C}\dot{\sigma}_p^2-1)}}{\dot{C}} - \frac{\dot{\sigma}_p^2}{2} \tag{5.37}$$

を得る．これが最大成長フロンティアを表わす式である．

最大成長フロンティアの形状

さて，横軸に連続複利表示投資収益率の分散 $\dot{\sigma}_p^2$，縦軸に期待成長率 ς_p をとって (5.37) 式で与えられる最大成長フロンティアを描くと，どのような曲線になるだろうか．そのための準備作業として，改めて MGP の期待収益率を記しておくと，$\omega_{\mathrm{MGP}}=\omega^*$ より $\dot{\mu}_{\mathrm{MGP}}=\dot{\mu}_p^*$ であって，最大成長ポートフォリオの期待収益率 $\dot{\mu}_{\mathrm{MGP}}$ は平均・分散効率的ポートフォリオの期待収益率 $\dot{\mu}_p^*$ に等しく，

$$\dot{\mu}_{\mathrm{MGP}} = \frac{\dot{A}}{\dot{C}} + \frac{\sqrt{\dot{D}(\dot{C}\dot{\sigma}_p^2-1)}}{\dot{C}} \tag{5.38}$$

である．上式を $\dot{\sigma}_p^2$ について表わし，$\dot{\mu}_{\mathrm{MGP}}=\dot{\mu}_p$ と置き直して変形すると，

$$\dot{\sigma}_p^2 = \frac{\dot{C}\dot{\mu}_p^2 - 2\dot{A}\dot{\mu}_p + \dot{B}^2}{\dot{D}} \tag{5.39}$$

ただし，$\dot{A} \equiv \mathbf{1}'\dot{\Omega}^{-1}\mu, \dot{B} \equiv \dot{\mu}'\dot{\Omega}^{-1}\dot{\mu}, \dot{C} \equiv \mathbf{1}'\dot{\Omega}^{-1}\mathbf{1}, \dot{D} \equiv \dot{B}\dot{C} - \dot{A}^2$

となる．最大成長ポートフォリオ（MGP）は平均・分散効率的ポートフォリオと同一なので，当然ではあるが，この 2 次曲線は，第 1 章の (1.43) 式で求めた平均・分散分析における最小分散フロンティアの式の各パラメターにド

ットを付した式に一致している．

　再度確認しておくと，第1章の平均・分散分析における (1.43) 式は最小分散フロンティアとよばれ，単利ネット表示の投資収益率についての (分散, 期待収益率) - 平面では頂点座標が $\left(\dfrac{1}{C}, \dfrac{A}{C}\right)$ の放物線，同じく (標準偏差, 期待収益率) - 平面では頂点座標が $\left(\dfrac{1}{\sqrt{C}}, \dfrac{A}{C}\right)$，漸近線が $\mu_p = \dfrac{A}{C} \pm \sqrt{\dfrac{D}{C}} \sigma_p$ の双曲線となる (第1章の図1-3を参照). これに対して, 最大成長フロンティアを期待収益率について表現した (5.38) 式では, 各パラメターにドットを付して, 連続複利表示投資収益率についての (分散, 期待収益率) - 平面では頂点座標が $\left(\dfrac{1}{\dot{C}}, \dfrac{\dot{A}}{\dot{C}}\right)$ の放物線，同じく (標準偏差, 期待収益率) - 平面では頂点座標が $\left(\dfrac{1}{\sqrt{\dot{C}}}, \dfrac{\dot{A}}{\dot{C}}\right)$，漸近線が $\dot{\mu}_p = \dfrac{\dot{A}}{\dot{C}} \pm \sqrt{\dfrac{\dot{D}}{\dot{C}}} \dot{\sigma}_p$ の双曲線になる．(5.38) 式の右辺第2項は正値なので，最大成長フロンティアは，これらの放物線あるいは双曲線の上側半分となり，(標準偏差, 期待収益率) - 平面では，平均・分散分析における効率的フロンティアと完全に同一の軌跡を描く．さて, 最大成長ポートフォリオの期待成長率 ς_{MGP} とその期待収益率 $\dot{\mu}_{\text{MGP}}$ には，(5.35) 式で明らかにしたように,

$$\varsigma_{\text{MGP}} = \dot{\mu}_{\text{MGP}} - \frac{1}{2}\dot{\sigma}_p^2 \qquad [(5.35)]$$

という関係が成立している．

　いま，$\dot{A} > 0$ のケースについて，横軸に分散を，縦軸に期待収益率と期待成長率を同時にとった平面に，(5.38) 式および (5.37) 式で表現される2つの曲線を描くと図5-2 (a) のようになる．図中の細い実線で示した放物線は (5.38) 式の効率的フロンティアであり，$\dot{\mu}_{\text{MGP}}$ と表記している．また，太い実線で示した放物線は (5.37) 式の最大成長フロンティアであり，図中では ς_{MGP} とした．すべての最大成長ポートフォリオ (MGP) はこの曲線上に位置する．図5-2 (a) 中の原点から右下方に引いた半直線は傾きが $-1/2$ の直線であるが，(5.35) 式の関係より，細い実線の放物線にこの半直線の縦軸座標を加えて，$1/\dot{C} \leq \dot{\sigma}_p^2$ の範囲で垂直方向に下方へ移動したものが太い実線の放物線，すなわち最大成長フロンティアに一致する[46]．

図 5-2（a）において，細い実線の放物線上には最大値は存在しないが，太い実線の最大成長フロンティア上には存在することが視覚的にわかる．図(a)中に示したこの点こそが，すべての MGP のうちでも最大の期待成長率をもつ最適成長ポートフォリオ GOP の座標である．

次に，図の横軸を分散 $\dot{\sigma}_p^2$ から標準偏差 $\dot{\sigma}_p$ に変えてみる．図 5-2（b）では，図 5-2（a）で放物線であった曲線は双曲線に，原点から引いた半直線は，原点を通る放物線に形が変わっている．太い実線の曲線が最大成長フロンティアであるが，ここでも 2 本の曲線には，

$$\varsigma_{\mathrm{MGP}} = \dot{\mu}_{\mathrm{MGP}} - \frac{\dot{\sigma}_p^2}{2} \qquad [(5.35)]$$

の関係があるので，図では，$\frac{1}{\sqrt{\dot{C}}} \leqq \dot{\sigma}_p$ の領域において，双曲線の細い実線部分に原点を通る負値の放物線の縦軸座標を垂直方向に加えたものが太い実線の曲線になっている．この太い実線 ς_{MGP} もまた双曲線である．

2 つの曲線について，標準偏差が最小になる点も記したが，それらはいずれも，標準偏差が $\frac{1}{\sqrt{\dot{C}}}$ のときのポートフォリオである．図（a）と同じく図（b）にも，最大成長フロンティアを表わす双曲線 ς_{MGP} 上に，成長率が最も大きいポートフォリオである最適成長ポートフォリオ GOP を表わす点を示しておいた[47]．

---

[46] ここで，（分散，期待収益率・期待成長率）-平面の軸を $\tan\theta = -1/2$ ($\Leftrightarrow \theta \approx 26.5651°$) だけ回転した新しい座標軸を (X, Y) とすると，座標変換の公式を使うまでもなく，最大成長フロンティアを表わす曲線が (X, Y)-平面においても放物線となることは自明であろう．

[47] Samuelson and Merton (1974, p. 31) の FIGURE 1 では，横軸に連続複利投資収益率の分散，縦軸に期待成長率（彼らは本書でいう期待成長率を Expected Log Return とよび，ギリシア文字 μ を充てて表示している）をとり，図 5-2（a）に対応する図を描いている．しかし，彼らが "a rough heuristic sketch" (p. 30, 27 行目) と解説していることからもわかるように，本書におけるような解析的な表現は与えていない．一方，Luenberger (1998, p. 431) の Fig 15.4 にある曲線は，甘藷を斜めに置いたような形をしたさらにラフなものだが，彼に遡る 20 年以上も前にすでに本格的な研究が存在するにも関わらず，それに対する言及や引用は全くない．どのような意図があったかは不明だが，研究として不備というべきである．なお，本章のイメージ図を 2 次計画問題の解として正確に描いた図として，今野 (1995, p. 61) の図 3.6 があることを付記しておく．

4. 最大成長ポートフォリオと最適成長ポートフォリオの投資比率　415

(a) リスクを連続複利表示投資収益率の分散で表示した場合

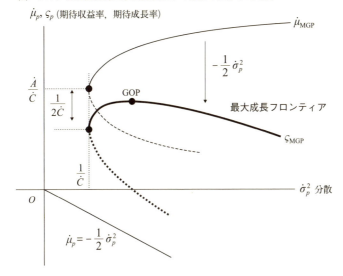

(b) リスクを連続複利表示投資収益率の標準偏差で表示した場合

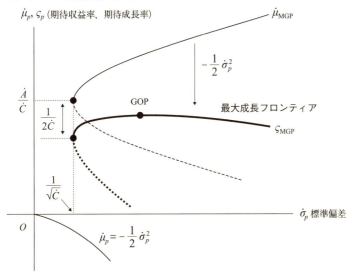

図5-2　無リスク資産が存在しないときの最大成長フロンティア

最適成長ポートフォリオの投資比率

次に，最適成長ポートフォリオ（GOP）を構築するための投資比率を明らかにしよう．GOP は，すべての最大成長ポートフォリオ（MGP）の中で最も期待成長率が大きいポートフォリオであった．まず，(5.37) 式を再掲すると，

$$\varsigma_{\mathrm{MGP}} = \frac{\dot{A}}{\dot{C}} + \frac{\sqrt{\dot{D}(\dot{C}\dot{\sigma}_p^2 - 1)}}{\dot{C}} - \frac{\dot{\sigma}_p^2}{2} \qquad [(5.37)]$$

であるから，期待成長率 ς_{MGP} を最大化する分散 $\dot{\sigma}_p^2$ を $\dot{\sigma}_{\mathrm{GOP}}^2$ と表わせば，それは最大化 1 階条件より，

$$\frac{\partial \varsigma_{\mathrm{MGP}}}{\partial \dot{\sigma}_p^2} = \frac{1}{2\dot{C}}\{\dot{D}(\dot{C}\dot{\sigma}_p^2 - 1)\}^{-\frac{1}{2}}\dot{D}\dot{C} - \frac{1}{2} = 0$$

$$\Leftrightarrow \dot{\sigma}_{\mathrm{GOP}}^2 = \frac{\dot{D}+1}{\dot{C}} \qquad (5.40\mathrm{a})$$

$$\Leftrightarrow \dot{\sigma}_{\mathrm{GOP}} = \frac{\sqrt{\dot{D}+1}}{\sqrt{\dot{C}}} \qquad (5.40\mathrm{b})$$

である[48]．

最適成長ポートフォリオの分散が得られたので，(5.37) 式よりその期待成長率を求めることができる．GOP の期待成長率を ς_{GOP} と表わせば，

$$\varsigma_{\mathrm{GOP}} = \varsigma_{\mathrm{MGP}}\bigg|_{\dot{\sigma}_p^2 = \dot{\sigma}_{\mathrm{GOP}}^2} = \frac{\dot{A}}{\dot{C}} + \sqrt{\frac{\dot{D}}{\dot{C}}} \cdot \sqrt{\frac{\dot{D}+1}{\dot{C}} - \frac{1}{\dot{C}}} - \frac{1}{2}\frac{\dot{D}+1}{\dot{C}}$$

$$= \frac{2\dot{A} + \dot{D} - 1}{2\dot{C}} \qquad (5.41)$$

となる．GOP の期待収益率を求めておくと，(5.38) 式を用いて，

$$\dot{\mu}_{\mathrm{GOP}} = \dot{\mu}_{\mathrm{MGP}}\bigg|_{\dot{\sigma}_p^2 = \dot{\sigma}_{\mathrm{GOP}}^2} = \frac{\dot{A}}{\dot{C}} + \frac{\sqrt{\dot{D}\left(\dot{C} \cdot \frac{\dot{D}+1}{\dot{C}} - 1\right)}}{\dot{C}}$$

$$= \frac{\dot{A} + \dot{D}}{\dot{C}} \qquad (5.42)$$

---

[48] 以後，GOP に関わる変数には添え字 GOP を付す．

である.以上の導出プロセスに,効用関数の情報は全く登場しないことに留意されたい.

無リスク資産が利用可能でない場合のGOPの投資比率 ω_{GOP} は,(5.34)式へ $\hat{\sigma}_p^2 = \hat{\sigma}_{\text{GOP}}^2 = \dfrac{\dot{D}+1}{\dot{C}}$ を代入して,

$$\omega_{\text{GOP}} = \omega_{\text{MGP}}\bigg|_{\hat{\sigma}_p^2 = \hat{\sigma}_{\text{GOP}}^2}$$

$$= \dot{\Omega}^{-1}\dot{\mu} + \frac{1-\dot{A}}{\dot{C}}\dot{\Omega}^{-1}\mathbf{1}, \quad \dot{A} \equiv \mathbf{1}'\dot{\Omega}^{-1}\dot{\mu}, \quad \dot{C} \equiv \mathbf{1}'\dot{\Omega}^{-1}\mathbf{1} \quad (5.43)$$

と表現できる.この投資比率が最大の成長率をもたらすのであるが,株価は一瞬にして変化するので,現実の投資比率は,やはり一瞬にしてこのGOPの投資比率から乖離する.乖離した投資比率では最大の成長率を実現することができず,したがって,GOPの投資比率を回復するためには即座にリバランシングする必要がある.GOP投資家は,この投資比率を自己充足的に維持するようにポートフォリオ組み直し作業を繰り返すことになる.

本節では,連続時間の枠組みにおいて,所与の分散のもとで期待成長率が最大となるようなポートフォリオを,投資機会集合に無リスク資産が存在しないと仮定して明らかにした.瞬間的な投資収益に対して平均・分散選好をもつ投資家が選択するポートフォリオに関し,横軸に標準偏差あるいは分散をとり,縦軸にポートフォリオの連続複利表示の期待収益率をとった場合の軌跡を効率的フロンティアとよび,他方,縦軸にポートフォリオの期待成長率をとった場合の軌跡を最大成長フロンティアと本書ではよんできたが,実は,これら2つのフロンティアは同一のポートフォリオの集合によって構成される.このとき,後者の最大成長フロンティア概念は,第1章の1期間モデルの枠組みにおいて単利表示の投資収益率について定義した効率的フロンティアを,株価が幾何ブラウン運動に従うと仮定し,瞬間的な投資収益率が正規分布に従うもとで平均・分散分析の枠組みを使って再定義して,そのうえで縦軸を期待収益率から期待成長率に替えて表現したものと位置付けることができる.

5. 最適成長ポートフォリオを平均・分散分析によって特徴づける

第2節で確認したように，GOP の組み入れ比率は，これを対数型投資家が選択する効率的ポートフォリオであると解釈することにより平均・分散分析を使って求めることができる．本節の目的は，資産運用の現場で日常的に利用されている平均・分散分析を連続時間の分析に応用して，長期投資におけるGOP のリスク・リターンを幾何学的に，したがって視覚的に解説することである．前節に引き続き，投資機会集合はリスク資産のみからなると仮定する．

5.1 べき型効用を有する投資家の期待効用

最大成長ポートフォリオと最小分散ポートフォリオの違い，あるいは同一性を際立たせるために，時点 t において，その一瞬後である時点 $t+\Delta t$ の不確実な富水準（で購入する消費財）から得られる期待効用を平均・分散分析によって最大化する投資家を考えてみよう．そのとき，投資家の効用関数は理論的にはどのような形のものであってもいいのだが，ここでは対数型効用を特殊ケースとして含む，べき型効用関数で与えられるとする．すなわち，Δt 後の不確実な富水準を $\widetilde{W}_{t+\Delta t}$ とするとき，この投資家は期待効用，

$$\mathrm{E}_t[u(\widetilde{W}_{t+\Delta t})] = \mathrm{E}_t\left[\frac{\widetilde{W}_{t+\Delta t}^{1-\gamma}-1}{1-\gamma}\right] \tag{5.44}$$

を最大化するようなポートフォリオを選択すると仮定する．γ は相対的リスク回避度であり，$\gamma \to 1$ のとき，ロピタルの定理によって，べき型効用関数が対数型効用関数に帰着することは第1章で説明した通りである[49]．

この期待効用最大化問題は，前述の通りに，第1章の1期間モデルにおける時点 0 を時点 t と，時点 1 を時点 $t+\Delta t$ と読み替えた問題と同一であり，

---

[49] 本節の記述では，次章に向けての準備として，効用関数を対数型に絞らずに，敢えてべき型効用を例として用いている．

5. 最適成長ポートフォリオを平均・分散分析によって特徴づける

連続時間におけるポートフォリオ改定を想定してはいるものの，基本的には1期間モデルの最適化問題になっている．

時点 t における初期富を W_t，時点 t から時点 $t+\Delta t$ までの投資におけるポートフォリオの単利ネット表示の投資収益率を $\widetilde{R}_{p,t+\Delta t}$ とおけば，$\widetilde{W}_{t+\Delta t} = W_t(1+\widetilde{R}_{p,t+\Delta t})$ であるから，(5.44) 式は，成長率を使って，

$$\begin{aligned}
E_t[u(\widetilde{W}_{t+\Delta t})] &= \frac{W_t^{1-\gamma}}{1-\gamma} E_t[(1+\widetilde{R}_{p,t+\Delta t})^{1-\gamma}] - \frac{1}{1-\gamma} \\
&= \frac{W_t^{1-\gamma}}{1-\gamma} E_t[\{e^{\ln(1+\widetilde{R}_{p,t+\Delta t})}\}^{1-\gamma}] - \frac{1}{1-\gamma} \\
&= \frac{W_t^{1-\gamma}}{1-\gamma} E_t[e^{(1-\gamma)\tilde{g}_{p,t+\Delta t}}] - \frac{1}{1-\gamma}
\end{aligned} \tag{5.45}$$

と書き直すことができる．上の式変形において，$\tilde{g}_{p,t+\Delta t} \equiv \ln(1+\widetilde{R}_{p,t+\Delta t})$ であり，これは，(5.7) 式で定義した連続複利表示の投資収益率，すなわち成長率において，時点を示す添え字 t を $t+\Delta t$ に置き換えたものである．

リスク資産によって構成されるポートフォリオの価値の従う確率過程が，ドリフト $\dot{\mu}_p$，ヴォラティリティー $\dot{\sigma}_p$ の幾何ブラウン運動であると仮定すると，(5.27) 式の $\tilde{g}_t$ の期待値と分散がそれぞれ Δt 倍されて，(5.45) 式の期待値の中の指数関数のべき部分 $(1-\gamma)\tilde{g}_{p,t+\Delta t}$ は，期待値（平均）が $(1-\gamma)\left(\dot{\mu}_p - \frac{\dot{\sigma}_p^2}{2}\right)\Delta t$，分散が $(1-\gamma)^2 \dot{\sigma}_p^2 \Delta t$ の正規分布に従う．同じことだが，$e^{(1-\gamma)\tilde{g}_{p,t+\Delta t}}$ は対数正規分布に従うので，対数正規分布の期待値の公式より，

$$\begin{aligned}
E_t[e^{(1-\gamma)\tilde{g}_{p,t+\Delta t}}] &= \exp\left\{(1-\gamma)\left(\dot{\mu}_p - \frac{\dot{\sigma}_p^2}{2}\right)\Delta t + \frac{1}{2}(1-\gamma)^2 \dot{\sigma}_p^2 \Delta t\right\} \\
&= \exp\left\{(1-\gamma)\left(\dot{\mu}_p - \frac{\gamma \dot{\sigma}_p^2}{2}\right)\Delta t\right\}
\end{aligned}$$

となる．これを (5.45) 式へ戻すと，べき型投資家の期待効用として，

$$E_t[u(\widetilde{W}_{t+\Delta t})] = \frac{W_t^{1-\gamma}}{1-\gamma} \exp\left\{(1-\gamma)\left(\dot{\mu}_p - \frac{\gamma \dot{\sigma}_p^2}{2}\right)\Delta t\right\} - \frac{1}{1-\gamma} \tag{5.46}$$

を得る．

最適成長ポートフォリオの(標準偏差,期待収益率)−平面上の位置

次に,第1章4節での分析結果を参照しながら,(標準偏差,期待収益率)−平面上の無差別曲線について考えよう.無差別曲線は,(5.46)式で期待効用水準を一定と固定したときの $(\dot{\sigma}_p, \dot{\mu}_p)$ の軌跡である.そこで,期待効用水準をたとえば,ある実数値 k' に固定すると,

$$k' = \mathrm{E}_t[u(\widetilde{W}_{t+\Delta t})]$$

$$\Leftrightarrow k' = \frac{W_t^{1-\gamma}}{1-\gamma}\exp\left\{(1-\gamma)\left(\dot{\mu}_p - \frac{\gamma\dot{\sigma}_p^2}{2}\right)\Delta t\right\} - \frac{1}{1-\gamma}$$

$$\Leftrightarrow \exp\left\{(1-\gamma)\left(\dot{\mu}_p - \frac{\gamma\dot{\sigma}_p^2}{2}\right)\Delta t\right\} = \left(k' + \frac{1}{1-\gamma}\right)\frac{1-\gamma}{W_t^{1-\gamma}} \equiv k''$$

$$\Leftrightarrow \dot{\mu}_p - \gamma\frac{\dot{\sigma}_p^2}{2} = \frac{\ln k''}{1-\gamma} \cdot \frac{1}{\Delta t} \equiv k$$

$$\Leftrightarrow \dot{\mu}_p = \frac{\gamma}{2}\dot{\sigma}_p^2 + k \tag{5.47}$$

を得る[50].本章の枠組みにおいて説明するならば,べき型効用と対数正規収益のもとでの無差別曲線を表現した上式は,瞬間的な期待効用水準 k のもとで同一の期待効用をもたらす瞬間的な(正規分布に従う)投資収益率の標準偏差 $\dot{\sigma}_p$(あるいは分散 $\dot{\sigma}_p^2$)と連続複利表示の期待収益率 $\dot{\mu}_p$ のトレードオフを表わす軌跡になっている.(5.47)式をみると,無差別曲線は,横軸に標準偏差 $\dot{\sigma}_p$ をとるときには放物線に,分散 $\dot{\sigma}_p^2$ をとるときには直線になることがわかる.いずれのグラフでも切片は k であり,また,仮想しているべき型投資家の相対的リスク回避度を表わす正のパラメター γ が大きいほど,放物線ないし直線の傾きは険しくなる.

無差別曲線が明らかになったので,投資機会集合を特定すれば,最適成長ポートフォリオ(GOP)を中心において平均・分散分析の結果を視覚的に表

---

[50] 無差別曲線の導出において,期待効用水準を与えた k' を,k'', k と次々に置き直しているが,期待効用を記述する von Neumann-Morgenstern 型効用は正1次変換の範囲で一意に定まるため,大小関係を除いて,これらの水準自体に特段の意味はない.(5.47)式に現れる k という値によってべき型効用の期待効用水準が一般的に表現されており,この値が大きいほど期待効用もまた大きい.

現することができる．その投資機会集合を表わす最小分散フロンティアは，無リスク資産が存在しないとき，

$$\hat{\sigma}_p^2 = \frac{\dot{C}\hat{\mu}_p^2 - 2\dot{A}\hat{\mu}_p + \dot{B}}{\dot{D}} \qquad [(5.39)]$$

ただし，$\dot{A} \equiv \hat{\mu}'\dot{\Omega}^{-1}\mathbf{1}, \dot{B} \equiv \hat{\mu}'\dot{\Omega}^{-1}\hat{\mu} > 0, \dot{C} \equiv \mathbf{1}'\dot{\Omega}^{-1}\mathbf{1} > 0, \dot{D} \equiv \dot{B}\dot{C} - \dot{A}^2 > 0$ であった．この曲線は，(標準偏差，期待収益率)-平面では，頂点座標が $\left(\frac{1}{\sqrt{\dot{C}}}, \frac{\dot{A}}{\dot{C}}\right)$ の双曲線になることはすでにみた．この頂点座標に対応するポートフォリオが，単利グロス表示投資収益率が対数正規分布に従う，ないしは，同じことであるが，連続複利表示した瞬間的な投資収益率が正規分布に従うと仮定したときの大域的最小分散ポートフォリオ (Global Minimum Variance Portfolio; GMVP) である．

この投資機会集合に，べき型効用関数で相対的リスク回避度が $\gamma = 1, 0 < \gamma < 1, \gamma > 1$ の3つの場合について，(5.47) 式の無差別曲線を書き入れたのが図5-3である．対数型効用は，$\gamma = 1$ であるような，べき型効用の特殊ケースだが，そのような投資家が選択するポートフォリオが GOP であって，このポートフォリオは図に太い実線で描いてある双曲線の上半分が無差別曲線に接する点として表現してある．同図から，対数型効用よりも相対的リスク回避度が小さい投資家は GOP よりもハイリスク・ハイリターンのポートフォリオを，対数型効用よりもリスク回避度が大きい投資家は GOP よりもローリスク・ローリターンのポートフォリオを選択することがイメージできるであろう．

ここで注意したい点として，図5-3における最適なポートフォリオの選択は，1期間が一瞬である微小時間 Δt に行なわれるものであり，自己充足的ポートフォリオ改訂を前提した意思決定であること，および，理論上の GOP は，連続時間上において，計画期間内にこのリバランシングを無限回行なうポートフォリオであることがある．図5-3には，これらの重要な論点は示されていない．

図から明らかなように，相対的リスク回避度が $\gamma \neq 1$ の投資家は GOP を選択しない．したがって，仮に，対数型効用以外の投資家が自らにとって最適

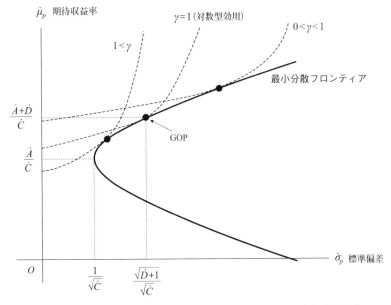

図 5-3 GOP の（標準偏差，期待収益率）- 平面上の位置と無差別曲線

なポートフォリオを作り，それを維持するように連続時間上でリバランシングを行なったとしても，成長率において GOP に勝ることはない．こうした投資家は，本章の冒頭で紹介した Samuelson がそうであるように，毎瞬間において，自らのリスク回避度に応じて最適なリスク・リターン・ポジションをもつような（GOP 以外の）最小分散ポートフォリオを選択することで満足するのであり，それというのも，最大の成長率をもつポートフォリオでは彼の期待効用は最大化されないためである．

平均・分散分析のメリットは，簡単な線形代数の計算によって，最適ポートフォリオの特性，すなわち，その期待収益率，標準偏差，およびポートフォリオの具体的な構成を明らかにできることである．しかし，GOP を選択しようと考える投資家は，そもそも，期待効用最大化のフレームワークに基づいて投資行動を決定しているという自覚はないという批判がある．

本書も，この批判は的を射たものであると理解している．しかしながら，たとえ期待効用を意識しない投資家であっても，株価変動は認識し，その変

化の様子を記述しようという試みについては同意するであろう．いま，株価に幾何ブラウン運動を仮定するとき，瞬間的な投資収益率は正規分布に従い，投資家の効用関数が（無認識を含む）どのようなものであれ，期待効用最大化と平均・分散分析は，同一の最小分散ポートフォリオを解として与える．そして，それらの解のうちにはGOPが含まれる．それゆえ，効用関数の議論とは無関係にみえながらも，GOPの分析に，理論構造が明快で実務的にも操作性が高い平均・分散分析を利用することは，ごく自然な選択であると思う．

このような論理に基づいて，本書では期待効用理論の枠組みを援用し，対数型効用の最適化問題としてGOPを特徴づけるという方法論を解説したのであるが，それと同時に，GOPは期待効用最大化をもたらす効率的ポートフォリオの1つにすぎないという私たちの考え方も読者に伝えることができたのではないだろうか．

さて，現実の離散時間でのリバランシングが，取引行為としては非現実的であれ，連続的なリバランシングによって近似できるならば，後者において，投資家はリスク資産の瞬間的な投資収益率のリスクとリターンに直面することになる．このリスク・リターンのトレードオフがある限り，様々な効率的ポートフォリオを選択する投資家が存在し，かつ，選択されたポートフォリオがGOPではないケースがありえる．皆が皆，対数型ではないということである．

実際，私たち自身は，長期投資の対象としてEIF，すなわち市場ポートフォリオ並みのリスクをとりつつも，それを凌駕するリターンを実現するポートフォリオの方を，GOPよりもむしろ選好すると自覚している．その場合のリスク回避度は，平均的投資家，あるいは代表的経済主体に想定されるリスク回避度とほぼ同じレベルであり，これは，対数型よりも相対的リスク回避度において大きいと考える研究者が多い．このような，長期投資家が選択肢に含むことのできるポートフォリオ運用については次章で扱う．

5.2 べき型効用を有する投資家が選択する最適ポートフォリオとGOP

以上みてきたように，投資機会集合を表わす双曲線（5.39）式と，無差別曲線を表わす放物線（5.47）式が接する点で期待効用が最大化されることを利用して，相対的リスク回避度が γ で与えられるべき型効用をもつ投資家が選択する最適ポートフォリオの連続複利表示投資収益率について，期待収益率と標準偏差を求めることができる．その結果を使えば，GOP の標準偏差と期待収益率もまた容易に求めることができる．

詳細は略すが，（5.39）式と（5.47）式の接点座標は第 1 章での結果と同一であり，べき型効用をもつ投資家が選択する最適ポートフォリオの座標は，

$$(\dot{\sigma}_p^*, \dot{\mu}_p^*) = \left(\frac{1}{\sqrt{\dot{C}}} \sqrt{1 + \frac{\dot{D}}{\gamma^2}}, \frac{\dot{A}}{\dot{C}} + \frac{\dot{D}}{\gamma \dot{C}} \right) \tag{5.48}$$

で与えられる．これは第 1 章の（1.55）式と（各パラメターにドットが付く以外は）完全に一致している．

他方，GOP は対数型効用をもつ投資家の最適ポートフォリオであるから，その座標は上式に $\gamma=1$ を代入して，

$$(\dot{\sigma}_{\text{GOP}}, \dot{\mu}_{\text{GOP}}) = \left(\frac{\sqrt{\dot{D}+1}}{\sqrt{\dot{C}}}, \frac{\dot{A}+\dot{D}}{\dot{C}} \right)$$

である．この GOP の標準偏差と期待収益率は，（5.40b）式および（5.42）式で求めた結果に，当然ながら一致している．読者は，図 5-3 の GOP の位置が上の座標にとってあることを確認されたい．

GOP の（分散，期待成長率）-平面上の位置

平均・分散分析において，対数型効用をもつ投資家の期待効用最大化をもたらす最小分散ポートフォリオとして GOP を位置づけることができたが，この GOP が期待成長率を最大化するポートフォリオでもあるという点は，図 5-4 のみでは必ずしも明白ではない．そこで，これを明示するために図の縦軸を期待収益率 $\dot{\mu}_p$ から期待成長率 ς_p に変え，また，横軸を分散に変えて，

投資機会集合と無差別曲線を描いてみよう．

図 5-2 (a) としてすでに，横軸に分散をとり，(分散，期待成長率) 平面に投資機会集合を描いた図を示してある．これと同じ平面上に無差別曲線を与える (5.47) 式がどう描かれるかがわかれば，最適なポートフォリオがどのように選択されるかを視覚的に捉えることができる．

期待成長率 ς_p と期待収益率 $\dot{\mu}_p$ には，$\varsigma_p = \dot{\mu}_p - \dfrac{\dot{\sigma}_p^2}{2}$ という関係があるので，これに無差別曲線を表わす (5.47) 式，

$$\dot{\mu}_p = \frac{\gamma}{2}\dot{\sigma}_p^2 + k \qquad [(5.47)]$$

を代入すると，この (標準偏差，期待収益率) - 平面における無差別曲線は，

$$\varsigma_p = \frac{1}{2}(\gamma - 1)\dot{\sigma}_p^2 + k \qquad (5.49)$$

と，横軸に連続複利表示投資収益率の分散 $\dot{\sigma}_p^2$ をとった (分散，期待成長率) - 平面上の曲線に変換される．(5.49) 式によって変換した後の無差別曲線を描けば，$\gamma > 1$ ならば傾きが正の直線，$\gamma = 1$ すなわち対数型効用ならば横軸に水平な直線，$0 < \gamma < 1$ ならば傾きが負の直線になる．これらの直線は，期待効用が大きいほど (k が大きいほど) より上方に位置する．

図 5-4 は，最大成長フロンティアを表わす曲線上のどの位置に，無差別曲線との接点である (期待効用を最大化する) 最適ポートフォリオが存在するのかを，$\gamma > 1, \gamma = 1$，および $0 < \gamma < 1$ の各ケースについて図示したものである．この図から，対数型効用の無差別曲線は水平であって，その接点では傾きゼロゆえ，大域的に最も期待成長率の大きいポートフォリオ，すなわち GOP となること，かつ，対数型効用をもつ投資家が GOP を保有すれば期待効用を最大化できることが一目瞭然にわかる．もとより，この GOP は，期待効用最大化に全く関心をもたない最適成長を志向する投資家が選ぶポートフォリオである．

なお，図 5-4 上の GOP の座標，

$$(\dot{\sigma}_p^2, \varsigma_p) = \left(\frac{\dot{D}+1}{\dot{C}}, \frac{2\dot{A}+\dot{D}-1}{2\dot{C}} \right)$$

は，前出の (5.40a)，(5.41) 式で与えてある．

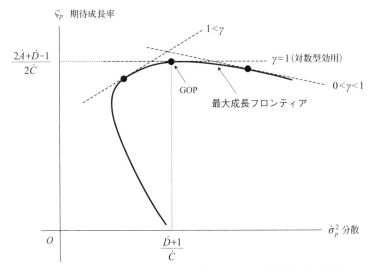

図5-4　GOPの（分散，期待成長率）-平面上の位置と無差別曲線

　GOPを選択する投資家は，そもそも，期待効用最大化を目指したポートフォリオ決定はしない．GOP擁護者の多くは，効用関数という概念すら認めないかもしれず，その場合，図5-4上に描いた無差別曲線群は彼らにとって全く意味をもたないであろう．そうではあっても，GOP投資家は自ら図5-4と同じような図を描き，その図上で，横軸に水平な直線と最大成長フロンティアとの接点を探索して，それを最大の期待成長率をもつポートフォリオとするだろう．その水平な直線は，期待効用最大化の立場からみれば，対数型効用の無差別曲線に一致するのである．

5.3　GOPについての2基金分離

　平均・分散分析の重要な帰結は，2基金分離，すなわち任意の最適ポートフォリオが2つの最小分散ポートフォリオで構築できることであった．したがって，GOPについても，2基金分離が成立するはずである．以下では，GOP本来の議論からは若干逸れるが，次章の分析と関連するので，本節の枠組みのもとでの2基金分離についてみておこう．

5. 最適成長ポートフォリオを平均・分散分析によって特徴づける

分散が $\dot{\sigma}_p^2$ である最大成長ポートフォリオ（MGP）は，(5.34) 式で与えられる．再掲すると，

$$\omega_{\text{MGP}} = \sqrt{\frac{\dot{C}\dot{\sigma}_p^2 - 1}{\dot{D}}} \dot{\Omega}^{-1}\dot{\mu} + \frac{1}{\dot{C}}\left(1 - \dot{A}\sqrt{\frac{\dot{C}\dot{\sigma}_p^2 - 1}{\dot{D}}}\right)\dot{\Omega}^{-1}\mathbf{1} = \omega^* \qquad [(5.34)]$$

ただし，$\dot{A} \equiv \mathbf{1}'\dot{\Omega}^{-1}\dot{\mu}, \dot{B} \equiv \dot{\mu}'\dot{\Omega}^{-1}\dot{\mu}, \dot{C} \equiv \mathbf{1}'\dot{\Omega}^{-1}\mathbf{1}, \dot{D} \equiv \dot{B}\dot{C} - \dot{A}^2$ である．この最大成長ポートフォリオは分散が $\dot{\sigma}_p^2$ の平均・分散効率的ポートフォリオでもあるので，上式の最右辺は ω^* と表示し直してある．

第1章の (1.45) 式では，任意の平均・分散効率的ポートフォリオが，2つの最小分散ポートフォリオによって合成できることを明らかにしたが，上式においても，$\omega_Q = \dfrac{\dot{\Omega}^{-1}\dot{\mu}}{\dot{A}}, \omega_G = \dfrac{\dot{\Omega}^{-1}\mathbf{1}}{\dot{C}}$ とおき，第1章と同じ要領で変形すると，

$$\omega^* = \dot{A}\sqrt{\frac{\dot{C}\dot{\sigma}_p^2 - 1}{\dot{D}}}\omega_Q + \left(1 - \dot{A}\sqrt{\frac{\dot{C}\dot{\sigma}_p^2 - 1}{\dot{D}}}\right)\omega_G \qquad (5.50)$$

ただし，$\omega_Q = \dfrac{\dot{\Omega}^{-1}\dot{\mu}}{\dot{A}}, \omega_G = \dfrac{\dot{\Omega}^{-1}\mathbf{1}}{\dot{C}}$

となる．ドットをとれば，これは第1章の (1.45) 式に一致しており，連続時間においても，平均・分散効率的ポートフォリオが2つの最小分散ポートフォリオ ω_Q と ω_G によって合成できること，すなわち，連続時間においても2基金分離が成立することを上式は表わしている．これらのうち ω_G には，第1章でとくに大域的最小分散ポートフォリオ（GMVP）の名称を与えたが，本章の連続モデルでもその名称を踏襲している[51]．

相対的リスク回避度が γ のべき型効用をもつ投資家を前提すれば，その投資家が選択する最適ポートフォリオの座標は，(5.48) 式より，

$$(\sigma_p^*, \mu_p^*) = \left(\frac{1}{\sqrt{\dot{C}}}\sqrt{1 + \frac{\dot{D}}{\gamma^2}}, \frac{\dot{A}}{\dot{C}} + \frac{\dot{D}}{\gamma\dot{C}}\right) \qquad [(5.48)]$$

であった．そこで，(5.50) 式で表わされる効率的ポートフォリオ群の中から，この投資家が選択する最適ポートフォリオという意味で添え字 p を付し

---

51) ω_Q と ω_G がともに最小分散ポートフォリオになっていること，および，2基金分離についての詳細は第1章4節を参照のこと．

て ω_p^* と表現し直し，(5.50) 式に $\dot{\sigma}_p = \dot{\sigma}_p^* = \dfrac{1}{\sqrt{\dot{C}}}\sqrt{1+\dfrac{\dot{D}}{\gamma^2}}$ を代入，整理すると，

$$\omega_p^* = \frac{\dot{A}}{\gamma}\omega_Q + \left(1-\frac{\dot{A}}{\gamma}\right)\omega_G \tag{5.51}$$

を得る．上式は，第 1 章の (1.56) 式と同一であるが，第 1 章における γ は指数型効用関数の絶対的リスク回避度に初期富を乗じて変換した相対的リスク回避度，本章ではべき型効用関数の相対的リスク回避度という違いがある．

べき型効用関数をもつ投資家が選択する最適ポートフォリオは，(5.51) 式より，ポートフォリオ ω_Q と，ω_G すなわち GMVP という 2 つのファンドにそれぞれ，

$$\frac{\dot{A}}{\gamma} : 1-\frac{\dot{A}}{\gamma}$$

という比率で投資することによって構成できることがわかる．通常の資産市場では，$\dot{A} \equiv \dot{\mu}'\dot{\Omega}^{-1}\mathbf{1} > 0$ であるので，リスク回避度が大きいほど，よりハイリスク・ハイリターンであるポートフォリオ ω_Q への投資は控え，最もリスクが小さい GMVP への投資を増やすべきこともまたわかる．

GOP は，対数型効用の投資家が需要する最適ポートフォリオであるから，$\gamma=1$ の場合である．このとき，(5.51) 式より，ポートフォリオ ω_Q と GMVP を $\dot{A} : 1-\dot{A}$ の比率で保有すれば GOP を構築できる．そして，定数 $\dot{A}$ の定義から明らかなように，この比率は時間に依存しない母数である $\dot{\mu}$ と $\dot{\Omega}$ のみによって定まり，その結果，対数型投資家にとっての GOP は時間に依存しない固定比率になるのである．この分析結果は，期待効用最大化の原則にしたがうか，あるいは，最適成長を求めるかに関わらず，長期運用を考えるうえで特筆すべき重要性を有している．次章では，この結果を生かしてポートフォリオ運用のシミュレーションを実施する．

APPENDIX CH-5　イェンゼンの不等式の証明

　イェンゼン（Jensen）の不等式の証明は複数あるが，以下では，直感的に理解が容易と思われる DeGroot（1970, pp. 97-98）の方法を紹介する．

　まず，関数 $f(x)$ は，開区間 (a,b) において狭義凹関数とする．確率変数 $\tilde{x}$ は，$\Pr[\tilde{x}\in(a,b)]=1$ であり，$\mathrm{E}[\tilde{x}]$ および $\mathrm{E}[f(\tilde{x})]$ が存在し，$\Pr[\tilde{x}\neq \mathrm{E}[\tilde{x}]]\neq 0$，すなわち $\tilde{x}$ は，その期待値以外の値を実現する確率がゼロではないと仮定する．このとき，

$$f(\mathrm{E}[\tilde{x}]) > \mathrm{E}[f(\tilde{x})] \tag{A5.1}$$

が成立することを以下で証明する．

　まず，$y=f(x)$ は狭義凹関数ゆえ，$\mathrm{E}[\tilde{x}]$ においてこの曲線に接し，かつ，すべての $x\in(a,b)$ において，この曲線より低くないような直線（支持関数）$y=px+q$ が存在する．したがって，

$$p\mathrm{E}[\tilde{x}]+q = f(\mathrm{E}[\tilde{x}]) \tag{A5.2}$$

$$px+q \geqq f(x), \quad \forall x \in (a,b) \tag{A5.3}$$

が成立する（図 5-5 参照）．

　また，$\mathrm{E}[\tilde{x}]$ 以外の $x\in(a,b)$ では，$px+q>f(x)$ が成り立つので，変数を $\tilde{x}$ に置き換えると，

$$p\tilde{x}+q = f(\tilde{x}) \ \ \text{if}\ \tilde{x}=\mathrm{E}[\tilde{x}], \ \ p\tilde{x}+q>f(\tilde{x}) \ \ \text{if}\ \tilde{x}\neq \mathrm{E}[\tilde{x}] \tag{A5.4}$$

となる．ここで，$\Pr[\tilde{x}\neq\mathrm{E}[\tilde{x}]]\neq 0$ が仮定されているので，(A5.4) 式の両辺の期待値を求めると

$$p\mathrm{E}[\tilde{x}]+q > \mathrm{E}[f(\tilde{x})] \tag{A5.5}$$

である．上式の左辺へ (A5.2) 式を代入すると，証明すべき，

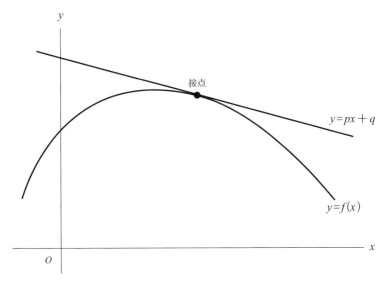

図 5-5 イェンゼンの不等式（凹関数の場合）

$$f(\mathrm{E}[\tilde{x}]) > \mathrm{E}[f(\tilde{x})] \qquad [(\mathrm{A}5.1)]$$

を得る． (証明終わり)

なお，$y=f(x)$ が狭義凸関数のときには，$f(x)$ を $-f(x)$ と読み替えれば，

$$-f(\mathrm{E}[\tilde{x}]) > \mathrm{E}[-f(\tilde{x})] \Leftrightarrow f(\mathrm{E}[\tilde{x}]) < \mathrm{E}[f(\tilde{x})]$$

であり，$y=f(x)$ が線形関数のときには $f(\mathrm{E}[\tilde{x}])=\mathrm{E}[f(\tilde{x})]$ を容易に示すことができる．

第 6 章

多期間投資の実践と $\frac{1}{N}$ ポートフォリオ型 EIF

　本章の目的は，前章までに検討した多期間投資に関する複数のモデルを利用して，第 1 章で解説した EIF を多期間において運用するための理論を提示し，投資実践への道筋を示すことである．結論から述べれば，長期投資の対象とする株式銘柄のユニバースを適切に設定したうえで等金額ポートフォリオを構築し，それを対象に自己充足的なリバランシングを繰り返すことにより，市場インデックスに一定水準連動し，これとほぼ等しいリスクをとりながら，リターンは事前，事後の双方において市場インデックスを凌駕して，プラスの多期間アルファを確保することができる．したがって，1 期間モデルにおいて定義した EIF は多期間に拡張することができる．私たちは，この長期運用の方法を $\frac{1}{N}$ ポートフォリオ型 EIF とよび，自信をもって読者にその実践を推奨する．

GOP，市場ポートフォリオ，GMVP と相対的リスク回避度

　前章では最適成長ポートフォリオ（GOP）を巡る種々の論点についてみた．GOP を最適なポートフォリオとして選択する投資家は，そのように自覚してはいないにせよ，対数型効用を有して期待効用を最大化する投資家と解することができるが，この効用関数のもとでは多期間における投資決定問題は 1 期間の期待効用最大化の累次にわたる実行という形に帰着することを確認した．さらに，株価が幾何ブラウン運動に従い，連続的取引が可能であるという理論上の仮定をおくと，連続時間上の最適成長ポートフォリオは，同じく連続時間上の瞬間的な投資収益率に対する平均・分散効率的ポートフ

オリオ（最小分散フロンティアの上側部分）の1つであって，それはまた，対数型効用の無差別曲線が効率的フロンティアに接する点で表わされるポートフォリオであることを明らかにした．

一方，第1章で定義したEIFは，市場ポートフォリオの代理としての株価インデックスに連動し，ベータが1のリスクをもつのであるから，EIFを需要する投資家は基本的には市場ポートフォリオ並みのリスクを享受して，より高いリターンを得ることで期待効用を最大化すると解することができる．私たちは，長期においても市場インデックス並みのリスク負担を選択する投資家は少なからず存在すると考えているが，その場合，投資家のリスク回避度は，市場全体のリスクを受け入れる代表的経済主体，あるいは，Rubinstein（1976b, p. 411）の言葉を借りれば，市場の平均的投資家（Average Investor）のリスク回避度に等しいと考えられる．したがって，長期投資においても，対数型以外の効用をもつ投資家の存在については，Luenberger（1998）のように頭ごなしに否定することはできないと，私たちは考えている．

図6-1は，第5章において，株価が幾何ブラウン運動に従い，投資家が連続的にポートフォリオ改定することが可能であると仮定して導いた，連続時間上の平均・分散分析の結果である図5-4を，相対的リスク回避度γが1未満のケースを除いて再掲したものである．図には，$\gamma=1$である対数型効用の無差別曲線，$\gamma \approx 3$と想定した代表的経済主体の効用関数の無差別曲線，および，γを99999とおいた場合の無差別曲線を3本の太い破線で表現し，書き入れてある．これら3つの無差別曲線が最小分散フロンティアと接する座標に位置するのが，それぞれGOP，市場ポートフォリオM，およびGMVPである．これら3種類の特徴的なポートフォリオは，投資実践において考慮し，比較対象とすべきポートフォリオとして読者にとって馴染みがあるものと思う．

なお，GMVP（Globally Minimum Variance Portfolio，大域的最小分散ポートフォリオ）は，厳密には相対的リスク回避度が無限の極限において需要されるポートフォリオであるが，γを無限大にするとべき型効用関数が適切に定義できなくなるうえ，極限のポートフォリオという概念自体が投資実践と

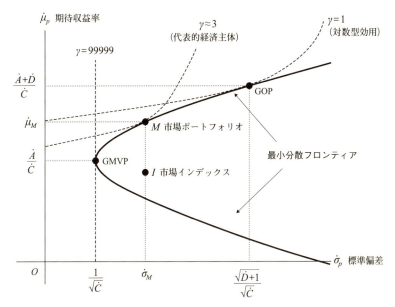

図6-1 GMVP, GOP, 市場ポートフォリオと無差別曲線

は相容れないため，ここでは $\gamma=99999$ として無差別曲線を描いてある．3本の無差別曲線はどれも2次の係数が正の放物線である．ただ，$\gamma=99999$ のときの無差別曲線は2次曲線ではあるものの，視覚的に垂直な直線と区別がつかない．そのため，これと最小分散フロンティアとの接点は頂点座標に限りなく近接している点と考えておく．

また，上で $\gamma\approx3$ とした代表的経済主体のリスク回避度については，研究者の間に特定の数値がコンセンサスとして存在するわけではない．しかし，代表的経済主体がべき型効用関数をもつと想定すると，現実のリスク資産に対するリスク・プレミアムと消費変動を説明するためには，相対的リスク回避度 γ は10を超える値になることが Mehra and Prescott（1985）によって指摘されており，株式プレミアム・パズル（Equity Premium Puzzle）として知られている．これがパズル（腑に落ちないこと）とされる理由は，あまりに高いリスク回避度のもとでは現実の無リスク利子率を説明できないという問題があるためである．未解決ではあるものの，多くの経済学者の間で，γ

は 10 に比べて相当に小さく,しかし 1 よりは大きいだろうと考えられている[1]。

以上を受けて,図 6-1 では,代表的経済主体の γ をおよそ 3 と仮に設定して無差別曲線を描いてある.この経済主体が選択するポートフォリオが市場ポートフォリオ (M) であることは明らかであるが,図では,その下方に市場インデックス (I) のリスク・リターン・ポジションを打点してある.このような配置にした理由は,市場ポートフォリオは観測が困難であること,しかし,それと同じ程度のリスクをもつ観測可能な市場インデックスは,どのインデックスであれ,最小分散フロンティアの内側の相当深いところに位置すると考えられるためである.

本章では,市場ポートフォリオ並みのリスクをとって期待効用を最大化する投資家を想定して,長期投資の観点から,正のジェンセンのアルファを実現しようとするインデックス連動型アクティブ運用ファンドである EIF (Enhanced Index Fund) に関する第 1 章の説明を補足し,拡張する.

本章で私たちは,期待収益率推定の必要がない GMVP をベースとして,市場インデックス並みのリスクをもち,しかしリターンは市場インデックスを凌駕するような EIF を設計して読者に提示することとした.以下では,そのためのユニバース決定とポートフォリオ構築について基本的な考え方を明らかにし,続いて,それに基づいて実施したシミュレーションの結果を示す[2].

---

[1] 代表的経済主体の相対的リスク回避度 γ を 10 以上,あるいは 1 以下であると報告した実証分析も複数存在し,その推定値は,分析に使用した推定モデル,分析対象の国と市場,推定した時期によって大きく異なっている.代表的な分析例をあげておくと,わが国の家計のリスク資産および無リスク資産の保有残高から Friend and Blume (1975) の方法を用いて相対的リスク回避度を推定した中川・片桐 (1999) では 1965 年から 1998 年までの推定値は 4 から 8 の範囲で推移し,また,伊藤 (2008) では 1997 年から 2007 年までの推定値は概ね 0.75 から 3.5 の範囲で推移している.なお,株式プレミアム・パズルについては第 2 章の脚注 42 でも触れている.

[2] 投資実践において重要なポイントであるため明記しておくと,ここでの議論は市場均衡を前提していないため,組み入れ対象とする株式銘柄ユニバースは,分散投資によるリスク削減効果のためにサンプル数 N を一定水準以上に維持すべきではあるものの,「すべての上場銘柄」といった制約なしに自由に選ぶことができ,その選び方に応じて幾種類もの GMVP が構築可能である.

1. 全平均モデルのもとでの最適ポートフォリオ

　連続時間の枠組みにおいて，リスク回避的投資家が選択する最適なポートフォリオは任意の2つの最小分散ポートフォリオ（MVP）を組み合わせたポートフォリオとして構成可能であることを第5章5節の分析で明らかにした．リスク資産のみからなるユニバースを想定し，投資家の効用関数として相対的リスク回避度がγであるようなべき型効用関数を仮定して，2つのMVPとして大域的最小分散ポートフォリオ（GMVP; ω_G）ともう1つの最小分散ポートフォリオω_Qを選んだ場合についての結果を再掲すると，この投資家の期待効用を最大化する最適ポートフォリオは，

$$\omega_p^* = \frac{\dot{A}}{\gamma}\omega_Q + \left(1 - \frac{\dot{A}}{\gamma}\right)\omega_G \tag{6.1a}$$

ただし，

$$\omega_G = \frac{\dot{\Omega}^{-1}\mathbf{1}}{\dot{C}}, \quad \dot{C} \equiv \mathbf{1}'\dot{\Omega}^{-1}\mathbf{1} \tag{6.1b}$$

$$\omega_Q = \frac{\dot{\Omega}^{-1}\dot{\mu}}{\dot{A}}, \quad \dot{A} \equiv \mathbf{1}'\dot{\Omega}^{-1}\dot{\mu} \tag{6.1c}$$

であった．(6.1a) 式は第5章で導出した (5.51) 式であるが，式番号は付け直してある．また，これまで通りに本章でも各記号にドット（˙）を付して連続複利表示の投資収益率に基づくものであることを明示する．

　この節での分析の目的は，共分散行列$\dot{\Omega}$にこの下で定義する全平均モデルという構造を仮定するとき，(6.1a) 式で与えられる，べき型効用を有する投資家にとっての最適ポートフォリオω_p^*がどのように表わされるかを解析的に明らかにすることである．

1.1　全平均モデル（Overall Mean Model）

　現実の投資において，過去のデータからヒストリカルに推定した相関行列

が将来の投資収益率間の相関行列を正しく予測できないことは周知の事実である．これに対処する方法として Elton and Gruber（1973）は，時系列データから推定した相関行列をそのまま用いるのではなく，それらの単純平均を計算し，相関行列の対角成分以外のすべての要素をこの単純平均で置き換えたものが，将来の相関構造の予測としてより精度が高いことを明らかにした．

いま，ポートフォリオに N 銘柄の株式を組み入れるとき，連続複利表示の投資収益率間の相関係数 $\dot{\rho}_{i,j}$ は全部で ${}_NC_2 = \dfrac{N(N-1)}{2}$ 個存在する．$i \neq j$ について，第 (i, j) 成分と第 (j, i) 成分を区別するならば，相関係数は全部で $N(N-1)$ 個あるから，これらの単純平均は，

$$\bar{\dot{\rho}} \equiv \frac{1}{N(N-1)} \sum_{\substack{j=1 \\ j \neq i}}^{N} \sum_{i=1}^{N} \dot{\rho}_{i,j} \tag{6.2}$$

で与えられる[3]．上のように定義される単純平均値 $\bar{\dot{\rho}}$ ですべての相関係数を置き換えた相関行列の予測モデルを Elton and Gruber は全平均モデル（Overall Mean Model）とよんでいる．この単純なモデルをヒストリカルな相関行列推定が予測精度において上回ったという実証結果は，今に至るまで報告されていない．

この Elton and Gruber（1973）の予測モデルは，厳密には，相関係数の全平均モデルであって，共分散行列のモデルではない．しかし，相関行列に関して全平均モデルを仮定し，さらに，分散（あるいは標準偏差）が同じ程度の大きさである銘柄を選択してサンプル・ユニバースを構成する結果として，このモデルは共分散行列 Ω に関する全平均モデルとなる．

Elton and Gruber（1973）の古典的研究では，分散リスクがほぼ等しい N 個の株式銘柄を投資対象として選択する．これら N 銘柄について，相関係数と同じように，連続複利表示の投資収益率の分散の単純平均を求め，それを v とおく．すなわち，

---

[3] $\dot{\rho}_{i,j}$ は母数であって，バーを付して $\bar{\dot{\rho}}$ と表現していてもこれは母数のクロスセクションの平均であり，標本平均ではないことに注意されたい．

$$v \equiv \frac{1}{N}\sum_{i=1}^{N}\mathrm{Var}[\tilde{r}_i] = \frac{1}{N}\sum_{i=1}^{N}\hat{\sigma}_i^2 (\equiv \overline{\hat{\sigma}}^2)$$

という同一の値によって，N 銘柄すべての分散が予測できると仮定する．最終式の $\overline{\hat{\sigma}}^2$ は，各銘柄の分散の平均であることを強調してバーを付したものであるが，以後の式展開ではこの記号では煩雑なので，主に v を用いることにする．

さらに，相関行列の対角成分以外の成分をすべて $\overline{\rho}$ で置き換えると，共分散は，すべての $i,j\,(i\neq j)$ について，$\mathrm{Cov}[\tilde{r}_i,\tilde{r}_j]=\hat{\rho}_{i,j}\hat{\sigma}_i\hat{\sigma}_j=\overline{\rho}\sqrt{v}\cdot\sqrt{v}=\overline{\rho}v$ となり，全銘柄間について同一の値になる．この値を，$\overline{\rho}v\equiv d$ とおくことにすれば，$-1<\overline{\rho}<1$，および，$v>0$ より，$d<v$ であり，共分散行列 $\dot{\Omega}$ は次式で表現される．

$$\underset{(N\times N)}{\dot{\Omega}} = \begin{bmatrix} v & d & \cdots & d \\ d & v & \cdots & d \\ \vdots & \vdots & \ddots & \vdots \\ d & d & \cdots & v \end{bmatrix} \tag{6.3}$$

この単純な共分散行列によって将来の共分散行列を予測するのが全平均モデルである[4]．

また，共分散行列 $\dot{\Omega}$ について集計ベクトル $\mathbf{1}=[1\ \cdots\ 1]'$ を用いて 2 次形式を作り，$d=\overline{\rho}v$ を代入すると，

$$\begin{aligned}\mathbf{1}'\dot{\Omega}\mathbf{1} &= Nv+(N^2-N)d = N\{v+(N-1)d\} \\ &= Nv\{1+(N-1)\overline{\rho}\} > 0\end{aligned} \tag{6.4a}$$

である．これより相関係数の全平均は，

$$\overline{\rho} > -\frac{1}{N-1} \tag{6.4b}$$

を満たさなければならないことがわかる．上式は，リスク資産の数 N を十

---

[4] v, d はいずれも連続複利表示投資収益率にかかわる母数なのでドットを付すべきであるが，第 1 章の単利表示における母数としてこれらの文字を使用していないので区別の必要がないため，式表示の煩雑さと読みにくさを回避すべく，この 2 つの母数についてのみ例外的にドットは略することにした．

分に大きくとるならば，$\bar{\rho}$ がゼロあるいは負値をとることはほとんど考えられないことを意味している．

共分散行列の逆行列 $\dot{\Omega}^{-1}$ を求めると，標準的な線形代数の演算によって，

$$
\underset{(N\times N)}{\dot{\Omega}^{-1}}
= \frac{1}{(v-d)\{v+(N-1)d\}} \begin{bmatrix} v+(N-2)d & -d & \cdots & -d \\ -d & v+(N-2)d & \cdots & -d \\ \vdots & -d & \ddots & \vdots \\ -d & \cdots & -d & v+(N-2)d \end{bmatrix}
$$

$$
= \frac{1}{\Delta} \begin{bmatrix} v+(N-2)d & -d & \cdots & -d \\ -d & v+(N-2)d & \cdots & -d \\ \vdots & \vdots & \ddots & \vdots \\ -d & -d & \cdots & v+(N-2)d \end{bmatrix} \tag{6.5a}
$$

ただし，$\Delta \equiv (v-d)\{v+(N-1)d\} > 0$ \hfill (6.5b)

となる[5]．

以下では，共分散行列およびその逆行列が上記の形で与えられる場合には，べき型効用関数をもつ投資家にとっての平均・分散効率的ポートフォリオ，その特殊ケースとしての最適成長ポートフォリオ GOP，および，大域的最小分散ポートフォリオ GMVP が特定の固定的投資比率に帰着することを，無リスク資産が存在しない場合について述べる[6]．

相対的リスク回避度が γ のべき型効用をもつ投資家の最適ポートフォリオを再掲すると，

---

[5] 本節の議論では，株式投資収益率に特定の収益生成過程を仮定していないが，仮にシングル・インデックス・モデル (SIM) が厳密に成立するならば，$v=d$ となるため行列式 Δ は定義できず，$\dot{\Omega}$ の逆行列は存在しないことになる．したがって以下の議論は，暗に，長期投資において株式投資収益率が SIM ではなくマルチ・ファクター・モデル (MFM) に従っていることを前提していることになる．なお，文脈は異なるものの，Hara and Honda (2014) は曖昧性回避に関する Proposition 3 の証明に上の (6.5a)，(6.5b) 式を利用している．

[6] 無リスク資産が存在する場合についても，以下の分析と同様にして，平均・分散効率的ポートフォリオが固定的投資比率を有することを示すことができるが，説明は割愛した．

1. 全平均モデルのもとでの最適ポートフォリオ

$$\omega_p^* = \frac{\dot{A}}{\gamma}\omega_Q + \left(1-\frac{\dot{A}}{\gamma}\right)\omega_G \qquad [(6.1a)]$$

ただし,

$$\omega_G = \frac{\dot{\Omega}^{-1}\mathbf{1}}{\dot{C}}, \quad \dot{C} \equiv \mathbf{1}'\dot{\Omega}^{-1}\mathbf{1} \qquad [(6.1b)]$$

$$\omega_Q = \frac{\dot{\Omega}^{-1}\dot{\mu}}{\dot{A}}, \quad \dot{A} \equiv \mathbf{1}'\dot{\Omega}^{-1}\dot{\mu} \qquad [(6.1c)]$$

であった.

これらのうち,まず,ポートフォリオ ω_Q からみると,これを求めるには $\dot{A} \equiv \mathbf{1}'\dot{\Omega}^{-1}\dot{\mu}$ を計算しなければならないので,共分散行列の逆行列 (6.5a) 式を用いて,

$$\dot{\Omega}^{-1}\dot{\mu} = \frac{1}{\Delta}\begin{bmatrix} v+(N-2)d & -d & \cdots & -d \\ -d & v+(N-2)d & \cdots & -d \\ \vdots & \vdots & \ddots & \vdots \\ -d & -d & \cdots & v+(N-2)d \end{bmatrix}\begin{bmatrix} \dot{\mu}_1 \\ \dot{\mu}_2 \\ \vdots \\ \dot{\mu}_N \end{bmatrix}$$

$$= \frac{1}{\Delta}[\{v+(N-2)d\}\dot{\mu} - d(\dot{\mu}'\mathbf{1})\mathbf{1} + d\dot{\mu}]$$

$$= \frac{1}{\Delta}[\{v+(N-1)d\}\dot{\mu} - d(\dot{\mu}'\mathbf{1})\mathbf{1}], \quad \Delta \equiv (v-d)\{v+(N-1)d\}$$

を得る.さらに,N 銘柄の期待収益率のクロス・セクションでの平均を,

$$\bar{\mu} \equiv \frac{1}{N}\sum_{i=1}^{N}\dot{\mu}_i = \frac{1}{N}\dot{\mu}'\mathbf{1}$$

と表わし,これによって上式の $\dot{\mu}'\mathbf{1}$ を消去すると,

$$\dot{\Omega}^{-1}\dot{\mu} = \frac{1}{\Delta}[\{v+(N-1)d\}\dot{\mu} - d\bar{\mu}N\mathbf{1}] \qquad (6.6)$$

となる.左から集計ベクトルを乗じて $\dot{A}$ を求めると,

$$\dot{A} \equiv \mathbf{1}'\dot{\Omega}^{-1}\dot{\mu} = \frac{1}{\Delta}[\{v+(N-1)d\}\mathbf{1}'\dot{\mu} - d\bar{\mu}N\mathbf{1}'\mathbf{1}]$$

$$= \frac{1}{\Delta}[\{v+(N-1)d\}\bar{\mu}N - d\bar{\mu}N^2] = \frac{\bar{\mu}N}{\Delta}(v-d)$$

$$= \frac{\bar{\mu}N}{v+(N-1)d} \tag{6.7}$$

である. (6.1c) 式へ (6.6), (6.7) 式を代入すると, ポートフォリオ $\boldsymbol{\omega}_Q$ の投資比率として,

$$\boldsymbol{\omega}_Q = \frac{v+(N-1)d}{\bar{\mu}N} \frac{1}{\Delta}[\{v+(N-1)d\}\dot{\boldsymbol{\mu}} - d\bar{\mu}N\boldsymbol{1}]$$

$$= \frac{1}{\bar{\mu}N(v-d)}[\{v+(N-1)d\}\dot{\boldsymbol{\mu}} - d\bar{\mu}N\boldsymbol{1}]$$

$$= \left(\frac{1}{\bar{\mu}N} + \frac{d}{\bar{\mu}(v-d)}\right)\dot{\boldsymbol{\mu}} - \frac{d}{v-d}\boldsymbol{1} \tag{6.8}$$

を導くことができる. これが, 全平均モデルのもとで最適ポートフォリオを構築しようとするときに必要な 2 つの最小分散ポートフォリオのうちの片方のポートフォリオの投資比率 $\boldsymbol{\omega}_Q$ であり, それは期待収益率ベクトル $\dot{\boldsymbol{\mu}}$ に依存するという特徴を有する.

全平均モデルのもとで GMVP は $\frac{1}{N}$ ポートフォリオになる

次に, (6.1a) 式の 2 ファンドの残り片方である大域的最小分散ポートフォリオ GMVP の投資比率ベクトル $\boldsymbol{\omega}_G$ が全平均モデルのもとでどのように表わされるかを調べよう. (6.1b) 式の分子から計算すると,

$$\dot{\boldsymbol{\Omega}}^{-1}\boldsymbol{1} = \frac{1}{\Delta}\begin{bmatrix} v+(N-2)d & -d & \cdots & -d \\ -d & v+(N-2)d & \cdots & -d \\ \vdots & \vdots & \ddots & \vdots \\ -d & -d & \cdots & v+(N-2)d \end{bmatrix}\begin{bmatrix} 1 \\ 1 \\ \vdots \\ 1 \end{bmatrix}$$

$$= \frac{1}{\Delta}(v-d)\boldsymbol{1}$$

となるので, ここへ $\Delta \equiv (v-d)\{v+(N-1)d\}$ を代入して,

$$\dot{\boldsymbol{\Omega}}^{-1}\boldsymbol{1} = \frac{1}{v+(N-1)d}\boldsymbol{1} \tag{6.9a}$$

を得る. 一方, 定数 $\dot{C}$ は (6.9a) 式から,

1. 全平均モデルのもとでの最適ポートフォリオ　441

$$\dot{C} \equiv \mathbf{1}'\dot{\Omega}^{-1}\mathbf{1} = \frac{N}{v+(N-1)d} \tag{6.9b}$$

と計算できるから，これらを（6.1b）式へ代入すると，

$$\omega_G = \frac{\dot{\Omega}^{-1}\mathbf{1}}{\dot{C}} = \frac{v+(N-1)d}{N} \cdot \frac{1}{v+(N-1)d}\mathbf{1}$$

$$= \frac{1}{N}\mathbf{1} = \begin{bmatrix} \frac{1}{N} & \frac{1}{N} & \cdots & \frac{1}{N} \end{bmatrix}' \tag{6.10}$$

となる．全平均モデルのもとでは，大域的最小分散ポートフォリオ GMVP は N 種類のリスク資産へ同一比率，すなわち等金額に投資した非常に単純なポートフォリオとして構築できることがわかる．このタイプの $\frac{1}{N}$ 組み入れポートフォリオを，以後，$\frac{1}{N}$ ポートフォリオとよぶ[7]．

以上より，べき型効用をもつ投資家にとっての最適ポートフォリオ ω_p^* を構築するための2つのファンドの内容が明らかになった．この投資家が選択する平均・分散効率的ポートフォリオは，投資家のリスク回避度に応じて，GMVP（ω_G）ともうひとつの最小分散ポートフォリオ ω_Q を最適な比率で保有すれば構築できる[8]．これら2つのファンドのうち，GMVP は単純な $\frac{1}{N}$ ポートフォリオである．

この最適ポートフォリオの期待収益率と標準偏差は，第5章の（5.48）式ですでに最適ポートフォリオの座標として与えてあるので再掲しておくと，

$$\mu_p^* = \mu'\omega_p^* = \frac{\dot{A}}{\gamma}\mu'\omega_Q + \left(1 - \frac{\dot{A}}{\gamma}\right)\mu'\omega_G$$

---

[7] ただし，この組み入れ比率 $\frac{1}{N}$ は，連続時間上での瞬間的取引を仮定した理論上のものであって，この下で扱う $\frac{1}{N}$ ポートフォリオでは，連続的かつ自己充足的（Self-financing）なリバランシングによってこの組み入れ比率を維持することを仮定している．

[8] 第5章5節の（5.51）式でみたように，連続時間において，最適ポートフォリオは任意の2つの最小分散ポートフォリオを組み合わせたポートフォリオとして構築できる．したがって，ω_p^* を構築するための2つのポートフォリオの選び方も無数に存在するが，ここでは，解釈の容易さゆえに，とくに ω_G と ω_Q の組み合わせを選択しているにすぎない点に留意されたい．

$$= \frac{\dot{A}}{\dot{C}} + \frac{\dot{D}}{\gamma \dot{C}} \qquad [(5.48)]$$

$$\sigma_p^{*2} = \boldsymbol{\omega}_p^{*\prime} \dot{\boldsymbol{\Omega}} \boldsymbol{\omega}_p^*$$

$$= \left\{\frac{\dot{A}}{\gamma}\boldsymbol{\omega}_Q + \left(1 - \frac{\dot{A}}{\gamma}\right)\boldsymbol{\omega}_G\right\}' \dot{\boldsymbol{\Omega}} \left\{\frac{\dot{A}}{\gamma}\boldsymbol{\omega}_Q + \left(1 - \frac{\dot{A}}{\gamma}\right)\boldsymbol{\omega}_G\right\} = \frac{1}{\dot{C}}\left(1 + \frac{\dot{D}}{\gamma^2}\right)$$

$$\Leftrightarrow \sigma_p^* = \sqrt{\frac{1}{\dot{C}}} \sqrt{1 + \frac{\dot{D}}{\gamma^2}} \qquad [(5.48)]$$

である.

さて, これら2つの値が全平均モデルの仮定のもとでどう表現されるかは, 定数 $\dot{A}, \dot{B}, \dot{C}$, および, $\dot{D} = \dot{B}\dot{C} - \dot{A}^2$ がどのように表わされるかをみれば明らかになる. すでに, $\dot{A}$ と $\dot{C}$ は,

$$\dot{A} = \frac{\bar{\mu}N}{v + (N-1)d} \qquad [(6.7)], \qquad \dot{C} = \frac{N}{v + (N-1)d} \qquad [(6.9\text{b})]$$

のように求めてあるので, $\dot{B}, \dot{D}$ について計算すると,

$$\dot{B} \equiv \dot{\boldsymbol{\mu}}' \dot{\boldsymbol{\Omega}} \dot{\boldsymbol{\mu}} = \frac{1}{\Delta}[\{v + (N-1)d\}\dot{\boldsymbol{\mu}}'\dot{\boldsymbol{\mu}} - d\bar{\mu}N\dot{\boldsymbol{\mu}}'\mathbf{1}]$$

$$= \frac{1}{v-d}\dot{\boldsymbol{\mu}}'\dot{\boldsymbol{\mu}} - \frac{d\bar{\mu}^2 N^2}{\Delta} \tag{6.11}$$

となるが, ここで, 最適ポートフォリオに組み入れる銘柄を $i \in \{1, 2, \cdots, N\}$ として, 期待収益率のクロスセクションでの分散を,

$$\acute{\sigma}_\mu^2 \equiv \frac{1}{N}\sum_{i=1}^{N}(\dot{\mu}_i - \bar{\mu})^2 \tag{6.12}$$

と表現すれば,

$$\acute{\sigma}_\mu^2 = \frac{1}{N}\left(\sum_{i=1}^{N}\dot{\mu}_i^2 - 2\bar{\mu}\sum_{i=1}^{N}\dot{\mu}_i + \sum_{i=1}^{N}\bar{\mu}^2\right) = \frac{1}{N}\sum_{i=1}^{N}\dot{\mu}_i^2 - \bar{\mu}^2$$

$$\Leftrightarrow \acute{\sigma}_\mu^2 + \bar{\mu}^2 = \frac{1}{N}\sum_{i=1}^{N}\dot{\mu}_i^2$$

である. ここで, $\dot{\boldsymbol{\mu}}'\dot{\boldsymbol{\mu}} = \sum_{i=1}^{N}\dot{\mu}_i^2$ なので, これら2式から,

$$\dot{\boldsymbol{\mu}}'\dot{\boldsymbol{\mu}} = N(\acute{\sigma}_\mu^2 + \bar{\mu}^2)$$

1. 全平均モデルのもとでの最適ポートフォリオ 443

である．上式を (6.11) 式へ代入すると，

$$\dot{B} = \frac{1}{v-d}\{N(\hat{\sigma}_\mu^2 + \bar{\mu}^2)\} - \frac{d\bar{\mu}^2 N^2}{\Delta}$$

$$= \frac{N\hat{\sigma}_\mu^2}{v-d} + \frac{\bar{\mu}^2 N\{v+(N-1)d\} - d\bar{\mu}^2 N^2}{\Delta}$$

$$= \frac{N\hat{\sigma}_\mu^2}{v-d} + \frac{N\bar{\mu}^2}{v+(N-1)d} \tag{6.13}$$

となる．したがって，

$$\dot{D} \equiv \dot{B}\dot{C} - \dot{A}^2$$

$$= \left(\frac{N\hat{\sigma}_\mu^2}{v-d} + \frac{N\bar{\mu}^2}{v+(N-1)d}\right)\left(\frac{N}{v+(N-1)d}\right) - \left(\frac{N\bar{\mu}}{v+(N-1)d}\right)^2$$

$$= \frac{N^2\hat{\sigma}_\mu^2}{\Delta}, \quad \Delta \equiv (v-d)\{v+(N-1)d\} \tag{6.14}$$

を導くことができる．

$\dot{A}, \dot{C}, \dot{D}$ の全平均モデルにおける表現を，第5章で求めた，相対的リスク回避度がγのべき型効用関数をもつ投資家の最適ポートフォリオの期待収益率，および，分散を表わす (5.48) 式へ代入すると，

$$\mu_p^* = \frac{\dot{A}}{\dot{C}} + \frac{\dot{D}}{\gamma\dot{C}}$$

$$= \bar{\mu} + \frac{1}{\gamma} \cdot \frac{N\hat{\sigma}_\mu^2}{v-d} \tag{6.15}$$

$$\sigma_p^{*2} = \frac{1}{\dot{C}}\left(1 + \frac{\dot{D}}{\gamma^2}\right)$$

$$= \frac{v+(N-1)d}{N} + \frac{1}{\gamma^2} \cdot \frac{N\hat{\sigma}_\mu^2}{v-d} \tag{6.16}$$

を得る．上の2式で$\gamma=1$とおくと，それは対数型効用ゆえ，上は GOP の期待収益率と分散になる．$\gamma \to \infty$ のときは相対的リスク回避度が無限大の投資家にとっての最適ポートフォリオである GMVP（大域的最小分散ポートフォリオ）の，また，$\gamma \approx 3$ のときには代表的経済主体にとっての最適ポートフ

オリオである市場ポートフォリオの期待収益率と分散である．前出の図 6-1 に 3 つの点として示してあるのは，全平均モデルのもとでのこれら 3 つのポートフォリオの期待収益率と標準偏差の座標である．

2 つのファンドへの投資配分

　幾何ブラウン運動の仮定のもとでは瞬間的な投資収益率は正規分布に従い，1 期間モデルと同じように，連続時間においても 2 基金分離が成立することを第 5 章で確認した．この結果を使って，今度は，べき型効用をもつ投資家が毎瞬間に期待効用を最大化するようにポートフォリオ ω_p^* を作るとき，2 つのファンドに資金をどう配分するか，その配分比率を具体的に確認しよう．

　このべき型投資家が選択する最適ポートフォリオは，

$$\omega_p^* = \frac{\dot{A}}{\gamma}\omega_Q + \left(1 - \frac{\dot{A}}{\gamma}\right)\omega_G \qquad [(6.1a)]$$

であった．上式から，ポートフォリオ ω_Q には $(\dot{A}/\gamma)$ の，ω_G に対しては $1-(\dot{A}/\gamma)$ の投資配分をすれば最適ポートフォリオが構築できるとわかる．全平均モデルの仮定のもとで，(6.1a) 式中の定数 $\dot{A}$ は (6.7) 式で与えられ，したがって，ポートフォリオ ω_Q, ω_G への配分比率はそれぞれ，

$$\frac{\dot{A}}{\gamma} = \frac{1}{\gamma} \cdot \frac{\bar{\mu}N}{v+(N-1)d}, \quad 1 - \frac{\dot{A}}{\gamma} = 1 - \frac{1}{\gamma} \cdot \frac{\bar{\mu}N}{v+(N-1)d} \qquad (6.17)$$

である．

　さて，表 6-1 は後節のシミュレーションのために作成した 30 銘柄からなる銘柄グループの連続複利表示の月次投資収益率について，2018 年 1 月末までの 30 年間の情報を要約したものである．表には期待収益率や標準偏差等の母数の標本推定値（の 30 銘柄間の平均値）が掲載してある．これらの銘柄を抽出した方法については本章 3 節で詳述することとし，ここでは表のデータを使ってポートフォリオ ω_Q とポートフォリオ ω_G への配分比率がどう計算されるかを紹介しておこう．

　(6.7) 式に表 6-1 の推定値を代入して $\dot{A}$ を計算すると，

1. 全平均モデルのもとでの最適ポートフォリオ

表 6-1 サンプル 30 銘柄の月次収益率（連続複利表示）の要約

母数		推定値
期待収益率の銘柄間平均	$\bar{\mu}$	0.00030004
標準偏差リスクの銘柄間平均	$\sqrt{v}$	0.09162738
分散リスクの銘柄間平均	v	0.00871193
相関係数の平均	$\bar{\rho}$	0.40637727
共分散の平均	d	0.00354033
連続複利表示期待収益率の銘柄間の分散	$\hat{\sigma}_\mu^2$	0.00000475
サンプル銘柄数	N	30
$\dot{A}$		0.08081492

注：1）計測期間は1988年2月〜2018年1月．
　　2）各パラメターの推定は，月末株価により算出した月次投資収益率
　　　（月率連続複利表示）によって行なった．小数表示．

$$\dot{A} = \frac{\bar{\mu}N}{v+(N-1)d} \approx \frac{0.00030004 \times 30}{0.00871193 + 29 \times 0.00354033} \approx 0.08081492$$

になる．

γ の値に応じて ω_Q の配分比率 $\dot{A}/\gamma$，および，ω_G の配分比率 $1-\dot{A}/\gamma$ は変わる．これは容易に計算することができる．表6-2に，さまざまな相対的リスク回避度 γ に対応する，2018年1月末時点で計算したポートフォリオ ω_Q と GMVP（ポートフォリオ ω_G）への最適な配分比率の理論値を示し，また，(6.15)，(6.16) 式によって求めた各最適ポートフォリオの期待収益率および標準偏差を合わせて掲載した．

表6-2から直ちにわかることは，この30銘柄グループへのポートフォリオ投資によって期待効用を最大化しようとする，べき型効用を有する投資家は，相対的リスク回避度が1を超えるならば最適ポートフォリオの約92%以上を GMVP が占めるように定め，ポートフォリオ ω_Q への配分比率は非常に小さくなることである[9]．

---

[9] ただし，最適ポートフォリオを構築するための2つのファンドはポートフォリオ ω_G と ω_Q の組み合わせに限らず，ω_Q に替えて別のファンド（$\omega_{Q'}$ とする）を ω_G により近接する最小分散ポートフォリオとして採用するならば，ポートフォリオ $\omega_{Q'}$ への配分比率は当然大きくなる．

表6-2　相対的リスク回避度と最適ポートフォリオ：2018年1月

γ	配分比率（%）		期待収益率	標準偏差
	$\omega_Q : \dot{A}/\gamma$	$\omega_G : 1-\dot{A}/\gamma$	月率（%）	月率（%）
0.01	808.1492	−708.1492	275.438	1659.552
0.1	80.8149	19.1851	27.571	166.066
1	8.0815	91.9185	2.784	17.679
2	4.0407	95.9593	1.407	10.295
3	2.6938	97.3062	0.948	8.230
5	1.6163	98.3837	0.581	6.939
10	0.8081	99.1919	0.305	6.315
20	0.4041	99.5959	0.168	6.149
99999	0.0001	99.9999	0.030	6.093

注：1988年1月に選択した30銘柄グループを対象として1988.2〜2018.1の連続複利表示の月次投資収益率によって各パラメーターを推定し，最適ポートフォリオの期待収益率と標準偏差リスクをパーセント表示した．

γ の値別に配分比率をみると，$\gamma=1$ の対数型効用関数をもつ投資家が選択する最適ポートフォリオ（これはその投資家にとってのGOPなのだが）の約92%をGMVPが占めている．また，代表的経済主体のリスク回避度を仮に $\gamma=3$ とするならば，その最適ポートフォリオの約97%をGMVPが占める．そのとき，ポートフォリオの期待収益率は月率約0.948%，標準偏差リスクは同じく8.230%である．相対的リスク回避度に応じて2ファンドへの配分比率が変わり，したがって，最適ポートフォリオの期待収益率および標準偏差リスクも変化するものの，γ が10以上のとき，GMVPへの配分比率は99%を超え，$\gamma=99999$ の行に示してあるGMVPと比較してほとんど差がなくなることがわかる．

この結果は，後述するように，あらかじめ各ポートフォリオ構成銘柄の分散とベータ値が同程度になるように銘柄選択をしているために，30個のサンプル銘柄間の相関係数の平均 $\bar{\rho}$ の推定値がおよそ0.4と，比較的高い水準にあることに起因している．その結果，共分散の銘柄間平均 $d=\bar{\rho}v$ は期待収益率 $\bar{\mu}$ に比して大きくなるので，銘柄数 N がある程度大きくなると，

$$\dot{A} = \frac{\bar{\mu}N}{v+(N-1)d} = \frac{\bar{\mu}}{\left(\dfrac{v}{N}\right)+\left(1-\dfrac{1}{N}\right)d} \approx \frac{\bar{\mu}}{d}$$

の値は非常に小さくなる．相対的リスク回避度が γ である投資家のポートフォリオ ω_Q への最適投資比率は $\dot{A}/\gamma$ であったから，γ が極端に小さい例外的な投資家を除けば，ω_Q への最適投資比率はゼロに近くなる．したがって，代表的経済主体のような平均的な投資家にとっての最適ポートフォリオは，表 6-1 に示したような特徴をもつ銘柄群を組み入れ対象とする限り，ほぼ GMVP すなわち ω_G に近い投資比率になる．

　私たちは，以上の方法に基づいて，2 つのファンドへの配分比率 ω_G, ω_Q を決定し，代表的経済主体並みのリスク回避度のもとで最適なポートフォリオを構築しようと考えた．ところが，リターンの銘柄間平均の推定値をさまざまな計測期間について求めてみると，十分なサンプル数を確保したもとであっても，他の母数の推定値に比べて非常に不安定であることに悩まされることになった．表 6-1 の計測期間は 1988 年 2 月から 2018 年 1 月までであるが，計測期間を仮に 2017 年 2 月までとするとリターンの銘柄間平均は -0.3110% となり，負値になってしまう．その場合には ω_Q への配分比率は負となるので，ω_Q を空売りして，ω_G には 1 を超える配分比率を与えることになる．リターンの銘柄間平均の推定結果に応じて ω_Q への配分比率は激しく変化するものの，ω_G へ単独投資した場合に比べてリスクの水準はほとんど変わらず，その一方で，リターンは改善しないという問題が起きることになった．

期待収益率推定の困難さと $\dfrac{1}{N}$ ポートフォリオ

　表 6-1 に含まれる標本平均や標本標準偏差などは推定時期によって変化するが，とくに，リターンを表わす標本平均の値は大きく変化する．最適ポートフォリオを構築する際には，GMVP 以外の最小分散ポートフォリオ ω_Q を決定するために，個別銘柄を対象とする期待収益率ベクトル $\dot{\mu}$ の推定が必要であり，この $\dot{\mu}$ は時期により変動するだけでなく，理論的にもその推定値の信頼性が低いことは章末の APPENDIX CH-6 で検討した通りである．しか

も，上で確認したように $\dot{\mu}$ のわずかな推定誤差がそれらの平均値である $\overline{\mu}$ を変え，2つの最小分散ポートフォリオへの配分比率をも大幅に変えてしまう[10]．

そこで私たちは，シミュレーションを実施するうえで課題として設定した「リスク・リターンにおいてベンチマークを超える」という目標の達成を目指すのであれば，GMVP のみへの投資で十分であると判断した．これによってベクトル $\dot{\mu}$ の推定が回避できる．また，ポートフォリオ構築時にはベータをおおよそ1に設定するために，代表的経済主体が選択するであろうリスク・レベルは確保している．この GMVP の投資比率ベクトル ω_G は，(6.10)式より，全平均モデルのもとでは $\frac{1}{N}\mathbf{1} = \left[\frac{1}{N} \ \frac{1}{N} \ \cdots \ \frac{1}{N}\right]'$ であった．

コラム 11　Malkiel 教授の「代表的標準株式」と期待収益率にかかわる全平均モデル

　本節では，相関係数にかかわる全平均モデルを紹介した．期待収益率についても同様のモデルがあり，それは，今から50年以上も前に，現在では効率的市場仮説の強烈な擁護者とみなされている Princeton 大学の Burton G. Malkiel 教授が1963年に *American Economic Review* 誌に発表した成長株に関する株式評価モデルの考え方に依拠している．当時はまだ CAPM が登場する前であり，彼のモデルは配当割引モデルと株価収益率（P/E レシオ；PE Ratio）を統合した素朴なものであったが，そこで披瀝されている知見は彼自身の豊富な株式投資の経験に立脚したものであり，現在でも多くの示唆を与えてくれる．

---

10) Merton (1980) は，分散・共分散の推定と比較して，平均，すなわち期待収益率の推定が理論的にも難しいことを究明した研究である．これに関する解説を APPENDIX CH-6 として本章末においたので参照されたい．また，Best and Grauer (1991) は，期待収益率推定値の不安定性によって平均・分散効率的ポートフォリオの投資比率が劇的に変化する問題を指摘した論考である．長期モデルを扱う本書はポートフォリオのリスク指標として投資収益率の分散（ないし標準偏差）を使用しているが，現在では，短期モデルの枠組みにおいて，分散が時間を通じて一定ではなく，時系列に変化して自己相関をもつという考え方が一般に受け入れられている．これを明示的に定式化しようという試みであるヴォラティリティー変動モデルは資産運用やリスク管理業務において実用され，一定の成果を上げている．ヴォラティリティー変動モデルについては，たとえば渡部 (2000) をみよ．

1. 全平均モデルのもとでの最適ポートフォリオ 449

> Malkiel は，企業の収益獲得能力と，その結果としての成長は永遠に持続するものではなく，どのような特徴をもつ株式であれ，いずれは，成長率ばかりか，配当性向や P/E レシオにおいても株式市場全体の平均的特徴をもつ「代表的標準株式」(The Representative Standard Share) と同じ水準に収斂する，と考える．代表的標準株式として，彼は，当時の Standard and Poors 425 Industrial Stock Average を実証分析に利用したが，これは現代ポートフォリオ理論において市場ポートフォリオの代理として使う市場インデックスに他ならない．また，彼のモデルでは，評価時点から T 年後に株式の特性が代表的標準株式に収斂するとし，その実証においては，T として最大 7 年程度の時間的広がりを想定している[11]．
>
> 評価モデルは異なっているものの，Malkiel モデルの精神を本書の文脈で理解するならばそれは，10 年（Malkiel では 7 年）を超えるような長期投資において，多くの株式のリスク・リターン特性は市場ポートフォリオ，ないしは，その代理としての市場インデックスに収斂してくる，あるいは，そうみなすことよりも優れた予測はたぶん存在しないであろうとするということではなかろうか．すなわちこれは，株式市場における比較的長期の売買取引と調整の結果として，共分散行列にも，あるいは期待収益率にも，全平均モデルが成立するようになるという主張とみることができる．そのとき，本文に示したように，平均・分散効率的ポートフォリオは $\frac{1}{N}$ ポートフォリオに収斂することになる．

ここまでの分析結果を総括すると，無リスク資産を投資対象に含まない場合，2 基金分離により，ポートフォリオ ω_G と ω_Q の 2 つのファンドによって平均・分散効率的フロンティア上のすべてのポートフォリオが構成できる．ここで，共分散の構造として全平均モデルを仮定するならば，GMVP (ω_G) は単純な $\frac{1}{N}$ ポートフォリオに帰着するものの，ポートフォリオ ω_Q の方は (6.8) 式にみるように期待収益率ベクトル $\hat{\mu}$ に依存するので，各リスク資産（株式銘柄）の期待収益率の推定が必要になる．

その期待収益率推定が，共分散行列の推定と比べて困難を極めるというのは研究者・実務界のコンセンサスといってよい．過去の収益率の実現値から

---

[11] Malkiel (1963, p. 1021) の Table 1 をみよ．

期待収益率を推定する作業を実際に行なったことのある人であれば誰しも，推定値が不安定であることや，したがって，推定した期待収益率が将来，とくに5年を超えるような中長期での予測にほとんど役立たないことを経験しておられるであろう．

長期投資を念頭におくとき，仮に，コラム11で紹介したMalkielの主張のようにすべての銘柄の期待収益率が代表的標準株式ポートフォリオ，すなわち市場ポートフォリオの期待収益率に近づいていくならば，期待収益率ベクトルの推定が必要であったポートフォリオω_Qもまた，$\frac{1}{N}$ポートフォリオに帰着する．なぜならば，いま，N個の株式銘柄の将来の期待収益率が概ね等しいときには$\dot{\mu} \cong \bar{\mu} \mathbf{1}$とおくことができるので，(6.8)式は，

$$\omega_Q = \left(\frac{1}{\bar{\mu}N} + \frac{d}{\bar{\mu}(v-d)}\right)\dot{\mu} - \frac{d}{v-d}\mathbf{1} \approx \left(\frac{1}{\bar{\mu}N} + \frac{d}{\bar{\mu}(v-d)}\right)\bar{\mu}\mathbf{1} - \frac{d}{v-d}\mathbf{1}$$

$$= \frac{1}{N}\mathbf{1} = \begin{bmatrix} \frac{1}{N} & \frac{1}{N} & \cdots & \frac{1}{N} \end{bmatrix}' \qquad (6.18)$$

となるからである．このとき，もう一方のω_Gも同じ銘柄グループからなる$\frac{1}{N}$ポートフォリオであるため，2つのポートフォリオの組み合わせである最適ポートフォリオもまた$\frac{1}{N}$ポートフォリオとなる．

曖昧性回避理論に基づく$\frac{1}{N}$ポートフォリオの解釈

私たちがGMVP投資，さらには$\frac{1}{N}$ポートフォリオ投資を選択するにいたった最大の動機は，困難な期待収益率の推定を回避することだった．確率分布の母数の正しい値を知り得ないリスクは，投資収益率の実現値が世の中の状態に応じて異なる値をとる異なる状態間（Across States）のリスクや，投資機会集合が変動する異なる時点間（Across Periods）のリスクとはまた異質のリスクである．

Ellsberg (1961)は，人間には確率が未知であるような事象を回避しようとする一般的傾向があり，これを曖昧性回避（Ambiguity Aversion）とよんだ．この曖昧性回避という概念を，意思決定理論に操作可能な形で定式化したのがGilboa and Schmeidler (1989)である．彼らは，通常のベイズ的意思決定理論では投資家は単一の事前確率をもつと仮定されているため曖昧性回避を

表現することができないと考え，まず，投資家は複数の事前確率（Multiple Priors）を心に描いていると想定した．その結果，曖昧性回避で特徴づけられる投資家は，各々の選択肢について期待効用でみて最悪のケースを想定して評価したうえで，すなわち，最悪の期待効用が計算される主観的な確率測度のもとで最大化問題を解く，と考えた．これがマキシミン期待効用（Maximin Expected Utility）である．

マキシミン期待効用を平均・分散分析における期待収益率の曖昧性に応用したのが Garlappi, Uppal, and Wang（2007）である．詳しくは原論文を参照されたいが，彼らの主たるアイデアは，まず，各リスク資産の期待収益率の推定誤差を標準偏差で標準化した値について，その限界を与える所与の正数を制約条件として導入する[12]．投資家は，その制約下で各資産について最悪の期待収益率をもつ期待収益率ベクトルを選んだうえで，平均・分散効率的なポートフォリオ投資比率を求めるというものである．このモデルでは，期待収益率の任意の推定誤差の水準に対応してひとつの事前確率分布が想定されており，その推定誤差が区間で表わされるため，複数の事前確率を想定していると解釈できる．また，あらかじめ最悪の期待収益率を選択する操作は期待効用を最小化（Min）しており，その上で効率的ポートフォリオを選択する意思決定が期待効用の最大化（Max）に対応するため，これは Gilboa and Schmeidler（1989）のマキシミン期待効用最大化問題の応用例と位置づけることができる．

Garlappi, Uppal, and Wang（2007, p. 51）が Proposition 2 として導出した，無リスク資産に投資可能でない場合の最適ポートフォリオの式を本書の記法を用いて書き直し，紹介すると，

$$\omega_p^* = \frac{\dot{A}}{\gamma + \frac{\sqrt{\varepsilon}}{\dot{\sigma}_p^*}} \frac{\dot{\Omega}^{-1}\tilde{\mu}}{\dot{A}} + \left(1 - \frac{\dot{A}}{\gamma + \frac{\sqrt{\varepsilon}}{\dot{\sigma}_p^*}}\right) \frac{\dot{\Omega}^{-1}\mathbf{1}}{\dot{C}} \qquad (6.19)$$

である．ここで，$\dot{A} \equiv \mathbf{1}'\dot{\Omega}^{-1}\tilde{\mu}, \dot{C} \equiv \mathbf{1}'\dot{\Omega}^{-1}\mathbf{1}, \tilde{\mu}$ は期待収益率ベクトルの推定値，

---

[12] この正数は，所与の信頼係数のもとでの信頼区間の上方および下方の信頼限界を与えると解釈できる．

$\dot{\sigma}_p^*$ はこの最適ポートフォリオの標準偏差である．このように，$\dot{\mu}$ 以外の母数は正しく推定されると仮定されている．また，γ はリスク回避度である[13]．ε は推定値の曖昧性の程度と投資家の曖昧性回避の強さを同時に表現する非負の定数であり，ポートフォリオの銘柄数，各銘柄についての標本観測数，および期待収益率推定における信頼限界を与える正数によって定まる．期待収益率ベクトルの推定値が真値に等しく曖昧性が存在しない状況は $\varepsilon=0$ によって，また，期待収益率ベクトルの推定値が全く信用できない状況あるいは曖昧性回避が無限大の状況は $\varepsilon=\infty$ によって表現される．

まず，期待収益率ベクトルの推定において曖昧性が存在しない状況から検討すると，(6.19) 式に $\varepsilon=0$ を代入すると，

$$\boldsymbol{\omega}_p^* = \frac{\dot{A}}{\gamma}\frac{\dot{\Omega}^{-1}\hat{\mu}}{\dot{A}} + \left(1-\frac{\dot{A}}{\gamma}\right)\frac{\dot{\Omega}^{-1}\mathbf{1}}{\dot{C}} = \frac{\dot{A}}{\gamma}\frac{\dot{\Omega}^{-1}\dot{\mu}}{\dot{A}} + \left(1-\frac{\dot{A}}{\gamma}\right)\frac{\dot{\Omega}^{-1}\mathbf{1}}{\dot{C}} \quad [\because \hat{\mu}=\dot{\mu}]$$

$$= \frac{\dot{A}}{\gamma}\boldsymbol{\omega}_Q + \left(1-\frac{\dot{A}}{\gamma}\right)\boldsymbol{\omega}_G$$

となり，これは (6.1a) 式のリスク回避度が γ の投資家が選択する効率的ポートフォリオになっている．一方，曖昧性回避が無限大の投資家については (6.19) 式に $\varepsilon=\infty$ を代入すると，

$$\boldsymbol{\omega}_p^* = \frac{\dot{\Omega}^{-1}\mathbf{1}}{\dot{C}} = \boldsymbol{\omega}_G$$

ゆえ，GMVP が選択されることがわかる．この結果は任意のリスク回避度の投資家について成立し，仮に，リスク回避度が低い投資家であっても，曖昧性を回避する結果として最適ポートフォリオは GMVP へ近づいていく．

以上の曖昧性回避にかかわる推論は，期待収益率推定が全く信頼できない状況において，私たちが $\frac{1}{N}$ ポートフォリオ，すなわち全平均モデルにおける GMVP を選択するに至ったことの合理性を理論的に裏づけるものと解釈することができる[14]．

---

13) 厳密にいえば，Garlappi, Uppal, and Wang (2007) は本書の第 1 章で解説した静学的な正規分布-指数効用関数モデルを前提としているので，彼らが用いる母数にはドットがつかず，また，彼らの使用した記号 γ は絶対的リスク回避度である点が本書とは異なっている．

14) Shigeta (2017) は，Garlappi, Uppal, and Wang (2007) の方法を共分散行列の推定に

1. 全平均モデルのもとでの最適ポートフォリオ

以上の考察の結果，私たちは，期待収益率ベクトル $\hat{\mu}$ の推定を回避する目的もあり，本章3節で行なうシミュレーションでは EIF を $\frac{1}{N}$ 組み入れにより構築するという方針を選択した．その際，市場インデックス並みのリスクをとる投資家を想定し，彼の相対的リスク回避度は代表的経済主体のそれと同程度であるとみなした．

本節で扱った $\frac{1}{N}$ ポートフォリオは，ハンドリングの容易さも手伝って，実務的に大いに歓迎されるものと私たちは考えている．

1.2 Epstein=Zin 効用を使わないのはなぜか？

上述した通りに，本章では，投資家の瞬間的な効用関数はべき型であるという仮定をおき，その上で，代表的経済主体並みの相対的リスク回避度をもつ投資家が選択する最適ポートフォリオを $\frac{1}{N}$ ポートフォリオによって近似して，長期投資の実践について考察する．

その際，本書では，長期における投資家の効用関数が理由の如何を問わず「対数型に叩き直される」という Luenberger (1988, pp. 426-427) のような立場はとらない．それゆえ，せっかくの対数型効用のメリットが失われてしまうという「問題」が起きる．対数型効用であれば，投資機会集合が変動する長期においても，消費と投資の意思決定の分離，あるいは近視眼的意思決定による1期間モデルへの帰着という論理が有効に利用できる．ところが，べき型効用の仮定によって，これが利用不可となるのである．

そこで私たちは，この論理が維持できるように，投資機会集合は一定と仮定し，そのうえで株価は幾何ブラウン運動に従い，連続的取引が可能であるという Samuelson=Merton 流の仮定を導入した．投資機会集合が一定であ

適用して，その推定値が全く信頼できず，投資家の曖昧性回避が無限大の状況では，任意のリスク回避度のもとで $\frac{1}{N}$ ポートフォリオが選択されることを示した興味深い論考である．しかしながら，APPENDIX CH-6 で明らかにしたように，分散，共分散の推定は期待収益率の推定に比べてはるかに容易であるため，$\frac{1}{N}$ ポートフォリオという私たちと同じ結果ではあるが，その前提になっている共分散行列の曖昧性が無限大という仮定は非現実的というべきであろう．

れば,第3章2節でみたように,べき型効用のもとでも投資と消費の意思決定は分離され,投資決定は近視眼的になる[15].また,幾何ブラウン運動の仮定によって連続複利投資収益率は i.i.d. 正規になるので,効用関数の形状にかかわらず,投資家は平均・分散選好をもつことになり,期待効用最大化問題と瞬間的な平均・分散分析が完全に整合的になるメリットがある.

さらに,市場均衡のもとでは,各瞬間においてCAPMが成立するため,理論上はすべての株式は証券市場線上に位置し,後述する(多期間の)ジェンセンのアルファによるパフォーマンス評価が合理性をもつことになる[16].幾何ブラウン運動を仮定するゆえに,理論上は,投資機会集合の変動および株価の平均回帰性が明示的に扱えなくなるが,それは,実証上の銘柄選択を通じて,適宜,投資実践において利用していくという方針をとることにする[17].その例を本章3節のシミュレーションで示す.

このように,本書は,期待効用関数の枠組みのもとで長期投資を扱う立場をとるが,それではなぜ,第2章でみたように,異なる時点間(Across Periods)と異なる状態間(Across States)の消費変動リスクを独立に扱うことのできる Epstein=Zin 型の効用を利用しないことにしたのか,その根拠を述

---

15) たとえば運用会社が,顧客投資家の将来消費がどのような形態になるのかを多期間にわたって「ファイナンシャル・プランニング」してからでなければ顧客のための投資決定ができないという状況を想像すれば,投資比率の決定においてこの最適消費・富比率の分析を省くことが可能であるという結果(分析からの含意)がどれほど重要な意義を有するかを,読者は明確に認識できるのではないだろうか.

16) 瞬間的な投資収益率が複数のファクターおよび固有リスクから構成される MFM で記述される場合であっても,各ファクターと固有リスクの瞬間的な確率分布が正規分布に従うならば,瞬間的な投資収益率もまた正規分布に従い,これは株価が幾何ブラウン運動に従うことの必要条件になっている.後述のように,このとき,投資機会集合が一定という条件が必要ではあるが,MFM のもとでも連続時間バージョンの CAPM が理論上は成立する.したがって,その場合の投資のパフォーマンスは,瞬間的な証券市場線を用いてジェンセンのアルファによって評価するのが合理的ということになる.

17) 投資機会が変動するもとでも,平均・分散分析は実務家のみならず研究者の間でも利用されている.その根拠として,前出の Garlappi, Uppal, and Wang (2007, p. 46) は,「ほとんどの場合(すべてとはいえないが),動学的に最適なポートフォリオは静学的に最適なポートフォリオに非常に類似している.(中略)その理由は,資産の収益率プロセスを生み出す母数について現実的な値となるようにモデルを一旦調整すると,異時点間のヘッジング・ポートフォリオ部分は非常に小さくなってしまうからである」と述べている.

べておこう.

この選択の理由は，異なるライフステージ間で消費水準，したがって効用水準が変化してしまうリスクを表わす異時点間代替弾力性ϕは投資比率ベクトルωを大きく変えることがないという理論的見通しである．第4章で示した数値実験結果のうち，株式と長・短の名目債のみを投資対象とするケース1について振り返ると，相対的リスク回避度γが1であるとき，$\phi=0.7$ならば株式投資比率は350.6%，ϕをより大きく$\phi=1.2$とおいても，株式投資比率は変わらず，全く同じ値の350.6%であった（表4-5）．ϕの大きさによって株式投資比率が多少なりとも違ってくるのはγの値が10と大きな場合であって，それでも，$\phi=0.7$のときに33.51%であるのに対して，$\phi=1.2$のときには33.53%と，その差は無視できるほどに小さい．これは，投資対象資産の種類を4，5と増やしたケースにおいても同様である．このように，ϕの水準によってはリスク資産への投資比率には全くといっていいほど差がつかないのである．

おそらく誰一人として自らのϕの値を認識してはいないだろうけれども，日々の生活において無自覚にであれ最大の効用を追求する結果として，多くの投資家は，おおむね最適な消費の意思決定を行なっているだろうと，私たちは考える．本書の目的は，長期における最適投資の理論と実践の論理を明らかにすることであり，最適な消費の実践についての探求は，重要な課題ではあるものの，他書に譲ることとした．

ϕが与えられたもとで，投資可能資金をどのように投資対象資産に配分するかを定めるのは，主にγの役割である．Epstein=Zin効用では，現実的なγの水準が与えられたもとでϕの水準を変化させても，最適投資比率はほとんど変化しないという特徴があるので，仮に$\phi=1/\gamma$とおいた場合の投資比率を求めても，真のϕのもとでの最適投資比率とほぼ同じ解（投資比率）が得られることになる．第3章で示したように，Epstein=Zin効用において$\phi=1/\gamma$とした場合，この効用関数は相対的リスク回避度がγであるようなべき型効用関数に帰着する．そのため，ハンドリングがはるかに容易な期待効用関数の枠組みによって，Epstein=Zin効用を想定した場合と同一の最適ポートフォリオ比率を求めることができるという見通しが得られる．以上

が，本章における多期間投資決定についての考察に Epstein=Zin 効用を用いない理由である．

2. $\frac{1}{N}$ ポートフォリオ型 EIF

これまで繰り返し述べてきたように，本書の分析結果を現実の資産運用に応用しようとするとき，第一にしたがうべき指針として，リスクとリターンの推定誤差発生への対処がある．Merton（1980）や Best and Grauer（1991）を稀有な例外として，私たちファイナンスを研究する者は，あまりにも長い間，この問題に対して真摯に向き合うことを怠ってはこなかったか．それが原因となって，とくにわが国では資産運用の実践においては多くの欠陥を抱えた平均・分散アプローチを，標準的かつ規範的な投資技法であるかのように取り扱ってきたのではないだろうか[18]．とりわけ，期待収益率の推定におけるわずかな誤差がポートフォリオ比率を劇的に変化させる問題は，投資実践に平均・分散分析を適用しようとする投資家の意欲を著しく削いでいるように思う．

このような現状認識に基づき，本書が目的とするのは，労多くして実りの少ない期待収益率の推定を迂回しつつ，ユニバースの戦略的な選定を通して，運用開始時期を選ばずに高いパフォーマンスを継続的に実現する投資技法を読者に提示することである．

2.1 $\frac{1}{N}$ ポートフォリオ型 EIF による多期間リスク資産運用

序章でも述べたように，わが国の株価指数は，単利表示投資収益率に基づいて描く最小分散フロンティアの内側の相当奥深くに位置していると考える

---

18) Jorion（1985）は，国際分散ポートフォリオを対象とする実証分析の結果として，過去のデータから期待収益率等のパラメーターを推定して構築した（事前の意味で）最適なポートフォリオのパフォーマンスよりも，機械的に等金額で構築したポートフォリオのパフォーマンスの方が圧倒的に優れていることを報告している．

実務家や研究者が多い[19]．この状況は，連続複利表示における平均・分散平面においても同様と私たちは考えている（前出の図6-1を参照）．そこで，株価指数と同じ程度のリスク，すなわち，ベータ値が1程度のGMVPあるいは$\frac{1}{N}$ポートフォリオを設計すれば，それは株価指数を平均・分散優越（Mean-Variance Dominance）の意味で凌駕すると期待できる[20]．さらに，一定程度の指数連動性が確保できれば，そのようなポートフォリオは第1章で定義し，この下で多期間バージョンへと拡張するEIF（エンハンスト・インデックスファンド）になるものと期待される．

安達・斎藤のプラスアルファ・ファンドとEIFの考え方

本書の著者の一人は，安達・斎藤（1992）において，市場平均を事前および事後のいずれの意味においても上回るパフォーマンスをもつ「インデクス・プラスアルファ・ファンド」の構築可能性と方法論を提示している．このポートフォリオについては市場モデルとの関連で第1章で触れたが，本章で説明する$\frac{1}{N}$ポートフォリオの優れたパフォーマンスの実現と密接に関連しているので，その概要を改めて紹介しよう．

安達・斎藤が開発した「インデックス・プラスアルファ・ファンド」は，投資機会集合が変わらないという1期間モデルの前提のもとで，ベンチマークとしての株価指数，たとえばTOPIXの構成銘柄数との比較において，相対的に少数の銘柄を$\frac{1}{N}$組み入れすることによってポートフォリオをシステマティックに構築し，ベンチマークとの連動性を一定程度確保しつつ，ベンチ

---

[19] たとえば本多（2013）は，東証1部上場銘柄を対象として「FF25ポートフォリオ」，すなわち，時価総額と簿価時価比率のそれぞれ5分位，合計25個のポートフォリオを構築し，1977年9月から2011年9月までの月次投資収益率系列を準備した．そのうえで，市場ポートフォリオを代理する，時価総額で加重したポートフォリオを作成，計測するとともに，この25個のポートフォリオの共分散行列を推定し，最小分散フロンティアを描いている．その結果，この代理ポートフォリオは効率的フロンティア上にないばかりか，GMVPよりもはるかに右下（ハイリスク，ローリターン）に位置していたことを報告している．

[20] 第1章4節でみたように，（標準偏差，期待収益率）-平面，あるいは（分散，期待収益率）-平面上に個別銘柄あるいはポートフォリオを打点するとき，左上方に位置する株式銘柄・ポートフォリオは，右下方に位置する銘柄・ポートフォリオに対して平均・分散優越するという．

マーク並みのリスクを負担しながら，そのリターンを凌駕することを意図する株式ポートフォリオである．当時の状況においてはという限定付きながら，相当数のシミュレーションを重ねた結果，構築は可能であると結論されたこのポートフォリオは，第1章に示したEIFの条件を満たすものであり，正のジェンセンのアルファを追求するファンドであった．

一般に，ベンチマークとしての株価指数や平均株価，たとえばTOPIXや日経平均株価の投資収益率と完全相関に近い連動性をもつ株式ポートフォリオはインデックスファンドとよばれている．さらに，ベンチマークとの連動性を一定程度確保しつつ，ベンチマークと同等のリスクを負担しながら，リターンにおいてはベンチマークを凌駕することを意図する株式ポートフォリオの開発が進んでおり，エンハンスト・インデックスファンド（Enhanced Index Fund; EIF）と別称されて，資産運用の世界において一定の地歩を築き上げている[21]．安達・斎藤の「インデックス・プラスアルファ・ファンド」は，わが国最初のEIFであると自負している．

EIFの特性：長期投資において母数 $\hat{\alpha}_p$ が0となる必然性はない

1期間モデルにおけるEIFの定義は第1章6節に示した．そこでは，投資収益率はすべて単利ネット表示であり，そのときに概観したジェンセンのアルファもまた単利表示であった．以下では，第1章の議論を拡張し，連続時間の枠組みにおいて再定義した母数としてのジェンセンのアルファを，EIF型の株式運用によって長期投資においても正にすることができるという性質について説明する．

まず，任意の時点 t において，ポートフォリオの収益生成過程（すなわち，連続複利表示の瞬間的な超過収益率）を，市場ポートフォリオ代理変数の連

---

[21] たとえば，2018年1月時点で約6.3兆米ドル（約693兆円）の運用資産規模を有していた世界最大の投資会社であるBlackRock社は，EIFと株価指数コールオプションとを組み合わせて運用する「BGF Global Enhanced Equity Yield Fund」を運営している．同社のファンドは，明示的にはベンチマークを特定していないが，各国の（複数の）株価指数を加重したものをヴァーチャルなインデックスとみなしているようである．その「Class A2ファンド」の時価総額は2018年3月時点で約13.5億ドルの規模に達しており，そのうち各国別EIF部分すなわち現物株ポジション全体の10.19%を日本株で運用していた．

続・超過投資収益率に回帰した「直交分解式」で表現すると，

$$\tilde{r}_{p,t+\Delta t} - r_{f,t} = \dot{\alpha}_{p,t} + \dot{\beta}_{p,t}(\tilde{r}_{I,t+\Delta t} - r_{f,t}) + \tilde{\eta}_{p,t+\Delta t} \tag{6.20}$$

$$\mathrm{Cov}_t[\tilde{r}_{I,t+\Delta t}, \tilde{\eta}_{p,t+\Delta t}] = \mathrm{E}_t[\tilde{\eta}_{p,t+\Delta t}] = 0 \tag{6.21}$$

である[22]．上式で，投資収益率を小文字表記しているのはこれまで通りに連続複利表示を意味する．また，投資収益率等に下付き添え字 $t+\Delta t$ を付してあるが，これは時刻 t の一瞬後に実現することを強調したものである．回帰係数 $\dot{\alpha}_{p,t}, \dot{\beta}_{p,t}$ に付したドットも連続複利表示における母数であることを示している[23]．また，時点 t の情報のもとでの回帰ゆえ，期待値と共分散の演算記号，および回帰係数には添え字 t を付してある．$\tilde{r}_{I,t+\Delta t}$ は市場ポートフォリオ $\tilde{r}_{M,t+\Delta t}$ の代理変数であるインデックスの投資収益率であり，ここで $\tilde{r}_{p,t+\Delta t}, \tilde{r}_{I,t+\Delta t}, \tilde{\eta}_{p,t+\Delta t}$ に i.i.d. 正規を仮定するときには，対数変換前の単利グロス表示収益率 $1+\tilde{R}_{p,t+1}, 1+\tilde{R}_{I,t+1}$ に i.i.d. 対数正規を仮定していることになる．

誤差項は，第1章の1期間単利表示収益率の回帰においては $\tilde{\varepsilon}_{p,t+1}$ と表示したが，ここでは連続複利収益率における誤差項なので，区別するために $\tilde{\eta}_{p,t+\Delta t}$ とした．

$r_{f,t}$ は瞬間的な無リスク利子率であるが，多期間において投資機会集合が変動するもとでは時々刻々変動する確率変数である．しかし，瞬間的な無リスク利子率は時点 t に実現した世の中の状態に応じてその値が定まり，その一瞬後（時点 $t+\Delta t$）までの間，確定値として与えられるので，ティルダは付していない．

(6.20) 式の時点 t における条件付き期待値をとり，$\dot{\alpha}_{p,t}$ について表現すると，

$$\dot{\alpha}_{p,t} = \mathrm{E}_t[\tilde{r}_{p,t+\Delta t}] - r_{f,t} - \dot{\beta}_{p,t}(\mathrm{E}_t[\tilde{r}_{I,t+\Delta t}] - r_{f,t}) \tag{6.22a}$$

---

[22] 直交分解式と市場モデルの違いについては第1章5節をみよ．
[23] 1期間モデルにおける定義と区別するために，以後，連続複利表示モデルの母数にはドットを付す．

460　第6章　多期間投資の実践と $\frac{1}{N}$ ポートフォリオ型 EIF

となる[24]．ここで，$\tilde{r}_{p,t+\Delta t}$ および $\tilde{r}_{I,t+\Delta t}$ の確率分布が i.i.d. かつ $r_{f,t}$ が一定で投資機会集合が変化しない場合には確率分布は時点に依存しないので，Merton（1973）の記法に倣い，期待値および確率変数の時点を示す添え字をすべて省略すると，

$$\dot{\alpha}_p = \mathrm{E}[\tilde{r}_p] - r_f - \dot{\beta}_p(\mathrm{E}[\tilde{r}_I] - r_f) \tag{6.22b}$$

となる．

　Merton（1973）は，投資機会集合が変動することを前提して連続時間の分析枠組みで異時点間資本資産評価モデル（Intertemporal Capital Asset Pricing Model．以下，ICAPM）を導出しているが，投資機会集合が一定で，短期無リスク利子率およびリスク資産収益率の母数が変化しない場合の ICAPM は離散時間の1期間 CAPM に退化する．そのとき，第1章で明らかにした通り，（6.22b）式は必ず $\dot{\alpha}_p=0$ でなければならない．

　（6.22a）式の $\dot{\alpha}_{p,t}$，あるいは（6.22b）式の $\dot{\alpha}_p$ は，1期間モデルにおけるジェンセンのアルファ（1期間アルファ）の連続時間バージョンになっている．本書では，このアルファを多期間アルファと定義し，後の実証分析で利用，計測する．

　アルファは，連続複利表示でも，あるいは単利表示でも，投資理論の実証分析に利用されている．たとえば Jensen（1968, pp. 399-400）における投資収益率の定義をみると，実証に用いたすべての投資信託，市場ポートフォリオ（の代理），および，無リスク資産の収益率はどれも連続複利表示である．したがって，同論文において推定されたアルファは本書の（6.22a），（6.22b）式同様に連続複利表示である．また，株価収益率（P/E レシオ）に関するアノマリーを検出したことで有名な Basu（1977）においても，投資収益率はすべて連続複利表示であり，上の（6.22b）式によって連続複利表示のジェンセンのアルファを定義し，計測している．

　しかし長期投資においては，市場ポートフォリオあるいはその代理変数のみによって投資機会集合の変化を捉えきることは困難である．Merton

---

[24]　確率的に変動する無リスク利子率が期待値記号の外に出ているのは，時点 t において $r_{f,t}$ は確定値だからである．

(1973, pp. 878-881) は，ICAPM において，短期無リスク利子率 $r_{f,t}$ が変動し，その変動がすべての投資機会集合の変動を表現している例をあげているが，そこでは，投資家が多期間・連続時間において期待効用を最大化するためには，市場ポートフォリオと短期無リスク資産の 2 ファンドだけではなく，さらに，投資機会集合の変動をヘッジできるような第 3 のポートフォリオを加えた計 3 つのファンドが必要であるという「3 基金分離」モデルを提示している．その場合，任意のポートフォリオの時点 t における期待超過収益率は，

$$E_t[\tilde{r}_{p,t+\Delta t}] - r_{f,t}$$
$$= \dot{\beta}_{p,I}(E_t[\tilde{r}_{I,t+\Delta t}] - r_{f,t}) + \dot{\beta}_{p,x}(E_t[\tilde{r}_{x,t+\Delta t}] - r_{f,t}) \tag{6.23a}$$

で与えられる．$\tilde{r}_{x,t+\Delta t}$ は投資機会集合の変動を表わす状態変数と相関が最も高くなるように設計したポートフォリオの瞬間的な投資収益率である．(6.22b) 式の導出で述べた通り，Merton (1973) は，$\tilde{r}_{p,t+\Delta t}$ および $\tilde{r}_{I,t+\Delta t}$ の確率分布は i.i.d. 正規に従うと仮定して，時点を表わす添え字をすべて省略し，

$$E[\tilde{r}_p] - r_f = \dot{\beta}_{p,I}(E[\tilde{r}_I] - r_f) + \dot{\beta}_{p,x}(E[\tilde{r}_x] - r_f) \tag{6.23b}$$

と表現している．

さらに，$\tilde{r}_I (\equiv \tilde{r}_{I,t+\Delta t})$ と $\tilde{r}_x (\equiv \tilde{r}_{x,t+\Delta t})$ が無相関のときには，係数 $\dot{\beta}_{p,I}$ と $\dot{\beta}_{p,x}$ は，

$$\dot{\beta}_{p,I} = \frac{\text{Cov}[\tilde{r}_p, \tilde{r}_I]}{\text{Var}[\tilde{r}_I]}, \quad \dot{\beta}_{p,x} = \frac{\text{Cov}[\tilde{r}_p, \tilde{r}_x]}{\text{Var}[\tilde{r}_x]} \tag{6.24}$$

という，「ベータ係数」としての性格をもつことが知られている[25]．

(6.23b) 式と (6.22b) 式とを見比べると，

$$\dot{\alpha}_p = \dot{\beta}_{p,x}(E[\tilde{r}_x] - r_f) \tag{6.25a}$$

となり，もはや (6.22b) 式で定義された多期間アルファ $\dot{\alpha}_p$ がゼロである必然性はなくなることがわかる．

---

[25] この式の導出についての平易な解説は Pennacchi (2008, pp. 278-279) をみよ．

さらに，投資機会集合の変動を表わす状態変数が S 個あると考えられるときには，

$$\dot{\alpha}_p = \sum_{s=1}^{S} \dot{\beta}_{p,s}(\mathrm{E}[\tilde{r}_s] - r_f) \tag{6.25b}$$

が成立する．$\tilde{r}_s(\equiv \tilde{r}_{s,t+\Delta t})$ は，第 S 番目の状態変数のミミッキング（擬似）・ポートフォリオ，あるいは，当該状態変数と最大の相関をもつポートフォリオの投資収益率である[26]．このとき，ポートフォリオの各ベータ $\dot{\beta}_{p,s}$ を状態変数の性質に応じて適切に調整すれば，序章で解説した意味での正の「運用の付加価値」が獲得可能であると予想できる．

2.2 EIF の構築可能性に関わる理論的見通し

ここで，事前および事後において市場を凌駕する EIF が長期投資において現実に構築可能であるとする理論的根拠をまとめておこう．第一に，現実の収益生成過程は，とくに投資機会集合が変化する長期においては，市場モデルのような SIM に従っているとは到底考えられない．また，収益生成過程は厳密には幾何ブラウン運動に従ってはいないうえに，無リスク利子率，リスク・プレミアムも変動している．それにもかかわらず，実務におけるリスク資産運用のパフォーマンス評価では，第 1 章で紹介した Morningstar 社の使用例のように，1 期間の静学的 CAPM の成立を前提としたジェンセンのアルファを運用の付加価値とよび，運用パフォーマンス評価尺度の 1 つとして利用することが世界の資産運用業界の慣行となっており，それゆえに，EIF が構築可能になると考えられる．これは，ポートフォリオの投資収益率が投資機会集合の変動をもたらすファクターを含んだ MFM に従い，静学的 CAPM は成立しないという現実の状況下にあって，運用パフォーマンス評

---

[26] Fama（1996）は，これらの S 個の状態変数がすべて正規分布に従うときには，投資家の期待効用を最大化する最適ポートフォリオは，所与の期待収益率のもとで最小の分散をもつポートフォリオ，すなわち，マルチ・ファクター・バージョンの最小分散ポートフォリオ（MVP）の性質をもつこと，そして，任意の最小分散ポートフォリオは，$S+2$ 個の最小分散ポートフォリオのポートフォリオとして構築できること（$S+2$ 基金分離）を明らかにしている．

価の方は証券市場線を前提に行なっていることに起因するEIFの成立可能性である．

　第二に，仮に，投資機会集合が不変のもとで静学的CAPMの評価式が成立している状況であっても，市場ポートフォリオの不完全な代理変数である株価指数は，連続複利収益率表示のバージョンにおいても，平均・分散フロンティアの相当内側に位置する非効率的なポートフォリオと考えられる．この，ベンチマーク指数による市場ポートフォリオ近似の不十分さと非効率性が原因となってEIFが成立可能となる．

　そして第三に，標準的な投資理論では無批判に仮定される同質的期待形成が現実には成立しておらず，投資家によって，収益生成過程のパラメーターに関する推定値が異なることに起因して生じるEIFの構築可能性がある[27]．

EIFの3つの条件

　長期運用のためのEIF構築においては，投資機会集合が変化する状況，したがって，先に述べたように状態変数が市場ポートフォリオ以外にも存在し，MFMが成立することを前提しなければならない．このとき，静学的なCAPMが成立する状況を前提して行なう単回帰においては，ポートフォリオのアルファがゼロになる必然性がないことは既に述べた通りである．しかし，EIFの設計と構築においては，ポートフォリオが市場インデックスに連動し，分散リスク（トータル・リスク）はほぼ同じというアルファに関する以外の制約が課されるため，以下で解説するように，正の多期間アルファを確保するためにはそれなりの工夫が必要となる．

　まず，多期間におけるEIFを定義しておこう．1期間モデルではこれを，「リスクが $\sigma_p^2 \approx \sigma_I^2$，かつ，$\beta_p = 1$ で，そのリターンが $\mu_p > \mu_I$ であるような，連動対象の株価指数の構成銘柄数と比べてより少数の銘柄で構成される株式ポートフォリオ」と定義した（第1章6節）．このとき，期待収益率と分散は単

---

[27] 異質的期待形成下におけるアルファの経済学的意味，およびその獲得可能性は，現在，多くの研究者が取り組んでいる問題である．興味をもたれる読者は，たとえばHens and Rieger (2010, pp. 116-124), Maccheroni, Marinacci, and Ruffino (2013) を参照されたい．

利表示の投資収益率によって定義している．μ_I, σ_I^2 は，市場ポートフォリオの代理変数として利用し，インデキシングの対象ベンチマークとして特定した株価指数の期待収益率と分散であった．わが国では，TOPIX，場合によっては日経平均が多く採用されているものと思う．

多期間 EIF も，1 期間 EIF と同様に，「多期間にわたって，リスクが，

$$\dot{\sigma}_p^2 = \dot{\sigma}_{\text{EIF}}^2 \approx \dot{\sigma}_I^2 \tag{6.26a}$$

かつ，

$$\dot{\beta}_p = \dot{\beta}_{\text{EIF}} \approx 1 \tag{6.26b}$$

であり，そのリターンが，

$$\dot{\mu}_p = \dot{\mu}_{\text{EIF}} > \dot{\mu}_I \tag{6.26c}$$

であるような，連動対象の株価指数の構成銘柄数と比べてより少数の銘柄で構成される株式ポートフォリオ」と定義する．各パラメターにドットが付してある理由は，以下の分析においては投資収益率をすべて連続複利表示したうえで，期待収益率，分散，および共分散を定義しているからである．投資収益率の表示方法以外で 1 期間における定義と異なる点として，1 期間では $\beta_p = 1$ とベータが厳密に 1 になることを要求したのに対し，多期間では $\dot{\beta}_p \approx 1$ と制約を若干緩めたことがある．

さて，多期間の EIF を上のように 1 期間モデルと同様に定義するとき，連続複利表示で正のアルファをもつ EIF を構築することが多期間モデルにおいて理論的に可能といえるかどうかを明らかにするために，とくにマルチファクター・モデル（MFM）の観点から，（多期間における）ジェンセンのアルファが正になる性質を掘り下げてみる．ただし以下の検討では，最も簡単な MFM である 2 ファクター・モデルを前提し，議論を簡単にするために無リスク利子率は変動しないと仮定する．

連動対象となる市場インデックスの，連続複利表示の瞬間的な投資収益率の収益生成過程を，

2. $\frac{1}{N}$ ポートフォリオ型 EIF 465

$$\tilde{r}_I = \dot{\mu}_I + \dot{\beta}_{I,M}(\tilde{r}_M - \dot{\mu}_M) \tag{6.27}$$

とする.この投資収益率は,幾何ブラウン運動の仮定ゆえに i.i.d. 正規になるため,時間を表わす添え字は略している.$\tilde{r}_I$ はこの市場インデックスの瞬間的な投資収益率,$\dot{\mu}_I$ は瞬間的な期待収益率,$\tilde{r}_M$ は真の市場ポートフォリオの投資収益率であって,この M が第 1 のファクターであるとしよう.$\dot{\mu}_M$ はその瞬間的な期待収益率である.市場インデックスは十分に分散化されたポートフォリオであって,その結果として,固有リスクがなく,真の市場ポートフォリオにのみ依存して変動すると仮定している.また,優れたインデックスは $\dot{\beta}_{I,M} \approx 1$ となる.

次に,この市場インデックスに連動するように設計した EIF について,その収益生成過程が市場ポートフォリオ M 以外にもう 1 つ,投資機会集合の変動を表わすファクター x と,固有リスクから構成されると仮定して,

$$\tilde{r}_{\mathrm{EIF}} = \dot{\mu}_{\mathrm{EIF}} + \dot{\beta}_{\mathrm{EIF},M}(\tilde{r}_M - \dot{\mu}_M) + \dot{\beta}_{\mathrm{EIF},x}(\tilde{r}_x - \dot{\mu}_x) + \tilde{\eta}_{\mathrm{EIF}} \tag{6.28}$$

と表現できるとしよう.$\tilde{r}_x$ は第 2 ファクターの瞬間的な投資収益率であり,$\dot{\mu}_x$ はその期待収益率である.ここでは,この第 2 ファクターが具体的に何であるかは特定しないでおくが,長期投資においては,このファクターに投資機会集合の変動を記述する役割をもたせることができる.また,$\tilde{\eta}_{\mathrm{EIF}}$ は上式の MFM の誤差項であって,2 つのファクター収益率 $\tilde{r}_M$ および $\tilde{r}_x$ とは無相関である.

連続複利表示の 2 つのファクターの瞬間的な投資収益率は,これらファクターが幾何ブラウン運動に従うという仮定から i.i.d. 正規分布に従うことになるが,さらに,それらが無相関と仮定すれば,上式中の 2 つの係数は (6.24) 式で示したように,それぞれ,

$$\dot{\beta}_{\mathrm{EIF},M} = \frac{\mathrm{Cov}[\tilde{r}_{\mathrm{EIF}}, \tilde{r}_M]}{\mathrm{Var}[\tilde{r}_M]}, \quad \dot{\beta}_{\mathrm{EIF},x} = \frac{\mathrm{Cov}[\tilde{r}_{\mathrm{EIF}}, \tilde{r}_x]}{\mathrm{Var}[\tilde{r}_x]}$$

であり,ベータ係数の意味をもつことに留意されたい.$\dot{\beta}_{\mathrm{EIF},M}$ と $\dot{\beta}_{\mathrm{EIF},x}$ は,(6.28) 式の収益生成過程を記述する母数であると同時に,EIF を構築する際に,EIF の定義に照らして望ましい性質をポートフォリオにもたせるための

条件として利用すべき定数でもある.

いま，EIF の（無リスク利子率を控除した）超過投資収益率を市場インデックスの超過投資収益率に回帰して，

$$\tilde{r}_{\text{EIF}} - r_f = \dot{\alpha}_{\text{EIF}} + \dot{\beta}_{\text{EIF}}(\tilde{r}_I - r_f) + \tilde{e}_{\text{EIF}} \tag{6.29}$$

という直交分解式として表現できる．ここで，$\tilde{e}_{\text{EIF}}$ は期待値がゼロの誤差項である．

(6.29) 式から $\tilde{r}_{\text{EIF}}$ の分散を計算すると，

$$\dot{\sigma}_{\text{EIF}}^2 = \dot{\beta}_{\text{EIF}}^2 \dot{\sigma}_I^2 + \text{Var}[\tilde{e}_{\text{EIF}}] \tag{6.30}$$

となる．ただし，$\dot{\sigma}_{\text{EIF}}^2 = \text{Var}[\tilde{r}_{\text{EIF}}], \dot{\sigma}_I^2 = \text{Var}[\tilde{r}_I]$ であり，どちらも瞬間的な分散ゆえ，ドットを付してある．

上式を用いて，EIF とインデックスの分散の差を求めると，

$$\dot{\sigma}_{\text{EIF}}^2 - \dot{\sigma}_I^2 = (\dot{\beta}_{\text{EIF}}^2 - 1)\dot{\sigma}_I^2 + \text{Var}[\tilde{e}_{\text{EIF}}] \tag{6.31}$$

となる．EIF の設計においては，ここで $\dot{\beta}_{\text{EIF}}$ を 1 よりも若干小さめになるようにコントロールする[28]．私たちの経験では，$\dot{\beta}_{\text{EIF}} \approx 0.97$ 程度がよいようで

---

[28] ベータ値が 1 未満になるようにポートフォリオを組むことには，遡っては Black, Jensen, and Scholes（1972, pp. 13-18）が発見し，近年では Blitz and van Vliet（2007），Fazzini and Pedersen（2014）等が確認している低ベータ・アノマリー，すなわち，低ベータ・ポートフォリオほど高いアルファが獲得できるという副次的効果の発現を期待するという面がある．また，Ang, Hodrick, Xing, and Zhang（2006）らは，事前に測定されたトータル・ヴォラティリティーが低いほど，その後のリターンが高いという低ヴォラティリティー・アノマリーを報告しているが，私たちの投資戦略ではこのアノマリーの獲得も期待できる．なぜならば，ベータ・コントロールの際には，ヒストリカルなデータによる個別銘柄のベータ推定値 $\dot{\beta}_i^H$ にベイズ修正を施して後に $\dot{\beta}_{\text{EIF}}^B \approx 1$ となるように制御し，その結果，$\dot{\beta}_{\text{EIF}} \approx 1$ を確保する．このとき，(6.30) 式右辺の $\text{Var}[\tilde{e}_{\text{EIF}}]$ がゼロに近いことを考慮すると，ベータを 1 よりも小さめにコントロールすることは $\dot{\sigma}_{\text{EIF}}^2$ を $\dot{\sigma}_I^2$ よりも小さくすることを意味するからである．本書において私たちは，多期間 EIF の設計における最も重要な達成課題は正のアルファの確保であると考え，アノマリーの正体が何であれ，それが多期間アルファを高める可能性があると合理的に判断できるものである限り，MFM に関する分析の示唆を生かしてそれらを取り込むという立場をとっている．低ヴォラティリティーの利用はこうした意図に基づいている．なお，日本市場における低ヴォラティリティー・アノマリーについては，岩澤・内山（2013, p. 10）の図 3 が参考になる．

あるが，この値はポートフォリオの固有リスクのレベルに応じて，1 に近いところで裁量的に定める．その結果，

$$\dot{\beta}_{\text{EIF}} \approx 1 \qquad [(6.26\text{b})]$$

という EIF の第 2 の条件を満たすことができる．

ポートフォリオのベータを 1 よりも小さく設定するとき，(6.31) 式の右辺第 1 項の係数は負値となる．そこで，EIF の定義によって，その分散リスクをインデックスと同程度にするために，誤差項の分散がゼロに近づきすぎないように組み入れる銘柄と数を決める必要がある[29]．誤差項の分散と $\dot{\beta}_{\text{EIF}}$ に脚注 29 の関係がおおむね成立するように工夫すると $\dot{\sigma}^2_{\text{EIF}} \approx \dot{\sigma}^2_I$ となるので，EIF に要請される第 1 の条件，すなわち，

$$\dot{\sigma}^2_{\text{EIF}} \approx \dot{\sigma}^2_I \qquad [(6.26\text{a})]$$

が確保できる．

誤差項 $\tilde{e}_{\text{EIF}}$ の分散のコントロール

上を受けて，次に，(6.29) 式の誤差項 $\tilde{e}_{\text{EIF}}$ が (6.28) 式の 2 ファクター・モデルのもとでどう表現され，またコントロールできるかを検討することにしよう．(6.29) 式の両辺について期待値を計算すると，

$$\begin{aligned} &\text{E}[\tilde{r}_{\text{EIF}}] - r_f = \dot{\alpha}_{\text{EIF}} + \dot{\beta}_{\text{EIF}}(\text{E}[\tilde{r}_I] - r_f) \\ \Leftrightarrow\ &\dot{\alpha}_{\text{EIF}} = \dot{\mu}_{\text{EIF}} - r_f - \dot{\beta}_{\text{EIF}}(\dot{\mu}_I - r_f) \end{aligned} \qquad (6.32)$$

---

[29] EIF とインデックスの分散リスクを同じ程度にするためには，(6.31) 式より，

$$\text{Var}[\tilde{e}_{\text{EIF}}] \approx (1 - \dot{\beta}^2_{\text{EIF}})\dot{\sigma}^2_I$$

という関係が必要である．このとき，$\dot{\beta}_{\text{EIF}}$ の値を先に決定してしまうと，左辺の誤差項の分散が定まってしまうため，上の関係を満たすように組み入れ銘柄グループを選択することは容易でない．そこで，実際の EIF 設計においては，固有リスクがゼロに近づきすぎないように注意しながら，左辺の誤差項の分散のレベルに応じて右辺の $\dot{\beta}_{\text{EIF}}$ が 1 よりも小さい範囲に収まるように，組み入れるべき銘柄を微調整する．(本書の) EIF の定義に含まれる，株価指数の構成銘柄数よりも少数の銘柄で構成するポートフォリオという条件がここで効いてくる．

である．上式では，$\dot{\mu}_{\text{EIF}} = \text{E}[\tilde{r}_{\text{EIF}}], \dot{\mu}_I = \text{E}[\tilde{r}_I]$ とおいているが，$\dot{\alpha}_{\text{EIF}}$ は（6.22b）式で定義した多期間アルファに一致しており，$\dot{\alpha}_p = \dot{\alpha}_{\text{EIF}}$ の場合に他ならない．

この（6.32）式を用いて（6.29）式の $\dot{\alpha}_{\text{EIF}}$ を消去すると，

$$\tilde{r}_{\text{EIF}} = \dot{\mu}_{\text{EIF}} - \dot{\beta}_{\text{EIF}}\dot{\mu}_I + \dot{\beta}_{\text{EIF}}\tilde{r}_I + \tilde{e}_{\text{EIF}}$$

となる．ここへ（6.27），（6.28）式を代入，整理すると，

$$\tilde{e}_{\text{EIF}} = (\dot{\beta}_{\text{EIF},M} - \dot{\beta}_{\text{EIF}}\dot{\beta}_{I,M})(\tilde{r}_M - \dot{\mu}_M) + \dot{\beta}_{\text{EIF},x}(\tilde{r}_x - \dot{\mu}_x) + \tilde{\eta}_{\text{EIF}} \tag{6.33}$$

となり，単回帰の誤差項 $\tilde{e}_{\text{EIF}}$ を 2 つのファクターと MFM の固有リスクを表わす $\tilde{\eta}_{\text{EIF}}$ によって表現することができる．

さて，回帰式（6.29）においては説明変数と誤差項は無相関であるから，

$$\begin{aligned}0 &= \text{Cov}[\tilde{r}_I, \tilde{e}_{\text{EIF}}] \\ &= \text{Cov}[\dot{\beta}_{I,M}(\tilde{r}_M - \dot{\mu}_M), (\dot{\beta}_{\text{EIF},M} - \dot{\beta}_{\text{EIF}}\dot{\beta}_{I,M})(\tilde{r}_M - \dot{\mu}_M) + \dot{\beta}_{\text{EIF},x}(\tilde{r}_x - \dot{\mu}_x) + \tilde{\eta}_{\text{EIF}}] \\ &= \dot{\beta}_{I,M}(\dot{\beta}_{\text{EIF},M} - \dot{\beta}_{\text{EIF}}\dot{\beta}_{I,M})\dot{\sigma}_M^2 + \dot{\beta}_{I,M}\dot{\beta}_{\text{EIF},x}\dot{\sigma}_{M,x} \quad [\because \text{Cov}[\tilde{r}_M, \tilde{\eta}_{\text{EIF}}] = 0]\end{aligned}$$

$$\Leftrightarrow \dot{\beta}_{\text{EIF},M} - \dot{\beta}_{\text{EIF}}\dot{\beta}_{I,M} = -\dot{\beta}_{\text{EIF},x}\dot{\rho}_{M,x}\frac{\dot{\sigma}_x}{\dot{\sigma}_M} \tag{6.34}$$

が，あらかじめ定めておいた $\dot{\beta}_{\text{EIF}}$ と確率過程の母数の間に成立している．ここで $\dot{\sigma}_{M,x}$ は，$\tilde{r}_M$ と $\tilde{r}_x$ の瞬間的な共分散であり，$\dot{\rho}_{M,x}$ は同じく相関係数である．

上式を（6.33）式へ戻すと，誤差項は，

$$\tilde{e}_{\text{EIF}} = -\dot{\beta}_{\text{EIF},x}\dot{\rho}_{M,x}\frac{\dot{\sigma}_x}{\dot{\sigma}_M}(\tilde{r}_M - \dot{\mu}_M) + \dot{\beta}_{\text{EIF},x}(\tilde{r}_x - \dot{\mu}_x) + \tilde{\eta}_{\text{EIF}} \tag{6.35}$$

となるので，この分散を求めると，

$$\begin{aligned}\text{Var}[\tilde{e}_{\text{EIF}}] &= \dot{\beta}_{\text{EIF},x}^2\dot{\rho}_{M,x}^2\frac{\dot{\sigma}_x^2}{\dot{\sigma}_M^2}\dot{\sigma}_M^2 + \dot{\beta}_{\text{EIF},x}^2\dot{\sigma}_x^2 - 2\dot{\beta}_{\text{EIF},x}^2\dot{\rho}_{M,x}\frac{\dot{\sigma}_x}{\dot{\sigma}_M}\dot{\rho}_{M,x}\dot{\sigma}_M\dot{\sigma}_x + \dot{\sigma}_\eta^2 \\ &= \dot{\beta}_{\text{EIF},x}^2\dot{\sigma}_x^2(1 - \dot{\rho}_{M,x}^2) + \dot{\sigma}_\eta^2 \tag{6.36}\end{aligned}$$

となる．上式右辺にある誤差項の分散 $\dot{\sigma}_\eta^2 \equiv \text{Var}[\tilde{\eta}_{\text{EIF}}]$ は，EIF 構築のベースであるサブ・ユニバース（投資対象となる全銘柄からなるグループである基本ユニバースから，EIF 実現のための条件により絞り込んだ小グループ．後

述) を対象として $\frac{1}{N}$ ポートフォリオを構築したときの MFM である (6.28) 式の固有リスクを表わす. この分散は,あらかじめ設定した $\hat{\beta}_{\mathrm{EIF}}(<1)$ の水準に応じて, (6.31) 式に現れる単回帰式の誤差項 $\tilde{e}_{\mathrm{EIF}}$ の分散がゼロとならないように少数銘柄グループを構成することによってコントロールする.

さてここで,誤差項の分散の構造を表現する (6.36) 式を検討すると,EIF の市場インデックスに対する単回帰の誤差項の分散 $\mathrm{Var}[\tilde{e}_{\mathrm{EIF}}]$ をコントロールする手段は 2 つあることがわかる. 1 つは,分散投資によって 2 つのリスク・ファクターでは説明し尽くせない固有リスク σ_η^2 を減少,ないし,場合によっては増加させることである. もう 1 つの手段は,絶対値 $|\hat{\beta}_{\mathrm{EIF},x}|$ が小さくなるように,状態変数 x に対するポートフォリオの感度 $\hat{\beta}_{\mathrm{EIF},x}$ をゼロに近い値にコントロールすることである. ただし EIF においては,株式インデックスと同程度の分散リスクをもつことが必要なので, $|\hat{\beta}_{\mathrm{EIF},x}| \neq 0$ でなければならない.

固有リスクは対価を生まないリスクであるから,標準的な投資理論の教科書ならば σ_η^2 は極力ゼロに近づけるべきだと書くはずであるが,それ自体は EIF に必須の条件ではない. こうして,EIF の分散リスク(トータルリスク $\hat{\sigma}_{\mathrm{EIF}}^2$) の調整は,ユニバースの決定を通じた σ_η^2 の変更という第 1 ルートと, $\hat{\beta}_{\mathrm{EIF},x}$ を用いた第 2 のルートによって可能になる.

EIF と市場インデックスの期待収益率

さて,本書では,多期間において (6.22a) および (6.22b) 式で定義されるジェンセンのアルファを多期間アルファとよんできた. このようにアルファを期間に応じてよび分ける理由は,投資収益率が従うと仮定する確率過程や収益生成モデル,および投資機会集合が 1 期間と多期間とでは異なり,アルファの経済的意味も,当然,異なると考えられるためである.

多期間アルファを計測するためには,EIF と市場インデックスの期待収益率を求めておく必要がある. 第 1 章 8 節では,収益生成過程がファクター・モデルで与えられるときの期待収益率についてプライシング・カーネルの考え方を用いて解説したが,それを使えば, (6.27) および (6.28) 式のもとで瞬間的な期待収益率はそれぞれ,

$$\dot{\mu}_I = r_f + \dot{\beta}_{I,M}\lambda_M \tag{6.37}$$

$$\dot{\mu}_{\text{EIF}} = r_f + \dot{\beta}_{\text{EIF},M}\lambda_M + \dot{\beta}_{\text{EIF},x}\lambda_x \tag{6.38}$$

で与えられる[30]．ここで，λ_M は市場ポートフォリオに対するファクター・リスク・プレミアム，λ_x は（具体的に特定してはいない）第 2 ファクターに対するファクター・リスク・プレミアムである．市場ポートフォリオの変動は消費変動をもたらすので，その対価としてのファクター・リスク・プレミアム $\lambda_M = \text{E}[\tilde{r}_M] - r_f$ は正値と考えられるが，もう片方の λ_x の符号はファクターの性質に依存しており，このファクターがプライシング・カーネルと無相関であれば $\lambda_x = 0$，正の相関をする（消費変動を軽減するという意味でヘッジの性格をもつ）ファクターならば負値となる．(6.37)，(6.38) 式を (6.32) 式へ代入し，説明変数と誤差項が無相関であることから導出した (6.34) 式を用いると，

$$\begin{aligned}
\dot{\alpha}_{\text{EIF}} &= \dot{\mu}_{\text{EIF}} - r_f - \dot{\beta}_{\text{EIF}}(\dot{\mu}_I - r_f) \\
&= (\dot{\beta}_{\text{EIF},M} - \dot{\beta}_{\text{EIF}}\dot{\beta}_{I,M})\lambda_M + \dot{\beta}_{\text{EIF},x}\lambda_x \\
&= -\dot{\beta}_{\text{EIF},x}\dot{\rho}_{M,x}\frac{\dot{\sigma}_x}{\dot{\sigma}_M}\lambda_M + \dot{\beta}_{\text{EIF},x}\lambda_x \quad [\because \text{第 1 項へ (6.34) 式を代入}] \\
&= \dot{\beta}_{\text{EIF},x}\left(\lambda_x - \dot{\rho}_{M,x}\frac{\dot{\sigma}_x}{\dot{\sigma}_M}\lambda_M\right)
\end{aligned} \tag{6.39}$$

を得る．

上式の符号は，第 2 ファクター x がどのような特性をもつか特定していないので，理論上は，このままでは定まらない．各ファクター・リスク・プレミアムの符号と大きさ，ファクター x と市場ポートフォリオとの相関の符号と大きさによって，丸括弧部分の符号が定まるので，その符号に応じて，$\dot{\beta}_{\text{EIF},x}$ を定めれば，$\dot{\alpha}_{\text{EIF}} > 0$ となるように EIF を設計できる．一例をあげれば，第 2 ファクターがヘッジの性質をもち，$\lambda_x < 0$ の場合には丸括弧部分は $\dot{\rho}_{M,x}$ の値に依存して，正値にも負値にもなりうる．仮に，丸括弧部分が負であれば，$\dot{\beta}_{\text{EIF},x} < 0$ とし，丸括弧部分が正であれば，$\dot{\beta}_{\text{EIF},x} > 0$ とすればよい．

---

[30] 第 1 章の (1.97) 式をみよ．

これらのポートフォリオ構築上の工夫の結果，(6.39) 式は，

$$\dot{\alpha}_{EIF} = (\dot{\mu}_{EIF} - r_f) - \dot{\beta}_{EIF}(\dot{\mu}_I - r_f) \approx \dot{\mu}_{EIF} - \dot{\mu}_I > 0 \qquad [\because \dot{\beta}_{EIF} \approx 1]$$

となって，$\dot{\alpha}_{EIF} > 0$ ゆえ，EIF の第 3 の条件である，

$$\dot{\mu}_{EIF} > \dot{\mu}_I \qquad\qquad\qquad\qquad\qquad [(6.26c)]$$

が確保できる．

　以上，EIF の定義である (6.26a)，(6.26b)，および (6.26c) の 3 本の式を満たすポートフォリオが多期間において構築できることを，ここでは，理論的見通しを得る目的で市場ポートフォリオ以外にもう 1 つだけ，市場ポートフォリオと何らかの相関をもつリスク・ファクター x が存在するという 2 ファクター・モデルの経済を想定して検証した．仮に，ここで示した考え方を現実に応用しようとするときには，第 2 ファクター，ないし 2 個を上回る数のファクターの特定は，運用モデル設計者の技量に委ねられることになる．

　現実の経済は，金利変化とインフレの存在を考慮するならば，少なく見積もっても 3 個以上のファクターで記述されると考えるべきであろう．その場合であっても，上の議論の本質は変わらない．単一のファクターにのみ連動して変動すると考えられる市場インデックスがベンチマークとして設定されてさえすれば，他の複数のファクターに依存して投資収益率が定まるようなポートフォリオとして EIF を構築し，市場インデックスとの連動性は若干犠牲にしても，それを源泉として正の多期間アルファ $\dot{\alpha}_{EIF}$ を確保することができる．リスク・ファクターが多ければ，それだけ，正のアルファを生み出すための創意工夫の自由度が増すということである．

2.3　$\frac{1}{N}$ ポートフォリオ型 EIF の運用パフォーマンス例

　第 3 節以降では，本書が行なった実証分析に関して説明する．その導入として，$\frac{1}{N}$ ポートフォリオ型 EIF による長期の株式運用例を 1 つ示しておこう．図 6-2 は，次節で報告するシミュレーションのうちで最も長期にわたる 1988 年 1 月基準ポートフォリオの 30 年間の運用シミュレーション結果であ

図6-2　$\frac{1}{N}$ポートフォリオ型 EIF の運用パフォーマンス

る[31]．横軸に時間（月次）を，縦軸にはポートフォリオ価値をとり，ベンチマーク（市場インデックスとしての TOPIX）とポートフォリオの価値推移が比較しやすいように，運用を開始した時点である 1988 年 1 月末の価値を 1 に基準化してある．この例によって，1980 年代のバブル期にスタートしたポートフォリオの価値が，バブル崩壊後の長期間にわたってどのように推移したかを確認することができる．

太線のグラフは 1 か月リバランス運用（1m_Reb），細い線は同一の構成銘柄からなるポートフォリオの買い持ち運用（Buy and Hold．ポートフォリオ構築後，元の組み入れ比率を維持するためのリバランシングを実施することなく，単純に保有し続ける運用方法．以下では B&H 運用と略記する）のケースである．また，比較対象のベンチマークである TOPIX を点線で表示してある．図から，1 か月リバランス運用のポートフォリオは，運用当初に

---

31) 次節におけるシミュレーション結果の報告では最長の運用期間を 25 年とした．それを超える運用期間では，報告対象となるポートフォリオ数が非常に少なくなるためである．たとえば，図 6-2 のような 30 年（360 か月）運用はわずか 1 例にすぎない．

TOPIX を上回りはじめて後，1999 年 12 月から 2000 年 2 月にかけて若干下回ったことはあっても，ほとんどすべての時期にベンチマークを上回って推移したことがわかる．しかも，その間，ポートフォリオ価値の上下の変化をベンチマークと比較しながらみると，ポートフォリオはベンチマークとの連動性をかなりの精度で維持していることが予想できる．B&H 運用もまた，同様に指数連動性を保ち，かつ，たいていの時期にベンチマークを上回っている．両ポートフォリオとも，運用から 15 年を経た 2003 年初からは次第に水準を切り上げていき，リーマン・ショックなどの影響により日本の株式相場全体が低迷期に入る 2008 年以降に下振れするものの，なお，ベンチマークを上回って推移した[32]．

この $\frac{1}{N}$ ポートフォリオを 30 年間，1 か月リバランス運用した結果，多期間アルファ（$\dot{\alpha}_p^\dagger$）の大きさは連続複利月率表示で 0.2934% になった．標準偏差リスクは同じく月率 6.011% とほぼベンチマーク並みだった（TOPIX の標準偏差リスクは月率 5.523%）．また，運用期間について計測した 1 か月リバランス運用のベータ値 $\dot{\beta}_p^\dagger$ は 0.9899 である．この推定値は月次の株価データから算出した 30 年分の月次投資収益率（連続複利月率表示）によって計測したものであり，決定係数 R^2 は 0.8277 であった．以上をまとめて，表 6-3 に示した[33]．

---

32) 本章で示す $\frac{1}{N}$ ポートフォリオ型 EIF の構築には連続複利表示の投資収益率を使用した．その運用パフォーマンス評価もまた連続複利表示の尺度による．したがって，使用する記号としては，事後期間の推定値でもあるため，リターンの推定値には標本平均の実現値として $\overline{r}_p^\dagger$ を，リスクの推定値には標本分散 $s_p^{2\dagger}$（もしくは，標本標準偏差 $s_p^\dagger$）を使うことにする．なお，第 1 章 5 節のコラムで解説したように，本書では上付きの記号ダガー（$\dagger$）は，事前期間において推定した母数に基づいて構築したポートフォリオの，事後期間すなわち運用シミュレーション後における母数の推定値であることを強調する目的で添えている．また，事後に実現したポートフォリオの多期間アルファとベータはドットを付した $\dot{\alpha}_p^\dagger$ と $\dot{\beta}_p^\dagger$ によって表現する．このベータは，第 1 章で定義したヒストリカル・ベータ $\dot{\beta}_p^{H\dagger}$ であるが，煩雑なので，$\dot{\beta}_p^\dagger \equiv \dot{\beta}_p^{H\dagger}$ と記し，添え字 H は，事後のパフォーマンス評価に使うのがヒストリカルな推定値であることは明白なので，略す．

33) 表 6-3 には掲載していないが，単利ネット表示の投資収益率を用いた回帰分析によって計測した 1 か月リバランス運用の（ドットがつかない）ベータ値は，$\beta_p^\dagger = 0.9971$ であり，その場合の決定係数は $R^2 = 0.8260$ であって，連続複利表示の投資収益率による計測結果と大きな差はなかった．今後は，連続複利表示収益率による回帰と単利表示収益率による回帰分析の結果が大きく乖離しない限りは，混乱を避けるために，単利ベー

表 6-3　$\frac{1}{N}$ ポートフォリオ型 EIF の 30 年間運用のパフォーマンス

	通期 (1988年1月〜2018年1月)		アベノミクス期 (2012年10月〜2018年1月)	
	1m_Reb	B&H	1m_Reb	B&H
$\hat{\alpha}_p^\dagger$, 月率 (%)	0.29335	0.11515	0.23244	0.05433
同, 年率 (%)	3.52025	1.38185	2.78932	0.65193
$\hat{\beta}_p^\dagger$	0.98985	0.96920	1.01867	0.96966
R^2	0.82768	0.85278	0.89470	0.92190
リターン $\bar{r}_p^\dagger$, 月率 (%)	0.28088	0.10514	1.68491	1.43705
リスク $s_p^\dagger$, 月率 (%)	6.01066	5.79711	4.88239	4.57839
$\mathrm{spm}_p^\dagger$	0.05920	0.02889	0.36897	0.33619
$\mathrm{spm}_I^\dagger$	0.00601		0.33660	

注：1988年1月に構築した30銘柄ポートフォリオの1か月リバランス運用と B&H 運用の連続複利表示のパフォーマンス指標．$\hat{\alpha}_p^\dagger$，リターンおよびリスクは月率，%表示．最下行の $\mathrm{spm}_I^\dagger$ はインデックス（TOPIX）の spm を表す．

　安倍晋三氏が自民党総裁に再選出されたのは 2012 年 10 月だが，このときからの 5 年余（2018 年 1 月まで）のアベノミクス期について別個に分析・評価すると，1988 年 1 月末に運用開始したポートフォリオの価値はベンチマークの TOPIX に連動しながらもこれを上回る勢いで大きく上昇した．このときに観測された 1 か月リバランス運用ポートフォリオの事後ベータは，$\hat{\beta}_p^\dagger = 1.0187$（連続複利表示収益率による推定値）だった．決定係数は 0.8947 である．運用開始から 30 年が経過してもなお，$\hat{\beta}_p^\dagger \approx 1.0$ で指数に連動するという性質がほぼ維持されていることが理解されるであろう[34]．

　図 6-2 の 3 本の折れ線グラフについて，右端水準が表わすシミュレーショ

スの結果は報告しないこととする．

34) ポートフォリオを構成する銘柄の株価は日々変化する．その中でポートフォリオの組み入れ比率を多期間にわたって一定に保つには，あらかじめ間隔（インターバル）を定めて，値上がりした銘柄の一部を売却して値下がりした銘柄を買い増す自己充足的リバランシングを繰り返さなければならない．その意味で，本章の（株式のみからなる）$\frac{1}{N}$ ポートフォリオ型 EIF は第 5 章でみたターンパイク・ポートフォリオの性質を満たしている．図 6-2 の 1 か月リバランス運用（1m_Reb）はこのターンパイク性を 1 か月単位で維持したものである．

ン最終月の 2018 年 1 月をみると，TOPIX が運用スタート時をおよそ 5% 下回る水準（0.9519）だったのに対して，1 か月リバランス運用ポートフォリオ（1m_Reb）は 2.7488 倍に増価している．運用資産が 30 年間（1988 年 1 月末〜2018 年 1 月末）の運用で 2.7488 倍にまで増えることの意味は，年率 1 年複利に直せば，$(2.7488)^{\frac{1}{30}} - 1 \approx 0.03428$ ゆえ，平均して年率約 3.428% の投資収益率を 30 年間続けたということである（単利ネット表示の年率換算値では，$(2.7488 - 1) \div 30 \approx 0.05829$ ゆえ，約 5.829%）．この間，1989 年末をピークとして，日本の株式市場が資産バブル崩壊後のきわめて長期にわたる低迷期にあったことを考えれば，この運用成果は尋常ではない．同時期の TOPIX の水準変化は年率 1 年複利でおよそ −0.164% だったので，両者の差は年率 1 年複利で約 3.592% に達した．

一方，30 年間で 1.4601 倍の増価となった細い線の B&H 運用のケースでは，年率 1 年複利表示した投資収益率は 1.270% であり，ベンチマークとの差は同 1.434% であった．

リバランシングの実施が，運用するポートフォリオのリターンにどのような効果をもたらすかを印象的にせよ把握するには，太線と細い線（上方に位置する 2 つの線）のグラフを比べればよい．図からみるところ，その差は歴然である．この差に比べて B&H 運用（細い線）と TOPIX（点線）との差や，図示してはいないものの，リバランシングのインターバルを 1 か月とすることと 2，3，6，12 か月，ないし，5 日，20 日とすることの差はさほど大きくない．日次のリバランシング効果を含め，詳しい分析結果は次節で示す．

将来，どの時点で運用をはじめてもこの例のような運用パフォーマンスが得られるとの保証はない．しかし仮に，上例のような $\frac{1}{N}$ ポートフォリオ型 EIF によるベンチマーク連動タイプのアクティブな株式運用がどの時点に基準をとっても実行可能であるならば，運用開始時点にかかわらず，多期間アルファは正になるものと期待される．それゆえ，本書が提唱する $\frac{1}{N}$ ポートフォリオ型 EIF は，長期リスク資産運用の有力な選択肢となるだろう．

3. $\frac{1}{N}$ ポートフォリオ型 EIF による長期運用の実証

前節では，多期間リスク資産運用のための $\frac{1}{N}$ ポートフォリオ型 EIF を提案し，その理論構造を明らかにした．本節では，わが国の株式市場において多期間 EIF を実際に作成し，それについて実施したシミュレーションの結果をみていこう．

3.1 シミュレーションの基本的な考え方

以下で示すシミュレーションについて基本的な考え方を示すと次の通りである．まず，ポートフォリオは，運用開始時期，運用期間，リバランシング間隔の3つの性質によって特徴づけられる．そのうち1つでも異なれば異なるポートフォリオとみなし，それぞれに異なる収益生成過程に従うと考える．ただし，すべてのポートフォリオについて，その価値変動は幾何ブラウン運動で近似できるとみなすので，連続複利表示した投資収益率は算術ブラウン運動に従うことになる．

さらに，この投資収益率を次式のように連続複利かつ超過収益率表示の市場ポートフォリオ投資収益率に依存する部分と，無相関の部分とに直交分解する．

$$\tilde{r}_p - r_f = \dot{\alpha}_p + \dot{\beta}_p(\tilde{r}_I - r_f) + \tilde{\eta}_p \tag{6.40a}$$

$$\mathrm{Cov}[\tilde{r}_I, \tilde{\eta}_p] = \mathrm{E}[\tilde{\eta}_p] = 0 \tag{6.40b}$$

このとき，瞬間的なポートフォリオ収益率 $\tilde{r}_p$ と，瞬間的な市場インデックス収益率 $\tilde{r}_I$ で代理した市場ポートフォリオ投資収益率 $\tilde{r}_M$ が正規分布に従うならば，投資機会集合が変化しない限りは CAPM 成立の十分条件が満たされるので，理論上はすべての個別銘柄およびポートフォリオは証券市場線上に位置し，$\dot{\alpha}_p = 0$ が成立するはずである．ところが，前節で述べた通りに，同質

3. $\frac{1}{N}$ ポートフォリオ型 EIF による長期運用の実証 477

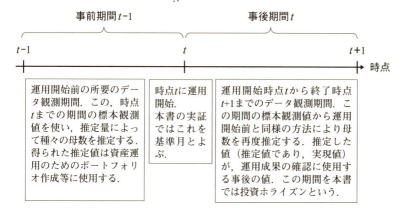

図 6-3 事前期間と事後期間

的期待形成の仮定の下であっても，市場インデックスが市場ポートフォリオを十分に近似していないことに加え，長期投資においては投資機会集合が変動し，市場ポートフォリオ以外にも投資機会集合の変動をもたらすファクターが存在するため，正の多期間アルファ（$\hat{a}_p > 0$）を事前，事後において確保することが可能になる．

ここで，第1章のコラムで説明した「事前」と「事後」の概念について図6-3を使って確認しておこう．資産運用に関わる期間（したがってシミュレーション期間）を，運用開始時点tを挟んで大きく2つの期間に分ける．この時点tを本書の実証分析では基準月とよぶ．図では時点$t-1$から時点tまでの時間的広がりを「事前期間$t-1$」としてある．この観測期間$t-1$を対象として，それまでに市場で実現した株価データなどを収集してリスクとリターンを計測し，また，株式市場との連動性を予測するなどして投資に臨むに際して必要な推定を行なう．これが本書でいう「事前」ないし事前期間である．

一方，実際の投資であれ，あるいはシミュレーションであれ，資産運用後にはその成果を確認する必要がある．そのために，計測時期を時点$t+1$と定めて，時点tから時点$t+1$までの投資実施期間（投資ホライズン）についてデータを揃え，運用開始以前と同じ推定量（計算の方法），ないしは，スポンサーがあらかじめ指定する推定量を使って，実現したリスクとリターン，

あるいはパフォーマンス評価尺度等の各種指標を計算し，推定値を求める．この推定期間（計算のための時間的広がり．図中の「事後期間 t」）が本書でいう「事後」ないし事後期間である．本章の実証においては，事後の推定期間すなわち投資ホライズンを，長期投資とみなすことができる10年といった特定の年限ではなく，1～25年の間で多様な期間に設定している．

以下のシミュレーションの目的は，ポートフォリオごとに，その連続複利表示の投資収益率のパラメターである $\hat{\alpha}_p$ と $\hat{\beta}_p$ を運用をスタートする基準月以降に観測したデータから推定し，あらかじめ定めた方法により構築した $\frac{1}{N}$ ポートフォリオが EIF の特徴である $\hat{\alpha}_p>0$ と $\hat{\beta}_p \approx 1$ の性質を充足できたかどうかを明らかにすることである．その際，組み入れ銘柄，運用開始時期，運用期間（事後期間），あるいはリバランシング間隔がどのように相違しようとも，「運用の付加価値」は収益生成過程を記述する母数である $\hat{\alpha}_p$ に集約され，反映されているとみなす[35]．

月次収益率を利用する合理性について

各ポートフォリオにつき，$\hat{\alpha}_p, \hat{\beta}_p$，およびトータル・リスクを表わす分散 $\hat{\sigma}_p^2$ あるいは標準偏差 $\hat{\sigma}_p$ などの母数は，当該ポートフォリオの価値，市場インデックス，および短期無リスク利子率を観測して推定する．そのとき，投資収益率としてどれほどの長さの観測インターバルが適当であるかは必ずしも明白ではない．本書ではこれを，Merton (1980) にしたがって約1か月程度と設定するのが推定誤差を最小化するために適当であると判断した．その理由については，私たちによる新しい結果も含めて APPENDIX CH-6 で詳細に論じたので興味のある読者は参照されたい．

---

[35] 本文でも述べたが，本書では，運用開始時点が異なれば，同一の銘柄グループ，同一の組み入れ比率，および同一月数からなる運用期間であっても，異なるポートフォリオとみなす．開始時点と終了時点の経済状況によって，当該ポートフォリオのリスク・リターン特性が異なる可能性があるためである．また，リバランシング運用を行なう場合，運用開始日が同一であっても，リバランシング間隔が異なればやはり違うポートフォリオとみなす．リバランシングによってポートフォリオのリスク特性が小さからず変化することは直感的にも明らかであろう．こうしたポートフォリオ特性の違いや優劣は，収益生成過程を表わす母数の違いとなってシミュレーション結果に推定値として反映されることになる．

本章のシミュレーションでは，したがって，日次株価と日率表示の連続複利投資収益率を使用したポートフォリオ分析結果は補足的に示すにとどめ，主として，月次で観測する株価をベースに分析および説明を行なった．シミュレーション結果をまとめるうえでは，運用期間とリバランシング間隔の長短にかかわらず（たとえ，1日ごとのリバランシングであっても），すべてのポートフォリオの運用結果について月次データから連続複利表示投資収益率を算出し，それによって多期間アルファや標準偏差などを推定した．

3.2　シミュレーションの概要

日本の株式市場が1980年代のバブル期に入る前の1983年1月以降，2018年1月までのおよそ35年間の株価データを使い，同期間に含まれる1988年1月～2017年1月の各月末を基準月として $\frac{1}{N}$ ポートフォリオを作って，EIFの性質を満たすポートフォリオが時期を選ばずに構築できる可能性を確かめた．設定した基準月の数は計349個である[36]．

サンプル・ユニバース

シミュレーションでは，まず基本ユニバースを定め，その構成銘柄によって，銘柄特性を基準に3種類の銘柄グループ（以下，ユニバース U_0, U_1, U_2）を構成して，パラメーターの推定と $\frac{1}{N}$ ポートフォリオの構築，および，リバランシングを実行した．はじめに，これら3層のユニバースについてその概略を説明しよう．まず，U_0 は投資実践において欠かせない十分な流動性が確保できる銘柄群であり，本シミュレーションの操作対象ユニバースである．その中から，連続複利表示収益率の分散がほぼ等しい銘柄を抽出して構成したサブ・ユニバースが U_1 である．さらに，U_1 に含まれる銘柄から長期EIFの構築に適すると判断された銘柄を選択し，構成したユニバースが U_2 である．

---

[36]　サンプル期間選定に関わる背景をとくに1つだけ挙げておくと，1980年代日本の資産バブル形成の遠因とされる先進5か国蔵相・中央銀行総裁会議「G5」によるプラザ合意声明は1985年9月に公表された．

各ユニバースに含まれる銘柄は，具体的には次の手順にしたがって決定した．はじめに，基本ユニバースについて述べる．2018 年 1 月 31 日時点において東京証券取引所に上場していた銘柄数は，外国株を除くと 3595 だった．これを対象として，ウェブサイトの Yahoo! ファイナンス（http://finance.yahoo.co.jp/）上で日次株価データが公開されていることを確認したうえで，2013 年 1 月 31 日以降の月末株価データが 61 個存在し，かつ，その銘柄の最も古い株価データの日付から 2018 年 1 月 31 日までの間の連続する 3 取引日の売買代金合計が常に 100 万円以上というように条件付けた[37]．これらの銘柄には十分な市場流動性があり，かつ，不連続的な株価形成はみられないと判断して，本章の実証分析の対象である基本ユニバースと定めた．基本ユニバースは 973 銘柄からなる[38]．

基本ユニバースのうちで，ポートフォリオ構築月として設定した各基準月時点で上場していた銘柄のグループがユニバース U_0 である．

次に，ユニバース U_1 を以下の手順により決定した．まず，U_0 に含まれるサンプル銘柄についてリスク・リターン・プロファイルを確認する．すなわち，基準月を定めたうえで，各銘柄について連続複利表示投資収益率を算出し，標本平均，標本分散，標本共分散，およびヒストリカル・ベータの推定値 $\hat{\beta}_i^H$ を求めた．また，このベータにベイジアン修正を施して $\hat{\beta}_i^B$ とした．そのうえで，標本分散が株価指数に近い，あるいはそれよりも多少大きめの銘柄で，かつ，基準月からみた過去 1 年間の株価騰落率（12 か月間騰落率，$r_i(12)$）が相対的に小さい銘柄を抽出し，各基準月について 1 つ，銘柄グループを確定してサブ・ユニバース U_1 とした[39]．

[37) ある取引日の売買代金の近似として，その日の出来高と株価終値との積を使用した．
[38) 基本ユニバースの決定プロセスには，そもそも，生き残り銘柄のバイアス（Survivorship Bias）としてベンチマークを上回るような要素が含まれている可能性がある．
[39) ここでいう事前に観測する q か月間騰落率 $r_{i,t}(q)$ は，観測インターバルを q か月間と設定し，ある月末 t における銘柄 i の株価 $P_{i,t}$ をその q か月前の株価で除して連続複利表示した値であって，$r_{i,t}(q) \equiv \ln(P_{i,t}/P_{i,t-q})$ と定義される．
　この q か月株価騰落率を EIF 実現のための条件として利用する実証的根拠として，De Bondt and Thaler (1985) をあげておこう．彼らは，過去 5 年間（60 か月間）において低い投資収益率を実現した銘柄（Long-term Losers）は，高い投資収益率を実現した銘柄（Long-term Winners）に比べて，以後の 3 年間の累積値でみると，平均 25％ も高めの投資収益率を実現したと報告している．この実証結果が日本市場においても妥当

最後にユニバース U_2 であるが，まず，U_1 に含まれるサンプル銘柄を対象として，$\hat{\sigma}_i^2 \approx v, \hat{\sigma}_{i,j} \approx d \ \forall i, j (i \neq j)$，および $\hat{\beta}_i^B \approx 1$ であるような銘柄を抽出する．そのうえで，EIF が満たすべき要件を確保するため，上述の各統計量ないし条件群が望ましい範囲にあるとき高いスコアがつくように裁量的に定めたウェイトを与えて，スコアの合計値を算出する．その合計値の上位 30 銘柄を選択し，最終的な組み入れ対象ユニバースとした．なお，この銘柄グループ U_2 については，構成銘柄数は変えずに微調整のための銘柄入れ替えを適宜施して業種の偏りを緩和し，また，正値の多期間アルファを実現する目的で $\hat{\beta}_i^B$ の平均が 1 よりも若干小さめになるなどの性質をもたせた．

各ユニバースに含まれる銘柄数は時期によって異なるが，U_0 は最大で 973 銘柄（1988 年 1 月には 359 銘柄，2001 年 8 月までは 400 銘柄未満．その後徐々に 973 銘柄まで増える），U_1 は時期によって様々，U_2 は基準月にかかわらず常に 30 銘柄である．

シミュレーションとパフォーマンス評価

本書が行なった運用シミュレーションの概略を説明すると，まず，ある基準月 t の月末までの 5 年分 60 個の連続複利表示の月次収益率によって平均と共分散行列などの銘柄属性を個別銘柄について計測する．この 5 年間が事前期間である．次に，収集・計測した銘柄属性のみを使って 30 銘柄からなる組み入れ銘柄グループ U_2 を作り，これらによって構築したポートフォリオを対象にその月末 t を開始時点とし，様々な運用期間を事後期間として，ポートフォリオ運用をシミュレートする．たとえば，前節末に図 6-2 として例示した 1988 年 1 月を基準月とするポートフォリオの構築に使用したデータは 1988 年 1 月末以前に収集可能なものであり，具体的には，東証業種コードおよび 1983 年 1 月〜1988 年 1 月の株価指数と株価水準のデータである．

するならば，$r_i(60)$ がマイナス，あるいは相対的に小さい銘柄群を組み入れ対象としてポートフォリオを組むことにより，その事後期間の実現収益率は，少なくとも事後 3 年間，平均的に大きめになり，(6.31) 式のところで述べたように，とくにベータが 1.0 よりも若干小さい銘柄を選べば，同じ程度の組織的リスクをもつ株価指数を平均的に上回ると期待される．本文で述べたように，本章で報告するシミュレーションでは連続複利表示の 12 か月間騰落率 $r_i(12)$ をユニバース U_1 の決定に使用した．

ポートフォリオ構築のための基準月は，株価の収集可能性とシミュレーション結果の時期依存性を中和することを考慮して，1980 年代のバブルが頂点に達する約 2 年前である 1988 年 1 月以降，2017 年 1 月までのおよそ 29 年間にわたる各月末と設定した．その結果，基準月の総数は $349(=12 \times 29+1)$ になった．各基準月について 1 組のサブ・ユニバース U_2 を構成するので，その構成した銘柄グループの数もまた計 349 個である．

これらについて，2018 年 1 月末を事後期間の最終月とする様々な運用期間を設けて月次および日次の運用シミュレーションを行なったが，本書での報告は，シミュレーション結果の説明と解釈を容易にする目的から，運用年数を区切りがよく，実用にも適すると考えられる $\{1, 2, 3, 5, 7, 10, 15, 20, 25$ 年$\}$ の計 9 ケースに限定した．そのうち，10 年以上の 4 ケースが私たちの考える長期運用である[40]．

リバランシング間隔はどのようにでも設定できるが，この下で詳しく述べるように，本書では日次の株価を使った 1，5，20 日リバランシング，および，月末株価を使った 1，2，3，6，12 か月リバランシングの計 8 ケースとともに，特殊ケースとして買い持ち運用（B&H）を加えて，計 9 ケースを設定した．本書の $\frac{1}{N}$ ポートフォリオ型 EIF はリバランシングを前提した株式運用方法であって，B&H 運用はその範疇にないが，これを敢えてシミュレーションに含めたのはリバランシング効果の比較評価の対象とするためである．以上の結果，基準月（349 ケース），運用年数（9 ケース），および，リバランシング間隔（9 ケース）によって区別される報告対象のシミュレーション数は，重複部分を除くなどして，最終的には 19388 個に上る大規模なものになった[41]．

---

[40] 月次シミュレーションは，事後に観測した月末株価によって運用成果を連続複利表示の月次収益率（1 か月間騰落率）として表現・記述する．一方，日次シミュレーションは，日足終値によって運用成果を日次収益率（1 日間騰落率）として表現した後に，報告のみはポートフォリオの月末価値を抜き出してそれをもとに計測，記述したものである．これらを観測インターバルという点でみるならば，月次シミュレーションで求める月次投資収益率の観測インターバルは 1 か月に，日次シミュレーションのための日次投資収益率の観測インターバルは 1 日に設定して投資収益率を計測したということである．

[41] 実際には，本書に示した以外にも，個別銘柄属性とパラメータ値の多様な組み合わ

各ポートフォリオの運用パフォーマンス評価は，主に，連続複利表示のジェンセンのアルファ（多期間アルファ $\hat{\alpha}_p^\dagger$）により行なうこととし，その生成を運用期間別やリバランシング間隔別にみる[42]．

　長期投資において運用会社やファンド・マネージャーが自らの能力によって生み出した「運用の付加価値」を計測するためには，投資機会集合の変化を記述する状態変数をも含むマルチ・ファクター・モデルを前提した評価尺度によるパフォーマンス評価が望ましい．しかし，そもそも，それらのファクターが何であるのか，また，長期投資において具体的にどのような評価尺度を利用すべきかについては，いまのところコンセンサスが存在しない[43]．

　　せを試し，上述した銘柄属性を使ったスコアリングの方法やそのための加重を種々取り替えて試みるなどして，19388個をはるかに超える数のシミュレーションを実施した．以下に示すのは，それらの結果として私たちが特定した，EIF作成に最善と思われる方法にしたがって構築したポートフォリオによるシミュレーション結果である．

42)　前節末で既に触れたが，シミュレーションの実施においては，個別銘柄が実現した投資収益率の計算に配当とその再投資収益を含んでいない．また，ベンチマークであるTOPIXも配当を考慮した株価指数ではない．したがって，配当を明示的に考慮する場合には，以下に示すシミュレーションにおいてTOPIXを配当修正し，かつ，個別銘柄の配当もすべて $\frac{1}{N}$ の比率で元のポートフォリオ構成銘柄に再投資するという修正作業が必要になる．TOPIX，個別銘柄の双方について，投資収益率に配当修正を施したシミュレーションも複数実施したが，ポートフォリオ操作が著しく煩雑になるものの，$\hat{\alpha}_p, \hat{\beta}_p$ のいずれの推定値もほとんど影響を受けないことが確認できたので，配当を含まないベースでの実証結果を報告することとした．

43)　本書執筆時点において，株式の収益生成過程の仮定として内外の実証分析で最も多く利用されているMFMは，おそらく第1章で解説したFama and French（1993）の3ファクターモデルではないだろうか．その3つのファクターを再掲すると，市場ポートフォリオ，株式時価総額，および簿価時価比率である．私たちはこれらのファクターを前提したアルファを利用することも検討したが，実証分析（残差分析）に株式時価総額をファクターとして用いることに対するSchwert（1983, p. 10）の批判を重く受け止め，市場ポートフォリオ以外のファクターは採用しなかった．Schwertは，仮に，株式時価総額という変数が統計的に説明力が大きいとしても，そこに経済主体の合理的最大化行動に立脚した経済モデルが構築できていない以上，株式の"normal returns"の計算は，一般均衡理論の基礎をもつ市場ポートフォリオのみを用いるべきと提案している．私たちは，簿価時価比率についても同じ議論が成立すると考えている．また，Kothari and Warner（1997, p. 304）は，このSchwertの見解を引用しつつ，長期にわたるタイム・ホライズンであっても，誤った収益生成過程を仮定することにともなうバイアスは，（市場ポートフォリオを単一のファクターとする）市場モデルを利用することにより迂回できると述べている．

わが国の資産運用の現場では運用期間を短期ないし中期に設定していると想像され，そうしたファンドの多くが「運用の付加価値」を生み出す能力により評価されていて，その数量的表現ないし実体が単利表示のジェンセンのアルファであると考えられる[44]．それに対して，長期運用については，私たちが内外の代表的な運用機関に属する実務家にヒアリングした限りにおいてではあるが，現在のところ，ジェンセンのアルファやシャープ尺度に代わる評価尺度として確立したものは存在しないようである．

以上を勘案して，本書における長期運用ポートフォリオの評価においては短・中期の運用パフォーマンス評価と同様にジェンセンのアルファを採用した．しかし，1期間モデルにおけるアルファとは異なり，連続複利表示収益率に基づいて長期間の運用成果について計測することから多期間アルファと別の名称を与え，その定義を（6.22a）および（6.22b）式で示した．さらに，同一のシミュレーション結果について連続複利表示のシャープ尺度（修正シャープ尺度）によるパフォーマンス評価を合わせて実施して，多期間アルファによる評価結果とともに提示した．

ただし本書は，長期投資において，ジェンセンのアルファおよび修正シャープ尺度が，理論的にみて適切な運用パフォーマンス評価尺度であると積極的に主張するものではない点をお断りしておく[45]．

リバランシング

私たちが高頻度のリバランシングを行なう目的は，①固定比率（ターンパイク性）の維持，および，②連続的取引モデルによって現実の離散取引を近似すること，の2つである．前章で明確に述べたように，リバランシングの実施はGOP理論が強調するような大数の法則の効果を狙ったものではな

---

[44] わが国では，ポートフォリオの実現収益率とベンチマーク収益率の単純な差を「アルファ」と称して，「運用の付加価値」とする慣行がある．この「アルファ」がジェンセンのアルファの代用として利用されてきた背景については第1章を参照のこと．

[45] 第4章で示したように，べき型効用のもとで，連続複利表示収益率をベースに計測する修正シャープ尺度（spm）は，長期運用ポートフォリオ評価のための尺度として1つの有力な候補である．一例をあげると，Campbell and Viceira（2002, p. 104）のTable 4.1には，100年を超える投資ホライズンを想定した株式の収益性の指標として，連続複利表示ベースのspmの値が報告されている．

い．

　リバランシングは次のようにして行なった．30銘柄を $\frac{1}{N}$ のウェイトで組み入れた段階では，事前の予想として，ポートフォリオ・ベータは1.0をわずかに下回るレベルにコントロールされ，トータル・リスクはベンチマーク並み，ないし，それを多少上回るレベルで，かつ，ベンチマークとの連動性はかなりの程度確保されている．

　ところが，長期運用の間にポートフォリオの等金額組み入れの特性は失われる．極端にいえば，わずか1取引日の株価変化で，もはや $\frac{1}{N}$ ポートフォリオではなくなる．そこで，実際の運用においては（したがって，シミュレーションでも），等金額性を維持するために，比較的短期の間隔（インターバル）を定めて定期的にリバランシングを実施する．これは，各インターバルの終了時点で値上がりした銘柄の一部を売却し，その資金を使って値下がりした銘柄を買い増して，$\frac{1}{N}$ 組み入れに戻すことに他ならない．このリバランシングは，サブ・ユニバース U_2 に含まれる同一の銘柄グループ（組み入れ対象ユニバースの30銘柄）を対象とする，銘柄入れ替えをともなわない組み入れ比率のみの変更であり，自己充足的（Self-financing）に $\frac{1}{N}$ ウェイトに戻すという行為である[46]．

　シミュレーション結果は，リバランシングをしても，しなくても，また，それがたとえ1日ごとの高頻度であっても，ポートフォリオを構築した月（基準月）以降の毎月末にポートフォリオ価値を観測し，運用期間別・基準月別に報告する．

投資収益率の観測インターバルと統計的性質

　運用者にとって，現実に実行可能なのは離散型の取引である．したがって，株価が幾何ブラウン運動に従い，連続的取引が可能であると仮定した前節までの分析は，資産運用実務に携わる方々からすれば，机上の空論にすぎないと映るだろう．理論分析結果を現実の資産運用に応用して期待通りの成

---

[46] リバランシングのタイミングを本書では定期的インターバルとして定義したが，他の定義も可能である．例として，当初の組み入れ比率（ここでは $\frac{1}{N}$）からの外れの限度をあらかじめ定め，不定期に行なう方法が考えられる．

果をあげるためには，自己充足的なリバランシングを行ないながら実行する離散型取引を，連続的取引によって十分に近似できることを確認しておく必要がある．

第5章では，Merton and Samuelson（1974）が提示した近似可能性条件を検討したが，本シミュレーションの対象である $\frac{1}{N}$ ポートフォリオ型 EIF が前提とする連続時間取引を仮定した瞬間的な平均・分散分析によって，現実の離散時間取引における最適ポートフォリオを近似できるための十分条件は次のようなものであった．すなわち，ポートフォリオを構成する各銘柄の離散時間における投資収益率の確率分布が，自己相関をもたないという前提のもとで，コンパクト分布，すなわち，3次以上の高次積率が2次積率（分散）に比して相対的に小さく，これら投資収益率の2次までの積率によって確率分布が十分に近似できるような分布に従うことである．そのとき，正規分布がコンパクト分布の十分条件になっていることは明らかであろう．

そこで，図 6-2 に例示した 1988 年 1 月基準のポートフォリオを構成する 30 銘柄を分析対象として選び，それらの連続複利表示の月次収益率に自己相関がみられるか，また，銘柄個々に正規分布に従っているかどうかを検定した．その際，時系列データを扱う場合に不可欠な他の統計的性質についての検討も合わせて行なった．

検定のための期間には運用第 1 月から終了月までの 1988 年 2 月～2018 年 1 月を選んだ．したがって，使用した月次収益率のサンプル数は 360 個（30 年，360 か月）である．この期間について，サンプル 30 銘柄と 3 種のポートフォリオ，および TOPIX の計 34 系列について，「単位根が存在する」という帰無仮説を拡張ディッキー=フラー検定（ADF 検定）により，また，「1 次の単位根をもつ」という帰無仮説をフィリップス=ペロン検定により有意水準を 5% と設定して検定したところ，どちらの検定でも仮説は棄却され，34 系列の連続複利表示の月次収益率が単位根過程に従うとみなす必要のないことが確認された．

次に，ホワイト検定によって市場モデルの残差の分散が不均一である可能性を確かめた．3 つのポートフォリオについては「分散は均一である」という帰無仮説は棄却されなかったものの，個別銘柄では，30 銘柄中 8 銘柄につ

いて帰無仮説が棄却され，不均一分散が疑われるという結果になった（TOPIX は対象外）．

これを受けて，次に，帰無仮説を「標本は無作為である」とし，34 個の系列についてリュング=ボックス検定統計量を Diebold（1988）の方法によって修正したうえで実施したところ，30 個の個別銘柄を含む全 34 系列について，「月次収益率は無作為である」という帰無仮説は有意水準 5% で棄却されないことが確かめられた．連続複利表示の月次収益率に自己相関はないとみなして差し支えないということである．

最後に，ここでの本来の分析目的である連続複利表示月次収益率の正規性をコルモゴロフ=スミルノフ検定によって検定した．その結果，「標本分布が正規分布に従う」という帰無仮説は，2 つの銘柄を除いて，有意水準 5% で棄却されなかった．つまり，大半の銘柄と 3 つのポートフォリオ，および TOPIX の連続複利表示の月次収益率系列については正規分布に従うとみなして差し支えないという検定結果になった．

以上から，30 個のサンプル銘柄および 3 つのポートフォリオの連続複利表示の月次収益率についてはコンパクト分布の特性は棄却できないと考えられるため，連続取引による離散取引の近似は可能であると結論した．瞬間的な連続的取引を前提して導かれた $\frac{1}{N}$ ポートフォリオを 1 か月間隔で（離散取引により）リバランス運用するならば，投資家は，最適なポートフォリオ運用を近似できると考えてよいということである．

一方，個別銘柄の連続複利表示の日次収益率には自己相関の存在が疑われ，また，正規分布に従うとはみなせず，コンパクト分布の特性は満たしていないという結果になった．3 つのポートフォリオについてもほぼ同様のことがいえる．したがって，リバランシング間隔が 1 日という離散取引については，連続取引モデルによる近似が成立するための条件は満たされていないと判断した[47]．

---

47) 月次収益率に関するのと同じ検定を，有意水準を 5% として日次収益率すなわち株価観測インターバルが 1 日の連続複利表示投資収益率について実施した結果，自己相関がないという帰無仮説は大半の銘柄について棄却され，また，日次収益率の正規性は 30 銘柄すべてについて棄却されて，コンパクト分布とはみなせないことが確かめられた．

現在，ポートフォリオ運用を行なう日本の投資家にとって実行可能なリバランシングは最短でも1取引日間隔ではないだろうか．シミュレーションでは捨象した摩擦的費用，すなわち委託売買手数料や同消費税の負担問題だけでなく，シミュレーションのためのデータ収集可能性という点からみても，ここ当分の間は，一般の投資家がリバランシング間隔を1日未満にまで短縮するとは考えにくい．仮に，その1日リバランシング運用を実行するならば，連続取引モデルによる近似が可能であるための十分条件は満たされないので，本書が提示する $\frac{1}{N}$ ポートフォリオによる最適ポートフォリオの近似が成立する保証は全くなくなることになる．

　それに対して，現実の株式ポートフォリオ運用では，リバランシング頻度はおそらく1か月に1回程度に落ち着くものと想像される．それゆえ本書では，連続的取引を前提した $\frac{1}{N}$ ポートフォリオによる1か月リバランス運用は最適ポートフォリオを近似可能であるという分析結果を根拠として，この先の分析を進める．実証の主な対象は，そこで，株式ポートフォリオの1か月リバランス運用とするのだが，結果を比較評価する目的から，それ以外に，1か月を超える間隔やそれよりも短い間隔でのリバランス運用の実証も行なうことにした[48]．

4. シミュレーション結果と評価

　この節では，運用シミュレーションの結果を示し，本書の $\frac{1}{N}$ ポートフォリオ型 EIF が事後の実現値として満たすべき3つの性質，すなわち $\hat{\alpha}_{\mathrm{EIF}}^{+} > 0$,

---

[48] 時系列データに単位根があると，みせかけのアルファやベータが計測される問題がある（沖本（2010, pp. 124-129）を参照）．そこで準備作業として，本実証に使用したすべての銘柄の月次データについて，U_0 に初めて含まれた月から2018年1月までを検定期間として拡張ディッキー＝フラー検定を行なった．基本ユニバース973銘柄中の852銘柄は，単位根の存在は有意水準5%で棄却されたが，棄却されなかった残り121銘柄（全サンプル銘柄のおよそ12.4%）の多くは，上場後日が浅く，十分なサンプル数が確保できなかった銘柄だった．基本ユニバース973銘柄のうち，実際にシミュレーションに利用した銘柄グループ U_2 に1度であれ含まれたのは355銘柄だが，これらのうちで単位根の存在が疑われるのは1銘柄にすぎなかった．

$\dot{\beta}_{\mathrm{EIF}}^{\dagger} \approx 1$，かつ，トータル・リスクが標本分散でみて $s_{\mathrm{EIF}}^{2\dagger} = s_I^{2\dagger}$ との性質を充足しているといえるかどうかを連続複利表示の指標群によって確認する．

多期間ポートフォリオ運用のパフォーマンス評価には，(6.22b) 式で定義した多期間アルファを主に使用する．これを，事後の実現値により計測したパラメターを使って定義すると，

$$\dot{\alpha}_p^{\dagger} \equiv (\overline{r_p^{\dagger}} - r_f) - \dot{\beta}_p^{\dagger}(\overline{r_I^{\dagger}} - r_f) \tag{6.41}$$

である．式中のドット付きの記号は連続複利表示の投資収益率によって推定したパラメターであることを表わしている．

また，小文字の r_f は無リスク利子率の連続複利表現だが，本章の実証分析では短期利子率である無担保コールレートを無リスク利子率とみなして各基準月にスタートするシミュレーションに使用した．無担保コールレートが得られない期間については，これを国債の短期の流通利回りによって代替した．第4章で扱ったように，多期間における真の無リスク利子率は，満期が一瞬後に来る短期インフレ連動債（わが国では物価連動国債）の利回りだが，シミュレーション期間の大部分についてこの種の債券およびデータが存在しないため，実証期間中の両者の乖離は大きくないと判断して，本実証では名目利子率で代替した．

4.1　多期間アルファは正となったか

先に示した図 6-2 は，運用年数が最も長い 1988 年 1 月基準のポートフォリオに関して描いたものだが，同様の図は，本章で報告する 19388 個のシミュレーションすべてについて作図することができる．それらのシミュレーション結果の詳細はこれから順を追って検討することにして，まず，焦点である多期間アルファ $\dot{\alpha}_p^{\dagger}$ が正となったかどうかについてみよう．

実現値 $\dot{\alpha}_p^{\dagger}$ は，全部で 19388 個のシミュレーションについてそれぞれ 1 個ずつ計測される[49]．当然，これらのシミュレーションには運用期間がオーバ

---

49) シミュレーション結果は，12 か月リバランス 1 年運用と B&H 1 年運用のように，定義によって同一となるポートフォリオが重複して計算されることのないように注意の

490　第6章　多期間投資の実践と $\frac{1}{N}$ ポートフォリオ型 EIF

表6-4 $\frac{1}{N}$ ポートフォリオ型 EIF の運用年数・リバランシング間隔別の多期間アルファ

運用年数		リバランシング間隔									計
		1日	5日	20日	1か月	2か月	3か月	6か月	12か月	B&H	
1	シミュレーション数	349	349	349	349	349	349	349	—	349	2792
	正の $\hat{\alpha}_p^+$ の数	252	240	230	231	225	221	217	—	205	1821
	(%)	72.2	68.8	65.9	66.2	64.5	63.3	62.2	—	58.7	65.2
2	シミュレーション数	337	337	337	337	337	337	337	337	337	3033
	正の $\hat{\alpha}_p^+$ の数	257	245	238	238	235	235	229	229	222	2128
	(%)	76.3	72.7	70.6	70.6	69.7	69.7	68.0	68.0	65.9	70.2
3	シミュレーション数	325	325	325	325	325	325	325	325	325	2925
	正の $\hat{\alpha}_p^+$ の数	261	255	245	248	245	240	232	226	222	2174
	(%)	80.3	78.5	75.4	76.3	75.4	73.8	71.4	69.5	68.3	74.3
5	シミュレーション数	301	301	301	301	301	301	301	301	301	2709
	正の $\hat{\alpha}_p^+$ の数	256	234	226	227	226	219	219	218	204	2029
	(%)	85.0	77.7	75.1	75.4	75.1	72.8	72.8	72.4	67.8	74.9
7	シミュレーション数	277	277	277	277	277	277	277	277	277	2493
	正の $\hat{\alpha}_p^+$ の数	254	231	219	219	208	209	204	195	172	1911
	(%)	91.7	83.4	79.1	79.1	75.1	75.5	73.6	70.4	62.1	76.7
10	シミュレーション数	241	241	241	241	241	241	241	241	241	2169
	正の $\hat{\alpha}_p^+$ の数	237	232	228	228	226	226	224	223	207	2031
	(%)	98.3	96.3	94.6	94.6	93.8	93.8	92.9	92.5	85.9	93.6
15	シミュレーション数	181	181	181	181	181	181	181	181	181	1629
	正の $\hat{\alpha}_p^+$ の数	181	181	181	181	181	181	181	181	179	1627
	(%)	100.0	100.0	100.0	100.0	100.0	100.0	100.0	100.0	98.9	99.9
20	シミュレーション数	121	121	121	121	121	121	121	121	121	1089
	正の $\hat{\alpha}_p^+$ の数	121	121	121	121	121	121	121	121	118	1086
	(%)	100.0	100.0	100.0	100.0	100.0	100.0	100.0	100.0	97.5	99.7
25	シミュレーション数	61	61	61	61	61	61	61	61	61	549
	正の $\hat{\alpha}_p^+$ の数	61	61	61	61	61	61	61	61	60	548
	(%)	100.0	100.0	100.0	100.0	100.0	100.0	100.0	100.0	98.4	99.8
計	シミュレーション数	2193	2193	2193	2193	2193	2193	2193	1844	2193	19388
	正の $\hat{\alpha}_p^+$ の数	1880	1800	1749	1754	1728	1713	1688	1454	1589	15355
	(%)	85.7	82.1	79.8	80.0	78.8	78.1	77.0	78.9	72.5	79.2

ーラップするものが多数含まれるが，完全に同一の運用期間とリバランシング間隔をもつものはなく，別個のポートフォリオ・シミュレーションとみなした．

　表6-4は縦に運用年数を，横にリバランシング間隔をとって，月次投資収益率（月率連続複利表示）によって計測した $\hat{\alpha}_p^+$ の正負をシミュレーション数とともに一覧した表である．基準月数は，たとえば1年運用では1988年1月から2017年1月までの349個，また，10年運用の場合には1988年1月か

うえ整理してある．

ら2008年1月までの241個であり，各運用年数について，1日リバランシングからB&H運用まで，全部で9種類のリバランシング間隔が設けてある．これらすべてを合わせた総シミュレーション数が19388個である．そのうち$\hat{α}_p^\dagger$が正になったのは15355個（79.2%）だった．リバランシングを行なわないゆえに$\frac{1}{N}$ポートフォリオ型EIF運用の範疇には入らないB&H運用を除いて計算すれば，17195個中13766個（80.1%）である．

$\hat{α}_p^\dagger$が正となる確率は長期運用では飛躍的に高まり，10年運用では2169個のシミュレーション中，2031個（93.6%）が正となった[50]．15年運用では，どのような間隔であれ，リバランシングを実施した$\frac{1}{N}$型ポートフォリオ運用では$\hat{α}_p^\dagger$はすべて正であり，$\hat{α}_p^\dagger$が負となったのは計1629個のシミュレーション中でB&H運用の2例のみだった[51]．

リバランシング間隔別，運用年数別の$\hat{α}_p^\dagger$

上の表6-4から，わずかな例外はあるものの，$\hat{α}_p^\dagger$が正となる確率はリバランシング間隔を短くとるほどに高まる傾向のあることがわかる．この傾向を長期投資に絞って確認しよう．表6-5は，運用開始した基準月にかかわらず，リバランシング間隔別に多期間アルファ$\hat{α}_p^\dagger$（月率連続複利表示，%）の度数分布を求め，また，その平均と標準偏差等を示したものである．運用年数5年以上のシミュレーションに限定しているため，この表の各リバランシング間隔別にみたシミュレーション総数はどれも1182個になっている．

表6-5のうち，リバランシング間隔が1か月，あるいは，それよりも長い間隔での離散的取引であれば，前節の月次収益率を用いた正規性および自己相関性の検定結果から，連続時間モデルにより導いた$\frac{1}{N}$ポートフォリオで最適ポートフォリオを近似できると予想される．一方，リバランシング間隔が1日のとき日次収益率には自己相関が存在し，分布の正規性が棄却されるため，連続時間モデルから導かれた$\frac{1}{N}$ポートフォリオによって最適ポート

---

[50] 文脈から明らかであるが，以下の記述では「確率」を相対頻度の意味で用いている．
[51] 表が煩雑になるため省略したが，1か月リバランス運用および1日リバランス運用について帰無仮説を（多期間アルファの母数について）$\hat{α}_p=0$としてt検定を行なったところ，表中のどの運用年数についても帰無仮説は有意水準5%で棄却された．

表6-5 多期間アルファのリバランシング間隔別の分布：運用年数が5年以上の場合

$\hat{\alpha}_p^+$ の階級 （月率連続複利，％）	リバランシング間隔			
	1日	5日	20日	1か月
$-1.5 \sim -1.0$	0	0	0	0
$-1.0 \sim -0.5$	3	6	8	7
$-0.5 \sim 0.0$	69	116	138	138
$0.0 \sim 0.5$	798	817	828	838
$0.5 \sim 1.0$	273	218	183	175
$1.0 \sim 1.5$	32	21	22	21
$1.5 \sim 2.0$	7	4	3	3
サンプル計	1182	1182	1182	1182
平均（月率，％）	0.3979	0.3408	0.3041	0.3039
標準偏差（月率，％）	0.2712	0.2753	0.2798	0.2749
最大（月率，％）	1.8317	1.7425	1.6928	1.6843
最小（月率，％）	-0.7579	-0.8629	-0.9162	-0.9014
平均（年率換算，％）	4.7749	4.09	3.6493	3.6473
標準偏差（年率換算，％）	0.9393	0.9537	0.9693	0.9522

$\hat{\alpha}_p^+$ の階級 （月率連続複利，％）	リバランシング間隔					計
	2か月	3か月	6か月	12か月	B&H	
$-1.5 \sim -1.0$	0	0	0	0	1	1
$-1.0 \sim -0.5$	8	8	8	9	10	67
$-0.5 \sim 0.0$	151	157	164	174	231	1338
$0.0 \sim 0.5$	833	838	843	844	850	7489
$0.5 \sim 1.0$	166	155	143	132	69	1514
$1.0 \sim 1.5$	21	21	21	19	18	196
$1.5 \sim 2.0$	3	3	3	4	3	33
サンプル計	1182	1182	1182	1182	1182	10638
平均（月率，％）	0.2874	0.2799	0.2654	0.2498	0.1540	0.2836
標準偏差（月率，％）	0.2819	0.2886	0.2913	0.2896	0.2749	0.2976
最大（月率，％）	1.6727	1.6807	1.7069	1.6844	1.6074	1.8317
最小（月率，％）	-0.9317	-0.9448	-0.9476	-0.9385	-1.0246	-1.0246
平均（年率換算，％）	3.4492	3.3584	3.185	2.997	1.8483	3.4036
標準偏差（年率換算，％）	0.9764	0.9996	1.0091	1.0034	0.9523	1.0308

フォリオを近似できる保証はないことが先の分析から明らかになっている．

　まず，最右欄で運用年数5年以上のすべてのポートフォリオについてみると，10638個の$\hat{\alpha}_p^\dagger$の平均値は月率連続複利表示で0.2836%（年率換算すると3.404%）である．次に，リバランシング効果を9種の間隔相互に比べると，比較の基準とする（リバランシングを行なわない）B&H運用シミュレーション1182個の$\hat{\alpha}_p^\dagger$の平均が月率0.1540%であるのに比べて，1か月リバランス運用は同0.3039%，1日リバランス運用は同0.3979%である．B&H運用の$\hat{\alpha}_p^\dagger$の分布はリバランシングを実施した他の8つのケースに比べて明らかに見劣りし，リバランシングによって$\hat{\alpha}_p^\dagger$が拡大する傾向は顕著である．

　$\hat{\alpha}_p^\dagger$が月率1%以上になった頻度は，最左欄の1日間隔で行なうリバランシング（1日リバランス運用．以下では，適宜，1d_Reb運用と略記する）が他のリバランシング間隔に比べて全1182個のシミュレーション中39個と大きく，また，負値になった頻度は72個と最も小さい．詳細は割愛するが，他のリバランシング方法との間で中央値の差をノンパラメトリック検定したところ，差がないという帰無仮説は有意に棄却された．以上から，運用年数が5年以上の場合，正の$\hat{\alpha}_p^\dagger$の生起の仕方については1日リバランシングが最も優れているとみてよいだろう．

　このように，$\frac{1}{N}$ポートフォリオ投資が前提する連続時間モデルによっては，1日リバランシングという離散時間における最適ポートフォリオを近似することは理論上は保証されないことが本章3節の分析から明らかになったが，それにもかかわらず，現実の$\hat{\alpha}_p^\dagger$を使った運用パフォーマンス評価では9種のリバランシング戦略の中で1日リバランシングが最も優れているという結果になった．本書では報告しないが，取引費用を考えないならば，リバランシングのインターバルを半日，あるいは2時間というようにさらに短くしていけばより大きい$\hat{\alpha}_p^\dagger$を実現できる可能性が窺われる．以上から，高頻度のリバランス運用には正の多期間アルファを実現値のレベルにおいても確保する効果のあることが実証的に確認できたといってよいだろう．

　さて，1か月リバランス運用は，1日リバランス運用に比べて$\hat{\alpha}_p^\dagger$の生成では若干劣るという結果になった．前出の表6-4を使って両者を比較すると，1か月リバランス運用（1m_Reb運用）で$\hat{\alpha}_p^\dagger$が正となる確率は1年運用では

表 6-6 多期間アルファの運用年数別の分布：
1 か月リバランシングによる 5 年以上運用の場合

$\hat{a}_p^\dagger$ の階級 (月率連続複利, %)	運用年数 (年)						計
	5	7	10	15	20	25	
$-1.0 \sim -0.5$	7	0	0	0	0	0	7
$-0.5 \sim 0.0$	67	58	13	0	0	0	138
$0.0 \sim 0.5$	160	151	178	167	121	61	838
$0.5 \sim 1.0$	55	60	46	14	0	0	175
$1.0 \sim 1.5$	9	8	4	0	0	0	21
$1.5 \sim 2.0$	3	0	0	0	0	0	3
サンプル計	301	277	241	181	121	61	1182
平均 (月率, %)	0.2614	0.2843	0.3402	0.3587	0.3114	0.2829	0.3000
標準偏差 (月率, %)	0.3865	0.3138	0.2343	0.1069	0.0542	0.0444	0.2851
最大 (月率, %)	1.6843	1.3017	1.1008	0.7083	0.4413	0.3827	1.6843
最小 (月率, %)	-0.9014	-0.3801	-0.2886	0.1706	0.1652	0.1731	-0.9014
平均 (年率換算, %)	3.1363	3.4114	4.0825	4.3043	3.7363	3.3951	3.5994
標準偏差 (年率換算, %)	1.3388	1.0871	0.8116	0.3702	0.1878	0.1539	0.9877

66.2％，5 年運用では 75.4％，10 年運用では 94.6％ であり，1 日リバランス運用 (1d_Reb 運用) の 1 年運用 72.2％，5 年運用 85.0％，10 年運用 98.3％ に比べてその確率 (相対頻度) は小さい．しかし，実行のしやすさなどを考えれば，1m_Reb 運用はなお実用を考慮すべき方法といえるだろう．

そこで，多期間アルファに関する確認の最後として，表 6-6 により，1 か月リバランス運用に限定して $\hat{a}_p^\dagger$ の実現の仕方を 5 年以上の運用年数別にみておこう．運用年数により $\hat{a}_p^\dagger$ の大きさはばらつくものの，表の一番右下の欄に示してあるように，1m_Reb 運用は，平均的には年率連続複利表示で約 3.599％，ベンチマークを上回る成績を上げたことが確認できる．比較的短い 5 年運用であれば，月率連続複利表示で負値になるケースもあらわれるが，10 年以上の長期運用をすると $\hat{a}_p^\dagger$ が負値になるケースはわずかとなり，ほとんどすべての $\hat{a}_p^\dagger$ が月率表示で 0.0～1.5％ 間に収まっている (1 か月リバランシングによる 10 年運用であれば，241 個のシミュレーションのうち 228 個，94.6％)．表から明らかなように，10 年運用の 241 個のサンプルのうち $\hat{a}_p^\dagger$ の月率での最大値は 1.1008％，同最小値は -0.2886％ であり，より長期の 15,

20, および 25 年の 1 か月リバランス運用で $\hat{\alpha}_p^{\dagger}$ が負値になったケースはひとつもない.

以上の結果を総括すれば, 私たちが提唱する $\frac{1}{N}$ ポートフォリオ型 EIF は, 運用期間を 10 年以上の長期にとり, 1 か月間隔のリバランス運用を行なうことによって, 多期間アルファ $\hat{\alpha}_p^{\dagger}$ は正になり, 株価指数（TOPIX）をほぼ確実に凌駕するといえる. さらに, 運用期間が 15 年を超える場合には, すべてのケースで $\hat{\alpha}_p^{\dagger}$ は正値になる.

$\frac{1}{N}$ ポートフォリオ型 EIF の平均収益率 $\bar{r}_p^{\dagger}$

本書では, 長期の資産運用実務で利用すべき評価尺度についてはコンセンサスがなく, また, 少なくとも米国においては投資の現場でも利用されているという理由から, 多期間運用について定義したジェンセンのアルファである「多期間アルファ」の実現値 $\hat{\alpha}_p^{\dagger}$ に基づいて $\frac{1}{N}$ ポートフォリオ型 EIF のパフォーマンスを論じてきた[52].

しかし, 長期における株式投資収益率の生成が, 市場ポートフォリオ以外の要因として, 投資機会集合の変動をもたらす状態変数にも依存していることは明白である. そうである以上, 既述の通りに, 多期間アルファが長期投資において理論上, ゼロになるケースは, 投資機会集合が一定のもとで ICAPM が成立することであった. このような状況を前提した評価尺度である多期間アルファは, 長期運用評価に疑問の余地なく適切な指標であるとは言い難い. 私たちはこれを長期運用のパフォーマンス評価尺度として使用するが, それは, 多期間アルファの正当性を主張するゆえではないという点を, 繰り返し強調しておく.

10 年余の長期にわたるポートフォリオ収益率の組織的リスクの記述と, 消費・投資機会の変動リスクのヘッジ機能を市場インデックスのみに負わせることが不可能であるというのはいわば常識であって, これのみに基づいて長

---

[52] Jensen（1968）は 1 期間モデルにおける Jensen 尺度を提示した影響力の大きい論文である. その実証部分では, 論文のタイトルが示すように, 115 本の投資信託について 1945 年から 1964 年まで最長で 20 年間, 最短でも 10 年間のデータを使い, 前述の通りに連続複利表示の投資収益率を用いて投資信託のアルファを計測している.

期運用の成果を評価するというのはそもそも無理があると私たちは考えていることを，読者諸賢には是非ご理解いただきたい．その一方で，投資の現場では，中長期の投資ホライズンであっても，正の（多期間）アルファを実現し続けることは多くの資産運用者にとって至難の業であるとみなされていることも併記しておきたい．

以上の考察に基づいて，この小項では，特定の収益生成過程と資産評価モデルを前提とする評価指標から離れて，実現した収益率自体を使用して $\frac{1}{N}$ ポートフォリオ型 EIF とその比較対象である TOPIX とを比べることにする[53]．

優れたポートフォリオの投資収益率は，その母数として，大きな期待値（正規分布の平均）をもつと考えられるのであるが，この母数のことをこれまで通りに期待収益率と，その推定値のことを本章では「平均収益率」とよぶことにする．これは連続複利表示の実現値であるため，これまでと同じように小文字にダガーとバーを付して，$\bar{r}_p^{\dagger}$ によって表現する．

表6-7は，運用年数を {1, 2, 3, 5, 7, 10, 15, 20, 25} 年と設定して行なった各シミュレーションについて，$\frac{1}{N}$ ポートフォリオ型 EIF の1か月リバランス（1m_Reb）運用，および，1日リバランス（1d_Reb）運用の月次データから計測した平均収益率が，ベンチマークである TOPIX との比較で運用年数グループ別にみてどのような値になったかをまとめたものである．

同表の「TOPIX による B&H 運用」欄にあるのは，TOPIX によって {1, 2, …, 25} 年間 B&H 運用したと想定して求めた月率連続複利表示の月次収益率の実現値を使って推定したパラメターである．これは，他の2つのポートフォリオについても同様である．

各ポートフォリオ・グループのうちには，それぞれ，表中に「サンプル数」

---

[53] この考え方に立って，Barber and Lyon（1997）が提示した長期にわたるイベント・スタディの評価尺度が BHAR（Buy and Hold Abnormal Return）であり，これは長期投資の運用パフォーマンス評価に応用できる．この尺度は，評価対象ポートフォリオとベンチマークについて，それぞれ各期の単利グロス表示収益率を期間数だけ掛け合わせた値の差と定義される．仮に，TOPIX をベンチマークとして，1m_Reb 運用や 1d_Reb 運用について BHAR と同様の操作を連続複利表示収益率について行なうならば，それは，表6-7における 1m_Reb 運用，1d_Reb 運用と TOPIX の平均収益率の差に完全に対応する尺度であり，紙幅の節約のために，本書ではその掲載を控えた．

表6-7 運用年数別にみた平均収益率

(連続複利表示,月率,%)

運用年数	TOPIX による B&H 運用			1m_Reb 運用		
	最大値	最小値	平均値	最大値	最小値	平均値
1	4.0166	−5.2087	−0.0771	4.8103	−5.5934	0.1113
2	2.4601	−3.4998	−0.1345	2.6606	−3.2686	0.0586
3	2.3451	−2.2324	−0.1237	3.3609	−2.3995	0.1047
5	1.4444	−1.4868	−0.1149	1.8570	−1.1065	0.1614
7	0.9265	−0.9111	−0.1584	1.3405	−0.8652	0.1292
10	0.3169	−0.6534	−0.1802	0.7931	−0.7039	0.1602
15	0.4472	−0.5632	−0.1503	0.9466	−0.3152	0.2238
20	0.1818	−0.5061	−0.1793	0.5589	−0.2202	0.1345
25	0.1155	−0.2537	−0.1152	0.3926	0.0005	0.1684

運用年数	1d_Reb 運用			サンプル数
	最大値	最小値	平均値	
1	4.9080	−5.4310	0.2033	349
2	2.6644	−3.1858	0.1506	337
3	3.3753	−2.3131	0.1975	325
5	1.9107	−1.0258	0.2546	301
7	1.4460	−0.7199	0.2245	277
10	0.8810	−0.5546	0.2570	241
15	0.9795	−0.1917	0.3180	181
20	0.6118	−0.1133	0.2248	121
25	0.4933	0.0939	0.2561	61

注:サンプル数はシミュレーション回数を運用年数ごとに合計した値であり,3種の運用方法すべてについて同数.平均収益率のもとになった連続複利表示の月次収益率の計算には各月末に観測したポートフォリオ価値を使用した.

と記した異なる基準月に運用開始した多数のシミュレーションが含まれており,ポートフォリオの平均収益率は同じ数だけ観測できる.表6-7の各行には,運用年数別にみた(ポートフォリオの平均収益率の)単純平均値(以後,平均値とよぶ)に加え,各運用年数グループに属するポートフォリオのうちで平均収益率が最大および最小となったものについてそれらの値を記してある.

表をみると,TOPIX による B&H 運用の最大値はすべて正,また,最小値と平均値はすべて負になっている.運用年数を長くとるほど単純平均値のもともとの計算対象である月次収益率の標本数が増えて標本平均は母平均に近

づくため，表における最大値はより小さく，最小値はより大きくなる傾向がみてとれる[54]．

それに対して，第2の欄の1か月リバランス（1m_Reb）運用したポートフォリオの平均収益率の運用年数別平均値をみると，すべての運用年数において正値であり，月率0.0586〜0.2238%である．また，第3の欄の1日リバランス（1d_Reb）運用では，すべての運用年数において平均収益率の平均値は1か月リバランス運用に比べて月率で0.1%ポイント近く改善している．とくに，15年運用シミュレーションの平均値（各ポートフォリオの平均収益率が全部で181個ある中での単純平均値）をみると，月率連続複利表示で0.3180%を記録し，1か月リバランス運用が同じく月率0.2238%であったのと比べて，その差は決して小さくない．

同表の運用年数が10年の行は，1988年1月〜2008年1月のうちのどの月を基準月としても，本章でみている $\frac{1}{N}$ ポートフォリオ型EIFによって1日間隔でリバランシングしながら10年間運用すれば，平均的には，毎月，連続複利表示で月率0.2570%の運用成果（平均収益率）が得られ，また，1か月間隔のリバランシングであっても，毎月，月率連続複利表示で0.1602%の運用成果が上げられたことを示している．これらはいずれも月率連続複利表示の月次投資収益率であるから，その10年間（120か月間）全体での連続複利表示での実現収益率は，各月次収益率（の平均値）を120個足し合わせれば求めることができる．同じことであるが，これは，各収益率の平均値が連続複利表示で $\overline{r_p^*}=0.2570\%$（1日リバランシング），$\overline{r_p^*}=0.1602\%$（1か月リバランシング），および，$\overline{r_I^*}=-0.1802\%$（TOPIXのB&H運用）となったということであって，それぞれを120倍すると，1日リバランス運用では30.835%，1か月リバランス運用は19.219%，また，TOPIXによる10年間のB&H運用は -21.626% となる．

---

54) 表6-7と次の表6-8にある「TOPIXによるB&H運用」のリターンとリスクは，基準月と運用年数を定めたうえで，その期間についてTOPIXを月次に観測し，その1セットのTOPIX水準系列を標本に使って各月の実現収益率（月次実現収益率）を求めて，それを連続複利表示した後に計測した標本平均（平均収益率）$\overline{r_I^*}$ と標本標準偏差 s_I^* である．基準月を変え，あるいは運用年数を変えると，同じTOPIX系列ではあっても，異なるB&H運用についてまた別の $\overline{r_I^*}$ と s_I^* とが計測される．

10年間の運用で，ポートフォリオ価値は平均的にみて何倍になっただろうか．$\bar{r_p}$ は連続複利表示の月次収益率の平均値ゆえ，時点 t におけるポートフォリオ価値を $V_t, t \in \{0, T\}$ とし，運用期間 T を 120 か月（＝10 年）とするとき，$\frac{V_T}{V_0} = e^{120 \times \bar{r_p}}$ と表わすことができる．したがって，3 つの運用方法（リバランシング方法）別に投資価値が何倍になったかを求めると，それぞれ $\exp\{0.30835\} = 1.3612$，$\exp\{0.19219\} = 1.2119$，および，$\exp\{-0.21626\} = 0.80552$ となる．すなわち，リバランシング方法別にそれぞれ 241 個ある 10 年運用シミュレーションの結果として，本書シミュレーションの実施時期に，平均的には，1 日リバランシング運用と 1 か月リバランシング運用は正の連続複利表示収益率を上げ，ポートフォリオ価値は 10 年間でそれぞれ 1.36 倍と 1.21 倍に拡大したことを，また，TOPIX による B&H 運用では，もともと 1 だった投資価値が 10 年間で 0.8055 まで減少したことを確認できる．

ただし 10 年間の資産運用においては，次の表 6-8 を使って説明するように，1 日リバランス運用，1 か月リバランス運用のいずれにおいても，平均的には月率連続複利表示の標準偏差で 6% 超（年率換算すると約 21%）のトータル・リスクを負担することになる．

$\frac{1}{N}$ ポートフォリオ型 EIF のトータル・リスク

EIF が満たすべき性質として，ベンチマーク並みのトータル・リスクの実現がある．トータル・リスクは連続複利投資収益率の分散，あるいは標準偏差で計測できるが，以下では標準偏差を使用する．表 6-8 によって，$\frac{1}{N}$ ポートフォリオ型 EIF の標準偏差リスク $s_p^\dagger$ が，平均的にみて，TOPIX との相対でどれほどの大きさになったかを運用年数グループ別に確認しておこう．

このとき，月率連続複利表示の $s_p^\dagger$ は，たとえば 1 日リバランス運用のように日々に観測した株価を使って日次でポートフォリオ投資収益率が計測できる場合であっても，敢えて観測インターバルを 1 か月として月次投資収益率を求め，それに基づいて推定していることに注意したい．この値は，正規分布に従うと仮定された月次連続複利表示投資収益率の標準偏差の推定値であり，トータル・リスクを表わしている．標本標準偏差が連続複利表示の投資

表6-8 運用年数別にみた標準偏差リスク

（月率連続複利表示，%）

運用年数	標準偏差のクロスセクションの平均				サンプル数
	TOPIXによる B&H 運用	1m_Reb 運用	1d_Reb 運用	B&H 運用	
1	5.1700	5.9544	5.9525	5.8644	349
2	5.4349	6.2477	6.2422	6.1256	337
3	5.4833	6.2774	6.2692	6.1766	325
5	5.4724	6.2874	6.2770	6.1835	301
7	5.4502	6.2873	6.2739	6.1322	277
10	5.4089	6.1830	6.1706	6.0085	241
15	5.3286	6.0092	5.9990	5.8418	181
20	5.4118	5.9589	5.9578	5.6710	121
25	5.5401	6.1207	6.1271	5.8119	61

注：各月末に観察したポートフォリオ価値から求めた月率連続複利表示の月次投資収益率により標準偏差リスクを推定し，同一の運用カテゴリー別に単純平均したもの．サンプル数はシミュレーション回数を運用年数ごとに合計した値で，4種の運用方法すべてについて同数．

収益率の母数の事後における推定値であることを強調すべく，小文字にダガーを付して $s_p^\dagger$ としている．表6-8に示したのは，$s_p^\dagger$ を運用年数グループごとに最右欄に記したサンプル数について単純平均した値である．

比較のために，ベンチマークである TOPIX の B&H 運用のトータル・リスク $s_I^\dagger$ を当該運用年数別に求めたところ，月率（平均値）でみておよそ 5.170〜5.540% の範囲にあった．参考までに，これを i.i.d.（ランダム・ウォーク）を前提して単純に $\sqrt{T}$ ルールによって年率換算すると，TOPIX による B&H 運用の場合，トータル・リスクは概ね年率連続複利表示で19%弱である．

これとの比較で，1m_Reb 運用のトータル・リスク $s_p^\dagger$ について運用年数グループ別平均値をみると，1年運用では月率で平均 5.954%，10年運用では 6.183% だった．10年以下の運用年数ではポートフォリオはトータル・リスクにおいて株価指数を月率平均で 0.8% ポイントほど上回る大きさとなった．15年以上の運用年数については，同じく 0.6% ポイントほど上回った．

このように，ベンチマークである TOPIX のトータル・リスクと比べて，1m_Reb 運用ポートフォリオのリスクは若干大きめといえる．1日リバランス運用（1d_Reb）のトータル・リスクについても 1m_Reb 運用とほぼ同じことが

いえる．

等金額性（$\frac{1}{N}$ ポートフォリオの性質）の維持を意図して行なった自己充足的なリバランシングがトータル・リスクをどう変化させたかをみるには，B&H 運用と 1 か月および 1 日リバランス運用とを比べればよい．表6-8 によると，どの運用年数でも，観測インターバルを 1 か月として推定した B&H 運用の標準偏差リスクの平均値は 2 つのリバランス運用よりも小さかった．この，リバランシングの実行によってトータル・リスク $s_p^\dagger$ が若干ながら高まる効果は，リバランシングを実行する際に，価格が上昇した銘柄の一部を売却し，価格が下落した銘柄を買い増すことに起因していると思われる．前者は投資収益率計算の分母が大きくなったために，その標準偏差は小さくなる傾向がある銘柄であり，後者は，同じ理由で，標準偏差が大きくなる傾向がある銘柄と考えられるからである．

様々な間隔によって行なうリバランス運用とベンチマークのトータル・リスクを比較すると，リバランシング間隔と運用年数によって頻度は異なるものの，ポートフォリオのリスク $s_p^\dagger$ がベンチマークである TOPIX のリスク $s_I^\dagger$ を下回るケースがおよそ 9.2% の相対頻度で存在するという結果になった．ここでシミュレーションの対象としているポートフォリオの組み入れ銘柄数は，いずれも，サブ・ユニバース U_2 に含まれるわずか 30 銘柄であり，このように少数の銘柄からなるポートフォリオのトータル・リスクが，分析期間を通じて構成銘柄数が 1000 以上で推移した TOPIX と比較可能な程度にまで小さくなったことは，標準的なポートフォリオ理論に慣れた読者の目には驚くべきことと映るのではないだろうか[55]．

事後ベータ $\hat{\beta}_p^\dagger$ と決定係数 R^2 でみる株価指数連動性

インデキシング対象の株価指数に高い水準で連動するという EIF に要求される性質を，本書の $\frac{1}{N}$ ポートフォリオ型 EIF は実現することができただろうか．この点を $\hat{\beta}_p^\dagger$ と決定係数 R^2 によって簡潔にみておこう．

---

[55] この結果は，分散投資による固有リスクの除去はランダムに約 30 銘柄程度を選べば達成できるという投資実務上の知見に合致する．ちなみに，TOPIX の構成銘柄数は 1983 年末時点で 1006 銘柄，2018 年 1 月末には 2065 銘柄だった．

全19388シミュレーションの$\hat{\beta}_p^\dagger$の平均は1.0110と1を若干上回るレベルで実現した．ポートフォリオ・ベータが$0.8 < \hat{\beta}_p^\dagger \leq 1.2$の範囲に収まったのは19388個中で16460個（84.9％）だった．これを10年以上の長期運用に絞って求めれば5436個中5244個（96.5％）である．

ベイズ修正したベータ$\hat{\beta}_p^B$を使って事前にはポートフォリオ・ベータが1.0をわずかに下回るように設計してあるにもかかわらず，運用年数が1，2年の場合，連続複利収益率により計測した各ポートフォリオの事後ベータ$\hat{\beta}_p^\dagger$には，あるいは0.0よりも小さく（マイナス・ベータ），あるいは1.0をはるかに超えるものがあった．このように，運用年数が短い場合に異常値とも思える事後ベータが観測された理由は，運用期間が60か月程度確保できなければ標本数が十分ではなく，ベータ推定に大きな誤差が発生したためと考えられる．

運用年数が5年以上になると，全体的な傾向として，ゼロを下回るほどに小さかったポートフォリオ・ベータの事後の推定値は1.0に向けて上昇し，あるいは極端に大きかったベータ値は1.0に向けて小さくなっていく．長期運用の事後ベータという観点からみる限り，$\hat{\beta}_p^\dagger \approx 1$の性質はある程度までは確保されるとしてよい．

シミュレーション総体としてみれば，$\hat{\beta}_p^\dagger$の平均が1.0110であるという結果は，前節で述べたベータ値1.0を若干下回る水準にコントロールして正のアルファを実現するという事前の計画からは少し外れた結果になったようにみえる．しかし，運用年数が5年以上のシミュレーションに限ってみれば$\hat{\beta}_p^\dagger$の平均は0.9992，10年以上では0.9811であって，ほぼ計画通りのポートフォリオ・ベータ設定ができたといえる．

次に，ベンチマーク指数との連動性を決定係数R^2を使って検討しよう．そのとき，比較の基準として，事後期間に計測するEIFの決定係数の大きさはどの程度が望ましいといえるだろうか．たとえば，株価指数との連動を謳って日本市場に上場しているインデックスファンドであるETFは，この金融商品と対象株価指数との（単利ネット表示の実現投資収益率によって計測する）相関係数ρの推定値$\hat{\rho}$によって連動性を表現し，それが90％以上（$\hat{\rho} \geq 0.9$．したがって，決定係数でいえば，$R^2 = \hat{\rho}^2 \geq 0.81$）となることを連動

性実現の基準としている[56]．しかし，私たちが目指すのはアクティブ運用に分類される EIF であってインデックスファンド自体ではないので，決定係数の制約 $R^2 \geqq 0.81$ を参考としつつも厳密な制約とは考えずに，連続複利表示の投資収益率によって計測した決定係数 R^2 を使って $\frac{1}{N}$ ポートフォリオ型 EIF の株価指数連動性を確認することにした．

運用年数が 5 年以上である 10638 個のシミュレーションのうち，決定係数が $R^2 > 0.70$ となったシミュレーション数を数えると 8193 個（77.0％）だった．ポートフォリオの事後の月率連続複利収益率によって計測した決定係数は，相当程度，$\frac{1}{N}$ ポートフォリオ型 EIF が指数連動という目標を達成したことを示している．

以上のように，ポートフォリオ価値のベンチマーク連動性を $\hat{\beta}_p^\dagger$ と R^2 を使って評価すると，本書で提示したポートフォリオ構築方法は十分に良好な結果を残したと評価できるのではないだろうか．$\hat{\alpha}_p^\dagger$ が正になる確率が相当に大きかったことと合わせて考えると，前節で理論的に示した通り，ベータを 1 よりも若干小さめにコントロールして $\frac{1}{N}$ ポートフォリオ型 EIF を構築するならば，指数連動性を若干犠牲にする代償として，正の多期間アルファを事後においても達成することができると総括される．

4.2　シミュレーション結果を連続複利バージョンの修正シャープ尺度によって評価する

シャープ尺度の分子を $s_p^{2\dagger}/2$ で修正のうえ，連続複利表示した $\mathrm{spm}_p^\dagger$（修正シャープ尺度）によってシミュレーション結果を評価するとどういう結果になるだろうか[57]．

---

56) 第 1 章の脚注 47 を参照のこと．
57) 本書が長期運用のパフォーマンス評価に使用する連続複利表示バージョンのシャープ尺度の事後期間における推定量（$\mathrm{spm}_p^\dagger$）は第 4 章において定義した．その修正シャープ尺度の計測式を再掲すると以下である．

$$\mathrm{spm}_p^\dagger \equiv \frac{\overline{r}_p^\dagger + \dfrac{s_p^{2\dagger}}{2} - r_f}{s_p^\dagger} \qquad [(4.54\mathrm{c})]$$

長期投資の成果を連続複利バージョンのシャープ尺度で評価した例はあまりないが，前

表 6-9 修正シャープ尺度の運用年数グループ別平均

運用年数	ベンチマーク TOPIX の B&H 運用	$\frac{1}{N}$ ポートフォリオ型 EIF		サンプル数
		1m_Reb 運用	1d_Reb 運用	
1	0.0478	0.0974	0.1121	349
2	0.0147	0.0569	0.0714	337
3	0.0135	0.0585	0.0734	325
5	0.0055	0.0573	0.0725	301
7	−0.0094	0.0472	0.0627	277
10	−0.0152	0.0505	0.0665	241
15	−0.0100	0.0593	0.0751	181
20	−0.0157	0.0444	0.0596	121
25	−0.0071	0.0456	0.0599	61

注：すべて連続複利表示の月次投資収益率によって計算した．サンプル数は，各リバランス運用別のシミュレーション回数を運用年数ごとに合計した値．

　表 6-9 は，TOPIX による B&H 運用，$\frac{1}{N}$ ポートフォリオ型 EIF による 1m_Reb 運用，および，同 1d_Reb 運用について基準月別に $spm_p^{\dagger}$ を求め，運用年数グループごとの平均値を示したものである．spm の推定はすべて月率連続複利表示の月次収益率によって行なった．

　これらのサンプル平均をみる限り，1 日リバランス運用であれ，1 か月リバランス運用であれ，$\frac{1}{N}$ ポートフォリオ型 EIF の $spm_p^{\dagger}$ は，どの運用年数グループの平均値をみても TOPIX の B&H 運用を大きく上回っていることがわかる．上回る程度がどれほどであるかについては表中の数値を参照してもらうことにして，他のリバランシング方法を含めた全シミュレーションについて，どれほどの割合でポートフォリオの $spm_p^{\dagger}$ がベンチマークの $spm_I^{\dagger}$ よりも大きかったかを調べると，81.2%（19388 個中，15734 個）だった．2 つの評価尺度を比較するために，多期間アルファ $\hat{\alpha}_p^{\dagger}$ が正となった割合を前出の表 6-4 から拾うと 79.2% である．また，ベンチマークとの優劣比較において

出の Campbell and Viceira（2002, p. 74）の Table 3.2 では，10 年間の投資ホライズンについて連続複利バージョンのシャープ尺度を掲載している．なお，多期間運用のパフォーマンスを $spm_p^{\dagger}$ によって評価する根拠については，第 4 章 4 節のコラム 5 を参照のこと．

spm$^{\dagger}_p$ と $\hat{\alpha}^{\dagger}_p$ の両指標が同一の結果となった割合は 94.8% であって，$\frac{1}{N}$ ポートフォリオ型 EIF の運用成果をベンチマークとの比較で判断するときに，修正シャープ尺度 spm$^{\dagger}_p$ によって評価しても，あるいは，多期間アルファ $\hat{\alpha}^{\dagger}_p$ によって評価しても，総体としては同じような評価結果になることがわかった．

私たちは，本書の $\frac{1}{N}$ ポートフォリオ型 EIF の実践には 1 か月リバランス運用が適当であると考えている．そこで，1 か月リバランス運用の spm$^{\dagger}_p$ がベンチマーク（TOPIX）を下回ったケースがどれほどの割合で存在するかを調べたところ，1，2 年などの短期運用を含む全 2193 個のシミュレーション中で 392 個（17.9%）だった．10 年運用では 241 個中で 8 個（3.3%），15 年以上ではゼロである．spm$^{\dagger}_p$ によって評価しても，やはり，多期間アルファ $\hat{\alpha}^{\dagger}_p$ による評価と同じように，本書の $\frac{1}{N}$ ポートフォリオ型 EIF はベンチマークを高い確率で凌駕するといってよいだろう．

リバランシング方法の優劣をみると，1 日リバランス（1d_Reb）運用の優位は spm$^{\dagger}_p$ による評価に切り換えても揺るがないことが表 6-9 からわかる．これを確かめるために，ある基準月に運用開始したポートフォリオの 1 日リバランス運用の spm$^{\dagger}_p$ が同一の基準月の 1 か月リバランス（1m_Reb）運用の spm$^{\dagger}_p$ を下回ったシミュレーション数を調べたところ，2193 個のペアのうちわずか 25 個（1.14%）にすぎなかった．1 日リバランス運用を 1 か月リバランス運用以外のバランシング方法と比較すると，この割合はさらに小さくなる．spm$^{\dagger}_p$ で評価しても，1 日リバランス運用は他のリバランス間隔による運用成果を有意に上回る結果となった．

以上から，長期運用の成果を連続複利表示の多期間アルファで評価しても，あるいは，修正シャープ尺度で評価しても，評価結果に大きな違いは生じないと結論される．

4.3 標準偏差リスクの推定と平均回帰性について

ここで，ポートフォリオ運用の結果実現した標本標準偏差が，ポートフォリオ収益率が有していた可能性のある平均回帰性の影響をどれほど受けたか

について検証しておこう．

第2章6節では，長期投資における時間分散の誤謬について注意を喚起したが，そこでは，各期の投資収益率が独立，同一の分布に従うならば，運用期間が長期化すると，投資リスクの実体が全く変化しないにも関わらず，1期間当たりの標準偏差は$\sqrt{T}$ルールに従って減少することを述べた．そのとき，仮に，投資収益率に平均回帰性が存在するならば，運用期間の拡張にともない，$\sqrt{T}$ルールに比べてより激しい標準偏差の減少がみられることもまた指摘した．本書のシミュレーションでは，どのような運用期間をもつポートフォリオであれ，毎月の月次収益率を観測してそこから瞬間的な標準偏差を推定したため，運用期間の長さTと推定された標本標準偏差$s_p^{\dagger}$の間には$\sqrt{T}$ルールは成立しないことに読者は留意されたい．

シミュレーション結果は平均回帰の影響を受けて変化したか

シミュレーションの対象としたポートフォリオの投資収益率は，実際には，平均回帰していた可能性がある．そこで，平均回帰性と標準偏差の関係を同一銘柄，同一組み入れ比率からなるポートフォリオの3つの異なるリバランシング運用を例に確認しておこう．

Poterba and Summers（1988）が行なった分散比（Variance Ratio）による株式投資収益率の平均回帰性の検出について，第4章のコラムで紹介した．以下では，そこで示した平均回帰性の定義式，

「連続複利表示投資収益率に平均回帰性が存在する」
$$\Leftrightarrow \mathrm{Var}[\tilde{r}_1+\tilde{r}_2+\cdots+\tilde{r}_T] < T\cdot\mathrm{Var}[\tilde{r}_1] \quad [(4.64)]$$

を用いる．

いま，ポートフォリオpについて，観測月数（運用期間）がTか月のとき，観測インターバルをq（単位は月）で表わし，第t月に計測する連続複利表示のqか月間騰落率を$r_{p,t}(q), q\in\left\{1, 2, \cdots, T^v\equiv\dfrac{T}{q}\right\}$とする．$q$の単位は分析の目的とデータの利用可能性によって，年，月，週，あるいは日というように適宜定めるが，ここでは月を採用した．騰落率ゆえに，投資収益率のように年率あるいは月率で表示したものではなく，時間がqか月過ぎてポートフ

ォリオ価値が何倍になったかを連続複利表示したものであることに注意されたい[58]．

(4.64) 式を騰落率を使って書き換えると，

「連続複利表示の q か月間騰落率に平均回帰性が存在する」
$$\Leftrightarrow \mathrm{Var}[\tilde{r}_p(q)] = \mathrm{Var}[\tilde{r}_{p,1}(1) + \tilde{r}_{p,2}(1) + \tilde{r}_{p,3}(1) + \cdots + \tilde{r}_{p,q}(1)]$$
$$< q \cdot \mathrm{Var}[\tilde{r}_{p,1}(1)] \tag{6.42}$$

である．少々紛らわしいが，本書を通じて連続複利表示の月次収益率を r_p と表示してきたのに対して，騰落率にはこれまで通りに括弧「( )」を付して区別する．また，上式中の騰落率の分散の推定においては，配当とその再投資収益は無視した．

(6.42) 式で表現したように，$\tilde{r}_p(q)$ は観測インターバルが1か月間の連続複利表示騰落率を q か月分足し合わせたものである．そのとき，$\{\tilde{r}_{p,1}(1), \tilde{r}_{p,2}(1), \cdots, \tilde{r}_{p,q}(1)\}$ が i.i.d. ならば $\mathrm{Var}[\tilde{r}_p(q)] = q \cdot \mathrm{Var}[\tilde{r}_p(1)]$ となるが，平均回帰が存在するときには (6.42) 式におけるような不等号 < が，また，平均乖離が存在するときには不等号 > が成立する．そこで，これを調べるために，ポートフォリオ p の「1か月間騰落率」の標本分散を基準とする分散比 $\mathrm{VR}_p(q)$ を次のように定義する．

$$\mathrm{VR}_p(q) \equiv \frac{\mathrm{Var}[\tilde{r}_p(q)]}{q \cdot \mathrm{Var}[\tilde{r}_p(1)]} \tag{6.43}$$

以下では，1988年1月を基準月として構築したポートフォリオ p を例に，これを30年間運用したときの検定統計量を (6.43) 式により求めて $\mathrm{VR}_p(q)$ とし，その1との大小関係を調べて，長期投資ホライズンにおいて連続複利表示の騰落率の分散（したがって標準偏差）が $\sqrt{T}$ ルール以上に縮小する（平均回帰する）か，あるいは，拡大する（平均乖離する）かを観測インターバルを適宜に定めて検証する．

まず，日本市場全体（TOPIX）について分析した結果を紹介する．表 6-10

---

[58] 騰落率の定義は本章の脚注 39 を参照のこと．本章では，運用期間（観測月数）T と観測インターバル q の混同を避けるために，敢えて意味の明確な「騰落率」という表現を用いている．

表 6-10　TOPIX の q か月間騰落率の分散比

観測インターバル（月）	$\mathrm{VR}_I(q)$	サンプル数
$q=1$	1	360
2	1.1291	180
3	1.1158	120
4	1.2383	90
5	1.1632	72
6	1.3183	60
12	1.5275	30
24	1.6288	15
36	2.2487	10
48	1.2115	7
60	1.2749	6

注：TOPIX による B&H 運用を想定し，月率連続複利表示の q か月間騰落率を使って推定．小数表示．

は，1988 年 2 月から 2018 年 1 月の 30 年間について TOPIX の連続複利表示の q か月間騰落率から $\mathrm{VR}_I(q)$ を $q=\{2, 3, 4, 5, 6, 12, 24, 36, 48, 60\}$ について求めたものである．参考のために $q=1$ についても示してある．表より，すべての観測インターバルで $\mathrm{VR}_I(q)$ は 1 を上回り，この時期，TOPIX には平均乖離的傾向のあったことが確認できる．私たちの分析においては，推定期間をデータに重複がないように設定したため，たとえば 60 か月間騰落率のサンプル数はわずか 6 個というように，サンプル数が極端に小さいケースを含む問題があるが，観測インターバル q を延ばしても $\mathrm{VR}_I(q)$ が減少する明瞭な傾向はみられなかった．すなわち，1988 年以降 30 年間の日本の株式市場（TOPIX）に関する分析結果は，保有年数が延びるにしたがって株式投資の 1 年当たりの標準偏差リスクが小さくなるという第 4 章の図 4-2 で示した Siegel（2007）の発見とは必ずしも符合しないものとなった[59]．

---

[59] Poterba and Summers（1988）は，世界 18 か国の株式市場の株価指数を取り上げて，1957～1986 年の観測期間について月次の対数価格差を使用し，観測インターバルを 12 か月間として計算した投資収益率の分散（本書の表現では，12 か月間騰落率の分散）を分母とする分散比を計測し，報告している．日本市場についてみると $q=24, 36$ か月では本書の結果と同様に $\mathrm{VR}_I(q)$ は 1 を超えているが，$q=48, 60$ では本書の結果と異なり，分散比は 1 を下回っている．計 18 か国のうち，ベルギー，フィンランド，オランダ，スペイン，およびスイスでは，投資インターバルが 5 年（$q=60$）の長期において $\mathrm{VR}_I(q)$ は 1 を超えており，そのうちフィンランドとスペインでは，2 年から 9 年と設

表6-11　3種類のポートフォリオの q か月間騰落率の分散比

観測インターバル（月）	ポートフォリオの分散比 $VR_p(q)$			サンプル数
	B&H 運用	1m_Reb 運用	1d_Reb 運用	
$q=1$	1	1	1	360
2	1.0662	1.0007	0.9963	180
3	0.9888	0.9708	0.9563	120
4	1.1347	1.0578	1.0491	90
5	1.0147	0.9617	0.9483	72
6	1.2097	1.1176	1.0965	60
12	1.2916	1.1380	1.1103	30
24	1.3012	1.1820	1.1460	15
36	1.5389	1.4550	1.3973	10
48	0.8212	0.6826	0.6363	7
60	1.0673	1.0438	0.9738	6

注：1988年1月構築のポートフォリオの3種の運用方法について，月率連続複利表示の q か月騰落率を使って推定．小数表示．

　ここで本書のシミュレーションに戻り，1988年1月基準のポートフォリオのB&H運用，1か月リバランシング運用，および，1日リバランシング運用の3つのポートフォリオついて平均回帰性の有無を調べた結果を表6-11によってみよう．

　ポートフォリオを30年間B&H運用するとき，観測インターバル q を1か月と定めて運用開始から運用終了時まで毎月末にその価値を観測し，それらから連続複利表示の1か月間騰落率を求めれば，30年の運用期間中に360個の標本を得る．その分散を推定してこのポートフォリオのトータル・リスクとする．一方，同じ30年間のB&H運用について q をたとえば3か月間としてデータに重複のない120個の連続複利表示3か月間騰落率から分散を推定する．これら2つの分散は，いずれも，同一のポートフォリオの価値系列から観測インターバルのみを変えて計測した標本分散の推定値である．

　1988年1月以降の30年間の運用期間において，B&H運用の $VR_p(q)$ は，

定したすべての観測インターバルについて $VR_I(q)>1$ となっていた．この実証例が示すように，長期投資が株価に平均回帰をもたらすという米国の「常識」は，他の国においても成立しているとは必ずしもいえない．とくに長期では，サンプル数が少なくなるため，わが国について平均回帰を論じる際には慎重な検討が必要である．

q が 3 および 48 のときには 1 未満になり，それ以外のときには 1 を超えた．B&H 運用では，q の延長と $VR_p(q)$ の値の変化でみる限り，平均回帰，平均乖離のいずれも現実の長期・多期間の資産運用に利用可能なほどに明瞭な関係としては観測できないというべきだろう．1 か月リバランシング運用，1 日リバランシング運用についてもほぼ同様のことがいえる[60]．

シミュレーションの好結果はポートフォリオを構成する銘柄の平均回帰傾向ゆえか

視点を変えて，良好な運用成果をあげた 1988 年 1 月を基準月とするポートフォリオの構成銘柄を対象として，ポートフォリオ構築時点の前後で平均回帰傾向が観測されたかをみよう．

本章 2 節末に図示したように，1988 年 1 月に選定した 30 銘柄によって構築したポートフォリオは，その後 30 年間の運用においてよい成績を上げた．これらの銘柄を選択する際には，基準月から遡る 12 か月間の騰落率が相対的に小さいことを条件として使用している．この条件設定は，当然ながら，これらの個別銘柄には平均回帰的な性質があると予想し，それが運用期間の初期に効果を発揮するよう期待してのものであるが，それは，分散比 <1 と

---

[60] 本文で述べたように，30 年（360 か月）の運用期間を対象とする場合，本書が採用した，重複しないデータを用いて騰落率を計算する方法（Non-overlapping Method）では，たとえば観測インターバルが 36 か月（3 年間）のときには「36 か月間騰落率」の標本は 10 個しか得られないため，それらから推定する分散の信頼性は低くなる．観測インターバルをより長くとる場合には，推定期間が重複しない騰落率の標本はごくわずかとなり，分散の推定誤差はさらに大きくなる．

米国およびわが国の投資実務では，「移動ウィンドウ法（Moving Window Method）」の名称を与え，運用期間が長い投資信託等の評価において，標本数を確保する目的で，運用開始日と終了日を 1 か月程度ずらして投資期間のほとんどが重複する「10 年間騰落率」を多数計測し，機械的に運用期間が長期の場合の標準偏差を計算しているようである．この方法を採る場合，仮に，月次投資収益率が i.i.d.（ランダム・ウォーク）に従い，自己相関が存在しない場合であっても，その実現値から長期の騰落率のデータを計算すると，データの重複に起因する強い自己相関が推定されることになる．また，重複するデータが大きく，サンプルサイズが小さいほど分散が過小に推定されてしまうことを，Sun, Nelken, Han, and Guo（2009）が理論的に明らかにしている．Poterba and Summers（1988）は長期インターバル投資のデータ確保のためにこの「移動ウィンドウ法」を採用した可能性が高く，これが本書の分散比推定結果と異なる結果になった 1 つの理由ではないかと思われる．

表6-12 サンプル30銘柄の $VR_i(q)$ にかかわる要約

$VR_i(q)$	$VR_i(12)$		$VR_i(24)$	$VR_i(36)$
	事前	事後	事後	事後
1未満の銘柄数	19	19	13	8
サンプル銘柄数	30	30	30	30
%	63.3	63.3	43.3	26.7
騰落率サンプル数	5	30	15	10
観測期間	5年	30年	30年	30年

注:月率連続複利表示の q か月間騰落率を $q=\{1, 12, 24, 36\}$ についてデータに重複がないように計測し,それらを使って分散を推定して後に $VR_i(q)$ を求め,それが1未満の銘柄数を数えて掲載した.事前の $q=\{24, 36\}$ については騰落率サンプル数が過少のため記載を省いた.事前は1983年1月から1988年1月までの期間,事後は1988年2月から2018年1月までの期間.サンプル銘柄は1988年1月末時点を基準に選定した銘柄グループの30銘柄である.

いったように明示的に条件設定して銘柄抽出した結果ではない.ここでは,まず,この銘柄グループを選択する際に使用した事前61か月の株価データのみから分散比を求め,銘柄個別にみて,事前の傾向として平均回帰性を認めることができたかを確認する.

表6-12は,1983年1月〜1988年1月の61個の株価から銘柄 i, $i=\{1, 2, \cdots, 30\}$ について12か月,24か月,および36か月の連続複利表示の q か月間騰落率を計算し,1か月間騰落率 ($q=1$) の分散を基準として分散比 $VR_i(q)$ を求めて, $q=\{12, 24, 36\}$ について結果を要約したものである.表より, $VR_i(12)$ は30銘柄中19銘柄 (63.3%) で1未満だった.これら19個の構成銘柄には,ポートフォリオ構築以前 (本書でいう事前期間) において,連続複利表示の12か月間騰落率に平均回帰的傾向が認められたということである.ただし,標本分散の推定に使用した12か月間騰落率のサンプル数は5個ときわめて小さい.

次に,同じ銘柄 i についてポートフォリオ運用期間 (事後期間) である1988年2月〜2018年1月の $VR_i(q), q=\{12, 24, 36\}$ を計測した.観測期間は30年 (360か月) である.使用データに重複のない騰落率の $VR_i(12)$ では,事前期間と同じく,やはり19銘柄が1未満となった.そのうち,事前期間においても $VR_i(12)<1$ だったのは12銘柄である.事後の $VR_i(24)$ をみ

ると，30銘柄中13銘柄（43.3%）で1未満だった．また，$VR_i(36)$ は8銘柄（26.7%）で1未満だった．

このように，事後の12〜36か月間騰落率についてみると，平均回帰的傾向がサンプル銘柄に一定程度存在していた．これら30銘柄からなるポートフォリオが，その後30年間の運用期間において良好なパフォーマンスを示したことの要因の1つとして，運用開始直後，個々の銘柄の比較的短期間（1年から3年）における平均回帰傾向が効果を上げたことがあるのではないかと推測される．すなわち，個別銘柄の投資収益率に平均回帰的傾向が認められ，その性質が安定であるならば，それを利用して正の多期間アルファ $\hat{\alpha}_p^\dagger$ を実現することができ，1988年基準のポートフォリオはその例であると考えられる．

4.4 長期運用の実証分析のまとめ

以上みてきたシミュレーションの結果を総括すると，$\frac{1}{N}$ リバランシングを実施する効果としては，理論的見通しがそうであったように，正の $\hat{\alpha}_p^\dagger$ の実現がとくに重要である．

多期間アルファを評価尺度とするとき，長期投資を $\frac{1}{N}$ ポートフォリオ型EIFで行なえば高い確率でベンチマークに勝つことができるという私たちの理論的予想が，実証的に確かめられた．表6-4より，シミュレーションの結果，いずれかのインターバルでリバランシングを実施した場合，5年運用では（2709個からB&H運用のシミュレーション301個を除いた）2408個中1825個すなわち75.8%の確率で，また10年運用では同じく1928個中1824個ゆえ94.6%の確率で，事後期間に計測した多期間アルファ $\hat{\alpha}_p^\dagger$ は正になった．運用期間が15〜25年の場合には，リバランシングを実施したポートフォリオ2904個のシミュレーションすべてにおいて $\hat{\alpha}_p^\dagger$ は正となった．これが負値となったのは，EIFとの比較のために計測して掲載したB&H運用の6例のみだった．

したがって，運用目的が単純に「市場全体と同じ程度のリスクのもとでジェンセンのアルファを正にする（リスク調整後で市場を上回る）」ということ

であれば，本書が推奨する $\frac{1}{N}$ ポートフォリオ型 EIF によって 10 年以上の長期リバランス運用を行なうことにより，どのような投資環境下であっても，ほぼ確実に正の多期間アルファを生み出すことができるといえる．

本書で示したのは連続複利でみた $\dot{\alpha}_b^\dagger$ だが，単利ネット表示の投資収益率を用いて計測した（ドットのつかない）$\alpha_b^\dagger$ についても，若干の数値の相違を除けば，ほぼ同様の結果が得られた．

一方，リバランシング間隔についてみると，1 日ごととするときのパフォーマンスが最も良好といえる．これは，多期間アルファのみならず，連続複利表示投資収益率をベースとするシャープの評価尺度 $\mathrm{spm}_b^\dagger$ で評価しても同様である．しかし，それに要する手間と種々の摩擦的コストを考慮するならば，1 日ないしそれよりも短い間隔でのリバランシング実行は多くの投資家にとって必ずしも現実的とはいえないのではないだろうか．

そのときの代替案として，1 か月間隔のリバランシングが有力な選択肢となる．両者の違いを 10 年運用時の $\dot{\alpha}_b^\dagger$ が負になる頻度で比較するならば，1 日間隔のリバランシングでは 241 個中 4 個，1 か月間隔では同じく 13 個である．

2 種のリバランシング間隔について 5 年以上運用時における $\dot{\alpha}_b^\dagger$ の平均の年率換算値を比べると（表 6-5），連続複利表示で 4.7749％（1 日リバランシング）と 3.6473％（1 か月リバランシング）であった．このように，2 つのリバランシング方法の $\dot{\alpha}_b^\dagger$ の発生の仕方は決して同等とはいえず，完全競争市場であれば，1 日リバランシングの選択が合理的にみえる．

月に約 20 回だけ余分に行なうリバランシングの摩擦的コスト，たとえばマーケット・インパクトのコストや委託売買手数料，同消費税などは，運用資金額や投資家タイプにより多少の差はあると思う．しかしそれは，資金運用を専門とするディーラーや機関投資家ではない一般投資家にとって，$\dot{\alpha}_b^\dagger$ の差がもたらす利益を相当に上回るのではないかと私たちは推測している．また，高頻度のリバランシング作業に費やす人手と時間をコストとして評価するうえでは，作業エラーによる損失の可能性や心理的負担も含め，そのマンパワーを他の業務に振り向けた場合の機会費用をも勘案しなければならない．こうしたリバランシングの都度に発生する広義の取引コストをすべて差

し引いた後のネットで考えた正の多期間アルファの実現という点からみて，1 か月リバランシングによる 10 年運用が適当とみなしてよいか，あるいは，やはり 1 日リバランシングを選択するかは，各投資家の判断に委ねざるをえない．

投資実務の観点からみるとき，10 年に迫り，あるいはそれよりも長い投資ホライズン（運用期間）を設定することは必ずしも容易ではないと推察される．しかし，仮に，運用期間を 10 年にとることができるような投資家が月 1 回のリバランス運用を行なうならば，本書のシミュレーション結果から，$\hat{\alpha}_p^\dagger$ は 9 割を超える確率で正になると主張してよいだろう．

さらに，$\frac{1}{N}$ ポートフォリオとして 2〜5 年程度の運用期間を終えた段階で，$\hat{\alpha}_p^\dagger$ の発生実績によってはサンプル銘柄の各パラメターを再推定して異なる銘柄グループ U_2 を構成し，これを対象とする別の $\frac{1}{N}$ ポートフォリオ型 EIF へと乗り換える（ロールオーバーする）というヴァリエーションも考慮に値するが，これについての分析結果は割愛する．

5. $\frac{1}{N}$ ポートフォリオ型 EIF の応用

この節では，$\frac{1}{N}$ ポートフォリオ型 EIF 運用の応用例をみる．

5.1 多期間ポータブル・アルファ戦略

本書の $\frac{1}{N}$ ポートフォリオ型 EIF を使って，安達・斎藤（1992）が 1 期間モデルにおいて「アルファ裁定」とよんだ投資戦略を，逐次的かつ多期間にわたって実行することができる．

$\frac{1}{N}$ ポートフォリオ型 EIF は，長期でみると指数連動性が十分に大きく，また，事前の予想として $\hat{\alpha}_p > 0$ であるのみならず，事後期間においても $\hat{\alpha}_p^\dagger > 0$ となる確率は 1 に近い．この性質を使えば，正のアルファ成分を分離して獲得しようとするリスク裁定（Risk Arbitrage）である 1 期間の「アルファ裁定」を，長期の投資ホライズンにおいて実行可能である．この投資戦略

5. $\frac{1}{N}$ ポートフォリオ型 EIF の応用

は，EIF とベンチマークの連動誤差（すなわち，リスク）があり，かつ，現物株ポジションの作成や株価指数連動型の上場投信（ETF）の空売り（ないし，ベア型ファンドの信用買い建て）のための証拠金積み立てに正の投資資金が必要となるので，厳密な意味での裁定取引ではない．しかし，ここではこの投資戦略をカギ括弧付きで「アルファ裁定」と名付けておく[61]．

まず，TOPIX に連動するように $\frac{1}{N}$ ポートフォリオ型 EIF を 5 年程度の投資ホライズンのもとで新規に構築する．このポートフォリオは TOPIX に比べて多期間アルファの分だけ期待収益率が大きいと同時に，TOPIX とほぼ同じレベルの市場リスクに晒されている．したがって，市場リスクのほとんどの部分は，TOPIX 連動型 ETF の空売りポジションをほぼ同額保有することによって消去，ヘッジできる．こうして作る「$\frac{1}{N}$ ポートフォリオ型 EIF の買い持ちポジションと ETF 空売りポジションのペア」によって，トータル・リスクをゼロ近くまで削減しつつ，正のアルファを実現するのである．これが 1 期間（≈5 年）における「アルファ裁定」である[62]．

この小規模な「アルファ裁定ポジション」1 ペアを 1 つの単位として，同一額のポジションを，時期依存性を排除する目的もあって異なる基準月に逐次に作成し，その累積として，多くのペアからなる大規模なリスク資産ポジションを長期・多期間にわたって構築する．その後，$\frac{1}{N}$ ポートフォリオ型

---

[61] 裁定取引は，自己資金を必要としないゼロ・コストのポートフォリオによって，決して損失を被ることなく，正の確率で利益をあげる取引と理論上は定義される．この定義を厳密には満たさない場合，たとえば，自己資金が必要であったり，高い確率で利益をあげうるが，損失を被る確率が 0 ではなかったりといった状況であっても，実務ではこれを「裁定」とよぶことが多いが，理論上はこれをリスク裁定とよんで区別する．アルファ裁定も，リスク裁定の一例である．その詳細については安達・斎藤（1992, pp. 313-316）を参照されたい．

[62] 「アルファ裁定ポジション」の構築においては ETF 空売りに関わる証拠金積立額の準備が必要となる．そのとき，ベンチマーク連動型 ETF の空売りポジションに替えて，いわゆるベア型に分類されるベンチマーク連動型のダブルインバース投信の信用買いポジションを使えば，この証拠金積立額を半減することができる．ただしわが国においては，このタイプの投信の品揃えと市場規模，および，目論見書通りの指数連動性が得られるかどうかについて疑問なしとしない．また，$\frac{1}{N}$ ポートフォリオ型 EIF の構築方法が確立したもとでは，これを株価指数先物や同オプションなどのデリバティブ商品ポジション（のロールオーバー）と組み合わせて多期間のアルファ裁定ポジションを構築することも可能であるが，その具体的方法については他所で論じることとしたい．

EIF のリバランシングを適宜に実施しながら 5 年〜10 年の運用を続けるならば，長期・多期間にわたってアルファ成分のみの獲得を逐次的に達成することが可能となる．この投資戦略を「多期間アルファ裁定」とよぶ．

仮に，投資信託等のファンド運用者の立場にたつならば，この「多期間アルファ裁定」では，配当（分配）の原資に当てるなどの目的に応じて，随時に，かつ部分的に，1 ペアを 1 つの売買単位として反対売買によってポジションを解消し，利益を実現することができる．また，市場がショックに見舞われた場合でも，ポジションを機動的に解消して現金化できるというメリットがある．こうして，5 年を超える長期の投資ホライゾンのもとで正の多期間アルファをほぼ確実に獲得し，たとえ計画運用期間中であっても，状況の変化に応じてポジション（ペア）単位で利益実現していく投資戦略が多期間ポータブル・アルファ戦略（Multi-period Portable Alpha Strategy）である．

5.2　本書の総括と今後における長期運用の展望，および，読者へのメッセージ

本書では，全 6 章にわたって，長期・多期間の投資決定問題を考察してきた．そのひとつの結論が，$\frac{1}{N}$ ポートフォリオ型 EIF である．この投資戦略では，組み入れ対象ユニバースの決定時に，長期にわたる株式の収益生成過程が市場ポートフォリオと投資機会集合の変動をもたらす状態変数を含んだマルチ・ファクター・モデルで記述されることを前提する．そのような現実を踏まえて，市場ポートフォリオの代理変数である株価指数と同程度のリスクを負いながらも，正の多期間アルファをもつポートフォリオを構築する．

同じ程度のトータル・リスクをもつ銘柄をユニバースとして選定して，期待収益率を推定する必要がない GMVP を等金額組み入れ（N 銘柄のポートフォリオであれば $\frac{1}{N}$）によって構築する．さらに，この組み入れ比率を維持するため，ごく短期の自己充足的リバランシングを繰り返す．この投資戦略の導出には株価の平均回帰性は前提していないものの，$\frac{1}{N}$ の組み入れ比率維持において，価格の下落した（平均回帰性が存在するもとでは将来の価格上昇が見込める）銘柄を買い増し，上昇した（将来の下落が見込まれる）

銘柄の一部を売却するため，結果として，株価の平均回帰性をとらえた投資戦略になっている．また，高頻度のリバランシングは，固定比率からの崩れを早いタイミングで修復し，連続的取引を想定した瞬間的な平均・分散分析による離散取引の近似精度を高める役割を果たすと思われる．その結果，（標準偏差，期待収益率）− 平面において株価指数に比べはるかに高い位置にある大域的最小分散ポートフォリオがもたらすリターンと，正の多期間アルファを実現する効果をもたらすと期待できる．

これらにより，事後において正の a_b^t の実現を狙う．この投資戦略の実行に使用するデータは，基本的には株価のみであって，上場銘柄のファンダメンタルズに関わる情報は業種セクター分類以外には一切使用しないというのが，本章でシミュレーションしたポートフォリオ構築方法の顕著な特徴である．上場会社についてのファダメンタルズ分析は，いわば，市場に一任するのである．

当然のことながら，これが長期リスク資産運用における正のアルファ，すなわち資産運用の現場における「運用の付加価値」実現に向けた唯一の方法であるとは私たちは考えていない．投資ホライズンが長期にわたるとき，個別企業のファンダメンタルズは金利，インフレーション，技術革新，地域紛争と原油価格，地球環境の変化といった様々な要因によって少なからず変動するだろう．また，これらの変数に対する投資家の期待形成，および期待形成自体の変動も企業価値に影響を及ぼすとみるべきだろう．こうした長期のファンダメンタルズに関わる要因こそが，投資機会集合の変動をもたらす状態変数に他ならない．もし，これらの要因を反映した変数が特定できるのであれば，それを銘柄選択に反映させた投資戦略の設計が今後に試みられるべき1つの方向であると思う．たとえば，Fama=French（2015）の5ファクターモデルに採用されている B/M 比率（Book-to-Market Ratio，自己資本簿価／株式時価総額比率）等の企業属性の利用は，これが長期投資に真に適しているかについて検討する必要はあるものの，誰もが一度は試したくなるような要因といえる[63]．

---

[63] しかし，投資理論について多少の知識を有する者であればすぐに考えつくようなファンダメンタルズ情報を機械的に利用しても，そこに何がしかの創意工夫がなければ，

企業の長期的ファダメンタルズ指標を EIF 設計に利用する

1期間型の EIF 構築方法を多期間に拡張して長期のリスク資産運用に応用する場合には，たとえば，マクロ経済データによって国民経済の遠い将来を見通し，あるいは，個別企業の財務情報などを駆使して 10 年後，20 年後にかけての株価のパフォーマンス（シナリオや株価ストーリー）を予測して行なう投資戦略が候補になりうる．これは，上述した，投資機会集合が変動し，各銘柄の収益生成過程がマルチ・ファクター・モデルで記述されることを生かした，正の多期間アルファを生み出すための工夫である．しかし，これらが困難を極める作業となることは経験のある読者にとっては言を要しないであろう．

そうした際に，フォーマルな形式による MFM の利用に代えて，$\frac{1}{N}$ ポートフォリオ型 EIF の構築方法の応用を試みることができる．それは，たとえば，年金基金や運用会社が掲げる投資哲学などとの関係から個別企業のファンダメンタルズや公共性を第一義的に考慮すべきと条件付けられたときなどに適した，本書の方法論の 1 つのヴァリエーションである．本書の締めくくりとして，これを展望しておこう．

上場会社の長期ファダメンタルズを表現する指標の候補として，私たちは，「ESG レーティング」と「知財スコア」の 2 つを考えている．どちらも，企業の長期的収益基盤と潜在成長性を表わす尺度として長期運用のための株式ポートフォリオ構築に応用できると思う．

国際連合の支援を受けて 2006 年に設立された The PRI（The Principle for Responsible Investment）という団体が，機関投資家がしたがうべき 6 項目の投資原則を提示したが，その柱が ESG 投資である[64]．これは，Environment（環境），Social Responsibility（企業の社会的責任），および Governance（企業統治）の頭文字をとったもので，企業が中・長期的な成長を実現するためには ESG の視点に立った経営が必要であり，その視点が明確でない企業は成長できないという考え方である．したがって機関投資家は，ESG に関わる非財務情報を活用し，投資収益を追求すべきということになる．

市場に常に打ち勝つことは困難かと思う．

64) The PRI のホームページ（https://www.unpri.org/esg-issues）を参照されたい．

The PRI が推進する責任投資原則は法的強制力をもたないものの，わが国の年金積立金管理運用独立行政法人（GPIF）はじめ，世界の有力な運用会社のほとんどが署名しており，ESG 投資の考え方は運用の現場で大きな影響力をもつに至っている．

　各企業が ESG 課題にどれほど積極的に取り組んでいるか，その度合いを指標化したものが ESG レーティングであり，米国の金融サービス会社である MSCI や FTSE Russell，日本国内では株式会社 QUICK ESG 研究所が算出して公開している．ESG 投資の暗黙の前提は，ESG 課題への取り組み姿勢はブランドや技術力などと同じ無形資産であって，これを高めることが企業価値の最大化に繋がるという考え方である[65]．したがって ESG レーティングは，環境・社会的責任・企業統治に対する問題意識が世界の投資家の間で高まるという潮流の中にあっては長期的な投資成果を追求する際の尺度として利用できると考えられ，長期投資への今後の応用が期待される．この尺度を本書の $\frac{1}{N}$ ポートフォリオ型 EIF の構築方法と併用すれば，より高い多期間アルファを実現する可能性がある．

　一方，以下に実証結果を示すのは「知財スコア」関連情報と $\frac{1}{N}$ ポートフォリオ型 EIF との併用例である．日本企業が有する特許をはじめとする技術情報や知的財産（Intellectual Property）は，世界的にみても有数と評価されている．こうした「知財」は，たとえ来年度，再来年度の収益にすぐに結びつくというものではないとしても，長期的にみれば，保有企業の業績を大きく改善する重要な無形資産とみてよいだろう．それは株価水準に好ましい変化をもたらすと期待される．この知財情報を数値指標として加工したものが「知財スコア」である[66]．

　知財情報利用型ポートフォリオの例として，アジア通貨危機直前の 1996 年 12 月末を基準月とするシミュレーション結果を示す．投資対象ユニバー

---

65) ESG という視点が真に企業の長期的成長をもたらすかどうかは，企業倫理的な側面は別として，今後，批判的に実証すべき課題である．

66) エヌユー知財フィナンシャルサービス株式会社（NUIFS）は，2012 年当時，企業が有する特許や同公表文献の参照回数などの技術関連情報を加工した数値情報として「知財スコア」を定義して計測し，公表していた．本書の実証に使用したのは，2012 年 8 月に同社より提供を受けた 1996 年 12 月末時点における知財スコアデータである．

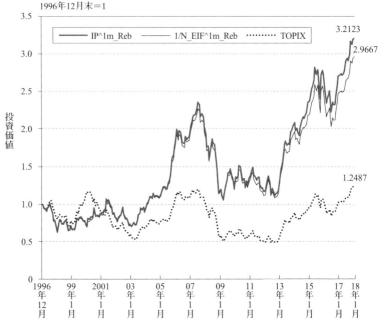

図6-4　知財スコアを併用した多期間 EIF の運用パフォーマンス
（1996年12月～2018年1月）

ス U_2 を決定した後に，基準月時点において知財スコアの計測対象会社になっていることという条件を追加して再構成した26銘柄サブ・ユニバースを対象に，$\frac{1}{N}$ ポートフォリオ型 EIF の構築方法を適用して作成したポートフォリオの運用シミュレーション結果が図6-4である．シミュレーションにはこれまで同様に連続複利表示の投資収益率を使い，配当は考慮していない．

運用期間は2018年1月を終了月とする21年1か月間である．図には，1か月リバランス運用した知財情報利用型 EIF（IP^1m_Reb），および，本書の $\frac{1}{N}$ ポートフォリオ型 EIF（1/N_EIF^1m_Reb．知財スコアを条件として課さないオリジナルな $\frac{1}{N}$ ポートフォリオ型 EIF）の投資価値推移を，ベンチマークの TOPIX とともに示した．

具体的な数値をあげて確認すると，この知財情報利用型の多期間 EIF の1か月リバランス運用（IP^1m_Reb）は，21年1か月間の運用成果として，図

のように，1円の投資額を最終的に3.2123円まで増価させた．この間，比較対象である1/N_EIF^1m_Rebは，同じく2.9667円に，また，TOPIXによるB&H運用は1.2487円への増価にとどまった．

連続複利表示の月次投資収益率を使って求めたIP^1m_Rebの平均収益率は，アジア通貨危機後の相場低迷期を経ているにもかかわらず5.408％（年率連続複利表示，配当利回り未修正，運用コスト控除前），標準偏差は19.77％，ベータは0.9632，決定係数R^2は0.7518だった．一方，$\frac{1}{N}$ポートフォリオ型EIFである1/N_EIF^1m_Rebは，同じく平均収益率が年率5.030％，標準偏差は同19.11％，ベータは0.9311，決定係数R^2は0.7520だった．同時期，TOPIXの年率の実現収益率は同じく年率1.053％，標準偏差は17.78％であった．

2つのポートフォリオのおよそ21年間の運用による連続複利表示の多期間アルファ$a_p^{\dagger}$の生成をみると，知財情報利用のIP^1m_Rebは年率で4.516％，一方の1/N_EIF^1m_Rebは同じく4.168％だった．また，連続複利表示のspm$_p^{\dagger}$による比較では，TOPIXが0.04070であるのに対して，IP^1m_Rebは0.1056，1/N_EIF^1m_Rebは0.1017だった．2つのポートフォリオを比較すると，2種類の評価尺度のいずれでも，知財情報利用型EIFが$\frac{1}{N}$ポートフォリオ型EIFを上回った．

ここでは，21年間の運用期間について1サンプルの応用例のみを示したが，知財情報利用型ポートフォリオと$\frac{1}{N}$ポートフォリオ型EIFとを敢えて比較すれば，指数連動性においては同等，標準偏差リスクも両ポートフォリオはほぼ等しいが，ベンチマークよりは大きめだった．運用パフォーマンスを$a_p^{\dagger}$によって評価しても，あるいはspm$_p^{\dagger}$によっても前者のポートフォリオが後者を上回る結果となり，かつ，どちらのポートフォリオもベンチマークを凌駕した．

このように，知財スコアを追加的に利用して試験的に構築したポートフォリオのパフォーマンスは，わずかではあるが，本章で説明した$\frac{1}{N}$ポートフォリオ型EIFを上回った．この結果は，知財スコアなどのような個別企業の長期的ファンダメンタルズを表現するデータを本書で説明してきたポートフォリオ構築方法と合わせて利用して，ファンダメンタルズ情報併用型の長期

運用 EIF が設計できる可能性を示唆している．この長期ファダメンタルズ重視型の株式運用方法は，「ESG において優れ，あるいは，公共性を有する事業への投資を旨とする」といった制約を受けている運用機関や投資信託の場合には一顧する価値があるのではないかと思う．

古代ギリシャの詩人エウリピデスは，真理を表わす言葉は単純であると言った．至高の洗練は単純さの中にありと断じたイタリアの芸術家もある．本居宣長がそう詠んだように，朝日に匂う山桜が大和ごころを表わすものとしてこの国の人々の共感をよんできたのは，色といい，咲きぶりや散り方といい，それこそ痛いほどに単純だからではないか．

単純さは，何も情緒にのみ強く訴えかける特質ではない．理性においてもそうである．本書に集約した私たちの研究に何がしかの価値が認められるとすれば，それは，複雑化へと流れやすい長期，多期間の資産運用問題への解答を，投資実務において広く利用されている 1 期間モデルとしての平均・分散アプローチから説き起こし，多期間モデルの考え方を包括的に検討しつつ，現時点における長期投資研究のフロンティアの研究内容をも包含・止揚しながら，最終的に，可能な限り単純なものとして読者に提示したことではないかと考えている．しかもそれは，現実の資産運用で実践可能な投資戦略という形をとっている．

本書の最後に，市場平均並みのリスクをとる覚悟がある投資家は，長期投資を $\frac{1}{N}$ 組み入れした EIF で行なうべきであるというメッセージを強調し，また，私たちの研究成果が，読者自身の手によって具体的な運用の付加価値として結実することを祈念して，十有余年に及ぶ私たちの長い旅路の締めくくりとする．

APPENDIX CH-6　なぜ分散・共分散の推定は平均の推定よりも容易なのか

　第5章では，個々の株式銘柄の株価が幾何ブラウン運動に従うとき，自己充足的に連続的なポートフォリオ改定を行なえば，ポートフォリオの価値もまた幾何ブラウン運動に従うことを明らかにした．また，そのとき，連続複利表示の投資収益率が従う（初期値を条件とする）条件付き確率分布は，個別銘柄と同様に正規分布であり，GOP 理論ではこれを成長率とよぶ慣わしであることも解説した．

　連続時間バージョンの平均・分散分析では，この連続複利表示投資収益率の期待値（平均），分散，および銘柄間の共分散の推定が必要となる．以下では，分散および共分散の推定が，平均の推定に比べてはるかに容易であることを示した Merton（1980）の Appendix A を平易に解説する．

　記法の混乱を防ぐため，以下では，条件付き確率分布が正規分布となる算術的ブラウン運動（ドリフト付きウィナー過程）を，一般的に，

$$dX_t = \hat{\mu}_X dt + \hat{\sigma}_X dZ_{X,t} \qquad (A6.1)$$

と表わすことにする．$\hat{\mu}_X, \hat{\sigma}_X$ は定数であり，$Z_{X,t}$ は確率過程 $\{X_t\}$ に不確実性を与えるブラウン運動である．X_t は，個別銘柄あるいはポートフォリオの連続複利表示の投資収益率（対数収益率）を念頭においているが，この確率過程に従う変数であれば以下の議論はそれらのすべての変数について成立するので，一般的に X_t という変数を用いている．

　いま，観測期間を T で表わし，これを n 等分した観測インターバル $q = T/n$ ごとに，確率過程 $\{X_t\}$ の実現値が観測できると仮定する．このとき，第 $k(\in\{1, 2, \cdots, n\})$ インターバルの終了時点における観測値を X_k，その事前の値を確率変数 $\tilde{X}_k$ と表わせば，算術的ブラウン運動の性質より，

$$\tilde{X}_k = \hat{\mu}_X \cdot q + \hat{\sigma}_X \sqrt{q} \cdot \tilde{\varepsilon}_{X,k}, \qquad \tilde{\varepsilon}_{X,k} \sim N(0,1) \qquad (A6.2)$$

と記述することができる．$\tilde{\varepsilon}_{X,k}$ は，観測インターバルごとに独立な平均 0,

分散 1 の i.i.d. 正規分布に従う確率変数である.

まず, 平均 $\dot{\mu}_X$ の推定について述べる. 単位時間当たりの $\widetilde{X}_k$ は, $\widetilde{X}_k/q$ で与えられるが, これは投資収益率でいえば, q の表示単位が「年」のときには年率表示の連続複利投資収益率を表わす. 平均推定量 $\hat{\mu}_X$ として標本平均を用いると, $nq=T$ に注意して,

$$\hat{\mu}_X = \frac{1}{n}\sum_{k=1}^{n}\frac{\widetilde{X}_k}{q} = \frac{1}{nq}\sum_{k=1}^{n}\widetilde{X}_k = \frac{1}{T}\sum_{k=1}^{n}\widetilde{X}_k \tag{A6.3}$$

となる. この推定量の期待値と分散は,

$$\mathrm{E}[\hat{\mu}_X] = \frac{1}{T}\sum_{k=1}^{n}\mathrm{E}[\widetilde{X}_k] = \frac{1}{T}n(\dot{\mu}_X\cdot q) = \dot{\mu}_X \tag{A6.4}$$

$$\mathrm{Var}[\hat{\mu}_X] = \frac{1}{T^2}\sum_{k=1}^{n}\mathrm{Var}[\widetilde{X}_k] = \frac{1}{T^2}\sum_{k=1}^{n}(\dot{\sigma}_X^2\cdot q)$$

$$= \frac{1}{T^2}n(\dot{\sigma}_X^2\cdot q) = \frac{\dot{\sigma}_X^2}{T} \tag{A6.5}$$

となる. $\hat{\mu}_X$ の正確さは上式の分散で評価できるが, これは観測期間 T にのみ依存しており, 観測インターバルを細分化して (q を短縮して) 観測回数 n を増加させても, 推定量の正確さはまったく改善しないことがわかる.

次に, 分散の推定は, 平均を控除せず, 次の推定量を採用する.

$$\hat{\sigma}_X^2 = \frac{1}{T}\sum_{k=1}^{n}\widetilde{X}_k^2 \tag{A6.6}$$

ここで, $\widetilde{X}_k = \dot{\mu}_X\cdot q + \dot{\sigma}_X\sqrt{q}\cdot\widetilde{\varepsilon}_{X,k}$ であったので, 上式右辺に代入して計算すると,

$$\hat{\sigma}_X^2 = \frac{1}{T}\left(\sum_{k=1}^{n}(\dot{\mu}_X^2\cdot q^2) + 2\dot{\mu}_X\dot{\sigma}_X\cdot q\sqrt{q}\sum_{k=1}^{n}\widetilde{\varepsilon}_{X,k} + \dot{\sigma}_X^2\cdot q\sum_{k=1}^{n}\widetilde{\varepsilon}_{X,k}^2\right)$$

$$= \dot{\mu}_X^2\cdot q + \frac{2\dot{\mu}_X\dot{\sigma}_X}{n}\sqrt{q}\sum_{k=1}^{n}\widetilde{\varepsilon}_{X,k} + \frac{\dot{\sigma}_X^2}{n}\sum_{k=1}^{n}\widetilde{\varepsilon}_{X,k}^2 \tag{A6.7}$$

であるから, この推定量の期待値と分散を求めると,

$$\mathrm{E}[\hat{\sigma}_X^2] = \dot{\mu}_X^2\cdot q + \frac{2\dot{\mu}_X\dot{\sigma}_X}{n}\sqrt{q}\sum_{k=1}^{n}\mathrm{E}[\widetilde{\varepsilon}_{X,k}] + \frac{\dot{\sigma}_X^2}{n}\sum_{k=1}^{n}\mathrm{E}[\widetilde{\varepsilon}_{X,k}^2]$$

$$= \hat{\mu}_X^2 \frac{T}{n} + \hat{\sigma}_X^2 \qquad [\because \mathrm{E}[\tilde{\varepsilon}_{X,k}]=0, \mathrm{E}[\tilde{\varepsilon}_{X,k}^2]=1] \qquad (\mathrm{A6.8})$$

$$\mathrm{Var}[\hat{\tilde{\sigma}}_X^2] = \left(\frac{2\hat{\mu}_X\hat{\sigma}_X}{n}\sqrt{q}\right)^2 \times n \cdot \mathrm{Var}[\tilde{\varepsilon}_{X,k}] + \left(\frac{\hat{\sigma}_X^2}{n}\right)^2 \times n \cdot \mathrm{Var}[\tilde{\varepsilon}_{X,k}^2]$$

$$= \frac{4\hat{\mu}_X^2\hat{\sigma}_X^2}{n^2} q \times n + \left(\frac{\hat{\sigma}_X^2}{n}\right)^2 \times 2n \qquad [\because \mathrm{Var}[\tilde{\varepsilon}_{X,k}]=1, \mathrm{Var}[\tilde{\varepsilon}_{X,k}^2]=2]$$

$$= \frac{4\hat{\mu}_X^2\hat{\sigma}_X^2}{n^2} T + \frac{2\hat{\sigma}_X^4}{n} \qquad (\mathrm{A6.9})$$

を得る[67]．$\mathrm{E}[\hat{\tilde{\sigma}}_X^2] \neq \hat{\sigma}_X^2$ ゆえ，この推定量は不偏ではないものの，計測期間 T を所与とするとき，観測回数 n がある程度大きければ，誤差 $\hat{\mu}_X^2 \frac{T}{n}$ は無視可能となるので，平均 $\hat{\mu}_X$ を推定する必要がなく，自由度を1つ節約することができる．推定精度を表わす $\mathrm{Var}[\hat{\tilde{\sigma}}_X^2]$ をみると，所与の計測期間 T のもとで観測回数 n に依存しており，平均の推定とは異なり，分散の推定においては観測回数 n を増加させれば誤差はゼロへと収束することがわかる．

Merton (1980) では取り上げられていないが，共分散の推定も，分散の推定と同様に平均を控除しない推定量を利用できる．すなわち，もう一方の算術的ブラウン運動に従う確率過程 $\{Y_t\}$ を与える確率微分方程式を，

$$dY_t = \hat{\mu}_Y dt + \hat{\sigma}_Y dZ_{Y,t} \qquad (\mathrm{A6.10})$$

とし，$\{X_t\}$ との瞬間的な相関係数を，

$$dZ_{X,t} \cdot dZ_{Y,t} = \hat{\rho}_{X,Y}, \quad -1 \leq \hat{\rho}_{X,Y} \leq 1 \qquad (\mathrm{A6.11})$$

とする．$\{X_t\}$ と同様に，観測インターバルを $q=T/n$ とし，第 $k (\in \{1, 2, \cdots, n\})$ インターバルの終了時点における観測値を Y_k，その事前の値を確率変数 $\tilde{Y}_k$ とすれば，

$$\tilde{Y}_k = \hat{\mu}_Y \cdot q + \hat{\sigma}_Y \sqrt{q} \cdot \tilde{\varepsilon}_{Y,k}, \quad \tilde{\varepsilon}_{Y,k} \sim \mathrm{N}(0,1)$$

である．このとき，共分散の推定量として，

---

[67] 上の式変形で $\mathrm{Var}[\tilde{\varepsilon}_{X,k}^2]=2$ となる理由は，標準正規分布の4次積率が $\mathrm{E}[\tilde{\varepsilon}_{X,k}^4]=3$ ゆえ，$\mathrm{Var}[\tilde{\varepsilon}_{X,k}^2]=\mathrm{E}[(\tilde{\varepsilon}_{X,k}^2)^2]-(\mathrm{E}[\tilde{\varepsilon}_{X,k}^2])^2=\mathrm{E}[\tilde{\varepsilon}_{X,k}^4]-1=3-1=2$ となるからである．

$$\hat{\sigma}_{X,Y} = \frac{1}{T}\sum_{k=1}^{n}\widetilde{X}_k\widetilde{Y}_k \qquad (A6.12)$$

を採用する. 計算の詳細は略すが, この推定量の期待値と分散を求めると,

$$\mathrm{E}[\hat{\sigma}_{X,Y}] = \acute{\mu}_X\acute{\mu}_X\frac{T}{n} + \acute{\sigma}_{X,Y} \qquad (A6.13)$$

$$\mathrm{Var}\,[\hat{\sigma}_{X,Y}] = \frac{\acute{\mu}_X^2\acute{\sigma}_Y^2}{n^2}T + \frac{\acute{\mu}_Y^2\acute{\sigma}_X^2}{n^2}T + \frac{2\acute{\mu}_X\acute{\mu}_Y\acute{\sigma}_{X,Y}}{n}T + \frac{\acute{\sigma}_X^2\acute{\sigma}_Y^2}{n} + \acute{\sigma}_{X,Y}^2$$

$$(A6.14)$$

を得る[68]. この推定量は不偏ではないが, 分散推定量と同様に, 観測数 n を増加させると誤差 $\acute{\mu}_X\acute{\mu}_X\frac{T}{n}$ は無視可能となること, また, 推定量の分散も減少し, 観測数の増加によってより精緻な推定が可能となることがわかる. ただし, 分散推定量とは異なり, 観測数 n を増加させても推定量の分散はゼロには収束しない.

さて, 分散および共分散の推定は, 観測期間 T が所与のもとで, 観測回数 n を増加させれば精度が向上することがわかったが, このことは, 逆に, 推定精度向上のためには月次収益率よりも日次収益率, 観測可能であれば1時間ごとあるいは1分ごとに投資収益率を計測すべきことを意味していると考えてよいのであろうか. 答えは否, である. Merton (1980) 自身が, 明快な例を提示しているので紹介しよう.

現実的な設定として, あるリスク資産 X の連続複利表示の投資収益率の期待収益率と分散を年率表示で $\acute{\mu}_X=0.10, \acute{\sigma}_X^2=0.04$ と仮定する. これらは母数である. 観測期間を $T=1$ 年とすると, 月次データを観測して推定する場合には $T/n \approx 1/12$ ゆえ,

$$\mathrm{E}[\hat{\sigma}_X^2] = \acute{\mu}_X^2\frac{T}{n} + \acute{\sigma}_X^2 = (0.1)^2 \times \left(\frac{1}{12}\right) + 0.04 \approx 0.0408333$$

であり, 日次データで観測, 推定する場合には 1 年 ≈ 360 日とすると,

---

68) 共分散推定量の分散の計算において, 4つの互いに相関をもつ標準正規分布変数の積の期待値が, $\mathrm{E}[\tilde{\varepsilon}_1\tilde{\varepsilon}_2\tilde{\varepsilon}_3\tilde{\varepsilon}_4] = \acute{\rho}_{1,2}\acute{\rho}_{3,4} + \acute{\rho}_{1,3}\acute{\rho}_{2,4} + \acute{\rho}_{1,4}\acute{\rho}_{2,3}$ となる性質 (Isserlis の定理, Isserlis (1918)) を利用した. なお, この性質は, $f(\tilde{\varepsilon}_1,\tilde{\varepsilon}_2,\tilde{\varepsilon}_3,\tilde{\varepsilon}_4) = \tilde{\varepsilon}_1\tilde{\varepsilon}_2\tilde{\varepsilon}_3\tilde{\varepsilon}_4$ において f に4変数の場合の伊藤の補助定理を適用し, ドリフト部分にフビニの定理を用いると容易に証明できる.

$T/n ≈ 1/360$ ゆえ，

$$\mathrm{E}[\hat{\sigma}_X^2] = \hat{\mu}_X^2 \frac{T}{n} + \hat{\sigma}_X^2 = (0.1)^2 \times \left(\frac{1}{360}\right) + 0.04 ≈ 0.0400277$$

となって，実務的な視点からいえば，両者の推定にはほとんど差のないことがわかる．

この結果は，米国市場を対象とした分析であるため，月次データおよび日次データにおける観測時点である毎日，あるいは毎月の最終取引日の市場が閉じる午後4時ちょうどに，この株式が売買され，その価格が報告されているという前提がおかれている．ここで，観測精度をあげようとして観測インターバルを6時間に短縮し（$q=6$時間），市場が開始する午前10時と，市場が閉まる6時間後の午後4時の株価を観測するものとしよう．市場が午前10時に開くと同時にこの株式が取り引きされるとして，5時間後の午後3時の場中に最終の売買取引があった場合には，市場が閉まる午後4時の終値として同じ株価が発表されるので，実際には5時間における株価変化を，6時間での株価変化とみなして分散を推定するので（5で除すべきところを6で除すので），$1-(5/6) ≈ 0.1667 = 16.67\%$ の過小評価が発生することになる．もし，最終取引が午後2時である場合には，過小評価の程度は $1-(4/6) ≈ 0.3333 = 33.33\%$ に拡大する．このような，取引が生じた正確な時間に関知しないことに起因する推定誤差は，データの観測インターバルが月次，週次，日次，6時間ごとというように短期化すればするほど，拡大することがわかる．

Merton (1980) は，最適な観測インターバルが具体的にどの程度なのかについては明言を避けているものの，同論文336ページには，毎日のデータが利用可能な状況においても「1か月のインターバルは非合理的な選択とは言えない（not an unreasonable choice）．」と述べている．私たちは，この天才の印象的な呟きを真摯に受け止め，日本市場で日常的に行なわれている月次データを使った分析のあり方とも平仄がとれることから，本書においては主として月次投資収益率を用いて実証分析を行なうことを選択した．

参考文献

Abel, A. B. (1990), "Asset Prices under Habit Formation and Catching Up with the Joneses," *American Economic Review*, Vol. 80 (2), pp. 38-42.

Altug, S. and P. Labadie (2008), *Asset Pricing for Dynamic Economies*, New York: Cambridge University Press.

Ang, A., R. J. Hodrick, Y. Xing, and X. Zhang (2006), "The Cross-Section of Volatility and Expected Returns," *Journal of Finance*, Vol. 61 (1), pp. 259-299.

Arrow, K. J. (1970), *Essays in the Theory of Risk-Bearing*, Amsterdam: North-Holland.

Basu, S. (1977), "Investment Performance of Common Stocks in Relation to Their Price-Earnings Ratios: A Test of the Efficient Market Hypothesis," *Journal of Finance*, Vol. 32 (3), pp. 663-682.

Bellman, R. (1957), *Dynamic Programming*, Princeton: Princeton University Press.

Berber, B. M. and J. D. Lyon (1997), "Detecting Long-Run Abnormal Stock Returns: The Empirical Power and Specification of Test Statistics," *Journal of Financial Economics*, Vol. 43 (3), pp. 341-372.

Best, M. J. and R. R. Grauer (1991), "On the Sensitivity of Mean-Variance-Efficient Portfolios to Changes in Asset Means: Some Analytical and Computational Results," *Review of Financial Studies*, Vol. 4 (2), pp. 315-342.

Black, F., M. C. Jensen, and M. S. Scholes (1972), "The Capital Asset Pricing Model: Some Empirical Tests," in: Michael C. Jensen (ed.), *Studies in the Theory of Capital Markets*, New York: Praeger, pp. 1-54.

Blitz, D. and P. van Vliet (2007), "The Volatility Effect: Lower Risk without Lower Return," *Journal of Portfolio Management*, Vol. 34 (1), pp. 102-113.

Bodie, Z., A. Kane, and A. Marcus (2008), *Investments*, 7th ed., Boston: McGraw-Hill.

Breeden, D. T., (1979), "An Intertemporal Asset Pricing Model with Stochastic Consumption and Investment Opportunities," *Journal of Financial Economics*, Vol. 7 (3), pp. 265-296.

Breiman, L. (1961), "Optimal Gambling Systems for Favorable Games," *Proceedings of the 4th Berkeley Symposium on Mathematical Statistics and Probability*, Vol. 1, pp. 65-78.

Campbell, J. Y. (2003), "Consumption-Based Asset Pricing," in: G. M. Constantinides, M. Harris, and R. M. Stulz (eds.), *Handbook of the Economics of Finance, Volume 1B*, Amsterdam: Elsevier, pp. 801-885.

Campbell, J. Y. and L. M. Viceira (1999a), "Consumption and Portfolio Decisions When Expected Returns Are Time Varying," *Quarterly Journal of Economics*, Vol. 114 (2), pp. 433-495.

Campbell, J. Y. and L. M. Viceira (1999b), "Appendix to Who Should Buy Long-Term Bonds?" Unpublished Manuscript. http://www.people.hbs.edu/lviceira/aerapp.pdf

Campbell, J. Y. and L. M. Viceira (2001a), "Who Should Buy Long-Term Bonds?" *American Economic Review*, Vol. 91 (1), pp. 99-127.

Campbell, J. Y. and L. M. Viceira (2001b), "Appendix to Strategic Asset Allocation: Portfolio Choice for Long-Term Investors," Unpublished Manuscript. http://www.people.hbs.edu/lviceira/bookapp.pdf

Campbell, J. Y. and L. M. Viceira (2002), *Strategic Asset Allocation: Portfolio Choice for Long-Term Investors*, Oxford: Oxford University Press.（木島正明監訳『戦略的アセットアロケーション——長期投資のための資産配分の考え方』東洋経済新報社，2005 年）

Campbell, J. Y., Y. L. Chan, and L. M. Viceira (2003), "A Multivariate Model of Strategic Asset Allocation," *Journal of Financial Economics*, Vol. 67 (1), Vol. 41-80.

Campbell, J. Y., A. W. Lo, and A. C. MacKinlay (1997), *The Econometrics of Financial Markets*, Princeton: Princeton University Press.（祝迫得夫・大橋和彦・中村信弘・本多俊毅・和田賢治訳『ファイナンスのための計量分析』共立出版，2003 年）

Carhart, M. M. (1997), "On Persistence in Mutual Fund Performance," *Journal of Finance*, Vol. 52 (1), pp. 57-82.

Chan, L. K. C., J. Karceski, and J. Lakonishok (1999), "On Portfolio Optimization: Forecasting and Choosing the Risk Model," *Review of Financial Studies*, Vol. 12 (5), pp. 937-974.

Chen, N., R. Roll, and S. A. Ross (1986), "Economic Forces and the Stock Market," *Journal of Business*, Vol. 59 (3), pp. 383-403.

Cochrane, J. H. (2001), *Asset Pricing*, Princeton: Princeton University Press.

Cochrane, J. H. (2005), *Asset Pricing (Revised Edition)*, Princeton: Princeton University Press.

Danthine, J. and J. B. Donaldson (2005), *Intermediate Financial Theory*, 2nd ed., Amsterdam: Academic Press.（日本証券アナリスト協会編，祝迫得夫監訳『現代

ファイナンス分析資産価格理論』ときわ総合サービス,2007年)
De Bondt, W. F. M. and R. Thaler (1985), "Does the Stock Market Overreact?" *Journal of Finance*, Vol. 40 (3), pp. 793-805.
DeGroot, M. H. (1970), *Optimal Statistical Decisions*, New York: McGraw-Hill.
DeMiguel, V., L. Garlappi, and R. Uppal (2009), "Optimal Versus Naive Diversification: How Inefficient is the 1/N Portfolio Strategy?" *Review of Financial Studies*, Vol. 22 (5), pp. 1915-1953.
Diebold, F. X. (1988), *Empirical Modeling of Exchange Rate Dynamics*, Berlin: Springer-Verlag.
Domar, E. D. and R. A. Musgrave (1944), "Proportional Income Taxation and Risk-Taking," *Quarterly Journal of Economics*, Vol. 58 (3), pp. 388-422.
Duffie, D. (1988), *Security Markets: Stochastic Models*, Boston: Academic Press.
Ellsberg, D. (1961), "Risk, Ambiguity and the Savage Axioms," *Quarterly Journal of Economics*, Vol. 75 (4), pp. 643-669.
Elton, E. J. and M. J. Gruber (1973), "Estimating the Dependence Structure of Share Prices: Implications for Portfolio Selection," *Journal of Finance*, Vol. 28 (5), pp. 1203-1232.
Elton, E. J. and M. J. Gruber (1974), "On the Maximization of the Geometric Mean with Lognormal Return Distribution," *Management Science*, Vol. 21 (4), pp. 483-488.
Elton, E. J. and M. J. Gruber (1999), "Modern Portfolio Theory, 1950 to Date," in: E. J. Elton and M. J. Gruber, *Investments Volume 1: Portfolio Theory and Asset Pricing*, Cambridge, Mass.: The MIT Press, pp. 441-459.
Epstein, L. G. (1988), "Risk Aversion and Asset Prices," *Journal of Monetary Economics*, Vol. 22 (2), pp. 179-192.
Epstein, L. G. and S. E. Zin (1989), "Substitution, Risk Aversion, and the Temporal Behavior of Consumption and Asset Returns: A Theoretical Framework," *Econometrica*, Vol. 57 (4), pp. 927-969.
Epstein, L. G. and S. E. Zin (1991), "Substitution, Risk Aversion, and the Temporal Behavior of Consumption and Asset Returns: An Empirical Analysis," *Journal of Political Economy*, Vol. 99 (2), pp. 263-286.
Fama, E. F. (1968), "Risk, Return and Equilibrium: Some Clarifying Comments," *Journal of Finance*, Vol. 23 (1), pp. 29-40.
Fama, E. F. (1996), "Multifactor Portfolio Efficiency and Multifactor Asset Pricing," *Journal of Financial and Quantitative Analysis*, Vol. 31 (4), pp. 441-465.
Fama, E. F. and K. R. French (1988), "Permanent and Temporary Components of

Stock Prices," *Journal of Political Economy*, Vol. 96 (2), pp. 246-273.

Fama, E. F. and K. R. French (1993), "Common Risk Factors in the Returns on Stocks and Bonds," *Journal of Financial Economics*, Vol. 33 (1), pp. 3-56.

Fama, E. F. and K. R. French (2015), "A Five-factor Asset Pricing Model," *Journal of Financial Economics*, Vol. 116 (1), pp. 1-22.

Frazzini, A. and L. H. Pedersen (2014), "Betting against Beta," *Journal of Financial Economics*, Vol. 111 (1), pp. 1-25.

French, C. W. (2003), "The Treynor Capital Asset Pricing Model," *Journal of Investment Management*, Vol. 1 (2), pp. 60-72.

Friend, I. and M. E. Blume (1975), "The Demand of Risky Assets," *American Economic Review*, Vol. 65 (5), pp. 900-922.

Fuse, M. (2004), "Estimating Intertemporal Substitution in Japan," *Applied Economics Letters*, Vol. 11 (4), pp. 267-269.

Gali, J. (1994), "Keeping Up with the Joneses: Consumption Externalities, Portfolio Choices, and Asset Prices," *Journal of Money, Credit, and Banking*, Vol. 26 (1), pp. 1-8.

Garlappi, L., R. Uppal, and T. Wang (2007), "Portfolio Selection with Parameter and Model Uncertainty: A Multi-Prior Approach," *Review of Financial Studies*, Vol. 20 (1), pp. 41-81.

Gilboa, I. and D. Schmeidler (1989), "Maxmin Expected Utility with Non-Unique Prior," *Journal of Mathematical Economics*, Vol. 18 (2), pp. 141-153.

Giovannini, A. and P. Weil (1989), "Risk Aversion and Intertemporal Substitution in the Capital Asset Pricing Model," NBER Working Paper (National Bureau of Economic Research), No. 2824.

Goldman, M. B. (1974), "A Negative Report on the 'Near Optimality' of the Max-expected-log Policy as Applied to Bounded Utilities for Long Lived Programs," *Journal of Financial Economics*, Vol. 1 (1), pp. 97-103.

Gollier, C. (2001), *The Economics of Risk and Time*, Cambridge, Mass.: The MIT Press.

Hakansson, N. H. (1969), "Optimal Investment and Consumption Strategies under Risk, an Uncertain lifetime, and Insurance," *International Economic Review*, Vol. 10 (3), pp. 443-466.

Hakansson, N. H. (1970), "Optimal Investment and Consumption Strategies under Risk for a Class of Utility Functions," *Econometrica*, Vol. 38 (5), pp. 587-607.

Hakansson, N. H. (1971), "Capital Growth and the Mean Variance Approach to Portfolio Selection," *Journal of Financial and Quantitative Analysis*, Vol. 6 (1), pp.

517-557.

Hakansson, N. H. (1974), "Convergence to Isoelastic Utility and Policy in Multiperiod Portfolio Choice," *Journal of Financial Economics*, Vol. 1 (3), pp. 201-224.

Hakansson, N. H. (1989), "Portfolio Analysis," in: J. Eatwell, M. Milgate, and P. Newman (eds.), *The New Palgrave Finance*, London: Macmillan, pp. 227-236.

Hansen, L., J. Heaton, J. Lee, and N. Roussanov (2007), "Intertemporal Substitution and Risk Aversion," in: J. J. Heckman and E. E. Leamer (eds.), *Handbook of Econometrics, Volume 6A*, Amsterdam: Elsevier, pp. 3968-4056.

Hara, C. and T. Honda (2014), "Asset Demand and Ambiguity Aversion," Hitotsubashi ICS-FS Working Paper Series, No. FS-2014-E-003.

Hens, T. and M. O. Rieger (2010), *Financial Economics: A Concise Introduction to Classical and Behavioral Finance*, Berlin: Springer-Verlag.

Heyde, C. C. (1963), "On a Property of the Lognormal Distributions," *Journal of the Royal Statistical Society, Series B: Methodological*, Vol. 25 (2), pp. 392-393.

Huang, C. and R. H. Litzenberger (1988), *Foundations for Financial Economics*, New York: Elsevier.

Huberman, G. and S. A. Ross (1983), "Portfolio Turnpike Theorems, Risk Aversion, and Regularly Varying Utility Functions," *Econometrica*, Vol. 51 (5), pp. 1345-1361.

Hunt, B. F. (2005), "Growth Optimal Investment Strategy Efficacy: An Application on Long Run Australian Equity Data," *Investment Management and Financial Innovation*, Vol. 2 (1), pp. 8-22.

Ikeda, M. (2010), "Equilibrium Preference Free Pricing of Derivatives under the Generalized Beta Distributions," *Review of Derivatives Research*, Vol. 13 (3), pp. 297-332.

Ingersoll, J. E., Jr. (1987), *Theory of Financial Decision Making*, Totowa, N. J.: Rowman & Littlefield.

Ishijima, H. and M. Uchida (2011), "Log Mean-Variance Portfolio Selection Under Regime Switching," *Asia-Pacific Financial Markets*, Vol. 18 (2), pp. 213-229.

Isserlis, L. (1918), "On a Formula for the Product-Moment Coefficient of Any Order of a Normal Frequency Distribution in any Number of Variables," *Biometrika*, Vol. 12 (1/2), pp. 134-139.

Jagadeesh, N. (1990), "Evidence of Predictable Behavior of Security Returns," *Journal of Finance*, Vol. 45 (3), pp. 881-898.

Jagadeesh, N. and S. Titman (1993), "Returns to Buying Winners and Selling Losers: Implications for Stock Market Efficiency," *Journal of Finance*, Vol. 48 (1), pp. 65-

91.

Jensen, M. C. (1968), "The Performance of Mutual Funds in the Period 1945-1964," *Journal of Finance*, Vol. 23 (2), pp. 389-416.

Jorion, P. (1985), "International Portfolio Diversification with Estimation Risk," *Journal of Business*, Vol. 58 (3), pp. 259-278.

Kelly, J. L., Jr. (1956), "A New Interpretation of Information Rate," *Bell System Technology Journal*, Vol. 35 (4), pp. 917-926.

Kim, T. S. and E. Omberg (1996), "Dynamic Nonmyopic Portfolio Behavior," *Review of Financial Studies*, Vol. 9 (1), pp. 141-161.

Kothari, S. P. and J. B. Warner (1997), "Measuring Long-horizon Security Price Performance," *Journal of Financial Economics*, Vol. 43 (3), pp. 301-339.

Kreps, D. M. and E. L. Porteus (1978), "Temporal Resolution of Uncertainty and Dynamic Choice Theory," *Econometrica*, Vol. 46 (1), pp. 185-200.

Kritzman, M. and D. R. Rich (1998), "Beware of Dogma," *Journal of Portfolio Management*, Vol. 24 (4), pp. 66-77.

Latané, H. A. (1959), "Criteria for Choice Among Risky Ventures," *Journal of Political Economy*, Vol. 67 (2), pp. 144-155.

Latané, H. A. (1978), "The Geometric-Mean Principle Revisited: A Reply," *Journal of Banking and Finance*, Vol. 2 (4), pp. 395-398.

Lehmann, B. N. (1990), "Fads, Martingales, and Market Efficiency," *Quarterly Journal of Economics*, Vol. 105 (1), pp. 1-28.

Leland, H. (1972), "On Turnpike Portfolios," in: G. P. Szegö and K. Shell (eds.), *Mathematical Methods in Investment and Finance*, Amsterdam: North-Holland.

Lintner, J. (1965), "The Valuation of Risk Assets and the Selection of Risky Investments in Stock Portfolios and Capital Budgets," *Review of Economics and Statistics*, Vol. 47 (1), pp. 13-37.

Long, J. B., Jr. (1990), "The Numeraire Portfolio," *Journal of Financial Economics*, Vol. 26 (1), pp. 29-69.

Luenberger, D. G. (1998), *Investment Science*, Oxford: Oxford University Press.（今野浩・鈴木賢一・枇々木規雄訳『金融工学入門』日本経済新聞社, 2002 年）

Maccheroni, F., M. Marinacci, and D. Ruffino (2013), "Alpha As Ambiguity: Robust Mean-Variance Portfolio Analysis," *Econometrica*, Vol. 81 (3), pp. 1075-1113.

Malkiel, B. (1963), "Equity Yields, Growth, and the Structure of Share Prices," *American Economic Review*, Vol. 53 (5), pp. 1004-1031.

Markowitz, H. M. (1952), "Portfolio Selection," *Journal of Finance*, Vol. 7 (1), pp. 77-91.

Markowitz, H. M. (1970), *Portfolio Selection: Efficient Diversification of Investments*, 2nd Printing, New Haven: Yale University Press.

Mehra, R. and E. C. Prescott (1985), "The Equity Premium: A Puzzle," *Journal of Monetary Economics*, Vol. 15 (2), pp. 145-161.

Merton, R. C. (1969), "Lifetime Portfolio Selection under Uncertainty: The Continuous-time Case," *Review of Economics and Statistics*, Vol. 51 (3), pp. 247-257.

Merton, R. C. (1971), "Optimum Consumption and Portfolio Rules in a Continuous-Time Model," *Journal of Economic Theory*, Vol. 3 (4), pp. 373-413.

Merton, R. C. (1972), "An analytic Derivation of the Efficient Portfolio Frontier," *Journal of Financial and Quantitative Analysis*, Vol. 7 (4), pp. 1851-1872.

Merton, R. C. (1973), "An Intertemporal Capital Asset Pricing Model," *Econometrica*, Vol. 41 (5), pp. 867-887.

Merton, R. C. (1980), "On Estimating the Expected Return on the Market: An Exploratory Investigation," *Journal of Financial Economics*, Vol. 8 (4), pp. 323-361.

Merton, R. C. and P. A. Samuelson (1974), "Fallacy of the Log-normal Approximation to Optimal Portfolio Decision-Making over Many Periods," *Journal of Financial Economics*, Vol. 1 (1), pp. 67-94.

Modigliani, F. and M. H. Miller (1958), "The Cost of Capital, Corporation Finance and the Theory of Investment," *American Economic Review*, Vol. 48 (3), pp. 261-297.

Mossin, J. (1966), "Equilibrium in a Capital Asset Market," *Econometrica*, Vol. 34 (4), pp. 768-783.

Mossin, J. (1968), "Optimal Multiperiod Portfolio Policies," *Journal of Business*, Vol. 41 (2), pp. 215-229.

Munk, C. (2013), *Financial Asset Pricing Theory*, Oxford: Oxford University Press.

Myrdal, G. (1939), *Monetary Equilibrium*, London: William Hodge.

Negishi, T. (1960), "Welfare Economics and Existence of an Equilibrium for a Competitive Economy," *Metroeconomica*, Vol. 12 (2-3), pp. 92-97.

Nielsen, L. T. (1985), "Attractive Compounds of Unattractive Investments and Gambles," *Scandinavian Journal of Economics*, Vol. 87 (3), pp. 463-473.

Ophir, T. (1978), "The Geometric Mean Principle Revisited," *Journal of Banking and Finance*, Vol. 2 (1), pp. 103-107.

Ophir, T. (1979), "The Geometric Mean Principle Revisited: A Reply to a 'Reply'," *Journal of Banking and Finance*, Vol. 3 (4), pp. 301-303.

Pennacchi, G. (2008), *Theory of Asset Pricing*, Boston: Pearson Education.

Phelps, E. S. (1962), "The Accumulation of Risky Capital: A Sequential Utility Analysis," *Econometrica*, Vol. 30 (4), pp. 729–743.

Platen, E. (2006), "A Benchmark Approach to Finance," *Mathematical Finance*, Vol. 16 (1), pp. 131–151.

Poon, S. and R. C. Stapleton (2005), *Asset Pricing in Discrete Time: A Complete Markets Approach*, Oxford: Oxford University Press.

Poterba, J. M. and L. H. Summers (1988), "Mean Reversion in Stock Prices: Evidence and Implications," *Journal of Financial Economics*, Vol. 22 (1), pp. 27–59.

Pratt, J. W. (1964), "Risk Aversion in the Small and in the Large," *Econometrica*, Vol. 32 (1/2), pp. 122–136.

Pratt, J. W. and R. J. Zeckhauser (1987), "Proper Risk Aversion," *Econometrica*, Vol. 55 (1), pp. 143–154.

Ramsey, F. P. (1928), "A Mathematical Theory of Savings," *Economic Journal*, Vol. 38 (152), pp. 543–559.

Roll, R. (1977), "A Critique of the Asset Pricing Theory's Tests; Part 1: On Past and Potential Testability of the Theory," *Journal of Financial Economics*, Vol. 4 (2), pp. 129–176.

Ross, S. A. (1976), "The Arbitrage Theory of Capital Asset Pricing," *Journal of Economic Theory*, Vol. 13 (3), pp. 341–360.

Ross, S. A. (1978), "Mutual Fund Separation in Financial Theory: The Separating Distributions," *Journal of Economic Theory*, Vol. 17 (2), pp. 254–286.

Ross, S. A. (1999), "Adding Risks: Samuelson's Fallacy of Large Numbers Revisited," *Journal of Financial and Quantitative Analysis*, Vol. 34 (3), pp. 323–339.

Rubinstein, M. E. (1976a), "The Strong Case for the Generalized Logarithmic Utility Model as the Premier Model of Financial Markets," *Journal of Finance*, Vol. 31 (2), pp. 551–571.

Rubinstein, M. E. (1976b), "The Valuation of Uncertain Income Streams and the Pricing of Options," *Bell Journal of Economics*, Vol. 7 (2), pp. 407–425.

Rubinstein, M. E. (2006), *A History of the Theory of Investments: My Annotated Bibliography*, Hoboken, N. J.: John Wiley & Sons.

Samuelson, P. A. (1963), "Risk and Uncertainty: A Fallacy of Large Numbers," *Scientia*, Vol. 98 (4), pp. 108–113.

Samuelson, P. A. (1969), "Lifetime Portfolio Selection by Dynamic Stochastic Programming," *Review of Economics and Statistics*, Vol. 51 (3), pp. 239–246.

Samuelson, P. A. (1970), "The Fundamental Approximation Theorem of Portfolio Analysis in Terms of Means, Variances and Higher Moments," *Review of

Economic Studies, Vol. 37 (4), pp. 537-541.

Samuelson, P. A. (1979), "Why We Should Not Make Mean Log of Wealth Big through Years to Act Are Long," *Journal of Banking and Finance*, Vol. 3 (4), pp. 305-307.

Samuelson, P. A. (1983), *Economics from the Heart: A Samuelson Sampler*, San Diego, Calif.: Harcourt Brace Jovanovich. (都留重人監訳『サムエルソン 心で語る経済学』ダイヤモンド社，1984 年)

Samuelson, P. A. (1989), "The $\sqrt{N}$ Law and Repeated Risk Taking," in: T. W. Anderson, K. B. Athreya, and D. L. Iglehart (eds.), *Probability, Statistics, and Mathematics: Papers in Honor of Samuel Karlin*, Boston: Academic Press, pp. 291-306.

Samuelson, P. A. and R. C. Merton (1974), "Generalized Mean-Variance Tradeoffs for Best Perturbation Corrections to Approximate Portfolio Decisions," *Journal of Finance*, Vol. 29 (1), pp. 27-40.

Schwert, G. W. (1983), "Size and Stock Returns, and Other Empirical Regularities," *Journal of Financial Economics*, Vol. 12 (1), pp. 3-12.

Selden, L. (1978), "A New Representation of Preferences over 'Certain × Uncertain' Consumption Pairs: The 'Ordinary Certainty Equivalent' Hypothesis," *Econometrica*, Vol. 46 (5), pp. 1045-1060.

Selden, L. (1979), "An OCE Analysis of the Effect of Uncertainty on Saving under Risk Preference Independence," *Review of Economic Studies*, Vol. 46 (1), pp. 73-82.

Sharpe, W. F. (1963), "A Simplified Model for Portfolio Analysis," *Management Science*, Vol. 9 (2), pp. 277-293.

Sharpe, W. F. (1964), "Capital Asset Prices: A Theory of Market Equilibrium under Conditions of Risk," *Journal of Finance*, Vol. 19 (3), pp. 425-442.

Sharpe, W. F. (1966), "Mutual Fund Performance," *Journal of Business*, Vol. 39 (1), pp. 119-138.

Sharpe, W. F. (1985), *Investments*, 3rd ed., Englewood Cliffs, N. J.: Prentice-Hall.

Sharpe, W. F., G. J. Alexander, and J. V. Bailey (1998), *Investments*, 6th ed., Upper Saddle River, N. J.: Prentice Hall International.

Shigeta, Y. (2017), "Portfolio Selections under Mean-Variance Preference with Multiple Priors for Means and Variances," *Annals of Finance*, Vol. 13 (1), pp. 97-124.

Siegel, J. J. (2007), *Stocks for the Long Run: The Definitive Guide to Financial Market Returns and Long-Term Investment Strategies*, 4th ed., New York: McGraw-Hill.

Skiadas, C. (2009), *Asset Pricing Theory*, Princeton: Princeton University Press.

Sun, H., I. Nelken, G. Han, and J. Guo (2009), "Error of VAR by Overlapping Intervals," *Risk*, Vol. 22, pp. 86-91.

Suzuki, M. (2016), "A Representative Agent Asset Pricing Model with Heterogeneous Beliefs and Recursive Utility," *International Review of Economics and Finance*, Vol. 45, pp. 298-315.

Thaler, R. H. (2015), *Misbehaving: The Making of Behavioral Economics*, London: Allen Lane.

Treynor, J. L. (1961), "Market Value, Time, and Risk," Unpublished manuscript, dated as 8/8/61. https://papers.ssrn.com/sol3/papers.cfm?abstract_id=2600356

Treynor, J. L. (1962), "Toward a Theory of Market Value of Risky Assets," Unpublished manuscript, dated as the Fall of 1962. https://papers.ssrn.com/sol3/papers.cfm?abstract_id=628187

Treynor, J. L. (1965), "How to Rate Management of Investment Funds," *Harvard Business Review*, Vol. 43 (1), pp. 63-75.

Treynor, J. L. (1999), "Toward a Theory of Market Value of Risky Assets," in: R. A. Korajczyk (ed.), *Asset Pricing and Portfolio Performance*, London: Risk Publication, pp. 15-22.

Treynor, J. L. and F. Black (1973), "How to Use Security Analysis to Improve Portfolio Selcction," *Journal of Business*, Vol. 46 (1), pp. 66-88.

Vasicek, O. A. (1973), "A Note on Using Cross-Sectional Information in Bayesian Estimation of Security Betas," *Journal of Finance*, Vol. 28 (5), pp. 1233-1239.

Vissing-Jørgensen, A. and O. P. Attanasio (2003), "Stock-Market Participation, Intertemporal Substitution, and Risk-Aversion," *American Economic Review*, Vol. 93 (2), pp. 383-391.

Weil, P. (1990), "Nonexpected Utility in Macroeconomics," *Quarterly Journal of Economics*, Vol. 105 (1), pp. 29-42.

Williams, J. B. (1936), "Speculation and the Carryover," *Quarterly Journal of Economics*, Vol. 50 (3), pp. 436-455.

von Neumann, J. and O. Morgenstern (1944), *Theory of Games and Economic Behavior*, Princeton: Princeton University Press.

安達智彦・斎藤進 (1992)『セミナー現代のポートフォリオ・マネジメント』同文舘出版.

池田昌幸 (2000)『金融経済学の基礎』朝倉書店.

池田昌幸 (2016)「プライシング・カーネルとCAPM」早稲田大学大学院ファイナンス研究科・早稲田大学ビジネススクール編『MBA・金融プロフェッショナルのた

めのファイナンスハンドブック』中央経済社，56-57 頁．
伊藤伸二（2008）「相対的リスク回避度の適合性判定への応用」『ファイナンシャル・プランニング研究』第 8 巻，4-21 頁．
祝迫得夫（2001）「資産価格モデルの現状――消費と資産価格の関係をめぐって」『現代ファイナンス』第 9 巻，3-39 頁．
岩澤誠一郎・内山朋規（2013）「「ボラティリティー・アノマリー」の行動経済学的探求」『フィナンシャル・レビュー』第 114 号（2013 年 3 月号），5-34 頁．
岩田暁一（1983）『経済分析のための統計的方法　第 2 版』東洋経済新報社．
沖本竜義（2010）『経済・ファイナンスデータの計量時系列分析』朝倉書店．
金崎芳輔（1987）「修正ベータの有効性の検証」『証券アナリストジャーナル』第 25 巻第 11 号，62-75 頁．
久保田敬一・竹原均（2007）「Fama-French ファクターモデルの有効性の再検証」『現代ファイナンス』第 22 巻，3-23 頁．
今野浩（1995）『理財工学（1）』日科技連出版社．
佐々木幸治（2010）「VAR と再帰的効用を用いた多期間ポートフォリオの推定」『証券アナリストジャーナル』第 48 巻第 10 号，70-82 頁．
佐和隆光（1979）『回帰分析』朝倉書店．
斯波恒正（2013）「ファイナンスの計量経済学で気になること」『証券アナリストジャーナル』第 51 巻第 5 号，54-60 頁．
鈴木雪夫（1987）『統計学』（新数学講座 11，田村一郎・木村俊房編）朝倉書店．
隅田誠・今井英彦（2016）「平均，分散，ベータ係数のベイズ修正効果」『武蔵大学論集』第 64 巻第 1 号，77-101 頁．
高木貞治（1983）『解析概論　改訂第 3 版』岩波書店．
竹村彰通（1991）『現代数理統計学』創文社．
谷川寧彦（1994）「消費データを用いた資産価格の実証分析」『岡山大学経済学会雑誌』第 25 巻第 3 号，641-658 頁．
中川忍・片桐智子（1999）「日本の家計の金融資産選択行動――日本の家計はなぜリスク資産投資に消極的であるのか？」『日本銀行調査月報』1999 年 11 月，79-113 頁．
堀敬一（1996）「日本の資産市場における消費資産価格モデルの再検証」『大阪大学経済学』第 45 巻第 3-4 号，76-90 頁．
堀敬一（1999）「資産価格モデルの実証研究――展望」『現代ファイナンス』第 6 巻，47-97 頁．
本多俊毅（2013）「リスクとリターン」『フィナンシャル・レビュー』第 114 号（2013 年 3 月号），54-76 頁．
松原望（2003）『入門確率過程』東京図書．

村田安雄（1998）『動的経済システムの最適制御』関西大学出版部.
森棟公夫（1999）『計量経済学』東洋経済新報社.
山本拓（1995）『計量経済学』新世社.
蝋山昌一・浜田宏一（1968）「資産選択の一般理論」『国債管理と金融政策』館竜一郎・小宮隆太郎・鈴木淑夫編，日本経済新聞社，57-90頁.
渡部敏明（2000）『ボラティリティ変動モデル』朝倉書店.

The PRI　https://www.unpri.org/
Yahoo! ファイナンス　http://finance.yahoo.co.jp/
財務省ウェブサイト：国債金利情報　http://www.mof.go.jp/jgbs/reference/interest_rate/
財務省ウェブサイト：物価連動国債　https://www.mof.go.jp/jgbs/topics/bond/10year_inflation-indexed/index.htm
日本銀行ウェブサイト：主要統計データ閲覧　http://www.stat-search.boj.or.jp/
ブラックロック社　https://www.blackrock.com/latamiberia/products/229706/blackrock-global-enhanced-equity-yield-a2-usd-fund
米国モーニングスター社　http://www.morningstar.com/InvGlossary/alpha.aspx

謝　辞

　本書をまとめるうえで，私たちの高校時代からの共通の友人であり，株式会社日興アセットマネジメント元社長の引間雅史君（現在は上智大学特任教授兼上智学院経営企画担当理事）には，資産運用業界の現状と問題点について多くのことを教わりました．資産運用の現場で奮戦する若い人達を勇気づける本を書いてほしいという同君の言葉は，本書執筆に強い動機を与えてくれました．心よりお礼申し上げるとともに，本書がそれに対するささやかな返答になっていればと望みます．

　私たち両名が，研究者としての道を進もうと決めたとき，第一歩を踏み出すべき方角をそれぞれに指し示してくださったのが東京大学経済学部の故諸井勝之助先生です．学士会館にて，本書共同執筆の経緯と途中経過をお聞きいただいた際，必ず完成させるようにと励ましていただいたことが懐かしく偲ばれます．この場を借りて刊行に至ったことをご報告申し上げ，また，旧恩に対して心からの感謝を申し述べたいと思います．

　私たちが勤務する武蔵大学および早稲田大学の大学院演習等で，本書の草稿に有益なコメントを寄せていただき，あるいはシミュレーションの効率的実施に協力していただいた西脇貴氏（早稲田大学大学院経済学研究科博士課程），奥園広基氏（現在は有限責任監査法人トーマツ勤務），隅田誠氏（武蔵大学大学院経済学研究科博士課程）には，ここに記してお礼申し上げます．また，本書の出版に際し，武蔵大学からの助成を受けましたことを明記し，謝意を表します．

　最後に，東京大学出版会の大矢宗樹氏は，この本の出版にあたって，私たちの多くの要望に対して辛抱強くご尽力いただきました．心からお礼申し上げます．

2019 年 8 月 15 日

安 達 智 彦
池 田 昌 幸

索　引

→は，同義語・派生語として参照先にページ数を掲載している．
⇒は，関連用語として参照すべき用語を示している．

アルファベット

Absolute Risk Aversion（ARA）　→絶対的リスク回避度
AI　→人工知能
APT　→裁定価格理論
B&H 運用（Buy and Hold）　→買い持ち運用
BEI（Break Even Inflation）　→期待インフレ率
BHAR（Buy and Hold Abnormal Return）　496
CAPM（Capital Asset Pricing Model；資本資産評価モデル）　69, 96, 114, 454, 462
　　——の十分条件　114, 476
　　——のベータ　→ベータ
CARA 型効用　35
CCAPM（Consumption CAPM）　→消費CAPM
CML（Capital Market Line）　→資本市場線
CRRA 型効用　37, 133
DARA 型効用　35
DRRA 型効用　37
EIF（エンハンスト・インデックスファンド；Enhanced Index Fund）　89, 431, 462
　　——と市場インデックスの期待収益率　469
　　多期間における——　463　⇒多期間EIF

EIS（異時点間代替弾力性，プサイ；ψ）　147, 160, 169, 267, 455
　　——の経済的意味　148
　　——は確実性下でなければ正しく定義できない　169
　　べき型効用の——　151
Epstein=Zin 効用　249, 265, 349, 454
　　——関数の 1 次同次性　251
　　——関数の 4 つのバージョン　171
　　——のもとでのプライシング・カーネル　→プライシング・カーネル
　　2 期間の——関数　160
　　無限期間の——関数　168
ESG レーティング　519
ETF（上場投信）　87, 129
GBM（Geometric Brownian Motion）　→幾何ブラウン運動
GMVP（大域的最小分散ポートフォリオ）　55, 421, 432
　　——の投資比率ベクトル　440
GOP　→最適成長ポートフォリオ
HARA（Hyperbolic Absolute Risk Aversion）型効用関数　38, 384
IARA 型効用　35
ICAPM　→異時点間資本資産評価モデル
i.i.d.（独立同一分布）　133, 180, 336, 376, 388
i.i.d.（Random Walk；ランダム・ウォーク）　335, 336, 510
i.i.d. 正規　180, 393, 459, 465
i.i.d. 対数正規　459
Inflation-linked Bond　→インフレ連動債
IR　→情報比率

IRRA 型効用　37
Jensen の不等式の証明　→イェンゼンの不等式
Kelly 戦略　357
Kreps=Porteus 効用　156
Long-term Losers　179, 480
Long-term Winners　179, 480
MFM　→マルチ・ファクター・モデル
MGP　→最大成長ポートフォリオ
Morningstar 社　105
MRS（Intertemporal Marginal Rate of Substitution）　→異時点間限界代替率
MVP　→最小分散ポートフォリオ
P/E レシオ　448
Phelps モデル　199
Random Walk　→i.i.d.（Random Walk）
REIT　180, 340
Relative Risk Aversion（RRA）　→相対的リスク回避度（RRA）
Samuelson の GOP 批判　368
Security Market Line（SML）　→証券市場線
SIM　→シングル・インデックス・モデル
spm　※小文字表記　→修正シャープ尺度
SPM　※大文字表記　→シャープ尺度
Stein の補助定理　114
TOPIX（東証株価指数）　8, 255
——による買い持ち運用　→買い持ち運用
$\frac{1}{N}$ ポートフォリオ　457
——型 EIF 運用　491, 514
1 か月リバランス運用　474, 493
1 期間（Single Period）　20, 390　⇒多期間
——の期待効用最大化問題　386
1 期間モデル　19, 124　⇒多期間モデル
2 期間の Epstein=Zin 効用関数　→Epstein=Zin 効用
2 期間のプライシング・カーネル　→プライシング・カーネル

2 基金分離（Two Fund Separation）　57, 426, 444
——可能分布（Two Fund Separating Distribution）　50
——定理　132
貨幣的——（Monetary Two Fund Separation）　65
2 次効用関数　45, 48
3 基金分離　461
3-ファクター・モデル　94
4-ファクター・モデル　95

ア　行

曖昧性回避（Ambiguity Aversion）　450
アクティブ運用　9, 434, 503
アノマリー　466
アフィン・イールド・モデル　289, 296
アベノミクス期　474
アルファ　→ジェンセンのアルファ，および，多期間アルファ
「アルファ」　※括弧付きの表記　102, 106
アロー＝プラットのリスク回避度　29
イェンゼンの不等式（Jensen's Inequality）　27, 355, 382, 429
生き残り銘柄のバイアス　480
遺産（Bequest）　130, 200
——関数　130, 201, 220, 247
異時点間限界代替率（Intertemporal Marginal Rate of Substitution; MRS）　147, 170, 238, 252
異時点間資本資産評価モデル（ICAPM）　261, 460, 495
異時点間代替弾力性　→EIS
異時点間の消費変動の許容度　151　⇒EIS
一般化対数型効用　40　⇒対数型効用
移動ウィンドウ法　510
インカムゲイン　11

索引 545

因子　91
　　——負荷　91
　　——分析　91
　　——ベータ（Factor Beta）　91
インターバル（観測の，取引の）　186,
　307, 392, 480, 482
インデクス・プラスアルファ・ファンド
　89, 457
インデックスファンド（Index Fund）
　9, 33, 87, 129
インフレーション（インフレ）　20, 125,
　265
　　——の影響，構造　284, 293
　　——率　127
インフレ・リスク・プレミアム　293
インフレ連動債（Inflation-linked Bond）
　129, 267, 281, 285
　n 期間——　289
上に凸な関数（Upward Convex Function）
　26
ヴォラティリティー　394, 402, 407
　　——変動モデル　448
運（Luck）　98
運用シミュレーション　⇒シミュレーション
運用スタイル　7, 87
運用年数　482, 491, 498
運用のアルファ　106　⇒ジェンセンのアルファ
運用の付加価値　2, 104, 462, 484, 517
運用パフォーマンス　98, 475
　　——評価　107, 462, 484
　　長期投資の——評価　496
エンハンスト・インデックスファンド　→
　EIF
オイラーの定理　252
オイラー方程式　110, 246
凹関数　26
凹度　28

カ　行

概収束　377
買い持ち運用（Buy and Hold; B&H 運用）
　396, 472, 482
　TOPIX による——　498
家計のファイナンス　121
確実性等価（Certainty Equivalent）　25,
　154, 251, 365
　　——関数　166
　　——収益率　34, 59, 151
確率関数　23
確率的割引ファクター（Stochastic Discount Factor）　111　⇒プライシング・カーネル
確率分布　30, 388
確率変数　12, 23
　　——の平均周りモーメント　→モーメント
価値関数（Value Function）　203, 206,
　370
株価　12, 388, 453
　　——の平均回帰　→平均回帰
株価指数　456, 464, 502
　　——連動性　503
株式　7, 22, 67
　　——時価総額　94, 483
　　——市場　33, 37, 479
株式投資収益率の平均回帰　→平均回帰
株式プレミアム・パズル　194, 433
株式ポートフォリオ　→ポートフォリオ
貨幣的 2 基金分離（Monetary Two Fund
　Separation）　→ 2 基金分離
空売り　50, 202, 357, 515
間接効用関数（Indirect Utility Function）
　203
感応度　84, 91
完備市場　112
ガンマ（γ）　→相対的リスク回避度（γ）
幾何ブラウン運動（Geometric Brownian

546　索　引

Motion; GBM）　388, 393, 394
期間構造　287
期間の概念　122, 358
基準月　477, 481
期初　20, 122
期待インフレ率（Break Even Inflation; BEI）　283, 293
期待効用　4, 23, 135, 357
　　——関数　23, 157
　　——最大化（原理）　4, 23, 368, 372
　　——理論　23, 358, 372
期待収益率（Expected Rate of Return）　11, 381, 397, 412
　　——最大化問題　50, 410
　　——推定値の不安定性　448
　　——ベクトルの推定　450, 452
　　連続複利表示の——　380, 395, 405, 420
期待成長率　354, 378, 380, 397, 410
　　期待収益率と——の違い　389
　　——最大化　355, 405, 411
　　ポートフォリオの——　403
期待値　19, 27, 49, 396
　　——計算　153, 158
　　——の繰り返し公式　→塔状性
期待超過収益率（Expected Excess Return）　34
基本ユニバース　→ユニバース
期末　20, 122
　　——富　24, 356
キャッシュ　321
キャピタルゲイン　→資本利得
キャピタル・ベース　321
共通因子（Common Factor）　90
共分散行列　51, 453
技量（Skill）　98
均一分散性（Homoscedasticity）　287
近似可能性（連続的取引による）　389, 393
　　連続時間モデルの解による離散時間モデルの解の——　389

連続取引による離散取引の——　393, 487
近視眼的需要　279, 341
近視眼的投資（Myopic Investment）　128, 280, 384
　　——政策　384
　　部分——政策　384
近似の CML　9, 71　⇒資本市場線
金融資産　22, 281, 284
組み入れ比率　385
グロース株　→成長株
グロース要因　94　⇒成長株
グロスレート表示　202　⇒単利グロス表示投資収益率
月次シミュレーション　→シミュレーション
月次収益率　12, 481, 526
月次データ　479
決定係数　87, 502
月率表示（per mensem）　12
現役引退　138
限界消費性向　221, 224, 229
限界代替率　147　⇒異時点間限界代替率
現在　122
　　——消費　147, 242
原点周りモーメント　→モーメント
効用（Utility）　17
効用関数（Utility Function）　19
　　——の凹度　30, 155
効率的（Efficient）　44
　　——フロンティア（Efficient Frontier）　55
　　——ポートフォリオ　51
誤差項　84
異なる時点間（Across Periods）　4, 128
異なる状態間（Across States）　4, 22, 128
　　——のリスク回避度　→相対的リスク回避度（γ）
固有リスク　84, 91

索引　547

雇用と物価安定　283
コンパクト分布　392, 487
コンビニエンス・イールド　339

サ 行

再現可能性　98
再帰的効用関数（Recursive Utility Function）　131, 159, 243
最小分散フロンティア（Minimum Variance Frontier）　55, 413, 432
最小分散ポートフォリオ（MVP）　55, 427
サイズ効果　94
再生性　401　⇒正規分布
最大成長フロンティア（Maximum Growth Frontier）　407, 412, 425
最大成長ポートフォリオ（MGP）　407, 411
裁定価格理論（APT）　115, 299
裁定取引　515
最適化問題　239　⇒期待収益率最大化問題
最適消費　208, 273
　──に関する1階条件　209
最適消費・富比率　280, 308, 318, 346
　──を一定にする相対的リスク回避　316, 349
最適性原理（Principle of Optimality）　216, 244
最適成長戦略　357, 406
最適成長投資の理論　356
最適成長ポートフォリオ（GOP）　357, 374, 404, 420, 432
　──投資戦略　→投資戦略
　──の期待成長率　416
　──の投資比率　354, 386, 417
最適投資　209　⇒最適ポートフォリオ
　──比率　278, 281
最適ポートフォリオ（Optimal Portfolio）　40, 210, 223, 233, 273

サブ・ユニバース　→ユニバース
サプライズ　287, 293
サミュエルソンの賭け　359, 367
ジェンセンのアルファ　74, 86, 101, 484
ジェンセンの評価尺度　74, 102
時間加法的（Time Additive）　→時間分離可能
時間に関して非整合的（Time Inconsistent）　216
時間分散の誤謬（Fallacy of Time Diversification）　182
時間分離可能（Time Separable）　144, 217
　──な効用関数（Time-separable Utility Function）　127, 199
事後（ex post）　81, 478
　──期間　82, 478
　──分布　77
　──ベータ　→ベータ
自己回帰過程　287
自己充足的（Self-financing）　485
　──投資　388
　──リバランシング　388, 400, 405
自己相関　487
資産バブル崩壊　339
資産評価の基本方程式（The Basic Pricing Equation）　110, 246, 272, 299
市場インデックス　85
市場均衡　68
市場ポートフォリオ（Market Portfolio）　33, 68, 432
市場モデル（Market Model）　72, 85
市場リスク　71, 84
指数型効用　→負の指数型効用
事前（ex ante）　81, 477
　──期間　82, 477
事前確率　450
　複数の──（Multiple Priors）　451
事前分布　77
実現値　12, 23, 81, 376
実質化（Realized）　296

548　索　引

実質債（Real Bond）　284
資本資産評価モデル　→CAPM
資本市場線（Capital Market Line；CML）
　　8, 70
資本利得（キャピタルゲイン；Capital
　　Gain）　11
シミュレーション　476, 488
　　運用——　471, 481
　　月次——　482
　　——結果の時期依存性　482
シャープ尺度（シャープのパフォーマンス
　　評価尺度，Sharpe's Performance
　　Measure；SPM）　99, 304
　　——の推定量　101
　　連続複利表示の——　484　⇒修正シ
　　ャープ尺度
シャープのパフォーマンス評価尺度　→シ
　　ャープ尺度
シャープ比率（Sharpe Ratio）　99　⇒シ
　　ャープ尺度
尺度（Measure）　99
収益生成過程　90, 465, 478
収益生成モデル　83
集計関数（Aggregator Function）　163
　　$\rho=0$の場合の——　165
　　不連続な——　174
就職活動　333
終身雇用　332
修正シャープ尺度（spm）　305, 322, 484,
　　503
　　——の計測式　305, 503
十分にリスク分散されたポートフォリオ
　　→ポートフォリオ
主観的割引因子　144, 207, 267
主体的均衡　68
純粋リスク（Pure Risk）　33
生涯効用（Lifetime Utility）　144, 147,
　　203, 239
証券市場線（Security Market Line；SML）
　　70
上場投信　→ETF

状態（State）　21, 140　⇒世の中の状態
状態変数（ベクトル）　203, 206, 221, 236
　　——の自己回帰過程　346
消費 CAPM（Consumption CAPM；
　　CCAPM）　258, 261　⇒CAPM
消費者　121
消費者物価指数　282
消費性向　→限界消費性向
消費と投資の最適化　16
消費ベータ（Consumption Beta）　260
情報の集合　20
情報比率（IR）　103
将来　122
　　——消費　147, 242
将来不安　126, 312
ジョーンズ家と張り合う効用（Keeping Up
　　with the Joneses Utility）　18
ジョーンズ家に追いつく効用（Catching
　　Up with the Joneses Utility）　18
初期富（Initial Wealth）　24, 123
初期賦存量（Initial Endowment）　123
初期保有量　123　⇒初期賦存量
序数的効用関数　163, 173
所得効果（Income Effect）　149, 317
シングル・インデックス・モデル（SIM）
　　83, 438
人工知能（AI）　96
人的資産（Human Capital Asset）　24,
　　137, 332　⇒労働所得
　　——の無リスク性　333
推移律の公理　372
推定値（実現値）　14, 80
推定量（確率変数）　14, 80
スポンサー　99
正規性　393
正規分布　46, 393
　　——の積は正規分布にはならないとい
　　う問題　401
　　——の和が正規分布になる長所　401
成長株（グロース株）　94

成長ポートフォリオ投資　135　⇒最適成長投資の理論
成長率（Growth Rate）　376, 382
絶対的リスク回避度（Absolute Risk Aversion；ARA）　29, 31
絶対的リスク・プレミアム　31
接点ポートフォリオ　64
選好（Preference）　23, 343
選択変数　207
尖度　42
全平均モデル（Overall Mean Model）　436
相関係数　395, 403, 436
　　ブラウン運動の瞬間的な──　395
　　⇒幾何ブラウン運動
早期退職制度　333
相対的リスク回避度（Relative Risk Aversion；RRA）　29, 133　⇒相対的リスク回避度（γ）
相対的リスク回避度（異なる状態間のリスク回避度，ガンマ；γ）　145, 267, 318, 351, 418
相対的リスク・プレミアム　31, 32
組織的リスク　71, 84, 132

タ 行

ターンパイク・ポートフォリオ（Turnpike Portfolio）　384, 385, 474
第0資産（ベンチマーク資産）　270, 275
大域的最小分散ポートフォリオ　→ GMVP
退職　138, 333
対数型（期待）効用　39, 134, 371
対数型効用関数（Logarithmic Utility Function）　39, 135, 234, 358
対数正規分布（Log-normal Distribution）　265, 273, 388, 395
対数線形化パラメター　270, 309, 349
対数線形近似　189, 268, 270
大数の強法則　377

大数の誤謬（Fallacy of Large Numbers）　364, 367
大数の法則　359, 363, 387
対数平均　395
対数分散　395
代替効果（Substitution Effect）　149, 317
代表的経済主体（Representative Agent）　112, 238, 243, 259, 453
　　──にとっての最適ポートフォリオ　446
　　──の相対的リスク回避度　434, 446
　　──モデルによるプライシング　111
代表的標準株式　449
ダガー（†）　80, 101
多期間（Multi-period）　124, 199, 285
　　⇒1期間
多期間 EIF　464
多期間アルファ　471, 483, 491, 496　⇒ジェンセンのアルファ
　　──裁定　516
多期間投資の理論（Multi-period Investment Theory）　120
多期間における EIF　→ EIF，⇒多期間 EIF
多期間ポータブル・アルファ戦略　516
多期間モデル　20, 124, 261, 280　⇒1期間モデル
　　──のプライシング・カーネル　→プライシング・カーネル
単位根　486
短期　285
短命証券　125
単利グロス表示投資収益率　380
単利表示　12, 388
逐次の意思決定　363
知財情報利用型 EIF　520
知的財産　519
中期モメンタム　→モメンタム
長期　285
　　──・多期間の投資ホライズン　119, 130

550　索　引

長期的ファンダメンタルズ指標　518
長期投資の運用パフォーマンス評価　→運用パフォーマンス
長寿証券　125
直交分解式　73, 459, 466
低ヴォラティリティー・アノマリー　466
定性評価　98
低ベータ・アノマリー　466
テイラー展開　30, 136
定率余剰　74
定量評価　98
ティルダ（˜）　12
デフォルト　20, 285
デフレーション（デフレ）　125, 282
デフレ経済のもとでの金融行為　339
東京証券取引所　480
等金額性　501
等金額ポートフォリオ　431　⇒ $\frac{1}{N}$ ポートフォリオ
投資　17
　──インターバル　390, 397, 411
投資家　121
　──心理　204
同時確率分布　232
　N 銘柄のリスク資産の投資収益率の──　232
投資機会集合　2, 60, 125, 232
　──が一定　375
　──の変化　177
投資収益（Return）　11, 31
投資収益率（Rate of Return）　12, 31, 50
　連続複利表示の──　376, 381　⇒成長率
投資戦略　7, 216, 354, 517
　GOP──　354
投資比率　51, 385
投資ホライズン　1, 19, 312, 334, 393
東証株価指数　→ TOPIX
塔状性（Tower Property）（期待値の繰り返し公式）　172, 274

騰落率　480
　q か月間──　480, 506
トータル・リスク　101, 499
独立同一分布　→ i.i.d.（独立同一分布）
トラッキング・エラー　87, 89
ドリフト・パラメーター　394, 397
トレイナー尺度　102

ナ　行

日銀の金融政策　283
日次株価データ　480
日次シミュレーション　482
日次収益率　482, 526
　──には自己相関　487
日経平均　464
ネット表示　15, 202, 380　⇒単利グロス表示投資収益率
年金　126
　──システム　333
年率表示（per annum）　12

ハ　行

パーソナル・ファイナンス（Personal Finance）　3, 18, 121, 127, 283, 333
配当　483
破産　356, 378
二十歳　333
バックグラウンド・リスク　332
パッシブ運用　9, 87
パフォーマンス評価　→運用パフォーマンス評価
バリュー要因　94
パレート最適　112
反復投資　387　⇒大数の法則
比較静学　45
非期待効用関数　153　⇒効用関数
非期待効用モデル　158
ヒストリカル・ベータ　→ベータ
非組織的リスク　84, 132

索 引 551

標準偏差　7, 49
ファクター・リスク・プレミアム　115, 117, 470
ファンド・マネージャー　8, 17, 103, 483
不確実性　20, 151
不均一分散　487
プサイ（ϕ）　→ EIS
物価連動国債　282　⇒インフレ連動債
　──を個人投資家へ解禁　283
不動産　139, 339
ブラウン運動　394　⇒幾何ブラウン運動
負の指数型効用　39, 57, 59
プライシング・カーネル（Pricing Kernel）　108, 111, 237, 285, 291
　Epstein=Zin 効用のもとでの──　251, 272
　2 期間の──　241
　多期間モデルの──　245, 248
　名目──　291
プラスアルファ・ファンド　457
不連続な集計関数　→集計関数
分散（Variance）　7, 49, 50
分散最小化問題　50
分散投資（Diversification）　132
分散比　336, 507
分布の母数　→母数
平均回帰（性）（Mean Reversion）　179, 181, 506
　株価の──　181, 336
　株式投資収益率の──　181, 300, 337
平均乖離（性）（Mean Averting）　181, 507
平均・分散アプローチ　44
平均・分散効率的　44
　──ポートフォリオ選択　49
平均・分散選好（Mean Variance Preference）　49
平均・分散分析　43, 49
　連続時間バージョンの──　523

平均・分散優越（Mean-Variance Dominance）　304, 457
平均周りモーメント　→モーメント
ベイジアン修正　80, 480　⇒ベイジアン・ベータ
ベイジアン・ベータ（ベイズ修正したベータ）　76, 502
ベイズ修正したベータ　→ベイジアン・ベータ
ベイズ推定量　76
ベイズの定理　77
ベータ　69, 79
　CAPM の──　72
　因子──　→因子
　個別銘柄の──　75
　事後──　80
　ヒストリカル・──　76, 480
　──・コントロール　466
　──のクロスセクションでの分布　77
べき型効用　39, 219
　──関数（Power Utility Function）　39, 144, 234, 418
　──の EIS　→ EIS
ヘッジ（Hedge）　280
　──効果　92
　──需要　321, 323, 341
ヘッジ・ポートフォリオ　280, 351
ヘッジング・プレミアム　261
ベンチマーク　6, 472, 485
　──資産　→第 0 資産
　──のトータル・リスク　500
包絡線（Envelope Curve）　215
　──条件　213, 244
ポートフォリオ（株式の）　33, 75, 89, 202
　十分にリスク分散された──（Well-diversified Portfolio）　89, 298
　──の期待成長率　→期待成長率
簿価時価比率　94
母数（パラメター）　14, 79
　分布の──　14

552　索　引

マ　行

マーケット・タイミング能力　106, 108
マキシミン期待効用（Maximin Expected Utility）　451
マルコフ過程　204
マルチ・インデックス・モデル　→マルチ・ファクター・モデル
マルチ・ファクター・モデル（MFM）（マルチ・インデックス・モデル；MIM）　90, 438
無限期間　162, 266
　　——の Epstein=Zin 効用関数　→ Epstein=Zin 効用
無限分割可能　378, 388
無差別曲線　59, 420, 425
無担保コールレート　104, 489
無リスク資産　8, 33, 63, 129, 404
無リスク利子率　33, 104, 177, 265, 489
　　名目——　292
名目債　139, 290
名目プライシング・カーネル　→プライシング・カーネル
名目無リスク利子率　→無リスク利子率
モーメント　42, 43
　　確率変数の平均周り——　42
　　原点周り——　43
　　平均周り——　47
モメンタム　95
　　中期——　179

ヤ　行

有限責任　356, 374
誘導効用関数（Derived Utility Function）　203, 370　⇒価値関数
ユニバース　76, 125, 479, 516
　　基本——　480, 488
　　サブ・——　468, 479
予算制約　201

世の中の状態（State of the World）　21, 130

ラ・ワ行

ライフサイクル　121
ライフステージ　3, 19, 130, 138
ラグランジュ未定乗数法　51
ラムゼイ問題　199
ランダウの記法　392
ランダム・ウォーク　→ i.i.d.（Random Walk）
リーマン・ショック　282, 473
離散型確率変数　23
離散時間　199
　　——取引　389, 391, 396, 486
　　——でのリバランシング　→リバランシング
リスク　7, 18, 44, 60, 132
　　2種類の——　143
　　——とリターンの推定誤差　→リターン
　　——の価格　69
リスク愛好的投資家　26
リスク回避的効用関数　28
リスク裁定　515
リスク資産　28, 50, 129, 202, 265, 277
　　——は普通財　35
リスク中立的投資家　26
リスク・ファクター（Risk Factor）　84, 90
リスク・プレミアム　25, 31, 279, 299
　　——の近似式　31
リスク・リターン・ポジション　9
リターン　7, 11, 44, 60, 132
　　リスクと——の推定誤差　456
リバーサル（平均からの）　95　⇒平均回帰
リバランシング　388, 408, 484
　　——間隔　→リバランシングのインターバル

索　引　553

――のインターバル（間隔）　390, 402, 493
――のタイミング　485
離散時間での――　423
連続的――　391, 423
量的緩和策（Quantitative Easing; QE）　282
$\sqrt{T}$ ルール（ルート T ルール）　182, 334, 506
レジーム　204
レバレッジ　135, 188, 321, 357
連続時間　199
――取引　389, 486
――バージョンの平均・分散分析　→平均・分散分析
連続時間モデル　355, 388, 389
――の解による離散時間モデルの解の近似可能性　→近似可能性

連続取引による離散取引の近似可能性　→近似可能性
連続的リバランシング　→リバランシング
連続複利表示　15, 376, 395
――（投資）収益率　15, 392, 480
――の期待収益率　→期待収益率
――のシャープ尺度　→シャープ尺度，⇒修正シャープ尺度
――の投資収益率　→投資収益率
労働所得　137, 238, 332
ロピタルの定理　39

歪度　42

著者紹介

安達智彦（あだち・ともひこ）

略歴
1955 年　山形県生まれ
東京大学大学院経済学研究科第 2 種博士課程単位取得退学
日本証券経済研究所を経て
現在，武蔵大学経済学部教授

著書
『証券経済論』岩波書店，2003 年.
『現代のポートフォリオ・マネジメント』斎藤進氏との共著，同文舘出版，1992 年.

池田昌幸（いけだ・まさゆき）

略歴
1955 年　北海道生まれ
東京大学大学院経済学研究科第 2 種博士課程退学，博士（学術）（東京工業大学）
東北大学経済学部助教授等を経て
現在，早稲田大学商学学術院教授

著書
『オプション評価と企業金融の理論』東京大学出版会，2000 年.
『金融経済学の基礎』朝倉書店，2000 年.

長期投資の理論と実践
パーソナル・ファイナンスと資産運用

2019 年 9 月 25 日　初　　版

［検印廃止］

著　者　安達智彦・池田昌幸

発行所　一般財団法人　東京大学出版会
　　　　代表者　吉見俊哉
　　　　153-0041　東京都目黒区駒場 4-5-29
　　　　http://www.utp.or.jp/
　　　　電話 03-6407-1069　Fax 03-6407-1991
　　　　振替 00160-6-59964

印刷所　株式会社精興社
製本所　牧製本印刷株式会社

Ⓒ 2019 Tomohiko Adachi, Masayuki Ikeda
ISBN 978-4-13-046130-6　Printed in Japan

JCOPY〈出版者著作権管理機構　委託出版物〉
本書の無断複写は著作権法上での例外を除き禁じられています．複写される場合は，そのつど事前に，出版者著作権管理機構（電話 03-5244-5088，FAX 03-5244-5089, e-mail: info@jcopy.or.jp）の許諾を得てください．

池田昌幸 著	オプション評価と企業金融の理論	7400円
諸井勝之助 著	経営財務講義［第2版］［オンデマンド版］	3800円
斎藤静樹 著	企業会計とディスクロージャー［第4版］	3600円
K.G.パレプ他 著／斎藤静樹 監訳	企業分析入門［第2版］	4800円
清水克俊 著	金融経済学	6300円
清水克俊 著	金融経済学入門	3000円
楠岡成雄／長山いづみ 著	数理ファイナンス	3200円
山内恒人 著	生命保険数学の基礎［第2版］アクチュアリー数学入門	3700円
鎌田富久 著	テクノロジー・スタートアップが未来を創る テック起業家をめざせ	1600円
長谷川克也 著	スタートアップ入門	2500円

ここに表示された価格は本体価格です．ご購入の際には消費税が加算されますのでご了承ください．